D1618437

Keilig, Rangliste des Heeres 1944/45

RANGLISTE
DES DEUTSCHEN HEERES
1944/45

Dienstalterslisten T und S der Generale und Stabsoffiziere des Heeres
vom 1. Mai 1944 mit amtlich belegbaren Nachträgen bis Kriegsende

und

Stellenbesetzung der höheren Kommandobehörden und Divisionen
des Deutschen Heeres am 10. Juni 1944

Herausgegeben von

WOLF KEILIG

Referent in der Hauptgeschäftsstelle des Verbandes deutscher Soldaten (VdS)

PODZUN-PALLAS-VERLAG · FRIEDBERG 3

Alle Rechte beim Podzun-Pallas-Verlag
6360 Friedberg-3 (Dorheim), Markt 9
Nachdruck, auch auszugsweise, nur mit
Genehmigung des Verlages möglich.
Druck: Buchdruckerei Wagner, Bad Nauheim
Einband: C. Fikentscher KG, Großbuchbinderei, Darmstadt
ISBN 3-7909-0113-X

Inhalt

Einführung des Herausgebers

Mit dem Kriegsende 1945 gingen die meisten Personalunterlagen der ehemaligen Wehrmacht verloren. Große Teile wurden vernichtet, weitere von den Alliierten beschlagnahmt und bis heute noch nicht zurückgegeben. So kommt es, daß in den Archiven und Auskunftsstellen der Bundesrepublik nur verhältnismäßig wenige Originalunterlagen zur Verfügung stehen. Wie überaus schwierig die Lage auf dem Gebiet der Wehrdienstdokumentation ist, hat der Herausgeber bereits in einer früheren Veröffentlichung dargestellt[1].

Das vorliegende Buch enthält die Namen aller aktiven Truppenoffiziere soweit sie am 1. 5. 1944 mindestens Major waren. Sein Kernstück ist die wortgetreue Wiedergabe der ,,Dienstalterslisten T und S vom 1. 5. 1944". Als Druckvorlage dienten die im Besitz des Verbandes deutscher Soldaten (VdS) befindlichen Originale. Sie stammen aus den Geheimvorschriftenbeständen einer früheren Wehrersatz-Dienststelle und enthalten Teilnachträge über Beförderungen bis Januar 1945. Außerdem sind noch zwei weitere Dienstalterslisten T vom 1. 5. 1944, bekannt, von denen die eine, im Besitz des Podzun-Verlages, Teilnachträge über die Generalsbeförderungen bis Januar 1945 enthält und dem Herausgeber ebenfalls zur Verfügung stand. Das dritte Original enthält keinerlei Nachträge, so daß es für die Zeit nach dem 1. 5. 1944 ohne Bedeutung ist.

Der Herausgeber hatte die Möglichkeit, neben den erwähnten Dienstalterslisten mit ihren Nachträgen zahlreiche weitere, bisher unerschlossene Einzelunterlagen ehemaliger Heeresdienststellen auszuwerten. So konnten die handschriftlichen Nachträge in den Original-Dienstalterslisten überprüft, ergänzt und ganz wesentlich vermehrt werden. Alle diese Nachträge sind in kursiver Schrift gedruckt.

Bei den etwa 13400 aufgeführten Offizieren konnten über 2500 Nachträge eingearbeitet werden, davon mehr als 2000 Beförderungen; den Rest bilden Rangdienstalter-Verbesserungen, Überführungen zu einem anderen Wehrmachtteil oder in eine andere Dienstaltersliste innerhalb des Heeres, Versetzungen in den Generalstab oder Änderungen des Friedenstruppenteils. Die vorliegenden Veränderungen über Verabschiedung oder Tod wurden nicht aufgenommen, weil sie zu unvollständig sind.

Die bewußte Beschränkung auf die Auswertung ausschließlich amtlicher Unterlagen gibt dieser Veröffentlichung dokumentarischen Charakter, womit den Behörden und Archiven wie auch den ehemaligen Wehrmachtangehörigen selbst neues, echtes Nachweismaterial zur Verfügung steht, das in diesem Umfang und in dieser Genauigkeit bisher bei keiner Stelle vorhanden ist.

Außer mehreren Anlagen grundsätzlichen Inhalts, die zum besseren Verständnis der ,,Rangliste 1944/45" dienen sollen, wurde den Dienstalterslisten ein Auszug aus der amtlichen ,,Stellenbesetzung der höheren Kommandobehörden und Divisionen des Heeres am 10. 6. 1944" angehängt. So wird auch die Einteilung

---

[1] Wolf Keilig: Wenn Beweispapiere fehlen. 2. erw. Auflage, Schild-Verlag, München 1954.

des Feldheeres sowie die Verwendung wenigstens eines großen Teils der höheren Offiziere zu einem bestimmten Zeitpunkt festgehalten, wodurch die Rangliste auch für die kriegsgeschichtliche Forschung an Wert gewinnt.

Nach den Plänen des Herausgebers soll dieses Buch nur einen Anfang darstellen. Deshalb wurde bewußt der Begriff „Rangliste" als Haupttitel eingesetzt. Es wird eine spätere Aufgabe sein — insbesondere nach Auffinden der vollständigen „Personalveränderungen 1944/45" und Rückgabe der Akten des ehemaligen Heerespersonalamtes an die Bundesrepublik — die „Rangliste 1944/45" durch weitere Bände über andere Offiziersgruppen und Stellenbesetzungen zu vervollständigen. Der Herausgeber wird daher alle Hinweise und Angaben, die diesen Plänen dienen können, dankbar begrüßen.

Vornehmste Pflicht des Herausgebers ist es, allen Dienststellen und Kameraden aufrichtig zu danken, die durch Unterlagen, wertvolle Hinweise und Anregungen zu dieser Veröffentlichung beigetragen oder bei der Überprüfung der Nachträge mitgeholfen haben. Besonderer Dank gebührt hier dem Verband deutscher Soldaten (VdS) Bonn, dem Bundesarchiv, Abt. Zentralnachweisstelle Kornelimünster unter Herrn Absolon sowie den namhaften Sachkennern Herrn Generalleutnant a. D. Detmering, Herrn Oberst a. D. Freyberg und Herrn Bürgermeister i. R. Krug.

Wolf Keilig

DIENSTALTERSLISTE T
DER OFFIZIERE DES DEUTSCHEN HEERES
1944/45

Erläuterungen:

1. Die in gewöhnlicher, aufrechter Schrift gedruckten Angaben stellen eine *wort-getreue* Wiedergabe der letzten vom OKH/PA herausgegebenen „*Dienstaltersliste T der Offiziere des Deutschen Heeres nach dem Stande vom 1. Mai 1944*" dar. Als Vorlage diente das in Besitz des Verbandes deutscher Soldaten (VdS), Bonn, befindliche *Original* der o. a. DAL, Prüfnummer 403.

2. Nach dem 1. 5. 1944 eingetretene Veränderungen (Beförderungen, RDA-Ver-besserungen, Versetzungen in den Generalstab, Versetzungen mit Wirkung für das Friedensverhältnis, Überführung in eine andere DAL) sind bei dem jewei-ligen Originaltext der DAL vom 1. 5. 1944 in *kursiver* Schrift nachgetragen, soweit sie aus den dem Herausgeber zugänglichen amtlichen Originalunterlagen früherer Wehrmachtdienststellen feststellbar waren. Einzelheiten über dieses Arbeits-material finden sich in der Anlage 6.

3. Die bei den Kursiv-Nachträgen in eckigen Klammern angeführten Ordnungs-nummern bzw. Angaben sind vom Herausgeber *rekonstruiert*. In diesen Fällen konnte aus den amtlichen Unterlagen lediglich der neue Dienstgrad und ein Datum, dagegen nicht das genaue RDA mit einer Ordnungsnummer ermittelt werden.

   Die Rekonstruktion wurde nur dort vorgenommen, wo durch Vergleich des bisherigen RDA des Beförderten und aller anderen Beförderungen dieses Datums die Festlegung einer Ordnungsnummer mit größter *Wahrscheinlichkeit* möglich war.

4. Bei Beförderungen, bei denen weder eine bestätigte ( ) noch eine rekonstruierte [ ] Ordnungsnummer angegeben ist, kann das Datum nicht nur das Datum des RDA, sondern auch das des Ausspruchs oder der Wirksamkeit der Beförderung darstellen und ein vordatiertes RDA erteilt worden sein.

5. Druckfehler und andere Unrichtigkeiten der Original-DAL sind, soweit vom Herausgeber erkannt, in Fußnoten korrigiert.

6. Gemäß den Vorbemerkungen in der Original-DAL vom 1. 5. 1944 ist

   a) als Dienststelle — von einzelnen Ausnahmen abgesehen — die letzte Friedens-dienststelle angegeben; gleiches gilt für die während des Krieges mit Wirkung für das Friedensverhältnis geänderte Dienststelle;

   b) bei Offizieren, die mobmäßig zu einer anderen Waffengattung gehören, hinter der Stellenbezeichnung die Mob-Verwendung, z. B. (I) oder (Pz. Gr.), verzeichnet.

7. Die Abkürzungen sind in der Anlage 8 erläutert.

   Darüber hinaus bedeuten:

   * (hinter dem RDA = Angaben über eine weitere, durch Soldbucheinträge, eides-
     am 1. 5. 1944)   stattliche Versicherungen oder sonstige Behelfsnachweise
                       belegbare Beförderung siehe Anlage 1;
   ** (hinter dem RDA = weitere Angaben zu der unter den Kursiv-Nachträgen auf-
     am 1. 5. 1944)   geführten Beförderung siehe Anlage 2;
   (†) (hinter Beförd.- = nachträglich (nach dem Tode) befördert mit Wirkung
     Datum)   vom ...

In der Rangliste weiterzuführen:

Chef eines Regiments

		Rangdienstalter
Generalfeldmarschall **von Mackensen**	Kav.Rgt. 5	22. 6. 15
General der Inf. **Ritter von Epp**	Gren.Rgt. 61	Char. 25. 7. 35

Die Uniform eines Regiments usw. tragen:

Generalobersten z. V.

		Rangdienstalter
Heye	Gren.Rgt. 1	1. 1. 30
Beck	Art.Rgt. 5	Char. 1. 11. 38
Adam	Geb.Jäg.Rgt. 98	Char. 1. 1. 39

Generale z. V. bzw. a. D.

		Rangdienstalter	
von Hülsen	Gren.Rgt. 15	1. 10. 20	(1a)
von Bergmann	Gren.Rgt. 90	1. 10. 20	(2)
von Berendt	Art.Rgt. 59	1. 9. 21	(1)
Ritter von Möhl	Gren.Rgt. 41	1. 1. 23	
von Poseck	Kav.Rgt. 6	1. 1. 25	(2)
von Tschischwitz	Gren.Rgt. 30	1. 11. 27	
von Kayser	Kav.Rgt. 3	1. 12. 29	
Freiherr Seutter von Lötzen	Gren.Rgt. 16	1. 12. 31	
von Vollard Bockelberg	Art.Rgt. 12.	1. 10. 33	
Liebmann	Pz.Gren.Rgt. 5	1. 4. 35	(1)
Freiherr von Gienanth	Kav.Rgt. 13	1. 4. 36	
Geyer	Gren.Rgt. 119	1. 8. 36	(3)
Freiherr Kreß von Kressenstein	Kav.Rgt. 17	1. 10. 36	(4)

Ulex Art.Rgt. 12	1. 10. 36	(6)
Wöllwarth Gren.Rgt. 15	1. 9. 40	
Ritter von Prager Gren.Rgt. 19	1. 9. 40	
Schniewindt Gren.Rgt. 12	1. 9. 40	
von Bomhard (Theodor) Art.Rgt. 7	Char. 3. 3. 11	
Hasse (Ernst) Gren.Rgt. 4	Char. 1. 2. 27	
Freiherr von Ledebur Gren.Rgt. 16	Char. 1. 3. 28	
Reinicke Gren.Rgt. 3	Char. 1. 10. 29	
Freiherr von Esebeck Gren.Rgt. 8	Char. 1. 10. 29	
von Amsberg Gren.Rgt. 17	Char. 1. 10. 29	
Ritter von Ruith Gren.Rgt. 19	Char. 1. 12. 29	
von Stülpnagel Gren.Rgt. 17	Char. 1. 1. 32	
Freiherr von dem Bussche-Ippenburg Art.Rgt. 6	Char. 1. 10. 33	

Generalfeldmarschälle

Rangdienstalter

von Brauchitsch	z. Verf. d. Obersten Befehlshabers d. W.	(A) 19. 7. 40	(1)
Keitel Chef Ob.Kdo. d. W. (A)		19. 7. 40	(2)
von Rundstedt Oberbefehlshaber einer H.Gruppe, zugl. Chef Gren.Rgt. 18		19. 7. 40	(3)
von Bock Oberbefehlshaber H.Gruppe 1 (I)		19. 7. 40	(4)
Ritter von Leeb z. Verf. d. Obersten Befehlshabers d. W.	(A) 19. 7. 40	(5)
List Oberbefehlshaber H.Gruppe 5 (I)		19. 7. 40	(6)
von Kluge Oberbefehlshaber H.Gruppe 6 (A)		19. 7. 40	(7)
von Witzleben Oberbefehlshaber H.Gruppe 2 (Wohnsitz Berlin) (I)		19. 7. 40	(8)
Rommel Kdr. Kriegsschule Wiener Neustadt (Pz)		22. 6. 42	
von Küchler Kom. Gen. I. A.K. (A)		30. 6. 42	
von Manstein Kdr. 18. Div. (I)		1. 7. 42	
Paulus Chef d. Gen.St. H.Gru. 4 (Pz)		31. 1. 43	
von Kleist z. Verf. d. Obersten Befehlshabers d. W. (K)		1. 2. 43	(1)
Freiherr von Weichs Kom. Gen. XIII. A.K. (K)		1. 2. 43	(2)
Busch Kom. Gen. VIII. A.K. (I)		1. 2. 43	(3)
Model Chef d. Gen.St. IV. A.K. (Pz)		1. 3. 44	

Generalobersten

Rangdienstalter

Blaskowitz	Oberbefehlshaber H.Gruppe 3 (I)	1. 10. 39	(1)
Halder	z. Verf. d. Obersten Befehlshabers d. W. (A)	19. 7. 40	(1)
Dollmann	Kom. Gen. IX. A.K. (A)	19. 7. 40	(2)
Guderian	Chef d. Schnellen Tr. (Pz)	19. 7. 40	(8)
Hoth	Kom. Gen. XV. A.K. (I)	19. 7. 40	(9)
Strauß	Kom. Gen. II. A.K. (I)	19. 7. 40	(10)
von Falkenhorst	Kdr. 32. Div. (I)	19. 7. 40	(12)
Fromm	Chef d. Heeresrüstung		
	u. Befehlshaber d. Ersatzheeres (A)	19. 7. 40	(14)
Reinhardt	Kdr. 4. Pz.Div. (Pz)	1. 1. 42	(3)
Ruoff	Kom. Gen. V. A.K. (I)	1. 4. 42	
Dietl	Kdr. 3. Geb.Div. (GbT)	1. 6. 42	
Lindemann	Kdr. 36. Div. (K)	3. 7. 42	
von Arnim	z. Verf. Ob. d. H. (Sonst. Offz.) (Pz)	3. 12. 42	
Heinrici	Kdr. 16. Div. (I)	1. 1. 43	(1)
von Salmuth	Chef d. Gen.St. H.Gru. 1 (I)	1. 1. 43	(2)
Heitz	Präsident d. Reichskriegsgerichts (A)	30. 1. 43	
von Mackensen	Chef d. Gen.St. H.Gru. 5 (K)	6. 7. 43	
Schörner	Kdr. Geb. Jäg.Rgt. 98 (GbT)	1. 8. 43	
Gen.Feldmarschall 5. 4. 45			
von Vietinghoff genannt Scheel	Kdr. 5. Pz.Div. (Pz)	1. 9. 43	(1)
Hollidt	Inf.Kdr. 9	1. 9. 43	(2)
Jodl	Chef Wehrm.Führungsstab i. Ob.Kdo. d. W. (A)	1. 2. 44	(1)
Jaenecke	Chef d. St. Insp. Fest. (In Fest) (Pi)	1. 2. 44	(2)
Weiß	Kdr. Gren.Rgt. 1	1. 2. 44	(3)
Zeitzler	Chef d. Gen.St. d. H., zuletzt Kdr. Gren.Rgt. 60	1. 2. 44	(4)
Harpe	Kdr. Pz.Rgt. 3	1. 4. 44	(1)
Erhielt RDA-Verbesserung 1. 12. 42			
Rendulić	Chef d. Gen.St. XVII. A.K. (I)	1. 4. 44	(3)

Generale

Rangdienstalter

von Wietersheim Kom. Gen. XIV. A.K. (I)	1. 2. 38	(2)
Schroth Kom. Gen. XII. A.K. (I)	1. 2. 38	(3)
Kuntze Chef Ausb.Wesen d. Ersatzheeres (Pi)	1. 2. 38	(4)
von Schwedler Kom. Gen. IV. A.K. (I)	1. 2. 38	(6)
Kienitz Kom. Gen. XVII. A.K. (I)	1. 4. 38	(1)
Raschick Kom. Gen. XXIII. A.K. (I)	1. 4. 39	(1)
Leeb Chef H.Waffenamt (A)	1. 4. 39	(3)
Friderici z. Verf. Ob. d. H. (Sonst. Offz.) (I)	1. 4. 39	(4)
von Stülpnagel Oberquartiermeister I i. Gen.St. d. H. (I)	1. 4. 39	(5)
Wodrig General z. b. V. b. I. A.K. (A)	1.10. 39	(1)
Petzel Inspekteur Art.	1.10. 39	(3)
Erfurth Oberquartiermeister V i. Gen.St. d. H. (I)	1. 4. 40	(1)
Freiherr Geyr von Schweppenburg z. Verf. Ob. d. H. (Sonst. Offz.) (Pz)	1. 4. 40	(2)
Hartmann Kdr. 7. Div. (A)	1. 4. 40	(3)
von Boetticher z. Verf. Ob. d. H. (Sonst. Offz.) (A)	1. 4. 40	(4)
von Obstfelder Kdr. 28. Div. (I)	1. 6. 40	(1)
Jacob zuletzt Inspekteur d. Pion., d. Eisenb.Pion. u. Festungen	1. 6. 40	(2)
Hansen Kdr. 25. Div. (A)	1. 6. 40	(3)
Schubert Kdr. 44. Div. (I)	1. 6. 40	(4)
von Both Kdr. 21. Div. (I)	1. 6. 40	(9)
Olbricht Chef Allgemeines Heeresamt (I)	1. 6. 40	(10)
Lemelsen Kdr. 29. Div. (Pz)	1. 8. 40	(2)
von Kortzfleisch Kdr. 1. Div. (I)	1. 8. 40	(3)
Böhme Inf.Kdr. 23 (GbT)	1. 8. 40	(4)
Hansen Kdr. 4. Div. (K)	1. 8. 40	(6a)
Brand Ob.Kdo. d. H. (G.I.F.) (A)	1. 8. 40	(7)
Felber Chef d. Gen.St. H.Gru. 3 (I)	1. 8. 40	(8)
Kübler Kdr. 1. Geb.Div. (GbT)	1. 8. 40	(9)
Thomas Chef Wehrwirtschafts- und Rüstungsamt (I)	1. 8. 40	(10)
von Sodenstern Chef d. Gen.St. H.Gru. 2 (I)	1. 8. 40	(11)
Fellgiebel Inspekteur Nachr.Tr., zugl. m. Wahrn. d. Gesch. d. Inspekteurs d. Wehrm.Nachr.Verb. beauftr.	1. 8. 40	(13)
Köstring z. Verf. Ob. d. H. (Sonst. Offz.) (K)	1. 9. 40	(2)
Wiktorin Kdr. 20. Div. (I)	1.11. 40	(2)
Fahrmbacher Kdr. 5. Div. (A)	1.11. 40	(3)
Materna Kdr. 45. Div. (I)	1.11. 40	(4)
Reinhard Kdr. 35. Div. (I)	1.11. 40	(5)
Glokke General z. b. V. b. VI. A.K. (I)	1.12. 40	(7)
Koch-Erpach Kdr. 8. Div. (K)	1.12. 40	(11)
Vierow Chef d. Gen.St. XI. A.K. (I)	1. 1. 41	(1)
Weisenberger zuletzt Kdt. Kdtr. St.Wendel (dienstl. Wohnsitz Leipzig) (I)	1. 4. 41	(1)
Kuntzen Kdr. 8. Pz.Div. (Pz)	1. 7. 41	(3)
Kempf Kdr. 4. Pz.Brig. (Pz)	1. 7. 41	(4)
Feurstein Kdr. 2. Geb.Div. (GbT)	1. 9. 41	(1)
Schaal Kdr. 10. Pz.Div. (Pz)	1.10. 41	(1a)

Behlendorff	zuletzt Kdr. 34. Div.		
(dienstl. Wohnsitz Baden-Baden) (A)		1. 10. 41	(1b)
Mattenklott	Kdr. 72. Div. (I)	1. 10. 41	(1c)
Bieler	Chef d. Gen.St. II. A.K. (I)	1. 10. 41	(1d)
Loch	Kdr. 17. Div. (A)	1. 10. 41	(1e)
Ott	Inspekteur Inf.	1. 10. 41	(1f)
Keitel	zuletzt Ob.Kdo. d. H. (PA)		
(dienstl. Wohnsitz Danzig/Zoppot) (I)		1. 10. 41	(1g)
Geib	Feldzeugmeister (A)	1. 12. 41	(1)
Fischer von Weikersthal	Chef d. Gen.St. V. A.K. (I)	1. 12. 41	(2)
von Hanneken	z. Verf. Ob. d. H. (Sonst. Offz.) (I)	1. 12. 41	(3)
Crüwell	Abt.Chef i. Gen.St. d. H. (6. Abt) (Pz)	1. 12. 41	(4)
Clößner	Inspekteur Wehrers.Bz. Innsbruck (I)	1. 1. 42	(2)
Kirchner	Kdr. 1. Pz.Gren.Brig. (Pz)	1. 2. 42	(1)
von Tippelskirch	Oberquartiermeister IV i. Gen.St. d. H. (I)	1. 2. 42	(2a)
Brennecke	Chef d. Gen.St. H.Gru. 6 (I)	1. 2. 42	(3)
Angelis	Art.Kdr. XV	1. 3. 42	(1)
Hell	Art.Kdr. 22	1. 3. 42	(2)
Witthöft	Inf.Kdr. 26	1. 3. 42	(3)
Wetzel	Kdr. Kriegsschule Potsdam (I)	1. 3. 42	(4)
von der Chevallerie	Gen.St. d. H. (GZ) (I)	1. 3. 42	(5)
Konrad	Chef d. Gen.St. XVIII. A.K. (GbT)	1. 3. 42	(6)
Kleffel	Höh. Kav.Offz. 4 (dienstl. Wohnsitz Coburg)	1. 3. 42	(7)
Veiel	Kdr. 2. Pz.Div. (Pz)	1. 4. 42	(1)
Gallenkamp	Chef d. Gen.St. III. A.K. (A)	1. 4. 42	(2)
Strecker	Inf.Kdr. 34	1. 4. 42	(3)
Gercke	Abt.Chef i. Gen.St. d. H. (5. Abt.) (I)	1. 4. 42	(5)
Müller (Eugen)	Kdr. Kriegsakad. (A)	1. 6. 42	(1)
Reinecke	Chef Allgemeines Wehrmachtamt (I)	1. 6. 42	(2)
Straube	Kdr. Kriegsschule München (I)	1. 6. 42	(3)
Fretter-Pico	Chef d. Gen.St. XXV. A.K. (A)	1. 6. 42	(9)
Herzog	Art.Kdr. 1	1. 7. 42	(1)
von Rintelen	Mil.Attaché Deutschen Botsch. i. Rom (I)	1. 7. 42	(2)
Nehring	Chef d. Gen.St. XIX. A.K. (Pz)	1. 7. 42	(3)
von Knobelsdorff	Kdt. d. Befest. b. Oppeln (Pz)	1. 8. 42	(2)
Engelbrecht	Kdr. H.Dienststelle 30 (A)	1. 9. 42	(1)
Hilpert	Chef d. Gen.St. IX. A.K. (I)	1. 9. 42	(2)
Gen.Oberst 1. 5. 45			
Theisen	Inspekteur Nebeltruppe u. Gasabwehr (A)	1. 10. 42	(1)
Sachs	Höh. Pi.Offz. 1	1. 10. 42	(1a)
Hubicki	Kdr. 9. Pz.Div. (Pz)	1. 10. 42	(1b)
Neuling	Landw.Kdr. Oppeln (I)	1. 10. 42	(1c)
Stapf	Oberquartiermeister III i. Gen.St. d. H.,		
zugl. Verb.Offz. d. H. b. R. d. L. u. Ob. d. L. (I)		1. 10. 42	(1d)
Marcks	z. Verf. Ob. d. H. (Sonst. Offz.) (A)	1. 10. 42	(1e)
Ritter von Thoma	z. Verf. Ob. d. H. (Sonst. Offz.) (Pz)	1. 11. 42	(1a)
Fehn	Kdr. Pz.Gren.Rgt. 33 (Pz)	1. 11. 42	(2)
Freiherr von Roman	Ob.Kdo. d. H. (In 4) (A)	1. 11. 42	(3)
Lichel	Kdr. 3. Div. (I)	1. 12. 42	(1)
Knieß	Landw.Kdr. Heilbronn (Neckar) (I)	1. 12. 42	(2)
Laux	Inf.Kdr. 10 (I)	1. 12. 42	(3)
Moser	Art.Kdr. 17	1. 12. 42	(5)
Dehner	Kdr. Gren.Rgt. 87	1. 12. 42	(7)
von Leyser	Kdr. d. Pz.Jäg.Tr. XIV (I)	1. 12. 42	(8)
Lüters	Inspekteur Wehrers.Bz. Graz (I)	1. 1. 43	(1a)
Keiner	Art.Kdr. 8	1. 1. 43	(1a)
Henrici	Art.Kdr. XVI (Pz)	1. 1. 43	(2)

Wandel	Chef d. St. Insp. Art. (In 4) (A)		1. 1.43	(2a)
Jordan	Kdr. Lehrgru. B Kriegsschule Wiener Neustadt	(I)	1. 1.43	(3)
Martinek	Art.Kdr. XVIII (A)		1. 1.43	(4)
Pfeffer	Höh. Art.Offz. 5		22. 1.43	
Lanz	Kdr. Geb.Jäg.Rgt. 100 (GbT)		28. 1.43	
Breith	Kdr. Pz.Regt. 36		1. 3.43	(1)
von Vaerst	Kdr. Pz.Gren.Rgt. 2 (Pz)		1. 3.43	(2)
von Oven	Kdr. Pz.Gren.Rgt. 59 (I)		1. 4.43	(1)
Kriebel	Kdr. Kriegsschule Dresden			
	(dienstl. Wohnsitz München) (I)		1. 4.43	(1a)
Allmendinger	Abt.Chef i. Gen.St. d. H. (10. Abt.) (I)		1. 4.43	(2)
Frießner	Ob.Kdo. d. H. (G.I.F.) (I)		1. 4.43	(4)
Erhielt RDA-Verbesserung 1. 9. 41 (2); Gen.Oberst 1. 7. 44 (1)				
von Förster	Kdr. 26. Div. (I)		1. 5.43	(1)
Mieth	Chef d. Gen.St. XII. A.K. (I)		1. 5.43	(2)
Siebert	Kdr. Gren.Rgt. 55		1. 5.43	(2a)
Schneckenburger	Abt.Chef i. Gen.St. d. H. [(11. Abt.)]	(I)	1. 5.43	(2b)
Höhne	Kdr. Jäg.Rgt. 28		1. 5.43	(3)
Jaschke	Chef d. St. Insp. d. Inf. (In 2) (I)		1. 5.43	(3a)
Raus	z. Verf. Ob. d. H. (Sonst. Offz.) (Pz)		1. 5.43	(4)
Gen.Oberst 15. 8. 44				
Cramer	Kdr. Kav.Lehr- u. Vers.Abt. (Pz.)		1. 5.43	(5)
Osterkamp	Chef H.Verwaltungsamt (A)		1. 6.43	(1)
Wöhler	Gen.St. H.Gru. 5 (I)		1. 6.43	(2)
von Zangen	Kdr. Gren.Rgt. 88		1. 6.43	(3)
Schellert	Kdr. Gren.Rgt. 106		1. 7.43	(2)
Roettig	Kdr. Gren.Rgt. 47		1. 8.43	(1)
Sponheimer	Kdr. Gren.Rgt. 24		1. 8.43	(2)
Wagner (Eduard)	z. Verf. Ob. d. H. (Sonst. Offz.) (A)		1. 8.43	(3)
Brandenberger	Chef d. Gen.St. XXIII. A.K. (Pz)		1. 8.43	(4)
Dostler	Kdr. Gren.Rgt. 42		1. 8.43	(5)
Eberbach	Kdr. Pz.Rgt. 35		1. 8.43	(6)
Tittel	Art.Kdr. 16		1. 9.43	(1)
Völckers	Kdr. Pz.Gren.Rgt. 115 (I)		1. 9.43	(2)
Toussaint	Wehrm.Bevollm. b. Reichsprotektor			
	u. Befehlsh. i. Wehrkrs. Böhmen u. Mähren (I)		1. 9.43	(2a)
Herr	Pz.Gren.Rgt. 33 (Pz)		1. 9.43	(3)
Sinnhuber	Art.Kdr. 18		1. 10.43	(1)
Lucht	Ausb.Leiter Heilbronn (Neckar) 2 (A)		1. 10.43	(1a)
Gollnick	Kdr. Gren.Rgt. 76		1. 10.43	(2)
Wiese	Gren.Rgt. 116		1. 10.43	(3)
Kreysing	Kdr. Gren.Rgt. 16 (GbT)		1. 11.43	(1)
Hauffe	Chef d. Gen.St. XXV. A.K. (I)		1. 11.43	(1a)
Grase	St. Gen.Kdo. I. A.K. (I)		1. 11.43	(1b)
Balck	Ob.Kdo. d. H. (In 6) (Pz)		1. 11.43	(1c)
Erhielt RDA-Verbesserung 1. 7. 42 (3a)				
Hoßbach	Kdr. Gren.Rgt. 82		1. 11.43	(2)
Auleb	Kdr. Füs.Rgt. 39		1. 12.43	(1)
Gollwitzer	Kdr. Gren.Rgt. 41		1. 12.43	(1a)
Freiherr von und zu Gilsa	Kdr. Gren.Rgt. 9		1. 12.43	(2)
von Scheele	Kdr. Gren.Rgt. 95		1. 12.43	(3)
Lindemann	z. Verf. Ob. d. H. (Sonst. Offz.) (A)		1. 12.43	(4)
Wegener	St. 32. Div. (I)		1. 12.43	(5)
Graf von Rothkirch und Trach	Kdt. Befest. v. Breslau	(K)	1. 1.44	(1)
Wolff	Pz.Gren.Rgt. 108 (früher Inf.Rgt. 10) (I)		1. 1.44	(2)
Ziegler	Ob.Kdo. d. H. (Chef H Rüst u. Bd E/Stab) (A)		1. 1.44	(3)
Weidling	Kdr. Art.Rgt. 56		1. 1.44	(4)

2 Rangliste

von Wickede	Gren.Rgt. 4	1. 1.44	(5)
Ritter von Hengl	Geb.Jäg.Rgt. 99 (GbT)	1. 1.44	(6)
Buschenhagen	Kdr. Pz.Gren.Rgt. 5	1. 1.44	(6a)
von Senger und Etterlin	Kdr. Kav.Rgt. 3 (Pz)	1. 1.44	(7)
Feldt	Kdr. 1. Kav.Brig. (K)	1. 2.44	(1)
Herrlein	Kdr. Gren.Rgt. 116	1. 2.44	(2)
Freiherr von Esebeck	Kdr. 6. Pz.Gren.Brig. (Pz)	1. 2.44	(3)
Köchling	Pz.Gren.Rgt. 79 (I)	1. 2.44	(3a)
Wuthmann	Gen.St. H.Gru. 6 (A)	1. 2.44	(4)
Freiherr von Funck	z. Verf. Attaché-Abt. (St. O. Berlin) (Pz)	1. 3.44	(1)
Eglseer	Kdr. Geb.Jäg.Rgt. 136 (GbT)	1. 3.44	(2)
Warlimont	Stellv. Chef Wehrm.Führungsstab		
	i. Ob.Kdo. d. W. (Stellv. Chef WFSt) (A)	1. 4.44	(2)
von Greiffenberg	Abt.Chef i. Gen.St. d. H. (1. Abt.) (I)	1. 4.44	(2a)
Buhle	Abt.Chef i. Gen.St. d. H. (2. Abt.) (I)	1. 4.44	(3)
Blumentritt	Abt.Chef i. Gen.St. d. H. [(4. Abt.)] (I)	1. 4.44	(4)
Schulz (Friedrich)	Ob.Kdo. d. W. (Stellv. Chef WFSt) (I)	1. 4.44	(5)
Tiemann	Höh. Pi.Offz. 3	1. 5.44	(1)
von Bünau	Kdr. Gren.Rgt. 133	1. 5.44	(2)
Krüger	Kdr. Kav.Rgt. 10 (Pz)	1. 5.44	(3)
Grasser	Gren.Rgt. 119	1. 5.44	(4)

Generalleutnante

Freiherr von Wilmowsky			
	Inspekteur Wehrers.Bz. Potsdam (K)	1. 8. 35	(1)
Kratzert	St. H.Gru.Kdo. 2 (A)	1. 1. 38	(1)
Praetorius	Inspekteur Wehrers.Bz. Dresden (A)	1. 2. 38	(5)
Schwarznecker	Inspekteur Wehrers.Bz. Wien (I)	1. 3. 38	(9)
Sorsche	Inspekteur Wehrers.Bz. Liegnitz (A)	1. 3. 38	(10)
von Schauroth	Inspekteur Wehrers.Bz. Breslau (I)	1. 4. 38	(3)
von der Leyen	Kdr. 12. Div. (I)	1. 6. 38	(2)
Seifert	zuletzt Kdt. v. Berlin (I)	1. 8. 38	
von Faber du Faur	Inspekteur Wehrers.Bz. Innsbruck (K)	1. 4. 39	(1)
von Hartlieb genannt Walsporn	Kdr. 5. Pz.Brig. (Pz)	1. 8. 39	(5)
von Puttkamer	Ob.Kdo. d. H. (Höh. Pz.Jäg.Offz. b. Chef d. Schnellen Tr.), zugl. Höh. Pz.Jäg.Offz. 1	1. 8. 39	(7)
Bertram	Reichskriegsgericht (K)	1. 8. 39	(8)
Pflugbeil	Landw.Kdr. Breslau (I)	1. 10. 39	(1)
Büchs	Kdt. Befest. b. Neustettin (I)	1. 10. 39	(2)
Brand	Kdt. Befest. b. Königsberg (Pr.) (A)	1. 10. 39	(3)
Richter	Landw.Kdr. Freiburg (Breisgau) (I)	1. 10. 39	(5)
Baltzer	Landw.Kdr. Allenstein (I)	1. 10. 39	(8)
Boettcher	Landw.Kdr. Hannover (I)	1. 11. 39	(1)
Denecke	Landw.Kdr. Darmstadt (I)	1. 12. 39	(1)
Stud	Ob.Kdo. d. H. (Wa I Rü) (A)	1. 2. 40	(4)
Sixt von Arnim	Oberquartiermeister II i. Gen.St. d. H. (I)	1. 3. 40	(1)
Dennerlein	Höh. Pi.Offz. Landesbefest. West	1. 3. 40	(5)
Spang	Kdt. Befest. b. Aachen (A)	1. 4. 40	(9)
Blümm	Inf.Kdr. 7	1. 4. 40	(10)
von Hase	Kdt. v. Berlin (I)	1. 4. 40	(11)
Stümpfl	Kdt. v. Wien (I)	1. 6. 40	(2)
Wollmann	Höh. Pi.Offz. Landesbefest. Ost	1. 6. 40	(6)
de l'Homme de Courbière	Landw.Kdr. Glogau (I)	1. 6. 40	(7)
Schede	Kdt. Befest. b. Allenstein (I)	1. 7. 40	(4)
Wagner	Höh. Pz.Jäg.Offz. 5	1. 8. 40	(1)
Weingart	Inspekteur Fahrtr.	1. 8. 40	(2)
Freiherr von Gablenz	Inf.Kdr. 4	1. 8. 40	(7)
von Rothkirch und Panthen	Kdr. Jäg.Rgt. 49	1. 8. 40	(12)
von Loeper	Kdr. 6. Pz.Div. (Pz)	1. 9. 40	(1)
Rußwurm	Höh. Nachr.Offz. 3	1. 9. 40	(3)
Rußwurm	Kdr. H.Nachr.Schule	1. 9. 40	(4)
Behschnitt	Inspekteur Wehrers.Bz. Hannover (I)	1. 9. 40	(5)
Bayer	Kdr. Gren.Rgt. 77	1. 10. 40	(2)
Heunert	Inf.Kdr. 22	1. 10. 40	(3)
Hammer	Art.Kdr. 32	1. 11. 40	(1)
Jahn	Kdr. Art.Schule	1. 11. 40	(3)
Gen.d.Art. 1. 10. 44 (1)			
von Berg	Inspekteur Wehrers.Bz. Koblenz (A)	1. 11. 40	(5)
Schimpf	Fest.Pi.Kdr. VI	1. 12. 40	(3)

2*

Leister Kdr. H.Gasschutzschule (Nbl)	1.	1. 41	(2)
von Scotti Art.Kdr. 35	1.	2. 41	(1)
Stumpff Inspekteur Wehrers.Bz. Königsberg (Pr.) (Pz)	1.	2. 41	(2)
Gen.d.Pz.Tr. 9. 11. 44 (1)			
Eberhardt Kdr. Gren.Rgt. 44	1.	2. 41	(4)
Folttmann Ob.Kdo. d. H. (PA) (I)	1.	2. 41	(5)
von Schaewen Kdr. d. Pi. III	1.	2. 41	(6)
von dem Knesebeck Inspekteur Wehrers.Bz. Münster (Westf.) (I)	1.	2. 41	(11)
van Ginkel Inspekteur Wehrers.Bz. München (A)	1.	2. 41	(12)
Schmetzer Fest.Pi.Kdr. V	1.	2. 41	(13)
Hengen Inspekteur Wehrers.Bz. Chemnitz (A)	1.	2. 41	(15)
Freiherr Roeder von Diersburg Inspekteur Wehrers.Bz. Köln (A)	1.	2. 41	(16)
Volk Inspekteur Wehrers.Bz. Eger (K)	1.	2. 41	(18)
von Brodowski z. Verf. Ob. d. H. (Sonst. Offz.) (K)	1.	2. 41	(21)
Leykauf Rüst.Inspekteur VIII (I)	1.	2. 41	(23)
Pinckvoß Inspekteur Wehrers.Bz. Kassel (I)	1.	2. 41	(25)
Zukertort Art.Kdr. 20	1.	2. 41	(26)
Freiherr von Waldenfels z. Verf. Ob. d. H. (Sonst. Offz.) (I)	1.	2. 41	(28)
Gerhardt Inspekteur Wehrers.Bz. Allenstein (I)	1.	2. 41	(32)
Wegner Kdr. Fz. Gru. I (F)	1.	2. 41	(33)
Freiherr von Wrede zuletzt Mil.Attaché Deutschen Gesandt-schaft i. Budapest (jetzt St. O. Dresden) (K)	1.	3. 41	(1)
Ottenbacher zuletzt Kdt. Befest. b. Lötzen (dienstl. Wohnsitz Stuttgart) (I)	1.	3. 41	(2)
Karl Kdr. Erg.Tr. XII (I)	1.	3. 41	(3)
Brauner Kdr. Gren.Rgt. 132	1.	3. 41	(4)
Beuttel Kdr. Fz.Kdo. XVII (I)	1.	3. 41	(6)
Heberlein Kdt. Tr.Üb.Pl. Grafenwöhr (I)	1.	4. 41	(3)
von Kleist Kdt. v. Hannover (K)	1.	4. 41	(4)
Andreas Landw.Kdr. Lübben (Spreew.) (I)	1.	4. 41	(8)
Lehmann Kdr. Pz.Gren.Rgt. 40 (I)	1.	6. 41	(2)
Dehmel Inspekteur d. Pion. u. d. Eisenb.Pion.	1.	6. 41	(3)
Schroeck Kdr. Gren.Rgt. 29	1.	6. 41	(7)
Stimmel Inspekteur Wehrers.Bz. Weimar (I)	1.	6. 41	(10)
Detmering Inspekteur Wehrers.Bz. Frankfurt (Main) (I)	1.	6. 41	(12)
Hinghofer z. Verf. Ob. d. H. (Sonst. Offz.) (A)	1.	7. 41	(3)
Drogand Reichsfürsorge- u. Versorgungsgericht (I)	1.	7. 41	(5)
Freiherr von Schacky auf Schönfeld zuletzt Kdt. v. Mann-heim (I)	1.	8. 41	(5)
von Sommerfeld Kdr. H.Dienststelle 9 (I)	1.	9. 41	(1)
von Uthmann Mil.Attaché Deutschen Gesandtsch. i. Stock-holm, Oslo u. Kopenhagen m. d. Sitz i. Stockholm (I)	1.	9. 41	(2)
Mühlmann Art.Kdr. 3	1.	9. 41	(3)
Kohl Kdr. Gren.Rgt. 81	1.	9. 41	(4)
Hellmich z. Verf. Ob. d. H. (Sonst. Offz.) (I)	1.	9. 41	(6)
Meyer-Buerdorf Ob.Kdo. d. H. (In 4) (Höh. Offz. d. Art.Beob.Tr.) (A)	1.	9. 41	(7)
Gen.d.Art. 20. 4. 45			
von Zülow Kdr. Gren.Rgt. 89	1.	10. 41	(1)
Horn Kdr. Gren.Rgt. 32	1.	10. 41	(5)
Dippold Kdr. Pz.Gren.Rgt. 104 (I)	1.	10. 41	(7)
Haarde Kdr. 8. Pz.Brig. (Pz)	1.	10. 41	(8)
Zickwolff Landw.Kdr. Mülheim (Ruhr) (I)	1.	10. 41	(9)
Wintzer zuletzt Rüst.Inspekteur I (A)	1.	10. 41	(10)
Gunzelmann Inspekteur Wehrers.Bz. Graz (I)	1.	10. 41	(11)

Maderholz	Kdt. Tr.Üb.Pl. Königsbrück (I)	1. 10. 41	(12)
Schlieper	z. Verf. Ob. d. H. (Sonst. Offz.) (A)	1. 11. 41	(1)
Meyer-Rabingen	Kdr. Gren.Rgt. 109	1. 11. 41	(2)
Satow	Inspekteur Wehrers.Bz. Frankfurt (Oder) (K)	1. 11. 41	(5)
Mehnert	Kdt. v. Dresden (N)	1. 11. 41	(6)
Goettke	Ob.Kdo. d. H. (In 4) (A)	1. 11. 41	(8)
Krischer	Art.Rgt. 10	1. 12. 41	(5)
Krampf	Kdr. Gren.Rgt. 31	1. 12. 41	(6)
Sintzenich	Kdr. Gren.Rgt. 61	1. 12. 41	(7)
Hemmerich	Abt.Chef i. Gen.St. d. H. (9. Abt.) (I)	1. 12. 41	(8)
Zehler	Art.Kdr. 15	1. 12. 41	(12)
Gilbert	Kdr. Pz.Gren.Rgt. 79 (I)	1. 1. 42	(1)
Müller-Gebhard	Kdr. Geb.Jäg.Rgt. 13	1. 1. 42	(2)
Haase	Kdr. Gren.Rgt. 11	1. 1. 42	(3)
Linn (Philipp)	Ob.Kdo. d. H. (zuletzt In T) (Kfp)	1. 1. 42	(5)
Pilz	Kdr. Gren.Rgt. 121	1. 2. 42	(1)
Wanger	Kdr. Gren.Rgt. 80	1. 2. 42	(2)
Prager	Kdr. Pz.Art.Rgt. 27	1. 2. 42	(3)
Neumann	Kdr. Gren.Rgt. 17	1. 2. 42	(4)
Stoewer	Kdr. Gren.Rgt. 84	1. 2. 42	(5)
Bielfeld	Kdt. Tr.Üb.Pl. Altengrabow (I)	1. 2. 42	(6)
Böttcher	Art.Offz. v. Platz Kdtr. Befest. b. Oppeln (A)	1. 3. 42	(2)
Berlin	Kdr. Pz.Art.Rgt. 33	1. 3. 42	(3)
Gen.d.Art. 1. 10. 44 (2)			
von Tettau	Kdr. Pz.Gren.Rgt. 101 (I)	1. 3. 42	(4)
Gen.d.Inf. 16. 3. 45			
Burckhardt	Kdr. d. Nachr.Tr. VI	1. 3. 42	(5)
Lechner	Art.Kdr. XXIV	1. 3. 42	(7)
Kurz	Inspekteur Wehrers. Bez. Schleswig-Holstein (I)	1. 3. 42	(8)
Sanne	Kdr. Gren.Rgt. 57	1. 4. 42	(1)
Pflugradt	Kdr. Gren.Rgt. 111	1. 4. 42	(2)
Windeck	Kdr. Gren.Rgt. 58	1. 4. 42	(4)
von Wachter	Kdr. Gren.Rgt. 36	1. 4. 42	(5)
Dittmar	Kdr. Pi.Schule I	1. 4. 42	(6)
Carp	Inspekteur Wehrers. Bz. Kattowitz (F)	1. 4. 42	(7)
von Prondzynski	Inspekteur Wehrers. Bz. Prag (A)	1. 4. 42	(9)
Friedrich	Kdr. Pz.Art.Rgt. 4	1. 4. 42	(10)
Rosenbusch	Fest.Pi.Kdr. I	1. 4. 42	(10a)
Naumann	Kdr. d. Pz.Jäg.Tr. III	1. 4. 42	(11)
Bohnstedt	Kdr. Gren.Rgt. 51	1. 4. 42	(12)
von Schell	Ob.Kdo. d. H. (Gen d Mot) (Pz)	1. 4. 42	(16)
Müller	Kdt. v. Frankfurt (Main) (I)	1. 6. 42	(1)
Recke	Kdt. Tr.Üb.Pl. Döberitz (I)	1. 6. 42	(2)
Macholz	Kdr. Gren.Rgt. 67	1. 6. 42	(3)
Pfeiffer	Kdr. Art.Rgt. 23	1. 6. 42	(4)
Gen.d.Art. 1. 5. 44 (1a)			
Eckstein	Fest.Pi.Kdr. VII	1. 6. 42	(5)
Schrader	Höh. Nachr.Offz. 5	1. 7. 42	(4)
Kirchheim	Ob.Kdo. d. H.		
	(AHA/Leiter Sonderst. Tropen) (I)	1. 7. 42	(5)
Bernhard	Kdr. Nachr.Tr. II	1. 8. 42	(2)
Veith	Reichskriegsgericht (I)	1. 8. 42	(4)
von Drabich-Waechter	Ob.Kdo. d. H. (PA) (I)	1. 8. 42	(5)
von Boltenstern	Kdr. Gren.Rgt. 71	1. 8. 42	(7)
Cantzler	Kdr. d. Pi. II	1. 8. 42	(8)
Juppe	Abt.Chef i. Ob.Kdo. d. W. (WNV) (N)	1. 8. 42	(12)
Ansat	Kdr. Art.Rgt. 32	1. 8. 42	(13)

Meise	Höh. Pi.Offz. 2	1. 9.42	(2)
Thofern	Kdt. Tr.Üb.Pl. Groß Born (I)	1. 9.42	(4)
Boysen	Kdr. Gren.Rgt. 7	1. 9.42	(5)
Stahl	Kdr. d. Pz.Jäg.Tr. I	1. 9.42	(6)
Freiherr von Schleinitz	Kdr. Gren.Rgt. 48	1. 9.42	(7)
Fürst	Kdr. Pz.Gren.Rgt. 6	1. 10.42	(1)
Steinbauer	Kdr. Art.Rgt. 7	1. 10.42	(3)
Haeckel	Kdr. Gren.Rgt. 107	1. 10.42	(4)
Kersten	Höh. Nachr.Offz. b. Wehrm. Bevollm. b. Reichs-protektor u. Befehlshaber i. Wehrkrs. Böhmen u. Mähren	1. 10.42	(5)
Weidinger	Abt.Chef i. Ob.Kdo. d. H. (Wa Prüf 8) (A)	1. 10.42	(6)
Pflieger	Kdr. Pz.Art.Rgt. 19	1. 10.42	(7)
Dihm	Kdr. Fz.Kdo. VII (A)	1. 10.42	(8)
Rathke	Art.Kdr. 2	1. 10.42	(13)
Schmidt	Kdr. Pz.Gren.Rgt. 74 (I)	1. 10.42	(14)
Kraiß	Kdr. Gren.Rgt. 90	1. 10.42	(15)
Meissner	Gren.Rgt. 118	1. 10.42	(18)
Ortner	Gren.Rgt. 50	1. 10.42	(19)
Scherer	Kdr. Jäg.Rgt. 56	1. 11.42	(3)
Oberhäußer	zuletzt Kdr. d. Nachr.Tr. III	1. 11.42	(4)
Rupprecht	Kdt. v. Regensburg (I)	1. 11.42	(5)
Bordihn	Fest.Pi.Kdr. IV	1. 11.42	(6)
von Behr	Kdr. Gren.Rgt. 45	1. 11.42	(7)
Burdach	Abt.Chef i. Ob.Kdo. d. H. (Ag ETr/E) (A)	1. 11.42	(10)
Matterstock	Kdt. v. Würzburg (I)	1. 11.42	(11)
Höcker	Ausb.Leiter Oppeln 2 (I)	1. 11.42	(12)
Petsch	Ausb.Leiter Freiburg (Breisgau) (I)	1. 11.42	(14)
Gen.d.Inf. 1. 3. 45			
Rauch	Kdr. Gren.Rgt. 2	1. 11.42	(16)
Koch	Ausb.Leiter Glatz 2 (I)	1. 11.42	(18)
Kessel	Inf.Gerätinspiz. (A) 1 (I)	1. 11.42	(19)
Trierenberg	Kdr. Inf.Lehrrgt.	1. 11.42	(20)
Rossum	Kdr. Gren.Rgt. 92	1. 12.42	(1)
Schlemmer	Kdr. Geb.Jäg.Rgt. 137	1. 12.42	(3)
Mittermaier	Kdr. Gren.Rgt. 135	1. 12.42	(3a)
Lindig	Kdr. Art.Rgt. 9	1. 12.42	(4)
Will	Chef d. St. Insp. Eisenb.Pi. (In 10)	1. 12.42	(5)
Freiherr Neubronn von Eisenburg	Ob.Kdo. d. H. (3. Abt. Gen.St. d. H.) (I)	1. 12.42	(6)
Ringel	Pz.Gren.Rgt. 74 (I)	1. 12.42	(9)
Gen.d.Geb.Tr. 1. 6. 44 (2)			
Freiherr von Boineburg-Lengsfeld	Kdr. Pz.Gren.Rgt. 1	1. 12.42	(11)
von Majewski	Kdr. d. Pi. VIII	1. 12.42	(15)
Angern	Kdr. 3. Pz.Gren.Brig. (Pz)	1. 12.42	(18)
Edler von Daniels	Kdr. Gren.Rgt. 18	1. 12.42	(19)
Rodenburg	Inf.Lehrrgt.	1. 12.42	(20)
Schlömer	Pz.Gren.Rgt. 25 (I)	1. 12.42	(21)
Deboi	Geb.Jäg.Rgt. 91	1. 12.42	(22)
von Schwerin	Gren.Rgt. 87	1. 12.42	(23)
Koreuber	Kdt. Tr.Üb.Pl. Zossen (Pz)	1. 1.43	(1)
Schirmer	Kdr. Pz.Gren.Rgt. 64	1. 1.43	(2)
Rohde	Mil.Attaché Deutschen Botsch. i. Ankara (I)	1. 1.43	(3)
Düvert	Chef d. Gen.St. VI. A.K. (A)	1. 1.43	(4)
Gerke	St. d. Wehrm.Bevollm. b. Reichsprotektor u. Befehls-haber i. Wehrkrs. Böhmen u. Mähren (N)	1. 1.43	(9)
Schmitt	Kdr. Fz.Kdo. XI (I)	1. 1.43	(10)
Gullmann	Kdt. v. Münster (Westf.) (I)	1. 1.43	(11)

Wolff	Gren.Rgt. 17	1. 1. 43	(12)
Wosch	Kdr. Gren.Rgt. 8	1. 1. 43	(13)
Schopper	Kdr. Art.Rgt. 6	1. 1. 43	(14a)
Siry	Kdr. Art.Rgt. 51	1. 1. 43	(15)
Hühner	Kdr. Pz.Gren.Rgt. 25 (I)	1. 1. 43	(16)
Scheller	Kdr. Pz.Gren.Rgt. 66 (I)	1. 1. 43	(19)
Butze	St. Gen.Kdo. VI. A.K. (I)	1. 1. 43	(22)
Dettling	Jäg.Rgt. 56	1. 1. 43	(23)
Schmidt (August)	Kdr. Gren.Rgt. 20	1. 1. 43	(24)
Großmann	Kdr. Lehrgru. B Kriegsschule Potsdam (I)	1. 1. 43	(25)
Gen.d.Inf. 9. 11. 44 (2)			
Brabänder	Kdr. Füs.Rgt. 68	1. 1. 43	(27)
Sander	Kdr. Pz.Art.Rgt. 80	1. 1. 43	(28)
Goeritz	Kdr. Gren.Rgt. 134	1. 1. 43	(29)
Freiherr von Thüngen	Ob.Kdo. d. H. (Ag E Tr/E) (K)	1. 1. 43	(30)
Heusinger	Gen.St. d. H. (1. Abt.) (I)	1. 1. 43	(31)
Freiherr von Lützow	St. Gen.Kdo. II. A.K. (I)	1. 1. 43	(32)
Gümbel	Kdr. Gren.Rgt. 118	1. 1. 43	(34)
Baier	Kdr. Pz.Art.Rgt. 73	1. 1. 43	(34a)
Beyer	z. Verf. Ob. d. H. (Sonst. Offz.) (I)	1. 1. 43	(37a)
Gen.d.Inf. 1. 7. 44 (1)			
Foertsch	Kriegsakad. (I)	1. 1. 43	(38)
Gen.d.Inf. 9. 11. 44 (3)			
Hasse	Gen.St. H.Gru. 1 (I)	1. 1. 43	(40)
Gen.d.Inf. 1. 8. 44 (2)			
von Erdmannsdorff (Werner)	Kdr. Gren.Rgt. 30	1. 1. 43	(41)
Gen.d.Inf. 30. 1. 45 (2)			
Thomaschki	Kdr. Art.Rgt. 3	1. 1. 43	(42)
Gen.d.Art. 1. 3. 45			
Gareis	Kdr. Lehrgr. B Kriegsschule München (I)	1. 1. 43	(45)
Gen.d.Inf. 1. 4. 45			
Schaefer	Kdr. Inf.Rgt. 127	1. 1. 43	(46)
Waeger	Chef d. St. H.Waffenamt (WaA) (A)	1. 1. 43	(48)
Gen.d.Art. 1. 10. 44 (2a)			
Höcker	Kdr. Lehrgru. B Kriegsschule Hannover (I)	1. 1. 43	(49)
Boege	Kdr. Lehrgru. A Kriegsschule Potsdam (I)	1. 1. 43	(50)
Gen.d.Inf. 1. 6. 44 (3)			
Kühlwein	Gren.Rgt. 55	1. 1. 43	(51)
Schlemmer	Geb.Art.Rgt. 111	1. 1. 43	(52)
Gen.d.Geb.Tr. 9. 11. 44 (4)			
Forst	Kdr. Pz.Art.Rgt. 76	1. 1. 43	(53)
Philipp	Geb. Jäg.Rgt. 138	1. 1. 43	(53a)
Sinzinger	Gren.Rgt. 89	1. 1. 43	(54)
Hahm	Kriegsschule München (I)	1. 1. 43	(55)
Gen.d.Inf. 30. 1. 45 (3)			
Faulenbach	Jäg.Rgt. 56	1. 1. 43	(56)
Poppe	Pz.Gren.Rgt. 108 (früher Inf.Rgt. 10) (I)	1. 1. 43	(58)
Schmidt	Pz.Gren.Rgt. 59 (I)	1. 1. 43	(59)
Hoernlein	Pz.Gren.Rgt. 69 (I)	1. 1. 43	(60)
Gen.d.Inf. 9. 11. 44 (5)			
von Lenski	Kdr. Kav.Rgt. 6	1. 1. 43	(61a)
Seyffardt	Gren.Rgt. 111	1. 1. 43	(62)
Baentsch	Abt.Chef i. Gen.St. d. H. (7. Abt.) (I)	1. 1. 43	(63)
Lang	Gren.Rgt. 48	1. 1. 43	(65)
von Graffen	Art.Schule	1. 1. 43	(66)
Stephan	Gren.Rgt. 12	1. 1. 43	(67)
Traut	Gren.Rgt. 90	1. 1. 43	(68)

Greiner	Pz.Gren.Rgt. 63 (I)	1.	1. 43	(70)
Block	Gren.Rgt. 4	1.	1. 43	(72)
Gen.d.Inf. 1. 7. 44 (1a)				
Schmidt (Arthur)	Gen.St. VI. A.K. (I)	17.	1. 43	
Mikulicz	Gren.Rgt. 80	1.	2. 43	(2a)
Hartmann	Kdr. Art.Rgt. 24	1.	2. 43	(2b)
Gen.d.Art. 1. 5. 44 (5)				
Heinrichs	Pz.Gren.Rgt. 59 (I)	1.	2. 43	(4)
Mayer	Gren.Rgt. 65	1.	2. 43	(5)*
Praun	Kdr. Pz.Nachr.Abt. 38	1.	2. 43	(5a)
Gen.d.Nachr.Tr. 1. 10. 44 (3)				
von Choltitz	z. Verf. Ob. d. H. (Sonst. Offz.) (I)	1.	2. 43	(6)
Gen.d.Inf. 1. 8. 44 (3)				
Richter (Werner)	Kdr. Jäg.Rgt. 54	1.	3. 43	(1)
Schartow	Kdt. v. Weimar (I)	1.	3. 43	(2)
Jacobi	Kdr. Wehrbz. Stettin I (I)	1.	3. 43	(2a)
Gräser	Kdr. M.G.Btl. 8	1.	3. 43	(3a)
Gen.d.Pz.Tr. 1. 9. 44 (2); erhielt später RDA-Verbesserung 1. 12. 43 (5a)				
Müller (Vincenz)	Gen.St. H.Gru. 2 (Pi)	1.	3. 43	(4)
Badinski	Gren.Rgt. 16	1.	3. 43	(5)
Recknagel	Jäg.Rgt. 54	1.	3. 43	(6)
Gen.d.Inf. 1. 7. 44 (2)				
Danhauser	Gren.Rgt. 106	1.	3. 43	(7)
Richert	Kdr. Gren.Rgt. 23	1.	3. 43	(7a)
von Tresckow	Gren.Rgt. 58	1.	3. 43	(8)
Hitter	Kdr. I. Abt. Art.Rgt. 62	1.	3. 43	(9)
Schmundt	Chef H.Personalamt zugl. Chefadjutant d. W. b. Führer (I)	1.	4. 43	(1a)
Gen.d.Inf. 1. 7. 44 (2a)				
Schubert	Kdr. d. Nachr.Tr. XVII	1.	4. 43	(1b)
Gimmler	Abt.Chef i. Ob.Kdo. d. H. (Wa Prüf 7) (N)	1.	4. 43	(1c)
Zellner	Gen.St. H.Gru. 5 (I)	1.	4. 43	(1d)
Altrichter	Kdr. Lehrgru. A Kriegsschule Dresden (I)	1.	4. 43	(2)
Bülowius	Fest.Pi.Kdr. X	1.	4. 43	(2a)
von Saucken	Kdr. Reit.Rgt. 2 (PzGr)	1.	4. 43	(2a¹)
Gen.d.Pz.Tr. 1. 8. 44 (4)				
von Apell	Kdr. Pz.Gren.Rgt. 11	1.	4. 43	(2b)
Matzky	Oberquartiermeister IV i. Gen.St. d. H. (I)	1.	4. 43	(2c)
Gen.d.Inf. 1. 9. 44 (2a)				
Breith	Kdr. Art.Rgt. 35	1.	4. 43	(3)
Röhricht	Kdr. Füs.Rgt. 34	1.	4. 43	(3a)
Gen.d.Inf. 1. 9. 44 (3)				
Grimmeiß	Kdr. Pz.Art.Rgt. 78	1.	4. 43	(4)
Gen.d.Art. 1. 4. 45				
Bamler	Chef d. Gen.St. XX. A.K. (A)	1.	4. 43	(5)
Weckmann	Kriegsakad. (I)	1.	4. 43	(6)
Gause	Ob.Kdo. d. W. (Stellv. Chef W.F.St.) (Pi)	1.	4. 43	(7)
Becker	Pz.Gren.Rgt. 64	1.	4. 43	(7a)
Harteneck	Kdr. Kav.Rgt. 9	1.	4. 43	(9)
Gen.d.Kav. 1. 9. 44 (4)				
Hofmann (Rudolf)	Gen.St. XIII. A.K. (I)	1.	4. 43	(10)
Gen.d.Inf. 20. 4. 45				
Fischer	Gren.Rgt. 77	1.	4. 43	(10a)
Wintergerst	Kdr. Geb.Art.Rgt. 79	1.	4. 43	(10a¹)
Franek	Geb.Jäg.Rgt. 98	1.	4. 43	(10b)

Püchler	Füs.Rgt. 34		1. 4. 43	(10b[1])
Gen.d.Inf. 9. 11. 44 (5a)				
Lasch	Gren.Rgt. 3		1. 4. 43	(10c)
Gen.d.Inf. 9. 11. 44 (6)				
Krebs	Gen.St. d. H. (11. Abt.) (I)		1. 4. 43	(11)
Gen.d.Inf. 1. 8. 44 (5)				
Müller (Friedrich-Wilhelm)	Gren.Rgt. 105		1. 4. 43	(12)**
Gen.d.Inf. 1. 7. 44 (3)				
Karst	Gren.Rgt. 58		1. 4. 43	(12a)
Lübbe	Kdr. Pz.Gren.Rgt. 13		1. 4. 43	(12a[1])
von Kluge	Chef d. St. Fz.Insp. (A)		1. 4. 43	(12b)
Reymann	Kdr. Inf.Btl. 126		1. 4. 43	(12b[1])
Vogel	Gen.St. VII. A.K. (I)		1. 4. 43	(12c)
Gen.d.Inf. 9. 11. 44 (7)				
Merker	Gren.Rgt. 35		1. 4. 43	(12d)
von Altrock	Kdr. Jäg.Rgt. 83		1. 4. 43	(13)
Westhoven	Ob.Kdo. d. H. (Ag P 1) (PzGr)		1. 5. 43	(1)
Raithel	Art.Lehrrgt.		1. 5. 43	(1a)
Kleemann	Kdr. Pz.Gren.Rgt. 3		1. 5. 43	(1b[1])
Gen.d.Pz.Tr. 1. 9. 44 (4a)				
von Beeren	zuletzt Kdt. v. Köln (I)		1. 5. 43	(1c)
Noeldechen	St. Gen.Kdo. XVIII. A.K. (A)		1. 5. 43	(1d)
von Rappard	Gren.Rgt. 18		1. 5. 43	(1e)
John	Abt.Chef i. Ob.Kdo. d. H. (Wa Prüf 2) (I)		1. 5. 43	(2)
Schünemann	Gren.Rgt. 37		1. 5. 43	(2a)
Graf von Sponeck	Gen.St. XV. A.K. (PzGr)		1. 5. 43	(2b)
Beukemann	Gren.Rgt. 89		1. 5. 43	(2c)
von der Chevallerie	St. Gen.Kdo. XII. A.K. (PzGr)		1. 5. 43	(3)
Habenicht	Kdr. Gren.Rgt. 70		1. 6. 43	(1)
Lieb	zuletzt Kdt. v. Frankfurt (Main) (I)		1. 6. 43	(2)
Fremerey	Kdr. Kav.Rgt. 17, zugl. m. Wahrn. d. Gesch.			
	d. Höh. Kav.Offz. 3 beauftr,		1. 6. 43	(3)
Rüdiger	Kdr. Art.Rgt. 41		1. 6. 43	(4)
Ochsner	Chef d. St. Insp. d. Nebeltruppe u. Gasabwehr			
	(In 9) (Nbl)		1. 6. 43	(5a)
Winter	Abt.Chef i. Ob.Kdo. d. W. (W Z) (A)		1. 6. 43	(5b)
Lendle	Kdr. d. Pz.Jäg.Tr. V (A)[1]		1. 6. 43	(6)
Baron Digeon von Monteton	Kdr. Kav.Rgt. 15		1. 6. 43	(6a)
Sixt	Gen.St. d. H. (2. Abt.) (A)		1. 6. 43	(7)
Freiherr von Mauchenheim genannt Bechtolsheim				
	z. Verf. Attaché-Abt. (St. O.Berlin) (A)	1. 6. 43	(8)	
Gen.d.Art. 1. 3. 45				
Koehler	Ob.Kdo. d. H. (Chef H Rüst u. Bd E/Stab) (K)		1. 6. 43	(8a)
Gen.d.Kav. 9. 11. 44 (8)				
von Kurowski	Gen.St. 21. Div. (I)		1. 6. 43	(9)
Graf von Schwerin	Gen.St. d. H. (3. Abt.) (I)		1. 6. 43	(9a)
Gen.d.Pz.Tr. 1. 4. 45				
Krakau	Gren.Rgt. 41		1. 6. 43	(9a[1])
Aldrian	Kdr. Geb.Beob.Abt. 38		1. 6. 43	(9a[2])
Risse	Gren.Rgt. 37		1. 6. 43	(9a[3])
Peschel	St. Gen.Kdo. XIII.[2] A.K. (I)		1. 6. 43	(9b)
Hoppe (Harry)	Kdr. M.G.Btl. 2		1. 6. 43	(10)
Freiherr von Lüttwitz	Kav.Rgt. 4 (PzGr)		1. 6. 43	(10a)
Gen.d.Pz.Tr. 9. 11. 44 (8a)				

---

[1] Muß heißen: „(Pz)" (Fehler in Original-DAL)
[2] Muß heißen: „XXIII. A.K." (Fehler in Original-DAL)

Chill	Gren.Rgt. 1	1. 6. 43	(11)
Schneider	Abt.Chef i. Ob.Kdo. d. H. (Wa Prüf 1) (A)	1. 7. 43	(1)
Hoffmann	Kdr. Gren.Rgt. 119	1. 7. 43	(1a)
Nake	Geb. Jäg.Rgt. 136	1. 7. 43	(1b)
Thomas	Gren.Rgt. 71	1. 7. 43	(2a)
Kohlermann	Art.Schule	1. 7. 43	(3)
Casper	Geb. Jäg.Rgt. 13	1. 7. 43	(4a)
Müller (Ludwig)	Chef d. Gen.St. XXIV. A.K. (I)	1. 7. 43	(4b)
Gen.d.Inf. 1. 5. 44 (6)			
Usinger	Pz.Art.Rgt. 13	1. 7. 43	(4c)
Hochbaum	St. Gen.Kdo. II. A.K. (I)	1. 7. 43	(5)
Gen.d.Inf. 1. 9. 44 (5)			
Sieler	Reichskriegsgericht (I)	1. 7. 43	(5a)
Frankewitz	Kdr. I. Abt. Art.Rgt. 37	1. 7. 43	(5a^1)
Freiherr von Broich	Kav.Rgt. 6	1. 7. 43	(5b)
Elfeldt	Art.Rgt. 56 ·	1. 7. 43	(5c)
von Vormann	Gen.St. X. A.K. (I)	1. 7. 43	(5d)**
Gen.d.Pz.Tr. 1. 12. 43 (6)			
Prieß	Gen.St. Kdtr. Berlin (I)	1. 7. 43	(6)
Gen.d.Inf. 1. 10. 44 (4)			
Borowietz	Pz.Tr.Schule (Schule f. Schnelle Tr. Wünsdorf)		
	(PzGr)	1. 7. 43	(7)
Goeschen	Kdr. Wehrkrs.Reit- u. Fahrschule Bamberg (K)	1. 8. 43	(1)
Oppenländer	Kdr. M.G.Btl. 4	1. 8. 43	(2)
Fichtner	Abt.Chef i. Ob.Kdo. d. H. (Wa Prüf 6) (Pz)	1. 8. 43	(2a)
Diestel	Füs.Rgt. 68	1. 8. 43	(3)
Specht	Gren.Rgt. 110	1. 8. 43	(4)
Gen.d.Inf. 1. 12. 44 (1)			
Huffmann	Kdr. Art.Lehrrgt.	1. 8. 43	(5)
Melzer	Gren.Rgt. 43	1. 8. 43	(6)
Gen.d.Inf. 30. 1. 45 (4)			
Eberle	St. Höh. Pi.Offz. Landesbefest. Ost	1. 8. 43	(7)
Schönherr	Gren.Rgt. 9	1. 9. 43	(1)
Seeger	St. Gen.Kdo. V. A.K. (I)	1. 9. 43	(2)
Medem	Kdr. Pi.Schule II	1. 9. 43	(3)
Scherbening	Jäg.Rgt. 54	1. 9. 43	(4)
Thoma	Kdr. Geb. Jäg.Rgt. 85	1. 9. 43	(5)
Reichert	Kdr. Gren.Rgt. 6	1. 9. 43	(6)
Hofmann	St. Gen.Kdo. XVII. A.K. (I)	1. 9. 43	(7)
Krause	Kdr. Inf.Schule	1. 9. 43	(7a)
Freiherr von Uckermann	z. Verf. Ob. d. H. (Sonst. Offz.) (I)	1. 9. 43	(8)
Rossi	Kdr. I. Abt. Geb.Art.Rgt. 113	1. 9. 43	(9)
Volckamer von Kirchensittenbach	Ob.Kdo. d. H. (G. I. F.) (I)	1. 9. 43	(9a)
Gen.d.Geb.Tr. 1. 1. 45 (2)			
Adolph-Auffenberg-Komarów	Gren.Rgt. 20	1. 9. 43	(10)
Röttiger	Ob.Kdo. d. H. (Chef Schnelle Tr.) (Pz)	1. 9. 43	(11)
Gen.d.Pz.Tr. 30. 1. 45 (5)			
Jodl	Gen.St. XII. A.K. (A)	1. 9. 43	(12)
Gen.d.Geb.Tr. 1. 9. 44 (6)			
Faeckenstedt	Gen.St. III. A.K. (K)	1. 9. 43	(13)
Boeckh-Behrens	Kriegsakad. (I)	1. 9. 43	(14)
Lungershausen	Kav.Rgt. 8 (PzGr)	1. 9. 43	(15)
Kinzel	Abt.Chef i. Gen.St. d. H. (12. Abt.) (I)	1. 9. 43	(16)
Gen.d.Inf. 20. 4. 45			
Postel	Kriegsschule München (I)	1. 9. 43	(16a)
Kullmer	St. Gen.Kdo. VII. A.K. (I)	1. 9. 43	(17)
Friebe	Gren.Rgt. 2	1. 9. 43	(17a)

Thumm	Jäg.Rgt. 75		1. 9. 43	(18)
Gen.d.Inf. 1. 1. 45 (3)				
Busse	Gen.St. d. H. (4. Abt.) (I)		1. 9. 43	(19)
Gen.d.Inf. 9. 11. 44 (9)				
Pistorius	Gren.Rgt. 87		1. 9. 43	(21)
Lohmann (Günther)	Gren.Rgt. 4		1. 9. 43	(22)
Bergen	Gren.Rgt. 62		1. 10. 43	(1)
Schaum	Kdr. d. Pi. XXIV		1. 10. 43	(2)
Pflaum	z. Verf. Ob. d. H. (Sonst. Offz.) (I)		1. 10. 43	(3)
Philipps	Chef d. Amtsgru. f. Industrielle Rüst. i. H.-Waffen-amt (Pz)		1. 10. 43	(4)
Edelmann	Chef d. Amtsgru. Ersatz- u. Truppenwesen i. Ob. Kdo. d. H. (Ag E Tr) (I)		1. 10. 43	(5)
Streich	Kdr. Pz.Rgt. 15		1. 10. 43	(6)
von Ravenstein	Kdr. Pz.Gren.Rgt. 4		1. 10. 43	(8)
Burgdorf	Stellv. Chef H.Personalamt (I)		1. 10. 43	(9a)
Gen.d.Inf. 9. 11. 44 (10)				
Philipp	Kdr. Art.Schule II		1. 10. 43	(9a[1])
Schwalbe	Jäg.Rgt. 49		1. 10. 43	(9b)
Gen.d.Inf. 1. 3. 45				
Neidholdt	z. Verf. Ob. d. H. (Sonst. Offz.) (I)		1. 10. 43	(9c)
Freiherr von Lüttwitz	St. Gen.Kdo. XV. A.K. (PzGr)		1. 10. 43	(10)**
Gen.d.Pz.Tr. 1. 4. 44 (6)				
Menny	Kdr. d. Geb.Pz.Jäg.Tr. XVIII (PzGr)		1. 10. 43	(10a)
Krappe	z. Verf. Ob. d. H. (Sonst. Offz.) (I)		1. 10. 43	(10b)
Lüdecke	Kdr. Pi.Btl. 3		1. 10. 43	(11)
von Horn	z. Verf. Ob. d. H. (Sonst. Offz.) (K)		1. 10. 43	(11a)
Jauer	Ob.Kdo. d. H. (Ag P 1) (A)		1. 10. 43	(12)
Gen.d.Pz.Tr. 15. 3. 45 [RDA 16. 3. 45?]				
Thomas	Kdr. Pz.Abt. 65		1. 10. 43	(12a)
Schmidt (Hans)	Gren.Rgt. 41		1. 10. 43	(12b)
Arndt	Füs.Rgt. 68		1. 10. 43	(12b[1])
Hitzfeld	Kdr. Inf.Schule		1. 10. 43	(12c)
Gen.d.Inf. 1. 3. 45				
Becker	Gren.Rgt. 37		1. 10. 43	(13)
Hildemann	Kdr. d. Pi. IV		1. 11. 43	(1)
Menkel	St. Gen.Kdo. XI. A. K. (PzGr)		1. 11. 43	(1a)
Prinner	Art.Rgt. 41		1. 11. 43	(2)
Stettner Ritter von Grabenhofen	Geb. Jäg.Rgt. 136		1. 11. 43	(2a)
Freiherr von Falkenstein	Kdr. M.G.Btl. 7		1. 11. 43	(3)
Graf Oriola	Art.Rgt. 18		1. 11. 43	(4)
Versock	Geb. Jäg.Rgt. 138		1. 11. 43	(4a)
Gen.d.Geb.Tr. 9. 11. 44 (11)				
Freiherr von Bodenhausen	Pz.Gren.Rgt. 8		1. 11. 43	(5)
Rhein	Pz.Gren.Rgt. 86		1. 11. 43	(6)
Trauch	Abt.Chef i. Ob.Kdo. d. H. (In 8) (F)		1. 12. 43	(1)
von Gündell	Kdr. Pz.Gren.Rgt. 73		1. 12. 43	(2)
Busich	Eisenb.Pi.Rgt. 3		1. 12. 43	(2a)
Hofmann	Ob.Kdo. d. H. (Ag ETr/Tr.Abt.) (I)		1. 12. 43	(3)
von Kessel	Ob.Kdo. d. H. (PA) (Pz)		1. 12. 43	(4)
Gen.d.Pz.Tr. 1. 3. 45				
Drescher	Pz.Gren.Rgt. 74		1. 12. 43	(4a)
Flörke	Gren.Rgt. 53		1. 12. 43	(5)
Felzmann	Art.Rgt. 51		1. 12. 43	(6)
Gen.d.Art. 1. 1. 45 (4)				
Heyne	Art.Rgt. 23		1. 12. 43	(7)
Markgraf	Pz.Gren.Rgt. 63 (I)		1. 1. 44	(1)

Kliszez[1]	St. Gen.Kdo. VI. A.K.	1. 1.44	(1a)
von Donat	Kdr. Eisenb.Pi.Rgt. 3, zugl. Kdt. Pi.Üb.Pl.		
	Rehagen-Klausdorf-Sperenberg	1. 1.44	(2)
Schmidt	Kdr. Gren.Rgt. 35	1. 1.44	(3)
Baeßler	Gren.Rgt. 65	1. 1.44	(4)
Boehringer	Abt. Chef i. Ob.Kdo. d. H. (Wa Prüf 5) (Pi)	1. 1.44	(6)
Wirtz	Kdr. d. Pi. VII	1. 1.44	(7)
von Schneidemesser	Gren.Rgt. 36	1. 1.44	(7a)
Metz	Gen.St. H.Gru. 4 (A)	1. 1.44	(7b)
Ritter von Hauenschild	Kdr. Aufkl.Rgt. 9	1. 1.44	(8)
Thiele	Chef d. St. Insp. Nachr.Tr. (In 7) (N)	1. 1.44	(9)
Speidel	Gen.St. 33. Div. (I)	1. 1.44	(10)
Speth	Kriegsakad. (A)	1. 1.44	(11)
Gen.d.Art. 1. 10. 44 (4a)			
de Salengre-Drabbe	Ob.Kdo. d. H. (Wa A) (I)	1. 1.44	(11a)
Kübler (Joseph)	Kriegsakad. (I)	1. 1.44	(11b)
von Ludwiger	Jäg.Rgt. 28	1. 1.44	(12)
von Le Suire	Ob.Kdo. d. H. (Chef d. Schnellen Tr.) (I)	1. 1.44	(13)
Gen.d.Geb.Tr. 1. 10. 44 (5)			
Fries	Gren.Rgt. 15	1. 1.44	(14)
Gen.d.Pz.Tr. 1. 12. 44 (2)			
Zimmer	Kdr. Geb.Pi.Btl. 54	1. 1.44	(14a)
Abraham	Gren.Rgt. 105	1. 1.44	(14b)
Gen.d.Inf. 1. 3. 45			
Schack	Kdr. M.G.Btl. 15	1. 1.44	(15)
Gen.d.Inf. 20. 4. 45			
Baeßler	Kdr. Pz.Rgt. 4	1. 2.44	(1)
Hederich	Ob.Kdo. d. H. (Wa A/Stab) (A)	1. 2.44	(2)
Licht	Kdr. Lehrgru. A Kriegsschule Wiener Neustadt (I)	1. 2.44	(3)
Castorf	Pz.Gren.Rgt. 64 (I)	1. 2.44	(4)
Fangohr	Gen.St. 13. Div. (I)	1. 2.44	(6)
Gen.d.Inf. 16. 3. 45			
von Manteuffel	Leiter Lehrg. Schule f. Schnelle Truppen		
	Krampnitz (PzGr)	1. 2.44	(7)**
Gen.d.Pz.Tr. 1. 1. 44 (8)			
Utz	Geb.Jäg.Rgt. 100	1. 2.44	(8)
Röpke	Gren.Rgt. 67	1. 2.44	(9)
Gen.d.Inf. 1. 12. 44 (3)			
von Fabrice	Gren.Rgt. 47	1. 3.44	(1)
von Zanthier	Kdt. v. Magdeburg (Pz)	1. 3.44	(3)
Rodt	Kav.Rgt. 18 (PzGr)	1. 3.44	(5)
Rübel	Gren.Rgt. 57	1. 3.44	(5a)
Thoholte	Höh. Art.Offz. f. schw. Flachfeuer	1. 3.44	(5b)
Gen.d.Art. 20. 4. 45			
Reichsfreiherr von Edelsheim	Kdr. Radf.Abt. 1 (PzGr)	1. 3.44	(5c)
Gen.d.Pz.Tr. 1. 12. 44 (4)			
Hauck	Gen.St. V. A.K. (A)	1. 3.44	(6)*
Hoffmeister	z. Verf. Ob. d. H. (Sonst. Offz.) (I)	1. 3.44	(7)
Klepp	Gren.Rgt. 30	1. 4.44	(1)
Stenzel	Art.Rgt. 36	1. 4.44	(2)
Graf von Schmettow	Kdt. v. Breslau (K)	1. 4.44	(3)
Hünermann	Chef d. Wehrwirtschafts- u. Rüst.Amt		
	(Wi Rü A) (A)	1. 4.44	(4)
Luz	Ob.Kdo. d. H. (Ag ETr/Tr.Abt.) (PzGr)	1. 4.44	(5)
Schroetter	Ob.Kdo. d. H. (Wa I Rü 6) (Kfp)	1. 4.44	(6)

[1] Muß heißen: „Kliszcz" (Druckfehler in Original-DAL)

von Stockhausen	Kdr. Gren.Rgt. Großdeutschland	1. 4. 44	(7)
Linnarz	Chef d. Amtsgru. P 1 i. Ob.Kdo. d. H. (Pz)	1. 4. 44	(8)
Richter	Kdr. Art.Rgt. 30	1. 4. 44	(8a)
Wittmann	Geb.Art.Rgt. 111	1. 4. 44	(8b)
Raapke	Art.Rgt. 12	1. 4. 44	(8c)
Niehoff	Füs.Rgt. 39	1. 4. 44	(8d)

Gen.d.Inf. 1. 4. 45

von Pannwitz	Kav.Rgt. 11	1. 4. 44	(9)
Wenck	Gen.St. 1. Pz.Div. (Pz)	1. 4. 44	(10)

Gen.d.Pz.Tr. 1. 4. 45 mit RDA 1. 10. 44   [6]

Westphal	Kav.Rgt. 13	1. 4. 44	(11)

Gen.d.Kav. 30. 1. 45

Eckhardt	Jäg.Rgt. 38	1. 4. 44	(12)
Wößner	Kdr. I. Abt. Art.Rgt. 61	1. 4. 44	(13)
John	Ob.Kdo. d. H. (Wa Prüf) (I)	1. 4. 44	(14)
Böhme	Gen.St. II. A.K. (I)	1. 4. 44	(15)
de Boer	Kdr. I. Abt. Art.Rgt. 58	1. 4. 44	(16)
von Rost	St. H.Gru.Kdo. 5 (A)	1. 5. 44	(2)
von Schlieben	St. Gen.Kdo. XIII. A.K. (PzGr)	1. 5. 44	(3)
Bayerlein	Gen.St. 10. Pz.Div. (Pz)	1. 5. 44	(4)

Generalmajore

		Rangdienstalter	
Anger	Kdr. Art.Rgt. 18	1. 10. 39	(1)
Baumgartner	b. Höh. Pi.Offz. 5	1. 12. 39	(2)
Conradi	Kdr. Art.Rgt. 11	1. 1. 40	(4)
Loehning	Kdr. Gren.Rgt. 110	1. 4. 40	(6)
Leythaeuser	Kdt. Tr.Üb.Pl. Elsenborn (K)	1. 4. 40	(7)
von Ammon	Inspekteur Wehrers.Bz. Stettin (K)	1. 4. 40	(20)
Ihssen	Art.Geräteinspiz. 1 (A)	1. 10. 40	(14)
Hagl	Kdr. Geb.Jäg.Rgt. 91	1. 12. 40	(4)
Seuffert	Kdr. Gren.Rgt. 94	1. 12. 40	(5)
von Tschammer und Osten	z. Verf. d. H. (Sonst. Offz.) (I)	1. 12. 40	(11c)
Friemel	Kdr. Gren.Rgt. 65 '	1. 1. 41	(6)
von Goeldel	Reichskriegsgericht (I)	1. 2. 41	(2)
Kruse	Kdr. Art.Rgt. 25	1. 2. 41	(3)
von Kalm	Kdr. Pz.Art.Rgt. 13	1. 2. 41	(7)
Schaefer	Kdt. v. Kassel (I)	1. 2. 41	(9)
Sehmsdorf	Kdr. Fz.Gru. 3 (I)	1. 2. 41	(13)
Bilharz	Kdr. Fz.Kdo. III (I)	1. 2. 41	(14)
Meyer	Kdt. v. Mainz/Wiesbaden (Pz)	1. 2. 41	(15)
Oelsner	Kdt. Tr.Üb.Pl. Wandern (I)	1. 2. 41	(16)
von Goeckel	Kdt. Tr.Üb.Pl. Ohrdruf (I)	1. 2. 41	(17)
von Alten	Kdt. v. Koblenz (I)	1. 2. 41	(20)
Bamberg	Kdt. v. Kaiserslautern (I)	1. 2. 41	(21)
Thams	Kdt. Tr.Üb.Pl. Kammwald (I)	1. 3. 41	(3)
Vaterrodt	Kdr. Gren.Rgt. 14	1. 3. 41	(5)
Böttger	Abt.Chef i. Ob.Kdo. d. H. (Bkl) (I)	1. 4. 41	(1)
Schönfelder	Kdr. d. Pi. XVII	1. 4. 41	(8)
Baltzer	Kdr. d. Nachr.Tr. XII	1. 4. 41	(17)
Reinhardt	z. Verf. Ob. d. H. (Sonst. Offz.) (I)	1. 4. 41	(18)
Biermann	Ob.Kdo. d. H. (In Fest) (Pi)	1. 4. 41	(22)
Offenbächer	Kdt. Tr.Üb.Pl. Döllersheim (I)	1. 6. 41	(1)
Gen.Lt. 1.7. 44 (1a)			
Runge	Pi.Geräteinspiz. 1	1. 6. 41	(6)
Rieger	Kdt. v. Frankfurt (Main) (A)	1. 6. 41	(9)
Liegmann	H.Geräteinspiz. 2 (I)	1. 6. 41	(10)
Arnold	H.Abn.Inspiz. Südost (I)	1. 6. 41	(12)
Hoffmann	z. Verf. Ob. d. H. (Sonst. Offz.) (I)	1. 6. 41	(14)
Wening	Ausb.Leiter Innsbruck (Pz)	1. 6. 41	(23)
Fehn	Ausb.Leiter Bayreuth (K)	1. 6. 41	(24)
Ebeling	Kdr. Wehrbz. Potsdam I (I)	1. 6. 41	(25)
Stubenrauch	Leiter H.Rem.Amt Sohland am Rothstein (K)	1. 6. 41	(27)
Rügamer	H.Abn.Inspiz. XIII (A)	1. 7. 41	(2)
Lontschar	Kdr. Gren.Rgt. 53	1. 7. 41	(3)
Lechner	Geb.Jäg.Rgt. 91	1. 7. 41	(6)
von Döhren	Ausb.Leiter Wiesbaden (I)	1. 7. 41	(9)
Poel	Kdr. Wehrkrs.Reit- u. Fahrschule Aalen (Württ.) (K)	1. 7. 41	(10)
Gen.Lt. 30. 1. 45 (1)			
Winkler	z. Verf. Ob. d. H. (Sonst. Offz.) (I)	1. 7. 41	(11)*

Drobnig	Ausb.Leiter Liegnitz (A)	1. 7. 41	(15)
Zahn	Inspekteur Wehrers.Bz. Stuttgart (I)	1. 8. 41	(8)
Haverkamp	Kdr. Pz.Gren.Rgt. 63	1. 8. 41	(9)
Ehrenberg	Kdr. Pz.Gren.Rgt. 86	1. 8. 41	(13)
Tarbuk	Kdr. Wehrbz. Nikolsburg (Pi)	1. 8. 41	(14)
Freiherr von Mauchenheim genannt Bechtolsheim			
	Ausb.Leiter Heidelberg (I)	1. 8. 41	(15)
Sagerer	Kdr. Wehrbz. Nürnberg I (I)	1. 8. 41	(16)
Schade	Ausb.Leiter Glogau (I)	1. 8. 41	(21)
von Dewitz genannt von Krebs	Ausb.Leiter Berlin I (I)	1. 8. 41	(22)
Lindenau	z. Verf. Ob. d. H. (Sonst. Offz.) (I)	1. 8. 41	(24)
Linkenbach	Kdr. Wehrkrs.Reit- u. Fahrschule Großen-		
	hain (K)	1. 8. 41	(26)
Lemke	Ausb.Leiter Plauen (Vogtl.) 2 (I)	1. 8. 41	(27)
Gen.Lt. 1. 8. 44 (1)			
Wolpert	Kdt. v. Nürnberg/Fürth (1)	1. 9. 41	(1)
Pauer	Kdr. II. Abt. Art.Rgt. 52	1. 9. 41	(3)
von Schuler	St. H.Gru.Kdo. 4 (Pz)	1. 9. 41	(7)
Theiß	Pz.Tr.Schule (Schule f. Schnelle Tr. Wünsdorf) (Pz)	1. 9. 41	(25)
Weiß	Kdr. Geb. Jäg.Rgt. 138	1. 10. 41	(1)
Steinbach	Kdr. Art.Rgt. 21	1. 10. 41	(2)
von Nostiz-Wallwitz	Rüst.Inspekteur XVIII (I)	1. 12. 41	(3)
Marcinkiewicz	St. Gen.Kdo. XVIII. A.K. (Pi)	1. 12. 41	(4)
Scultetus (Herbert)	Ob.Kdo. d. H. (11. Abt. Gen.St. d. H.) (I)	1. 12. 41	(7)
Aschenbrandt	Ob.Kdo. d. H. (7. Abt. Gen.St. d. H.) (A)	1. 12. 41	(10)
Schneider	Kdt. Nachrichtenkdtr. Koblenz (N)	1. 12. 41	(12)
Hillert	Rüst.Inspekteur III (I)	1. 1. 42	(3)
Behrens	H.Waffenm.Schule (I)	1. 1. 42	(5)
Gen.Lt. 1. 9. 44 (2)			
von Schroeter	Kdt. v. Breslau (K)	1. 1. 42	(6a)
Hoffmann	z. Verf. Ob. d. H. (Sonst. Offz.) (I)	1. 1. 42	(12)
Hiepe	Kdr. H.Waffenm.Schule II (A)	1. 2. 42	(1)
von Graevenitz	Abt.Chef i. Ob.Kdo. d. W. (W Vers) (I)	1. 2. 42	(2a)
Gen.Lt. 1. 8. 44 (1a)			
Strack	Gren.Rgt. 77	1. 2. 42	(4)
von Block	Kdr. Annahmestelle IV f. Offz.Bew. d. H. (I)	1. 2. 42	(7)
Deindl	St. H.Gru.Kdo. 4 (Pz)	1. 2. 42	(10)
Rittweger	Ausb.Leiter Müllheim (Baden) (I)	1. 2. 42	(13)
Petersen	Ob.Kdo. d. H. (2. Abt. Gen.St. d. H.) (I)	1. 2. 42	(14)
Sauvant	Kdt. Tr.Üb.Pl. Mielau (I)	1. 3. 42	(1)
Ritter von Horstig genannt d'Aubigny von Engelbrunner			
	Kdr. Fz.Kdo. X (A)	1. 3. 42	(2)
von der Linde	Kdr. d. Pz. Jäg.Tr. IX	1. 3. 42	(5)
Abt	Kdr. d. Nachr.Tr. IX	1. 4. 42	(1)
Stahr	z. Verf. Ob. d. H. (Sonst. Offz.) (I)	1. 4. 42	(2)
Meltzer	Kdr. d. Nachr.Tr. XXIV	1. 4. 42	(5)
Gen.Lt. 1. 3. 45			
Raab	Art.Rgt. 21	1. 4. 42	(8)
Hotzy	Jäg.Rgt. 28	1. 4. 42	(10)
Ebeling	Kdr. Lehrstab A Art.Schule	1. 4. 42	(11)
Gen.Lt. 1. 4. 44 (2a)			
Bruns	z. Verf. Ob. d. H. (Sonst. Offz.) (I)	1. 4. 42	(12)
Kittel	Gren.Rgt. 42	1. 4. 42	(18)
Gen.Lt. 1. 8. 44 (1b)			
Meinhold	Kdr. Gren.Rgt. 122	1. 4. 42	(19)
Becht	Abt.Chef i. Ob.Kdo. d. W. (W Ro) (Pz)	1. 4. 42	(32c)
Nagel	Abt.Chef i. Ob.Kdo. d. W. (W Le) (A)	1. 4. 42	(39)

Hörmann	Kdr. d. Nachr.Tr. VIII	1. 4. 42	(49)
von Claer	Kdr. Gren.Rgt. 4	1. 4. 42	(50)

Gen.Lt. 1. 10. 44 (1)

Müller	Kdr. Art.Rgt. 31	1. 4. 42	(52)

Gen.Lt. 1. 10. 44 (3)

Leuze	St. H.Gru.Kdo. I (Pz)	1. 4. 42	(54)
Hübner	z. Verf. Ob. d. H. (Sonst. Offz.) (K)	1. 4. 42	(55)
Petersen	Kdr. d. Pi. XIV	1. 4. 42	(56)
Rüggenmann	Abt.Chef i. Ob.Kdo. i. H. (Wa I Rü 1) (F)	1. 4. 42	(57)
Jordan	Chef d. St. Insp. Pi. (In 5)	1. 4. 42	(58)
Ritter von Mann Edler von Tiechler	Kdt. v. München (I)	1. 4. 42	(60)
Koch	Chef d. Amtsgru. f. Entwicklung u. Prüfung i. Ob.Kdo.		
	d. H. (Wa Prüf) (A)	1. 4. 42	(61)
Neumayr	Kdt. v. Augsburg (I)	1. 4. 42	(62)
Roesinger	Kdr. Fest.Pi.St. 20	1. 4. 42	(63)
Korte	Kdr. Art.Rgt. 12	1. 4. 42	(67)
von Eisenhart-Rothe	Kdt. v. Potsdam (Pz)	1. 4. 42	(70)
Bömers	Kdr. Art.Rgt. 70	1. 4. 42	(71)

Gen.Lt. 1. 7. 44 (1)

von Reibnitz	Kdr. Gren.Rgt. 3	1. 4. 42	(82)
Rösler	Kdt. v. Stuttgart (I)´	1. 4. 42	(83)
Zedníček	b. Fest.Pi.St. VII	1. 4. 42	(85)
Hildebrand	Kdr. Wehrbz. Köslin (I)	1. 4. 42	(90)
Baarth	Kdr. Wehrkrs.Reit- u. Fahrschule Beeskow (K)	1. 4. 42	(91)
Hamann	Kdt. Üb.Lager Tiborlager (I)	1. 6. 42	(1)

Gen.Lt. 1. 6. 44 (1)

Schreiber	Pz.Gren.Rgt. 115	1. 6. 42	(3)
von Raesfeld	Kdt. d. Transportbz. Essen (I)	1. 6. 42	(4)
Freiherr von Werthern	St. Art.Kdr. XXIV	1. 6. 42	(5)
von Stülpnagel	Kdr. H.Unteroffizierschule Frankenstein		
	(Schles.) (I)	1. 6. 42	(6)
Stumm	Kdt. v. Kolmar (Els.) (I)	1. 6. 42	(7)

Gen.Lt. 1. 10. 44 (2)

Freiherr von Hofmann	Gren.Rgt. 89	1. 6. 42	(8)
von Witzleben	Chef d. Gen.St. VII. A.K. (K)	1. 6. 42	(9)
Ruppert	Kdr. H.Nachschubtr.Schule	1. 6. 42	(12)
Zutavern	Kdr. Art.Rgt. 69	1. 6. 42	(12a)

Gen.Lt. 1. 4. 44 (7a)

Hernekamp	Abt.Chef i. Ob.Kdo. d. H. (Wa I Rü 3) (A)	1. 6. 42	(12b)

Gen.Lt. 9. 11. 44 (1)

Kretschmer	Mil.Attaché Deutschen Botsch. i. Tokio u.		
	Deutschen Gesandtsch. in Hsingking		
	m. d. Sitz in Tokio (I)	1. 6. 42	(17a)

Gen.Lt. 9. 11. 44 (2)

Bruns	Inf.Geräteinspiz. (B) (I)	1. 6. 42	(19)
Voß	Nachr.Geräteinspiz. 3	1. 6. 42	(20)
Krätzer	Gren.Rgt. 96	1. 6. 42	(21)
Gebauer	Kdt. v. Graz (I)	1. 6. 42	(22)
Hellwig	z. Verf. Ob. d. H. (Sonst. Offz.) (Pi)	1. 6. 42	(24)
Vassoll	Art.Geräteinspiz. 2 (A)	1. 6. 42	(25)
Hoffmann	Ausb.Leiter Allenstein 3 (A)	1. 6. 42	(26)
Krieger	z. Verf. Ob. d. H. (Sonst. Offz.) (I)	1. 6. 42	(28)
von Kirchbach	St. Wehrers.Insp. Weimar (I)	1. 7. 42	(2)
Voigt	Kdt. v. Graudenz (K)	1. 7. 42	(3)
Forster	Kdr. Pz.Art.Rgt. 75	1. 7. 42	(6)
Rothe	St. Gen.Kdo. II. A.K. (Pi)	1. 7. 42	(7)
von Viebahn	Kdr. Annahmestelle II f. Offz.Bew. d. H. (I)	1. 7. 42	(8)

von Dewitz genannt von Krebs	Füs.Rgt. 26	1. 7.42	(10)
Wahle	Mil.Attaché b. d. Deutschen Gesandtsch. i. Bukarest (I)	1. 7.42	(11)
Zeiß	Gasschutzgeräteinspiz. I (A)	1. 7.42	(12)
Keil	St. Gen.Kdo. XVII. A.K. (Pz)	1. 7.42	(15)*
Dedek	St. Gen.Kdo. XVII. A.K. (Pi)	1. 7.42	(16)
Ubl	Gren.Rgt. 81	1. 7.42	(18)
Krause	Kdr. Art.Rgt. 36	1. 7.42	(19a¹)
Gutknecht	St. Gen.Kdo. I. A.K. (Kfp)	1. 7.42	(20a)
Poten	Kdr. Art.Rgt. 34	1. 7.42	(21)
von Stein	zuletzt Kdt. v. Leipzig (I)	1. 7.42	(21a)
Schuberth	Kraftf.Geräteinspiz. 2	1. 7.42	(22)
Knoerzer	Ausb.Leiter Graz (I)	1. 7.42	(24)
Fiedler	Kdr. Wehrbz. Saarbrücken (Pi)	1. 7.42	(26)
Freiherr von Lutz	Kdr. Wehrbz. Wien I (I)	1. 7.42	(27)
Daser	Ausb.Leiter Aschaffenburg (I)	1. 7.42	(29)
Gen.Lt. 1. 8. 44 (1c)			
Becker	Kdt. Tr.Üb.Pl. Baumholder (I)	1. 8.42	(3)
Hauger	Rüst.Inspekteur Oberrhein (I)	1. 8.42	(4)
von Blücher	Leiter Offz.Lehrg. H.Gasschutzschule (Nbl)	1. 8.42	(6)
Riedel	Kdr. Art.Rgt. 26	1. 8.42	(8)
Freytag	Kdt. v. Brünn (Mähren) (I)	1. 8.42	(9)
Scholz	Kdr. Art.Rgt. 14	1. 8.42	(10)
Hoßfeld	Kdt. Tr.Üb.Pl. Wildflecken (I)	1. 8.42	(11)
Dybilasz	Kdr. Eisenb.Pi.Rgt. 1	1. 8.42	(13)
Hartmann	Abt.Chef i. Ob.Kdo. d. H. (Wa Z) (A)	1. 8.42	(14)
Gen.Lt. 20. 4. 45			
Henrici	St. Kdtr. Befest. b. Königsberg (Pr.) (A)	1. 8.42	(15)
Souchay	St. H.Gru.Kdo. 6 (I)	1. 8.42	(16)
Thoenissen	Ob.Kdo. d. H. (Gen d Mot) (Pz)	1. 8.42	(21)
Roth	Kdt. v. Köln (I)	1. 8.42	(24)
von Hanstein	Inf.Geräteinspiz. (A) 2 (I)	1. 8.42	(25)
Steiglehner	Kdr. Fz.Kdo. V (A)	1. 8.42	(26)
Fischer	Ausb.Leiter Rheydt (I)	1. 8.42	(27)
Richter	Kdt. Tr.Üb.Pl. Raubkammer b. Munster (A)	1. 8.42	(28)
Eisenstuck	Gren.Rgt. 134	1. 9.42	(1a)
Holzhausen	Kdr. Fz.Kdo. XVII (A)	1. 9.42	(2)
Deckmann	Kdt. Tr.Üb.Pl. Stablack (I)	1. 9.42	(3)
Pawel	Gren.Rgt. 81	1. 9.42	(4)
Leeb	Pz.Art.Rgt. 19	1. 9.42	(7)
Ritter von Niedermayer	z. Verf. Ob. d. H. (Sonst. Offz.) (A)	1. 9.42	(9a)
Muhl	Kdr. Art.Rgt.109	1.10.42	(1)
von Geyso	Gren.Rgt. 121	1.10.42	(2)
Herrmann	Kdr. Pi.Btl. 2	1.10.42	(3)
Magnus	Gren.Rgt. 12	1.10.42	(4)
Jais	Kdr. Pz.Gren.Rgt. 104	1.10.42	(8)
von Webern	Kdr. Art.Rgt. 8	1.10.42	(10)
Sensfuß	Fest.Pi.Kdr. III	1.10.42	(11)
Gen.Lt. 1. 8. 44 (1d)			
Grobholz	Kdr. Kraftf.Abt. 8	1.10.42	(12)
Vierow	Kdr. Fest.Pi.St. 23	1.10.42	(13)
Just	z. Verf. Ob. d. H. (Sonst. Offz.) (I)	1.10.42	(15)
Riemhofer	Kdr. Fz.Kdo. XIII (F)	1.10.42	(19)
Geschwandtner	Kdr. Art.Rgt. 5	1.10.42	(20)
von Briesen	Kdt. v. Prag (I)	1.10.42	(21)
Bazing	Kdr. d. Pi. VI	1.11.42	(1)
Keltsch	Kdr. Pz.Rgt. 2 (Kfp)	1.11.42	(3)
Schnarrenberger	Gren.Rgt. 55	1.11.42	(4)

3 Rangliste

Wulz	Abt.Chef i. Ob.Kdo. d. H. (Wa Prüf 4) (A)		1. 11. 42	(5)
Engelhardt	Gren.Rgt. 124		1. 11. 42	(6)
Küpper	Kdt. v. Karlsruhe (Baden) (K)		1. 11. 42	(8)
Adlhoch	Kdr. M.G.Btl. 6		1. 11. 42	(11)
Degener	Kdt. v. Würzburg (Pz)		1. 11. 42	(12)
von Arnim	Kdr. Kav.Rgt. 14		1. 11. 42	(13)
Pfetten	z. Verf. Ob. d. H. (Sonst. Offz.) (A)		1. 11. 42	(16)
Leyser	Kdr. Gren.Rgt. 51¹ (PzGr)	·	1. 11. 42	(17d)
Besch	Kdt. Tr.Üb.Pl. Heuberg (I)		1. 11. 42	(18)
Stammer	Kdt. Tr.Üb.Pl. Neuhammer (I)		1. 11. 42	(19)
Morawetz (Rudolf)	Kdr. Wehrbz. Saarlautern (I)		1. 11. 42	(20)
Kohnke	Kdt. Tr.Üb.Pl. Jüterbog (A)		1. 12. 42	(1)
Graf von Kanitz	Leiter Uffz.Lehrg. H.Gasschutzschule	(Nbl)	1. 12. 42	(2)
Müller	Kdr. d. Nachr.Tr. III		1. 12. 42	(3)
Hoffmann	Art.Rgt. 51		1. 12. 43	(4)
Krummel	Eisenb.Pi.Rgt. 3		1. 12. 42	(5)
Bacher	St. Gen.Kdo. XIX. A.K. (Pi)		1. 12. 42	(6)
Jesser	Pz.Rgt. 2		1. 12. 42	(7)
von Erdmannsdorff	Kdt. v. Erfurt (I)		1. 12. 42	(9)
Schilling	Kdr. I. Btl. Inf.Rgt. 129		1. 12. 42	(11)
Hauser	Kdr. Beob.Abt. 17		1. 12. 42	(12)
Gen.Lt. 1. 3. 45				
Ruff	St. Gen.Kdo. XXV. A.K. (A)		1. 12. 42	(13)*
Remlinger	Kdt. Wehrm.Gefängnis Torgau (K)		1. 12. 42	(21)
Boie	Gren.Rgt. 130		1. 12. 42	(22)
Steinmetz	Gen.St. VIII. A.K. (A)		1. 12. 42	(26)
Gen.Lt. 1. 6. 44 (2)				
Leyers	Abt.Chef i. Ob.Kdo. d. H. (Wa I Rü 2) (A)		1. 1. 43	(1)
Metz	Kdr. I. Abt. Art.Rgt. 84		1. 1. 43	(2)
Gen.Lt. 1. 7. 44 (2)				
Fitzlaff	Kdr. Art.Rgt. 29		1. 1. 43	(3)
Wagner	Gren.Rgt. 58		1. 1. 43	(4)
von Wartenberg	Gren.Rgt. 8		1. 1. 43	(5)
Haseloff	Chef d. St. Allgemeines Heeresamt (AHA) (PzGr)		1. 1. 43	(6)
Erdmann	Rüst.Inspekteur VI (A)		1. 1. 43	(7)
von Schlieben	Kdr. Pi.Btl. 42		1. 1. 43	(8)
Mahlmann	Kdr. Annahmestelle XII f. Offz.Bew. d. H. (I)		1. 1. 43	(9)
Gen.Lt. 1. 6. 44 (3)				
von Gersdorff	Gren.Rgt. 118		1. 1. 43	(10)
Schindke	Abt.Chef i. Ob.Kdo. d. H. (Wa I Rü 7) (N)		1. 1. 43	(11)
Korfes	Pz.Gren.Rgt. 66 (I)		1. 1. 43	(14)
Jähn	z. Verf. Ob. d. H. (Sonst. Offz.) (A)		1. 1. 43	(22)
1. 7. 44 zu den Offz. (W) überführt;				
neues RDA als Gen.Maj. (W) 1. 1. 43 (1)				
Newiger	St. Gen.Kdo. XXV. A.K. (K)		1. 1. 43	(24)
von Schellwitz	Gren.Rgt. 9		1. 1. 43	(26)
von Drebber	Ausb.Leiter Cosel (Oberschles.) (I)		1. 1. 43	(26a)
Kirchenpauer von Kirchdorff	St. Gen.Kdo. IV. A.K. (I)		1. 1. 43	(30)
Weber	Geb. Jäg.Rgt. 85		1. 1. 43	(31)**
Gen.Lt. 1. 7. 44 (2b)				
Prüter	Gen.St. II. A.K. (Pı)		1. 1. 43	(32)
Lattmann	Art.Schule		1. 1. 43	(33)
Cabanis	St. Wehrers.Insp. Berlin (K)		1. 1. 43	(36)
Gall	Ausb.Leiter Lötzen 1 (I)		1. 1. 43	(37)
Gen.Lt. 1. 7. 44 (2a)				

---

¹ Muß heißen: „Gren.Rgt. 109" (Fehler in Original-DAL)

Tröger	Ob.Kdo. d. H. (b. Höh. Kav.Offz. d. Chefs d. Schnellen			
	Tr.)　(PzGr) *Gen.tL. 1 4. 44　(8a¹)*.	1.	1. 43	(38)
Lepper	Art.Rgt. 26	1.	1. 43	(40)
von Arenstorff	Kav.Rgt. 13　(PzGr)	1.	1. 43	(40a)
Zeltmann (Otto)	Gren.Rgt. 116	1.	1. 43	(41)
Roske	Kriegsschule Dresden　(I)	27.	1. 43	
Sturm	Ob.Kdo. d. H. (Wa Prüf 4)　(A)	1.	2. 43	(1)
Dinter	Kdr. Pi.Btl. 22	1.	2. 43	(3)
Gen.Lt. 1. 4. 44　(8a²)				
Kunze	Pz.Gren.Rgt. 101	1.	2. 43	(4)
Taeglichsbeck	Füs.Rgt. 68	1.	2. 43	(5)
Ilgen	Gren.Rgt. 4	1.	2. 43	(6)
Wüerst	Kdr. Pz.Pi.Btl. 49	1.	2. 43	(7)
Henke	Reichskriegsgericht　(I)	1.	2. 43	(8)
von Tschudi	Füs.Rgt. 39	1.	2. 43	(9)
Gen. Lt. 20. 4. 45 (Bef. 3. 5. 45 durch Komm. Gen. LXXV. A.K.)				
Jacobsen	Pz.Gren.Rgt. 79	1.	2. 43	(10)
Nickelmann	Gren.Rgt. 67	1.	2. 43	(11)
von Bogen	Gren.Rgt. 89	1.	2. 43	(12)**
Gen.Lt. 1. 7. 44　(2c)				
Rexilius	Kdr. H.Unteroffizierschule Ortelsburg　(I)	1.	2. 43	(14)
Krause	Kdr. Lehrst. C Art.Schule	1.	2. 43	(15)
Melchert	Kdt. Tr.Üb.Pl. Thorn　(I)	1.	2. 43	(16)
von Czettritz und Neuhaus	Kdr. Pz.Gren.Rgt. 12	1.	2. 43	(17)
Suschnig	Ausb.Leiter Spittal (Drau)　(I)	1.	2. 43	(21)
Brehmer	Kdr. Pz.Gren.Rgt. 10	1.	3. 43	(1)
Schlüter	Kdr. Pz.Art.Rgt. 2	1.	3. 43	(3)
Gen.Lt. 1. 5. 44　(2a)				
Graßmann	Lehrg. Leiter Art.Schule	1.	3. 43	(4)
Ringe	H.Waffenm.Schule　(K)	1.	3. 43	(5)
Keiper	Kdr. Nacht.Abt. 25	1.	3. 43	(7)
Wisselinck	Kdr. Lehrgru. C Kriegsschule Dresden　(I)	1.	3. 43	(8)
Fretter-Pico	Kdr. Beob.Abt. 7	1.	3. 43	(9)
Gen.Lt. 1. 8. 44　(1e)				
Elster	Kdr. Pz.Rgt. 8	1.	3. 43	(10)
Spengler	Pz.Gren.Rgt. 69	1.	3. 43	(12)
Lütkenhaus	Kdt. v. Mannheim　(I)	1.	3. 43	(13)
Ronicke	Kdr. M.G.Btl. 5	1.	3. 43	(13a)
Hildebrandt	Gen.St. XIV. A.K.　(Pz)	1.	3. 43	(14)
Gen.Lt. 1. 6. 44　(3a)				
Mickl	Kdr. Pz.Jäg.Abt. 42	1.	3. 43	(14a)
Gen.Lt. 1. 4. 44　(8a³)				
Gerok	Kdr. Wehrbz. Karlsruhe (Baden)　(A)	1.	3. 43	(16)
Gen.Lt. 1. 5. 44　(2b)				
Freiherr von Liebenstein	z. Verf. Attaché-Abt.　(K)	1.	3. 43	(22)
Lindner	Kdr. M.G.Btl. 3	1.	4. 43	(1)
Haack	Kdr. Art.Rgt. 28	1.	4. 43	(2)
Kussin	Kdr. Eisenb.Pi.Schule	1.	4. 43	(3)
Bessell	Kdr. Fest.Pi.St. 22	1.	4. 43	(4)
von Roden	Gren.Rgt. 84	1.	4. 43	(5)
Becher	Gren.Rgt. 23	1.	4. 43	(6)
Meyer	St. Gen.Kdo. XII. A.K.　(Pi)	1.	4. 43	(7)
Kampfhenkel	Kdr. Pz.Art.Rgt. 102	1.	4. 43	(8)
Braun	Kdr. Art.Rgt. 115	1.	4. 43	(9)
Gen.Lt. 1. 4. 44　(8a⁴)				
Schittnig	Ob.Kdo. d. H. (Fz In)　(I)	1.	4. 43	(10)
Gen.Lt. 1. 1. 45　(2)				

Hesselbarth Kdr. Fz.Kdo. IV (I)	1. 4.43	(12)
Harttmann St. Wehrers.Insp. Stuttgart (I)	1. 4.43	(14)
Jost Jäg.Rgt. 75	1. 4.43	(15a¹)
Gen.Lt. 1.12.44 (1)		
von Thadden Gen.St. XVII. A.K. (I)	1. 4.43	(20)
Gen.Lt. 1.7.44 (3)		
Bork Gen.St. d. H. (5. Abt.) (I)	1. 4.43	(22)
Gen.Lt. 1.7.44 (4)		
Heydenreich Abt.Chef i. Ob.Kdo. d. H.		
(Wa I Rü/Mun 2) (A)	1. 4.43	(23)
Beißwänger Ob.Kdo. d. H. (Wa Prüf 8) (A)	1. 4.43	(24)
von Alberti Gren.Rgt. 50	1. 4.43	(25)
Kistner Kdr. Art.Rgt. 96	1. 4.43	(26)
Müller Ob.Kdo. d. H. (9. Abt. Gen.St. d. H.) (A)	1. 4.43	(27)
Kortüm Art.Rgt. 29	1. 4.43	(28)
Hartmann Ausb.Leiter Insterburg 2 (A)	1. 4.43	(29)
Serini Pz.Gren.Rgt. 69 (I)	1. 4.43	(30)
Thielmann Kdr. Pi.Btl. 28	1. 4.43	(31)
Gen.Lt. 1.6.44 (3a¹)		
Hahn z. Verf. Ob. d. H. (Sonst. Offz.) (I)	1. 4.43	(32)
Wuthenow Kdr. Wehrbz. Hersfeld (K)	1. 4.43	(33)
Seebohm Ausb.Leiter Celle (I)	1. 4.43	(34)
Grosse z. Verf. Ob. d. H. (Sonst. Offz.) (Pi)	1. 4.43	(36)
Bisle Ausb.Leiter Landsberg (Lech) (I)	1. 4.43	(37)
Dormagen Ausb.Leiter Offenburg (Baden) (I)	1. 4.43	(38)
von Loewenich Kdr. Wehrkrs.Reit- u. Fahrschule		
Babenhausen	1. 4.43	(39)
von Hülsen Kdr. Kav.Rgt. 11 (PzGr)	1. 5.43	(1c¹)
Dittmeyer Kdr. Pz. Jäg.Abt. 14 (Kfp)	1. 5.43	(3)
Klatt Kdr. Geb.Pi.Btl. 83	1. 5.43	(7)
Gen.Lt. 1.12.44 (1a)		
Gerlach Gen.St. XI. A.K. (A)	1. 6.43	(6)
Beißwänger Ob.Kdo. d. H. (In 4) (A)	1. 6.43	(6a)
Gen.Lt. 1.8.44 (2)		
Dornberger Abt.Chef i. Ob.Kdo. d. H. (Wa Prüf 11) (Nbl)	1. 6.43	(6a¹)
Kohler Kdr. M.G.Btl. 10	1. 6.43	(8a)
Gen.Lt. 1.6.44 (3b)		
von Heygendorff z. Verf. Ob. d. H. (Sonst. Offz.) (I)	1. 6.43	(10)
Gen.Lt. 30.1.45 (3)		
Sieckenius Kdr. Pz.Abt. 66	1. 6.43	(14)
Maisel Chef d. Amtsgru. P 2 i. Ob.Kdo. d. H. (I)	1. 6.43	(14a)
Gen.Lt. 1.10.44 (5)		
von Nida St. Wehrers.Insp. Kassel (I)	1. 6.43	(15a)
Chales de Beaulieu Kriegsakad. (PzGr)	1. 6.43	(16)
Gen.Lt. 1.5.44 (3a)		
Bieringer Leiter Lehrg. H.Nachschubtr.Schule	1. 7.43	(1)
Benicke Kdr. Pi.Btl. 47	1. 7.43	(2)
Gen.Lt. 1.5.44 (3b)		
Henrici Ob.Kdo. d. H. (Wa Z) (A)	1. 7.43	(3)
Döpping Kdt. v. Regensburg (I)	1. 7.43	(4)
Arndt Ausb.Leiter Cottbus (I)	1. 7.43	(5)
Metger Ausb.Leiter Stargard (Pomm.) 3 (A)	1. 7.43	(6)
Cuno z. Verf. Ob. d. H. (Sonst. Offz.) (Pz)	1. 7.43	(7)
Gen.Lt. 1.8.44 (3)		
Windisch b. Höh. Pi.Offz. Landesbefest. Ost (Pi)	1. 7.43	(8a)
Walter z. Verf. Ob. d. H. (Sonst. Offz.) (I)	1. 7.43	(9)
von Pfuhlstein Gen.St. 19. Div. (I)	1. 7.43	(10)

von Gyldenfeldt	Gen.St. d. H. (11. Abt.) (A)	1. 7. 43	(11)
Gen.Lt. 9. 11. 44 (4)			
Gutzeit	Kdr. Kraftf.Abt. 9	1. 8. 43	(1)
Geiger	Abt.Chef i. Ob.Kdo. d. H. (In 5) (Pi)	1. 8. 43	(2)
Gen.Lt. 16. 3. 45			
Picker	Geb. Jäg.Rgt. 98	1. 8. 43	(3)*
Wurster	Kdr. d. Nachr.Tr. XIV	1. 8. 43	(4)
Gen.Lt. 16. 3. 45			
Stemmermann	Kdr. d. Nachr.Tr. V	1. 8. 43	(5)
Wagner (Herbert)	Gen.St. d. H. (5. Abt.) (A)	1. 8. 43	(6)
Gen.Lt. 1. 6. 44 (3c)			
Voigt	Abt.Chef i. Ob.Kdo. d. H. (In 6) (Pz)	1. 8. 43	(7)
Nedtwig	Kdr. Pz.Tr.Schule (Schule f. Schnelle Tr.		
	Wünsdorf) (Pz)	1. 8. 43	(8)
Weber	Gren.Rgt. 30	1. 8. 43	(9)
Mönch	Geb.Art.Rgt. 112	1. 8. 43	(10)
Meyerhöfer	St. Gen.Kdo. XIII. A.K. (I)	1. 8. 43	(11)
Oschmann	Kdr. d. Nachr.Tr. VII	1. 8. 43	(12)
Wißmath	Pz.Art.Rgt. 27	1. 8. 43	(13)
Gen.Lt. 1. 8. 44 (3a)			
Wolf (Friedrich)	z. Verf. Ob. d. H. (Sonst. Offz.) (I)	1. 8. 43	(14)
Piekenbrock	Abt.Chef i. Ob.Kdo. d. W. (Abw I) (K)	1. 8. 43	(15)
Gen.Lt. 1. 3. 44 (6a)			
Ullmer	Gren.Rgt. 109	1. 8. 43	(16)
Welcker	Kdr. II. Abt. Art.Rgt. 63	1. 8. 43	(17)
Heyser	Gren.Rgt. 47	1. 8. 43	(18)
Sauerbrey	Kdr. Lehrgru. B Kriegsschule Dresden (I)	1. 8. 43	(19)
Bahn	Gren.Rgt. 12	1. 8. 43	(20)
Ranft	Kdr. Wehrbz. Bamberg (I)	1. 8. 43	(20a[1])
Rabe von Pappenheim	Mil.Attaché Deutschen Gesandtsch.		
	i. Budapest (K)	1. 8. 43	(20b)
Gen.Lt. 1. 7. 44 (5)			
Stegmann	Pz.Gren.Rgt. 14	1. 8. 43	(20c)
Koll	Pz.Rgt. 11	1. 8. 43	(20d)
Gen.Lt. 30. 1. 45 (4)			
Heisterman von Ziehlberg	Gen.St. d. H. (G Z) (I)	1. 8. 43	(20e)
Gen.Lt. 1. 6. 44 (3d)			
von Krause	Ob.Kdo. d. H. (12. Abt. Gen.St. d. H.) (I)	1. 8. 43	(21)
Eberding	Gren.Rgt. 53	1. 8. 43	(21a)
Feuchtinger	Art.Rgt. 26	1. 8. 43	(22)
Gen.Lt. 1. 8. 44 (3b)			
von Bülow	Füs.Rgt. 27	1. 8. 43	(22a)
von Schuckmann	Gren.Rgt. 67	1. 8. 43	(26)
Rorich	Pz.Gren.Rgt. 10	1. 9. 43	(1)
Windisch	Kdr. Geb. Jäg.Rgt. 139	1. 9. 43	(2)
Rein	Kdr. d. Geb.Tr. XVIII[1]	1. 9. 43	(3)
Gen.Lt. 1. 8. 44 (3c)			
Wilke	Kdr. Fahrabt. 14	1. 9. 43	(4)
Graf zu Stolberg-Stolberg	Gren.Rgt. 60	1. 9. 43	(5)
von Marnitz	Leiter Fest.Pi. u. Wallmeisterlehrg. Pi.Schule I	1. 9. 43	(7)
Noack	Gren.Rgt. 1	1. 9. 43	(8)
Klüg	Kdr. Fla.Btl. 47	1. 9. 43	(10)
Müller-Derichsweiler	Ob.Kdo. d. H. (Ag E Tr/E) (I)	1. 9. 43	(11)
Schuster-Woldan	Art.Rgt. 10	1. 9. 43	(12)
Weidemann	Ob.Kdo. d. H. (Ag E Tr/E) (I)	1. 9. 43	(13)

---

[1] Muß heißen: „Kdr.d.Nachr.Tr. XVIII" (Fehler in Original-DAL)

Lehmann	Kdr. d. Nachr.Tr. I	1. 9. 43	(14)
von Hößlin	St. Gen.Kdo. XIII. A.K. (K)	1. 9. 43	(15)
Gruner	Gren.Rgt. 78	1. 9. 43	(16)
Kreipe	Kriegsschule Hannover (I)	1. 9. 43	(17)
von Wedel	Abt.Chef i. Ob.Kdo. d. W. (W Pr) (I)	1. 9. 43	(18)
Radziej	Kriegsschule Wiener Neustadt (I)	1. 9. 43	(19)

Gen.Lt. 1. 9. 44 (2a)

Botsch	Ob.Kdo. d. W. (W Rü) (I)	1. 9. 43	(20)

Gen.Lt. 1. 9. 44 (3)

von Krosigk	Kriegsakad. (N)	1. 9. 43	(21)

Gen.Lt. 1. 5. 44 (3c); Gen.d.Inf. 30. 1. 45 (6)

Pemsel	Gen.St. 1 Geb.Div. (I)	1. 9. 43	(22)

Gen.Lt. 9. 11. 44 (4a)

Pfeifer	Ob.Kdo. d. W. (I) (I)	1. 9. 43	(23)

Gen.Lt. 1. 6. 44 (4)

Scherff	Gen.St. d. H. (7. Abt.) (I)	1. 9. 43	(24)
Winter	Gen.St. d. H. (1. Abt.) (N)	1. 9. 43	(25)

Gen.Lt. 1. 8. 44 (4); Gen.d.Geb.Tr. 30. 1. 45

Kühne	Gen.St. 14. Div. (I)	1. 9. 43	(26)

Gen.Lt. 1. 9. 44 (3a)

Freiherr von Elverfeldt	Gen.St. 8. Pz.Div. (I)	1. 9. 43	(27)
Jüngling	z. Verf. Ob. d. H. (Sonst. Offz.) (I)	1. 9. 43	(29)
Klemm	Ausb.Leiter Stolp (Pomm.) 2 (I)	1. 10. 43	(1)
Helwig	Gren.Rgt. 16	1. 10. 43	(2)
Beutler	Gen.St. IV. A.K. (K)	1. 10. 43	(4)
Gothsche	Ob.Kdo. d. H. (Gen d Mot/In 12) (Pz)	1. 10. 43	(5)
Meißner	Abt.Chef i. Ob.Kdo. d. H. (Wa I Rü/W u G 7) (N)	1. 10. 43	(6)
Kattner	Gren.Rgt. 7	1. 10. 43	(7)
Winkler	Geb.Art.Rgt. 79	1. 10. 43	(8)
Öller	Pz.Gren.Rgt. 104 (I)	1. 10. 43	(9)
Marlow	Kdr. Fz.Kdo. XXI (A)	1. 10. 43	(10)
Seelig	Kdr. Pi.Btl. 44	1. 10. 43	(11)
Zwade	Ob.Kdo. d. H. (Ag E Tr/Tr.Abt.) (I)	1. 10. 43	(12)
Graf von Schwerin	Gren.Rgt. 8	1. 10. 43	(13)
Wenninger	Füs.Rgt. 34	1. 10. 43	(14)
Meltzer	Art.Rgt. 14	1. 10. 43	(15)
Drekmann	Ob.Kdo. d. H. (Wa Prüf 2) (I)	1. 10. 43	(16)

Gen.Lt. 1. 5. 44 (4a)

Wagner	Gren.Rgt. 44	1. 10. 43	(18)
Sattler	Gren.Rgt. 24	1. 10. 43	(19)
Sievers	Gren.Rgt. 119	1. 10. 43	(20)

Gen.Lt. 1. 10. 44 (6)

Kleinschroth	Kdr. Geb.Nachr.Abt. 54	1. 10. 43	(21)
Eisenbach	Pz.Gren.Rgt. 104	1. 10. 43	(22)
Erxleben	Kdr. Nachr.Tr. XIII	1. 10. 43	(23)
Weinknecht	Gen.St. d. H. (6. Abt.) (K)	1. 10. 43	(24)

Gen.Lt. 1. 6. 44 (5)

Sturt	Pz.Gren.Rgt. 115 (I)	1. 10. 43	(25)
Schröder	Kdt. Pi.Üb.Pl. Dessau-Roßlau (Pi)	1. 10. 43	(26)
Schmidt	Kriegsschule Dresden (I)	1. 10. 43	(27)
Niemann	Kdr. Nbl.Abt. 2	1. 10. 43	(28)
Wehrig	Kdr. Pz.Jäg.Tr. XII	1. 10. 43	(29)
von Buttlar	Kdr. Nachr.Abt. 49	1. 10. 43	(30)
Arnold	Kdr. Nachr.Abt. 42	1. 10. 43	(31)
Dewald	Gren.Rgt. 119	1. 10. 43	(32)
Gihr	Gren.Rgt. 107	1. 10. 43	(33)
von Felbert	Kav.Schütz.Rgt. 9 (PzGr)	1. 10. 43	(34)

von Gallwitz	Pz.Art.Rgt. 19	1. 10. 43	(35)
Schricker	Chef d. Zentralamtsgru. d. Wa A i. Ob.Kdo. d. H.		
	(Wa Z) (A)	1. 10. 43	(36c)
Scheffler	Ob.Kdo. d. H. (In 4) (A)	1. 10. 43	(36e)
Herfurth	Ob.Kdo. d. H. (In 2) (I)	1. 10. 43	(37)
Jolasse	z. Verf. Ob. d. H. (Sonst. Offz.) (PzGr)	1. 10. 43	(40)
Gen.Lt. 20. 4. 45			
von der Meden	Kav.Rgt. 5 (PzGr)	1. 10. 43	(41)
Gen.Lt. 1. 7. 44 (6)			
Bickel	Ausb.Leiter Hirschberg (Riesengeb.) (I)	1. 10. 43	(41a)
von Klinckowström	Kdr. Nachr.Abt. 50	1. 10. 43	(42)
Junck	Ob.Kdo. d. H. (Wa I Rü 3) (A)	1. 11. 43	(1)
Gen.Lt. 30. 1. 45			
Kruse	Kdr. II. Abt. Art.Rgt. 42	1. 11. 43	(2)**
Gen.Lt. 1. 5. 44 (4b)			
Spalcke	Mil.Attaché Deutsch. Gesandtsch. i. Bukarest (I)	1. 11. 43	(3)
Freiherr von Waldenfels	Kav.Rgt. 17 (PzGr)	1. 11. 43	(4)
Gen.Lt. 1. 6. 44 (6)			
Grolig	Kdr. Pz.Aufkl.Abt. 8	1. 11. 43	(5)
Lange	Kriegsakad. (I)	1. 11. 43	(6)
Gen.Lt. 1. 6. 44 (7)			
Trowitz	Art.Rgt. 68	1. 11. 43	(7)
Rasp	Gen.St. 17. Div. (N)	1. 11. 43	(7a)
Gen.Lt. 1. 5. 44 (5); Gen.d.Inf. 1. 12. 44 (5)			
Källner	Kav.Rgt. 4 (PzGr)	1. 11. 43	(8)
Gen.Lt. 1. 6. 44 (8)			
von Wietersheim	St. 3. Pz.Div. (PzGr)	1. 11. 43	(9)
Gen.Lt. 1. 7. 44 (7)			
Heidkämper	Gen.St. 7. Pz.Div. (Pi)	1. 11. 43	(10)
Gen.Lt. 9. 11. 44 (5)			
Schrepffer	Gren.Rgt. 76 (PzGr)	1. 12. 43	(1)
Amann	Geb. Jäg.Rgt. 85	1. 12. 43	(1a)
von Holwede	Gren.Rgt. 90	1. 12. 43	(2)
Freiherr von Uslar-Gleichen	Pz.Gren.Rgt. 79	1. 12. 43	(3)
Schramm	Pz.Gren.Rgt. 52 (I)	1. 12. 43	(4)
von Henning	Gren.Rgt. 8	1. 12. 43	(5)
Kaliebe	Pi.Schule I	1. 12. 43	(6)
Graf von Hülsen	Gren.Rgt. 8	1. 12. 43	(7)**
Gen.Lt. 1. 7. 44 (7a)			
Bohlmann-Combrinck	Pz.Gren.Rgt. 1	1. 12. 43	(8)
Stengel	Ob.Kdo. d. H. (Bkl.) (I)	1. 12. 43	(9)
Bock von Wülfingen	Kdr. Nachr.Abt. 28	1. 12. 43	(10)
Roßmann	Ob.Kdo. d. H. (Wa Prüf 8) (A)	1. 12. 43	(11)
Reuß	Kdr. I. Abt. Art.Rgt. 68	1. 12. 43	(12)
Blomeyer	Ausb.Leiter Meseritz (A)	1. 12. 43	(14)
Frölich	Pz.Art.Rgt. 76	1. 12. 43	(15)
Bürcky	Gren.Rgt. 62	1. 12. 43	(15a)
Falley	Kriegsschule München (I)	1. 12. 43	(16)
Gen.Lt. 1. 5. 44 (6)			
von Mellenthin	Gen.St. d. H. (Attaché-Abt.) (A)	1. 12. 43	(17)
Gen.Lt. 1. 7. 44 (8); Gen.d.Art. 16. 3. 45			
Frenking	Kriegsschule Potsdam (I)	1. 12. 43	(18)
Kütt	Ob.Kdo. d. H. (Ag E Tr/Tr.Abt.) (PzGr)	1. 12. 43	(19)
Ochsner	Gen.St. 36. Div. (I)	1. 12. 43	(20)
Gen.Lt. 1. 6. 44 (9)			
Schmidt-Hammer	Gren.Rgt. 31	1. 12. 43	(21)
Gen.Lt. 1. 6. 44 (10)			

Hauser	St. Gen.Kdo. XIX. A.K. (Pz)	1. 12. 43	(22)
Gen.Lt. 1. 6. 44 (10a)			
Fabiunke	Pz.Art.Rgt. 74	1. 12. 43	(23)
Siewert	Ob.Kdo. d. H. (Adj. Ob. d. H.) (I)	1. 12. 43	(24)
Gen.Lt. 1. 6. 44 (11)			
Bleyer	z. Verf. Ob. d. H. (Sonst. Offz.) (I)	1. 12. 43	(25)
Gen.Lt. 1. 6. 44 (12)			
Decker	Kdr. Pz. Jäg.Abt. 38	1. 12. 43	(26)
Gen.Lt. 1. 6. 44 (13); Gen.d.Pz.Tr. 1. 1. 45 (5)			
von Grolman	Gen.St. 28. Div. (K)	1. 12. 43	(26a)
Gen.Lt. 9. 11. 44 (6)			
Wüstenhagen	Art.Rgt. 30	1. 12. 43	(26b)
Gen.Lt. 1. 6. 44 (14)			
Löwrick	St. Abt.Ob. Kdo. d. H. (I)	1. 12. 43	(27)
Gen.Lt. 1. 6. 44 (15)			
Maier	Geb. Jäg.Rgt. 100	1. 1. 44	(1)
Menny	Kdr. Nachr.Abt. 11	1. 1. 44	(2)
Schulte-Tigges	Kdr. Nachr.Abt. 34	1. 1. 44	(3)
Mattern	Jäg.Rgt. 28	1. 1. 44	(4)
Schmidt	Abt.Chef i. Ob.Kdo. d. H. (Wa Prüf 9) (A)	1. 1. 44	(5)
Abberger	Lciter Offz.Lehrg. Pi.Schule I	1. 1. 44	(6)
Mueller	Kdr. Geb.Nachr.Abt. 68	1. 1. 44	(7)
Müller	Gren.Rgt. 72	1. 1. 44	(8)
Oetken	Kdr. Fla.Btl. 48	1. 1. 44	(9)
Hünten	Pz.Gren.Rgt. 86	1. 1. 44	(10)
Böhlke	Gren.Rgt. 21	1. 1. 44	(11)
Gen.Lt. 1. 8. 44 (5)			
Siber	z. Verf. Ob. d. H. (Sonst. Offz.) (I)	1. 1. 44	(12)
Scholl	St. Wehrers.Insp. Ulm (Donau) (K)	1. 1. 44	(12b)
Kraeber	Kdr. Schießlehrg. Pz.Tr.Schule, zugl. Kdt. Tr.Üb.Pl.		
	Putlos (Pz)	1. 1. 44	(15)
Bourquin	Kriegsschule Wiener Neustadt (I)	1. 1. 44	(15a)
Gen.Lt. 1. 8. 44 (5a)			
Koske	Art.Rgt. 29	1. 1. 44	(16)
Ehrig	Gen.St. 22. Div. (I)	1. 1. 44	(17)**
Gen.Lt. 9. 11. 44 (7)			
Nickel	Füs.Rgt. 26	1. 1. 44	(17a)
Gen.Lt. 1. 7. 44 (9)			
Scheuerpflug	St. 35. Div. (I)	1. 1. 44	(18)
Gen.Lt. 1. 8. 44 (5b)			
Herrmann	Gen.St. 44. Div. (N)	1. 1. 44	(19)
Doerr	Mil.Attaché b. Deutsch. Botschaft i. Madrid (A)	1. 1. 44	(20)
Ritter von Xylander	Gen.St. d. H. (3. Abt.) (I)	1. 1. 44	(21)
Gen.Lt. 1. 12. 44 (2)			
Degen	Gen.St. 2. Geb.Div. (I)	1. 1. 44	(22)
Gen.Lt. 1. 8. 44 (5c)			
Mikosch	Kdr. Pz.Pi.Btl. 51	1. 1. 44	(23)
Gen.Lt. 16. 3. 45			
Freiherr Treusch von Buttlar-Brandenfels			
	Gen.St. d. H. (GZ) (K)	1. 1. 44	(24)
Unrein	Ob.Kdo. d. W. (WZ) (PzGr)	1. 1. 44	(25)
Gen.Lt. 1. 7. 44 (10)			
Gottschalk	H.Feuerw.Schule (A)	1. 2. 44	(1)
Richter	Kdr. Pi.Btl. 48	1. 2. 44	(2)
Zünckel	St. Höh. Pi.Offz. Landesbefest. Ost	1. 2. 44	(3)
Westram	Art.Rgt. 28	1. 2. 44	(5)
Crisolli	Kav.Schütz.Rgt. 9 (PzGr)	1. 2. 44	(7)

Linde	Chef d. St. Allgem. Wehrm.Amt (AWA) (I)	1. 2. 44	(8)
Schwarz	Kriegsakad. (A)	1. 2. 44	(9)

Gen.Lt. 1. 8. 44 (5d)

Graf von Rittberg   St. d. Wehrm.Bevollm. b. Reichsprotektor
u. Befehlshaber i. Wehrkrs. Böhmen u. Mähren (A)   1. 2. 44   (10)
Gen.Lt. 1. 8. 44 (5d¹)

Freiherr Rüdt von Collenberg   Ob.Kdo. d. H.
(7. Abt. Gen.St. d. H.) (I)   1. 2. 44   (11)

Reinhardt	Gren.Rgt. 55	1. 2. 44	(11a)

Gen.Lt. 1. 9. 44 (4)

Sperl	Gen.St. 35. Div. (A)	1. 2. 44	(12)

Gen.Lt. 1. 8. 44 (5e)

Feyerabend	Gen.St. 24. Div. (A)	1. 2. 44	(13)

Gen.Lt. 1. 3. 45

Wagner	Kdr. II. Abt. Art.Rgt. 114	1. 2. 44	(13a)

Gen.Lt. 1. 12. 44 (2a)

Back	Pz.Gren.Rgt. 2	1. 2. 44	(14)
Freiherr von Strachwitz	Gen.St. 18. Div. (K)	1. 2. 44	(15)

Gen.Lt. 1. 8. 44 (6)

von Bercken	Gren.Rgt. 50	1. 2. 44	(16)

Gen.Lt. 1. 8. 44 (7)

Thomale	Ob.Kdo. d. H. (Chef H Hüst u. Bd E/Stab) (Pz)	1. 2. 44	(18)

Gen.Lt. 1. 3. 45

Ritter und Edler von Dawans	Gen.St. I. A.K. (I)	1. 2. 44	(19)
Baade	Kav.Rgt. 3 (PzGr)	1. 2. 44	(19a)

Gen.Lt. 1. 8. 44 (8)

Stieff	Gen.St. d. H. (1. Abt.) (A)	1. 2. 44	(20)
Weber	Gren.Rgt. 23	1. 2. 44	(21)

Gen.Lt. 1. 8. 44 (9)

Mayr	Gren.Rgt. 42	1. 3. 44	(1)
Stingl	Gren.Rgt. 72	1. 3. 44	(2)
Schultz	Gren.Rgt. 35	1. 3. 44	(3)
Höfer	Pz.Gren.Rgt. 4	1. 3. 44	(4)
Hüther	Abt.Chef i. Ob.Kdo. d. H. (In 4) (A)	1. 3. 44	(5)
Michelmann	Chef d. Amtsgru. P 6 i. Ob.Kdo. d. H. (I)	1. 3. 44	(6)
Koelitz	Kdr. Pz.Aufkl.Abt. 4	1. 3. 44	(7)
Haehnle	Kdr. I. Abt. Art.Rgt. 77	1. 3. 44	(8)

Gen.Lt. 1. 3. 45

Raegener	Gren.Rgt. 67	1. 3. 44	(9)

Gen.Lt. 1. 3. 45

von Holtzendorff   Pz.Tr.Schule (Schule f. Schnelle Tr.
Wünsdorf) (Kfp)   1. 3. 44   (10)

Halke	b. Höh. Pi.Offz. Landesbefest. West	1. 3. 44	(11)
Mueller-Bülow	Inf.Lehrrgt.	1. 3. 44	(13)
Furbach	Ob.Kdo. d. H. (Fz In) (I)	1. 3. 44	(14)
Fischer	Kdr. I. Abt. Art.Rgt. 47	1. 3. 44	(15)

Gen.Lt. 1. 9. 44 (4a)

von Eichstedt	Kriegsschule Dresden (I)	1. 3. 44	(16)
Hagemann	z. Verf. Ob. d. H. (Sonst. Offz.) (I)	1. 3. 44	(17)

Gen.Lt. 1. 9. 44 (5)

Heider	St. Gen.Kdo. VI. A.K. (I)	1. 3. 44	(18)
Wentzell	Pz.Art.Rgt. 2	1. 3. 44	(19)
Moehring	Gren.Rgt. 82	1. 3. 44	(20)

Gen.Lt. 1. 12. 44 (†)

Hohn	St. Gen.Kdo. XXIII. A.K. (I)	1. 3. 44	(21)

Gen.Lt. 30. 1. 45 (5)

von Ziegesar	Kdt. v. Leipzig (I)	1. 4. 44	(1)

Stenglein	Pz.Rgt. 35	1. 4. 44	(2)
Gleiniger	Kdr. Pz.Jäg.Abt. 18	1. 4. 44	(3)
Zanssen	Kdr. H.Anstalt Peenemünde, zugl. Ob.Kdo. d. H.		
	(Wa Prüf 11) (Nbl)	1. 4. 44	(4)
Schmidt	Art.Rgt. 5	1. 4. 44	(5)
Gerstmann	Geb. Jäg.Rgt. 137	1. 4. 44	(5a)
Kranyak[1]	Kdr. Fest.Pi.St. 12	1. 4. 44	(6)
Goerbig	Ob.Kdo. d. H. (AHA) (Pz)	1. 4. 44	(8)
Wittkopf	Kdr. M.G.Btl. 11	1. 4. 44	(9)
Krieger	Gren.Rgt. 19	1. 4. 44	(10)
Bruckmann	z. Verf. Ob. d. H. (Sonst. Offz.) (A)	1. 4. 44	(11)
Heucke	Pz.Art.Rgt. 4	1. 4. 44	(12)
Gen.Lt. 1. 4. 45			
Marcks	Kdr. Pz. Jäg.Abt. 19	1. 4. 44	(13)*
von Larisch	Kriegsschule Hannover (I)	1. 4. 44	(14)
Gen.Lt. 1. 10. 44 (7)			
Michaelis	Kdtr. Tr.Üb.Pl. Döllersheim (I)	1. 4. 44	(14a)
Tronnier	Kriegsschule Wiener Neustadt (I)	1. 4. 44	(15)
Reichelt	Gen.St. 7. Div. (I)	1. 4. 44	(16)
Gen.Lt. 20. 4. 45			
Mauss	Pz.Gren.Rgt. 69	1. 4. 44	(17)
Gen.Lt. 1. 10. 44 (8)			
Eckholt	Art.Rgt. 26	1. 4. 44	(18)
Staedke	Gen.St. 4. Pz.Div. (A)	1. 4. 44	(19)
Gen.Lt. 20. 4. 45			
Kennes	Ob.Kdo. d. H. (Chef H Rüst u. Bd E/Stab) (Pi)	1. 5. 44	(1)
Breusing	Kdr. Pz. Jäg.Abt. 41	1. 5. 44	(2)
von Kirchbach	Kriegsschule Hannover (I)	1. 5. 44	(3)
Gen.Lt. 9. 11. 44 (8)			
von Rekowski	Gren.Rgt. 71	1. 5. 44	(4)
Gen.Lt. 1. 12. 44 (3)			
Schrank	St. 1. Geb.Div. (I)	1. 5. 44	(5)
Gen.Lt. 9. 11. 44 (8a)			
Gäde	Ob.Kdo. d. H. (In 4) (A)	1. 5. 44	(6)
Klammt	z. Verf. Ob. d. H. (Sonst. Offz.) (I)	1. 5. 44	(7)
Heun	Gren.Rgt. 57	1. 5. 44	(8)
Gen.Lt. 9. 11. 44 (9)			
Conrady	Pz.Gren.Rgt. 40 (I)	1. 5. 44	(9)
		ohne Rangdienstalter	
von Quast	Gen.St. 2. Pz.Div. (Pz)	Bef. 1. 8. 43	
Erhielt RDA 1. 2. 44 (20a)			
Theilacker	d. Gen.St., Kriegsakad. (I)	Bef. 1. 3. 44	
Erhielt RDA 1. 7. 44 (8)			
Hölter	Gen.St. 34. Div. (I)	Bef. 1. 4. 44*	
Erhielt RDA 1. 7. 44 (11)			

Nachtrag des Herausgebers

Dr. Walter (Paul) *Div. Arzt 6. Div. zgl. Kdr. San. Abt. 6 Gen. Arzt 1. 4. 42 (1) Gen. Lt. 9. 11. 44 (3)*

Anmerkung: Heeres-San. Inspekteur; von den San. Offz. zu den Tr. Off. überführt.

de Niem *z. Verf. Ob. d. H. (Sonst. Offz.) (Pz.Gr.); Gen.Maj. 1. 4. 44 (14b)*

Anmerkung: Beförderung erfolgte unter gleichzeitiger Überführung von den Polizei-Offizieren zu den aktiven Tr.Offz. des Heeres; hatte als Pol.-Oberst RDA 1. 1. 42; als Friedenstruppenteil später Pz.Gr.Rgt. 108 festgesetzt

---

[1] Lt. DAL 38: „Kranyak".

Obersten

Geiger Ausb.Leiter Amberg (Oberpf.) (I)	1. 1.39	(34)
Gen.Maj. 1.9.44 (1a)		
Triepel genannt Schulze Ausb.Leiter (Art) Jena (A)	1. 1.39	(37)
Gen.Maj. 9.11.44 (1a)		
Müller (Fritz) Wehrbz.Kdo. Magdeburg I	1. 1.39	(38)
Dannehl Gren.Rgt. 92	1. 4.39	(32)
von Platen Kdr. Geb.Kraftf.Abt. 18	1. 4.39	(33)
1.12.44 in DAL S überführt		
Hegedüs Pz.Gren.Rgt. 5	1. 4.39	(33a)
Bachmaier Ausb.Leiter Regensburg 1 (I)	1. 4.39	(45)
Ziermann Kdr. Wehrbz. Hannover I (I)	1. 8.39	(39)
Stiller b. Höh. Pi.Offz. Landesbefest. West	1.10.39	(23)
Gen.Maj. 1.12.44 (2b)		
Zapp Pz.Gren.Rgt. 101 (I)	1.12.39	(2)
Gutmann Ob.Kdo. d. H. (Wa Prüf 5) (Pi)	1. 3.40	(2)
Matthiass Jäg.Rgt. 83	1. 4.40	(22a)
Leistikow Gren.Rgt. 132	1. 4.40	(33)
Gen.Maj. 1.10.44 (13)		
Braun Ausb.Leiter (Art) Mülheim (Ruhr) (A)	1. 6.40	(13)
Holm Gren.Rgt. 90	1. 7.40	(12)
Gen.Maj. 1.8.44 (1a)		
Krappmann z. Verf. Ob. d. H. (Sonst. Offz.) (A)	1. 7.40	(23)
Schulze Gren.Rgt. 134	1. 8.40	(3)
Gen.Maj. 1.8.44 (1)		
Hübner Kdr. Pz. Jäg.Abt. 17	1. 9.40	(21)
Belau (Johannes) Gren.Rgt. 7	1. 9.40	(36)
1.8.44 in den Befehlsbereich des Ob. d. L. übergetreten;		
erhielt dort neues RDA 1.9.40 (4)		
Rohr Gren.Rgt. 78	1.10.40	(4)
Gen.Maj. 1.4.44 (11a)		
Fricke Kdr. Pz. Jäg.Abt. 20 (PzGr)	1.10.40	(23)
Gen.Maj. 1.6.44 (2)		
Wagner Kdr. Nachr.Abt. 29	1.10.40	(24)
Gen.Maj. 1.5.44 (1a)		
Krüger Gren.Rgt. 45	1.10.40	(27)
Gen.Maj. 1.6.44 (3)		
Fischer Gren.Rgt. 80	1.10.40	(31)
Gen.Maj. 1.6.44 (4)		
Hammer Abt.Chef i. Ob.Kdo. d. H. (In 2) (I)	1.10.40	(33)
Gen.Maj. 1.7.44 (1)		
Schmidt Pz.Rgt. 7	1.10.40	(33a)
Gen.Maj. 1.7.44 (2)		
Meyer Kdr. Pi.Btl. 1	1.10.40	(34)
Gen.Maj. 1.8.44 (2)		
Ullersperger Kdr. Pi.Btl. 7	1.10.40	(35)
Gen.Maj. 1.8.44 (3)		
Hassenstein Kriegsschule Dresden (I)	1.10.40	(35a)
Gen.Maj. 1.8.44 (4)		

Fronhöfer   Leiter takt. Lehrg. Pz.Tr.Schule (Schule f. Schnelle
                  Tr. Wünsdorf)   (PzGr)   1. 10. 40   (36b)
Gen.Maj. 1. 8. 44   (5)
Dürking   Kriegsschule Hannover   (I)   1. 10. 40   (39a)
Gen.Maj. 1. 8. 44   (6); Gen.Lt. 1. 9. 44   (†)
Runnebaum   Ausb.Leiter Beuthen (Oberschles.) (I)   1. 10. 40 (42)**
Gen.Maj. 1. 9. 44   (1)
von Seydlitz-Kurzbach   z. Verf. Ob. d. H. (Sonst. Offz.) (I)   1. 10. 40   (42a)
Gen.Maj. 1. 12. 44   (2c)
Fromelt   Ob.Kdo. d. H. (Bkl)   (I)   1. 10. 40   (46)
Wagner-Hohenlobbese   Kdr. Pz.Pi.Btl. 32   1. 11. 40   (2)
Gen.Maj. 1. 10. 44   (1)
Kempf   Ob.Kdo. d. W. (W N V)   (N)   1. 11. 40   (2a)
Gen.Maj. 1. 10. 44   (2)
Seiz   Füs.Rgt. 34   1. 11. 40   (4)
Gen.Maj. 1. 10. 44   (3)
Schaller   zuletzt Kdr. M.G.Btl. 13, jetzt Fr. St.O. Luxemburg   1. 11. 40   (5)
Gen.Maj. 1. 10. 44   (4)
Maltzahn   H. Gasschutzschule   (Nbl)   1. 11. 40   (8a)
Gen.Maj. 1. 10. 44   (5)
Gebb   Ob.Kdo. d. H. (PA)   (I)   1. 11. 40   (10a)
Gen.Maj. 1. 7. 44   (5)
Jay   Kdr. H.Reit- u. Fahrschule   1. 11. 40   (11)
Feller   Ob.Kdo. d. H. (In 6)   (PzGr)   1. 11. 40   (13b)
Gen.Maj. 1. 10. 44   (6)
vom Bauer   St. 2. Div.   (PzGr)   1. 11. 40   (13c)
Gen.Maj. 1. 10. 44   (7)
Schräpler   Kdr. Lehrstab B Art.Schule II   1. 11. 40   (13d)
Gen.Maj. 1. 10. 44   (8)
Schiel   Ob.Kdo. d. H. (5. Abt. Gen.St. d. H.)   (I)   1. 11. 40   (14)
Gen.Maj. 1. 10. 44   (9)
Gaedicke   Ob.Kdo. d. H. (In Fest)   (Pi)   1. 11. 40   (15)
Gen.Maj. 1. 10. 44   (10)
Mirow   Ob.Kdo. d. H. (In Fest)   (Pi)   1. 11. 40   (17)
Gen.Maj. 30. 1. 45   (1b)
Spannenkrebs Kriegsakad.   (Pz)   1. 11. 40   (20a)
Gen.Maj. 1. 10. 44   (11)
Henke   Kdr. Pi.Lehrbtl.   1. 11. 40   (21a)
Gen.Maj. 1. 10. 44   (12)
Eimler   b. Fest.Pi.Kdr. II   1. 11. 40   (22)
Gen.Maj. 9. 11. 44   (1)
Petry   Gren.Rgt. 41   1. 11. 40   (25)
Gen.Maj. 9. 11. 44   (2)
von Manteuffel   Kdr. Krad.Schütz.Btl. 3   1. 11. 40   (30)
Gen.Maj. 9. 11. 44   (3)
Kutzky   Ob.Kdo. d. W. (W N V)   (N)   1. 11. 40   (33)
Gen.Maj. 9. 11. 44   (4)
Ratcliffe   Kdt. Wehrm.Gefängnis Germersheim   (I)   1. 11. 40   (34)
Gen.Maj. 9. 11. 44   (5)
Reichert   Kdr. Gren.Rgt. 67 [1]   1. 12. 40   (3)
Gen.Maj. 9. 11. 44   (6)
Kotz   Ausb.Leiter Allenstein 2   (I)   1. 12. 40   (7a)
Gen.Maj. 1. 12. 44   (2)
Kadgien   Kdr. II. Abt. Art.Rgt. 93   1. 12. 40   (9a)
Gen.Maj. 1. 12. 44   (3)

---

[1] Muß heißen: ,,Kdr. M.G.Btl. 39" (Fehler in Original-DAL)

Werther Pz.Gren.Rgt. 5	1. 12. 40	(10)
Gen.Maj. 1. 3. 45 (2)		
Köhn Gren.Rgt. 29	1. 12. 40	(12)
Stammbach Ob.Kdo. d. H. (Wa Prüf 5) (Pi)	1. 12. 40	(13)
Gen.Maj. 1. 12. 44 (4)		
André Kdr. M.G.Btl. 1	1. 12. 40	(14)
Gen.Maj. 1. 12. 44 (5)		
von Boltenstern Ob.Kdo. d. H. (Ag P 1) (I)	1. 12. 40	(16)
Gen.Maj. 1. 3. 45		
Selle Abt.Chef i. Ob.Kdo. d. H. (In 9) (Nbl)	1. 12. 40	(20)
Krug Kdr. Pi.Btl. 34	1. 12. 40	(21)*
Freiherr von Buddenbrock Art.Rgt. 28	1. 12. 40	(22)
Gen.Maj. 1. 12. 44 (6)		
Plehn Gren.Rgt. 80	1. 12. 40	(23)
Gen.Maj. 1. 12. 44 (7)		
Teichmann Gren.Rgt. 111	1. 12. 40	(24)
Negendanck Kdr. Pz.Nachr.Abt. 39	1. 12. 40	(25)
Gen.Maj. 1. 12. 44 (8)		
Noack Art.Rgt. 34	1. 12. 40	(28)
Willigmann St. Gen.Kdo. XVIII. A.K. (I)	1. 12. 40	(30b)
Gen.Maj. 1. 12. 44 (9)		
Czimatis Ob.Kdo. d. H. (Chef H Rüst u. BdE/Stab) (A)	1. 12. 40	(31)
Liß Abt.Chef i. Gen.St. d. H. (3. Abt.) (A)	1. 12. 40	(32)
Gen.Maj. 1. 12. 44 (10)		
Voigt Kdr. Pz.Nachr.Abt. 16	1. 12. 40	(33)
Klein Gren.Rgt. 44	1. 12. 40	(33b)
Gen.Maj. 1. 12. 44 (11)		
Hofmeister Gren.Rgt. Großdeutschland	1. 12. 40	(36a)
Gen.Maj. 1. 7. 44 (5a)		
Geiger Gren.Rgt. 133	1. 12. 40	(37)
Gen.Maj. 1. 12. 44 (12)		
Swiatko Geb. Jäg.Rgt. 138	1. 12. 40	(39)
Vichytil Aufkl.Rgt. 9	1. 12. 40	(40)
Gen.Maj. 1. 12. 44 (13)		
von Hanstein Gren.Rgt. 12	1. 12. 40	(42b)
Bornscheuer Art.Rgt. 70	1. 1. 41	(7)
Gen.Maj. 1. 12. 44 (14)		
Schwierz Kdr. H.Feuerw.Schule I (A)	1. 1. 41	(12)
Radisch Kriegsschule Potsdam (I)	1. 1. 41	(13)
Gen.Maj. 1. 12. 44 (15)		
Wittstatt Gren.Rgt. 61	1. 1. 41	(14)
Gen.Maj. 1. 12. 44 (16)		
Schürmann Ob.Kdo. d. H. (Wa Prüf 1) (I)	1. 1. 41	(15)
Gen.Maj. 1. 4. 44 (11b); Gen.Lt. 1. 9. 44 (6)		
Hauschulz Kdt. Fla.Btl. 31	1. 1. 41	(16)
Gen.Maj. 1. 12. 44 (17)		
Zimmermann Ob.Kdo. d. H. (Wa Prüf) (Pz)	1. 1. 41	(17)
Gen.Maj. 1. 12. 44 (18)		
Büscher Reichskriegsgericht (I)	1. 1. 41	(21)
Gen.Maj. 1. 12. 44 (19)		
Werner-Ehrenfeucht Kdr. Pz. Jäg.Abt. 32	1. 1. 41	(23)
Gen.Maj. 1. 12. 44 (20)		
Schwarzmüller Gren.Rgt. 36	1. 1. 41	(25)
Würtz Pz.Art.Rgt. 16	1. 1. 41	(26)
Steinhardt Kdr. II. Abt. Art.Rgt. 60	1. 1. 41	(28)
Niederle Ob.Kdo. d. H. (Wa Prüf 1) (A)	1. 1. 41	(30)

Lahousen   d. Gen.St., Abt.Chef i. Ob.Kdo. d. W. (Abw II) (I)   1. 1.41   (31)
   Gen.Maj. 1.1.45   (1)
Rupprecht   Gren.Rgt. 61   1. 1.41   (33c)
   Gen.Maj. 1.1.45   (2)
Freiherr von Ow auf Wachendorf
                    Ausb.Leiter Heilbronn (Neckar)   (K)   1. 1.41   (37)
   Gen.Maj. 1.1.45   (3)
Manussi   Gren.Rgt. 134   1. 2.41   (1)
   Gen.Maj. 30.1.45   (1)
Runge   Ausb.Leiter Aachen 2   (I)   1. 2.41   (2a)
   Gen.Maj. 1.10.44   (15)
Gajer   Gren.Rgt. 134   1. 2.41   (3)
Strecker   Art.Rgt. 14   1. 2.41   (4)
   Gen.Maj. 30.1.45   (2)
Gerloch   Pz.Art.Rgt. 116   1. 2.41   (5)
Coretti   Gren.Rgt. 110   1. 2.41   (6)
   Gen.Maj. 30.1.45   (3)
Krüpl   Eisenb.Pi.Rgt. 2   1. 2.41   (8)
   Gen.Maj. 30.1.45   (4)
Sternkopf   Kdr. Pz. Jäg.Abt. 25   (PzGr)   1. 2.41   (10)
Patzak   Art.Rgt. 14   1. 2.41   (11)
   Gen.Maj. 30.1.45
Hyden   Gren.Rgt. 9   1. 2.41   (12)
   Gen.Maj. 30.1.45   (5)
Luschnig   Kdr. Pz.Pi.Btl. 86   1. 2.41   (14)
   Gen.Maj. 30.1.45   (6)
Lorenz   St. Gen.Kdo. XXV. A.K.   (A)   1. 2.41   (15)
Jakwerth   Kraftf.Abt. 10   1. 2.41   (16)
   Gen.Maj. 30.1.45
Buchberger   Ob.Kdo. d. H. (Wa Prüf 5)   (Pi)   1. 2.41   (17)
Simmler   Pi.Btl. 7   1. 2.41   (20)
   Gen.Maj. 30.1.45   (7)
Dahme   Kdr. Kraftf.Abt. 10   1. 2.41   (26a)
   Gen.Maj. 30.1.45
Hipp   Kdr. Fla.Btl. 46   1. 2.41   (28)
   Gen.Maj. 30.1.45   (8)
Graewe   Nbl.Abt. 5   1. 2.41   (31)
   Gen.Maj. 30.1.45   (9)
Teutsch   Ob.Kdo. d. H. (Wa Prüf 5)   (Pi)   1. 2.41   (36a)
von Le Bret-Nucourt   Pz.Gren.Rgt. 115   1. 3.41   (1)
Gieseler   Kdr. M.G.Btl. 14   1. 3.41   (4)
Block   Kdr. Eisenb.Pi.Rgt. 2   1. 3.41   (7)
   Gen.Maj. 1.3.45   (3)
Petersen   Gren.Rgt. 48   1. 3.41   (11)
   Gen.Maj. 1.3.45   (4)
Röhrs   Gren.Rgt. 109   1. 3.41   (13)
Meuther   Gren.Rgt. 116   1. 3.41   (15)
   Gen.Maj. 1.3.45   (5)
Grothe   Kdr. Nbl.Abt. 5   1. 3.41   (16)
   Gen.Maj. 1.3.45   (6)
Dirauf   z. Verf. Ob. d. H. (Sonst. Offz.)   (I)   1. 3.41   (17)
Paape   Art.Rgt. 14   1. 3.41   (18)
   Gen.Maj. 1.3.45   (7)
Konitzky   Kdr. Beob.Abt. 3   1. 3.41   (19)
   Gen.Maj. 1.3.45   (8)
Gießen   Art.Rgt. 28   1. 3.41   (20)
   Gen.Maj. 1.12.44   (21)

Gravenstein	Art.Rgt. 70		1. 3.41	(21)
Gen.Maj. 1.1.45 (6)				
Jolas	Kdr. Fz.Kdo. XII (A)		1. 4.41	(1)
Steinmüller	Pz.Gren.Rgt. 59		1. 4.41	(5)
Gen.Maj. 1.10.44 (16)				
Steyrer	Kdr. Annahmestelle VII f. Offz.Bew. d. H.	(A)	1. 4.41	(6)
Gen.Maj. 1.10.44 (16a)				
Bülowius	Ob.Kdo. d. H. (In Fest) (Pi)		1. 4.41	(7)
Erhielt RDA-Verbesserung 1.10.40 (22a) ; Gen.Maj. 1.4.44 (11a¹)				
Brüning	Gren.Rgt. 17		1. 4.41	(8)
Gen.Maj. 1.4.45				
von Hillebrandt	St. Gen.Kdo. IX. A.K. (PzGr)		1. 4.41	(8a)*
Neßlinger	Art.Rgt. 11		1. 4.41	(9)
Gen.Maj. 1.4.45				
von Bodecker	Kdr. Pz.Pi.Btl. 59		1. 4.41	(9a)*
Herold	Lehrg.Leiter Art.Schule		1. 4.41	(9b)
Gen.Maj. 1.11.44 (†)				
Krause	Ob.Kdo. d. H. (In 8) (F)		1. 4.41	(10)
1.11.44 in DAL S überführt				
von Rohr	Gren.Rgt. 67		1. 4.41	(11)
Gen.Maj. 1.12.44 (22)				
Körte	Gren.Rgt. 96		1. 4.41	(11a)
Gen.Maj. 1.1.45 (7)				
Kittel	Ob.Kdo. d. H. (Wa Prüf 2) (I)		1. 4.41	(12)
Gen.Maj. 1.1.45 (8)				
Neumüller	Gren.Rgt. 51		1. 4.41	(13)
Zierold	Ob.Kdo. d. H. (Chef H Rüst u. BdE/Stab) (A)		1. 4.41	(16)
Erhielt RDA-Verbesserung 1.1.41 (37c) ; Gen.Maj. 1.1.45 (4a)				
Strohmaier	Pz.Art.Rgt. 102		1. 4.41	(17a)
Adam	Gen.St. XXV. A.K. (A)		1. 4.41	(19)
Heisig	Kdr. H.Unteroffizierschule Potsdam (I)		1. 4.41	(20)
Dewitz	Kriegsschule Potsdam (I)		1. 4.41	(20a)
Gen.Maj. 1.4.45				
Graf von Luckner	Art.Rgt. 12		1. 4.41	(21)**
Erhielt RDA-Verbesserung 1.10.40 (22b) ; Gen.Maj. 1.4.44 (11a²)				
Wolff	Ob.Kdo. d. H. (G. I. F.) (I)		1. 4.41	(23a)
Klockenbring	Pz.Gren.Rgt. 93		1. 4.41	(25)
Gen.Maj. 1.4.45				
Erdmann	Kdtr. Tr.Üb.Pl. Bergen (I)		1. 4.41	(26)
Pühringer	Geb.Art.Rgt. 111		1. 4.41	(26g)
von Hillebrandt	Pz.Rgt. 36		1. 4.41	(28)
1.12.44 in DAL S überführt				
von Nordheim	Art.Rgt. 31		1. 4.41	(29)
Hunck	Kdr. Fest.Pi.St. 9		1. 4.41	(30)
Eberth	Kdtr. Würzburg (I)		1. 4.41	(32)
Gen.Maj. 30.1.45 (13)				
Enke	Gren.Rgt. 50		1. 4.41	(33)
Böhaimb	St. H.Dienststelle 9 (I)		1. 4.41	(35)*
Reißner	Kdr. Abt. Art.Rgt. 46		1. 4.41	(37)
Vogel (Walter)	Art.Rgt. 5		1. 4.41	(37a)
Stud	I. Abt. Art.Rgt. 67		1. 4.41	(38)
Borcherdt	Jäg.Rgt. 83		1. 4.41	(38a)
Kohlhauer	Ob.Kdo. d. W. (W N V) (N)		1. 4.41	(40)
von Blanckensee	Gren.Rgt. 96		1. 4.41	(41)
von Wuthenau	Kdr. Wehrbz. Wittenberg (Lutherstadt) (I)	1. 4.41		(53)
In DAL S überführt				
Preusser	Kdr. Wehrbz. Wuppertal (I)		1. 4.41	(58)

Bulcke	Gren.Rgt. 14		1. 4. 41	(67)
Vüllers	Kdr. Wehrbz. Köln III (I)		1. 4. 41	(72)
Buchholtz	Ausb.Leiter Ortelsburg 2 (I)		1. 4. 41	(75)
Seer	Kdr. Wehrbz. Bad Mergentheim (K)		1. 4. 41	(81)
Diesener	Ausb.Leiter Deutsch Krone 3 (I)		1. 4. 41	(82)*
Moser	z. Verf. Ob. d. H. (Sonst. Offz.) (I)		1. 4. 41	(101)
von Mayer	Kdr. Wehrbz. Plauen (Vogtl.) (I)		1. 4. 41	(103)
Görner	Wehrbz.Kdo. Plauen (Vogtl.) (I)		1. 4. 41	(107)
Hühner	Jäg.Rgt. 38		1. 4. 41	(117)
Graumnitz	(Fritz) Füs.Rgt. 27		1. 4. 41	(123)
Müller (Herbert)	Art.Rgt. 12		1. 4. 41	(124)
Domansky	Art.Rgt. 98		1. 6. 41	(1)
Gen.Maj. 9. 11. 44 (7)				
Rohlfs	Pz.Gren.Rgt. 74		1. 6. 41	(4)
Freiherr von Wechmar	Kav.Rgt. 18 (PzGr)		1. 6. 41	(7)
Hamann	Chef d. St. Insp. d. Reit- u. Fahrwesens (In 3)	(A)	1. 6. 41	(10)
Obenaus	Kdr. Pi.Btl. 23		1. 6. 41	(10a)
Gen.Maj. 1. 10. 44 (17)				
Bingmann	Kdr. Pi.Btl. 31		1. 6. 41	(12)
Fischer	Gren.Rgt. 88 *Gen.Maj. 1. 7. 44 (6)*		1. 6. 41	(13)
Rintelen	Gren.Rgt. 94		1. 6. 41	(14)
Gen.Maj. 1. 8. 44 (7); Gen.Lt. 16. 3. 45				
Vetter	Füs.Rgt. 39		1. 6. 41	(15)
Bruhn	Ob.Kdo. d. H. (Fz In) (A)		1. 6. 41	(18b)
Gen.Maj. 9. 11. 44 (7a)				
Winkler	Pz.Gren.Rgt. 108 (früher Inf.Rgt. 10) (I)		1. 6. 41	(20)
Grund	Ob.Kdo. d. H. (Leiter d. Stabes) (I)		1. 6. 41	(20a)
Hecker	Kdr. Pi.Btl. 29 *Gen.Maj. 1. 6. 44 (6)*		1. 6. 41	(21a)
Ziebe	Kdr. Offz.Lehrg. Pi.Schule I		1. 6. 41	(22a)
Ritter von Heigl	Kriegsakad. Pi. (Pi)		1. 6. 41	(22b)*
von Bentivegni	d. Gen.St., Abt.Chef i. Ob.Kdo. d. W. (Abw. III) (A)		1. 6. 41	(23)
Gen.Maj. 1. 8. 44 (7a); Gen.Lt. 30. 1. 45				
Lisso	St. 29. Div. (PzGr)		1. 6. 41	(23a)
Gen.Maj. 1. 10. 44 (17a)				
Zuber	Kdr. II. Abt. Art.Rgt. 53		1. 7. 41	(1b)
Hempel	Ob.Kdo. d. H. (In Fest) (Pi)		1. 7. 41	(2)
Höppel	Art.Schule		1. 7. 41	(2a)
Lamey	Gen.St. 27. Div. (I)		1. 7. 41	(9)
Gen.Maj. 1. 9. 44 (2)				
Peters	z. Verf. Ob. d. H. (Sonst. Offz.) (I)		1. 7. 41	(9a)
Erhielt RDA-Verbesserung 1. 10. 40 (32c) [33c]; Gen.Maj. 1. 7. 44 (4)				
Knesch	Gen.St. 25. Div. (Pi)		1. 7. 41	(10)
Schmeidler	St. Gen.Kdo. XII. A.K. (I)		1. 7. 41	(10a)
Labedzki	Art.Rgt. 24		1. 7. 41	(11)
Rübsam	Kav.Rgt. 17 (PzGr)		1. 7. 41	(12)
Baurmeister	Kriegsschule Potsdam (A)		1. 7. 41	(14)
Gen.Maj. 9. 11. 44 (8)				
Johns	Kd. Pi.Btl. 36		1. 7. 41	(16)
Bischof	Kdr. I. Abt. Art.Rgt. 99		1. 7. 41	(17)
Menneking	Abt.Chef i. Ob.Kdo. d. H. (Ag P 1/5. Abt.) (Pi)		1. 7. 41	(19)
Gen.Maj. 1. 1. 45 (9)				
Brinkmann	Ob.Kdo. d. H. (Ag P 1) (N)		1. 7. 41	(20)
Mayer	b. Ausb.Leiter Müllheim (Baden) (I)		1. 7. 41	(23)
Heine	Gren.Rgt. 50		1. 7. 41	(34)
Gen. Maj. 1. 5. 45 (Bef. . . . . . . durch Befh. u. Kdt. der Seeverteidigung Kanalinseln)				

Freiherr von **Gablenz** Ausb.Leiter Sagan (I)	1. 7. 41	(37)
Prohaska St. H.Dienststelle 20 (Pi)	1. 7. 41	(50)
Knebel H.Feuerw.Schule (I)	1. 8. 41	(1)
Fieweger Gren.Rgt. 134	1. 8. 41	(3)
Michalik Kdr. Pz. Jäg.Abt. 30	1. 8. 41	(4)
Gen.Maj. 1. 6. 44 (†)		
Chorbacher Art.Rgt. 10	1. 8. 41	(9)
Fürguth Kdr. I. Abt. Art.Rgt. 63	1. 8. 41	(12)
Beinhoff Pz.Gren.Rgt. 108 (früher Inf.Rgt. 10) (I)	1. 8. 41	(18)
von **Parseval** Gren.Rgt. 119	1. 8. 41	(20)
Hahne Füs.Rgt. 22	1. 8. 41	(21)
Gen.Maj. 1. 7. 44 (7)		
Wachsmuth Füs.Rgt. 68	1. 8. 41	(23)
Babinger Pz.Art.Rgt. 33	1. 8. 41	(24)
Wachsen Kdr. Reit.Rgt. 1	1. 8. 41	(26)
Czesany Füs.Rgt. 34	1. 9. 41	(1a)
Kaiser Gren.Rgt. 37	1. 9. 41	(3)
Weber Ob.Kdo. d. H. (Ag P 1) (I)	1. 9. 41	(4)
Schenck Kdr. II. Abt. Art.Rgt. 15	1. 9. 41	(5)
Freiherr von **Stetten** Kdr. Wehrbz. Schwäbisch Gmünd (I)	1. 9. 41	(11)
Schaffitzel Ob.Kdo. d. H. (5. Abt. Gen.St. d. H.) (I)	1. 9. 41	(15)
Munckel Ob.Kdo. d. H. (In 3) (A)	1. 9. 41	(19a)
Guksch Ausb.Leiter Fraustadt (I)	1. 9. 41	(21)
Gené Kdr. Wehrbz. Magdeburg II (I)	1. 9. 41	(23)
Klemm Gren.Rgt. 4	1. 9. 41	(40)
Dorn Ob.Kdo. d. H. (5. Abt. Gen.St. d. H.) (Pi)	1. 9. 41	(43)
Gen.Maj. 20. 4. 45		
Schlösser II. Abt. Art.Rgt. 52	1. 9. 41	(44)
Hillenberg Kdr. Nachr.Abt. 65	1. 9. 41	(45)
Hüttner Gren.Rgt. 42	1. 9. 41	(48a)
Gen.Maj. 1. 1. 45 (10)		
Werner Kdt. Nachrichtenkdtr. Innsbruck	1. 10. 41	(1)
Junck Pz.Gren.Rgt. 6	1. 10. 41	(2)
Kopp Kdr. Pz. Jäg.Abt. 37	1. 10. 41	(3)
Scholl z. Verf. Ob. d. H. (Sonst. Offz.) (I)	1. 10. 41	(4)
Neidert Art.Lehrrgt.	1. 10. 41	(7)
Boje Gren.Rgt. 76	1. 10. 41	(8)
Gittner Gen.St. 5. Div. (A)	1. 10. 41	(10)
Gen.Maj. 1. 7. 44 (7a)		
von **Chappuis** Kdr. I. (E) Btl. Inf.Rgt. 150	1. 10. 41	(11)
Uhle-Wettler Pz.Gren.Rgt. 7	1. 10. 41	(13)
Rohrbach Pz.Gren.Rgt. 73	1. 10. 41	(16)
Tzschöckell Nbl.Lehr- u. Vers.Abt.	1. 10. 41	(20)
Gen.Maj. 1. 8. 44 (7b)		
Friebe Gen.St. 20. Div. (Pz)	1. 10. 41	(21)
Gen.Maj. 1. 6. 44 (7)		
Ploß Gren.Rgt. 106	1. 10. 41	(23)
Wuth Ausb.Leiter Stolp (Pom.) 1 (I)	1. 10. 41	(25)
Philipp St. Gen.Kdo. XI. A.K. (I)	1. 10. 41	(28)
Mach Abt.Chef i. Ob.Kdo. d. H. (Ag P 1/6. Abt.) (K)	1. 10. 41	(29a)
von **Frankenberg und Ludwigsdorff**		
z. Verf. Ob. d. H. (Sonst. Offz.) (I)	1. 10. 41	(37)
Baron **Digeon von Monteton**		
Ausb.Leiter Bartenstein (Ostpr.) (I)	1. 10. 41	(43)
von **Werder** Gren.Rgt. 102	1. 10. 41	(54)
Schmidt-Reinthaler Geb. Jäg.Rgt. 13	1. 11. 41	(1)
von der **Schulenburg** Kdr. Krad.Schütz.Btl. 1	1. 11. 41	(4)

4 Rangliste

Pancke	Jäg.Rgt. 28	1. 11. 41	(7)
Völckers	Ob.Kdo. d. W. (AWA), zugl. Sonderbeauftragter d.		
Ob.Kdo. d. W. b. Jugendführer d. Deutschen Reiches (I)		1. 11. 41	(11)
Graf	Art.Rgt. 8	1. 11. 41	(12)
Kitschmann	Kdr. Pz.Aufkl.Abt. 5	1. 11. 41	(13)
Kaumann	Gren.Rgt. 135	1. 11. 41	(14)
Schick	Pz.Art.Rgt. 80	1. 11. 41	(15)
Treptow	Pz.Gren.Rgt. 52	1. 11. 41	(19)
Jank	Gen.St. Kdtr. Küstrin (I)	1. 11. 41	(21)
Gen.Maj. 1. 10. 44 (18); Gen. Lt. 20. 4. 45.			
Weiß	Kdr. Pz.Nachr.Abt. 33	1. 11. 41	(22)
Schultz-Kalau	Kav.Rgt. 5	1. 11. 41	(24)
Ludwig	Gren.Rgt. 70	1. 11. 41	(25)
Stollewerk	Gren.Rgt. 88	1. 11. 41	(26)
Goltzsch	Kriegsschule Potsdam (I)	1. 11. 41	(27a)
Gen.Maj. 1. 12. 44 (23a)			
Naumann	Ausb.Leiter Ohlau (I)	1. 11. 41	(28)
Ritter	z. Verf. Ob. d. H. (Sonst. Offz.) (I)	1. 12. 41	(1a)
Brückmann	Kdr. Pz.Pi.Btl. 4	1. 12. 41	(2)
Glasl	Gen.St. 10. Div. (I)	1. 12. 41	(3)
Gen.Maj. 30. 1. 45 (14)			
Lottner	Gen.St. 30. Div. (I)	1. 12. 41	(5a)
Erhielt RDA-Verbesserung 1. 2. 41 (36b); Gen.Maj. 30. 1. 45 (10)			
von Kiliani	Art.Lehrrgt.	1. 12. 41	(9)*
Pohlman	Gen.St. 31. Div. (I)	1. 12. 41	(11)
Kaegler	Pz.Art.Rgt. 13	1. 12. 41	(12)
Schuppan	Kdr. Kraftf.Abt. 6	1. 12. 41	(13)
Göhring	Kdr. Nachr.Abt. 40	1. 12. 41	(18)
Koppenburg	Pz.Rgt. 1	1. 12. 41	(19)
Ulich	Gren.Rgt. 15 (PzGr)	1. 12. 41	(21)
Erhielt RDA-Verbesserung 1. 12. 40 (42c); Gen.Maj. 1. 12. 44 (13a)			
Freiherr de Lasalle von Louisenthal			
	Kdtr. Tr.Üb.Pl. Senne (I)	1. 12. 41	(22)
Lindner	z. Verf. Ob. d. H. (Sonst. Offz.) (I)	1. 12. 41	(25)
Nieper	St. 72. Div. (A)	1. 12. 41	(27)
Graf von Büdingen	Kdr. Nachr.Abt. 9	1. 12. 41	(31)
Haccius	Ausb.Leiter Oppeln (A)	1. 1. 42	(22a)
Sörgel	Ob.Kdo. d. H. (AgETr/Tr.Abt.) (PzGr)	1. 1. 42	(23a)
Pamberg	d. Gen.St., Kriegsakad. (I)	1. 1. 42	(24)
Gen.Maj. 1. 6. 44 (8)			
Heyden	Ob.Kdo. d. H. (G. I. F.) (I)	1. 1. 42	(25a)
Mandel	Gren.Rgt. 18	1. 1. 42	(26)
Goth	Gen.St. d. H. (12. Abt.) (I)	1. 1. 42	(27)
Migge	Ob.Kdo. d. H. (Wa Prüf 1) (A)	1. 1. 42	(28)
Tschirdewahn	Gen.St. 26. Div. (I)	1. 1. 42	(29)
Palm	Ob.Kdo. d. H. (G. I. F.) (PzGr)	1. 1. 42	(30)
von Stolzmann	Abt.Chef i. Ob.Kdo. d. H. (In 2) (I)	1. 1. 42	(31a)
Gen.Maj. 1. 10. 44 (19)			
Wagner (Werner)	Gen.St. H.Gru. 2 (I)	1. 1. 42	(33)
Harries	Gren.Rgt. 82	1. 1. 42	(37)
Neibecker	Gren.Rgt. 132	1. 1. 42	(38)
Mußbach	Kdr. Nachr.Abt. 10	1. 1. 42	(41)
Rose	Kdr. II. Abt. Art.Rgt. 47	1. 1. 42	(42)
Krahmer	Kav.Rgt. 8	1. 1. 42	(43)
Koßmala	Jäg.Rgt. 38	1. 1. 42	(45)
Gen.Maj. 1. 1. 45 (11)			

Kühl	Gen.St. 4. Div. (N)	1. 1. 42	(46)
Gen.Maj. 1. 3. 45			
Salb	Geb.Art.Rgt. 79	1. 1. 42	(46a)
Trüstedt	Art.Rgt. 69	1. 1. 42	(47)
Wiese	Kdr. Pi.Btl. 6	1. 1. 42	(49)
von Loßberg	d. Gen.St., Ob.Kdo. d. W. (Stellv. Chef WFSt) (I)	1. 1. 42	(50)
Gen.Maj. 1. 9. 44 (3)			
von der Decken	Pz.Gren.Rgt. 12	1. 1. 42	(51a)
Meridies	Ob.Kdo. d. H. (In 4)		
	(b. Höh. Offz. d. Art.Beob.Tr.) (A)	1. 1. 42	(52b)
Dyes	St. Gen.Kdo. XVII. A.K. (I)	1. 1. 42	(52c)
Wiemann	Pz.Gren.Rgt. 101 (I)	1. 1. 42	(63)
Lipken	Kdr. Fest.Pi.St. 5	1. 1. 42	(65)
Proske	Kdtr. Tr.Üb.Pl. Neuhammer (I)	1. 1. 42	(65b)
Huch	Geb.Jäg.Rgt. 137	1. 2. 42	(1a)
von Linstow	d. Gen.St., z. Verf. Ob. d. H. (Sonst. Offz.) (I)	1. 2. 42	(2)
Haß	Gren.Rgt. 57	1. 2. 42	(3)
Gen.Maj. 1. 6. 44 (9); Gen.Lt. 1. 12. 44 (4)			
Beyer	Kdtr. Hamburg (I)	1. 2. 42	(4)
Härder	Gren.Rgt. 95	1. 2. 42	(5)
von Below	St. 28. Div. (PzGr)	1. 2. 42	(6)
von Siegroth	Kriegsschule Dresden (I)	1. 2. 42	(7)
Gen.Maj. 9. 11. 44 (8a)			
Schoch	d. Gen.St., Ob.Kdo. d. W. (Ausl.) (A)	1. 2. 42	(8)
Hirt	Art.Rgt. 43	1. 2. 42	(10)
Viebig	Art. Rgt. 23	1. 2. 42	(10b)
Gen.Maj. 1. 1. 45 (12)			
Maraczi	Eisenb.Pi.Rgt. 3	1. 2. 42	(11)
Graf zu Eulenburg	z. Verf. Ob. d. H. (Sonst. Offz.) (I)	1. 2. 42	(12)
Häusele	Pi.Schule II	1. 2. 42	(13)
Schöne	d. Gen.St., St. d. Wehrm.Bevollm. b. Reichsprotektor u. Befehlsh. i. Wehrkrs. Böhmen u. Mähren (K)	1. 2. 42	(15)
Verhein	Ob.Kdo. d. H. (Ag P 1) (A)	1. 2. 42	(17a)
Gen.Maj. 1. 10. 44 (20)			
von Wedelstaedt	Ob.Kdo. d. H. (Fz In) (A)	1. 2. 42	(17b)
von Drabich-Waechter	Pz.Rgt. 15	1. 2. 42	(18)
Scholz	Kdr. Pz.Jäg.Abt. 13 (PzGr)	1. 2. 42	(18a)
von Taysen	Inf.Schule	1. 2. 42	(19)
Suden	Kdr. I. Abt. Art.Rgt. 15	1. 2. 42	(20)
Marcard	Art.Rgt. 23	1. 2. 42	(21)
von Ahlfen	Ob.Kdo. d. H. (In 5) (Pi)	1. 2. 42	(24)
Gen.Maj. 30. 1. 45			
von Below	Art.Rgt. 18	1. 2. 42	(24a)
Schönfeld	Ob.Kdo. d. H. (In 6) (PzGr)	1. 2. 42	(24b)
Gen.Maj. 1. 12. 44 (24)			
Reichardt	Ob.Kdo. d. H. (A H A) (A)	1. 2. 42	(25)
Fluhrer	Kdr. Pz.Pi.Btl. 16	1. 2. 42	(27)
Denkert	Kdr. Fla.Btl. 52 (PzGr)	1. 2. 42	(29)
Gen.Maj. 1. 6. 44 (10); Gen.Lt. 20. 4. 45			
Reutter	St. 25. Div. (PzGr)	1. 2. 42	(29a)
Lott	Pz.Gren.Rgt. 12 (I)	1. 2. 42	(30)
Schmidt	Kdr. d. Nachr.Tr. XIII	1. 2. 42	(32)
Spatz	Gren.Rgt. 105	1. 2. 42	(33)
Fiebig	Kriegsschule Dresden (I)	1. 2. 42	(34)
Gen.Maj. 1. 12. 44 (25)			
Simon	Ob.Kdo. d. H. (Ag ETr/E) (PzGr)	1. 2. 42	(35)

4*

Hainmüller	Ob.Kdo. d. H. (Fz In) (I)	1. 2. 42	(36)
Lange	Gren.Rgt. 60	1. 2. 42	(37)
Holste	Kdr. r. Art.Abt. 1	1. 2. 42	(38)
Gen.Maj. 1. 10. 44 (20a); Gen.Lt. 20. 4. 45			
Schilling	b. Fest.Pi.Kdr. V	1. 2. 42	(39)
Bedenk	Kdr. Nachr.Abt. 32	1. 2. 42	(40)
Weber	Kdr. Pi.Btl. 9	1. 2. 42	(41)
Freiherr von Seckendorff	Kdr. Krad.Schütz.Btl. 6	1. 2. 42	(42)
Wilke	St. Gen.Kdo. XXIII. A.K. (Pi)	1. 2. 42	(43)
Weißermel	Ausb.Leiter Gumbinnen 2 (I)	1. 2. 42	(49)
Brandt	Gren. Rgt. 35	1. 2. 42	(70)
Warmuth	Gren.Rgt. 105	1. 2. 42	(71)
Bickel	II. Abt. Art. Rgt. 61	1. 2. 42	(72a)
Finger	z. Verf. Ob. d. H. (Sonst. Offz.) (A)	1. 2. 42	(74)
Gen. Maj. 1. 10. 44 (21)			
Lang	Kdr. Pz.Jäg.Abt. 44 (PzGr)	1. 2. 42	(75)
Audörsch	Ob. Kdo. d. H. (Wa Z) (PzGr)	1. 2. 42	(76)
Gen. Maj. 9. 11. 44 (9)			
Freiherr von Hanstein	Gen.St. d. H. (10. Abt.) (A)	1. 2. 42	(77)
von Waldenburg	Gen.St. 6. Div. (K)	1. 2. 42	(78)
Gen.Maj. 1. 12. 44 (26)			
Haßel	Ob.Kdo. d. H. (In 7) (N)	1. 2. 42	(79)
Blumentritt	Kdr. Pi.Btl. 17	1. 2. 42	(80)
Poppinga	Gren.Rgt. 135	1. 2. 42	(86)
Opelt	Gren.Rgt. 32	1. 2. 42	(87)
Blümke	Gen.St. 23. Div. (I)	1. 2. 42	(89)
Gen.Maj. 1. 8. 44 (7c)			
Müller	Kdr. Pz.Jäg.Abt. 33	1. 2. 42	(90a)
Gen.Maj. 1. 9. 44 (4)			
Ziegler	St. 22. Div. (I)	1. 2. 42	(91)
Schmidt	Ob.Kdo. d. H. (Wa Prüf 1) (A)	1. 2. 42	(92)
Karn	Ob.Kdo. d. H. (Wa Prüf 7) (N)	1. 2. 42	(94)
Stahmer	Kdr. Nachr.Abt. 17	1. 2. 42	(95)
Geist	Abt.Chef i. Ob.Kdo. d. H. (Wa Prüf 1) (A)	1. 2. 42	(96)
Freiherr von Oer	Kdr. Nachr.Abt. 31	1. 2. 42	(99)
Ritzmann	Führer Lehrkdo. Kriegsschule Wiener Neustadt (I)	1. 2. 42	(100)
Schanze	Ob.Kdo. d. H. (Wa Prüf 6) (Pz)	1. 2. 42	(103)
Schröder	Gren.Rgt. 21	1. 2. 42	(105)
Voelter	d. Gen.St., zuletzt Kdr. Nachr.Abt. 5	1. 2. 42	(108)
Gen.Maj. 1. 6. 44 (11)			
von Wietersheim	Art.Rgt. 9	1. 2. 42	(108a)
Rolin	Kdr. H.Sportschule (I)	1. 2. 42	(109)
Neef	Ob.Kdo. d. W. (W Ro) (I)	1. 2. 42	(109a)
Dietlen	Pz.Gren.Rgt. 101	1. 2. 42	(110)
Hittcher	Kdr. Beob.Abt. 1	1. 2. 42	(112)
Heller	Kdr. H.Unteroffiziervorschule Feldkirch (I)	1. 2. 42	(113)
Grosser	St. 11. Div. (I)	1. 2. 42	(115)
Schlee	Gren.Rgt. 96	1. 2. 42	(116)
von der Burg	Gen.St. XIX. A.K. (A)	1. 2. 42	(119)
Engel	Art.Rgt. 22	1. 2. 42	(121)
Gen.Maj. 1. 6. 44 (12)			
Günsch	Kdr. Pi.Btl. 20	1. 2. 42	(121a)
Friede	Abt.Chef i. Ob.Kdo. d. W. (W Allg) (I)	1. 2. 42	(126)
Ißmer	Kdt. d. Transportbz. Brünn (Mähren) (I)	1. 2. 42	(126a)
Pilling	St. 4. Div. (I)	1. 2. 42	(127)
Bayer	Pz.Gren.Rgt. 25	1. 2. 42	(127a)

von Unger (Friedrich) Ob.Kdo. d. H. (7. Abt. Gen.St.d.H.) (I)	1. 2. 42	(129)
Gen.Maj. 1. 8. 44 (8)		
Siggel Ausb.Leiter Lübben (Spreew.) 2 (A)	1. 2. 42	(130)
von Cleef Ob.Kdo. d. H. (In 8)	1. 2. 42	(131)
Werner Ausb.Leiter Magdeburg (I)	1. 2. 42	(135)
Presting z. Verf. Ob. d. H. (Sonst. Offz.) (F)	1. 2. 42	(143)
Friedenreich Kdr. Fest.Pi.St. 26	1. 2. 42	(158)
Bläß Kdr. Fest.Pi.St. 2	1. 2. 42	(177)
Erhielt RDA-Verbesserung 1. 6. 41 (23c)		
Freiherr von Andrian-Werburg Wehrbz.Kdo.		
Kempten (Allgäu) (I)	1. 2. 42	(185)
Kühn Art.Rgt. 1	1. 2. 42	(186a)
Gen.Maj. 30. 1. 45 (15)		
Widmann Gren.Rgt. 133	1. 2. 42	(188)
Hemmann Gren.Rgt. 51	1. 2. 42	(189)
Gen.Maj. 1. 10. 44 (22); Gen.Lt. 20. 4. 45		
von Nostitz-Wallwitz Kdr. Turnier- u. Rennabt.		
H.Reit- u. Fahrschule (A)	1. 2. 42	(190)
Gen.Maj. 9. 11. 44 (10)		
Almers Inf.Btl. 126 (PzGr)	1. 2. 42	(191)
Becker Ob.Kdo. d. W. (Ausl) (I)	1. 2. 42	(192)
Erhielt RDA-Verbesserung 1. 6. 41 (23d)		
Babel Gen.St. 46. Div. (I)	1. 2. 42	(193)
Hasse Kav.Rgt. 3 (PzGr)	1. 2. 42	(194)
Richtmann Art.Rgt. 17	1. 2. 42	(195)
Coep Gren.Rgt. 46	1. 2. 42	(199)
Blaurock Gen.St. 8. Div. (A)	1. 2. 42	(200)
Gen.Maj. 1. 10. 44 (23); Gen.Lt. 1. 4. 45		
Boeck Art.Rgt. 6	1. 2. 42	(201)
Kegler Kriegsschule München (I)	1. 2. 42	(202)
Gen.Maj. 1. 12. 44 (27)		
Freiherr von Forstner St. Gen.Kdo. XI. A.K. (I)	1. 2. 42	(202a)
von Scheven Kav.Rgt. 3 (PzGr)	1. 2. 42	(203)
von Oppeln-Bronikowski Kav.Rgt. 10 (Pz)	1. 2. 42	(204)
Gen.Maj. 30. 1. 45 (16)		
Filzinger Art.Rgt. 8	1. 2. 42	(206)
Steinhäuser Kriegsschule Wiener Neustadt (I)	1. 2. 42	(207)
Crasemann Pz.Art.Rgt. 73	1. 2. 42	(210a)
Gen.Maj. 1. 10. 44 (24); Gen.Lt. 1. 12. 44 [27a]		
Polack Kdr. Art.Lehrrgt. 2	1. 2. 42	(213)
Gen.Maj. 1. 7. 44 (9); Gen.Lt. 16. 3. 45		
Barth Art.Rgt. 17	1. 2. 42	(213a)
Gen.Maj. 9. 11. 44 (11)		
Bertram Pz.Gren.Rgt. 40	1. 2. 42	(214)
Froben Lehrg.Leiter Art.Schule	1. 2. 42	(215)
Borst Gren.Rgt. 35	1. 2. 42	(216)
Löhr Gen.St. 12. Div. (I)	1. 2. 42	(218)
Jordan Kdr. Kraftf.Abt. 7	1. 2. 42	(219)
Seegers Ob.Kdo. d. H. (Ag P 2) (I)	1. 2. 42	(219a)
Gen.Maj. 16. 3. 45		
Ostman von der Leye Pz.Rgt. 3	1. 2. 42	(220)
Dempwolff z. Verf. Ob. d. H. (Sonst. Offz.) (I)	1. 2. 42	(221)
Gen.Maj. 1. 3. 45		
Häfker Art.Rgt. 5	1. 2. 42	(222)
Sonne St. Höh. Pi.Offz. Landesbefest. West	1. 2. 42	(223)
Lyncker Gen.St. 9. Div. (I)	1. 2. 42	(225)
Bader Gen.St. 3. Geb.Div. (I)	1. 2. 42	(226) *

Kräutler	Geb. Jäg.Rgt. 137	1. 2. 42	(227)
Gen.Maj. 1. 10. 44 (25)			
Berger	Geb. Jäg.Rgt. 137	1. 2. 42	(228)
Sauer	Fla.Btl. 48	1. 2. 42	(230)
Kuzmany	Pz.Gren.Rgt. 79 (I)	1. 2. 42	(231)
Erhielt RDA-Verbesserung 1. 2. 41 (36c); Gen.Maj. 30. 1. 45 (11)			
Graf von Kirchbach	Ob.Kdo. d. H. (GZ) (I)	1. 2. 42	(234)
Hampe	z. Verf. Ob. d. H. (Sonst. Offz.) (I)	1. 2. 42	(234a)
Seeger	St. Wehrers.Insp. Wien (A)	1. 2. 42	(242)
von Boltenstern	d. Gen.St., zuletzt St. Wehrm.Bevollm. b.		
	Reichsprotektor u. Befehlshaber i. Wehrkrs. Böhmen u.		
	Mähren (I)	1. 2. 42	(243)
Braun	Ausb.Leiter Küstrin (A)	1. 2. 42	(250)
Kröcher	St. Wehrers.Insp. Kattowitz (I)	1. 2. 42	(252)
Nobiling	Kdr. Fest.Pi.St. 13	1. 2. 42	(261)
von Watzdorf	Gen.St. I. A.K., zugl. Kdt. d. Transportbz.		
	Königsberg (Pr.) (I)	1. 2. 42	(267)
von Oppen	Art.Rgt. 71	1. 2. 42	(268)
Full	Gren.Rgt. 55	1. 2. 42	(269)
Preu	St. 17. Div. (I)	1. 2. 42	(271)
von Köppen	Kdr. Pz.Abt. 33	1. 2. 42	(272)
Rummel	Kdr. Pz.Nachr.Abt. 13	1. 2. 42	(273)
Steffler	d. Gen.St., Ob.Kdo. d. W. (W Wi) (I)	1. 2. 42	(278)
Clausius	Gen.St. 32. Div. (I)	1. 2. 42	(280)
Badenhop	Kdr. Pi.Btl. 52	1. 2. 42	(281)
Schmidt-Richberg	Gen.St. XVII. A.K. (I)	1. 2. 42	(282)
Gen.Maj. 1. 7. 44 (10)			
Ohnsorge[1]	Art.Rgt. 6	1. 2. 42	(283)
Rönnpagel	St. 6. Div. (I)	1. 2. 42	(284)
Bruer	Kdr. II. Abt. Art.Rgt. 61	1. 2. 42	(285)
Hundt	Kdr. I. Abt. Art.Rgt. 66	1. 2. 42	(286)
Gen.Maj. 1. 8. 44 (8a); Gen.Lt. 1. 3. 45			
Stein	Ob.Kdo. H. (In 3) (F)	1. 2. 42	(287)
Kutschera	Kdr. II. Abt. Art.Rgt. 54	1. 2. 42	(288)
Masuch	Kdr. Pi.Btl. 81	1. 2. 42	(289)
Ulbrich	Kdr. Beob.Abt. 18	1. 2. 42	(290)
Müller	Gren.Rgt. 124	1. 2. 42	(291)
Weikinn	Art.Rgt. 21	1. 2. 42	(292)
Freiherr von Lützow	Aufkl.Rgt. 8	1. 2. 42	(293)
Fouquet	Kdr. I. Abt. Art.Rgt. 67	1. 2. 42	(294)
Gundelach (Herbert)	Gen.St. 16. Div. (Pi)	1. 2. 42	(295)
Gen.Maj. 30. 1. 45			
Seitz	Geb. Jäg.Rgt. 99	1. 2. 42	(295a)
Radke	d. Gen.St., Ob.Kdo. d. H. (Adj. Ob. d. H.) (I)	1. 2. 42	(297)
Kühn	Ob.Kdo. d. H. (Wa I Rü 5) (Pi)	1. 2. 42	(297a)
Lex	Art.Rgt. 32	1. 2. 42	(298)
von Horn	Ob.Kdo. d. H. (Wa I Rü 3) (I)	1. 2. 42	(299)
Frede	Kdr. Pz.Nachr.Abt. 37	1. 2. 42	(300)
Roßmann	Kdtr. Tr.Üb.Pl. Königsbrück (I)	1. 2. 42	(301)
Munzel	Ob.Kdo. d. H. (Ag P 1) (Pz)	1. 2. 42	(302)
Erhielt RDA-Verbesserung 1. 6. 41 (23b); Gen.Maj. 1. 12. 44 (23)			
Stollbrock	Kdr. H.Unteroffizierschule d. Pz.Tr. Sternberg		
	(Ostsudetenl.) (PzGr)	1. 2. 42	(304)
Rademacher	Art.Rgt. 7	1. 2. 42	(306)
Sakowsky	Kriegsschule Dresden (I)	1. 2. 42	(307)

---

[1] Muß heißen: „Ohnsorge" (Fehler in Original-DAL)

Christl	Geb. Tr. Üb.Pl. Wattener Lizum (I)	1. 2. 42	(308)
Maiberg	Kriegsschule Dresden (I)	1. 2. 42	(309)
von Kospoth	St. Gen.Kdo. XVI. A.K. (A)	1. 2. 42	(310)
Kurz	Ob.Kdo. d. H. (Wa Prüf 1) (PzGr)	1. 2. 42	(311)

Gen.Maj. 1. 3. 45

von Tippelskirch	Ob.Kdo. d. H. (3. Abt. Gen.St. d. H.)	(I)	1. 2. 42	(324)
Schoepffer	Ausb.Leiter Elbing (I)		1. 2. 42	(334)
Schieb	Ausb.Leiter Chemnitz 1 (A)		1. 3. 42	(1)
Groscurth	d. Gen.St., zuletzt Jäg.Rgt. 49		1. 3. 42	(2)
Matena	Kdr. I. Abt. Art.Rgt. 52		1. 3. 42	(3)
Knitter	Pz.Gren.Rgt. 13		1. 3. 42	(4)
Heintz	Kdtr. Tr.Üb.Pl. Milowitz (I)		1. 3. 42	(8)
Niediek	Gren.Rgt. 131		1. 3. 42	(10)
Baier	Art.Rgt. 29		1. 3. 42	(11)
Thieme	Gren.Rgt. 9		1. 3. 42	(12)
Mertz	Kdr. II. Abt. Art.Rgt. 67		1. 3. 42	(13)
von Bentheim	Kdtr. Nürnberg/Fürth (I)		1. 3. 42	(13a)
Krökel	Pz.Gren.Rgt. 125 (I)		1. 3. 42	(15)
Ringler	Kriegsschule München (I)		1. 3. 42	(17)
Erdmann-Degenhardt	Kdr. M.G.Btl. 9		1. 3. 42	(18)
Schaefer	Pz.Lehrrgt. (Kdr. Pz.Lehrabt.)		1. 3. 42	(19)
Mundorff	Gren.Rgt. 134		1. 3. 42	(21)
Kleine-Benne	Art.Rgt. 11		1. 3. 42	(22)
Trompeter	Gren.Rgt. 134		1. 3. 42	(24)
Abé	Gren.Rgt. 18		1. 3. 42	(25)
Stuckenschmidt	Art.Rgt. 62		1. 3. 42	(26)
Neßlinger	Pz.Art.Rgt. 19		1. 3. 42	(27)
Britzelmayr	Gren.Rgt. 62		1. 3. 42	(27a)

Gen.Maj. 1. 12. 44 (28)

von Proeck	Gren.Rgt. 1		1. 3. 42	(29)
Müller (Immo)	Ob.Kdo. d. H. (Wa I Rü 5) (Pi)		1. 3. 42	(30)
Krafft	Gren.Rgt. 123		1. 3. 42	(32)
Euler	Kdr. Nachr.Abt. 48		1. 3. 42	(33)
Plickert	Ausb.Leiter Tilsit 2 (I)		1. 3. 42	(34)
Graf von Pfeil und Klein-Ellguth	Gren.Rgt. 106		1. 3. 42	(35)
Krische	Gren.Rgt. 16		1. 3. 42	(36)
John	Kav.Rgt. 10		1. 3. 42	(41)
Wilna	St. Gen.Kdo. XVII. A.K. (I)		1. 3. 42	(42)
Koester	Kriegsschule Hannover (PzGr)		1. 3. 42	(42a)
Odvařka	Kdr. Beob.Abt. 35		1. 3. 42	(43)
Kremser	Kdr. Nachr.Abt. 61		1. 3. 42	(44)
Hirsch	Ob.Kdo. d. H. (Wa Prüf 9) (Nbl)		1. 3. 42	(45)
Reinisch	Pz.Gren.Rgt. 11		1. 3. 42	(46)
Oberleitner	Pz.Gren.Rgt. 104 (I)		1. 3. 42	(47)
Haberhauer	Gren.Rgt. 132		1. 3. 42	(53)
Schaer	z. Verf. Ob. d. H. (Sonst. Offz.) (I)		1. 3. 42	(61)
Strauß	St. Gen.Kdo. XXIV. A.K. (I)		1. 3. 42	(62)
von Kröcher	Ausb.Leiter Stargard (Pom.) (I)		1. 3. 42	(63)
Hassenstein	Gen.St. 3. Div. (I)		1. 3. 42	(72)
Krix	Kdr. II. Abt. Art.Rgt. 46		1. 3. 42	(73)
Reinert	Jäg.Rgt. 54		1. 3. 42	(74)
Theel	II. Abt. Art.Rgt. 68		1. 3. 42	(75)
Paul	Art.Rgt. 30		1. 3. 42	(77)
Mowitz	Pz. Gren.Rgt. 115		1. 3. 42	(78)
Lungfiel	Pz.Art.Rgt. 16		1. 3. 42	(79)
von Wiese und Kaiserswaldau	St. Gen.Kdo. III. A.K. (I)		1. 3. 42	(81)

Probst	Ausb.Leiter Lötzen 3 (I)	1. 3. 42	(84)
Erhielt RDA-Verbesserung 1. 9. 41 (48b)			
Ziegler	St. Kdtr. Küstrin (A)	1. 3. 42	(87)
Bachelin	Abt.Chef i. Ob.Kdo. d. H. (Ag P 1/1.		
	[Zentral-] Abt.) (I)	1. 3. 42	(88a)
Gen.Maj. 1. 10. 44 (26)			
Bauer	Kdr. Beob.Abt. 4	1. 3. 42	(94)
Matthaei	Pz.Gren.Rgt. 59	1. 3. 42	(95)
Ewringmann	Kriegsschule Potsdam (I)	1. 3. 42	(96)
Schilder	Kdt. Nachrichtenkdtr. Breslau	1. 3. 42	(97)
Knabe	Pz.Gren.Rgt. 66	1. 3. 42	(99)
Freytag	Inf.Schule (Pz.Gr)	1. 3. 42	(100)
Schwartz	Ob.Kdo. d. H. (In 9) (Nbl)	1. 3. 42	(101)
Götz	St. 3. Div. (I)	1. 3. 42	(102a)
Gen.Maj. 1. 8. 44 (8b)			
Haus	Kriegsschule Dresden (I)	1. 3. 42	(103)
Gen.Maj. 1. 10. 44 (27)			
von Wagner	Aufkl.Rgt. 7 (PzGr)	1. 3. 42	(106)
von Raesfeld	Gen.St. XIII. A.K. (I)	1. 3. 42	(107)
von Etzdorf	Kdr. Nachr.Abt. 15	1. 3. 42	(108)
Koch	Kdr. Nachr.Abt. 47	1. 3. 42	(109)
Hartog	Gren.Rgt. 18	1. 3. 42	(110)
Boetzel	Ob.Kdo. d. W. (WNV) (N)	1. 3. 42	(111)
Aßmann	Gen.St. 24. Div. (I)	1. 3. 42	(113)
Krumpelt	d. Gen.St., z. Verf. Ob. d. H. (Sonst. Offz.) (I)	1. 3. 42	(114)
von Limburg	Gren.Rgt. 6	1. 3. 42	(117)
Grässel	Kdr. Pz.Aufkl.Abt. 1	1. 3. 42	(118)
Mielke	Gren.Rgt. 52 (I)	1. 3. 42	(119)
Reinicke	Kriegsakad. (Pi)	1. 3. 42	(121)
Gen.Maj. 1. 1. 45 (13)			
Maydorn	Gren.Rgt. 92	1. 3. 42	(123)
Metger	Art.Rgt. 22	1. 3. 42	(125)
Hoefer	z. Verf. Ob. d. H. (Sonst. Offz.) (I)	1. 3. 42	(126)
Radeke	b. Höh. Pi.Offz. f. d. Landesbefest. West (Pi)	1. 3. 42	(129)
Zimmermann von Siefart	Kdr. Fahrabt. 24	1. 3. 42	(130a)
Erhielt RDA-Verbesserung 1. 10. 41 (54a)			
Brehmer	Ausb.Leiter Braunsberg (Ostpr.) (I)	1. 3. 42	(132)
Bründel	St. Landw.Kdtr. Lübben (Spreew.) (I)	1. 3. 42	(140a)
Lahl	Kdr. II. Abt. Art.Rgt. 59	1. 3. 42	(141)
Freiherr von Schleinitz	Gen.St. 4. Pz.Div. (Pz)	1. 3. 42	(143)
Gen.Maj. 1. 7. 44 (12)			
von Radowitz	St. Gen.Kdo. III. A.K. (PzGr)	1. 3. 42	(144)
Gen.Maj 1. 9. 44 (5); Gen.Lt. 1. 3. 45			
Randewig	Kdr. Nachr.Lehr- u. Vers.Abt.	1. 3. 42	(145)
Gloß	Kriegsschule Wiener Neustadt (I)	1. 3. 42	(149)
Ehlert	d. Gen.St., zuletzt Art.Rgt. 3	1. 3. 42	(151)
Gen.Maj. 1. 12. 44 (29)			
Bräuchle	Gren.Rgt. 119 (PzGr)	1. 3. 42	(152)
Kohwalt	Art.Rgt. 3	1. 3. 42	(153)
Orlovius	Ob.Kdo. d. H. (Wa Prüf 6) (PzGr)	1. 3. 42	(154)
Fürstenberg	Kriegsschule Wiener Neustadt (I)	1. 3. 42	(157)
Freiherr von Bissing	Inf.Schule	1. 3. 42	(158)
Kaschner	Gren.Rgt. 130	1. 3. 42	(158a)
Gen.Maj. 1. 1. 45 (14)			
Adam	Kriegsschule Dresden (I)	1. 3. 42	(160)
von Werder	St. 1. Kav.Brig.	1. 3. 42	(161)
Humbert	Kdr. Fest.Pi.St. 8	1. 3. 42	(161a)

Hafner	Geb. Jäg.Rgt. 91	1. 3. 42	(162)
Meder-Eggebert	Kdr. Nachr.Abt. 24	1. 3. 42	(163)
Bechtel	Art.Rgt. 35	1. 3. 42	(164)
von Bischoffshausen	St. H.Gru.Kdo. 2 (PzGr)	1. 3. 42	(165)
Saal	St. Wehrers.Insp. Köslin (I)	1. 3. 42	(169)
Aue	Ob.Kdo. d. H. (In 7) (N)	1. 3. 42	(173)
Hülle	Ausb.Leiter Bonn (I)	1. 3. 42	(177)
Henn	Kdtr. Tr.Üb.Pl. Grafenwöhr (I)	1. 3. 42	(193)
Biehler	Art.Rgt. 9	1. 3. 42	(196)
Meinardus	Pz.Gren.Rgt. 64 (I)	1. 3. 42	(200)
Nagel	Jäg.Rgt. 56	1. 3. 42	(201)*
Meier	Kriegsschule München (I)	1. 3. 42	(202)
Freiherr von Wechmar	Ob.Kdo. d. W. (W Pr) (PzGr)	1. 3. 42	(204)
Boelsen	Kriegsschule Potsdam (PzGr) *Gen. Maj. 1. 6. 44 (13)*	1. 3. 42	(205)
Seiffert	Kriegsschule Wiener Neustadt (I)	1. 3. 42	(207)
Fabian	Gren.Rgt. 70	1. 3. 42	(211)
Körner	Kriegsschule München (I)	1. 3. 42	(213)
Oertel	Gren.Rgt. 11	1. 3. 42	(215)
Wentrup	Kdr. I. Btl. Inf.Rgt. 128	1. 3. 42	(217)
Habersang	Gren.Rgt. 111	1. 3. 42	(220)
Hielscher	d. Gen.St., zuletzt Gren.Rgt. 119	1. 3. 42	(221)
Seekirchner	Pz.Art.Rgt. 27	1. 3. 42	(222)
Langenbeck	. Kdr. I. Abt. Art.Rgt. 64	1. 3. 42	(225)
Grabowski	z. Verf. Ob. d. H. (Sonst. Offz.) (1)	1. 3. 42	(226)
Haenert	St. Gen.Kdo. XVII. A.K. (A)	1. 3. 42	(227)
	Friedenstruppenteil neu festgesetzt: Kraftf. Abt. 17		
Pohl	St. Wehrers.Insp. Linz (Donau) (I)	1. 3. 42	(229)
Kalkowski	St. Kdtr. Befest. b. Breslau (F)	1. 3. 42	(232)
Berwig	b. Fest.Pi.Kdr. VI	1. 3. 42	(239)
Griener	St. Landw.Kdr. München (Pi)	1. 3. 42	(242)
von Sarnowski	Gren.Rgt. 11	1. 4. 42	(1)
Jäger	Kav.Rgt. 8 (PzGr)	1. 4. 42	(1a)
Dorn	b. Fest.Pi.Kdr. IV	1. 4. 42	(3)
von Dewitz	St. 12. Div. (I)	1. 4. 42	(4)
Hendrischke	Pz.Gren.Rgt. 25	1. 4. 42	(6)
Kandt	Kdr. Wachbtl. Wien (I)	1. 4. 42	(7)
Sachs	St. Gen.Kdo. VII. A.K. (I)	1. 4. 42	(8)
Haarde	Pz.Rgt. 8	1. 4. 42	(9)
Nittinger	Gren.Rgt. 78	1. 4. 42	(10)
Windmann	I. Abt. Art.Rgt. 97	1. 4. 42	(11)
Knopff	Kriegsschule Potsdam (I)	1. 4. 42	(12)
Bröcker	Gren.Rgt. 2	1. 4. 42	(14)
Franz	Art.Rgt. 6	1. 4. 42	(15)
Labenski	Kdr. Fz.Kdo. I (I)	1. 4. 42	(17)
Stumpf	Kriegsschule Dresden (PzGr)	1. 4. 42	(19)
Röhricht	Kriegsschule Hannover (I)	1. 4. 42	(21)
Schmeling	Kdr. Pi.Btl. 18	1. 4. 42	(24)
Knobelspies	Füs.Rgt. 22	1. 4. 42	(25)
Kieler	Pz.Gren.Rgt. 13	1. 4. 42	(26)
von Tresckow	d. Gen.St., zuletzt Gren.Rgt. 45	1. 4. 42	(27)
	Gen.Maj. 1. 6. 44 (14)		
Roßmann	d. Gen.St., zuletzt Geb. Jäg.Rgt. 13	1. 4. 42	(28)
Geißler	Abt.Chef i. Ob.Kdo. d. H. (Ag E Tr/Tr.Abt.) (PzGr)	1. 4. 42	(29)
	Gen.Maj. 1. 3. 45		
Schleußinger	Gren.Rgt. 131	1. 4. 42	(30)
Matzke	Pz.Art.Rgt. 4	1. 4. 42	(31)
Manitius	Ausb.Leiter Berlin 3 (I)	1. 4. 42	(33)

Ebeling	St. Wehrers.Insp. Hamburg (I)	1. 4. 42	(36)
Oehler	St. Wehrers.Insp. Linz (Donau) (I)	1. 4. 42	(43)
Schäfer	Kdr. Fest.Pi.St. 19	1. 4. 42	(52)
Zehnpfenning	Ausb.Leiter Köln (I)	1. 4. 42	(71)
Loeven	St. Gen.Kdo. XVII. A.K. (PzGr)	1. 4. 42	(74)
Gen.Maj. 1. 11. 44 (†)			
Gunderloch	Füs.Rgt. 34	1. 4. 42	(75)
Bartusch	Kdr. Nachr.Abt. 35	1. 4. 42	(77)
Barsnick	Kdr. II. Abt. Art.Rgt. 57	1. 4. 42	(78)
Keßler	Kdr. Lehrstab T Art.Schule	1. 4. 42	(79)
Scheffler	Art.Rgt. 10	1. 4. 42	(81)
Capelle	Eisenb.Pi.Rgt. 3	1. 4. 42	(83)
Burmeister	Ob.Kdo. d. H. (In 6) (Pz)	1. 4. 42	(84)
Gen.Maj. 1. 1. 45 (15) ; Gen.Lt. 20. 4. 45			
Brüning	Kdr. Annahmestelle XVII f. Offz.Bew. d. H. (Pz)	1. 4. 42	(85)
Walther	Art.Rgt. 115	1. 4. 42	(87)
Fritz	St. 27. Div. (PzGr)	1. 4. 42	(88)
Schauen	Kdr. II. Abt. Art.Rgt. 37	1. 4. 42	(89)
von Wrisberg	Art.Rgt. 34	1. 4. 42	(90)
Lehnert	Kdr. Pz.Pi.Btl. 57	1. 4. 42	(91)
Wagner	Kdr. Pz.Pi.Btl. 19	1. 4. 42	(93)
Freiherr von Kittlitz und Ottendorf Gren.Rgt. 131		1. 4. 42	(95)
Klosterkemper	St. Gen.Kdo. XXIII. A.K. (I)	1. 4. 42	(96)
Gen.Maj. 1. 12. 44 (30)			
Hoffmann	Kdr. I. Abt. Art.Rgt. 60	1. 4. 42	(97)
Czech	Nachr.Abt. 64	1. 4. 42	(100)
Andoy	Pz.Gren.Rgt. 66	1. 4. 42	(102)
Sander	Nachr.Abt. 65	1. 4. 42	(103)
Fox	Art.Rgt. 8	1. 4. 42	(105)
Kratzer	d. Gen.St., Ob.Kdo. d. W. (W Pr) (N)	1. 4. 42	(106)
Welzel	Gren.Rgt. 7	1. 4. 42	(106a)
Haas	Gen.St. VII. A.K. (I)	1. 4. 42	(107)
Gen.Maj. 1. 3. 45			
Wagner (Hermann) d. Gen.St., zuletzt Pz.Art.Rgt. 27		1. 4. 42	(108)
Krumpen	Pz.Gren.Rgt. 79	1. 4. 42	(108a)
Förster	Gren.Rgt. 31	1. 4. 42	(109)
von Müller	Pz.Gren.Rgt. 5	1. 4. 42	(113a)
Gen.Maj. 9. 11. 44 (12)			
Schatz	Kriegsschule Potsdam (I)	1. 4. 42	(114)
Reese	Pz.Gren.Rgt. 14	1. 4. 42	(116)
von Aulock	Gren.Rgt. 87	1. 4. 42	(117)
Reimann	Inf.Lehrrgt. (PzGr)	1. 4. 42	(118)
van Hooven	Kdr. Nachr.Abt. 23	1. 4. 42	(119)
Berger	Gren.Rgt. 84	1. 4. 42	(120)*
Anders	Gren.Rgt. 45	1. 4. 42	(122)
Gen.Maj. 30. 1. 45 (17)			
Betzel	Pz.Art.Rgt. 103	1. 4. 42	(124)
Gen.Maj. 1. 7. 44 (13) ; Gen.Lt. 1. 1. 45 (3)			
Staudinger	St. Wehrers.Insp. Stettin (1)	1. 4. 42	(126)
Rübesamen	z. Verf. Ob. d. H. (Sonst. Offz.) (A)	1. 4. 42	(127)
Gehlen	d. Gen.St., zuletzt Art.Rgt. 18	1. 4. 42	(144a)
Gen.Maj. 1. 12. 44 (31)			
Pollex	Gen.St. VIII. A.K. (K)	1. 4. 42	(144b)
Schmidhuber	Pz.Gren.Rgt. 103	1. 4. 42	(145a)
Gen.Maj. 1. 10. 44 (27a)			
Zollenkopf	Pz.Gren.Rgt. 4	1. 4. 42	(146a)
Vial	Gren.Rgt. 60 (PzGr)	1. 4. 42	(151)

Müller-Melahn	Gren.Rgt. 43	1. 4. 42	(156a)
Boexler	St. Gen.Kdo. XXV. A.K. (N)	1. 4. 42	(161)
Ramoth	St. Inf.Kdr. 22	1. 4. 42	(161b)
Wentscher	Ob.Kdo. d. H. (In 4) (A)	1. 4. 42	(163)
Messerschmidt	Kdr. Fest.Pi.St. 6	1. 4. 42	(164)
Brendel	Wehrbz.Kdo. München (I)	1. 4. 42	(178)
Paul	Wehrbz.Kdo. Augsburg (W.M.A. Augsburg) (I)	1. 4. 42	(179)
Brand	Fest.Pi.St. 20	1. 4. 42	(180)
Lindemann	Gren.Rgt. 47	1. 4. 42	(180a)

Gen.Maj. 1. 7. 44 (14)

Hahn	St. Landw.Kdr. Freiburg (Breisgau) (A)	1. 4. 42	(188)
Demmelmeyer	Gren.Rgt. 106	1. 4. 42	(191)
Stiotta	b. Fest.Pi.Kdr. VIII	1. 4. 42	(197)
Rosenow	St. Wehrers.Insp. Potsdam (I)	1. 4. 42	(204)
Scholze	St. Gen.Kdo. III. A.K. (PzGr)	1. 4. 42	(210)

Gen.Maj. 20. 4. 45

Fabianek	St. 72. Div. (I)	1. 4. 42	(213)
Arndt	Ob.Kdo. d. H. (In 8) (F)	1. 4. 42	(213a)
Wassung	Kdr. Pz.Pi.Btl. 38	1. 4. 42	(214)
von Bernuth	Kdr. Pz.Jäg.Abt. 39 (PzGr)	1. 4. 42	(216)
Bauer	Kdr. Beob.Abt. 33	1. 4. 42	(217)
Wendte	Kdtr. Münster (Westf.) (I)	1. 4. 42	(219)
Zierhold	Gren.Rgt. 16	1. 4. 42	(220)
Waltenberger	Kdr. Beob.Abt. 14	1. 4. 42	(221)
Freiherr von und zu Aufseß	z. Verf. Ob. d. H. (Sonst. Offz.) (I)	1. 4. 42	(221a)
Freyberg	St. 14. Div. (A)	1. 4. 42	(221b)
Meyer-Delvendahl	Gren.Rgt. 77	1. 4. 42	(223)
Brechtel	Art.Rgt. 21	1. 4. 42	(223a)
Peißner	Kdr. Nachr.Abt. 14	1. 4. 42	(224)
Aßmann	Pz.Gren.Rgt. 125	1. 4. 42	(224a)

Gen.Maj. 1. 9. 44 (5a); Gen.Lt. 16. 3. 45

Fergg	Kdr. II. Abt. Art.Rgt. 43	1. 4. 42	(227)
Sommer	Geb.Art.Rgt. 79	1. 4. 42	(227a)
Kohlsdorfer	Gren.Rgt. 77	1. 4. 42	(229)

Gen.Maj. 20. 4. 45

Seifert	Pz.Art.Rgt. 2	1. 4. 42	(230)
Broeren	II. Abt. Art.Rgt. 63	1. 4. 42	(232)
Clausnitzer	Gren.Rgt. 11	1. 4. 42	(233)
von Saldern	Gren.Rgt. 4	1. 4. 42	(234)
von Seidlitz	Aufkl.Rgt. 8 (PzGr)	1. 4. 42	(236)
von Köller	Ob.Kdo. d. H. (In 2) (I)	1. 4. 42	(242)
von Boguslawski	Gren.Rgt. Großdeutschland	1. 4. 42	(255)
Lamschik	Ob.Kdo. d. H. (Wa Prüf Fest) (Pi)	1. 4. 42	(272)
von Knobelsdorff-Brenkenhoff	Verb.Offz. b. Reichspostzentr. Amt (N)	1. 4. 42	(274)
Göller	Fest.Pi.St. 24	1. 4. 42	(274a)
Hertel	z. Verf. Ob. d. H. (Sonst. Offz.) (Pi)	1. 4. 42	(277)
Michelmann	Kdr. Fest.Pi.St. 27	1. 4. 42	(281)
Helm	St. Landw.Kdr. Breslau (Pi)	1. 4. 42	(284)
Barde	Kdr. I. Abt. Art.Rgt. 44	1. 4. 42	(286)

Gen.Maj. 1. 3. 45

Günther	Gren.Rgt. 67	1. 4. 42	(288)
Wilck	Kriegsschule Hannover (I)	1. 4. 42	(289)
Otte	Eisenb.Pi.Rgt. 3	1. 4. 42	(291)
von der Mosel	Kdr. Fla.Schule Inf. zugl. m. Wahrn. d. Gesch. d. Kdt. Tr.Üb.Pl. Altwarp beauftr.	1. 4. 42	(292)

Gen.Maj. 1. 9. 44 (5b)

Kosa	Kdt. Nachrichtenkdtr. Stettin	1. 4. 42	(295)
Bantele	Kdt. d. Transportbz. Regensburg (I)	1. 4. 42	(301)
Schenk	Geb. Jäg.Rgt. 85	1. 4. 42	(302)
Ewert	Kdr. Pz. Jäg.Abt. 24 (PzGr)	1. 4. 42	(304)
Gen.Maj. 1. 3. 45			
Sommer	Art.Rgt. 6	1. 4. 42	(305)
Körner	Gren.Rgt. 50	1. 4. 42	(306)
von Grundherr zu Altenthan und Weyherhaus	Pz.Art.Rgt. 73	1. 4. 42	(307)
Schmidt	Art.Rgt. 26	1. 4. 42	(308)
Fiala	d. Gen.St., zuletzt Wehrbz.Kdo. Oberhausen		
	(Rheinl.) (I)	1. 4. 42	(309)
Meinshausen	St. H.Gru.Kdo. 1 (A)	1. 4. 42	(311)
Borchardt	Ausb.Leiter Schleiden (Eifel) 2 (I)	1. 4. 42	(315)
Damisch	z. Verf. Ob. d. H. (Sonst. Offz.) (A)	1. 4. 42	(331)
Pfeiffer	Kdr. Wehrbz. Braunsberg (Ostpr.) (I)	1. 4. 42	(332)
Ludwig (Walter)	St. Gen.Kdo. XVIII. A.K. (Leiter Fürs.)		
	(PzGr)	1. 4. 42	(334)
Weyer	Fest.Pi.St. 22	1. 4. 42	(343)
Meinshausen	St. H.Gru.Kdo. 1 (A)	1. 4. 42	(344)
Knoblauch	Wehrbz.Kdo. Tilsit (I)	1. 4. 42	(346)
Kutscher	Kdr. Nachr.Abt. 62	1. 4. 42	(360)
Rudelsdorff	Ob.Kdo. d. W. (W Wi) (A)	1. 4. 42	(361)*
Erhielt RDA-Verbesserung 1. 2. 42 (107b)			
Petzholdt	Pz.Art.Rgt. 4	1. 4. 42	(361a)
Schulte-Heuthaus	H.Unteroffizierschule Potsdam (PzGr)	1. 4. 42	(364)
Gen.Maj. 1. 3. 45			
Schell	Füs.Rgt. 39	1. 4. 42	(364a)
Voß	Ob.Kdo. d. H. (Wa Prüf 5) (Pi)	1. 4. 42	(365)
Schmidt	Gren.Rgt. 106	1. 4. 42	(366)
Gronau	Kriegsschule Dresden (I)	1. 4. 42	(367)
Born	II. Abt. Art.Rgt. 77	1. 4. 42	(368)
Marzahn	Kdr. Aufkl.Lehrabt. (PzGr)	1. 4. 42	(369)
Grampe	St. 1. Pz.Div. (Pz)	1. 4. 42	(370)
von Egidy	Nbl.Abt. 1	1. 4. 42	(371)
Menton	Gren.Rgt. 135 (PzGr)	1. 4. 42	(372)
Pfitzner	St. Kdtr. Küstrin (I)	1. 4. 42	(373)
Henze	Pz.Gren.Rgt. 63	1. 4. 42	(375)
Gen.Maj. 9. 11. 44 (13)			
Stuppi	Gren.Rgt. 107	1. 4. 42	(377a)
Dumler	Ob.Kdo. d. H. (Wa I Rü 2) (PzGr)	1. 4. 42	(378)
Jetter	Gren.Rgt. 14	1. 4. 42	(379)
Hartmann	H.Nachschubtr.Schule (F)	1. 4. 42	(379a)
Huth	Kriegsschule München (I)	1. 4. 42	(380)
Gerhardt	Pz.Abt. 66	1. 4. 42	(380a)
von Olszewski	Kriegsschule Dresden (Pz)	1. 4. 42	(381)
Schlutius	Art.Schule	1. 4. 42	(381a)
Witt	Kdr. Pi.Btl. 21	1. 4. 42	(383)
Petzel	Art.Schule	1. 4. 42	(384)
Decker	Pz.Art.Rgt. 2	1. 4. 42	(385)
Wilken	Kdr. Nachr.Abt. 56	1. 4. 42	(386)
Grießbach	Gren.Rgt. 36	1. 4. 42	(388)
Vahlbruch	Art.Rgt. 49	1. 4. 42	(389)
Wolff	St. Art.Kdr. 20	1. 4. 42	(396)
Radler	b. Ausb.Leiter Glogau 2 (A)	1. 4. 42	(411)
Saul	M.G.Btl. 11	1. 4. 42	(413)
Eichheim	Ob.Kdo. d. H. (Wa Prüf 5) (Pi)	1. 4. 42	(414)
Kresin	Art.Rgt. 21	1. 4. 42	(415)

Kokott	Inf.Schule	1. 4. 42	(416)
Gen.Maj. 1. 1. 45 (16)			
Büscher	Ob.Kdo. d. H. (Wa Prüf 4) (A)	1. 4. 42	(417)
Schipp von Branitz	Gren.Rgt. 44	1. 4. 42	(418)
Herrmann	St. 3. Geb.Div. (I)	1. 4. 42	(419)
Herrmann	Gren.Rgt. 35	1. 4. 42	(420)
Römstedt	Ob.Kdo. d. H. (In 7) (N)	1. 4. 42	(421)
Heuer	Pz.Gren.Rgt. 115 (I)	1. 4. 42	(421a)
August	Kdr. Pz.Pi.Btl. 89	1. 4. 42	(422a)
Hoepke	Kriegsschule Dresden (I)	1. 4. 42	(424)
Rüger	z. Verf. Ob. d. H. (Sonst. Offz.) (I)	1. 4. 42	(425)
Dettbarn	Pz.Gren.Rgt. 86	1. 4. 42	(426)
von Wedel	Gren.Rgt. 4	1. 4. 42	(427)
Baur	Geb.Jäg.Rgt. 13	1. 4. 42	(429)
Gerhard	Kdtr. Tr.Üb.Pl. Döberitz (PzGr)	1. 4. 42	(430)
Günther	Pz.Art.Rgt. 78	1. 4. 42	(431)
Freiherr von Ledebur	Ob.Kdo. d. H. (4. Abt. Gen.St. d. H.) (I)	1. 4. 42	(432)
Barnbeck	Gren.Rgt. 18	1. 4. 42	(433)
Völker	Kriegsschule Hannover (I)	1. 4. 42	(434)*
Brendel	Ob.Kdo. d. H. (In 2) (I)	1. 4. 42	(435)
Hartmann	Pz.Gren.Rgt. 115	1. 4. 42	(436)
Niemöller	Ob.Kdo. d. H. (Wa Prüf 1) (A)	1. 4. 42	(438)
Betz	Kriegsschule München (Pi)	1. 4. 42	(440)
Gen.Maj. 1. 5. 44 (†)			
Jürgen	Pz.Gren.Rgt. 2	1. 4. 42	(441)
Pohl	Ob.Kdo. d. H. (Wa I Rü 3) (A)	1. 4. 42	(443)
von Busse	H.Reit- u. Fahrschule (PzGr)	1. 4. 42	(444)
Seybold	Ob.Kdo. d. H. (Wa I Rü 2) (A)	1. 4. 42	(444a)
Wöhlermann	Abt.Chef i. Ob.Kdo. d. H. (Wa Prüf 4) (A)	1. 4. 42	(445)
Kratzenberg	Pz.Gren.Rgt. 69	1. 4. 42	(446)
Beukemann	Inf.Schule	1. 4. 42	(447)
Mügge	Ob.Kdo. d. H. (In 7) (N)	1. 4. 42	(448)
Freiherr von Nagel	Kav.Rgt. 15	1. 4. 42	(449)
Mootz	Gren.Rgt. 123	1. 4. 42	(450)
Treeck	St. Gen.Kdo. XIII. A.K. (I)	1. 4. 42	(451)
von Mertens	Kdr. Pz.Pi.Btl. 39	1. 4. 42	(452)
von Sierakowski	Gren.Rgt. 84	1. 4. 42	(454)
von Osterroht	Pz.Gren.Rgt. 73	1. 4. 42	(455)
Feldmann	Art.Rgt. 24	1. 4. 42	(455a)
Bux	Kriegsschule Dresden (A)	1. 4. 42	(456)
Treuhaupt	Kdtr. Stettin (PzGr)	1. 4. 42	(457)
Metterhausen	St. Wehrers.Insp. Posen (A)	1. 4. 42	(470)
Sprengel	Kriegsschule Hannover (I)	1. 4. 42	(471)
Stroh	H.Gasschutzschule (Nbl)	1. 4. 42	(473)
Wilhelm	Kdr. Kraftf.Abt. 17	1. 4. 42	(475)
Schmidt	Kdr. I. Abt. Art.Rgt. 42	1. 4. 42	(477)
Behrendt	Ob.Kdo. d. H. (In 4) (A)	1. 4. 42	(478)
Freiherr von Dobeneck	Kriegsschule Dresden (I)	1. 4. 42	(479)
von L'Estocq	Ob.Kdo. d. H. (Ag P 2) (I)	1. 4. 42	(480)
Schunck	Vorsitzender 5. H.Rem.Kommission (A)	1. 4. 42	(481)
Hochbaum	Pz.Rgt. 35	1. 4. 43	(482)
Totzeck	H.Gasschutzschule (Nbl)	1. 4. 42	(483)
Todtenhöfer	Kdr. Nachr.Abt. 26	1. 4. 42	(486)
Graf Strachwitz von Groß–Zauche und Camminetz	Pz.Rgt. 2	1. 4. 42	(487)
Freiherr von der Hoop	Ob.Kdo. d. H. (In 4) (A)	1. 4. 42	(489)
Gen.Maj. 9. 11. 44 (13a)			
Ahrens	Kdr. Nachr.Abt. 52	1. 4. 42	(491)

Kanzler	Kdr. Nachr.Abt. 53	1. 4. 42	(492)
Meyer	Gren.Rgt. 94	1. 4. 42	(494)
Gonell	Kriegsschule Dresden (I)	1. 4. 42	(495)

Gen.Maj. 30. 1. 45

Heggenreiner	Gehilfe d. Mil.Attaché i. Rom (I)	1. 4. 42	(496)
Mehlem	Geb.Art.Rgt. 112	1. 4. 42	(497)
Hoffmann	Kdr. Fest.Pi.St. 25	1. 4. 42	(505)
Barenthin	St. Landw.Kdr. Hannover (Pi)	1. 4. 42	(510)
Gruber (Anton)	Art.Rgt. 17	1. 4. 42	(512a)
Schmidt	St. Landw.Kdr. Hamburg (Pi)	1. 4. 42	(521)
Nasilowski	b. Fest.Pi.Kdr. VIII	1. 4. 42	(527)
Blick	St. Gen.Kdo. XXIV. A.K. (I)	1. 4. 42	(529)
Strahammer	St. Landw.Kdr. Chemnitz (I)	1. 4. 42	(530)

Gen.Maj. 1. 4. 45

Ranocha	II. Abt. Art.Rgt. 58	1. 4. 42	(534)
von Busse	Wehrbz.Kdo. Berlin III (W.M.A. Weißensee) (A) 1. 4. 42		(535)
Bauch	Pz.Gren.Rgt. 108 (früher Inf.Rgt. 10) (I)	1. 4. 42	(539)
Hartwein	St. Gen.Kdo. V. A.K. (F)	1. 4. 42	(541)

1. 9. 44 in DAL S überführt

Müller	Gren.Rgt. 81	1. 6. 42	(1)
Hähling	Art.Rgt. 1	1. 6. 42	(2)

Gen.Maj. 30. 1. 45 (18)

Gruner	z. Verf. Ob. d. H. (Sonst. Offz.) (I)	1. 6. 42	(3)
Schroeder	St. Gen.Kdo. II. A.K. (I)	1. 6. 42	(4)
Reinhardt (Hellmuth)	d. Gen.St., Chef d. St. Allgemeines Heeresamt (AHA) (I)	1. 6. 42	(5)

Gen.Maj. 1. 6. 44 (15)

Freiherr von Wintzingerode-Knorr	St. Gen.Kdo. XII. A.K. (I)	1. 6. 42	(6)
Koßmann	d. Gen.St., Kriegsakad. (I)	1. 6. 42	(8)*
Hax	Gen.St. 2. Div. (I)	1. 6. 42	(9)

Gen.Maj. 1. 4. 45

Berr	Art.Rgt. 1	1. 6. 42	(10)
Lindig	Pz.Gren.Rgt. 63 (I)	1. 6. 42	(11)
Koenig	Kdtr. Tr.Üb.Pl. Jüterbog (A)	1. 6. 42	(13)
Schmidt (Hans)	d. Gen.St., zuletzt Gren.Rgt. 62	1. 6. 42	(14)
Henigst	Ob.Kdo. d. H. (Wa Prüf 7) (N)	1. 6. 42	(15)
Brücker	Gen.St. II. A.K. (I)	1. 6. 42	(16)

Gen.Maj. 1. 10. 44 (28); Gen.Lt. 20. 4. 45

Ruederer	Ob.Kdo. d. W. (Abw III) (I)	1. 6. 42	(17)
Nagel	d. Gen.St., zuletzt Füs.Rgt. 22	1. 6. 42	(18)

Gen.Maj. 1. 7. 44 (RDA bleibt vorbehalten) ; erhielt RDA 1. 1. 45 (17)

Thunert	Gen.St. 5. Pz.Div. (I) *Gen.Maj. 1. 1. 45 (18);*	1. 6. 42	(19)

Gen.Lt. 1. 5. 45 (Bef. 7. 5. 45 d.Ob. AOK 6)

Vohl	Kdr. I. Abt. Art.Rgt. 71	1. 6. 42	(20)
von Schaewen	Gen.St. VI. A.K.	1. 6. 42	(21)
Foertsch (Friedrich)	Gen.St. III. A.K. (I)	1. 6. 42	(22)

Gen.Maj. 1. 6. 44 (16) ; Gen.Lt. 1. 3. 45

Profe-Bracht	Ob.Kdo. d. H. (Wa Prüf 1) (A)	1. 6. 42	(23)
Kettler	Ob.Kdo. d. H. (In 7) (N)	1. 6. 42	(25)
Schipp von Branitz	Gen.St. II. A.K. (I)	1. 6. 42	(26)
von Lepel	Kriegsschule Dresden (I)	1. 6. 42	(28)
Freiherr von Stenglin	Transportkdtr. Stuttgart (I)	1. 6. 42	(30)
von Bose	Wehrkrs.Reit- u. Fahrschule Bamberg	1. 6. 42	(31)
Münstermann	St. Wehrers.Insp. Kassel (I)	1. 6. 42	(32)
Oefinger	Fest.Pi.St. 18	1. 6. 42	(33)
von Collani	Gen.St. 1. Kav.Brig. (K)	1. 6. 42	(37)

Gen.Maj. 9. 11. 44 (14)

Braun	M.G.Btl. 4 (PzGr)	1. 6. 42	(38)
Hertle	St. Abt. Ob.Kdo. d. H. (PzGr)	1. 6. 42	(39)
von Brückner	Kdr. Pz.Jäg.Abt. 34 (PzGr)	1. 6. 42	(40)
Priebsch	Gren.Rgt. 130	1. 6. 42	(41)
Körner	Kav.Rgt. 17 (PzGr)	1. 6. 42	(42)
Meix	Kdr. I. Abt. Art.Rgt. 72	1. 6. 42	(46)
Brose	Gren.Rgt. 51 (PzGr)	1. 6. 42	(48)
Heinrich XLII. Prinz Reuß	Nbl.Abt. 2	1. 6. 42	(49)
Koerner	d. Gen.St., zuletzt Pz.Gren.Rgt. 63	1. 6. 42	(50)
Gen.Maj. 1. 8. 44 (8c)			
Koch	b. H.Abn.Inspiz. XVII (A)	1. 6. 42	(52)
Poppe	Ob.Kdo. d. H. (AHA/Sonderstab Tropen) (1)	1. 6. 42	(53)
Dorn	Kdr. I. Abt. Art.Rgt. 40	1. 7. 42	(2)
von Gropper	Pz.Art.Rgt. 27	1. 7. 42	(3)
Weissenbruch	II. Abt. Art.Rgt. 61	1. 7. 42	(4)
Schuegraf	Ob.Kdo. d. H. (In 9) (Nbl)	1. 7. 42	(5)
Bandelow	Kriegsschule München (PzGr)	1. 7. 42	(6)
Behrisch	Kdr. H.Unteroffizierschule Neubreisach (Pi)	1. 7. 42	(7)
Ludwig	Art.Rgt. 69	1. 7. 42	(8)
Glaesemer	Kriegsschule München (PzGr)	1. 7. 42	(8a)
Erhielt RDA-Verbesserung 1. 3. 42 (36a)			
von Korff	St. 20. Div. (PzGr)	1. 7. 42	(11)
Macholz	Kav.Rgt. 15	1. 7. 42	(12)
Krancke	Ob.Kdo. d. H. (Ag ETr/E) (I)	1. 7. 42	(13)
Wedra	Pz.Jäg.Abt. 49	1. 7. 42	(14)
Bittner	II. Abt. Art.Rgt. 44	1. 7. 42	(16)
Hörig	Gren.Rgt. 29	1. 7. 42	(17)
Friemel	Gren.Rgt. 6	1. 7. 42	(20)
Scharenberg	Kdr. Beob.Abt. 32	1. 7. 42	(21)
Westhoff	Gren.Rgt. 48	1. 7. 42	(22)
Erhielt RDA-Verbesserung 1. 1. 41 (37b); Gen.Maj. 1. 1. 45 (4)			
Kuhr	Art.Rgt. 32	1. 7. 42	(24)
Schmidt-Casdorff	Gren.Rgt. 133	1. 7. 42	(31)
Freiherr von Eckhardtstein	Kdr. Pz.Aufkl.Abt. 57 (PzGr)	1. 7. 42	(32)
Ulrich	Inf.Schule	1. 7. 42	(33)
Noske	Kdr. Pi.Btl. 26	1. 7. 42	(34)
Oelze	Pz.Pi.Btl. 4	1. 7. 42	(35)
Wiesner	Kdr. Nachr.Abt. 60	1. 7. 42	(36)
Biermann	Ob.Kdo. d. H. (In 7) (N)	1. 7. 42	(38)
Hahn	Gren.Rgt. 96	1. 7. 42	(40)
Zimmermann	Jäg.Rgt. 56	1. 7. 42	(41)
Norkus	Pz.Gren.Rgt. 74	1. 7. 42	(42)
von Tippelskirch	d. GenSt., Ob.Kdo. d. W. (L)	1. 7. 42	(43)
Neumann	Kdr. Pi.Btl. 11	1. 7. 42	(44)
Schwatlo-Gesterding	d. Gen.St., Ob.Kdo. d. W. (W Pr) (I)	1. 7. 42	(45)
Gen.Maj. 30. 1. 45 (19)			
Gerber	St. Gen.Kdo. XV. A.K. (Pi)	1. 7. 42	(46)
Schäfer (Lothar)	d. Gen.St., zuletzt Gren.Rgt. 44	1. 7. 42	(47)
Bingemer	St. Kdtr. St.Wendel (Saar) (I)	1. 7. 42	(52a)
Erhielt RDA-Verbesserung 1. 7. 41 (50a)			
Klein	Gren.Rgt. 88	1. 7. 42	(54)
Lenth	Kdr. Nachr.Abt. 57	1. 7. 42	(55)
Garbsch	Gren.Rgt. 109	1. 7. 42	(56)
Belau	Kdr. I. Abt. Art.Rgt. 57	1. 7. 42	(57)
Franz	Gen.St. 29. Div. (I)	1. 7. 42	(58)
Gen.Maj. 1. 12. 44 (32)			
von Rochow	Gren.Rgt. 124	1. 7. 42	(59)

Arning	Gren.Rgt. 3	1. 7. 42	(60)
Gen.Maj. 1. 9. 44 (6)			
Kreutzer	Kdr. Pi.Btl. 5	1. 7. 42	(60a)
Engelhardt	Gren.Rgt. 30 (PzGr)	1. 7. 42	(60b)
Mußgnug	Fest.Pi.St. 24	1. 7. 42	(67)
Bätz	St. Gen.Kdo. XII. A.K. (Pi)	1. 7. 42	(87)
Moßdorf	z. Verf. Ob. d. H. (Sonst. Offz.) (K)	1. 7. 42	(101)
Scherzer	Fest.Pi.St. 23	1. 7. 42	(123)
Semler (Max)	z. Verf. Ob. d. H. (Sonst. Offz.) (A)	1. 7. 42	(125)
Schirmeister (Max)	Gren.Rgt. 12	1. 7. 42	(126)
Ungewitter (Maximilian)	Jäg.Rgt. 49	1. 7. 42	(127)
19. 6. 44 in den Befehlsbereich des Ob. d. L. übergetreten; erhielt dort neues RDA 1. 7. 42 (48)			
Sommerlad	St. Gen.Kdo. IV. A.K. (I)	1. 8. 42	(1)
Skvara	Art.Rgt. 96	1. 8. 42	(1a)
Bachmann	Pz.Gren.Rgt. 7	1. 8. 42	(2)
von Uechtritz und Steinkirch	Kdr. Pz.Nachr.Abt. 2	1. 8. 42	(3)
Oßwald	II. Abt. Art.Rgt. 43	1. 8. 42	(4)
Schmid	Ob.Kdo. d. H. (Wa A) (A)	1. 8. 42	(6)
Eisermann	M.G.Btl. 3 (PzGr)	1. 8. 42	(7)
Erhielt RDA-Verbesserung 1. 8. 41 (26a)			
Dorow	Kriegsschule Wiener Neustadt (I)	1. 8. 42	(9)
Zimmermann	Pz.Gren.Rgt. 3	1. 8. 42	(9a)
Drechsler	H.Nachschubtr.Schule (F)	1. 8. 42	(10)
Haselbeck	Ob.Kdo. d. H. (Wa I Rü 2) (A)	1. 8. 42	(11)
von Wilcke	Ob.Kdo. d. H. (Wa Prüf 6) (Pz)	1. 8. 42	(12)
Martin	Ob.Kdo. d. W. (W Pr) (I)	1. 8. 42	(18)
Bachmayer	St. Gen.Kdo. XVIII. A.K. (I)	1. 8. 42	(19)
von Römer	St. Landw.Kdr. Köln (I)	1. 8. 42	(21)
Weiß	St. Landw.Kdr. Allenstein (Pi)	1. 8. 42	(56)
Huber	Wehrbz.Kdo. Wien I (Pi)	1. 8. 42	(57)
Dommasch	Füs.Rgt. 39	1. 8. 42	(60)
Wagner	H.Nachr.Schule	1. 8. 42	(64)
Boshelmann	Fla.Btl. 46	1. 8. 42	(65)
Moeller	Kriegsschule Potsdam (I)	1. 8. 42	(66)
von Heimendahl	St. 8. Pz.Div. (Pz)	1. 8. 42	(67)
Hartung	St. Gen.Kdo. XXV. A.K. (A)	1. 8. 42	(76)
Witte	Gren.Rgt. 102	1. 9. 42	(1)
Koenig	Kriegsschule Hannover (A)	1. 9. 42	(2)
Wüst	Gren.Rgt. 118	1. 9. 42	(3)
Beigel	Ob.Kdo. d. H. (5. Abt. Gen.St. d. H.) (I)	1. 9. 42	(4)
Volkmann	Kriegsschule Dresden (N)	1. 9. 42	(5)
Rauser	d. Gen.St., zuletzt Gren.Rgt. 45	1. 9. 42	(7)
Gen.Maj. 1. 9. 44 (7)			
Roth	Pz.Jäg.Abt. 36	1. 9. 42	(8)
Eggeling	Gren.Rgt. 133	1. 9. 42	(9)
Hartung	Ob.Kdo. d. H. (Wa Prüf 5) (Pi)	1. 9. 42	(12)
Cappeller	H.Gasschutzschule (Nbl)	1. 9. 42	(13)
Brühl	Art.Rgt. 26	1. 9. 42	(14)
Gen.Maj. 9. 11. 44 (14a)			
Leis	H.Gasschutzschule (Nbl)	1. 9. 42	(15)
Görger	Pz.Gren.Rgt. 4	1. 9. 42	(16)
Hansen	Kdtr. Tr.Üb.Pl. Arys (I)	1. 9. 42	(17)
Baumann	Gren.Rgt. 80	1. 9. 42	(19)
Frotscher	Gren.Rgt. Großdeutschland	1. 9. 42	(22)
Klinge	Geb.Jäg.Rgt. 138	1. 9. 42	(23)
Keßler	Gren.Rgt. 11	1. 9. 42	(27)

Althoff	Art.Rgt. 56		1. 9. 42	(29)
Oertel	Kdr. II. Btl. Geb.Jäg.Rgt. 140		1. 9. 42	(30)
Richter	Gren.Rgt. 72		1. 9. 42	(31)
Meffert	Kraftf.Abt. 12		1. 9. 42	(32)
Finckh	Gen.St. XV. A.K. (A)		1. 9. 42	(35)
Bömers	Kdr. II. Abt. Art.Rgt. 50		1. 9. 42	(36)
Brinkmann	Kdtr. Tr.Üb.Pl. Wischau (I)		1. 9. 42	(37)
Hebeler	Ob.Kdo. d. H. (G.I.F.) (I)		1. 9. 42	(38)
Schmahl	Pz.Rgt. 15		1. 9. 42	(39)
Erdmann	Abt.Chef i. Ob.Kdo. d. H. (Ag P 2/3. Abt.)	(PzGr)	1. 9. 42	(40)
Keiser	Kdtr. Tr.Üb.Pl. Heuberg (I)		1. 9. 42	(41)
Roosen	I. Abt. Art.Rgt. 68		1. 9. 42	(42)
Krawutschke	Gren.Rgt. 44		1. 9. 42	(43)
Voigt	Gren.Rgt. 109		1. 9. 42	(44)
Rüttenauer	Ob.Kdo. d. H. (In 5) (Pi)		1. 9. 42	(46)
Korbion	H.Gasschutzschule (Nbl)		1. 9. 42	(47)
Kempchen	Pz.Gren.Rgt. 59		1. 9. 42	(48)
Krüger	Gren.Rgt. 44		1. 9. 42	(50)
Hoppe	Kdt. Tr.Üb.Pl. Hammelburg (I)		1. 9. 42	(51)
Böhm	Ob.Kdo. d. H. (Wa Prüf 4) (A)		1. 9. 42	(52)
Peslmüller	Art.Rgt. 10		1. 9. 42	(53)
Reinke	Pz.Art.Rgt. 75		1. 9. 42	(54)
Püschel	Pz.Gren.Rgt. 33		1. 9. 42	(55)
Nagl	St. Landw.Kdr. Heilbronn (Neckar) (Pi)		1. 9. 42	(72)
Müller	Gren.Rgt. 87		1. 10. 42	(2a)
Keller	Art.Rgt. 9		1. 10. 42	(3a)
Bernhard	Kdr. I. Abt. Art.Rgt. 59		1. 10. 42	(6)
von Borstell	Gren.Rgt. 8		1. 10. 42	(7)
Dammaß	Kdr. Pi.Btl. 60		1. 10. 42	(9)
Pusch	Pz.Gren.Rgt. 103		1. 10. 42	(10)
Schiche	Pi.Btl. 22		1. 10. 42	(11)
Schüler	Ausb.Leiter Bruck (Leitha) (I)		1. 10. 42	(12)
Freiherr von Salza und Lichtenau				
	St. Wehrers.Insp. Dresden (K)		1. 10. 42	(13)
Neufellner	Art.Rgt. 36		1. 10. 42	(14)
Hosch	Kdr. Pi.Btl. 62		1. 10. 42	(16)
Langhaeuser	Gen.St. VII. A.K. (I)		1. 10. 42	(17)
Tilleßen	Gren.Rgt. 57		1. 10. 42	(18)
Eckstein	Art.Rgt. 56		1. 10. 42	(19)
Bieger	Ob.Kdo. d. H. (Wa I Rü) (F)		1. 10. 42	(20)
Behrens	Kriegsschule Dresden (I)		1. 10. 42	(23)
Freiherr von Beaulieu-Marconnay	M.G.Btl. 8		1. 10. 42	(24)
Kentner	z. Verf. Ob. d. H. (Hochsch) (Pi)		1. 10. 42	(25)
von Jarotzky	Kdr. Pz.Nachr.Abt. 80		1. 10. 42	(27)
Becker	II. Abt. Art.Rgt. 46		1. 10. 42	(28)
Kleikamp	d. Gen.St., Abt.Chef i. Ob.Kdo. d. H. (P 3) (I)		1. 10. 42	(29)
Gen.Maj. 1. 1. 45 (19)				
Graf zu Eulenburg	Gren.Rgt. 9		1. 10. 42	(30)
von Rhaden	Kriegsschule Wiener Neustadt (I)		1. 10. 42	(31)
Müller	Ob.Kdo. d. H. (In 2) (I)		1. 10. 42	(32)
von Roëll	Ob.Kdo. d. H. (Chef H Rüst u. Bd E/Stab) (I)		1. 10. 42	(33)
Schoder	Kdr. H.Unteroffizierschule d. Nachr.Tr. Zerbst		1. 10. 42	(34)
Bayer	Abt.Chef i. Ob.Kdo. d. W. (WNV/NV [Fu]) (N)		1. 10. 42	(36)
Hildebrand	Ob.Kdo. d. H. (Ag P 2) (Pz)		1. 10. 42	(37)
Erhielt RDA-Verbesserung 1. 10. 41 (54b)				

Schmalz   Pz.Gren.Rgt. 11   1. 10. 42   (38)
1. 5. 44 in den Befehlsbereich des Ob. d. L. übergetreten; wurde
dort Gen.Maj. 1. 5. 44 (10); Gen.Lt. 30. 1. 45 (4)

von Burski	Gren.Rgt. 11	1. 10. 42	(39a)
Ostermann	Beob.Lehrabt.	1. 10. 42	(40)
Gröschner	Kdr. H.Unteroffiziervorschule Sulzbach-Rosenberg (I)	1. 10. 42	(41)
Lux	z. Verf. Ob. d. H. (Sonst. Offz.) (I)	1. 10. 42	(41a)
von Beguelin	Ob.Kdo. d. W. (W Vers) (I)	1. 10. 42	(42)
Schultz	Gren.Rgt. 53	1. 10. 42	(44)
Diedrich	H.Gasschutzschule (Nbl)	1. 10. 42	(45)
Matussik	Füs.Rgt. 26	1. 10. 42	(47)
Irkens	d. Gen.St., zuletzt Nachr.Abt. 1	1. 10. 42	(48)
Kretschmer	Abt.Chef i. Ob.Kdo. d. H. (Ag P 1/3. Abt.) (Pz)	1. 10. 42	(49)

Gen.Maj. 1. 4. 45

Petershagen	Gren.Rgt. 92 (PzGr)	1. 10. 42	(49a)
Emmenthal	Kdt. d. Transportbz. Frankfurt (Main) (A)	1. 10. 42	(50)
Marx	Ob.Kdo. d. H. (Ag P 1) (I)	1. 10. 42	(51)
Röhr	Ob.Kdo. d. H. (In 4) (A)	1. 10. 42	(52)
Stiegler	St. Kdtr. Befest. b. Oppeln (A)	1. 10. 42	(60)
Matussek (Paul)	Jäg.Rgt. 49	1. 10. 42	(62)
von Zitzewitz	Art.Rgt. 32	1. 11. 42	(2)
Naumann	Fest.Pi.St. 1	1. 11. 42	(13)
Zettelmeyer	H.Nachschubtr.Schule	1. 11. 42	(23)
Bauer	St. Wehrers.Insp. Köln (A)	1. 11. 42	(24)
Netsch	St. 2. Pz.Gren.Brig. (I)	1. 11. 42	(25)
Wougk	St. Gen.Kdo. XXIV. A.K. (Pi)	1. 11. 42	(28)
Böndel	b. Fest.Pi.Kdr. X	1. 11. 42	(38)
Bracher	Gren.Rgt. 35	1. 11. 42	(41a)
Daniel	Gren.Rgt. 46	1. 11. 42	(42a)

Gen.Maj. 1. 10. 44 (29)

Förster	Gren.Rgt. 31	1. 11. 42	(42b)
Sudrich	Pz.Gren.Rgt. 10	1. 11. 42	(43)
Meyer (Constantin)	Gren.Rgt. 12	1. 11. 42	(49)
Bauer	Kdtr. Wien (Pi)	1. 12. 42	(2)
Walcker	Fest.Pi.St. 22	1. 12. 42	(3)
Krause	St. 20. Div. (I)	1. 12. 42	(7)
Renner	z. Verf. Ob. d. H. (Sonst. Offz.) (Pi)	1. 12. 42	(8)
Krohn	b. Höh. Pi.Offz. Landesbefest. Ost (Pi)	1. 12. 43	(10)
Pirker	St. Kdtr. Befest. b. Königsberg (Pr) (Pz)	1. 12. 42	(11)
Kornprobst	Wehrbz.Kdo. Wien I (W.M.A. Wien 1 [Nord] (I)	1. 12. 42	(13)
Ayrer	Ob.Kdo. d. W. (Abw II) (I)	1. 12. 42	(16)
Mueller-Lichtenau	Abt.Chef i. Ob.Kdo. d. H. (Ag P 6) (K)	1. 12. 42	(19)
Simon	St. Gen.Kdo. XVIII. A.K. (Pi)	1. 12. 42	(21)
von Römer	Wehrbz.Kdo. Reichenberg (Sudetenl.) (W.M.A. Reichenberg) (I)	1. 12. 42	(22a)
von der Groeben	Ob.Kdo. d. H. (Ag P 1) (K)	1. 12. 42	(28)
Mewis	b. Fest.Pi.Kdr. X	1. 12. 42	(33)
Schultz	Fest.Pi.St. 13	1. 12. 42	(35)
von Oelhafen	Wehrbz.Kdo. Traunstein (Oberbay.) (I)	1. 12. 42	(42)
Nobis	Kriegsakad. (I)	1. 12. 42	(45)
Schmidt	Gren.Rgt. 60	1. 12. 42	(47)

Gen.Maj. 1. 3. 45

Reuter	Ob.Kdo. d. H. (Ag P 1) (I)	1. 12. 42	(48)

Gen.Maj. 9. 11. 44 (15)

Stoessel von der Heyde	Gren.Rgt. 18	1. 12. 42	(49)

Brauer	Gren.Rgt. 96		1. 12. 42	(49a)
Gen.Maj. 1. 10. 44 (30)				
Bamler	Art.Rgt. 96		1. 12. 42	(50)
Schwickert	Art.Rgt. 22		1. 12. 42	(50a)
Bergener	St. Gen.Kdo. VIII. A.K. (I)		1. 12. 42	(50b)
von Hertlein	Kdr. I. Abt. Art.Rgt. 105		1. 12. 42	(50c)
Schniewind	Abt.Chef i. Ob.Kdo. d. H. (Ag P 1/4. Abt.)	(A)	1. 12. 42	(51)
Lange	Pz.Art.Rgt. 4		1. 12. 42	(52)
Krüder	Gren.Rgt. 77		1. 12. 42	(53)
Arnold	Art.Rgt. 22		1. 12. 42	(54)
von Kalinowsky	Art.Rgt. 34		1. 12. 42	(55)
Kratsch	Art.Rgt. 29		1. 12. 42	(56)
Nentwig	Pz.Art.Rgt. 19		1. 12. 42	(57)
Vogt	Pz.Art.Rgt. 27		1. 12. 42	(59)
Bechler	Gren.Rgt. 53		1. 12. 42	(60)
Gen.Maj. 30. 1. 45				
Meyer	Art.Rgt. 36		1. 12. 42	(61)
Werner	I. Abt. Art.Rgt. 62		1. 12. 42	(62)
Kober	Kriegsschule Hannover (I)		1. 12. 42	(62a)
Heckel	b. Ausb.Leiter Ludwigsburg (I)		1. 12. 42	(63)
Meißner	Kdtr. Brünn (Mähren) (I)		1. 12. 42	(64)
Lindner	Gren.Rgt. 48		1. 12. 42	(65)*
Schurig	Kriegsschule München (I)		1. 12. 42	(67)
Griesbach	Gren.Rgt. 12		1. 12. 42	(67b)
Gen.Maj. 1. 8. 44 (9)				
von Debschitz	Gren.Rgt. 84		1. 12. 42	(68)
Schildknecht	Gen.St. d. H. (12. Abt.) (I)		1. 12. 42	(69)
Kaether	z. Verf. Ob. d. H. (Sonst. Offz.) (I)		1. 12. 42	(70)
Wolf	St. Inf.Kdr. 34		1. 12. 42	(71)
Wellm	Kdtr. Tr.Üb.Pl. Wahn (I)		1. 12. 42	(72)
Gen.Maj. 9. 11. 44 (15a)				
Huebner	Gren.Rgt. 18		1. 12. 42	(73)
Gen.Maj. 1. 1. 45 (20); Gen.Lt. 1. 3. 45				
Matthis	Gren.Rgt. 51		1. 12. 42	(73a)
Pickel	Geb. Jäg.Rgt. 138		1. 12. 42	(74)
Ambrosius	Gren.Rgt. 12		1. 12. 42	(74a)
Berg	Gren.Rgt. 82		1. 12. 42	(74b)
Gen.Maj. 1. 8. 44 (10)				
Freytag	z. Verf. Ob. d. H. (Sonst. Offz.)	(A)	1. 12. 42	(74c)
Bader	Art.Rgt. 5		1. 12. 42	(75)
Gen.Maj. 1. 1. 45 (21)				
Begemann	Jäg.Rgt. 83		1. 12. 42	(76)
Wendenburg	Pz.Rgt. 5		1. 12. 42	(76a)
Meyer (Ludwig)	Art.Rgt. 8		1. 12. 42	(81)
Riedel	Art.Rgt. 35		1. 1. 43	(1)
Kraus	Gren.Rgt. 31		1. 1. 43	(2a)
Freiherr von Schellerer	Gren.Rgt. 119		1. 1. 43	(3)
Schönn	H.Gasschutzschule Bromberg (Nbl)		1. 1. 43	(5)
Naber	Gren.Rgt. 135		1. 1. 43	(6)
Sucker	Art.Rgt. 8		1. 1. 43	(7)
Renner	Pz.Gren.Rgt. 5		1. 1. 43	(8)
Weiß	Gren.Rgt. 11		1. 1. 43	(8a)
Hegemeister	Art.Rgt. 70		1. 1. 43	(10)
Möckel	Gren.Rgt. 82		1. 1. 43	(11)
Gen.Maj. 1. 3. 45				
Garbsch	Gren.Rgt. 70		1. 1. 43	(12)
Feller	Kriegsschule Dresden (Pi)		1. 1. 43	(13)

5*

Müller	Pz.Gren.Rgt. 104	1. 1. 43	(15)
du Plessis	Gren.Rgt. 30	1. 1. 43	(16)
Rohde	Gren.Rgt. 77	1. 1. 43	(17)
Finck	Pz.Jäg.Abt. 30	1. 1. 43	(18)
Feuring	Füs.Rgt. 26	1. 1. 43	(19)
Ellmer	Kdr. III. (E) Btl. Inf.Rgt. 79	1. 1. 43	(20)
Kissel	Füs.Rgt. 34	1. 1. 43	(21)

Gen.Maj. 30. 1. 45 (20)

Hahn	Pi.Btl. 10	1. 1. 43	(22)
Lindheim	Kdr. Nachr.Abt. 30	1. 1. 43	(24)
Woller	Füs.Rgt. 27	1. 1. 43	(25)
Hennenbruch	Jäg.Rgt. 38	1. 1. 43	(26)
Klawitter	Art.Rgt. 11	1. 1. 43	(27)
von Geldern-Crispendorf	zuletzt Mil.Attaché b. Deutsch. Gesandtsch. i. Teheran (I)	1. 1. 43	(28)
Korfes	Ob.Kdo. d. H. (In 2) (I)	1. 1. 43	(31)
Scholz	Pz.Gren.Rgt. 14 (A)	1. 1. 43	(32)
Tzschöckel	Eisenb.Pi.Rgt. 1	1. 1. 43	(33)
Ramsauer	Pz.Rgt. 8	1. 1. 43	(34)
Richter	Pz.Art.Rgt. 2	1. 1. 43	(34a)
Lustig	Gren.Rgt. 32	1. 1. 43	(35)
Ernst	Ob.Kdo. d. H. (In 4) (A)	1. 1. 43	(36)
Grüder	Kdr. Pz.Nachr.Abt. 77	1. 1. 43	(37)
Sack	I. Abt. Art.Rgt. 20	1. 1. 43	(38)
Jaeger	Gren.Rgt. 8 (PzGr)	1. 1. 43	(39)
Werner	Kdr. Annahmestelle I f. Offz.Bew. d. H. (I)	1. 1. 43	(40)
Volkmann	Kdr. Nachr.Abt. 66	1. 1. 43	(41)
Wolter	Art.Rgt. 24	1. 1. 43	(42)
Loibl	z. Verf. Ob. d. H. (Sonst. Offz.) (I)	1. 1. 43	(43)
von Kahlden	d. Gen.St., zuletzt Gren.Rgt. 15	1. 1. 43	(45)
von Steinkeller	St. Gen.Kdo. XV. A.K. (PzGr)	1. 1. 43	(46a)

Gen.Maj. 1. 6. 44 (17)

Ulrich	Gen.St. I. A.K. (I)	1. 1. 43	(47)
Deinhardt	d. Gen.St., zuletzt Gren.Rgt. 95	1. 1. 43	(48)
Fähndrich	Gen.St. H.Gru. 3 (I)	1. 1. 43	(49)
Diermayer	d. Gen.St., zuletzt Gren.Rgt. 43	1. 1. 43	(50)
Bloch von Blottnitz	Gen.St. 21. Div. (A)	1. 1. 43	(51)
Zorn	d. Gen.St., zuletzt Geb.Jäg.Rgt. 98	1. 1. 43	(52)
Kaulbach	Gen.St. d. H. (7. Abt.) (I)	1. 1. 43	(53)
Ziegler (Joachim)	d. Gen.St., zuletzt St. 3. Pz.Brig. (Pz)	1. 1. 43	(54)
Reinhard (Walter)	Gen.St. IV. A.K. (Pz)	1. 1. 43	(55)
Bürker	d. Gen.St., zuletzt Pz.Rgt. 3	1. 1. 43	(56)
Schulze-Büttger	d. Gen.St., zuletzt Pz.Gren.Rgt. 74	1. 1. 43	(57)
Müller (Walter)	Gen.St. XV. A.K. (Pz)	1. 1. 43	(58)
Baron Freytag von Loringhoven	Gen.St. XI. A.K. (N)	1. 1. 43	(59)
Clauß (Joachim)	d. Gen.St., Ob.Kdo. d. H. (Wa A) (I)	1. 1. 43	(60)
Crome	Gen.St. X. A.K. (I)	1. 1. 43	(61)
Mantey	d. Gen.St., zuletzt Art.Rgt. 23	1. 1. 43	(62)
Macher (Robert)	Gen.St. 2. Geb.Div. (I)	1. 1. 43	(63)

Gen.Maj. 30. 1. 45 (21)

Stange	d. Gen.St., zuletzt Gren.Rgt. 96	1. 1. 43	(64)
Pfafferott	d. Gen.St., zuletzt Gren.Rgt. 50	1. 1. 43	(65)
Wagener (Karl)	Gen.St. 9. Pz.Div. (Pz)	1. 1. 43	(66)

Gen.Maj. 1. 10. 44 (31)

Schaefer (Otto)	d. Gen.St., zuletzt Gren.Rgt. 23	1. 1. 43	(67)
Laegeler	Gen.St. d. H. (2. Abt.) (I)	1. 1. 43	(68)

Gen.Maj. 1. 3. 45

Merker	d. Gen.St., z. Verf. Ob. d. H. (Sonst. Offz.) (I)	1. 1. 43	(69)
Dittmar	Kriegsschule Potsdam (N)	1. 1. 43	(71)
Walther	Fla.Schule Inf. (PzGr)	1. 1. 43	(71a)
von Stumpff	Art.Rgt. 31	1. 1. 43	(72)
Herbst	St. Gen.Kdo. I. A.K. (I)	1. 1. 43	(72a)
Steidle	Kriegsschule München (I)	1. 1. 43	(73)
Roßkopf	Jäg.Rgt. 38	1. 1. 43	(73a)
Huber	Kriegsschule Wiener Neustadt (l)	1. 1. 43	(74)
von Tümpling	Jäg.Rgt. 56	1. 1. 43	(74a)
Meyer	Nbl.Lehr- u. Vers.Abt.	1. 1. 43	(74b)
Hoffmann	Jäg.Rgt. 83	1. 1. 43	(74c)
Hellwig	I. Abt. Art.Rgt. 57	1. 1. 43	(74d)
Reichert	Geb.Jäg.Rgt. 13	1. 1. 43	(74e)
Hecker	Gren.Rgt. 12	1. 1. 43	(74g)
Schultz (Harald)	Art.Rgt. 34	1. 1. 43	(74h)

Gen.Maj. 1. 12. 44 (33)

Hoeffner	d. Gen.St., zuletzt Pz.Aufkl.Abt. 8	1. 1. 43	(75)
von Kornatzki	Ob.Kdo. d. H. (In 7) (N)	1. 1. 43	(76)
von Schwerin	Gren.Rgt. 89	1. 1. 43	(76a)
Toppe	Gen.St. II. A.K. (K)	1. 1. 43	(78)

Gen.Maj. 1. 10. 44 (32)

Freiherr von Kap-herr	d. Gen.St., zuletzt Kdt. Transportbz. Halle (Saale) (I)	1. 1. 43	(79)
Eckstein	Gen.St. d. H. 6. (Abt.) (I)	1. 1. 43	(80)
Liphart	St. Inf.Kdr. 7	1. 1. 43	(80a)
Bossert	Geb.Jäg.Rgt. 13	1. 1. 43	(80b)
Simons	Gren.Rgt. 30	1. 1. 43	(81)
Freiherr von Uckermann (Walter)	Gen.St. XIII. A.K. (I)	1. 1. 43	(82)
Brandstädter	Gen.St. X. A.K. (A)	1. 1. 43	(83)
Schuchardt	Abt.Chef i. Gen.St. d. H. (Attaché-Abt.) (I)	1. 1. 43	(84)
von Einem	Gen.St. XX. A.K. (K)	1. 1. 43	(85)
Schleusener	Gen.St. IV. A.K. (I)	1. 1. 43	(86)
Sittmann	d. Gen.St., zuletzt II. Btl. Geb.Jäg.Rgt. 140	1. 1. 43	(87)
Merk	d. Gen.St., zuletzt Kav.Rgt. 3	1. 1. 43	(88)

Gen.Maj. 20. 4. 45

Knüppel	d. Gen.St., zuletzt Gren.Rgt. 107	1. 1. 43	(89)*
Teske	Gen.St. 5. Div. (I)	1. 1. 43	(90)
Helmdach	d. Gen.St., zuletzt Pi.Btl. 23	1. 1. 43	(91)
Heinrich	Gen.St. XII. A.K. (I)	1. 1. 43	(92)
von Gersdorff	d. Gen.St., zuletzt St. 1. Pz..Gren.Brig. (PzGr)	1. 1. 43	(93)

Gen.Maj. 20. 4. 45

Freiherr von Süßkind-Schwendi	d. Gen.St., zuletzt Pz.Gren.Rgt. 4	1. 1. 43	(94)
Hesse	d. Gen.St., zuletzt Pz.Gren.Rgt. 66	1. 1. 43	(95)
Müller (Werner)	d. Gen.St., zuletzt Geb.Art.Rgt. 111	1. 1. 43	(96)
von Nordenskjöld	d. Gen.St., zuletzt Kav.Schütz.Rgt. 9 (PzGr)	1. 1. 43	(97)
Freiherr von Hammerstein-Gesmold	Gen.St. 30. Div. (I)	1. 1. 43	(98)
Knauff (Walter)	d. Gen.St., zuletzt Gren.Rgt. 47	1. 1. 43	(99)
Krüger	Gren.Rgt. Großdeutschland	1. 1. 43	(99a)
Köstlin	d. Gen.St., zuletzt Kriegsakad. (A)	1. 1. 43	(100)
Kraehe	Gen.St. Kdtr. Befest. b. Breslau (A)	1. 1. 43	(101)
Kampmann	Gren.Rgt. 116	1. 1. 43	(101a)
Woelfel	Gren.Rgt. 84	1. 1. 43	(101b)
Schmidt von Altenstadt	Gen.St. d. H. (6. Abt.) (K)	1. 1. 43	(102)
Deyhle (Willy)	d. Gen.St., zuletzt Ob.Kdo. d. W. (Stellv. Chef W F St) (Pi)	1. 1. 43	(103)

Deyhle (Otto)	d. Gen.St., zuletzt Pi.Btl. 45	1. 1. 43	(104)
von Schönfeldt	d. Gen.St., zuletzt I. Abt. Art.Rgt. 58	1. 1. 43	(105)
Gähtgens	Gen.St. d. H. (6. Abt.) (I)	1. 1. 43	(106)
Freiherr von Gersdorff	d. Gen.St., zuletzt Kriegsakad. (K)	1. 1. 43	(107)
Gen.Maj. 30. 1. 45			
von Eisenhart-Rothe	Jäg.Rgt. 54	1. 1. 43	(107a)
Strempel	d. Gen.St., zuletzt Kav.Rgt. 18	1. 1. 43	(107b)
Elchlepp	Gen.St. XVII. A.K. (I)	1. 1. 43	(107c)
Paltzo	d. Gen.St., zuletzt Gren.Rgt. 57	1. 1. 43	(109)
Hamberger	Gen.St. 72. Div. (I)	1. 1. 43	(110)
Ehlert	d. Gen.St., zuletzt Gren.Rgt. 4	1. 1. 43	(111)
Nolte	d. Gen.St., zuletzt Pz.Gren.Rgt. 33	1. 1. 43	(112)
von Schön-Angerer	Gen.St. XIV. A.K. (A)	1. 1. 43	(113)
Haidlen	Gen.St. 3. Geb.Div. (I)	1. 1. 43	(114)
von der Chevallerie	Gen.St. d. H. (O Qu V) (N)	1. 1. 43	(115)
Gundelach (Kurt)	Gen.St. Kdtr. Befest. b. Neustettin (I)	1. 1. 43	(116)
Jessel	Gen.St. d. H. (12. Abt.) (I)	1. 1. 43	(117)
Pomtow	d. Gen.St., Ob.Kdo. d. W. (Ausl) (K)	1. 1. 43	(118)
Dorenbeck	St. Gen.Kdo. VI. A.K. (I)	1. 1. 43	(118a)
von Necker	Gen.St. 9. Pz.Div. (PzGr)	1. 1. 43	(118a¹)
1. 11. 44 in den Befehlsbereich des Ob. d. L. übergetreten; wurde dort Gen.Maj. 1. 1. 45 (14); 1. 3. 45 in den Befehlsbereich des Ob. d. H. zurückgetreten			
Berendsen	Gen.St. 8. Pz.Div. (K)	1. 1. 43	(118a²)
Gronemann-Schoenborn	Gen.St. Landw.Kdr.		
	Freiburg (Breisgau) (I)	1. 1. 43	(118a³)
Feyerabend	Gren.Rgt. 9	1. 1. 43	(118c)
Schütz	Geb. Jäg.Rgt. 13	1. 1. 43	(119)
Hauser	Gen.St. d. H. (Adj. d. Chefs d. Gen.St. d. H.) (K)	1. 1. 43	(120)
Gen.Maj. 1. 9. 44 (8)			
Kraemer	Gen.St. 13. Div. (I)	1. 1. 43	(121)
von Scotti	Pz.Art.Rgt. 80	1. 1. 43	(121a)
Proff	Art.Rgt. 31	1. 1. 43	(121d)
Schräpler	Pz.Art.Rgt. 19	1. 1. 43	(121e)
Engelhardt	b. Ausb.Leiter Mohrungen (A)	1. 1. 43	(121f)
Dorff	Pz.Gren.Rgt. 79 (I)	1. 1. 43	(121g)
Eichler	Pz.Gren.Rgt. 101	1. 1. 43	(122)
Güntherberg	Art.Rgt. 14	1. 1. 43	(124)
von Pezold	Gen.St. d, H. (2. Abt.) (Pz)	1. 1. 43	(124a)
Freiherr von Saß	Gren.Rgt. 58	1. 1. 43	(124b)
Schunck	Pi.Btl. 3	1. 1. 43	(124c)
Walter	Gren.Rgt. 35	1. 1. 43	(124d)
Gengenbach	Pz.Gren.Rgt. 40 (I)	1. 1. 43	(124e)
Faasch	Gren.Rgt. 84	1. 2. 43	(1)
Neumann	St. Kdtr. Befest. b. Lötzen (I)	1. 2. 43	(2)
Scholz	Kdr. Pi.Btl. 71	1. 2. 43	(4)
Schacke	Pz.Gren.Rgt. 13 (Kdsch)	1. 2. 43	(4a)
Bauer	Kdr. H.Musikschule Frankfurt (Main) (I)	1. 2. 43	(7)
Claus	Ob.Kdo. d. H. (In Fest) (Pi)	1. 2. 43	(8)
Schmid	Pz.Art.Rgt. 4	1. 2. 43	(10)
Stummer	Nachr.Abt. 76	1. 2. 43	(11)
Brattig	St. Wehrers.Insp. Schleswig-Holstein (A)	1. 2. 43	(17)
Langner	St. Gen.Kdo. XVI. A.K. (I)	1. 2. 43	(21)
Uhlig	Fest.Pi.St. 17	1. 2. 43	(22)
Reithinger	Gren.Rgt. 14	1. 2. 43	(23)
Roos	Ob.Kdo. d. H. (In Fest) (Pi)	1. 2. 43	(24)
Gertler (Rudolf)	Art.Rgt. 24	1. 2. 43	(24a)

Hitzeroth (Hans)	Kdr. Pz.Jäg.Abt. 21	1. 2. 43	(24b)
Stoephasius	Pz.Art.Rgt. 78	1. 2. 43	(25)
Hartnack	Gren.Rgt. 130	1. 2. 43	(27)
Scherenberg	Gren.Rgt. 4	1. 2. 43	(28)
Deutsch	Eisenb.Pi.Rgt. 3	1. 2. 43	(30)
von Rauchhaupt	Kav.Rgt. 18	1. 2. 43	(31)
Reimann	Pz.Gren.Rgt. 7	1. 2. 43	(32)
Walgarth	Gren.Rgt. 15	1. 2. 43	(32a)
Herold	Art.Rgt. 51	1. 2. 43	(33)
Mohr	Gren.Rgt. 7	1. 2. 43	(34)
Köhl	Art.Rgt. 35	1. 2. 43	(35)
Freiherr von Wangenheim	Gren.Rgt. 6	1. 2. 43	(36)
Mestmacher	Kdtr. Tr.Üb.Pl. Hammelburg (PzGr)	1. 2. 43	(37)
Stautner	Geb.Jäg.Rgt. 139	1. 2. 43	(38)
Rachner	Art.Rgt. 18	1. 2. 43	(39)
Kretzschmer	Gren.Rgt. 30	1. 2. 43	(40)
Martin	Pi.Btl. 44	1. 2. 43	(43)
Schenck	Art.Rgt. 25	1. 2. 43	(45)
von Kronhelm	Kdr. II. Abt. Art.Rgt. 45	1. 2. 43	(46)
Harder	Füs.Rgt. 27	1. 2. 43	(48)
Meinshausen	Gren.Rgt. 81	1. 2. 43	(49)
Michalke	M.G.Btl. 13	1. 2. 43	(50)
Nitsche	St. 29. Div. (I)	1. 2. 43	(51)
Wagner	Gren.Rgt. 87	1. 2. 43	(53)
von Hellermann	Abt.Chef i. Ob.Kdo. d. H. (P 4) (PzGr)	1. 2. 43	(56)
Gen.Maj. 1. 10. 44 (33)			
Henschel	Pz.Gren.Rgt. 59 (I)	1. 2. 43	(59)
von Studnitz	Pz.Gren.Rgt. 1	1. 2. 43	(60)
Böhmer	Beob.Abt. 3	1. 2. 43	(60a)
Kuhnert	Gren.Rgt. 51 (PzGr)	1. 2. 43	(61)*
Schwartzkopff	I. Abt. Art.Rgt. 60	1. 2. 43	(62a)
Herpell	Füs.Rgt. 22	1. 2. 43	(63)
Graf Schimmelmann von Lindenburg	Pz.Rgt. 15	1. 2. 43	(64)
Sudau	Gren.Rgt. 44	1. 2. 43	(65)
Gen.Maj. 1. 10. 44 (34)			
von Doering	Ob.Kdo. d. H. (P A) (PzGr)	1. 2. 43	(66)
Gen.Maj. 1. 7. 44 (†)			
Jochens	Gren.Rgt. 71 (PzGr)	1. 2. 43	(67)
Drange	Gren.Rgt. 47	1. 2. 43	(68)
Wiese	Gen.St. d. H. (2. Abt.) (I)	1. 2. 43	(69)
Pistorius	Gen.St. d. H. (1. Abt.) (Pi)	1. 2. 43	(70)
Görhardt	d. Gen.St., zuletzt Pz.Abt. 67	1. 2. 43	(71)
Dietl	Gen.St. Kdtr. Befest. b. Allenstein (Pi)	1. 2. 43	(73)
Körner	Gen.St. VIII. A.K.,		
	zugl. Kdt. d. Transportbz. Breslau (Pi)	1. 2. 43	(74)
Estor	d. Gen.St., zuletzt St. Gen.Kdo. XIX. A.K. (I)	1. 2. 43	(75)
Runkel	Gen.St. IX. A.K. (A)	1. 2. 43	(76)
Engels	d. Gen.St., zuletzt Ob.Kdo. d. H. (b. Höh. Pz.Jäg.		
	Offz. d. Chefs d. Schnellen Tr.) (K)	1. 2. 43	(77)
Berger (Claus)	d. Gen.St., zuletzt Ob.Kdo. d. W. (W Wi) (Pz)	1. 2. 43	(78)
Wolff	Gen.St. H.Gru. 4 (Pz)	1. 2. 43	(79)
Mürau	Gen.St. 24. Div. (Pz)	1. 2. 43	(80)
Dingler	Gen.St. VIII. A.K. (Pz)	1. 2. 43	(81)
Doennig	Art.Rgt. 1	1. 2. 43	(82)
Esch	Gren.Rgt. 41	1. 2. 43	(83)
Schmidt (Johannes)	Ob.Kdo. d. H. (AHA/Stab) (Pz)	1. 2. 43	(84)
Buhse	Gren.Rgt. 47	1. 2. 43	(85)

Wolkewitz	Gren.Rgt. Großdeutschland	1. 2. 43	(86)
Faulhaber	b. Ausb.Leiter Landsberg (Lech) (I)	1. 2. 43	(87)
Wetzel	Geb. Jäg.Rgt. 91	1. 2. 43	(87a)
Bruns	Pz.Gren.Rgt. 73	1. 2. 43	(87b)
Schlieper (Franz)	Gen.St. d. H. (2. Abt.) (I)	1. 2. 43	(88)
Gen.Maj. 1. 12. 44 (34)			
Joerges	Art.Rgt. 12	1. 2. 43	(89)
Raechl (Emmeran)	Pi.Btl. 23	1. 2. 43	(90)
Johann (Edgar)	Gren.Rgt. 1	1. 2. 43	(91)
Wiesner	Kraftf.Abt. 12	1. 3. 43	(1)
Sermersheim	Pz.Art.Rgt. 103	1. 3. 43	(2)
Kizinna	Jäg.Rgt. 54	1. 3. 43	(5)
Sperrer	b. Kdr. d. Geb.Nachr.Tr. XVIII	1. 3. 43	(6)
Meyer-Natus	Ob.Kdo. d. H. (In Fest) (Pi)	1. 3. 43	(7)
Wagner	St. H.Dienststelle 20 (Pi)	1. 3. 43	(8)
von Oppell	St. Wehrers.Insp. Chemnitz (K)	1. 3. 43	(11)
Behrend	z. Verf. Ob. d. H. (Sonst. Offz.) (I)	1. 3. 43	(12)
Gen.Maj. 17. 4. 45 [RDA 20. 4. 45?]			
Beauvais	Ob.Kdo. d. H. (In 10) (EPi)	1. 3. 43	(13)
Freiherr von Mühlen	Jäg.Rgt. 75	1. 3. 43	(15)*
Gen.Maj. 9. 11. 44 (15b)			
Frick	Gren.Rgt. 119	1. 3. 43	(20)
Schmidt	Füs.Rgt. 39	1. 3. 43	(21)
Mix	z. Verf. Ob. d. H. (Sonst. Offz.) (A)	1. 3. 43	(24)
Hering	Ob.Kdo. d. H. (Ag P 1) (I)	1. 3. 43	(24a)
Panzenhagen	Pz.Gren.Rgt. 115	1. 3. 43	(25a)
Gorn	St. Gen.Kdo. XIX. A.K. (PzGr)	1. 3. 43	(26)
Gen.Maj. 1. 10. 44 (35)			
Landau	II. Abt. Art.Rgt. 20	1. 3. 43	(27)
Gen.Maj. 1. 1. 45 (22)			
von Bassewitz	Ob.Kdo. d. H. (Ag P 1) (Pz)	1. 3. 43	(28)
Lehmann	Gren.Rgt. 96	1. 3. 43	(29)
Hahn	Ob.Kdo. d. H. (In 7) (N)	1. 3. 43	(30)
Behle	d. Gen.St., Ob.Kdo. d. W. (W Pr) (I)	1. 3. 43	(31)
Coßmann	d. Gen.St., zuletzt Kriegsakad. (A)	1. 3. 43	(32)
Klotz	Gen.St. IV. A.K. (I)	1. 3. 43	(33)
Gen.Maj. 20. 4. 45			
Spitzer	Gen.St. 33. Div. (K)	1. 3. 43	(34)
Fieger	Gen.St. XIX. A.K. (Pz)	1. 3. 43	(35)
Kodré	d. Gen.St., zuletzt Kriegsakad. (I)	1. 3. 43	(36)
Gaedcke	Gen.St. d. H. (1. Abt.) (I)	1. 3. 43	(37)
Gen.Maj. 9. 11. 44 (16)			
Markert	Gen.St. Kdtr. Befest. b. Lötzen (A)	1. 3. 43	(39)
Zerbel	Gen.St. d. H. (4. Abt.) (I)	1. 3. 43	(40)
Metzke	Gen.St. d. H. (5. Abt.) (A)	1. 3. 43	(41)
von der Groeben	Gen.St. H.Gru. 1 (K)	1. 3. 43	(42)
Gen.Maj. 1. 3. 45			
Ranck	Gen.St. X. A.K., zugl. Kdt. d. Transportbz. Hamburg (A)	1. 3. 43	(43)
Gen.Maj. 1. 10. 44 (35a); Gen.Lt. 20. 4. 45			
Heckel	Gen.St. 29. Div. (Pz)	1. 3. 43	(44)
Gebauer	Gen.St. IV. A.K. (I)	1. 3. 43	(45)
Hetzel	d. Gen.St., zuletzt Kdt. d. Transportbz. Prag (I)	1. 3. 43	(46)
Petersen	Gen.St. Kdtr. Befest. b. Oppeln (I)	1. 3. 43	(47)
Dethleffsen	Gen.St. Kdtr. Befest. b. Glogau (I)	1. 3. 43	(48)
Gen.Maj. 9. 11. 44 (17)			

von Klocke	d. Gen.St., zuletzt Ob.Kdo. d. H.		
	(Adj. Ob. d. H.) (A)	1. 3. 43	(49)
von Plate	Gen.St. XI. A.K., zugl. Kdt. d. Transportbz.		
	Hannover (K)	1. 3. 43	(50)
König	b. Ausb.Leiter Darmstadt (I)	1. 3. 43	(50a)
Gen.Maj. 1. 9. 44 (9); Gen.Lt. 16. 3. 45			
Eder	Gren.Rgt. 20	1. 3. 43	(51)
Pape	Krad.Schütz.Btl. 3	1. 3. 43	(52)
Gen.Maj. 1. 12. 44 (35)			
Sackersdorff	Geb.Art.Rgt. 112	1. 3. 43	(52a)
Löblich	Kriegsschule Dresden (A)	1. 3. 43	(53)
Freiherr von Zedlitz und Neukirch (Eberhard) Gren.Rgt. 7		1. 3. 43	(55)
Steinmetz	Ob.Kdo. d. H. (In 8) (F)	1. 4. 43	(1)
Schmidt-Ott	Pz.Rgt. 6	1. 4. 43	(2)
Knopff	Kdr. Pz.Pi.Btl. 37	1. 4. 43	(3)
von Printz	Gren.Rgt. 37	1. 4. 43	(4)
Freiherr von der Goltz	Gren.Rgt. 2	1. 4. 43	(5)
von Ulrici	Kraftf.Abt. 9	1. 4. 43	(6)
Kappesser	Beob.Abt. 34	1. 4. 43	(6a)
Druschki	Kraftf.Abt. 9	1. 4. 43	(9)
Düring	Leiter Vorschriftenstelle Pi.Schule II	1. 4. 43	(10)
Voigt	Gren.Rgt. 102	1. 4. 43	(11)
von Hake	Kav.Rgt. 3 (Pz)	1. 4. 43	(13a)
Siehl	Kdr. I. Abt. Art.Rgt. 48	1. 4. 43	(13a¹)
Coupette	Beob.Abt. 31	1. 4. 43	(13a³)
Feind	Gren.Rgt. 124	1. 4. 43	(13a⁴)
Koschella	Geb.Jäg.Rgt. 13	1. 4. 43	(13a⁵)
Borck	Ob.Kdo. d. H. (Fz In) (I)	1. 4. 43	(13a⁶)
Kunz	Art.Rgt. 9	1. 4. 43	(13a⁸)
Ringenberg	Gren.Rgt. 37	1. 4. 43	(13a⁹)
Graf von Klinckowstroem	Gen.St. d. H. (9. Abt.) (K)	1. 4. 43	(13b)
Bodenstein	Gen.St. d. H. (5. Abt.) (I)	1. 4. 43	(14)
Freiherr von Ledebur	d. Gen.St., zuletzt Kriegsakad. (I)	1. 4. 43	(15)
Freiherr von Roenne	Gen.St. d. H. (3. Abt.) (I)	1. 4. 43	(16)
John	Gen.St. X. A.K. (I)	1. 4. 43	(17)
Reissinger	d. Gen.St., Ob.Kdo. d. H. (Wa A) (I)	1. 4. 43	(17a)
Marten	d. Gen.St., zuletzt Kriegsakad. (I)	1. 4. 43	(18)
Lang	b. Ausb.Leiter Pforzheim (I)	1. 4. 43	(18a)
Gen.Maj. 1. 10. 44 (36)			
Kiefer	Pz.Gren.Rgt. 125 (I)	1. 4. 43	(18a¹)
von Unold	Gen.St. d. H. (6. Abt.) (Pi)	1. 4. 43	(19)
Hackenberger	Gren.Rgt. 96	1. 4. 43	(19a)
Freiherr von Gall	Pz.Gren.Rgt. 115 (I)	1. 4. 43	(19a¹)
Bolbrinker	Ob.Kdo. d. H. (In 6) (Pz)	1. 4. 43	(19a³)
Gen.Maj. 1. 7. 44 (15)			
Ryll	Geb.Jäg.Rgt. 136 (PzGr)	1. 4. 43	(19a⁴)
Schaal	b. Ausb.Leiter Bautzen 2 (I)	1. 4. 43	(19b)
Schury	Geb.Jäg.Rgt. 100	1. 4. 43	(19b¹)
Gen.Maj. 1. 4. 45			
Staats	Gen.St. d. H. (4. Abt.) (I)	1. 4. 43	(19c)
Hesselbacher	Jäg.Rgt. 56	1. 4. 43	(19c¹)
Wohlfarth	Ob.Kdo. d. H. (PA) (I)	1. 4. 43	(19d)
Hörl	Geb.Jäg.Rgt. 100	1. 4. 43	(19d¹)
Lühe	Art.Rgt. 109	1. 4. 43	(20)
Schirovsky	Ob.Kdo. d. H. (G. I. F.) (I)	1. 4. 43	(21)
Haun	Fla.Btl. 47	1. 4. 43	(22)
Sättler	Gren.Rgt. 11	1. 4. 43	(23)

Kintzel	Gren.Rgt. 84		1. 4. 43	(24)
Schapper	Kdr. Beob.Abt. 2		1. 4. 43	(25)
Boller	Kraftf.Abt. 3		1. 4. 43	(26)
Zimmer	Pz.Gren.Rgt. 52		1. 4. 43	(40a)
Cociancig	II. Abt. Art.Rgt. 43		1. 4. 43	(42)
Schmidt	Wehrbz.Kdo. Weilheim (Oberbay.)			
	(W.M.A. Garmisch-Partenkirchen)	(K)	1. 4. 43	(44)
Riebel	St. 5. Div. (I)		1. 4. 43	(46)
Dettloff	Leiter Feste Horchstelle Münster (Westf.)	(N)	1. 4. 43	(47a)
Koeniger	Beob.Abt. 9		1. 4. 43	(49a)
Hasselwander	Pi.Btl. 80		1. 4. 43	(51)
Meyne	II. Abt. Art.Rgt. 58		1. 4. 43	(52)
von Raesfeld	St. Landw.Kdr. Oppeln (I)		1. 4. 43	(54)
Harhausen	z. Verf. Ob. d. H. (Sonst. Offz.)	(A)	1. 4. 43	(56)
Köpcke	Ob.Kdo. d. H. (Wa Prüf 7)		1. 4. 43	(58)
Ballerstedt	Pz.Gren.Rgt. 115		1. 4. 43	(59)
Haehling von Lanzenauer	St. Gen.Kdo. V. A.K.	(I)	1. 4. 43	(61)
Momm	H.Reit- u. Fahrschule		1. 4. 43	(62)
Ritter	Kriegsschule München (Pz)		1. 4. 43	(64)
Westphal	Ob.Kdo. d. H. (G. I. F.) (I)		1. 4. 43	(66)
von Saldern	Gren.Rgt. 9		1. 4. 43	(67)
von Woedtke	Kav.Rgt. 13		1. 4. 43	(68)
Winkler	Pz.Art.Rgt. 103		1. 4. 43	(69)
von Corvin-Wiersbitzki	Reit.Rgt. 1 (PzGr)		1. 4. 43	(70)
von Schön-Angerer	Pz.Art.Rgt. 16		1. 4. 43	(71)
Krueger	Nachr.Abt. 36		1. 4. 43	(72)
Krehan	St. 9. Div. (I)		1. 4. 43	(73)
Filips (Adalbert)	Gren.Rgt. 48		1. 4. 43	(78)
Hörst	d. Gen.St., zuletzt Pz.Rgt. 1		1. 5. 43	(1)
Buchner	Geb.Jäg.Rgt. 139		1. 5. 43	(1a)
Heesch	Gren.Rgt. 109		1. 5. 43	(1a[1])
Haas	Gren.Rgt. 110		1. 5. 43	(1a[2])
Zoeller	d. Gen.St., zuletzt Füs.Rgt. 39		1. 5. 43	(1b)
Apelt	Art.Rgt. 51		1. 5. 43	(1b[1])
Fischer	Art.Lehrrgt.		1. 5. 43	(1b[2])
Auer	Gren.Rgt. 20		1. 5. 43	(1b[3])
von Bosse	Pz.Gren.Rgt. 3 (K)		1. 5. 43	(1b[4])
von Kapff	Gren.Rgt. 35		1. 5. 43	(1b[5])
Simon	Art.Rgt. 17		1. 5. 43	(1b[6])
Bieber	St. Inf.Kdr. 26		1. 5. 43	(1c)
	Gen.Maj. 1. 1. 45 (23)			
Stolz	St. 13. Div. (PzGr)		1. 5. 43	(1c[1])
Meichßner	d. Gen.St., Ob.Kdo. d. H. (AHA)	(N)	1. 5. 43	(2)
Ritter Mertz von Quirnheim	Gen.St. V. A.K.	(I)	1. 5. 43	(2a)
von Mellenthin	Gen.St. III. A.K. (K)		1. 5. 43	(3)
	Gen.Maj. 1. 12. 44 (RDA bleibt vorbehalten)			
Brechbiehl	I. Abt. Art.Rgt. 46		1. 5. 43	(3a)
Beelitz	d. Gen.St., Ob.Kdo. d. H. (H Haush)	(I)	1. 5. 43	(4)*
Egelhaaf	d. Gen.St., zuletzt Gren.Rgt. 35		1. 5. 43	(4a)
Wulf	Kriegsschule München (I)		1. 5. 43	(4a[1])
	Gen.Maj. 1. 3. 45			
Köhne	St. Gen.Kdo. VI. A.K. (I)		1. 5. 43	(4a[2])
Seidel	Gren.Rgt. 77		1. 5. 43	(4a[3])
	Gen.Maj. 30. 1. 45			
Grüning	Art.Schule (I)		1. 5. 43	(4b)
Apelt	Gren.Rgt. 53		1. 5. 43	(4c)

Brandt (Heinz)	Gen.St. 25. Div. (K)	1. 5. 43	(5)
Gen.Maj. 1. 7. 44 (†)			
von Natzmer	Gen.St. d. H. (5. Abt.) (K)	1. 5. 43	(5a)
Gen.Maj. 1. 7. 44 (RDA bleibt vorbehalten); erhielt RDA			
1. 1. 45 (24); Gen.Lt. 15. 3. 45 [RDA 16. 3. 45 ?]			
von Trotha (Ivo-Thilo)	d. Gen.St., zuletzt Kriegsakad. (I)	1. 5. 43	(5b)
Gen.Maj. 20. 4. 45			
Friker	St. 25. Div. (I)	1. 5. 43	(5c)
Kirschner	Pz.Gren.Rgt. 104 (I)	1. 5. 43	(5d)
Gen.Maj. 30. 1. 45			
von Keußler	Gren.Rgt. 1	1. 5. 43	(6)
Wolf	Vers.Abt. f. H.Mot. (PzGr)	1. 5. 43	(7)
Thier	Füs.Rgt. 34	1. 6. 43	(1a)
von Groeling	St. Kdtr. Befest. b. Königsberg (Pr.) (I)	1. 6. 43	(1b)
von Lindeiner genannt von Wildau	Gren.Rgt. 30	1. 6. 43	(1c)
Kleedehn	Gren.Rgt. 82	1. 6. 43	(3)
Hohmann	Kriegsakad. (Pz)	1. 6. 43	(6)
Lippert	H.Reit- u. Fahrschule (PzGr)	1. 6. 43	(7)
Gen.Maj. 1. 1. 45 (25)			
Uhrhahn	St. Gen.Kdo. XXV. A.K. (I)	1. 6. 43	(8)
Helling	St. Inf.Kdr. 23	1. 6. 43	(9)
Pannicke	Kav.Lehr- u. Vers.Abt. (N)	1. 6. 43	(11)
Froemert	Ob.Kdo. d. H. (AHA/Stab) (I)	1. 6. 43	(12)
Gen.Maj. 1. 7. 44 (†)			
Bipp	Art.Schule	1. 6. 43	(13)
Benthack	Beob.Abt. 20	1. 6. 43	(14)
Gen.Maj. 1. 12. 44 (36)			
Blähser	Gren.Rgt. 87	1. 6. 43	(15)
Schwarz	Pz.Art.Rgt. 75	1. 6. 43	(16)
Haberhauer	Gren.Rgt. 96	1. 6. 43	(17)
Getzner	Geb.Jäg.Rgt. 91	1. 6. 43	(19)
Pongruber	Geb.Nachr.Abt. 68	1. 6. 43	(20)
Höcker	Pi.Btl. 6	1. 6. 43	(21)
Gollé	Geb.Jäg.Rgt. 100	1. 6. 43	(23a)
Hafner	Nachr.Abt. 66	1. 6. 43	(24)
Becker	Pz.Gren.Rgt. 12	1. 6. 43	(25)
Wutte	Geb.Jäg.Rgt. 138	1. 6. 43	(25a)
Vukics	Gren.Rgt. 134	1. 6. 43	(26)
Koren	Geb.Kraftf.Abt. 18	1. 6. 43	(27)
Mischka (Adolf)	Art.Rgt. 17	1. 6. 43	(29)
Aschoff	Pz.Art.Rgt. 76	1. 6. 43	(49)
Sontag	Geb.Jäg.Rgt. 13	1. 6. 43	(49a)
Schmidt	Pz.Gren.Rgt. 52	1. 6. 43	(49b)
Gen.Maj. 1. 1. 45 (26)			
Mangold	Pz.Gren.Rgt. 40	1. 6. 43	(50)
de la Chaux	Gren.Rgt. 116	1. 6. 43	(50a)
Siemann	II. Abt. Art.Rgt. 63	1. 6. 43	(51)
Koßack	Gren.Rgt. 24	1. 6. 43	(51a)
Pinski	d. Gen.St., zuletzt Jäg.Rgt. 54	1. 6. 43	(52)
Holzhäuer	Abt.Chef i. Ob.Kdo. d. H. (Wa Prüf 6) (Pz)	1. 6. 43	(52a)
Gen.Maj. 20. 4. 45			
Grosan	Kdr. Pz.Jäg.Abt. 11	1. 6. 43	(52b)
Haarhaus	Füs.Rgt. 68	1. 6. 43	(52c)
Klemer	Art.Rgt. 32	1. 6. 43	(52d)
Graf zu Castell-Castell	Kav.Rgt. 11 (PzGr)	1. 6. 43	(53)
Hansen	Gen.St. d. H. (12. Abt.) (Pz)	1. 6. 43	(54)
Bennecke	Gen.St. d. H. (5. Abt.) (I)	1. 6. 43	(56)

Schönberger	Gren.Rgt. 41	1. 6. 43	(57)
Bronsart von Schellendorf	Kav.Rgt. 6 (PzGr)	1. 6. 43	(57b)
Stock	Pz.Gren.Rgt. 86 (I)	1. 6. 43	(57c)
Anders	Kriegsschule Wiener Neustadt (A)	1. 6. 43	(57d)
von Heydebreck	Pz.Rgt. 8	1. 6. 43	(58)
Ullmann	Pz.Gren.Rgt. 108 (früher Inf.Rgt. 10) (I)	1. 6. 43	(59)
Richert	Gen.St. d. H. (O.Qu III) (A)	1. 6. 43	(60)
Grothe	Kriegsakad. (I)	1. 6. 43	(61)
Göbel	Gren.Rgt. 119	1. 6. 43	(63)
Gen.Maj. 1. 3. 45			
Neumann	Gren.Rgt. 67	1. 6. 43	(64)
Zeißig	Fest.Pi.St. 5	1. 7. 43	(1)
Gosselck	Transportkdtr. Stettin (I)	1. 7. 43	(1a)
Mangelsdorff	Fest.Pi.St. 17 (N)	1. 7. 43	(4)
Hoeland	Pi.Btl. 47	1. 7. 43	(5)
Reusch	Fest.Pi.St. 6	1. 7. 43	(6)
Creutzfeldt	St. Wehrers.Insp. Hamburg (F)	1. 7. 43	(7)
Erhielt RDA-Änderung 1. 7. 43 (1b)			
Spiethoff	St. 11. Div. (I)	1. 7. 43	(8)
Demme	b. Ausb.Leiter Aachen 1 (PzGr)	1. 7. 43	(10)
Gen.Maj. 1. 3. 45			
Leschke	Gren.Rgt. 71 (PzGr)	1. 7. 43	(13)
Wolff	Beob.Abt. 22	1. 7. 43	(14)
Linde	Gren.Rgt. 43	1. 7. 43	(15)
Patzwahl	Pz.Gren.Rgt. 66	1. 7. 43	(16)
Buchholtz	Gren.Rgt. 76 (PzGr)	1. 7. 43	(17)
Graf von Rittberg	Pz.Gren.Rgt. 5	1. 7. 43	(18)
Luxenburger	Art.Schule	1. 7. 43	(19)
Maempel (Rolf)	Pz.Gren.Rgt. 8	1. 7. 43	(34)
Gervers	Art.Rgt. 23	1. 7. 43	(34b)
Lattmann	II. Abt. Art.Rgt. 67	1. 7. 43	(34c)
Jacob	Nachr.Abt. 51	1. 7. 43	(35)
Kuchtner	Art.Rgt. 7	1. 7. 43	(35a)
Lüken	H.Feuerw.Schule (A)	1. 7. 43	(35b)
Hummel	Gren.Rgt. 57	1. 7. 43	(36)
Colli	Gren.Rgt. 133	1. 7. 43	(36a)
Fischer	Art.Rgt. 31	1. 7. 43	(36b)
Fischer	Art.Rgt. 35	1. 7. 43	(37)
Albrecht	Art.Rgt. 23	1. 7. 43	(37a)
Garelly	Ob.Kdo. d. H. (Wa I Rü) (Pi)	1. 7. 43	(37b)
Gaspari	Ob.Kdo. d. H. (In 4) (A)	1. 7. 43	(37c)
Ens	Pz.Gren.Rgt. 125	1. 7. 43	(37d)
Schmidt	Gren.Rgt. 31	1. 7. 43	(37e)
von Bergen	Gren.Rgt. 51 (PzGr)	1. 7. 43	(38)
Petri	Gen.St. VII. A.K. (I)	1. 7. 43	(39)
Schneider	Inf.Schule	1. 7. 43	(39a)
Boje	Fla.Btl. 31	1. 7. 43	(39b)
Gutmann	Pz.Gren.Rgt. 7	1. 7. 43	(40)
Kammerer	Kdtr. München (I)	1. 7. 43	(40a)
Tornau	St. Kdtr. Befest. b. Oppeln (Pi)	1. 7. 43	(40a[1])
Busse	Art.Rgt. 24	1. 7. 43	(40b)
Hippel	Gren.Rgt. 80	1. 7. 43	(40c)
von Bonin	Gen.St. d. H. (1. Abt.) (Pz)	1. 7. 43	(41)
Hummel	Gren.Rgt. 41	1. 7. 43	(42)
Lange (Walter)	Gren.Rgt. 43	1. 7. 43	(43)
Boysen	Gren.Rgt. 67	1. 8. 43	(1a)
Blume	St. Gen.Kdo. V. A.K. (N)	1. 8. 43	(1b)

Schwehr	Geb.Jäg.Rgt. 98	1. 8. 43	(2)
Lorenz	Pz.Art.Rgt. 75	1. 8. 43	(3)
Coqui	Kriegsschule Potsdam (PzGr)	1. 8. 43	(4)
Schröther	Nachr.Abt. 53	1. 8. 43	(8)
Rehbock	Gren.Rgt. 70	1. 8. 43	(9)
Ritter	Kdr. Nachr.Abt. 43	1. 8. 43	(10)
Bernhardt	Abt.Chef i. Ob.Kdo. d. H. (Wa Prüf Fest) (Pi)	1. 8. 43	(11)
Westermann	H.Unteroffizierschule Sigmaringen (PzGr)	1. 8. 43	(12)
Jahn	Pz.Gren.Rgt. 14	1. 8. 43	(13)
Emsmann	Ob.Kdo. d. H. (In 9) (Nbl)	1. 8. 43	(14)
Körner	Kdr. I. Abt. Art.Rgt. 50	1. 8. 43	(16)
Häcker	Kdr. Geb.Nachr.Abt. 70	1. 8. 43	(19)
Stegmaier	Ob.Kdo. d. H. (Wa Prüf 11) (I)	1. 8. 43	(20)
Moenting	Kdtr. Prag (A)	1. 8. 43	(21)
Weydemann	Gren.Rgt. 12	1. 8. 43	(22)
von Massow	Gren.Rgt. 92	1. 8. 43	(23)
Grunert	Ob.Kdo. d. H. (In 2) (I)	1. 8. 43	(24)
Allert	Kav.Rgt. 15	1. 8. 43	(24a)
Bartels	Gren.Rgt. 81	1. 8. 43	(25)
Freiherr von Ohlen und Adlerscron	Aufkl.Rgt. 9 (PzGr)	1. 8. 43	(26)
Beigel	Ob.Kdo. d. H. (In 5) (Pi)	1. 8. 43	(28)
Willam	Geb.Jäg.Rgt. 137	1. 8. 43	(28a)
Bößneck	Beob.Abt. 24	1. 8. 43	(29)
Fuchtner	St. Gen.Kdo. XXV. A.K.	1. 8. 43	(42)
von Schlebrügge	Geb.Jäg.Rgt. 139	1. 8. 43	(46a)
Lieckfeld	St. Gen.Kdo. X. A.K. (A)	1. 8. 43	(46b)
Kentner	Gren.Rgt. 87	1. 8. 43	(46b¹)
Otto	Kriegsschule Dresden (I)	1. 8. 43	(46b²)
Kreppel	Art.Schule	1. 8. 43	(46b³)
Masius	Kriegsschule Dresden (I)	1. 8. 43	(46b⁴)
Ackemann	Art.Rgt. 115	1. 8. 43	(46c)
Koerner	b. Ausb.Leiter Freiburg (Breisgau) (Pi)	1. 8. 43	(46c¹)
Martin	Füs.Rgt. 26	1. 8. 43	(46d)
Fullriede	Pz.Gren.Rgt. 93	1. 8. 43	(46d¹)
Sander	Kav.Schütz.Rgt. 9 (Pz)	1. 8. 43	(46d²)
Falck	Gren.Rgt. 8	1. 8. 43	(46e)
Baethmann	M.G.Btl. 10	1. 8. 43	(46f)
von Baath	Kav.Rgt. 8 (PzGr)	1. 8. 43	(46g)
Marahrens	Wehrbz.Kdo. Rendsburg (I)	1. 8. 43	(47)
Büning	H.Gasschutzschule (Nbl)	1. 8. 43	(47a)
von Amsberg (Joachim)	Gen.St. Kdtr. Befest. b. Königsberg (Pr.) (I)	1. 8. 43	(48)
Conrad	d. Gen.St., zuletzt Kdt. d. Transportbz. Augsburg (I)	1. 8. 43	(49)
Reinicke	Art. Schule	1. 8. 43	(49a)
Leutheußer	Gen.St. XIII. A.K. (A)	1. 8. 43	(50)
Langmann	Gen.St. 22. Div. (I)	1. 8. 43	(51)
Wahl	d. Gen.St., Ob.Kdo. d. W. (W Wi) (K)	1. 8. 43	(52)
Söth	Art.Rgt. 56	1. 8. 43	(52a)
Gen.Maj. 30. 1. 45 (22)			
Hollaender	Gren.Rgt. 46	1. 8. 43	(52b)
Siedschlag	Gen.St. Kdtr. St. Wendel (I)	1. 8. 43	(53)
Brandl	Geb.Jäg.Rgt. 139	1. 8. 43	(53a)
Voigtsberger	M.G.Btl. 2	1. 8. 43	(54)
Gen.Maj. 1. 4. 45			
Matzmohr	Pz.Gren.Rgt. 12 (I)	1. 8. 43	(55)
Treutler	Wehrbz.Kdo. Hamburg I (W.M.A. Hamburg I) (A)	1. 8. 43	(56)
Reimherr	Gren.Rgt. 88	1. 8. 43	(57)

Brux	Pz.Gren.Rgt. 66	1.	8. 43	(57a)
Koppenwallner	Gren.Rgt. 20	1.	8. 43	(58)
Lorenz	Pi.Btl. 18 (PzGr)	1.	8. 43	(58a)
Gen.Maj. 9.11.44 (17a)				
Albrecht	Pz.Art.Rgt. 13	1.	8. 43	(58b)
Edler von Braun (Friedrich)	Gren.Rgt. 9	1.	8. 43	(59)
1. 7. 44 in den Befehlsbereich des Ob. d. L. übergetreten; erhielt				
dort neues RDA 1. 8. 43 (2)				
Mann (Wilhelm)	Art.Rgt. 14	1.	8. 43	(60)
Storch (Alfons)	Gren.Rgt. 42	1.	9. 43	(1a)
Crohn	Ob.Kdo. d. H. (Wa Prüf 6) (Pz)	1.	9. 43	(3)
Viebig	b. Ausb.Leiter Rheydt (1)	1.	9. 43	(4)
Schreiber	Gren.Rgt. 23	1.	9. 43	(7)
Reimann	Gren.Rgt. 53	1.	9. 43	(8)
Müller	Gren.Rgt. 89	1.	9. 43	(9)
Bundesen	Kdr. Pi.Btl. 46	1.	9. 43	(10)
Fleischmann	Pz.Art.Rgt. 27	1.	9. 43	(11)
Drück	Ob.Kdo. d. H. (In 5) (Pi) *Gen. Maj. 20. 4. 45*	1.	9. 43	(12)
Grube	Ob. Kdo. d. H. (Wa Prüf 7) (N)	1.	9. 43	(13)
Schulz	Art.Rgt. 69	1.	9. 43	(13a)
Klamroth	Ob.Kdo. d. H. (Wa I Rü/W u G 5) (Pi)	1.	9. 43	(15a)
Remold	Geb.Jäg.Rgt. 100	1.	9. 43	(34a)
Drieshen	II. Abt. Art.Rgt. 20	1.	9. 43	(34b)
Steets	Gen.St. IX. A.K. (Pi) *Gen.Maj. 20. 4. 45*	1.	9. 43	(35)
Friedrich	Ob.Kdo. d. H. (Wa A) (I)	1.	9. 43	(36)
Winter	III. Abt. Art.Rgt. 15	1.	9. 43	(37)
Mahler	II. Abt. Art.Rgt. 67	1.	9. 43	(37a)
Budning	Gren.Rgt. 2	1.	9. 43	(37b)
Bockamp	Pz.Art.Rgt. 19	1.	9. 43	(37c)
Nagel	St. Art.Kdr. 5	1.	9. 43	(37d)
Faber	Art.Rgt. 30	1.	9. 43	(37e)
Woyzella	Gren.Rgt. 123	1.	9. 43	(37g)
Haellmigk	Fla.Btl. 48	1.	9. 43	(37h)
Kiersch	Art.Schule	1.	9. 43	(37i)
Schratz	Geb.Jäg.Rgt. 139	1.	9. 43	(37k)
Schmidmann	St. 1. Div. (PzGr)	1.	9. 43	(37l)
Welser	Pz.Gren.Rgt. 59 (I)	1.	9. 43	(37m)
Müller	Gren.Rgt. 53	1.	9. 43	(37n)
Berling	d. Gen.St., zuletzt Pz.Gren.Rgt. 74	1.	9. 43	(38)
Wellmann	Pz.Gren.Rgt. 3	1.	9. 43	(38a)
Neumann	Art.Lehrrgt.	1.	9. 43	(38b)
Brohm	Art.Rgt. 34	1.	9. 43	(39)
Schultze (Hellmut)	Gen.St. d. H. (O. Qu I) (A)	1.	9. 43	(40)
Lemke	b. Ausb.Leiter Berlin 3 (PzGr)	1.	9. 43	(40a)
Gen.Maj. 20. 4. 45				
von Schirmeister	Gren.Rgt. 134	1.	9. 43	(40b)
von Usedom	Pz.Gren.Rgt. 1	1.	9. 43	(40c)
Brehe	Füs.Rgt. 39	1.	9. 43	(40d)
Bleckwenn	M.G.Btl. 14	1.	9. 43	(40e)
Gen.Maj. 30. 1. 45				
Hauch	Geb.Jäg.Rgt. 136	1.	9. 43	(40f)
Hühne	Pz.Art.Rgt. 116	1.	9. 43	(40g)
Klasing	Gen.St. III. A.K. (I)	1.	9. 43	(41)
Höke	Gren.Rgt. 18	1.	9. 43	(42)
Knoche (Paul)	Gren.Rgt. 11	1.	9. 43	(42a)
von Kleist	St. H.Gru.Kdo. 1 (I)	1. 10. 43		(1a)
Vogelsang	Gren.Rgt. 2	1. 10. 43		(1b)

Maislinger	Gren.Rgt. 109	1. 10. 43	(1c)
Oemichen	Kriegsschule Dresden (Pz)	1. 10. 43	(2)
Mittelstaedt	H.Unteroffizierschule Frankenstein (Schles.) (I)	1. 10. 43	(3)
Klar	Pz.Jäg.Abt. 14	1. 10. 43	(4)
Bräunig	Ob.Kdo. d. H. (Wa Prüf 5) (EPi)	1. 10. 43	(5)
Schaffranek	Gren.Rgt. 18	1. 10. 43	(6)
Haase	Pi.Schule II	1. 10. 43	(7)
von Allweyer	Kraftf.Abt. 7	1. 10. 43	(8)
Polster	Pz.Gren.Rgt. 66	1. 10. 43	(9)
Müller	Beob.Abt. 16	1. 10. 43	(10)
Scheffel	Gren.Rgt. 51	1. 10. 43	(11)
Mundt	Kraftf.Abt. 3	1. 10. 43	(12)
Vorlag	Gren.Rgt. 65	1. 10. 43	(13)
Woitun	b. Höh. Pi.Offz. f. Landesbefest. West (N)	1. 10. 43	(14)
Klobe	St. Wehrm.Bevollm. b. Reichsprotektor u. Befehls-		
	haber i. Wehrkrs. Böhmen u. Mähren (I)	1. 10. 43	(15)
Clausen	Füs.Rgt. 68	1. 10. 43	(18a)
Berner	Pz.Gren.Rgt. 5	1. 10. 43	(18b)*
Dinger	H.Gasschutzschule (Nbl)	1. 10. 43	(18c)
Oehring	Pz.Art.Rgt. 78	1. 10. 43	(18d)
Engelke	Gren.Rgt. 16	1. 10. 43	(19)
Niemann	I. Abt. Art.Rgt. 53	1. 10. 43	(19a)
Neumann	Pi.Btl. 34 (I)	1. 10. 43	(19b)
Ueberschär	Jäg.Rgt. 49 *Gen. Maj. 20. 4. 45*	1. 10. 43	(19c)
Heilmann	Jäg.Rgt. 49	1. 10. 43	(19d)
Hellmers	Pz.Art.Rgt. 75	1. 10. 43	(19e)
Hohmann	II. Abt. Art.Rgt. 93	1. 10. 43	(19f)
Freiherr von Ketelhodt	Gren.Rgt. 30	1. 10. 43	(20)
Fischer	Jäg.Rgt. 75	1. 10. 43	(20a)
Scholz	Ob.Kdo. d. H. (In 4) (A)	1. 10. 43	(20b)
Daubert	Ob.Kdo. d. H. (Ag ETr/U) (I)	1. 10. 43	(20c)
von Sonntag	I. Abt. Art.Rgt. 61	1. 10. 43	(20d)
von Poncet	Geb.Jäg.Rgt. 138	1. 10. 43	(20e)
Reinecke	Pz.Art.Rgt. 19	1. 10. 43	(20f)
Berlin	Gen.St. 1. Pz.Div. (Pi)	1. 10. 43	(21)
von Grundherr zu Altenthan und Weyherhaus	Pz.Rgt. 7	1. 10. 43	(21a)
Wüst	Gren.Rgt. 37	1. 10. 43	(21d)
Schmeling	II. Abt. Art.Rgt. 62	1. 10. 43	(21e)
Mildebrath	Pz.Tr.Schule (Schule f. Schnelle Tr. Wünsdorf)		
	(Pz)	1. 10. 43	(22)
Mellwig	Pz.Gren.Rgt. 33 (I)	1. 10. 43	(22a)
Spoida	(Paul) Jäg.Rgt. 83	1. 10. 43	(22b)
Sommer	I. Abt. Geb.Art.Rgt. 113	1. 10. 43	(22c)
Mäder	Gren.Rgt. 80	1. 10. 43	(22d)
Gen.Maj. 30. 1. 45 (23)			
Heimann	Wehrbz.Kdo. Grimma (A)	1. 10. 43	(23)
Pelchen	Gren.Rgt. 87	1. 10. 43	(23b)
Wortmann	Gren.Rgt. 107	1. 10. 43	(23c)
Wesche	Wehrbz.Kdo. Sangerhausen (W.M.A. Querfurt) (I)	1. 10. 43	(24)
Freiherr von Künsberg	Gren.Rgt. 135	1. 10. 43	(26)
Schwender	Gren.Rgt. 24	1. 10. 43	(27)
von Lilienhoff-Zwowitzki	Gren.Rgt. 84	1. 10. 43	(29)
Kuhn	Art.Schule	1. 11. 43	(1)
Krumbholz	Kriegsschule München (I)	1. 11. 43	(1a)
Zurakowski	(Karl) Fest.Pi.St. 26	1. 11. 43	(2)
Langer	Pz.Jäg.Abt. 18	1. 11. 43	(4)
Lukasch	II. Abt. Art.Rgt. 65	1. 11. 43	(5)

Wendler	Geb. Jäg.Rgt. 137	1. 11. 43	(6)
Prahl	Ob.Kdo. d. H. (In 2) (I)	1. 11. 43	(7)
Zenker	Gren.Rgt. 82	1. 11. 42	(8)
Schmid	Pz.Abt. 67	1. 11. 43	(9)
Witt	Gren.Rgt. 132	1. 11. 43	(10)
Lübbecke	Kraftf.Abt. 3	1. 11. 43	(11)
Millauer	Kraftf.Abt. 9	1. 11. 43	(12)
Linde	Gren.Rgt. 67	1. 11. 43	(13)
Liwa	Gren.Rgt. 55	1. 11. 43	(14)
Falk	b. Ausb.Leiter Graz (Pi)	1. 11. 43	(15)
Aldrian	z. Verf. Ob. d. H. (Sonst. Offz.) (I)	1. 11. 43	(20a)
Koboldt	Gren.Rgt. 84	1. 11. 43	(20b)
von Reumont	Ob.Kdo. d. W. (W Allg) (PzGr)	1. 11. 43	(20c)
Gaedke	Kav.Rgt. 15	1. 11. 43	(20d)
Müller-Hillebrand	Gen.St. d. H. (2. Abt.) (Pz)	1. 11. 43	(20e)
Gen.Maj. 1. 3. 45			
Heising	Gren.Rgt. 16	1. 11. 43	(20f)
Baur	Gren.Rgt. 62	1. 11. 43	(20g)
Köhler	II. Abt. Art.Rgt. 40	1. 11. 43	(20h)
Friedrichs	Pz.Rgt. 6	1. 11. 43	(20i)
Selmayr	Gen.St. XII. A.K., zugl. Kdt. d. Transportbz. Mainz (N)	1. 11. 43	(21)
Hoffmann-Schoenborn	Kdr. Art.Lehrrgt. 2	1. 11. 43	(21a)
Gen.Maj. 1. 12. 44 (37)			
von Blumröder	Gen.St. 18. Div. (I)	1. 11. 43	(22)
Krüger	Gren.Rgt. 72 (PzGr)	1. 11. 43	(22a)
Christern	Pz.Rgt. 31	1. 11. 43	(23)
Müller (Christian)	Gen.St. 1. Div. (K)	1. 11. 43	(24)
Krüger	Inf.Lehrrgt.	1. 11. 43	(24a)
Schmidtgen	Ob.Kdo. d. H. (In 6) (Pz)	1. 11. 43	(24b)
Gartmayr	Gen.St. 7. Div. (A)	1. 11. 43	(25)
Warrelmann	Gren.Rgt. 37	1. 11. 43	(26)
Grosser	Inf.Lehrrgt. (PzGr)	1. 11. 43	(26a)
Dinkelaker	Art.Rgt. 41	1. 11. 43	(26b)
Laengenfelder	Pz.Gren.Rgt. 86 (I)	1. 11. 43	(27)
Gen.Maj. 1. 1. 45 (27)			
Seele	Kriegsschule Dresden (PzGr)	1. 11. 43	(28)
Freiherr von Wolff	Pz.Gren.Rgt. 8 (K)	1. 11. 43	(29)
Lindner	Gren.Rgt. 60	1. 11. 43	(31)
Dauner	Geb. Jäg.Rgt. 98	1. 11. 43	(32)
Oppermann	Gren.Rgt. 70	1. 11. 43	(32a)
Hufenbach	Gren.Rgt. 24	1. 11. 43	(33)
Lindner	Art.Rgt. 34	1. 12. 43	(1)
Kamieth	Gren.Rgt. 58	1. 12. 43	(1a)
von Eckartsberg	Ob.Kdo. d. H. (Wa Z 1) (K)	1. 12. 43	(1c)
Karge	III. Abt. Art.Rgt. 20	1. 12. 43	(2)
Müller	Jäg.Rgt. 56	1. 12. 43	(4)
Querner	Kdr. Wehrm. Fürs.- u. Vers.Amt Dresden (A)	1. 12. 43	(4b)
Roske	Ob.Kdo. d. H. (Wa Prüf 2) (PzGr)	1. 12. 43	(5)
Gericke	Gren.Rgt. 24	1. 12. 43	(6)
Schroeder	Pi.Btl. 73	1. 12. 43	(7)
Görnemann	Ob.Kdo. d. H. (Ag P 1) (A)	1. 12. 43	(8)
Bode	Füs.Rgt. 34	1. 12. 43	(9)
Fellner	Kdr. Beob.Abt. 13	1. 12. 43	(10)
Braemer (Franz)	Art.Rgt. 36	1. 12. 43	(11)
Wildhagen	Pz. Jäg.Abt. 33	1. 12. 43	(12)
Achenbach	Art.Rgt. 41	1. 12. 43	(13)

Richter	Pz.Gren.Rgt. 1	1. 12. 43	(15)
Engelhardt	Art.Rgt. 34	1. 12. 43	(16)
Kischke	Pz.Art.Rgt. 13	1. 12. 43	(24)
Köcher	Kriegsschule München (I)	1. 12. 43	(24a)
Weller	Jäg.Rgt. 54	1. 12. 43	(24b)
Münchau	Nachr.Abt. 23	1. 12. 43	(24c)
Maucke	M.G.Btl. 10 (PzGr)	1. 12. 43	(25)
Daude	Art.Schule	1. 12. 43	(25a)
Thedieck	II. Abt. Art.Rgt. 59	1. 12. 43	(26)
Ettner	H.Nachr.Schule (I)	1. 12. 43	(26a)
Schmidt	I. Abt. Art.Rgt. 77	1. 12. 43	(26b)
von Salviati	Gren.Rgt. 90 (PzGr)	1. 12. 43	(27)
Großkreutz	z. Verf. Ob. d. H. (Sonst. Offz.) (A)	1. 12. 43	(28)
Dieckmann	d. Gen.St., Ob.Kdo. d. H. (Ag E Tr/E) (I)	1. 12. 43	(29)
Laubereau	Gren.Rgt. 62	1. 12. 43	(30)
Machts	Gren.Rgt. 12	1. 12. 43	(30a)
Philippi	d. Gen.St., zuletzt Pz.Gren.Rgt. 73 (I)	1. 12. 43	(30b)
Gen.Maj. 1. 1. 45 (28)			
Martin	b. Ausb.Leiter Aschaffenburg (I)	1. 12. 43	(30c)
Poleck	d. Gen.St., Ob.Kdo. d. W. (Stellv. Chef W F St) (A)	1. 12. 43	(32)
Scheffer	Art.Schule	1. 12. 43	(32a)
Langkeit	Pz.Rgt. 36	1. 12. 43	(32b)
GM 20. 4. 45			
Fromberger	d. Gen.St., zuletzt Gren.Rgt. 88	1. 12. 43	(32c)
Haag	Gren.Rgt. 16	1. 12. 43	(32d)
Scherer	Nbl.Abt. 5	1. 12. 43	(32e)
Hölz	d. Gen.St., zuletzt Kriegsakad. (I)	1. 12. 43	(33)
Weller	d. Gen.St., zuletzt Kriegsakad. (I)	1. 12. 43	(34)
Tellenbach	St. Landw.Kdr. Dresden (A)	1. 12. 43	(34a)
Wittmüß	Wehrbz.Kdo. Stettin I (I)	1. 12. 43	(34b)
Maile	Geb. Jäg.Rgt. 136	1. 12. 43	(34c)
Sieber	Pz.Gren.Rgt. 104 (I)	1. 12. 43	(35)
Meiners (Otto)	Gren.Rgt. 17	1. 12. 43	(35a)
Becker	Gren.Rgt. 6	1. 12. 43	(35b)
Seelisch	Pz.Gren.Rgt. 64 (I)	1. 12. 43	(36)
Schulz	Gren.Rgt. 30	1. 12. 43	(36a)
von Issendorff	Gren.Rgt. 58	1. 12. 43	(36b)
Rammenzweig	Pz.Gren.Rgt. 101 (I)	1. 12. 43	(36d)
Witt	I. Abt. Art.Rgt. 97	1. 12. 43	(36e)
Grotheer	Gren.Rgt. 78	1. 12. 43	(37)
Rößler	Art.Rgt. 12	1. 1. 44	(1)
Bahr	Fest.Pi.St. 24	1. 1. 44	(1a)
Ziegler	St. 2. Geb.Div. (I)	1. 1. 44	(1b)
Kurhaupt	Fest.Pi.St. 20	1. 1. 44	(2)
Kopp	Ob.Kdo. d. H. (In 7) (N)	1. 1. 44	(3)
Ritter	Füs.Rgt. 22	1. 1. 44	(4)
Beck	Art.Lehrrgt.	1. 1. 44	(5)
Boué	Gren.Rgt. 81	1. 1. 44	(6)
von Oertzen	Pz.Gren.Rgt. 74	1. 1. 44	(7)
Meyer	I. Abt. Art.Rgt. 97	1. 1. 44	(8)
Andersen	II. Abt. Art.Rgt. 66	1. 1. 44	(10)
Jaeckel	Kdr. II. Abt. Art.Rgt. 55	1. 1. 44	(11)
Sennecke	II. Abt. Art.Rgt. 47	1. 1. 44	(12)
Stolze	St. Gen.Kdo. XXIV. A.K. (I)	1. 1. 44	(13)
Röhn	II. Abt. Art.Rgt. 53	1. 1. 44	(14)
Wriede	Pi.Btl. 46	1. 1. 44	(15)
Peters	Gren.Rgt. 116	1. 1. 44	(16)

Reichhelm	Art.Rgt. 12	1. 1. 44	(17)
Nebel	Art.Rgt. 70	1. 1. 44	(18)
Winkler	Pz.Gren.Rgt. 103 (I)	1. 1. 44	(19)
van Nes	St. 36. Div. (PzGr)	1. 1. 44	(25)
Schuler	Gren.Rgt. 21	1. 1. 44	(25a)
Krüger	Art.Rgt. 6	1. 1. 44	(25b)
Broemel	St. Art.Kdr. 15	1. 1. 44	(25c)
Balthaser[1]	Art.Lehrrgt.	1. 1. 44	(25d)
Remer	Ob.Kdo. d. H. (Att.Abt.) (A)	1. 1. 44	(25e)
Düwerth	Ob.Kdo. d. H. (In 4) (A)	1. 1. 44	(25f)
Augendopler	Gen.St. 44. Div. (I)	1. 1. 44	(25g)
Fleischauer	Kav.Rgt. 4 (PzGr)	1. 1. 44	(25h)
Stoltenburg	Art.Rgt. 28	1. 1. 44	(25i)
Knetsch	Kriegsschule Dresden (I)	1. 1. 44	(25k)
Cetto	II. Abt. Art.Rgt. 50	1. 1. 44	(25l)
Teistler	Gren.Rgt. 134	1. 1. 44	(25m)
Przewisinski	Art.Rgt. 24	1. 1. 44	(25n)
Krása	Gen.St. 3. Pz.Div. (Pz)	1. 1. 44	(26)
Schulz	Jäg.Rgt. 49	1. 1. 44	(26a)
Janus	Kav.Rgt. 3	1. 1. 44	(26b)
Ritter und Edler von Kienle	d. Gen.St., zuletzt Gren.Rgt. 20	1. 1. 44	(27)
Graf von Nostitz	d. Gen.St., zuletzt Kriegsakad. (PzGr)	1. 1. 44	(28)
Sachenbacher	d. Gen.St., zuletzt Kriegsakad. (K)	1. 1. 44	(29)
Jais	d. Gen.St., zuletzt Kriegsakad. (I)	1. 1. 44	(30)
Rothe	Jäg.Rgt. 83	1. 1. 44	(30a)
Beuermann	Pz.Aufkl.Abt. 5	1. 1. 44	(30b)
Urban	St. Art.Kdr. 18	1. 1. 44	(30c)
Glitz (Erhard)	Gren.Rgt. 67	1. 1. 44	(30d)
Schönheit	Ob.Kdo. d. H. (Ag E Tr/Tr Abt) (I)	1. 1. 44	(31)
Henger	z. Verf. Ob. d. H. (Sonst. Offz.) (A)	1. 1. 44	(32)
Leonhardt	Pi.Btl. 80	1. 1. 44	(32a)
Hansen	Ob.Kdo. d. H. (P 4) (PzGr) *Gen. Maj. 20. 4. 45*	1. 1. 44	(33)
Cappel	Füs.Rgt. 39	1. 1. 44	(34)
Kreitmeyer	Geb. Jäg.Rgt. 136	1. 1. 44	(34a)
Niemack	Schule f. Schnelle Tr. Krampnitz (I)	1. 1. 44	(35)
Gen. Maj. 1. 4. 45			
Fischer	Gren.Rgt. 60 (PzGr)	1. 1. 44	(36)
Burian (Ewald)	Gren.Rgt. 134	1. 1. 44	(36b)
Grell	Ob.Kdo. d. H. (Ag P 1) (PzGr)	1. 1. 44	(37)
Janke	Gren.Rgt. 124	1. 1. 44	(37a)
Pfeiffer	Geb.Schießschule (I)	1. 1. 44	(38)
Walter	Gren.Rgt. 32	1. 1. 44	(39)
Deigentesch	Gren.Rgt. 89	1. 1. 44	(40)
Tribukait	Gren.Rgt. 3	1. 1. 44	(41)
Messinger	St. H.Dienststelle 30 (A)	1. 2. 44	(1)
Schubert	b. Kdr. d. Nachr.Tr. XXIV	1. 2. 42	(2)
Baur	Ob.Kdo. d. W. (Abw I) (K)	1. 2. 44	(2a)
Koschinsky	Gren.Rgt. 118	1. 2. 44	(2b)
Voigt	Jäg.Rgt. 38	1. 2. 44	(3)
Wodtcke	Gren.Rgt. 80	1. 2. 44	(4)
von Bonin	Kav.Rgt. 9	1. 2. 44	(5)
Grosser	Jäg.Rgt. 56	1. 2. 44	(7)
Haidlen	Kdr. Geb.Pz. Jäg.Abt. 47	1. 2. 44	(8)
Beigang	Gren.Rgt. 116	1. 2. 44	(9)
Vent	I. Abt. Art.Rgt. 50	1. 2. 44	(10)
Kius	Nachr.Abt. 21	1. 2. 44	(11)

[1] Muß heißen „Balthasar" (Druckfehler in Original-DAL)

Schmidt	Pz.Gren.Rgt. 5	1. 2. 44	(12)
von Stetten	Art.Rgt. 7	1. 2. 44	(13)
Kunow	Gren.Rgt. 121	1. 2. 44	(14)
Paul	Pz.Gren.Rgt. 86	1. 2. 44	(15)
Geffers	Pz.Gren.Rgt. 12	1. 2. 44	(17)
Dämmrich	Gren.Rgt. 31 (EPi)	1. 2. 44	(18)
Geisler	Pi.Btl. 14	1. 2. 44	(19)
Rouillé	Gren.Rgt. 116	1. 2. 44	(20)
Höffler	Ob.Kdo. d. H. (In 7) (N)	1. 2. 44	(21)
Kühne	Ob.Kdo. d. H. (In Fest) (Pi)	1. 2. 44	(22)
Hett	Ob.Kdo. d. H. (Wa Prüf 1) (A)	1. 2. 44	(24)
Rose	Pz.Pi.Btl. 50	1. 2. 44	(29)
Triska	z. Verf. Ob. d. H. (Sonst. Offz.) (Pi)	1. 2. 44	(29a)
Baron von Behr	H.Sportschule (PzGr)	1. 2. 44	(30)

Gen. Maj. 1. 4. 45

Köhn	Ob.Kdo. d. H. (Wa Prüf 6) (Pz)	1. 2. 44	(31)
Kleinhenz	Pi.Btl. 24	1. 2. 44	(31a)
Zwick	Gren.Rgt. 90	1. 2. 44	(31b)
Toussaint	Pz.Gren.Rgt. 104	1. 2. 44	(32)
Zickwolff	St. Inf.Kdr. 9	1. 2. 44	(32a)
Schulz	I. Abt. Art.Rgt. 39	1. 2. 44	(32b)
Freiherr von Vietinghoff von Riesch	Kriegsschule Potsdam (I)	1. 2. 44	(32c)
Kuppe	Jäg.Rgt. 54	1. 2. 44	(32d)
Kehrig	Gren.Rgt. 78	1. 2. 44	(32e)
Springorum	Pi.Btl. 5	1. 2. 44	(32f)
Mayer	I. Abt. Art.Rgt. 114	1. 2. 44	(32g)
Pantenius	d. Gen.St., zuletzt St. 72. Div. (I)	1. 2. 44	(33)
Sommer	d. Gen.St., zuletzt Kriegsakad. (I)	1. 2. 44	(34)
Boehm	Gren.Rgt. 80	1. 2. 44	(34a)
Hepp	d. Gen.St., zuletzt Kriegsakad. (N)	1. 2. 44	(35)
Neumeister	Kav.Rgt. 10 (PzGr)	1. 2. 44	(36)
Heesemann	Abt.Chef i. Ob.Kdo. d. H. (P 5) (PzGr)	1. 2. 44	(37)
Wittmann	Gren.Rgt. 36	1. 2. 44	(37a)
Raatz	Füs.Rgt. 68	1. 2. 44	(37b)
Barth	Ob.Kdo. d. H. (G.I.F.) (PzGr)	1. 2. 44	(38)
Laukat	Pz.Art.Rgt. 103	1. 2. 44	(38a)
Strößner	Pz.Gren.Rgt. 104 (I)	1. 2. 44	(38b)
Deckert	Beob.Abt. 4	1. 2. 44	(38c)

Gen.Maj. 30.1.45 (24)

Dous	Pz.Art.Rgt. 74	1. 2. 44	(38d)
Nebe	Pz.Gren.Rgt. 73 (I)	1. 2. 44	(39)
von Lauchert	Pz.Rgt. 35	1. 2. 44	(39a)

Gen. Maj. 1. 3. 45

Müller	Gren.Rgt. 111	1. 2. 44	(40)
von der Lancken	Gren.Rgt. Großdeutschland	1. 3. 44	(1)
von Horn	Kav.Rgt. 9 (PzGr)	1. 3. 44	(1a)
Stach	H.Nachr.Schule	1. 3. 44	(2)
Windisch	Gren.Rgt. 61	1. 3. 44	(3)
Meeß	Nachr.Abt. 5	1. 3. 44	(4)
Langkau	Art.Schule	1. 3. 44	(5)
Schmidtke	Ob.Kdo. d. W. (W Pr) (I)	1. 3. 44	(6)
Völcker	Pz.Gren.Rgt. 69	1. 3. 44	(7)
Steininger	Nachr.Abt. 12	1. 3. 44	(8)
de Bouché	Ob.Kdo. d. H. (Wa Prüf 1) (A)	1. 3. 44	(9)
Klein	Gren.Rgt. 77	1. 3. 44	(18a)
Denzinger	Beob.Abt. 7	1. 3. 44	(18b)
Niedermeier	Geb.Art.Rgt. 79	1. 3. 44	(18c)

6*

Illas	b. Ausb.Leiter Marienburg (Westpr.) (I)	1. 3. 44	(19)
von Kameke	Kdtr. Potsdam (I)	1. 3. 44	(19a)
Hänsch	Beob.Lehrabt.	1. 3. 44	(19b)
Max Prinz zu Waldeck und Pyrmont	Pz. Jäg.Abt. 12	1. 3. 44	(19c)
Kurth	Art.Rgt. 12	1. 3. 44	(19d)
Weber	Gren.Rgt. 19	1. 3. 44	(19e)
Gen. Maj. 30. 1. 45			
Knoch	Pz.Art.Rgt. 2	1. 3. 44	(19f)
Wölfinger	Geb. Jäg.Rgt. 98	1. 3. 44	(19g)
Schaeffer	Art.Rgt. 29	1. 3. 44	(19h)
Lepke	b. Ausb.Leiter Oppeln 2 (I)	1. 3. 44	(19i)
Lassen (Ernst-August)	d. Gen.St., zuletzt Kriegsakad. (K)	1. 3. 44	(20)
Dorn	Wehrbz.Kdo. Bonn (I)	1. 3. 44	(20a)
Bollmann	St. H.Dienststelle 9 (Pi)	1. 3. 44	(20b)
Raithel	Geb.Beob.Abt. 38	1. 3. 44	(21)
Bergmann	Art.Rgt. 35	1. 3. 44	(21a)
Raapke	Art.Rgt. 12	1. 3. 44	(22)
Jüttner	Jäg.Rgt. 38	1. 3. 44	(23)
Kahler	Kav.Rgt. 14 (PzGr)	1. 3. 44	(24)
Gen.Maj. 30. 1. 45 (26)			
Müller (Fritz)	Jäg.Rgt. 38	1. 3. 44	(25)
Slubczakowski (Emil)	Pi.Btl. 80	1. 4. 44	(1)
Selzer (Justus)	Pz.Gren.Rgt. 64	1. 4. 44	(1a)
Haenlein	Fest.Pi.St. 23	1. 4. 44	(2)
Engel	II. Abt. Art.Rgt. 77	1. 4. 44	(3)
Stäbler	Gren.Rgt. 133	1. 4. 44	(4)
Scholber	St. 2. Pz.Div. (Kdsch)	1. 4. 44	(5)
Wild	Wehrbz.Kdo. Passau (W.M.A. Deggendorf) (I)	1. 4. 44	(6)
Trepte	Fest.Pi.St. 2	1. 4. 44	(7)
Radecke	Fest.Pi.St. 12	1. 4. 44	(8)
Köllner	Ob.Kdo. d. H. (In 7) (N)	1. 4. 44	(9)
Kolb	Fest.Pi.St. 15 (N)	1. 4. 44	(10)
Kopp	St. Landw.Kdr. Hanau (I)	1. 4. 44	(11)
Maetschke	Gren.Rgt. 58 (PzGr)	1. 4. 44	(12)
Weiß	Pz.Gren.Rgt. 79 (I)	1. 4. 44	(13)
Esser	St. Landw.Kdr. Mülheim (Ruhr) (N)	1. 4. 44	(16)
Grunwald	b. Höh. Pi.Offz. 3	1. 4. 44	(18)
Bock von Wülfingen	Nachr.Abt. 42	1. 4. 44	(19)
Falkner	Ob.Kdo. d. H. (Wa Prüf 2) (I)	1. 4. 44	(20)
Bieber	Geb. Jäg.Rgt. 85	1. 4. 44	(41a)
Fricke	St. Wehrers.Insp. Linz (Donan) (A)	1. 4. 44	(42)
Schäff	Kdr. Beob.Abt. 28	1. 4. 44	(43)
Falbe	Art.Rgt. 49	1. 4. 44	(44)
Reinhardt	Jäg.Rgt. 75	1. 4. 44	(45)
Brunschlik	Gren.Rgt. 41	1. 4. 44	(46)
Baumann	Gen.St. Kdtr. Befest. b. Aachen (I)	1. 4. 44	(47)
Lucke	St. Landw.Kdr. Dresden (A)	1. 4. 44	(48)
Gaitzsch	Pi.Btl. 14	1. 4. 44	(49)
Jennrich	Transportkdtr. Königsberg (Pr.) (1)	1. 4. 44	(50)
Schümann	Fahrabt. 14	1. 4. 44	(51)
Matthes	Gren.Rgt. 121	1. 4. 44	(51)
Andreae	I. Abt. Art.Rgt. 105	1. 4. 44	(62)
Großer	Gren.Rgt. 19	1. 4. 44	(63)
von Hugo	Ob.Kdo. d. H. (In 5) (Pi)	1. 4. 44	(64)
Praefcke	Gen.St. XVIII. A.K. (I)	1. 4. 44	(64a)
Berger	Pz.Art.Rgt. 76	1. 4. 44	(64b)

Sailer	Wehrbz.Kdo. Weilheim (Oberbay.)			
	(W.M.A. Landsberg [Lech])	(A)	1. 4. 44	(64c)
Hilliger	Beob.Abt. 13		1. 4. 44	(65)
Schmitz	Pz.Gren.Rgt. 64 (I)		1. 4. 44	(65a)
Heß	d. Gen.St., zuletzt Kriegsakad. (I)		1. 4. 44	(66)
Krantz	d. Gen.St., zuletzt Kriegsakad. (Pz)		1. 4. 44	(67)
Freiherr Varnbüler von und zu Hemmingen				
	Gen.St. d. H. (1. Abt.) (K)		1. 4. 44	(68)
Berger (Oskar)	d. Gen.St., zuletzt Kriegsakad. (PzGr)		1. 4. 44	(69)
Cordes	Gren.Rgt. 4		1. 4. 44	(70)
Becker	Art.Rgt. 35		1. 4. 44	(71)
Sator	Gren.Rgt. 105		1. 4. 44	(72)
Kiesling	z. Verf. Ob. d. H. (Sonst. Offz.) (I)		1. 4. 44	(73)
Mann	II. Abt. Art.Rgt. 42		1. 5. 44	(2)
von Rücker	Gen.St. XVI. A.K. (Pz)		1. 5. 44	(3)
Biehler	d. Gen.St., zuletzt Gren.Rgt. 13		1. 5. 44	(4)
Gen.Maj. 20. 4. 45				
Wirsing	d. Gen.St., zuletzt Beob.Lehrabt.		1. 5. 44	(5)
Drescher	d. Gen.St., zuletzt Gren.Rgt. 110		1. 5. 44	(6)
Graf von Kielmansegg	d. Gen.St., zuletzt Kriegsakad.	(Pz)	1. 5. 44	(7)
Langrock	Geb.Art.Rgt. 79		1. 5. 44	(8)
Bradel	Kav.Rgt. 8 (PzGr)		1. 5. 44	(9)

Nachtrag des Herausgebers

Scherer (Willibald)
Anmerkung: 15. 10. 44 aus dem Befehlsbereich des Ob. d. L. übergetreten; hatte bei Lw. RDA 1. 12. 41 (11).

Warmstedt (Gustav)
Anmerkung: 15. 10. 44 aus dem Befehlsbereich des Ob. d. L. übergetreten; hatte bei Lw. RDA 1. 10. 42 (5).

König   M.G.Btl. 6   1. 5. 43
Anmerkung: Wurde mit Wirkung v. 1. 5. 43 als vermeintlich Gefallener nachträglich zum Oberst befördert, kam jedoch tatsächlich schwerverwundet in Gefangenschaft und lebt; hatte RDA als Oberstleutnant 1. 4. 42 (258).

Behrendt (Franz)   Geb.Jg.Rgt. 139   1. 4. 44   (74)
Anmerkung: 1. 9. 44 aus dem Befehlsbereich des Ob. d. L. übergetreten; hatte bei Lw. RDA 1. 4. 44 (13).

Oberstleutnante

Rangdienstalter

Gomlicki (Erwin)	Art.Rgt. 12	1.	4. 40	(179)
Böhm	Gren.Rgt. 78	1.	4. 41	(28)
Sartori (Richard)	Kraftf.Abt. 17	1.	7. 41	(68)
Hirsching (Theodor)	Kraftf.Abt. 7		,,	(69)
Oberst 1. 4. 44 (41b)				
Heberer	Gren.Rgt. 42	1.	8. 41	(11)
Hauschild	Jäg.Rgt. 54		,,	(34)
Bork	I. Abt. Art.Rgt. 106		,,	(36)
Neuendorff (Hans)	Kraftf.Abt.		,,	(78)
Offenbächer	Wehrbz.Kdo. Coburg (W.M.A. Lichtenfels) (I)	1.	9. 41	(34)
von Nostitz	Kdr. Wehrm.Fürs. u. Vers.Amt Nürnberg (K)	1.	10. 41	(22)
Anstett (Otto)	Pi.Btl. 20		,,	(74)
Eibl	Gren.Rgt. 130	1.	11. 41	(26)
Oberst 1. 6. 44 (1)				
Schrieber	Gren.Rgt. 135		,,	(36)
Myrus	I. Abt. Art.Rgt. 53	1.	12. 41	(13)
Aberle	Gren.Rgt. 130		,,	(41)
Varenhorst	Ob.Kdo. d. H. (Wa I Rü 2) (A)	1.	1. 42	(18)
Freiherr Vogt von Hunoltstein genannt Stein-Kallenfels				
	Pz.Jäg.Abt. 10		,,	(33f)
Graf Keyserlingk	b. Ausb.Leiter Berlin 1 (K)		,,	(81)
Schulz-Nadler	St. Gen.Kdo. XXIII. A.K. (A)	1.	2. 42	(1)
In DAL S überführt; Oberst 1. 1. 45 (10)				
Schrader	Füs.Rgt. 39		,,	(77)
Wolf	Gren.Rgt. 11		,,	(78)
Schulze	Kdtr. Pi.Üb.Pl. Dessau-Roßlau (Pi)		,,	(157)
Flacke	Gren.Rgt. 37		,,	(166)
Steinhauer	Fla.Btl. 59		,,	(170)
Wegener	Pi.Bt. 30		,,	(189)
Meidow	Pz.Gren.Rgt. 25		,,	(234)
Oberst 1. 12. 44 [1a]				
Kewisch	Pz.Aufkl.Abt. 8 (PzGr)		,,	(254)
Oberst 1. 6. 44 (2)				
Hering	Pz.Gren.Rgt. 25		,,	(273)*
von Muldau (Georg)	Art.Rgt. 12		,,	(322a)**
Oberst 1. 4. 44 (13a)				
Findeisen	Leiter H.Filmstelle (I)		,,	(323)
Ullrich	St. 3. Div. (I)		,,	(324)
Havlena (Gottlieb)	Art.Rgt. 96		,,	(341)**
Oberst 1. 4. 44 (15a)				
Hupe (Joachim)	Jäg.Rgt. 38		,,	(344)
Wagner	Gren.Rgt. 102	1.	3. 42	(41)
Dempwolff	Pz.Gren.Rgt. 101 (I)		,,	(45)
In DAL S überführt				
Zubke	Gren.Rgt. 118		,,	(47)

Wittenberg	Füs.Rgt. 39	1. 3. 42	(64)
Oberst 1. 4. 44 (46a)			
Mallwitz	Wehrbz.Kdo. Dessau (I)	,,	(81)
Plagemann	M.G.Btl. 14 (PzGr)	,,	(125)
Oberst . . . [RDA nicht feststellbar]			
Pruß	Ob.Kdo. d. H. (Ag E Tr/Tr.Abt.) (I)	,,	(134)
Oberst 1. 6. 44 (3); erhielt RDA-Verbesserung 1. 3. 44 (18e)			
Freiherr von Wolff	Reit.Rgt. 2 (PzGr)	,,	(139)
Oberst 1. 6. 44 (3a)			
Dannecker	St. Gen.Kdo. XVI. A.K. (Pz)	,,	(152)
Oberst 1. 6. 44 (3b)			
Arnhold	Pi.Btl. 46	,,	(159)
Oberst 1. 6. 44 (4)			
Schiefer	Fest.Pi.St. 17	,,	(162)
Oberst 1. 6. 44 (5)			
Reichert	St. Wehrers.Insp. Posen (I)	,,	(163)
Oberst 1. 6. 44 (6)			
Bölsche	Fest.Pi.St. 13	,,	(165)
Oberst 1. 6. 44 (7)			
Strohmeyer	Ob.Kdo. d. W. (WNV) (N)	,,	(170)
Oberst 1. 6. 44 (8)			
Liebendörfer	Kraftf.Abt. 6	,,	(187)
Oberst 1. 6. 44 (9)			
Frahnert	Art.Rgt. 14	,,	(188)
Oberst 1. 6. 44 (10)			
Schmid-Burgk	Ob.Kdo. d. H. (Wa Prüf 7) (N)	,,	(190)
Oberst 1. 6. 44 (11)			
von Holtzendorff	Gren.Rgt. 90	,,	(198)
Oberst 1. 7. 44 (1)			
Petri	St. Landw.Kdr. Darmstadt (I)	,,	(207)
Oberst 1. 7. 44 (2)			
Reichert	St. 10. Div. (Pi)	,,	(212)
Oberst 1. 7. 44 (2a)			
Dürr	Fest.Pi.St. 20	,,	(217)
Oberst 1. 7. 44 (3)			
Scheunemann	Gren.Rgt. 48	,,	(225)
Nast-Kolb (Hans)	I. Abt. Art.Rgt. 97	,,	(228)
Oberst 1. 7. 44 (4)			
Schulz	Ob.Kdo. d. H. (G.I.F.) (I)	,,	(229)*
Oberst 1. 3. 44 (18d)			
Haß	Ob. d. H. (Wa Prüf 8) (A)	,,	(233)
Oberst 1. 7. 44 (5)			
Gaul	Ob.Kdo. d. H. (Wa Prüf 1) (I)	,,	(235)
Oberst 1. 4. 44 (60)			
Scheyer	Gren.Rgt. 133	,,	(238)
Oberst 1. 7. 44 (6)			
Kuczka	Ob.Kdo. d. H. (Wa I Rü/Mun 1) (A)	,,	(242)
Oberst 1. 8. 44 (1)			
Sickermann	I. Ab. Art.Rgt. 84	,,	(243)
Oberst 1. 8. 44 (2)			
Claus	Jäg.Rgt. 28	,,	(245)
Oberst 1. 8. 44 (3)			
Merz	Gren.Rgt. 96	,,	(249)
Oberst 1. 8. 44 (4)			
Heß	Ob.Kdo. d. H. (Wa Prüf 1) (I)	,,	(250)
Oberst 1. 8. 44 (5)			
Czense	Wehrbz.Kdo. Wels (I)	,,	(256)

Reiß   Füs.Rgt. 22   1. 3. 42   (260)
Schieck   St. Gen.Kdo. XXIV. A.K.   (I)   ,,   (261)
Friedenstruppenteil neu festgesetzt: Kraft.-Abt. 12; Oberst 1. 8. 44 (7)
Saekel   St. Wehrers.Insp. Köslin   (A)   ,,   (274)
von und zu Gilsa   Art.Rgt. 32   ,,   (286)
   Oberst 1. 8. 44 (8)
Böhme   H.Gasschutzschule   (Nbl)   ,,   (288)
   Oberst 1. 8. 44 (9); erhielt später RDA-Verbesserung 1. 5. 44 (1e)
Ermeler   Ob.Kdo. d. H. (In 5)   (Pi)   ,,   (290)
   Oberst 1. 8. 44 (10)
Tridon   Beob.Abt. 4   ,,   (291)
   Oberst 1. 8. 44 (11)
Freiherr von Lerchenfeld   Kav.Rgt. 17   (Kdsch)   ,,   (295)
   Oberst 1. 8. 44 (12)
Kleinau   Pz.Gren.Rgt. 2   ,,   (299)
   Oberst 1. 9. 44 (1)
von Steuber   Gren.Rgt. 105   ,,   (300)
   Oberst 1. 9. 44 (2)
Zühlsdorff   II. Abt. Art.Rgt. 55   ,,   (302)
   Oberst 1. 9. 44 (3)
Kaiser   Gren.Rgt. 42   ,,   (305)
   Oberst 1. 9. 44 (4)
Yblagger   Pz.Jäg.Abt. 7   ,,   (307)
   Oberst 1. 9. 44 (5)
Jäger   Gren.Rgt. 42   ,,   (308)
   Oberst 1. 9. 44 (6)
Crüsemann   Kav.Rgt. 13   ,,   (311)**
   Oberst 1. 9. 44 (6a)
Erfurth   I. Abt. Art.Rgt. 84   ,,   (313)
   Oberst 1. 9. 44 (7)
Bartels   Pz.Art.Rgt. 116   ,,   (315)
Schmidt   Beob.Abt. 2   ,,   (322)
   Oberst 1. 9. 44 (7a)
Meyer   Ob.Kdo. d. H. (AHA)   (1)   ,,   (323)
   Oberst 1. 9. 44 (8)
Freiherr von und zu Aufseß   b. Höh. Kav.Offz. 3   ,,   (325)
Hesse   Kraftf.Abt. 8   ,,   (334)
   Oberst 1. 10. 44 (1)
Großmann   Gren.Rgt. 102   ,,   (343)
   Oberst 1. 10. 44 (2)
Martens   I. Abt. Art.Rgt. 38   ,,   (350)
   Oberst 1. 8. 44 (25)
Strauß   Pi.Btl. 10   .,   (352)
   Oberst 1. 10. 44 (3)
Seiderer   Kriegsschule Wiener Neustadt   (A)   ,,   (354)
   Oberst 1. 10. 44 (4)
Danke   d. Gen.St., zuletzt Pi.Btl. 3   ,,   (360)
   Oberst 1. 8. 44 (26)
Vietze   Kdr. Pi.Btl. 15   ,,   (367)
   Oberst 1. 10. 44 (6)
Kleeberg   Pz.Gren.Rgt. 103   ,,   (369)
Pruskowsky   Gren.Rgt. 3   ,,   (371)
Bartels   II. Abt. Art.Rgt. 64   ,,   (372)
   Oberst 1. 5. 44 (1)
Dallach   Gren.Rgt. 8   ,,   (376)
   Oberst 9. 11. 44 (1)

Kallinowsky	Pz.Pi.Btl. 37	1. 3. 42	(380)
Oberst 9. 11. 44 (2)			
Schlegel	II. Abt. Art.Rgt. 50	,,	(382)
Oberst 9. 11. 44 (3)			
Wolf	Geb.Art.Rgt. 111	,,	(387)
Oberst 9. 11. 44 (4)			
Rau	Pz.Jäg.Abt. 2	,,	(389)
Oberst 9. 11. 44 (5)			
Fuhrmann	Kdr. Geb.Nachr.Abt. 67	,,	(390)
Oberst 9. 11. 44 (6)			
Schweisfurth	Ob.Kdo. d. H. (Fz In)	,,	(393)
Mülbe	Pz.Gren.Rgt. 74 (I)	,,	(398)
Oberst 9. 11. 44 (7)			
Tode	Gren.Rgt. 92	,,	(401)
Oberst 1. 4. 44 (62a)			
Haid	Gren.Rgt. 119	,,	(402)
Scharfenorth	Pi.Btl. 1	,,	(404)
Oberst 1. 12. 44 (1)			
Hanke	Kraftf.Abt. 8	,,	(405)
Oberst 1. 12. 44 (2)			
Schroeder	Jäg.Rgt. 54	,,	(408)
Oberst 1. 12. 44 (3)			
Aschaber	Geb.Jäg.Rgt. 136	,,	(411)
Oberst 1. 12. 44 (4)			
Meythaler	Kriegsschule Dresden (PzGr)	,,	(413)
Hundegger	Kraftf.Abt. 8	,,	(414)
Oberst 1. 12. 44 (5)			
Freiherr von Bülow	St. 1. Pz.Brig. (Pz)	,,	(415)
Oberst 1. 7. 44 (21)			
Giedl	Pi.Btl. 27	,,	(417)
Oberst 1. 12. 44 (6)			
Kecker	Ob.Kdo. d. W. (WNV) (N)	,,	(418)
Oberst 1. 12. 44 (7)			
Ludz	Gren.Rgt. 67	,,	(430)
Oberst 1. 12. 44 (8)			
Wisomiersky	Beob.Abt. 28	,,	(445)
Brauns	Pz.Gren.Rgt. 66	,,	(449)
Oberst 1. 12. 44 (9)			
Ott	Gren.Rgt. 14	,,	(450a)
Oberst 1. 12. 44 (9a)			
Stübichen	d. Gen.St., zuletzt Gren.Rgt. 92	,,	(463)**
Freund	Art.Rgt. 6	,,	(472)
Oberst 1. 1. 45 (2)			
Bayer-Bayersburg	St. H.Dienststelle 30 (K)	,,	(477)
Becker	Pz.Gren.Rgt. 103 (I)	,,	(488a)
Richter (Franz)	Gren.Rgt. 102	,,	(525)
Hollunder (Georg)	Geb.Art.Rgt. 111	,,	(526)
Röhler (Herbert)	Art.Rgt. 23	,,	(527)
Schmitz (Carl)	Art.Rgt. 17	,,	(528)
1. 12. 44 in DAL S überführt			
Schmidt	Art.Rgt. 49	1. 4. 42	(3)
Schulz (Heinrich)	Gen.St. d. H. (11. Abt.) (I)	,,	(5)
Oberst 1. 1. 45 (3)			
Barchewitz	Gen.St. VIII. A.K. (N)	,,	(16)
Abel	Pz.Jäg.Abt. 1 (PzGr)	,,	(17)
Oberst 1. 1. 45 (4)			

Kalberlah   Pz.Gren.Rgt. 33   (I)   1. 4. 42   (25)
  Oberst 30. 1. 45   (1)
Hof   Ob.Kdo. d. W. (I)   (A)   ,,   (26)
Hempell   Art.Rgt. 70   ,,   (27)
von Sachs   Ob.Kdo. d. H. (Wa Prüf 4)   (A)   ,,   (28) *
Stadelbauer   Pi.Btl. 24   ,,   (29)
  Oberst 30. 1. 45   (2)
Witt   Pz.Jäg.Abt. 22   ,,   (31)
  Oberst 30. 1. 45   (3)
Schmidt   Pz.Abt. 66   ,,   (33)
  Oberst 30. 1. 45   (4); erhielt RDA-Verbesserung 1. 12. 44 (20)
Pfeil   Art.Rgt. 96   ,,   (36a)
  Oberst 1. 9. 44   (30)
Selling   H.Nachr.Schule   ,,   (36b)
  Oberst 1. 12. 44   (21)
Haußecker   Pz.Rgt. 36   ,,   (37)
  Oberst 30. 1. 45   (5)
Lotz   Beob.Abt. 32   ,,   (38)
Kränzle   Beob.Abt. 2   ,,   (44)
  Oberst 1. 4. 44   (63a)
Festl   Gren.Rgt. 16   ,,   (47)
  Oberst 30. 1. 45   (6)
Schönnagel   Gren.Rgt. 102   ,,   (48)
  Oberst 30. 1. 45   (7)
Kühlmann   Art.Rgt. 96   ,,   (49)
Heilmann   Art.Rgt. 3   ,,   (50)
  Oberst 30. 1. 45   (8); erhielt RDA-Verbesserung 9. 11. 44 (22)
Friedl   I. Abt. Art.Rgt. 114   ,,   (51)
  Oberst 30. 1. 45   (9)
Richter   Gren.Rgt. 92   ,,   (52)
Meister   Beob.Abt. 5   ,,   (53)
  Oberst 1. 5. 44   (1a)
Wintgens   Kraftf.Abt. 10   ,,   (60)
Kersberg   Pz.Art.Rgt. 16   ,,   (62)
  Oberst 1. 3. 45   (1)
Corleis   Nachr.Abt. 24   ,,   (65)
  Oberst 1. 3. 45   (2)
Arbinger   Geb.Pi.Btl. 54   ,,   (67)
  Oberst 1. 3. 45   (3)
Ehrgott   Gren.Rgt. 135   ,,   (70)
Noak   I. Abt. Art.Rgt. 55   ,,   (73)
  Oberst 1. 5. 44   (1b)
Ueckert   Gren.Rgt. 67   ,,   (79)
  Oberst 1. 3. 45   (5)
Isbert   Ob.Kdo. d. H. (Ag P 1/1. [Zentral-]Abt.)   (I)   ,,   (80)
  Oberst 1. 3. 45   (6)
Tünnerhoff   Fest.Pi.St. 24   ,,   (84)
  Oberst 1. 6. 44   (†)
Prollius   St. 4. Pz.Div.   (A)   ,,   (86)
Hindenach   St. Gen.Kdo. V. A.K.   (I)   ,,   (92)
  Oberst 1. 3. 45   (7)
Baumann   b. Ausb.Leiter Hamburg 2   (A)   ,,   (111)
  Oberst 1. 8. 44   (27)
Kracker von Schwartzenfeldt   Fest.Pi.St. 21   ,,   (121)
Ribken   Fest.Pi.St. 23   ,,   (127)
  Oberst 1. 4. 45   (1)
Dahlhausen   St. Kdtr. Befest. b. Neustettin   (Pi)   „   (130)

Uhlig	Fest.Pi.St. 7	1. 4. 42	(134)
Auffarth	Pi.Btl. 16	,,	(139)
Lorleberg	St. Wehrers.Insp. Mannheim (I)	,,	(142)
Koenzgen	Nachr.Abt. 6	,,	(146)
Zickner	b. Ausb.Leiter Allenstein 1 (I)	,,	(155)
Oberst 1. 6. 44 (27)			
Sass	St. Kdtr. Befest. b. Glogau (Pi)	,,	(166)
Scholaster	St. Landw.Kdr. Chemnitz (Pi)	,,	(186)
Demuth	II. Abt. Art.Rgt. 67	,,	(190)
Geiger	Pz.Pi.Btl. 86	,,	(197)
Rapps	Eisenb.Pi.Rgt. 1	,,	(198)
Heinelt	H.Nachr.Schule	,,	(199)*
Gieraths	Pi.Btl. 42	,,	(200)
Oberst 1. 4. 45			
Westerburg	Ob.Kdo. d. H. (Wa Prüf 9) (Nbl)	.,	(203)
von Paris	Pz.Gren.Rgt. 6	,,	(207)
Piltz	Gren.Rgt. 32	,,	(210)
Niemeyer	Gen.St. 23. Div. (K)	,,	(211)
Reinmuth	Beob.Abt. 33	,,	(213)
Reincke	Gren.Rgt. 92	,,	(215)
von Holtzendorff	Füs.Rgt. 26	,,	(218)**
Oberst 1. 10. 43 (19g)			
Fischer	St. Landw.Kdr. Allenstein (N)	,,	(220)
Ottinger	Nachr.Abt. 8	,,	(221)
Dahlke	Pz.Art.Rgt. 73	,,	(222)
Simon	Gren.Rgt. 55	,,	(223)**
Oberst 1. 7. 44 (21a)			
Ritter	Gren.Rgt. 76	,,	(226)
Pies	Nachr.Abt. 47	,,	(227)
von Tresckow	Gren.Rgt. 9	,,	(232)
Gehrke	St. 2. Div. (I)	,,	(232a)
Klenk	Art.Rgt. 25	,,	(233)
Günther	Pz.Rgt. 35	,,	(235)
Oberst 20. 4. 45 (10)			
Stirius	Kriegsschule Hannover (I)	,,	(236)*
Geerkens	Gren.Rgt. 80	,,	(238)
Hartnack	Pi.Btl. 60	,,	(239)
Freiherr von Stenglin	Gren.Rgt. 94	,,	(241)
Weißleder	II. Abt. Art.Rgt. 67	,,	(246)
Schäffer	Nbl.Abt. 1	,,	(249)**
Oberst 1. 6. 44 (27a)			
von Knobloch	Pz.Jäg.Abt. 36 (PzGr)	,,	(250)
Oberst 20. 4. 45 (14)			
Nitschke	Annahmestelle III f. Offz.Bew. d. H. (1)	,,	(251)
Süßmann	Ob.Kdo. d. H. (Wa Prüf 7) (N)	,,	(252)
Ullrich	II. Abt. Art.Rgt. 44	,,	(253)
Fischer	Kdr. Geb.Pi.Btl. 85	,,	(256)
Schneider	Beob.Abt. 3	,,	(257)
Koch	Gren.Rgt. 46	,,	(259)
von Papen	Gren.Rgt. 76	,,	(262)
Scholz	Gren.Rgt. 134	,,	(264)
Roesler	Gren.Rgt. 15	,,	(265)**
Oberst 1. 4. 44 (63b)			
Preißler	II. Abt. Art.Rgt. 47	,,	(266)
Brassert	Pz.Gren.Rgt. 101	,,	(266a)
Oberst 1. 7. 44 (22)			

Reifenstuel	II. Abt. Art.Rgt. 43	1. 4. 42	(270)
Oberst 9. 11. 44 (23)			
Bollmann	Pz.Art.Rgt. 80	,,	(271)
Luedicke	Pz.Rgt. 15 (F)	,,	(277)
Hammerschmidt	Gren.Rgt. 3	,,	(278)**
Oberst 1. 3. 44 (19k)			
Stiefvater	Pz.Jäg.Abt. 10 (PzGr)	,,	(281a)
Stenkhoff	Pz.Jäg.Abt. 16	,,	(290)
Oberst 1. 9. 44 (31)			
Pfeifer	Jäg.Rgt. 56	,,	(300)
Wilde	Pz.Gren.Rgt. 25	,,	(303)
Grünewald	Gren.Rgt. 62	,,	(304)
Rohde	Art.Lehrrgt.	,,	(305)
Hecht	II. Abt. Art.Rgt. 45	,,	(315)
Roesener	Gren.Rgt. 57	,,	(319)
Oberst 1. 12. 44 (22)			
von Freymann	Gren.Rgt. 67	,,	(322)
Freiherr Ebner von Eschenbach	Art.Rgt. 17	,,	(324)
Härms	Kraftf.Abt. 3	,,	(326)
Graeßner	Gren.Rgt. 50	,,	(328)
Oberst 9. 11. 44 (24)			
Bauch	Kraftf.Abt. 9	,,	(333)
Wolff	Art.Rgt. 1	,,	(334a)
Oberst 1. 10. 44 [23]			
Wendland	Art.Rgt. 11	,,	(334b)
Höflinger	St. Wehrers.Insp. Stuttgart (I)	,,	(351)
Besch	Fest.Pi.St. 2	,,	(367)
Oberst 1. 5. 45 (Bef. 18. 5. 45 durch Ob. Süd)			
Müller	St. Wehrers.Insp. Hamburg (I)	,,	(368)**
Oberst 1. 5. 44 (1c)			
Meyer	St. Landw.Kdr. Allenstein (I)	,,	(371)
Schilke	St. Wehrers.Insp. Liegnitz (A)	,,	(377)*
Schindelmeiser	St. Gen.Kdo. XVII. A.K. (K)	,,	(378)
Lehmann	Wehrbz.Kdo. Berlin VI (W.M.A. Berlin-Mitte) (I)	,,	(379)
Wulf	Ob.Kdo. d. H. (In Fest) (Pi)	,,	(381)
Oberst 30. 7. 45			
Mehl	Nachr.Abt. 12	,,	(382)
Breunlin	Fest.Pi.St. 22	,,	(390)
Ditzell	Wehrbz.Kdo. Koblenz (I)	,,	(399)
Bechly	St. Wehrers.Insp. Magdeburg (PzGr)	,,	(400)
Voß	St. Landw.Kdr. Mülheim (Ruhr) (I)	,,	(410)
Bronold	Ob.Kdo. d. W. (AWA), zugl. b. Vertr. d. Wehrm.		
	b. Jugendführer d. Deutschen Reiches (I)	,,	(411)*
Schulz	Pi.Btl. 20	,,	(418)
Leuthold	Annahmestelle IV f. Offz.Bew. d. H. (A)	,,	(421a)
Bürgmann (Erwin)	Art.Rgt. 17	,,	(424a)
Oberst 1. 8. 44 (28)			
Otto	Pi.Btl. 71	,,	(428)
Freytag	Gren.Rgt. 130	,,	(429)
Willrich	Pz.Jäg.Abt. 26 (PzGr)	,,	(434)
Sprenger	Gen.St. 3. Div. (I)	,,	(435)
von Grambusch	Jäg.Rgt. 75	,,	(436)
Pottin	Gren.Rgt. 122	,,	(438)
Pietsch	Gen.St. 35. Div. (N)	,,	(439)
Doutrelepont	Art.Rgt. 8	,,	(441)
Oberst 1. 7. 44 (19)			

Osann	Ob.Kdo. d. H. (AHA) (I)	1. 4. 42	(442)**
Oberst 1. 5. 44 (1 d)			
Claaßen	Gren.Rgt. 55	,,	(450)
von Freier	Pz.Jäg.Abt. 23	,,	(451)
Knopff	Kdtr. Versuchspl. Kummersdorf (A)	,,	(453)
Grohe	Art.Rgt. 98	,,	(455)
Oberst 1. 3. 45 (4)			
von Graevenitz	d. Gen.St., zuletzt M.G.Btl. 11	,,	(457)
Oberst 1. 7. 44 (23)			
Drawe	z. Verf. Ob. d. H. (Sonst. Offz.) (I)	,,	(459)
Woite	Gen.St. IV. A.K. (I)	,,	(460)
Riege	Pz.Gren.Rgt. 52 (I)	,,	(461)
von Petersdorff	z. Verf. Ob. d. H. (Sonst. Offz.) (I)	,,	(462)
Theysohn	d. Gen.St., zuletzt Art.Rgt. 17	,,	(463)
Freiherr Senfft von Pilsach	Pz.Gren.Rgt. 69 (I)	,,	(466)
Hilgers	Pz.Jäg.Abt. 2 (PzGr)	,,	(467)
Oberst 20. 4. 45 (43)			
Freiherr von Uslar-Gleichen	Abt.Chef i. Ob.Kdo. d. H.		
	(Ag P 1/2. Abt.) (I)	,,	(468)
Oberst 1. 7. 44 (24)			
Palm	Beob.Abt. 5	,,	(470)
von Boeltzig	Gen.St. d. H. (5. Abt.) (I)	,,	(471)*
Schirmer	Pz.Rgt. 7	,,	(474)
Oberst 20. 4. 45 (45)			
Breidenbach	Ob.Kdo. d. H. (Wa Prüf 2) (PzGr)	,,	(475)
Oberst 1. 5. 44 (2 a)			
Schröder (Wilhelm)	Fla.Btl. 31	,,	(479)
Oberst 1. 9. 44 (32)			
von Ondarza	Art.Schule	,,	(482)
Oberst 1. 7. 44 (25)			
Knappe	Pz.Lehrrgt. (Pz.Jäg.Lehrabt.)	,,	(483)
Oberst 20. 4. 45 (47)			
Radowski	Pz.Gren.Rgt. 4	,,	(485)
von der Hude	Kriegsschule Hannover (A)	,,	(486a)
Oberst 1. 7. 44 (26)			
Boriß	d. Gen.St., zuletzt Kriegsakad. (K)	,,	(489)
Oberst 1. 6. 44 (28)			
Holzhausen	Nachr.Abt. 48	,,	(490)
Ohlendorf	Gren.Rgt. 76	,,	(493)
Hoffer	Jäg.Rgt. 54	,,	(495)**
Oberst 1. 5. 44 (2 c)			
Jannusch	Art.Rgt. 49	,,	(496)
Bender	Gren.Rgt. 36	,,	(498)
Römhild	Schule f. Schnelle Tr. Krampnitz (PzGr)	,,	(500)*
Mendrzyk	d. Gen.St., zuletzt Ob.Kdo. d. H. (In 6) (Pz)	,,	(502a)
Oberst 1. 9. 44 (33)			
Prange	Kraftf.Abt. 10	,,	(504)
Hoefs	Gen.St. d. H. (12. Abt.) (I)	,,	(505)
Feustel	Pz.Jäg.Abt. 29	,,	(506)
Timm	Gren.Rgt. 47	,,	(507)
Stolz	Pz.Gren.Rgt. 104 (I)	,,	(508)
Kleinschmit	d. Gen.St., zuletzt St. Gen.Kdo.XVI. A.K. (Pz)	,,	(511)
Oberst 3. 45			
Zacharzewski	Pz.Gren.Rgt. 59 (I)	,,	(512)
Bernhardt	Gren.Rgt. 105	,,	(513)
Oberst 1. 12. 44 [22a]			

Haaß	Pz.Gren.Rgt. 93	1. 4. 42	(516)
Fischer	Jäg.Rgt. 56	,,	(517)
Oberst 1. 12. 44 (23)		,,	
von Warburg	Gen.St. H.Gru. 2 (K)		(519)**
Oberst 1. 5. 44 (2d)			
Birkenbihl	Pz.Pi.Btl. 32	,,	(520)**
Oberst 1. 6. 44 (28a)			
Jonas	Art.Rgt. 28	,,	(521)
Oberst 1. 5. 44 (2b)			
Wolff	Art.Rgt. 29	,,	(523)
Freiherr von Uslar-Gleichen	Ob.Kdo. d. H. (Wa A) (A)	,,	(524)**
Oberst 1. 9. 44 (33a)			
Amberg	Ob.Kdo. d. H. (In 5) (Pi)	,,	(525)
Linemann	d. Gen.St., zuletzt Gren.Rgt. 8	,,	(526)
Oberst 1. 7. 44 (27)			
Klostermann	Gen.St. H.Gru. 6 (A)	,,	(529)
Oberst 1. 10. 44 (24)			
Paul	Pi.Btl. 18	,,	(536)
Oberst 1. 12. 44 (23a)			
Häfner	Pz.Jäg.Abt. 25	,,	(537)
Oberst 20. 4. 45 (57)			
Caspary	Pi.Btl. 11	,,	(539)
Butt	Fest.Pi.St. 2	,,	(557)
Lepin	St. Landw.Kdr. Hamburg (A)	,,	(558)
Fliege	Fest.Pi.St. 20	,,	(559)
Wolf	Pz.Gren.Rgt. 52 (I)	,,	(574)
Reicherter	Wehrbz.Kdo. Bregenz (A)	,,	(582)
Wittenberg	Nachr.Abt. 8	,,	(586)
Holsowski	Gren.Rgt. 3	,,	(596)
Bluhm	St. Kdtr. Befest. b. Lötzen (I)	,,	(615)
Kletschke	b. Ausb.Leiter Neustettin (I)	,,	(617)
Börgemann	Ob.Kdo. d. H. (Wa Prüf 4) (A)	,,	(620)
Oberst 1. 1. 45			
Happe	Fest.Pi.St. 27	,,	(628)
Schwanbeck	Gen.St. 28. Div. (I)	,,	(635)
Oberst 20. 4. 45			
Nolte	Pz.Gren.Rgt. 14	,,	(636)
Oberst 1. 3. 45			
Kaudewitz	Gren.Rgt. 95	,,	(637)
Morgenstern	Pz.Pi.Btl. 13	,,	(640)
Wentrup	Gen.St. d. H. (O Qu IV) (A)	,,	(643)
Oberst 1. 12. 44 (24)			
Schmidt	Gren.Rgt. 94	,,	(644)
Woltersdorff	Gren.Rgt. 76 (PzGr)	,,	(644a)
Oberst 1. 8. 44 (29)			
Weber (Artur)	d. Gen.St., zuletzt Kriegsakad. (I)	,,	(646)
Münchau	Gren.Rgt. 24	,,	(647)
Schacke	Gren.Rgt. 95	,,	(654)
Steinberg	Art.Rgt. 49	,,	(655)
Nürnberg	Ob.Kdo. d. H. (Wa Prüf 4) (Pz)	,,	(656)
Oberst 20. 4. 45 (71)			
Schleusener	Gren.Rgt. 67	,,	(657)*
Weigelt	Kdr. H.Unteroffizierschule Tetschen (I)	,,	(659)
Vogt	II. Abt. Art.Rgt. 52	,,	(665)**
Oberst 1. 2. 44 (32h)			
von Boehmer	d. Gen.St., zuletzt Gren.Rgt. 29	,,	(668)

von Ziegler und Klipphausen	d. Gen.St., zuletzt M.G.Btl. 1 1. 4. 42		(668a)
Oberst 1. 9. 44 (34)		,,	
Hell Beob.Abt. 33			(670)
Oberst 1. 12. 44 (25)		,,	
Buck Art.Rgt. 69			(671)
Soecknick Art.Rgt. 105		,,	(672)
Hörmann Art.Rgt. 34		,,	(674)
Topf Pz.Rgt. 11		,,	(675)
Oberst 20. 4. 45 (74)			
von Witzleben z. Verf. Ob. d. H. (Sonst. Offz.) (PzGr)		,,	(680a)
Oberst 1. 9. 44 (35)			
Würker Art.Rgt. 25		,,	(681)
Hildebrandt St. Gen.Kdo. X. A.K. (I)		,,	(684a)
Dorschner Art.Rgt. 96		,,	(685)
Oberst 1. 7. 44 (28)			
Neudecker Kriegsakad. (A)		,,	(687)
Fischer Beob.Abt. 31		,,	(690)
Zsiska Art.Rgt. 109		,,	(694)
Oberst 1. 12. 44 (26)			
Bonatz Pz.Lehrrgt.		,,	(698a)
Oberst 1. 9. 44 (36)			
Langer Art.Rgt. 109		,,	(699)
Erd Beob.Abt. 44		,,	(700)
Sander H.Nachr.Schule		,,	(700a)
Pfab Fahrabt. 24		,,	(701)
Lug Beob.Abt. 44		,,	(701a)
Maier (Ferdinand) Pz.Gren.Rgt. 103 (I)		,,	(702)
Borsdorf Pz.Art.Rgt. 4		,,	(703)
Rohrbach Ob.Kdo. d. H. (Gen d Mot/In 12) (Pz)		,,	(708)
Schulz (Heinz) d. Gen.St., zuletzt Gren.Rgt. 92		,,	(711)*
Müller H.Nachr.Schule		,,	(712)
Müller (Klaus) z. Verf. Ob. d. H. (Hochsch) (Pz)		,,	(713)
Oberst . . . . . . [RDA nicht feststellbar]			
Dieckmann Gren.Rgt. 36		,,	(714)
Melchers Art.Rgt. 70		,,	(715)
Rodust Ob.Kdo. d. H. (In 2) (PzGr)		,,	(716)
Alt Nachr.Abt. 10		,,	(718)
Laacke Pz.Gren.Rgt. 101 (I)		,,	(721)
Doedter Nachr.Abt. 46		,,	(722)
Tschon 3. Kp. Pz.Pi.Btl. 79		,,	(723)
Nesper Ob.Kdo. d. W. (WNV) (N)		,,	(724)
von der Becke Inf.Lehrrgt.		,,	(726)
von Stocki b. Höh. Pi.Offz. 1		,,	(727)
Furbach Gren.Rgt. 132		,,	(728)
von Vallade Füs.Rgt. 27		,,	(730)
Wimmel Gren.Rgt. 81		,,	(732)
Raible b. Höh. Nachr.Offz. 2		,,	(733)*
von Eberhardt Füs.Rgt. 68		,,	(736)
Buddee Pz.Jäg.Abt. 30		,,	(737)
Oberst 1. 8. 44 (30)			
Perau Gren.Rgt. 60		,,	(741)
Hamfler Gren.Rgt. 24		,,	(744)
Schnaars Kdtr. Tr.Üb.Pl. Münsingen (I)		,,	(746)
Aschen Gren.Rgt. Großdeutschland		,,	(749)
Schmahl Gren.Rgt. 90		,,	(754)
Freyher (Bruno) Gren.Rgt. 4		,,	(758)
Krauthoff Pz.Gren.Rgt. 93 (I)		,,	(760)

Neumann	Geb.Jäg.Rgt. 85 (PzGr)	1. 4. 42	(764)
von Holleben	St. Kdtr. Berlin (PzGr)	,,	(765)
Oberst 20. 4. 45 (92)		,,	
Schaltenbrand	Pi.Btl. 34		(766)
von der Hagen	Pz.Gren.Rgt. 25 (I)	,,	(767)
Hiepe	Pz.Gren.Rgt. 14	,,	(768)
Wollmann	Nachr.Abt. 7	,,	(769)
Wehrle	Kraftf.Abt. 7	,,	(772)
Krokisius	Art.Rgt. 23	,,	(775a)
Kimbacher	Gen.St. 1. Geb.Div. (I)	,,	(778)
Auinger	Gren.Rgt. 87	,,	(779)**
Oberst 1. 10. 44 (24a)			
Jordan (Hugo)	Jäg.Rgt. 28	,,	(781)
Stadie	z. Verf. Ob. d. H. (Sonst. Offz.) (A)	,,	(784)
Baron von Holtey	Kav.Rgt. 11	,,	(785)**
Oberst 1. 1. 44 (26c)			
Benke	St. Landw.Kdr. Breslau (I)	,,	(791)
Sälzer	Pz.Jäg.Abt. 9	,,	(793)
Oberst 20. 4. 45 (98)			
Freiherr von Dungern	Kav.Rgt. 17	,,	(794)
Ißmer	Kraftf.Abt. 12	,,	(795)*
Mauritius	Pi.Btl. 22	,,	(796)
Scharpff	Gren.Rgt. 14	,,	(801)
Kellner	Rüst.Insp. VI (I)	,,	(811)
Rößler	Kraftf.Abt. 9	,,	(820)
Wiethold	b. Ausb.Leiter Deutsch Krone 3 (I)	,,	(823)
Bartels	St. Wehrers.Insp. Hamburg (I)	,,	(829)
Oberst 1. 7. 44 (29)			
Sparre	St. Kdtr. Befest. b. Aachen (PzGr)	,,	(836)**
Oberst 1. 1. 44 (26d)			
Beigel	Gren.Rgt. 14	,,	(840a)
Reichwein	Fest.Pi.St. 16	,,	(844)
Witter	b. Ausb.Leiter Bitburg (Bz Trier) (Pz)	,,	(845)
Bote	Ob.Kdo. d. H. (In 5) (Pi)	,,	(857)
Lucanus	Pi.Btl. 6	,,	(859)
Meister	Nachrichtenkdtr. Berlin (N)	,,	(872)
Tilmes	St. Wehrers.Insp. Posen (A)	,,	(879)
Dahlke	Schutzbereichamt Saarbrücken (Pi)	,,	(880)
Luther	Ob.Kdo. d .H. (b. Chef d. Schnellen Tr.) (I)	,,	(893)
Oberst 1. 9. 44 (29)			
Schramm	Wehrbz.Kdo. Lüneburg (W.M.A. Lüneburg) (A)	,,	(899)
Werneburg	Wehrbz.Kdo. Moers (A)	,,	(900)
Wullstein	Ob.Kdo. d. H. (In 5) (Pi)	,,	(905)
Wandesleben	Kdt. Tr.Üb.Pl. Schwarzenborn (A)	,,	(912)
Muttray	Ob.Kdo. d. W. (Abw. II) (I)	,,	(915)
Goerke	St. Wehrers.Insp. Posen (A)	,,	(921a)
Humpert	St. Wehrers.Insp. Köln (A)	,,	(946)
Veith	St. Gen.Kdo. XVII. A.K. (I)	,,	(950)
de Temple	Wehrbz.Kdo. München II (I)	,,	(961)**
Oberst 1. 5. 44 (4a)			
Kleiber	Wehrbz.Kdo. Chemnitz I (W.M.A. Chemnitz 1) (Pi)	,,	(963)
Linden	Gren.Rgt. 118	,,	(970a)
Schanze	b. Ausb.Leiter Dresden 2 (I)	,,	(972)
Zimmermann	Wehrbz.Kdo. Auerbach (Vogtl) (I)	,,	(983)
Katzmann	Gren.Rgt. 57	,,	(993)
Oberst 1. 4. 44 (64d)			

Bujard	St. Gen.Kdo. XVI. A.K. (Pi)	1. 4. 42	(997)
Oberst 1. 7. 44 (30)		,,	
Petermann	z. Verf. Ob. d. H. (Sonst. Offz.) (I)		(1000)
Herschel	St. 6. Pz.Brig. (Pz)	,,	(1007)
Oberst 20. 4. 45 (114)		,,	
Zahn	Pi.Lehrbtl.		(1014)
Brunner	I. Abt. Art.Rgt. 110	,,	(1015)
Reichardt	Pz.Gren.Rgt. 108 (früher Inf.Rgt. 10) (I)	,,	(1016)
Oberst 9. 11. 44 (25)			
Morgenroth	Art.Schule	,,	(1017)
Lang	Ob.Kdo. d. H. (Ag P 1/1. [Zentral-]Abt.) (I)	,,	(1019)
Oberst 1. 9. 44 (37)			
de Ondarza	Kdt. d. Transportbz. Wuppertal (A)	,,	(1021)**
Oberst 1. 1. 44 (26e)			
Rödiger	Gren.Rgt. 77	,,	(1022)
Holzinger	Geb.Jäg.Rgt. 138	,,	(1023)
Breithaupt	d. Gen.St., zuletzt Gren.Rgt. 116	,,	(1024)
Rehm	d. Gen.St., zuletzt St. 31. Div. (I)	,,	(1026)
Oberst 1. 4. 45			
Wellenkamp	Gren.Rgt. 67	,,	(1030a)
Lutz	d. Gen.St., zuletzt Kriegsakad. (Pz)	,,	(1031)
Oberst 1. 3. 45			
Worgitzky	Gen.St. d. H. (O. Qu. II) (I)	,,	(1032)
Oberst 1. 7. 44 (31)			
Wagner	Nachr.Abt. 32	,,	(1034)**
Oberst 1. 8. 44 (30a)			
Plock	Gen.St. d. H. (11. Abt.) (I)	,,	(1035)
Emmerich	d. Gen.St., Ob.Kdo. d. W. (W Wi) (I)	,,	(1038)
Oberst 1. 9. 44 (38)			
Richter (Werner)	Gen.St. d. H. (4. Abt.) (I)	,,	(1040)
Oberst 9. 11. 44 (26)			
Meyer-Detring	Gen.St. IV. A.K. (I)	,,	(1042)
Oberst 1. 9. 44 (39)			
Masius	d. Gen.St., zuletzt Inf.Lehrrgt.	,,	(1043a)
Engelhorn	d. Gen.St., zuletzt II. Abt. Art.Rgt. 15	,,	(1044)
Zieglmaier	Nachr.Abt. 51	,,	(1045)
von Coelln	d. Gen.St., zuletzt Kriegsakad. (A)	,,	(1047)
Böckheler	Gren.Rgt. 119	,,	(1048)
Merkel	d. Gen.St., zuletzt Kriegsakad. (I)	,,	(1049)
Oberst 20. 4. 45 (Bef. durch AOK Norwegen)			
Glonner	Pi.Btl. 25	,,	(1052)
Hartmann	Kraftf.Abt. 10	,,	(1054)
Köhler	d. Gen.St., zuletzt Kriegsakad. (A)	,,	(1057)
Oberst 1. 9. 44 (40)			
von Below	Gen.St. 14. Div. (I)	,,	(1060)
Oberst 1. 5. 43 (5g)			
Freiherr von Gültlingen	Ob.Kdo. d. H. (Ag P 1/3.Abt.) (Pz)	,,	(1062)
Oberst 30. 1. 45			
von Puttkamer	Kav.Rgt. 15	,,	(1063)
Oberst 1. 2. 45 (†)			
Willemer	d. Gen.St., zuletzt Gren.Rgt. 1	,,	(1066)
Oberst 1. 9. 44 (41)			
Kemmerich	d. Gen.St., zuletzt Kriegsakad. (Pi)	,,	(1067)**
Oberst 1. 6. 44 (28b)			
Rink	Pz.Gren.Rgt. 79 (I)	,,	(1068)
Ranfft	Wehrbz.Kdo. Gleiwitz (I)	,,	(1069)
Stiotta	Fest.Pi.St. 26	,,	(1072)

7 Rangliste

Kromer	Geb.Jäg.Rgt. 13		1. 4. 42	(1073)
Körner	Ob.Kdo. d. W. (WNV) (N)		,,	(1074)
Haug	Pi.Btl. 5		,,	(1079)
von Gaertner	St. 72. Div. (I)		,,	(1084)
Erb	St. Gen.Kdo. VI. A.K. (F)		,,	(1085)
Friedenstruppenteil neu festgesetzt: Kraftf.Abt. 6				
Wilhelm	Wehrbz.Kdo. Posen (A)		,,	(1091)
Bieske	Fest.Pi.St. 8		,,	(1093)
Pawlitz	Wehrbz.Kdo. Trautenau (W.M.A. Trautenau) (N)		,,	(1094)
Jacobi	Pi.Btl. 80		,,	(1095)
Hotzel	Ob.Kdo. d. W. (Abw. II) (Pi)		,,	(1099)
Krahl	b. Ausb.Leiter Glatz 2 (I)		,,	(1108)
Leckszas	St. Kdtr. Befest. b. Königsberg (Pr.) (I)		,,	(1110)
Oßke	St. Kdtr. Befest. b. Königsberg (Pr.) (I)		,,	(1111)
Rudhart	Kraftf.Abt. 3		,,	(1116)
Wehrl	Wehrbz.Kdo. Wien I (W.M.A. Wien 1 [Süd]) (I)		,,	(1136)
Spitäller (Friedrich)	Gren.Rgt. 47		,,	(1137)
Reinhard (Wilhelm)	Geb.Jäg.Rgt. 13		,,	(1138)
Lorenzen (Jens)	Gren.Rgt. 31		,,	(1139)
Mühleissen (Eugen)	Kraftf.Abt. 3		,,	(1140)
Kiewitt (Heinrich)	Art.Rgt. 31		,,	(1141)**
Oberst 9. 11. 44 [26a oder vordatiert]				
Zabel	d. Gen.St., zuletzt Kriegsakad. (A)		1. 6. 42	(3)
Gruber	Ob.Kdo. d. H. (Ag E Tr/Tr Abt) (A)		,,	(6)
Buntrock	Gen.St. 19. Div. (I)		,,	(7)
Oberst 9. 11. 44 (27)				
Stollbrock	Aufkl.Rgt. 7 (PzGr)		,,	(8)
Oberst 9. 11. 44 (28)				
Liebig	Gen.St. 5. Pz.Div. (Pz)		,,	(10)
Petzold	Gren.Rgt. 45		,,	(11)
Klimke	Gen.St. 11. Div. (I)		,,	(12)
Will	Geb.Beob.Abt. 38		,,	(15)
Oberst 1. 4. 44 (64e)				
von Lewinski	H.Reit- u. Fahrschule (PzGr)		,,	(16)
Voskamp	Pz.Gren.Rgt. 79		,,	(18)
Wendlandt	Gren.Rgt. 23		,,	(20)
Gaede	Gren.Rgt. 96		,,	(21)
Schüch	Beob.Abt. 44		,,	(22)
Dissel	Gen.St. Kdtr. Küstrin (I)		,,	(23)
Hölzel	Gren.Rgt. 134		,,	(24)
Parak	Gren.Rgt. 130		,,	(25)
Meier-Welcker	Gen.St. d. H. (3. Abt.) (I)		,,	(27)
Engerisser	d. Gen.St., zuletzt Geb.Jäg.Rgt. 137		,,	(29)
Oberst 1. 12. 44 (27)				
Ruckser	Gren.Rgt. 131		,,	(30)
Wiery	Geb.Pi.Btl. 82		,,	(31)
Sacher	Gren.Rgt. 37		,,	(32)
Post	Pz.Rgt. 3		,,	(35)
Rauch	4. (E) Kp. Geb.Pi.Btl. 84 (PzGr)		,,	(36)**
Oberst 1. 3. 44 (191) ; Gen.Maj. 20. 4. 45				
Heil	Gen.St. II. A.K., zugl. Kdt. d. Transportbz.Stettin (A)		,,	(38)
Freiherr von Hohenhausen und Hochhaus				
	Pz.Art.Rgt. 33 (PzGr)		,,	(38a)
Kaluscha	Art.Rgt. 98		,,	(39)
Oberst 1. 8. 44 (31)				
Ziegelmayer	Pi.Btl. 45		,,	(40)
Haker	Kraftf.Abt. 3		,,	(42)

Name	Position	Datum	Nr.
Garimort	Fest.Pi.St. 8	1. 6. 42	(45)
Reimer	b. Ausb.Leiter Euskirchen (I)	,,	(49)
Schwarzmeier	b. Ausb.Leiter Wetzlar (I)	,,	(54)
Gunkel	z. Verf. Ob. d. H. (Sonst. Offz.) (I)	,,	(55)
Mang	Ob.Kdo. d. H. (In 7) (N)	,,	(60)
Sobotka	Nachr.Abt. 18	,,	(64)
Schottke	Art.Rgt. 30	,,	(69)
Münch	Fest.Pi.St. 21	,,	(70)
Gnau	Transportkdtr. Frankfurt (Oder) (EPi)	,,	(73)
Koch	Pz.Pi.Btl. 49	,,	(77)
Hofmeier	St. Gen.Kdo. XVIII. A.K. (K)	,,	(81)
Kluge	Fest.Pi.St. 19	,,	(82)
Pfeiffer	z. Verf. Ob. d. H. (Sonst. Offz.) (F)	,,	(88)
Pantlen (Kurt)	Kraftf.Abt. 3	,,	(94)
Guder	Geb.Jäg.Rgt. 138	1. 7. 42	(1b)

Oberst 1. 7. 44 (†)

Name	Position	Datum	Nr.
Deyhle	Wehrbz.Kdo. Tübingen (A)	,,	(5)
Oelsner	b. Ausb.Leiter Hirschberg (Riesengeb) (I)	,,	(25)
Holborn	Wehrbz.Kdo. Hildesheim (I)	,,	(31)
Diercks	St. Gen.Kdo. XIV. A.K. (I)	,,	(32)
Metzger	St. Wehrers.Insp. Mannheim (I)	,,	(33)
Beyer	Kraftf.Abt. 6	,,	(34)

1. 2. 45 in DAL S überführt

Name	Position	Datum	Nr.
Jahns	Gren.Rgt. 12	,,	(39)
Rieck	St. Gen.Kdo. II. A.K. (A)	,,	(40)
Edelmann	St. Landw.Kdr. Hanau (N)	,,	(44)
Bechdoldt	Wehrbz.Kdo. München I (A)	,,	(47)
Schuster	Kdr. H.Unteroffiziervorschule Ravensburg (Pz)	,,	(54)
Günther	Fest.Pi.St. 25	,,	(60)
Schlechtweg	Pi.Btl. 5	,,	(61)
Höfter	z. Verf. Ob. d. H. (Sonst. Offz.) (F)	,,	(68)

Friedenstruppenteil neu festgesetzt: Kraftf.Abt. 7

Name	Position	Datum	Nr.
Schmidt-Krusemark	Wehrbz.Kdo. Bernau b. Berlin (I)	,,	(77)
Rickmers	Gren.Rgt. 90	,,	(82)
Maric-Mariendol	Geb.Art.Rgt. 79	,,	(85)
Böttcher	Fest.Pi.St. 1	,,	(92)
Schwarz	Gren.Rgt. 42	,,	(96)
Drexler	Eisenb.Pi.Rgt. 2	,,	(100)
Lueg	Wehrbz.Kdo. Krummau (Moldau) (A)	,,	(101)
Müller	Gren.Rgt. 130	,,	(105)
Müller	b. Ausb.Leiter Geilenkirchen (Pi)	,,	(129)
Berger	b. Ausb.Leiter Bruck (Leitha) (Pi)	,,	(164)
Seemüller	Nachr.Abt. 18	1. 8. 42	(3)
von Fabeck	St. 4. Pz.Div. (PzGr)	,,	(3a)

Oberst 20. 4. 45

Name	Position	Datum	Nr.
Rüden	d. Gen.St., zuletzt Kriegsakad. (N)	,,	(4)
Freiherr von Wangenheim	Ob.Kdo. d. H. (G. I. F.) (I)	,,	(5a)
Wagner (Gerhard)	d. Gen.St., zuletzt Kriegsakad. (I)	,,	(9)
von Selle	Ob.Kdo. d. H. (Ag P 1/4. Abt.) (A)	,,	(10)
Herfurth	Nachr.Abt. 26	,,	(12)
Frevert	d. Gen.St., zuletzt St. 6. Pz.Gren.Brig. (PzGr)	,,	(13)
Marcks	d. Gen.St., zuletzt Kriegsakad. (I)	,,	(15)
Bahr	d. Gen.St., zuletzt Kriegsakad. (I)	,,	(16)
Hamann	Kriegsschule Potsdam (PzGr)	,,	(16a)
Freiherr von Seherr-Thoß	Ob.Kdo. d. H. (In 3) (K)	,,	(17)
von Canstein	Ob.Kdo. d. H. (Adj. Ob. d. H.) (Kdsch)	,,	(18)

Oberst 1. 5. 44 (5a)

7*

Schilling	Pz.Gren.Rgt. 79 (I)		1. 8. 42	(19)
Oberst 1. 8. 44 (31 a)				
Scupin	Abt.Chef i. Ob.Kdo. d. H. (Ag P 2/2. Abt.) (K)		,,	(22)
Oberst 1. 7. 44 (32)				
Freiherr von Türckheim zu Altdorf	Pz.Jäg.Abt. 35		,,	(24)
Dangelmaier	d. Gen.St., zuletzt Kriegsakad. (I)		,,	(26)
Thomé	Kriegsschule Hannover (Pz)		,,	(27)
Oberst 1. 8. 44 (32)				
von Scheliha	Abt.Chef i. Ob.Kdo. d. H. (Ag ETr/E) (I)		,,	(28)
Hahne	d. Gen.St., zuletzt St. Gen.Kdo. VI. A.K. (I)		,,	(29)
Schmidt	Art.Rgt. 56		,,	(30)**
Oberst 1. 5. 44 (5 d)				
Kohlmann	Gren.Rgt. 95		,,	(31)
von Boehn	Gren.Rgt. 35		,,	(32)
Koller	Ob.Kdo. d. H. (Ag P 1) (I)		,,	(33)
Georg Wilhelm Prinz zu Waldeck und Pyrmont	Pz.Jäg.Abt. 31		,,	(34)
Giese (Karl)	d. Gen.St., zuletzt Art.Rgt. 29		,,	(35)
Oberst 1. 7. 44 (33) ; Gen.Major 1. 4. 45				
von Petersdorff	Gren.Rgt. 88		,,	(36)
von Steinsdorff	d. Gen.St., zuletzt Kav.Rgt. 4		,,	(37)
Erxleben	Pz.Art.Rgt. 16		,,	(40)
Kubitzki	Eisenb.Pi.Rgt. 1		,,	(41)
Iffert	Gren.Rgt. Großdeutschland (I)		,,	(42)
Müller (Bernhard)	Nachr.Abt. 43		,,	(43)
Knabe	Art.Rgt. 8		,,	(44)
Hannesen	Inf.Lehrrgt.		,,	(45)
Merkel	Nachr.Abt. 7		,,	(49)
Kinkelin	Ob.Kdo. d. H. (In 8) (F)		,,	(58)
Bloedhorn	Art.Schule		,,	(64)
Wegelein	Gren.Rgt. 17		,,	(64a)
Oberst 1. 6. 44 (29)				
Pflug	St. H.Dienststelle 9 (N)		,,	(65)
Ludwig	St. Wehrers.Insp. Koblenz (I)		,,	(73)
Freiherr von Recum	Wehrkrs.Reit- u. Fahrschule Dillingen (Donau)		,,	(82)
von Kosposh	Gren.Rgt. 53		,,	(87)
von Dresky	Ob.Kdo. d. H. (Ag P 2) (A)		,,	(97)
Wagner	Ob.Kdo. d. H. (Wa I Rü/W. u. G. 7) (N)		1. 9. 42	(5)
Bechtold	Fest.Pi.St. 17		,,	(6)
Brunner	St. H.Dienststelle 10 (N)		,,	(10)
Krause	b. Ausb.Leiter Lyck (I)		,,	(17)
Lohof	z. Verf. Ob. d. H. (Sonst. Offz.) (I)		,,	(27)
Feldhuß	St. 3. Pz.Div. (Kdsch)		,,	(36)
Friedenstruppenteil neu festgesetzt: Kraftf.Abt. 3				
Holbach	Kdtr. Prag (I)		,,	(37)
Heise	Wehrbz.Kdo. Göttingen (I)		,,	(40)
Hauch	Kriegsschule München (I)		,,	(41)
von Majewski	Jäg.Rgt. 54		,,	(53)
Schüter	Ob.Kdo. d. H. (In 5) (Pi)		,,	(58)
Scherber	Gren.Rgt. 21		,,	(76)
Brandes	b. Ausb.Leiter Zweibrücken (I)		,,	(80)
Kaiser	Pi.Btl. 25		,,	(89)
Heuser	Transportkdtr. Kassel (I)		,,	(93)
Göttmann	St. 33. Div. (PzGr)		,,	(96)
Riepl	Pz.Gren.Rgt. 11 (I)		,,	(97a)
Hesselbarth	I. Abt. Art.Rgt. 97		,,	(102)

Kaßner	I. Abt. Art.Rgt. 46	1. 9. 42	(104)
Oberst 1. 7. 44 (34)			
Kutzner	Jäg.Rgt. 49	,,	(105)
Oberst 9. 11. 44 (29)			
Seydel	Kriegsakad. (PzGr)	,,	(105a)
von Prittwitz und Gaffron	d. Gen.St., zuletzt Gren.Rgt. 7	,,	(106)
Natter	Gren.Rgt. 2	,,	(107)
Mentz	Ob.Kdo. d. H. (AHA/Stab) (I)	,,	(109)
von Rosenberg-Lipinsky	St. Gen.Kdo. X. A.K. (K)	,,	(110)
Jung	Ob.Kdo. d. H. (In 7) (N)	,,	(112)
von Keiser	Gren.Rgt. 12	,,	(113)
Hasse	St. Abt. Ob.Kdo. d. H. (K)	,,	(114)
Hammer	Ob.Kdo. d. H. (In 5) (Pi)	,,	(115)
Jordan	Radf.Abt. 1 (PzGr)	,,	(117)
Enemark	Pz.Gren.Rgt. 69 (I)	,,	(124)
Baltrusch	Fest.Pi.St. 22	,,	(128)
Kietz	Gren.Rgt. 29	,,	(149)
Benzien	St. Kdtr. Befest. b. Lötzen (Pi)	,,	(153)
Schmuck	St. 6. Div. (I)	,,	(159)
Winter (Hans)	Art.Rgt. 34	,,	(178)
Hoffmann	Pz.Gren.Rgt. 12	1. 10. 42	(2)
Oberst 1. 4. 44 (64f)			
von Criegern	Jäg.Rgt. 49	,,	(3)
Hesse	Gren.Rgt. 87	,,	(4)
Blümel	Geb.Art.Rgt. 79	,,	(10)
Oberst 1. 12. 44 (28)			
Müller	Füs.Rgt. 34	,,	(10b)
Garthe	Ob.Kdo. d. H. (Ag P 1/5. Abt.) (Pi)	,,	(12)
Oberst 30. 1. 45			
von Lüpke	M.G.Btl. 5 (PzGr)	,,	(13)
Hoheisel	Pz.Rgt. 7	,,	(14)
Fürst	Gren.Rgt. 1	,,	(15)
Oberst 1. 8. 44 (33)			
Hanauer	Art.Rgt. 10	,,	(18)
Frisch	Fest.Pi.St. 27	,,	(20)
Ahrens	Fest.Pi.St. 2	,,	(30)
Hilse	Fest.Pi.St. 15	,,	(31)
Dieckvoß	Fest.Pi.St. 20	,,	(32)
Neufeld	Fest.Pi.St. 9	,,	(35)
Delius	Beob.Abt. 20	1. 11. 42	(1)
1. 12. 44 in DAL S überführt			
Kurtz	Art.Rgt. 9	,,	(2)
Krüger	Nachr.Abt. 40	,,	(3)
Freiherr Grote	Ob.Kdo. d. H. (In 9) (Nbl)	,,	(5)
Zinsser	Beob.Abt. 24	,,	(7)
Oberst 30. 1. 45			
von Klitzing	Gren.Rgt. 2	,,	(8)
Nikodem	Beob.Abt. 4	,,	(10)
Rauterberg	z. Verf. Ob. d. H. (Sonst. Offz.) (I)	,,	(11)
Lamprecht	Gren.Rgt. 131	,,	(12)
Schumann	Gren.Rgt. 53	,,	(14)
Krüger	Geb.Jäg.Rgt. 13	,,	(16)
Francke	Jäg.Rgt. 28	,,	(18)
von Winterfeld	Pz.Rgt. 6	,,	(19)
Liesecke	Gren.Rgt. 61	,,	(21)
Radtke	Gen.St. 32. Div. (I)	,,	(23)

Malende	Pi.Btl. 9	1. 11. 42	(24)
Oberst 1. 1. 45			
Brunner	Art.Rgt. 26	,,	(25)
Göring	Wehrbz.Kdo. Litzmannstadt (W.M.A. Litzmann-		
	stadt 2) (I)	,,	(26)
Huber	Nachr.Abt. 7	,,	(27)
Hauschild	b. Ausb.Leiter Fraustadt (I)	,,	(33)
Bullerdieck	Pz.Pi.Btl. 38	,,	(34)
Wolf	Gren.Rgt. 57	,,	(43)
Glantz	St. Kdtr. Befest. b. Allenstein (A)	,,	(46)**
Oberst 1. 2. 44 (37c)			
Giebelhausen	Wehrbz.Kdo. Düsseldorf (I)	,,	(47)
Werner	Wehrbz.Kdo. Meißen (A)	,,	(50)
Gehrmann	Wehrbz.Kdo. Neustadt (Westpr) (W.M.A. Goten-		
	hafen) (I)	,,	(51)
Erdmann	Leiter Festungsfunkstelle Königsberg (Pr) (N)	,,	(52)
Narr	z. Verf. Ob. d. H. (Sonst. Offz.) (Pz)	,,	(57)
Brönnle	Fest.Pi.St. 26	,,	(58)
Franz	Ob.Kdo. d. H. (In 7) (I)	,,	(60)
Ebentheuer	Wehrbz.Kdo. Straubing (W.M.A. Straubing) (I)	,,	(64)
Baumeister	Gren.Rgt. 62	,,	(65)**
·Oberst 1. 8. 44 (33a)			
Wiese	Pz.Gren.Rgt. 73 (I)	,,	(68)
Oberst 1. 4. 44 (65b)			
Burgemeister	Kriegsakad. (I)	,,	(74)**
Oberst 1. 8. 44 (33b)			
Arndt	Gren.Rgt. 16	,, -	(77)
Oberst 1. 5. 44 (5b)			
Hartmann	Fest.Pi.St. 9	,,	(83)
Kohlmann	Nbl.Abt. 2	,,	(89)
Schlenkrich	St. Wehrers.Insp. Leipzig (I)	1. 12. 42	(2)
Trösken	Ob.Kdo. d. H. (In 7) (N)	,,	(9)
Vetter	Beob.Abt. 7	,,	(10)
Kost	St. Wehrers.Insp. Mannheim (PzGr)	,,	(21)
Heyne	Fest.Pi.St. 11	,,	(30)
Drescher	Kdtr. Versuchspl. Hillersleben (A)	,,	(33)
Wendt	St. Kdtr. Befest. b. Aachen (Pi)	,,	(35)
Hüser	Fest.Pi.St. 2	,,	(36)
Braun	Krad.Schütz.Btl. 1 (F)	,,	(37)
Friedenstruppenteil neu festgesetzt: Kraftf.Abt. 9			
Frank	Wehrbz.Kdo. Würzburg (W.M.A. Würzburg) (I)	,,	(38)
Michael	Kraftf.Abt. 9	,,	(43)
Schneider	Wehrbz.Kdo. Rosenheim (A)	,,	(46)**
Oberst 1. 8. 44 (33c)			
Matthaei	Nachr.Abt. 31	,,	(47)
Grede	Pz.Jäg.Abt. 9 (PzGr)	,,	(66)
Nast-Kolb	Art.Rgt. 109	,,	(70a)
Eispert	Wehrbz.Kdo. Breslau I (I)	,,	(73)
Oberst 1. 5. 44 (5c)			
Schemmel	Pz.Gren.Rgt. 4	,,	(83)
von Kunowski	d. Gen.St., zuletzt Kriegsakad. (I)	,,	(87)
von Amsberg (Otto)	d. Gen.St., zuletzt Pi.Btl. 12	,,	(88)
von Drabich-Waechter	d. Gen.St., zuletzt Gren.Rgt. 30	,,	(92)
Oberst 1. 12. 44 (29)			
Henkel	Gen.St. d. H. (4. Abt.) (A)	,,	(93)
von Menges	d. Gen.St., zuletzt Kriegsakad. (K)	,,	(94)
Witt	d. Gen.St., zuletzt Kriegsakad. (I)	,,	(96)

Graue	d. Gen.St., zuletzt Kriegsakad. (N)	1. 12. 42	(97)
von Pawel	r. Art.Abt. 1	,,	(97a)
Meyer (Heinz)	d. Gen.St., zuletzt Kriegsakad. (I)	,,	(98)
Schmoll	d. Gen.St., zuletzt Kriegsakad. (Pz)	,,	(99)
Friederich	St. 1. Geb.Div. (N)	,,	(100a)
Matthes (Alfred)	Gren.Rgt. 18	,,	(120)
Schütze (Hermann)	Gren.Rgt. 17	,,	(121)
Hürten	Pi.Btl. 31	1. 1. 43	(2)
von Gal	b. Ausb.Leiter Bonn (A)	,,	(3)
Kranz	b. Ausb.Leiter Freystadt (Niederschles) (I)	,,	(6)
Schwind	St. 46. Div. (I)	,,	(8)
Bocken	b. Ausb.Leiter Ratibor (A)	,,	(10)
Peter	Wehrbz.Kdo. Hamburg IV (W.M.A. Hamburg 4) (I)	,,	(11)
Deutsch	Fest.Pi.St. 28	,,	(13a)
Weichardt	Kriegsschule Potsdam (I)	,,	(24)
Praust	Art.Rgt. 17	,,	(25)
Hartenstein	Jäg.Rgt. 56	,,	(27)
Adam	d. Gen.St., zuletzt Kriegsakad.	,,	(28)
Oberst 1. 6. 44 (29b)			
Möller	Ob.Kdo. d. H. (In 7) (N)	,,	(29)
Steinitz	Gen.St. 45. Div. (A)	,,	(31)
von Lengerke	Art.Rgt. 31	,,	(32)
Oberst 1. 7. 44 (35)			
von Kruska	Geb.Jäg.Rgt. 138	,,	(33)
Oberst 1. 9. 44 (43)			
Muxel	Gren.Rgt. 42	,,	(34)
Müller	Kraftf.Abt. 7	,,	(35)
Seidenstücker[1]	Pz.Rgt. 3	,,	(35a)
Forster	Geb.Jäg.Rgt. 100 *Oberst 1. 9. 44 (43a)*	,,	(36)**
Siebert	d. Gen.St., zuletzt Kriegsakad. (I)	,,	(37)
Oberst 1. 8. 44 (34)			
Düll	Schule f. H.Mot. (Pz)	,,	(39)
Kreutzer	Ob.Kdo. d. H. (In 2) (I)	,,	(41)
Oppermann	d. Gen.St., zuletzt Kriegsakad. (A)	,,	(42)
Fleischmann	Geb.Jäg.Rgt. 98	,,	(43)
Pretz	Pi.Schule II	,,	(44)**
Oberst 1. 8. 44 (34a)			
Müncheberg	d. Gen.St., zuletzt Gren.Rgt. 90	,,	(45)
Oberst 1. 7. 44 (36)			
Kühn	Gren.Rgt. 133	,,	(48)
Oberst 1. 9. 44 (43b)			
Schultes	d. Gen.St., zuletzt Kriegsakad. (K)	,,	(52)
Oberst 45			
Inhofer	d. Gen.St., zuletzt Kriegsakad. (I)	,,	(60)
Kirsch	Gen.St. 15. Div. (I)	,,	(61)
Oberst 1. 10. 44 (25)			
Tilgner	d. Gen.St., zuletzt Gren.Rgt. 121	,,	(62)
Niklaus	d. Gen.St., zuletzt Kriegsakad. (I)	,,	(63)
Oberst 1. 10. 44 (26)			
Sapauschke	d. Gen.St., zuletzt Pz.Gren.Rgt. 93	,,	(64)
Mehring	d. Gen.St., zuletzt Jäg.Rgt. 83	,,	(65)
Oberst 30. 1. 45			
Huhs	Gen.St. 26. Div. (I)	,,	(66)
Oberst 1. 7. 44 (37)			
Meyer (Hans-Gerhard)	d. Gen.St., zuletzt Kriegsakad. (I)	,,	(67)

[1] Lt. DAL 1938: ,,Seidensticker"

Ritter und Edler von Rosenthal (Wilfried)
      d. Gen.St., zuletzt Kriegsakad. (I) 1. 1. 43 (68)
 Oberst 9. 11. 44 (30)
Schenk Graf von Stauffenberg Gen.St. 6. Pz.Div. (K) ,, (69)
 Oberst 1. 4. 44 (66 a)
Bessell d. Gen.St., zuletzt Kriegsakad. (I) ,, (71)
 Oberst 1. 6. 44 (30)
Schmidt (Walter) Gen.St. 10. Div. (I) ,, (72)
 Oberst 1. 7. 44 (38)
Kriebel Gen.St. d. H. (3. Abt.) (I) ,, (73)
Allmer Gen.St. 34. Div. (I) ,, (75)
Weber (Helmut) d. Gen.St., zuletzt Kriegsakad. (I) ,, (76)
Reinhardt (Friedrich) d. Gen.St., zuletzt St. Gen.Kdo.
      IX. A.K., zugl. Kdt. d. Transportbz. Kassel (A) ,, (78)
 Oberst 9. 11. 44 (31)
Bornhausen Gen.St. d. H. (12. Abt.) (I) ,, (79)
Meyer (Helmuth) d. Gen.St., zuletzt Kriegsakad. (I) ,, (80)
Möller (Joachim) d. Gen.St., zuletzt Kriegsakad. (Pi) ,, (81)
 Oberst 1. 8. 44 (35); Namensänderung in Möller-Döling
Starke (Hans) d. Gen.St., zuletzt Jäg.Rgt. 83 ,, (82)
 Oberst 1. 9. 44 (44)
Moeller-Althaus (Helmut) d. Gen.St., zuletzt Kriegsakad.) (I) ,, (83)
 Oberst 1. 12. 44 (30)
von Gyldenfeldt d. Gen.St., zuletzt Kriegsakad. (I) ,, (84)
Gläser Gren.Rgt. 18 ,, (87)
Schmidt Pz.Gren.Rgt. 63 (I) ,, (89)
Vorwerck d. Gen.St., zuletzt Kriegsakad. (Pi) ,, (91)
Langenstraß d. Gen.St., zuletzt St. 2. Pz.Div. (Pz) ,, (92)
 Oberst 9. 11. 44 (32)
Thien Gen.St. XXIV. A.K. (A) ,, (93)
 Oberst 20. 4. 45
Koenig Gen.St. d. H. (6. Abt.) (A) ,, (94)
von Criegern d. Gen.St., zuletzt Kriegsakad. (I) ,, (95)
von Tempelhoff Gen.St. VII. A.K. (A) ,, (96)
 Oberst 1. 6. 44 (31)
von Zawadzky d. Gen.St., Ob.Kdo. d. H. (AHA/Stab) (I) ,, (97)
Schäfer (Heinrich) d. Gen.St., zuletzt Kriegsakad. (I) ,, (98)
Freiherr von Finck d. Gen.St., zuletzt Kriegsakad. (I) ,, (99)
Einbeck Gen.St. 17. Div. (A) ,, (100)
 Oberst 30. 1. 45
Metz (Lothar) d. Gen.St., zuletzt St. 20. Div. (A) ,, (101)
Freiherr von Canstein d. Gen.St., zuletzt St. 4. Div. (I) ,, (102)
 Oberst 1. 3. 45
von Metzsch Gen.St. 7. Pz.Div. (Pz) ,, (103)
von Roeder d. Gen.St., zuletzt Kriegsakad. (K) ,, (105)
 Oberst 1. 7. 44 (39)
Pflanz Gen.St. d. H. (7. Abt.) (I) ,, (106)
 Oberst 9. 11. 44 (33)
Lorenz d. Gen.St., zuletzt Kriegsakad. (I) ,, (107)
Purucker Gen.St. 16. Div. (I) ,, (109)
 Oberst 1. 8. 44 (36)
Freiherr von Ohlen und Adlerscron
      d. Gen.St., zuletzt Kriegsakad. (K) ,, (110)
Graf von Pückler d. Gen.St. zuletzt St. 9. Pz.Div. (Pz) ,, (111)
 Oberst 1. 1. 45
Laßmann Gen.St. d. H. (6. Abt.) (I) ,, (112)
von Kleist d. Gen.St., zuletzt Kriegsakad. (K) ,, (113)

Bürklin Gen.St. d. H. (3. Abt.) (I)		1. 1. 43	(115)
Oberst 9. 11. 44 (34)			
von Voß d. Gen.St., zuletzt Kriegsakad. (I)		,,	(116)
Siemoneit d. Gen.St., zuletzt Pz.Gren.Rgt. 64		,,	(117)
Oberst 20. 4. 45			
Ulms d. Gen.St., zuletzt Kriegsakad. (A)		,,	(119)
Oberst 1. 8. 44 (37)			
Degenkolb d. Gen.St., zuletzt Kriegsakad. (I)		,,	(120)
Herzog d. Gen.St., zuletzt Art.Rgt. 14		,,	(121)
Freiherr von Uckermann (Albrecht) d. Gen.St., zuletzt Kriegsakad. (I)		,,	(122)
Schön Kdt. d. Transportbz. Frankfurt (Oder) (I)		,,	(123)
Eggert d. Gen.St., zuletzt Kriegsakad. (N)		,,	(124)
Werner d. Gen.St., zuletzt Kriegsakad. (I)		,,	(124a)
Zolling d. Gen.St., zuletzt Kriegsakad. (A)		,,	(125)
Oberst 9. 11. 44 (35)			
Scholz Gen.St. 27. Div. (I)		,,	(126)
Blanke d. Gen.St., zuletzt Kriegsakad. (A)		,,	(128)
Sadrozinski d. Gen.St., zuletzt Kriegsakad. (I)		,,	(129)
Müller (Heinrich) d. Gen.St., zuletzt Füs.Rgt. 39		,,	(130)
Oberst 9. 11. 44 (36)			
Bußmann d. Gen.St., zuletzt Kriegsakad. (I)		,,	(132)
Oberst 20. 4. 45			
Knapp d. Gen.St., zuletzt Kriegsakad. (I)		,,	(133)
Oberst 9. 11. 44 (37)			
Otto d. Gen.St., zuletzt Kriegsakad. (I)		,,	(134)
Oberst 1. 8. 44 (†)			
Herre d. Gen.St., zuletzt Kriegsakad. (Pi)		,,	(135)
Oberst 1. 6. 44 (32)			
Staubwasser d. Gen.St., zuletzt Kriegsakad. (I)		,,	(136)
Oberst 9. 11. 44 (38)			
Ludendorff d. Gen.St., zuletzt Kriegsakad. (I)		,,	(137)
Oberst 1. 7. 44 (40)			
Leyherr d. Gen.St., zuletzt Kiegsakad. (A)		,,	(138)
Bergengruen d. Gen.St., zuletzt St. 2. Div. (A)		,,	(139)
Oberst 9. 11. 44 (39)			
Frank (Paul) d. Gen.St., zuletzt Kriegsakad. (I)		,,	(140)
Oberst 20. 4. 45			
von Rosenstiel d. Gen.St., zuletzt Kriegsakad. (Pi)		,,	(141)
Oberst . . . . . . [RDA nicht feststellbar; wahrscheinlich befördert]			
Nitschmann (Horst) d. Gen.St., zuletzt Kriegsakad. (I)		,,	(142)
Brendel d. Gen.St., zuletzt Kriegsakad. (I)		,,	(143)
Schroetter d. Gen.St., zuletzt Kriegsakad. (K)		,,	(144)
von Consbruch d. Gen.St., zuletzt Kriegsakad. (I)		,,	(145)
Oberst 1. 3. 44 (20c)			
Brand (Jobst) d. Gen.St., zuletzt Kriegsakad. (A)		,,	(146)
von Dufving d. Gen.St., zuletzt Kriegsakad. (A)		,,	(147)
Lechler d. Gen.St., zuletzt Kriegsakad. (I)		,,	(148)
Geyer (Heinz) d. Gen.St., zuletzt Kriegsakad. (N)		,,	(149)
Riedel d. Gen.St., zuletzt Kriegsakad. (I)		,,	(150)
Oberst 1. 6. 44 (33)			
Golling d. Gen.St., zuletzt Kriegsakad. (A)		,,	(151)
Lau d. Gen.St., zuletzt Kriegsakad. (A)		,,	(152)
Stephanus d. Gen.St., zuletzt Kriegsakad. (I)		,,	(153)
Oberst 16. 3. 45			
Refior d. Gen.St., zuletzt Kriegsakad. (I)		,,	(154)
Oberst 1. 10. 44 (27)			

Lenné d. Gen.St., zuletzt Kriegsakad. (A)	1. 1. 43	(155)
von Brunn d. Gen.St., zuletzt Kriegsakad. (Pi)	,,	(156)
Oberst 1. 10. 44 (28)		
von der Heyde d. Gen.St., zuletzt Kriegsakad. (I)	,,	(157)
Oberst 1. 8. 44 (38)		
Biebrach Art.Rgt. 26	,,	(157a)
Boehncke d. Gen.St., zuletzt Kriegsakad. (I)	,,	(158)
von Zitzewitz d. Gen.St., zuletzt Kriegsakad. (K)	,,	(159)
Weidemann d. Gen.St., zuletzt Kriegsakad. (I)	,,	(160)
Bruns (Rolf) d. Gen.St., zuletzt Kriegsakad. (Pz)	,,	(161)
Oberst 9. 11. 44 (40)		
Freiherr Loeffelholz von Colberg d. Gen.St., zuletzt Kriegsakad. (Pz)	,,	(162)
Giehl Geb.Jäg.Rgt. 137	,,	(162a)
Eppendorff d. Gen.St., zuletzt I. Abt. Art.Rgt. 44	,,	(162a^1)
Faulmüller d. Gen.St., zuletzt Kriegsakad. (I)	,,	(162a^2)
Oberst 1. 4. 44 (68a)		
von Kessel d. Gen.St., zuletzt Kriegsakad. (Pz)	,,	(162a^3)
Freiherr von Weitershausen d. Gen.St., zuletzt Kriegsakad. (A)	,,	(162a^4)
Oberst 1. 6. 44 (34)		
Schumann d. Gen.St., zuletzt Kriegsakad. (K)	,,	(162a^5)
Michel d. Gen.St., zuletzt Kriegsakad. (I)	,,	(162a^6)
Poggendorff d. Gen.St., zuletzt Kriegsakad. (I)	,,	(162a^7)
Willig d. Gen.St., zuletzt Kriegsakad. (I)	,,	(162a^8)
Oberst 20. 4. 45		
Niepold d. Gen.St., zuletzt Kriegsakad. (I)	,,	(162a^9)
Fussenegger d. Gen.St., zuletzt Kriegsakad. (I)	,,	(162a^{10})
Zimmer d. Gen.St., zuletzt Kriegsakad. (I)	,,	(163a)
von Hobe d. Gen.St., zuletzt Kriegsakad. (A)	,,	(163b
von Harling d. Gen.St., zuletzt St. 5. Pz.Brig. (Pz)	,,	(163c)
Oberst 1. 10. 44 (29)		
Hartmann (Fritz) d. Gen.St., zuletzt Kriegsakad. (I)	,,	(163d)
Kinitz d. Gen.St., zuletzt Kriegsakad. (A)	,,	(163e)
Oberst 30. 1. 45		
Hoheisel d. Gen.St., zuletzt St. Gen.Kdo. I. A.K. (I)	,,	(163f)
Freiherr von Berlichingen-Jagsthausen d. Gen.St., zuletzt Kav.Rgt. 14	,,	(163g)
von Frankenberg und Ludwigsdorf d. Gen.St., zuletzt Kriegsakad. (A)	,,	(163i)
Eismann d. Gen.St., zuletzt Kriegsakad. (I)	,,	(163k)
Oberst 1. 9. 44 (45)		
Graf von Bullion d. Gen.St., zuletzt Kriegsakad. (A)	,,	(163l)
von Hoepfner d. Gen.St., zuletzt Kriegsakad. (N)	,,	(163m
Glase Gren.Rgt. 67	,,	(164)
Kördel (Dietrich) d. Gen.St., zuletzt Gren.Rgt. 32	,,	(164a)
Lindow Gren.Rgt. 135	,,	(165)
Pfeiffer Pz.Jäg.Abt. 5 (PzGr)	,,	(165b)
Haßel Ob.Kdo. d. H. (Ag P 1) (Pz)	,,	(165c)
Wendt Pz.Gren.Rgt. 79	,,	(165e)
Rosenbaum Pz.Art.Rgt. 16	,,	(165h)
Pohl Gren.Rgt. 134	,,	(165 i)
Stephani Gren.Rgt. 71	,,	(166)
Zivkovic Gren.Rgt. 134	1. 2. 43	(1a)
Swoboda Geb.Jäg.Rgt. 138	,,	(1a^1)
Schmidt (Walter) Pz.Gren.Rgt. 33 (I)	,,	(1b)
Reich Gren.Rgt. 88	,,	(1c)
Veigele Gren.Rgt. 134	,,	(1d)

Thomas (Johannes)	Ob.Kdo. d. H. (In 5) (Pi)		1. 2. 43	(1e)
Andreeßen	Wehrbz.Kdo. Wesermünde (A)		,,	(3)
Steinbrecher	Pi.Btl. 29		,,	(5)
Waldow	Nachr.Abt. 35		,,	(6)
von Vultejus	St. Gen.Kdo. III. A.K. (I)		,,	(7)
Christoph	z. Verf. Ob. d. H. (Sonst. Offz.) (A)		,,	(12)
Deppe	St. Wehrers.Insp. Köln (I)		,,	(13)
van Meenen	Fest.Pi.St. 12		,,	(16)
Burghard	Fest.Pi.St. 12		,,	(17)
Ranft	Gren.Rgt. 80		,,	(18)
von Canstein	z. Verf. Ob. d. H. (Sonst. Offz.) (K)		,,	(22a)
Benne	Nachr.Abt. 45		,,	(23)
Kneitinger	Wehrbz.Kdo. Pfarrkirchen (I)		,,	(27)
Wolf	Pz.Art.Rgt. 74		,,	(28)
Wißmann	Pz.Gren.Rgt. 14		,,	(32)**
Oberst 1. 8. 43 (57b)				
Muschner	Wehrbz.Kdo. Görlitz (I)		,,	(37)
Lenz	Ob.Kdo. d. H. (Ag P 1) (PzGr)		,,	(38a)
Oberst 9. 11. 44 (41)				
Gnoth	Pz.Gren.Rgt. 93 (I)		,,	(39)**
Oberst 1. 7. 44 (40b)				
Heß	Gren.Rgt. 31		,,	(41)
Oberst 1. 8. 44 (39)				
Audorff	Gren.Rgt. 42		,,	(42)
Duensing	d. Gen.St., zuletzt Gren.Rgt. 109		,,	(43)
Helms	d. Gen.St., zuletzt Kriegsakad. (I)		,,	(44)
Simon	d. Gen.St., zuletzt Kriegsakad. (N)		,,	(45)
Rauch	d. Gen.St., zuletzt Kriegsakad. (I)		,,	(46)
Schelm	d. Gen.St., zuletzt Kriegsakad. (I)		,,	(47)
Oberst 20. 4. 45				
Sengpiel	d. Gen.St., zuletzt Jäg.Rgt. 49		,,	(48)
Wilutzky	d. Gen.St., zuletzt Kriegsakad. (I)		,,	(49)
Oberst 1. 12. 44 (31)				
Picot	d. Gen.St., zuletzt Kriegsakad. (I)		,,	(50)
von Stockhausen	d. Gen.St., zuletzt Kriegsakad. (K)		,,	(51)
Beddies	Gren.Rgt. 124		,,	(52)
Mentzel	d. Gen.St., zuletzt Gren.Rgt. 78		,,	(53)
Böhles	d. Gen.St., zuletzt Gren.Rgt. 12		,,	(54)
Oberst 1. 10. 44 (30)				
Heine	Art.Lehrrgt.		,,	(55)
Oberst 1. 10. 44 (31)				
Herber	d. Gen.St., zuletzt Kriegsakad. (Pi)		,,	(56)
Oberst 1. 8. 44 (40)				
Fett	d. Gen.St., zuletzt Kriegsakad. (I)		,,	(57)
Oberst 9. 11. 44 (42)				
Starke (Robert)	d. Gen.St., zuletzt Kriegsakad. (I)		,,	(58)
Müller (Klaus)	d. Gen.St., zuletzt Kriegsakad. (Pi)		,,	(59)
Oberst 20. 4. 45				
Schindler	d. Gen.St., zuletzt Kriegsakad. (I)		,,	(60)
Oberst 1. 1. 45				
Reschke	d. Gen.St., zuletzt Kriegsakad. (A)		,,	(61)
Koller-Kraus	d. Gen.St., zuletzt Pi.Schule II		,,	(63)
Oberst 1. 12. 44 (32)				
von Tresckow (Rolf)	d. Gen.St., zuletzt Kriegsakad. (I)		,,	(64)
von Olshausen	d. Gen.St., zuletzt Kriegsakad. (I)		,,	(65)
Starck	d. Gen.St., zuletzt Kriegsakad. (I)		,,	(67)
von Widekind	d. Gen.St., zuletzt Kriegsakad. (I)		,,	(68)

Neitzel   d. Gen.St., zuletzt Gren.Rgt. 96   1. 2. 43   (69)
   Oberst 20. 4. 45
Zimmermann   d. Gen.St., zuletzt Kriegsakad.   (N)   ,,   (70)
Krüger (Wolfgang)   d. Gen.St., zuletzt Füs.Rgt. 22   ,,   (71)
Jacobi   Pz.Art.Rgt. 33   1. 3. 43   (1)
Eschenbach   Kriegsschule Hannover   (PzGr)   ,,   (1a)
Haupt   I. Abt. Art.Rgt. 50   ,,   (2)
Stobbe   z. Verf. Ob. d. H. (Sonst. Offz.)   (K)   ,,   (8)
   Friedenstruppenteil neu festgesetzt: Kraftf.Abt. 1
Kortenhaus   Wehrbz.Kdo. Krefeld (W.M.A. Krefeld)   (A)   ,,   (9)
Hinze   St. Landw.Kdr. Stargard (Pom)   (Pi)   ,,   (12)
Frey   St. 33. Div.   (I)   ,,   (13)
   Friedenstruppenteil neu festgesetzt: Kraftf.Abt. 7
Oertel   b. Ausb.Leiter Trier   (Pi)   ,,   (14)
Winkelmann   Fest.Pi.St. 17   ,,   (16)
Feldmann   Wehrbz.Kdo. Glauchau   (I)   ,,   (18)
Bogdanski   Art.Rgt. 98   ,,   (19)
Engel   zuletzt Adj. d. W. b. Führer   (I)   ,,   (21a)**
   Oberst 1. 5. 44   (7a); Gen.Maj. 9. 11. 44   (18); Gen.Lt. 20. 4. 45
Voigt   Pz.Gren.Rgt. 73   (I)   ,,   (23)
Heinz   Ob.Kdo. d. W. (Abw III)   (I)   ,,   (27)
Brauer   Nachr.Abt. 44   ,,   (28)
Mackel   Pi.Btl. 12   ,,   (34)
Boldt   Pz.Rgt. 6   ,,   (35)
Hofmann   Geb.Art.Rgt. 79   ,,   (38)
Boie   St. 26. Div.   (I)   ,,   (39)
Krüger   St. Landw.Kdr. Elbing   (N)   ,,   (40)
Schenck   Gren.Rgt. 81   ,,   (42)
Knupe   z. Verf. Ob. d. H. (Sonst. Offz.)   (A)   ,,   (46)
Keller   Gren.Rgt. 96   ,,   (58)
Hock   St. Gen.Kdo. XXIV. A.K.   (Pi)   ,,   (59)
Janowski   z. Verf. Ob. d. H. (Sonst. Offz.)   (K)   ,,   (61)
Wandschneider   Fest.Pi.St. 11   ,,   (62)
Kuvecke   Fest.Pi.St. 11   ,,   (63)
Ahlemeyer   Wehrbz.Kdo. Glogau   (I)   ,,   (66)
Trunski   Gren.Rgt. 88   ,,   (69)
Donner   Pz.Art.Rgt. 116   ,,   (71)
Hiller   St. Wehrers.Insp. Stuttgart   (I)   ,,   (73)
Fischer   b. Fest.Pi.Kdr. V   ,,   (75)
Fischer   Gren.Rgt. 131   ,,   (78)
Freyer   d. Gen.St., zuletzt Kriegsakad.   (Pz)   ,,   (79)
   Oberst 1. 9. 44   (46)
Giese   d. Gen.St., zuletzt Kriegsakad.   (A)   ,,   (80)
Praetorius   d. Gen.St., zuletzt Kriegsakad.   (A)   ,,   (81)
Schuon   d. Gen.St., zuletzt Kriegsakad.   (I)   ,,   (82)
Plücker   d. Gen.St., zuletzt M.G.Btl. 1   ,,   (83)
Rahtgens   d. Gen.St., zuletzt Kriegsakad.   (A)   ,,   (85)
von Groll   d. Gen.St., zuletzt Kav.Rgt. 10   ,,   (86)
Voß (Wilhelm)   d. Gen.St., zuletzt H.Nachr.Schule   (Pz)   ,,   (87)
Greiner   d. Gen.St., zuletzt Kriegsakad.   (A)   ,,   (88)
Albinus   d. Gen.St., zuletzt Kriegsakad.   (A)   ,,   (89)
Übelhack   d. Gen.St., zuletzt Geb.Jäg.Rgt. 98   ,,   (90)
   Oberst 1. 1. 45
von Trotha (Horst)   d. Gen.St., zuletzt Kav.Rgt. 8   ,,   (91)
Sachße   d. Gen.St., zuletzt Kriegsakad.   (A)   ,,   (92)
von Winning   d. Gen.St., zuletzt Kriegsakad.   (N)   ,,   (93)
von Bila   d. Gen.St., zuletzt Kriegsakad.   (I)   ,,   (94)

Ogilvie	d. Gen.St., zuletzt Pi.Btl. 2	1. 3. 43	(95)
Neckelmann	d. Gen.St., zuletzt Art.Rgt. 30	,,	(96)
von dem Knesebeck (Klaus)	d. Gen.St., zuletzt Gren.Rgt. 48	,,	(97)

Oberst 20. 4. 45

Ferchl	d. Gen.St., zuletzt Kriegsakad. (I)	,,	(98)
Bickel	d. Gen.St., zuletzt Kriegsakad. (N)	,,	(99)
Saß	d. Gen.St., zuletzt Gren.Rgt. 50	,,	(101)
Weber (Josef)	d. Gen.St., zuletzt St. Inf.Kdr. 10	,,	(102)
Liebe	d. Gen.St., zuletzt Kriegsakad. (A)	,,	(103)
Troitzsch	d. Gen.St., zuletzt Kriegsakad. (Pz)	,,	(104)

Oberst 1. 3. 45

Klie	d. Gen.St., zuletzt Art.Rgt. 6	,,	(105)
Willers	d. Gen.St., zuletzt Kriegsakad. (I)	,,	(106)
von Lindequist	d. Gen.St., zuletzt Kriegsakad. (I)	,,	(107)
Scheller	d. Gen.St., zuletzt Kriegsakad. (I)	,,	(108)
Lemcke	d. Gen.St., zuletzt Kriegsakad. (I)	,,	(109)
Klarhoefer	d. Gen.St., zuletzt Kriegsakad. (N)	,,	(110)
von Hagen	d. Gen.St., zuletzt Gren.Rgt. 118	,,	(111)
Edler von der Planitz	d. Gen.St., zuletzt Pz.Lehrrgt. (Pz.Lehrabt.)	,,	(113)
Oetjen	d. Gen.St., zuletzt Kriegsakad. (I)	,,	(114)
Hobusch	d. Gen.St., zuletzt Pz.Gren.Rgt. 125	,,	(115)
Hilgert	d. Gen.St., zuletzt Kriegsakad. (Pi)	,,	(116)
Busch	d. Gen.St., zuletzt Kriegsakad. (Pz)	,,	(117)
Schulz (Friedrich)	d. Gen.St., zuletzt Kriegsakad. (K)	,,	(119)

Oberst 1. 9. 44 (47)

Müller (Johann)	d. Gen.St., zuletzt Gren.Rgt. 77	,,	(120)
Malter	Geb.Jäg.Rgt. 100	,,	(121a)

Oberst 1. 9. 44 (48)

Fuchs	St. Landw.Kdr. Darmstadt (N)	1. 4. 43	(1)
Kobbe	Kav.Rgt. 8	,,	(1a)
Fendt	Nachr.Abt. 27	,,	(2)
Gruetzbach	Art.Rgt. 1	,,	(2a)
Volk	b. Ausb.Leiter Geilenkirchen (Pi)	,,	(4)
Sanders	Fest.Pi.St. 13	,,	(8)
Krieghoff	Gren.Rgt. 57	,,	(9)
Lüttgens	I. Abt. Art.Rgt. 66	,,	(10)
Veith	Fest.Pi.St. 23	,,	(12)
Wilhelm	Pi.Btl. 9	,,	(15)
Kuppe	Fest.Pi.St. 7	,,	(18)
Weymann	Wehrbz.Kdo. Berlin IV (W.M.A. Treptow) (A)	,,	(19)
Schürnbrand	b. Ausb.Leiter Spittal (Drau) (I)	,,	(23)
Ohm	Beob.Abt. 32	,,	(26)

Oberst 1. 5. 45 (Bef. 10. 6. 45 durch Ob. Süd)

Meyer	b. Ausb.Leiter Breslau 1 (I)	,,	(28)
Lauxmann	z. Verf. Ob. d. H. (Sonst. Offz.) (I)	,,	(30)
Greiß	St. Gen.Kdo. XXIV. A.K. (Pi)	,,	(31)
Schennen	Wehrbz.Kdo. Landsberg (Warthe) (I)	,,	(33)
Winkelmann	Kdtr. Tr.Üb.Pl. Stablack (I)	,,	(35)
Kopp	St. Art.Kdr. 1 (A)	,,	(37)
Commichau	Kav.Schütz.Rgt. 9 (I)	,,	(39)
Bergen	St. Wehrers.Insp. Königsberg (Pr) (I)	,,	(45)
Balcarek (Eugen)	Gren.Rgt. 95	,,	(49)

Oberst 9. 11. 44 (43)

Carstens	St. Wehrers.Insp. Hamburg (I)	,,	(52a[1])
von Elterlein	Wehrbz.Kdo. Spittal (Drau) (W.M.A. Villach) (K)	,,	(52c)
Komm	Gren.Rgt. 23	,,	(52d)

Oberst 1. 9. 44 (49)

Grundmann M.G.Btl. 9		1. 4. 43	(52e)
Beil I. Abt. Art.Rgt. 110		,,	(53)
Schötensack Gren.Rgt. 106		,,	(53a¹)
Oberst 1. 1. 45			
Ewert Gren.Rgt. Großdeutschland (I)		,,	(53c)
Oberst 1. 6. 44 (34a); Gen.Maj. 1. 3. 45			
Baacke Gren.Rgt. 124		,,	(53d)
Wurzer Ob.Kdo. d. H. (Ag P 1) (I)		,,	(54)
Pintschovius Füs.Rgt. 27		,,	(54a)
Schütte M.G.Btl. 9 (PzGr)		,,	(54a¹)
Bernardis d. Gen.St., zuletzt Kriegsakad. (Pi)		,,	(56)
Eimannsberger d. Gen.St., zuletzt Kriegsakad. (A)		,,	(57)
Vogl d. Gen.St., zuletzt Kriegsakad. (A)		,,	(58)
Pridun d. Gen.St., zuletzt Kriegsakad. (Pi)		,,	(59)
Oberst 1. 8. 44 (41)			
Paumgartten d. Gen.St., zuletzt Geb.Jäg.Rgt. 136		,,	(60)
Härtel d. Gen.St., zuletzt Pz.Gren.Rgt. 69		,,	(61)
Oberst 1. 10. 44 (32)			
Popp d. Gen.St., zuletzt Kriegsakad. (I)		,,	(62)
Roschmann d. Gen.St., zuletzt Kriegsakad. (I)		,,	•(63)
Kleyser d. Gen.St., zuletzt Kriegsakad. (I)		,,	(64)
Oberst 20. 4. 45			
Schechorn Wehrbz.Kdo. Hannover I (I)		,,	(87)
Hain Wehrbz.Kdo. Zweibrücken (W.M.A. Zweibrücken) (I)		,,	(92)
Dionk St. Kdtr. Befest. b. Breslau (Pi)		,,	(95)
Krappe Wehrbz.Kdo. Zwittau (W.M.A. Zwittau) (I)		,,	(96)
Hartmann Wehrbz.Kdo. Steyr (W.M.A. Steyr) (A)		,,	(97)
Weyrauther Geb.Jäg.Rgt. 91		,,	(100a)
Oberst 1. 8. 44 (41a)			
Altstadt Pz.Gren.Rgt. 4		,,	(102)
Lipp Gren.Rgt. 31		,,	(103)
Bochum Art.Rgt. 18		,,	(104)
Delle Karth Geb.Jäg.Rgt. 136		,,	(107)**
Oberst 1. 8. 44 (41b)			
Pavlicek b. Kdr. d. Pi. XVIII		,,	(110)
Oswald Gren.Rgt. 132		,,	(113)
Schmeisser Kav.Rgt. 4		,,	(114)
Reindl Art.Rgt. 96		,,	(116)
Oberst 1. 9. 44 [49a]			
Schubert Pz.Gren.Rgt. 63 (I)		,,	(117)
Pellens Pz.Gren.Rgt. 59		,,	(117a)
Lührs Gren.Rgt. 82		,,	(118)
Richter Ob.Kdo. d. H. (In 6) (PzGr)		,,	(119)
Jürgens Kraftf.Abt. 3		,,	(120)
Hasenfuß (Elmar) Kraftf.Abt. 9		,,	(125)
Dierich Wehrbz.Kdo. Breslau I (I)		,,	(127)
Michele Fest.Pi.St. 20		,,	(128)
Neveling Wehrbz.Kdo. Woldenberg (Neum) (W.M.A. Wolden-berg) (I)		,,	(140)
Fritsch Pz.Nachr.Abt. 33		,,	(180)
Felsch d. Gen.St., zuletzt Kriegsakad. (N)		1. 5. 43	(1)
von Ludowig Gren.Rgt. 67		,,	(1a)
Oberst 30. 1. 45			
Gehrke Gren.Rgt. 76		,,	(1a¹)
Oberst 1. 6. 44 (35)			
von Reden (Jobst) d. Gen.St., zuletzt kdt. z. Gen.St. d. H. (2. Abt.) (A)		,,	(1a³)

Kutzbach	Gren.Rgt. 80	1. 5. 43	(1a⁴)
Goecke	Ob.Kdo. d. H. (Ag P 1) (Pz)	,,	(1a⁵)
Oberst 1. 9. 44 (50)			
Preuß	Kraftf.Abt. 6	,,	(1a⁷)
Wanke	Gren.Rgt. 7	,,	(1b)
von Seeler	Gren.Rgt. 122	,,	(1b¹)
Oberst 1. 4. 44 (69a)			
Steinheimer	M.G.Btl. 2	,,	(1b²)
Nickel	Gren.Rgt. 70	,,	(1b³)
Hinerasky	Jäg.Rgt. 83	,,	(1b⁴)
Oberst 1. 4. 44 (69b)			
Breitenstein	Art.Schule	,,	(1b⁵)
Kolbeck	Kriegsschule Wiener Neustadt (PzGr)	,,	(1c)
Geyer (Rolf)	d. Gen.St., zuletzt Kriegsakad. (A)	,,	(2)
Hornig	d. Gen.St., zuletzt Art.Rgt. 25	,,	(3)
Hartmann (Kurt)	d. Gen.St., zuletzt Kriegsakad. (I)	,,	(4)
Oberst 1. 8. 44 (42)			
Fellmer	d. Gen.St., zuletzt Kriegsakad. (A)	,,	(5)
Ziervogel	d. Gen.St., zuletzt Art.Rgt. 23	,,	(6)
Kuntzen	d. Gen.St., zuletzt Kriegsakad. (N)	:,	(6a)
Graf von Ingelheim genannt Echter von und zu Mespelbrunn	d. Gen.St., zuletzt Kriegsakad. (K)	,,	(7)
Mittermüller	d. Gen.St., zuletzt Kriegsakad. (I)	,,	(8)
Kuban	d. Gen.St., zuletzt Eisenb.Pi.Rgt. 3	,,	(8a)
Oberst 1. 8. 44 (43)			
Freiherr Grote	d. Gen.St., zuletzt Kriegsakad. (Pz)	,,	(9)
Freiherr von Welck	d. Gen.St., zuletzt Pz.Gren.Rgt. 103	,,	(9a)
Oberst 1. 3. 45			
Freiherr von Wangenheim (Konrad)	d. Gen.St., zuletzt Kriegsakad. (K)	,,	(9b)
Hessel	d. Gen.St., zuletzt Kriegsakad. (I)	,,	(10)
Oberst 20. 4. 45			
Pipkorn	d. Gen.St., zuletzt Kriegsakad. (Pz)	,,	(10a)
Oberst 1. 7. 44 (40a)			
Freiherr von Wangenheim (Horst)	d. Gen.St., zuletzt Gren.Rgt.14	,,	(10c)
Roestel	d. Gen.St., zuletzt Kriegsakad. (Pi)	,,	(10d)
Hofmann (Wilhelm)	d. Gen.St., zuletzt Kriegsakad. (A)	,,	(10e)
Bartsch	d. Gen.St., zuletzt Kriegsakad. (Pz)	,,	(10f)
von Unger (Werner)	d. Gen.St., zuletzt Krad.Schütz.Btl. 1	,,	(11)
Bleicken	d. Gen.St., zuletzt Kriegsakad. (I)	,,	(13)
Oberst 20. 4. 45			
Meyer (Georg)	d. Gen.St., zuletzt Art.Rgt. 11	,,	(13a)
Redmer	d. Gen.St., zuletzt Pz.Jäg.Abt. 32	,,	(13b)
Pretzell	d. Gen.St., zuletzt Kav.Rgt. 5	,,	(13c)
Oberst 30. 1. 45			
Weiz	d. Gen.St., zuletzt Kriegsakad. (N)	,,	(14)
Müller (Johannes)	d. Gen.St., zuletzt Kriegsakad. (I)	,,	(14a)
Lassen (Hermann)	d. Gen.St., zuletzt Kriegsakad. (I)	,,	(15)
Selle	d. Gen.St., zuletzt Pi.Schule I	,,	(15a)
Kutzbach (Friedrich)	d. Gen.St., zuletzt Gren.Rgt. 24	,,	(16)
Oberst 9. 11. 44 (44)			
Barth	d. Gen.St., zuletzt Kriegsakad. (Pz)	,,	(16a)
von Sobbe	d. Gen.St., zuletzt Kriegsakad. (I)	,,	(16b)
Nagel	d. Gen.St., zuletzt Kriegsakad. (I)	,,	(17)*
Orlik	d. Gen.St., zuletzt Kriegsakad. (N)	,,	(17a)
Moll (Dietrich)	d. Gen.St., zuletzt Fest.Pi.St. 6	,,	(17b)
Gehm	d. Gen.St., zuletzt Pz.Gren.Rgt. 104	,,	(17c)

Rümenapp	d. Gen.St., zuletzt Gren.Rgt. 11		1. 5. 43	(17d)
Schaeder	d. Gen.St., zuletzt Gren.Rgt. 7		,,	(18)
Degen (Siegfried)	d. Gen.St., zuletzt Gren.Rgt. 36		,,	(18a)
Ziegelmann	d. Gen.St., zuletzt Gren.Rgt. 88		,,	(18b)
Schade	d. Gen.St., zuletzt Art.Rgt. 109		,,	(18c)

Oberst 20. 4. 45

Moll (Josef)	d. Gen.St., zuletzt Gren.Rgt. 15		,,	(19)
Wendland	d. Gen.St., zuletzt Pz.Art.Rgt. 73		,,	(20)

Oberst 9. 11. 44 (45)

von Pfister	d. Gen.St., zuletzt Gren.Rgt. 15		,,	(20a)
von Kluge	d. Gen.St., zuletzt Art.Rgt. 31		,,	(20b)
Kühlein	d. Gen.St., zuletzt Pz.Rgt. 5		,,	(21)

Oberst 9. 11. 44 (46)

Bielitz	d. Gen.St., zuletzt Gren.Rgt. 17		,,	(22)

Oberst 1. 1. 45

Klamroth	d. Gen.St., zuletzt Pz.Aufkl.Abt. 3		,,	(23)
Doepner	d. Gen.St., zuletzt Unteroffizierschule Potsdam (I)		,,	(24)
von Vollard Bockelberg	d. Gen.St., zuletzt Pz.Rgt. 11		,,	(25)
von Plato	d. Gen.St., zuletzt Pz.Gren.Rgt. 3		,,	(26)

Oberst 20. 4. 45

Tarbuk	d. Gen.St., zuletzt Kriegsakad. (A)		,,	(27)

Oberst 20. 4. 45

Mitlacher	d. Gen.St., zuletzt Kriegsakad. (I)		,,	(28)
Klausgraber	Gren.Rgt. 135		,,	(28a)
Jung	Gren.Rgt. 51		,,	(28b)
Adomeit	d. Gen.St. zuletzt Pz.Art.Rgt. 76		,,	(29)

Oberst 20. 4. 45

Hambeck	Gren.Rgt. 19		,,	(29a)

Oberst 1. 5. 44 (8b)

Esch	Gren.Rgt. 111		,,	(30)

Oberst 1. 4. 44 (70a)

Landsmann	Gren.Rgt. 133		,,	(32)
Graf Finck von Finckenstein	Wehrbz.Kdo. Bunzlau (W.M.A. Goldberg [Schles] (I)		1. 6. 43	(2)
Herbrich	Wehrbz.Kdo. Sagan (I)		,,	(3)
Christiani	Gren.Rgt. 90		,,	(3a)**

Oberst 1. 8. 44 (43a)

Hermanns	Gren.Rgt. 80		,,	(3b)
Nowak	Jäg.Rgt. 38		,,	(3c)
Müller	St. Kdtr. Befest. b. Neustettin (Pi)		,,	(3e)
Wendlandt	Wehrbz.Kdo. Brieg (Bz. Breslau) (W.M.A. Brieg) (I)		,,	(5)
Ullrich	Kdtr. Tr.Üb.Pl. Munster (I)		,,	(6)
Lanversiek	St. Landw.Kdr. Mülheim (Ruhr) (A)		,,	(7)
Vogelreuter	z. Verf. Ob. d. H. (Sonst. Offz.) (K)		,,	(8)
Seidl	Wehrbz.Kdo. Wien II (I)		,,	(10)
Schlosser	Pi.Btl. 17		,,	(13)
Heine	Pi.Btl. 1		,,	(17)
Werner	Pi.Btl. 62		,,	(18)
Trapp	Pi.Btl. 35		,,	(19)
Diebold	St. Art.Kdr. 35		,,	(21)
Gerhardt	z. Verf. Ob. d. H. (Sonst. Offz.) (I)		,,	(22)
Löwe	Wehrbz.Kdo. Solingen (W.M.A. Solingen) (I)		,,	(23)
Flechtker	Geb.Pi.Btl. 85		,,	(24)
Lindenblatt	b. Ausb.Leiter Woldenberg (Neum) (Pz)		,,	(26)
Loos	Fest.Pi.St. 27		,,	(29)
Stobwasser	Wehrbz.Kdo. Hamburg V (I)		,,	(30)
Poscich	Wehrbz.Kdo. Wien IV (I)		,,	(31)

Haymann	Gren.Rgt. 42	1. 6. 43	(73a)
Annacker	Geb.Jäg.Rgt. 138	,,	(76)
Maultzsch	Nachr.Abt. 41	,,	(76a)
von Schultz	Kav.Rgt. 11	,,	(77)

Oberst 1. 8. 44 (44)

Wiegand	Kriegsschule Dresden (PzGr)	,,	(77c)
Bracht	Ob.Kdo. d. H. (In 2) (I)	,,	(78a[1])
Schott	Pz.Nachr.Abt. 19	,,	(78a[2])
Beichele	b. Höh. Nachr.Offz. 5	,,	(78a[3])
Baron Mengden von Altenwoga	Gen.St. d. H. (3. Abt.) (I)	,,	(78b)
Allmendinger	Pz.Art.Rgt. 80	,,	(78c)**

Oberst 1. 6. 44 (35a)

Wiegner	St. Deutsche H.Mission i. Slowakei (I)	,,	(78f)
Voigt	Art.Rgt. 51	,,	(78g)

Oberst 1. 5. 44 (8a)

Körner	Kriegsakad. (A)	,,	(78h)
Elger	Kriegsakad. (I)	,,	(79)
Barge	Gren.Rgt. 17	,,	(80a)

Oberst 1. 9. 44 (50c)

Knüppel	Gren.Rgt. 80	,,	(81)
Winkelbrandt	d. Gen.St., zuletzt Kriegsakad. (I)	,,	(82)
Ortlieb	Jäg.Rgt. 56	,,	(82a)**

Oberst 1. 8. 44 (44a)

Euler	d. Gen.St., zuletzt Kriegsakad. (N)	,,	(83)
Simons (Ulrich)	d. Gen.St., zuletzt Gren.Rgt. 105	,,	(84)
Klocke	Gren.Rgt. 35	,,	(85)

Oberst 1. 4. 44 (71a)

Graf	Gren.Rgt. 49	,,	(86)

Oberst 1. 4. 44 (71b)

de Maizière	d. Gen.St., zuletzt Gren.Rgt. 50	,,	(87)
Thilo	d. Gen.St., zuletzt Pz.Gren.Rgt. 40	,,	(88)

Oberst 20. 4. 45

Voigt-Ruscheweyh	d. Gen.St., zuletzt Art.Schule	,,	(89)
von Gustedt	d. Gen.St., Ob.Kdo. d. H. (P 3) (K)	,,	(90)
Graf von Bernstorff (Douglas)	d. Gen.St., zuletzt Reit.Rgt. 1	,,	(92)
Niemeyer	d. Gen.St., zuletzt Kav.Rgt. 13	,,	(93)
von dem Knesebeck (Wasmod)	d. Gen.St., zuletzt Ob.Kdo. d. H. (Adj. Ob. d. H.) (K)	,,	(94)
Bang	d. Gen.St., zuletzt Pz.Abt. 67	,,	(95)
Pfützner	Gren.Rgt. 11	,,	(95a)

Oberst 1. 4. 44 (71c)

Heyse	d. Gen.St., zuletzt Füs.Rgt. 68	,,	(96)
Geitner	d. Gen.St., zuletzt Gren.Rgt. 19	,,	(97)
Bieling	d. Gen.St., zuletzt Gren.Rgt. 37	,,	(98)
Schuster (Kurt)	d. Gen.St., zuletzt Pz.Gren.Rgt. 103	,,	(99)
Jandl	d. Gen.St., zuletzt I. Abt. Art.Rgt. 97	,,	(100)
Ewald	d. Gen.St., zuletzt Gren.Rgt. 19	,,	(101)
Schäfer (Wilhelm)	d. Gen.St., zuletzt II. Abt. Art.Rgt. 93	,,	(102)
Schroedter	II. Abt. Art.Rgt. 37	1. 7. 43	(2)
Welte	b. Ausb.Leiter Müllheim (Baden) (I)	,,	(3)
von Petersdorff	H.Reit- u. Fahrschule	,,	(4)
Büsing	Gren.Rgt. 60 (PzGr)	,,	(7)
Lenius	z. Verf. Ob. d. H. (Sonst. Offz.) (F)	,,	(8)
Köster	St. Landw.Kdr. Glogau (Pi)	,,	(9)
Geißler	Wehrbz.Kdo. Leipzig I (I)	,,	(10)
Trützschler von Falkenstein	Gren.Rgt. 17	,,	(11)
Rosenberger	Wehrbz.Kdo. Offenbach/Main (W.M.A. Dieburg) (I)	,,	(49)

8 Rangliste

Rohmann	Wehrbz.Kdo. Düren (I)	1. 7. 43	(75)
Brüll	Wehrbz.Kdo. Ludwigshafen (Rhein) (I)	,,	(83a)
Oberst 1. 8. 44 (45)			
Riedel	Gren.Rgt. 71	,,	(83a[1])
Warnecke	Wehrbz.Kdo. Bernburg (I)	,,	(83b)
Oberst 1. 7. 44 (41)			
Gerle	Gren.Rgt. 87	,,	(83c)
Oberst 1. 7. 44 (42)			
Foß	Gren.Rgt. 14	,,	(83c[1])**
Oberst 1. 8. 44 (45a)			
Fels	Gren.Rgt. 132	,,	(83d)
Fröba	Gren.Rgt. 20	,,	(84)
Drossel	Ob.Kdo. d. H. (St. d. Chefs Ausb.Wes.) (I)	,,	(84a)
Ocker	Pz.Art.Rgt. 19	,,	(84b)
Kucharski	Beob.Lehrabt.	,,	(84d)
Schriefer	Gren.Rgt. 21	,,	(85)
Görres	Kdtr. Tr.Üb.Pl. Münsingen (PzGr)	,,	(85a)
Gnaden	Geb. Jäg.Rgt. 85	,,	(86a)
Lehbrink	Kriegsschule Dresden (Pi)	,,	(86b)
Oberst 1. 7. 44 (43)			
von Oppen	St. Gen.Kdo. XVI. A.K. (PzGr)	,,	(86c)**
Oberst 1. 4. 44 (71f)			
Freiherr von Rosen	Füs.Rgt. 26	,,	(86d)
Oberst 30. 1. 45			
Mangold	Gren.Rgt. 36	,,	(86e)
Oberst 1. 7. 44 (44)			
Sulzberger	d. Gen.St., zuletzt Kriegsakad. (A)	,,	(87)
Schoeneich	d. Gen.St., zuletzt Gren.Rgt. 70	,,	(88)
Oberst 20. 4. 45			
Gümbel	Gren.Rgt. 61	,,	(88a)**
Oberst 1. 2. 44 (39b)			
Freiherr von Bülow	Pz.Gren.Rgt. 69	,,	(88c)
Kornmeyer	Füs.Rgt. 34	,,	(89)**
Oberst 1. 2. 44 (39e)			
Birck	d. Gen.St., zuletzt Kriegsakad. (Pz)	,,	(90)
Rüling	Nbl.Lehr- u. Vers.Abt.	,,	(91)
Collatz	d. Gen.St., zuletzt Kriegsakad. (N)	,,	(92)
Gieser	II. Abt. Art.Rgt. 77	,,	(93)**
Oberst 1. 2. 44 (39c)			
Wannow	Ob.Kdo. d. H. (In 4) (A)	,,	(93a)
Schuster (Wilhelm)	d. Gen.St., zuletzt I. Abt. Art.Rgt. 58	,,	(94)
Waldmüller	d. Gen.St., zuletzt Kriegsakad. (A)	,,	(95)
Kleinschmit	Ob.Kdo. d. H. (Gen d Mot/In 12) (PzGr)	,,	(95a)
Braun (Günther)	d. Gen.St., zuletzt b. Kdr. d. Pz.Jäg.Tr. X	,,	(96)
Heidenreich	d. Gen.St., zuletzt Kriegsakad. (A)	,,	(97)
Rose	Gren.Rgt. 46	,,	(97a)
Franz	d. Gen.St., zuletzt Pz.Jäg.Abt. 45	,,	(98)
Liesong	d. Gen.St., zuletzt II. Abt. Art. Rgt. 72	,,	(99)
Annuß	d. Gen.St., zuletzt Gren.Rgt. 23	,,	(100)
Wanfried	d. Gen.St., zuletzt Gren.Rgt. 133	,,	(101)
von Platen	d. Gen.St., zuletzt Pz.Gren.Rgt. 14	,,	(102)
Graßmann	Pz.Gren.Rgt. 104 (I)	,,	(104)**
Oberst 1. 1. 44 (39a)			
Brauer	Wehrbz.Kdo. Kassel I (W.M.A. Kassel) (I)	1. 8. 43	(1b)
Reinecke	b. Fest.Pi.Kdr. VII	,,	(1c)
Kern	Nachr.Abt. 23	,,	(3)
Hansen	Gren.Rgt. 8	,,	(4)

Seulen	Pz.Art.Rgt. 76	1. 8. 43	(5)
Micksch	Gren.Rgt. 90	,,	(6)
Wellmann	Beob.Abt. 13	,,	(8)
Neubacher	St. Wehrers.Insp. Königsberg (Pr) (I)	,,	(9)
Ernst zu Eikern	St. Gen.Kdo. VIII. A.K. (I)	,,	(10)
Lieblein	Ob.Kdo. d. H. (G.I.F.) (I)	,,	(10a)
Conradski	Pi.Btl. 21	,,	(12)
Schlegel	Pi.Btl. 3	,,	(46a²)**

Oberst 1. 2. 44 (39d)

Gerhardt	d. Gen.St., zuletzt Kriegsakad. (I)	,,	(46a⁴)
Messinger	Gren.Rgt. 106	,,	(46a⁵)
Boês	d. Gen.St., zuletzt Art.Rgt. 96	,,	(46a⁶)
Hotop (Franz)	z. Verf. Ob. d. H. (Sonst. Offz.) (Pz)	,,	(69)
Eber	Gren.Rgt. 81	,,	(70)
Glöklen	Gren.Rgt. 14	,,	(70a) ·
Wieser	Geb.Jäg.Rgt. 136	,,	(71)
von Prittwitz und Gaffron	Ob.Kdo. d. H. (Att.Abt.) (Pz)	,,	(71a)

Oberst 1. 6. 44 (†)

Happach	Gren.Rgt. 48	,,	(71b)
Kroeber	Ob.Kdo. d. H. (In 9) (Nbl)	,,	(71d)
Kuebart	z. Verf. Ob. d. H. (Hochsch.) (Pz)	,,	(71e)
Ott	z. Verf. Ob. d. H. (Hochsch.) (Pz)	,,	(71f)
Barnstorf	d. Gen.St., zuletzt Kriegsakad. (I)	,,	(72)
Oerke	Gren.Rgt. 2	,,	(72b)
Mühlenburg	d. Gen.St., zuletzt Gren.Rgt. 30	,,	(73)
Jordan (Paul)	d. Gen.St., zuletzt Gren.Rgt. 1	,,	(73a)
Reimpell	d. Gen.St., zuletzt Kriegsschule Hannover (Pi)	,,	(74)

Oberst 20. 4. 45

Engels	d. Gen.St., zuletzt Art.Rgt. 17	,,	(75)
Weberstedt	d. Gen.St., zuletzt Gren.Rgt. 12	,,	(76)
von Hobe (Heinz)	d. Gen.St., zuletzt Art.Rgt. 26	,,	(77)
von Baer	d. Gen.St., zuletzt Gren.Rgt. 43	,,	(78)

Oberst 20. 4. 45

Müller (Josef)	d. Gen.St., zuletzt Kriegsakad. (I)	,,	(79)
Kögel	d. Gen.St., zuletzt Art.Rgt. 35	,,	(80)
Rutz	d. Gen.St., zuletzt Kriegsschule München (I)	,,	(81)
von Tycowicz	Gren.Rgt. 1	,,	(82)

Oberst 1. 6. 44 (36)

Karl Walrad Prinz zu Salm-Horstmar	Kav.Rgt. 5	,,	(82a)
Floß	Wehrbz.Kdo. Zwickau (Sachs) (W.M.A. Zwickau) (I)	1. 9. 43	(1a)
Obermeier	Fest.Pi.St. 7	,,	(1b)
Mohr	St. Wehrers.Insp. Schleswig-Holstein (A)	,,	(2)
Nauck	St. 16. Div. (I)	,,	(5)
Meier	Art.Rgt. 10	,,	(8)
Gombel	Wehrbz.Kdo. Mainz (I)	,,	(10)
Fink	z. Verf. Ob. d. H. (Sonst. Offz.) (I)	,,	(11)
Baumann	Wehrbz.Kdo. Kaiserslautern (W.M.A. Kirchheim- bolanden) (I)	,,	(13)
Frey	Fahrabt. 14	,,	(14)

1. 11. 44 in DAL S überführt

Spenner	z. Verf. Ob. d. H. (Sonst. Offz.) (F)	,,	(15)
Sippel	z. Verf. Ob. d. H. (Sonst. Offz.) (I)	,,	(17)
Frimmel	Wehrbz.Kdo. Wien I (I)	,,	(47)
Pfotenhauer	Ob.Kdo. d. W. (W Z) (A)	,,	(62a)
Ruf	St. H.Dienststelle 10 (I)	,,	(62a¹)
Oberndorfer	Pi.Schule I	,,	(62b)

8*

Harrendorf (Hermann) Gren.Rgt. 76		1. 9. 43	(63)**
Oberst 1. 3. 44 (21b); Gen.Maj. 30. 1. 45 (25)			
Rohweder Pz.Jäg.Abt. 7		,,	(63a)
Eder Kriegsakad., kdt. z. Gen.St. (I)		,,	(63b)
Oberst 1. 4. 44 (71d)			
Heyna Gren.Rgt. 44		,,	(63c)**
Oberst 1. 9. 44 (50b)			
Baron von le Forte (Peter)[1] Geb.Art.Rgt. 79		,,	(63e)**
Oberst 1. 3. 44 (22a)			
Deglmann Geb.Jäg.Rgt. 85		,,	(63f)
Oberst 1. 6. 44 (37)			
Bones Gren.Rgt. 12		,,	(63g)**
Oberst 1. 9. 44 (50a)			
Briel Fla.Btl. 66		,,	(64)
Binder (Eitel-Friedrich) d. Gen.St., zuletzt M.G.Btl. 15		,,	(65)*
Haberland d. Gen.St., zuletzt Kriegsakad. (PzGr)		,,	(66)
Schnez d. Gen.St., zuletzt Gren.Rgt. 119		,,	(67)
Oberst 20. 4. 45 (Lt. Wehrpaß 1. 4. 45)			
Habedanck d. Gen.St., zuletzt Kriegsakad. (K)		,,	(68)
Klein Kav.Rgt. 11		,,	(68a)
Schühmann Gren.Rgt. 76		,,	(68b)
Oberst 30. 1. 45			
Zugehör Ob.Kdo. d. H. (Wa Prüf 4) (A)		,,	(68c)
Oberst 1. 9. 44 (51)			
Bosch d. Gen.St., zuletzt Gren.Rgt. 35		,,	(69)
von Bock und Polach d. Gen.St., zuletzt Jäg.Rgt. 28		,,	(70)
Langenstraß d. Gen.St., zuletzt Pi.Btl. 28		,,	(71)
Stock Gren.Rgt. 80		,,	(73)**
Oberst 1. 8. 44 (45b)			
Klingenburg Gren.Rgt. 77		,,	(74)
Mollenhauer Gren.Rgt. 51		,,	(74a)
von Trotha (Wolf-Heinrich) St. 7. Pz.Div. (Pz)		1. 10 .43	(1)
Oberst 1. 7. 44 (†)			
Kochendörfer Pz.Art.Rgt. 33		,,	(1a)
Wiesner Art.Rgt. 23		,,	(2)
Oberst 1. 4. 44 (71e)			
von Lindeiner genannt von Wildau Art.Rgt. 8		,,	(3)
Wilbrandt Art.Lehrrgt.		,,	(4)
Oberst 1. 9. 44 (52)			
Gravenhorst St. Gen.Kdo. XVI. A.K. (PzGr)		,,	(5)
Oberst 9. 11. 44 (47)			
Kühne Kriegsschule Hannover (Pi)		,,	(7)
Hecker d. Gen.St., zuletzt Kriegsakad. (PzGr)		,,	(8)
Wolff Pi.Lehrbtl.		,,	(9)
Sperling Gren.Rgt. 11 (PzGr)		,,	(10)
Oberst 1. 6. 44 (38)			
Gloger II. Abt. Art.Rgt. 64		,,	(12)
Ahrens Wehrbz.Kdo. Detmold (F) *Friedenstruppenteil neu*		,,	(13)
festgesetzt: Kraftf.Abt. 6; 1. 10. 44 in DAL S überführt			
Beger Fest.Pi.St. 16		,,	(14)
Böhme Gren.Rgt. 116		,,	(15)
Wittchow Ob.Kdo. d. H. (Ag P 1) (PzGr)		,,	(16)
Graetz Wehrbz.Kdo. Gotha (W.M.A. Gotha) (Pz)		,,	(28)
Schneider Geb. Jäg.Rgt. 91		,,	(28b)
Heinz d. Gen.St., zuletzt Kriegsakad. (I)		,,	(29)

[1] Muß heißen: „Baron von le Fort (Peter)" (Druckfehler in Original-DAL).

Warwitz Pz.Gren.Rgt. 79 (I)	1. 10. 43	(29a)**
Oberst 1. 5. 44 (8c)		
Baron von der Osten genannt Sacken Nachr.Abt. 56	,,	(29c)
Lindow Inf.Lehrrgt.	,,	(29d)
Labrenz d. Gen.St., zuletzt Kriegsakad. (I)	,,	(29e)
Rank Nbl.Abt. 2	,,	(30)
Vital d. Gen.St., zuletzt Kriegsakad. (I)	,,	(30a)
Hofmann Gren.Rgt. 55	,,	(30b)
Briegleb Kav.Rgt. 9	,,	(31)
Schiele d. Gen.St., zuletzt Füs.Rgt. 68	,,	(32)
Rath Geb.Jäg.Rgt. 139	,,	(32a)
Oberst 1. 6. 44 (39)		
Beusterien d. Gen.St., zuletzt Gren.Rgt. 41	,,	(33)
Rohrbeck d. Gen.St., zuletzt I. Abt. Art.Rgt. 39	,,	(34)
Pflugradt Ob.Kdo. d. H. (P 4) (I)	,,	(34b)
Stammerjohann Gren.Rgt. 76 (PzGr)	,,	(35)
Oberst 1. 9. 44 (53)		
Ramser Jäg.Rgt. 28	,,	(36)**
Oberst 1. 5. 44 (9a)		
Schmidt (Johann) Gren.Rgt. 62	,,	(37)
Oberst 1. 8. 44 (46)		
König Gren.Rgt. 82	,,	(39)
Oberst 1. 4. 44 (73a); Gen.Maj. 30. 1. 45 (27)		
Bieling (Hans-Werner) Pz.Gren.Rgt. 4	,,	(40)
Sander Gren.Rgt. 36	1. 11. 43	(1)
Großmann Gren.Rgt. 6	,,	(1b)
Fleck St. Gen.Kdo. VIII. A.K. (PzGr)	,,	(2)
Freiherr von Erffa Wehrbz.Kdo. Coburg (A)	,,	(3)
Kallweit Gren.Rgt. 3	,,	(4)
von Schuckmann Wehrbz.Kdo. Paderborn (A)	,,	(6)
Gutmann Wehrbz.Kdo. Leipzig III (I)	,,	(7)
Hoffmann St. 34. Div. (I)	,,	(8)
Friedenstruppenteil neu festgesetzt: Kraftf.Abt. 12		
Diehl Fest.Pi.St. 15	,,	(8a)
Hosterbach Wehrbz.Kdo. Steyr (I)	,,	(8b)
Froneberg Ob.Kdo. d. W. (W Allg) (I)	,,	(8c)
Weiner z. Verf. Ob. d. H. (Sonst. Offz.) (I)	,,	(10a)
Ullrich Gren.Rgt. 71	,,	(11)
Sessinghaus Pz.Gren.Rgt. 5 (Pz)	,,	(12)
Klausenitzer 1. Abt. Art.Rgt. 66	,,	(57b)
Oberst 30. 1. 45		
Frank Ob.Kdo. d. H. (Wa Prüf 6) (Pz)	,,	(57c)
Oberst 1. 8. 44 (47)		
Meyer Kriegsschule Hannover (I)	,,	(57d)
Freiherr von Nolcken Kav.Rgt. 6	,,	(57e)**
Oberst 1. 8. 44 (47a)		
Müller (Walter) Gren.Rgt. 29	,,	(58)**
Oberst 1. 5. 44 (9b)		
Klein Gren.Rgt. 109	,,	(58a)
Oberst 1. 6. 44 (40)		
Crueger Art.Rgt. 11	,,	(58b)
Tröller Beob.Abt. 9	,,	(58c)
von Wartenberg Kav.Rgt. 6 (PzGr)	,,	(58d)
Mann Gren.Rgt. 29	,,	(58e)
Eckart Pz.Gren.Rgt. 40	,,	(58f)
Brinkmann Nachr.Abt. 29 (I)	,,	(59)

Ziegler	Geb.Jäg.Rgt. 100	1. 11. 43	(59a)
Oberst 1. 7. 44 (45)			
Weiler	Füs.Rgt. 22	,,	(59b)**
Oberst 1. 5. 44 (9c)			
Graf zu Castell-Castell	d. Gen.St., zuletzt Pz.Rgt. 4	,,	(60)
Quentin	Krad.Schütz.Btl. 6 (PzGr)	,,	(60a)
Oberst 1. 5. 44 (10)			
Schlögl	Geb.Art.Rgt. 111	,,	(60b)
Oberst 1. 8. 44 (48)			
Hübner (Werner)	d. Gen.St., zuletzt II. Abt. Art.Rgt. 57	,,	(61)
Müller-Lankow	d. Gen.St., zuletzt Füs.Rgt. 22	,,	(62)
Liese	d. Gen.St., zuletzt Pz.Rgt. 3	,,	(63)
Hölscher	Geb.Jäg.Rgt. 91	,,	(63a)
Bennecke (Jürgen)	d. Gen.St., zuletzt Jäg.Rgt. 83	,,	(64)
Meisner	d. Gen.St., zuletzt Füs.Rgt. 27	,,	(64a)
Bading	Gren.Rgt. 70, kdt. z. Gen.St.	,,	(65)
Miltzow	d. Gen.St., zuletzt b. Kdr. d. Pz.Jäg.Tr. XIV	,,	(66)
Becker (Otto)	d. Gen.St., zuletzt Pz.Gren.Rgt. 115	,,	(67)
Stiewe	Art.Rgt. 6	,,	(67a)
Dropmann	Füs.Rgt. 39	,,	(68)
Oberst 1. 7. 44. (46)			
Ulreich	d. Gen.St., zuletzt Kriegsakad. (A)	,,	(68a)
Tamm	d. Gen.St., zuletzt Gren.Rgt. 23	,,	(69)
von Tümpling	d. Gen.St., zuletzt Pz.Gren.Rgt. 59	,,	(70)
Langesee	Gren.Rgt. 62	,,	(71)**
Oberst 1. 5. 44 (11)			
Michaelis	Gren.Rgt. 37	,,	(72)**
Oberst 1. 5. 44 (12)			
von Hohendorff	Ob.Kdo. d. H. (P A) (I)	,,	(73)
von Nida	Pz.Nachr.Abt. 37	,,	(73a)
König	Wehrbz.Kdo. Eisenach (I)	1. 12. 43	(1)
Loew	Wehrbz.Kdo. Heidelberg (I)	,,	(1b)
Beuermann	b. Ausb.Leiter Cottbus (I)	,,	(2)
Hoefer	Wehrbz.Kdo. Hohensalza (I)	,,	(3)
Rost	Wehrbz.Kdo. Landsberg (Warthe) (I)	,,	(5)
Strecker	Gren.Rgt. 8	,,	(8)
Obst	Wehrbz.Kdo. Böhmisch Leipa (I)	,,	(9)
Mayr	Pz.Nachr.Abt. 33	,,	(11)
Buddeberg	z. Verf. Ob. d. H. (Hochsch.) (Pi)	,,	(13)
Wegmann	I. Abt. Art.Rgt. 46	,,	(14)
Oberst 1. 6. 44 (41)			
Werner	St. Wehrers.Insp. Stuttgart (F)	,,	(20)
Klose	Gren.Rgt. 82	,,	(47)
von Hartwig	Art.Rgt. 109	,,	(65)
Herrmann (Wilhelm-Karl)	Gren.Rgt. 67	,,	(66)**
Oberst 1. 8. 44 (48a)			
Schmidt	M.G.Btl. 6	,,	(66a)
Großkreutz	Art.Rgt. 32	,,	(66b)
Pollay	Kav.Rgt. 13	,,	(67)
Wanke	II. Abt. Art.Rgt. 54	,,	(67a)
Engelter	Ob.Kdo. d. H. (In 9) (Nbl)	,,	(68)
Oberst 9. 11. 44 [48]			
Wack	Pz.Gren.Rgt. 115 (PzGr)	,,	(68a)
Oberst 1. 6. 44 (42)			
von Wolf	Pz.Art.Rgt. 33	,,	(68b)
Oberst 1. 6. 44 (43)			
Wolff	Pz.Gren.Rgt. 73 (I)	,,	(68c)

von Tein	Gren.Rgt. 95 (PzGr)		1. 12. 43	(68d)
Brookmann	Art.Rgt. 3		,,	(69)
Eiserbeck	z. Verf. Ob. d. H. (Hochsch.) (I)		,,	(70)
Koetz	Gren.Rgt. 80		,,	(70a)
Oberst 1. 6. 44 (44); Gen.Maj. 1. 12. 44 (38)				
Reisinger	Geb. Jäg.Rgt. 99		,,	(70b)**
Oberst 1. 9. 44 (53a)				
Grassau	Gren.Rgt. 29		,,	(70c)
Oberst 1. 6. 44 (45)				
Pulkowski	Füs.Rgt. 34		,,	(71)
Mannschatz	Gren.Rgt. 78		,,	(71a)
von Trossel	Nachr.Abt. 44		,,	(71b)
Schönberg	Füs.Rgt. 34		,,	(71c)
Oberst 1. 8. 44 (49)				
von der Kammer	Gren.Rgt. 58		,,	(71d)
Richter	Gren.Rgt. 121		,,	(71e)
Uechtritz	d. Gen.St., zuletzt Jäg.Rgt. 49		,,	(72)
Monshausen	Ob.Kdo. d. H. (Ag P 1/2. Abt.) (I)		,,	(73)
Oberst 20. 4. 45				
Meyer	Pz.Gren.Rgt. 63 (I)		,,	(73a)
Oberst 1. 6. 44 (46)				
Warning	d. Gen.St., zuletzt Pz.Gren.Rgt. 5		,,	(74)
Bach	M.G.Btl. 4		,,	(75)
Gostischa	d. Gen.St., zuletzt Gren.Rgt. 131		,,	(76)
von Rieben	d. Gen.St., zuletzt Pz.Nachr.Abt. 4		,,	(77)
Tumma	d. Gen.St., zuletzt Fest.Pi.St. 7		,,	(78)
Mühllehner	d. Gen.St., zuletzt Gren.Rgt. 31		,,	(80)
von Mentz	Pz.Gren.Rgt. 74		,,	(80a)**
Oberst 1. 8. 44 (49a)				
Lämpe	d. Gen.St., zuletzt Gren.Rgt. 2		,,	(81)
Schirmer	d. Gen.St., zuletzt Gren.Rgt. 84		,,	(82)
Bach	d. Gen.St., zuletzt Geb.Jäg.Rgt. 139		,,	(83)
von Hirschfeld	Geb. Jäg.Rgt. 98		,,	(84)**
Oberst 1. 6. 44 (47); Gen.Maj. 1. 12. 44 (39)				
Naß (Walter)	Gren.Rgt. 6		,,	(85)
Wolter	Pz.Gren.Rgt. 115 (I)		,,	(86)
Freiherr von Boeselager	Kav.Rgt. 15		,,	(87)
Löwe	Pz.Abt. 65		,,	(90)
Wulff	Beob.Abt. 20		1. 1. 44	(1)
Ritgen	Ob.Kdo. d. W. (I) (I)		,,	(1a)
Hirschberg	Rüst.Insp. IX (Kdo. Rüst.Ber. Frankfurt			
	[Main] (I)		,,	(1b)
Tensi	Wehrbz.Kdo. Weilheim (Oberbay) (I)		,,	(1c)
Ploß (Ludwig)	Kraftf.Abt. 7		,,	(1d)
Görgey	Pi.Btl. 18		,,	(2)
Lambrecht	Gren.Rgt. 50		,,	(3)
Freiherr von Süßkind-Schwendi	St. 2. Pz.Gren.Brig. (PzGr)		,,	(5)
Lindner	d. Gen.St., zuletzt Kriegsakad. (PzGr)		,,	(6)
Wollmann	Nachr.Abt. 41		,,	(7)
von Fritschen	Kav.Rgt. 15		,,	(9)
Luick	Gren.Rgt. 119 (PzGr)		,,	(10)
Frey	Gren.Rgt. 119		,,	(10a)
Jacob	Pz.Pi.Btl. 13		,,	(32)
Lepperdinger	Geb. Jäg.Rgt. 100		,,	(76a)
Oberst 1. 9. 44 (55)				
Freiherr von Schrötter	Art.Rgt. 35		,,	(76b)

Kratsch Gren.Rgt. 81	1.	1. 44	(76c)**
Oberst 1. 7. 44 (46b)			
von Salviati Art.Rgt. 22		,,	(76d)
Oberst 1. 1. 45			
Schlickum Art.Rgt. 26		,,	(76e)
Oberst 1. 8. 44 (50)			
Borowski Art.Rgt. 21		,,	(76f)
Weiß-Kaffanke Ob.Kdo. d. H. (Ag P 2/2.Abt.) (Pz)		,,	(76g)
Wolf Pz.Lehrrgt. (Pz.Lehrabt.)		,,	(76h)
von Werlhof Ob.Kdo. d. H. (Gen d Mot) (Pz)		,,	(76i)
Oberst 1. 4. 45			
Seydel I. Abt. Art.Rgt. 55		,,	(77)
Gebühr Gren.Rgt. 8		,,	(77a)
Oberst 1. 9. 44 (56)			
von Gaudecker Schule f. Schnelle Tr. Krampnitz (PzGr)		,,	(77b)
Oberst 1. 7. 44 (47)			
Ballhorn Schule f. Schnelle Tr. Krampnitz (K)		,,	(78)
Jaster Ob.Kdo. d. H. (AHA/Stab) (I)		,,	(79)
Reidel d. Gen.St., zuletzt Pz.Rgt. 15		,,	(80)
Scheerle Ob.Kdo. d. H. (In 2) (I)		,,	(80a)
Stübig d. Gen.St., zuletzt Pi.Btl. 31		,,	(81)
Lepperdinger Geb.Art.Rgt. 79		,,	(81a)
Seitz d. Gen.St., zuletzt Kriegsakad. (I)		,,	(82)
Schulze (Otto) d. Gen.St., zuletzt Art.Rgt. 23		,,	(83)
Hilgendorff Gren.Rgt. 45		,,	(83a)
Oberst 1. 7. 44 (48)			
Steuer Ob.Kdo. d. H. (Ag P 2) (I)		,,	(83b)
Oberst 1. 7. 44 (49)			
Ilgmann Art.Schule II		,,	(83d)
Kreuzer d. Gen.St., zuletzt Geb.Jäg.Rgt. 99		,,	(84)
Kuhn d. Gen.St., zuletzt Art.Rgt. 21		,,	(85)
Wessel d. Gen.St., zuletzt Art.Rgt. 41		,,	(86)
Reichhelm d. Gen.St., zuletzt Art.Rgt. 28		,,	(87)
Oberst 1. 3. 45			
Borgmann d. Gen.St., Adj. d. W. b. Führer, zuletzt Gren.Rgt. 46		,,	(88)
Toop d. Gen.St., zuletzt Gren.Rgt. 121		,,	(89)
Litterscheid .d. Gen.St., zuletzt b. Kdr. d. Pz.Jäg.Tr. XII		,,	(90)
Schukowski Art.Rgt. 21		,,	(91)
Groten Geb.Jäg.Rgt. 137		,,	(92)
Fricke Kriegsschule Potsdam (Pi)		,,	(92a)
Oberst 20. 4. 45			
Lorch Geb.Jäg.Rgt. 138		,,	(93)
Oberst 1. 7. 44 (50)			
Koppenhagen (Gustav) Gren.Rgt. 57		,,	(94)
Beckmann II. (E) Btl. Inf.Rgt. 150		,,	(95)
Oberst 1. 8. 44 (51)			
Bregenzer (Josef) Gren.Rgt. 21		,,	(96)
Bärenfänger (Erich) Gren.Rgt. 121		,,	(97)
Oberst . . . (RDA nicht feststellbar); Gen.Maj. 20. 4. 45			
Fickelscherer Art.Rgt. 18	1.	2. 44	(1)
Niesch Wehrbz.Kdo. Saarbrücken (I)		,,	(1a)
Lang Pz.Jäg.Abt. 7		,,	(2)
Klimke Verf. Ob. d. H. (Sonst. Offz.) (I)		,,	(2a)
Hütler Wehrbz.Kdo. Nikolsburg (I)		,,	(3)
Morgner Nachr.Abt. 56		,,	(4)
Kessal Beob.Abt. 22		,,	(5)
Prenner Wehrbz.Kdo. Fürstenfeld (W.M.A. Oberwart) (I)		,,	(65)

Bartels	Pi.Btl. 8	1. 2. 44	(72a)
Schmid	Gren.Rgt. 62	,,	(73)
Kretschmar	Kriegsakad. (I)	,,	(74)

Oberst 1. 8. 44 (52)

Martini	Schule f. Schnelle Tr. Krampnitz (Pz)	,,	(74a)
Tech	Gren.Rgt. 96	,,	(75)

Oberst 1. 8. 44 (53)

Wolter	Kraftf.Abt. 9	,,	(75a)
Beckschäfer	Gren.Rgt. Großdeutschland	,,	(75b)
Herbarth	Gren.Rgt. 55	,,	(76)
Collin	Pz.Rgt. 7	,,	(77)

Oberst 1. 10. 44 (33)

Fondermann	M.G.Btl. 1 (PzGr)	,,	(77a)
Binder (Hugo)	d. Gen.St., zuletzt Geb.Nachr.Abt. 67	,,	(78)
Henrici (Eberhard) d. Gen.St., zuletzt b. Kdr. d. Nachr.Tr. XVI		,,	(79)
von Frankenberg und Proschlitz Ob.Kdo. d. H. (Ag P 1/1.[Zentral-] Abt.) (I)		,,	(79a)
Kohnert	Gren.Rgt. 60	,,	(79b)
Köllen	Gren.Rgt. 105	,,	(80)
Groß	d. Gen.St., zuletzt I. Abt. Art.Rgt. 110	,,	(81)
Graef	III. Abt. Art.Rgt. 20	,,	(81a)

Oberst 1. 3. 45

Bär	Füs.Rgt. 39	,,	(82)
Kugler	Geb.Jäg.Rgt. 85	,,	(83)
Marbach	Gren.Rgt. 60	,,	(84)
Krah	Gren.Rgt. 109	,,	(85)
von Heyden	Kav.Rgt. 3 (PzGr)	,,	(86)
Steinheimer	Geb.Jäg.Rgt. 85	,,	(87)
Weber	Gren.Rgt. 23	,,	(88)
Winzen	Gren.Rgt. 55	,,	(90)
Siggel	Gren.Rgt. 48	,,	(91)

Oberst 1. 8. 44 (54)

Eggemann	Gren.Rgt. 94	,,	(92)**

Oberst 1. 8. 44 (54a)

Hesselbarth	Geb.Jäg.Rgt. 137	,,	(93)
Drexler	Gren.Rgt. 84	,,	(94)**

Oberst 1. 8. 44 (54b)

Scheunemann (Walter)	Gren.Rgt. 50	,,	(95)

Oberst 1. 9. 44 (57)

Jander	Jäg.Rgt. 54	,,	(96)

Oberst 1. 8. 44 (55)

Pankow (Werner)	Gren.Rgt. 1	,,	(97)
Paechter	Ob.Kdo. d. H. (Wa Prüf 7) (N)	1. 3. 44	(1)
von Bredow	Wehrbz.Kdo. Mährisch Schönberg (W.M.A. Mährisch Schönberg) (K)	,,	(1a)
Henneberg	Wehrbz.Kdo. Eutin (I)	,,	(1b)
Jonetz	Wehrbz.Kdo. Posen (I)	,,	(1c)
von Bandemer	Kav.Rgt. 9	,,	(2)
von Oertzen	Kav.Rgt. 13	,,	(3)
Hoffmann	Nachr.Abt. 43	,,	(4)
John	Ob.Kdo. d. H. (Ag P 1) (PzGr)	,,	(5)

Oberst 1. 1. 45

Lühl	Ob.Kdo. d. H. (AHA) (I)	,,	(6)
Kiefer	Wehrbz.Kdo. Saarbrücken (W.M.A. Saarbrücken) (I)	,,	(65)
Lutze	Gren.Rgt. 123	,,	(80b)
Bothe	Pz.Tr.Schule (Schule f. Schnelle Tr. Wünsdorf) (Pz)	,,	(80c)

Oberst 1. 9. 44 (59)

Schmelzer	Vers.Abt. f. H.Mot. (PzGr)	1.	3. 44	(80d)
Weimer	Gren.Rgt. 109		,,	(80e)
Oberst 1. 7. 44 (46a)				
Rips	Art.Rgt. 21		,,	(80f)
Oberst 1. 10. 44 (34)				
Kahle	Pz.Gren.Rgt. 73 (I)		,,	(80g)
Oberst 9. 11. 44 (49)				
Freiherr Rüdt von Collenberg	Beob.Abt. 15		,,	(81)
Oberst 1. 10. 44 (35)				
Pilat	Gren.Rgt. 53		,,	(81a)
Streit	Pz.Abt. 33		,,	(82)
Oberst 30. 1. 45				
Bremer	Art.Rgt. 36		,,	(82a)
Ziegler	Kav.Rgt. 11 (PzGr)		,,	(83)
von Arnim	Kav.Rgt. 14		,,	(84)
Keitmann	Gren.Rgt. 17		,,	(85)
Meineke	Gren.Rgt. 44		,,	(85a)
Oberst 1. 12. 44 (33)				
Vogel	Art.Rgt. 32		,,	(85b)
Oberst 1. 10. 44 (36)				
Exler	d. Gen.St., zuletzt Kriegsakad. (I)		,,	(86)
Oberst 1. 9. 44 (60)				
Braun (Kurt)	d. Gen.St., zuletzt Gren.Rgt. 50		,,	(87)
Haß	d. Gen.St., zuletzt Pz.Nachr.Abt. 2		,,	(88)
Niepold	d. Gen.St., zuletzt Gren.Rgt. 11		,,	(88a)
Obermair	d. Gen.St., zuletzt Gren.Rgt. 19		,,	(89)
Daub	d. Gen.St., zuletzt Beob.Abt. 44		,,	(90)
Leeb	d. Gen.St., zuletzt Geb.Art.Rgt. 79		,,	(91)
von Hinckeldey (Carl-Otto)	d. Gen.St., zuletzt Art.Rgt. 26		,,	(92)
Oldenbourg	d. Gen.St., zuletzt Nachr.Abt. 17		,,	(93)
von Bargen	Gren.Rgt. 90 (PzGr)		,,	(93a)
Matusch (Max)	Gren.Rgt. 65		,,	(93b)
Neumann-Henneberg	d. Gen.St., zuletzt Gren.Rgt. 20		,,	(94)
Gehrke	Gren.Rgt. 94		,,	(95)
Tolsdorff	Füs.Rgt. 22		,,	(95a)
Oberst 1. 8. 44 (56); Gen.Maj. 30. 1. 45 (29); Gen.Lt. 1. 4. 45				
Smend	d. Gen.St., zuletzt Gren.Rgt. 18		,,	(96)
Rögelein (Friedrich)	Gren.Rgt. 109		,,	(97)
Oberst 1. 9. 44 (61)				
Kaestner	Gren.Rgt. 105		,,	(97a)
Oberst 1. 12. 44 (34)				
Schmidt (Kurt)	Gren.Rgt. 78 (PzGr)		,,	(98)
Andrae	Ob.Kdo. d. W. (W N V) (N)	1.	4. 44	(1)
Beckmann	Wehrbz.Kdo. Dortmund II (W.M.A. Dortmund 2) (I)		,,	(1a)
Lentz	Ob.Kdo. d. H. (Wa Z) (I)		,,	(1b)
Wiebel	Wehrbz.Kdo. Nienburg (Weser) (I)		,,	(1c) }
Schaefer	z. Verf. Ob. d. H. (Sonst. Offz.) (I)		,,	(1d)
Horenburg	Kav.Rgt. 8		,,	(2)
Valtinat	Beob.Abt. 3		,,	(3)
von Debschitz	Kav.Rgt. 18 (PzGr)		,,	(4)
Böttcher	Pi.Schule II		,,	(5)
Stoeckl	Pz.Rgt. 25		,,	(6)
Fuchs	Nachr.Abt. 34		,,	(7)
Wüstefeldt	d. Gen.St., zuletzt St. 12. Div. (I)		,,	(8)
Hofer	Gren.Rgt. 132		,,	(9)
Velhagen	Pz.Jäg.Abt. 32 (PzGr)		,,	(10)
Kreidler	Wehrbz.Kdo. Rottweil (I)		,,	(51)

Schlottke (Walter)	Gren.Rgt. 67	1. 4. 44	(94a)
Stöckel	b. Höh. Pi.Offz. 2	,,	(95)
Pfeffer	Pz.Lehrrgt. (Pz.Lehrabt.)	,,	(96)
Orschler	Gren.Rgt. 61	,,	(97)
Braun	Gren.Rgt. 35	,,	(98)
Schepers	Pz.Art.Rgt. 73	,,	(99)
von der Damerau-Dambrowski	Pz.Gren.Rgt. 108 (früher		
	Inf.Rgt. 10) (I)	,,	(178)
Schneider-Wentrup	d. Gen.St., zuletzt Kriegsakad. (A)	,,	(178a)
Fink	Kav.Rgt. 17 (PzGr)	,,	(179)
Witte	Gren.Rgt. 122	,,	(181)
Rendel	Gren.Rgt. 116	,,	(182)
Freiherr Schenck zu Schweinsberg	d. Gen.St., zuletzt Kriegs-		
	akad. (I)	,,	(183)
Hoffmann	Gren.Rgt. 44	,,	(184)
Oberst 9. 11. 44 (50)			
Vogel	Füs.Rgt. 27	,,	(184a)**
Oberst 1. 10. 44 (36a)			
Heimbächer	Gren.Rgt. 88	,,	(184b)
Paul	Gren.Rgt. 58	,,	(185)
Gehrke	Füs.Rgt. 39	,,	(186)
Ott	Gren.Rgt. 36	,,	(187)
Freiherr von Massenbach	Pz.Gren.Rgt. 73 (I)	,,	(188)
Schön	Art.Rgt. 14	,,	(188a)
Echt	Kav.Rgt. 5 (I)	,,	(189)
Weiß	Ob.Kdo. d. H. (P A) (Pz)	,,	(190)
Bernau	Ob.Kdo. d. H. (Ag P 1) (Pz)	,,	(191)
Hammon	Art.Rgt. 10	,,	(192)
Hermani	d. Gen.St., zuletzt Gren.Rgt. 42	,,	(193)
Graf Strachwitz von Groß-Zauche und Camminetz			
	d. Gen.St., zuletzt Art.Rgt. 8	,,	(194)
Sauerbruch	d. Gen.St., zuletzt Kav.Rgt. 17	,,	(195)
von Butler	d. Gen.St., zuletzt Pz.Rgt. 2	,,	(196)
Wecker	Geb.Jäg.Rgt. 100	,,	(196a)
Sachsenheimer	Jäg.Rgt. 75	,,	(197)
Oberst 1. 9. 44 (62); Gen.Maj. 1. 12. 44 (40)			
Kloß	Kriegsschule München (I)	,,	(197a)
Trittel	Gren.Rgt. 50	,,	(197b)
Keidel	Pz.Gren.Rgt. 115, kdt. z. Gen.St.	,,	(198)
Sonntag (Christian)	Inf.Rgt.127	,,	(198a)
Oberst 1. 10. 44 (37)			
Fischer (Josef)	Jäg.Rgt. 56	,,	(198h)
Dittmann	Geb.Jäg.Rgt. 138	,,	(199)
Busse (Wilhelm)	Gren.Rgt. 82	,,	(199a)
Gschwandtner	Geb.Jäg.Rgt. 139	,,	(200)
Eckardt	Gren.Rgt. 42	,,	(200a)
Waizenegger	d. Gen.St., zuletzt Jäg.Rgt. 56	,,	(200b)
Kiethe	Ob.Kdo. d. H. (P 4) (I)	,,	(201)
Oberst 9. 11. 44 (51)			
von Bülow	z. Verf. Ob. d. H. (Sonst. Offz.) (I)	1. 5. 44	(2)
Reckleben	St. 3. Pz.Gren.Brig. (PzGr)	,,	(3)
Hoppe	Art.Rgt. 41	,,	(4)
Heilbronn	Aufkl.Rgt. 7 (PzGr)	,,	(5)
Oberst 1. 1. 45			
Stichtenoth	Pz.Gren.Rgt. 74	,,	(6)
Oberst 9. 11. 44 (53)			
Renschhausen	d. Gen.St., zuletzt Gren.Rgt. 80	,,	(7)

Hildesheim	Gren.Rgt. 11	1. 5. 44	(8)
Beierlein	Geb.Pi.Btl. 83	,,	(9)
Bühlmann	d. Gen.St., zuletzt Pz.Jäg.Abt. 12	,,	(10)
Below	z. Verf. Ob. d. H. (Hochsch.) (I)	,,	(11)
Weitzel	Pz.Gren.Rgt. 7	,,	(12)
Fanelsa	Pz.Aufkl.Abt. 1 (PzGr)	,,	(13)
Oberst 1. 12. 44 (35)			
Herth	d. Gen.St., zuletzt Gren.Rgt. 110	,,	(14)
Peise	Gren.Rgt. 88	,,	(15)
von Siebert	d. Gen.St., zuletzt Gren.Rgt. 3	,,	(16)
Warnstorff	d. Gen.St., zuletzt Pz.Gren.Rgt. 66	,,	(17)
Strohm	Gren.Rgt. 35	,,	(18)
Busse (Heinrich)	Gren.Rgt. 58	,,	(19)

ohne Rangdienstalter
am 1. 11. 43 von Luftwaffe

von Einem (Cord)	Art.Rgt. 6
Stolle (Otto)	Kraftf.Abt. 6
Wenzel (Ernst)	Gren.Rgt. 80
Oberst 1. 6. 44 (29a)	
Matthes (Walter)	Art.Rgt. 34
Schmidt (Karl)	Geb.Jäg.Rgt. 137
Wündisch (Otto)	Füs.Rgt. 27
Wolf (Franz)	Füs.Rgt. 22
Junge (Rudolf)	Gren.Rgt. 44
Reinsdorff (Helmut)	Gren.Rgt. 45
Bischofsberger (Ludwig)	Kraftf.Abt. 3
Rauschenbach (Erich)	Pz.Jäg.Abt. 7
Großmann (Ernst)	Gren.Rgt. 32
Müller (Karl)	Gren.Rgt. 57
Kunz-Krause (Hermann)	Art.Rgt. 9
von Hüllesheim (Friedrich)	Gren.Rgt. 16
Siegerstetter (Ludwig)	Gren.Rgt. 70

Nachtrag des Herausgebers

v. Selle (Erich)   Art.Rgt: ...   1. 5. 44

Anmerkung: 1. 9. 44 aus dem Befehlsbereich des Ob. d. L. übergetreten; hatte bei Lw. RDA 1. 5. 44 (41).

Majore

Kober (Georg)	Pi.Btl. 7	1. 8. 39	(47)
Müller (Josef)	Füs.Rgt. 34	1. 10. 39	(40a)
Oberstleutnant 1. 6. 44 (1)			
Pierer von Esch	Art.Rgt. 17	1. 1. 40	(5)
Oberstleutnant 30. 1. 45			
Hamer (Hans)	Gren.Rgt. 109	,,	(247)
Oberstleutnant 1. 4. 44			
Jansa Pz.Tr.Schule (Schule f. Schnelle Tr. Wünsdorf)	(Pz) 1. 4. 40	(73)
Weiß Gren.Rgt. 107	1. 8. 40	(67)
Kache (Hans) Gren.Rgt. 4	1. 9. 40	(461)
Pawlowski b. Ausb.Leiter Glogau (I)	1. 10. 40	(64)**
Oberstleutnant 1. 4. 44 (1f)			
Bernhardt z. Verf. Ob. d. H. (Sonst. Offz.) (I)	,,	(120)
Oberstleutnant 1. 5. 44			
Kreuter (Lambert) Art.Rgt. 9	,,	(327)
Schattschneider b. Ausb.Leiter Chemnitz (I)	1. 11. 40	(113)
Entz Gren.Rgt. 30	1. 12. 40	(46)
Joost b. Ausb.Leiter Elbing (I)	,,	(78)
Ahlborn (Bodo) Gren.Rgt. 37	,,	(104)
Bülau (Günther) Kraftf.Abt. 8	,,	(105)
Oberstleutnant 1. 4. 44 (1e)			
von Oertzen (Roland) Gren.Rgt. 53	,,	(106)
Rathelbeck Beob.Lehrabt.	1. 1. 41	(10)**
Oberstleutnant 1. 3. 44 (1d)			
Gostischa (Fritz) Pz.Jäg.Abt. 2	,,	(108)
Oberstleutnant 1. 4. 44 (94b)			
Wolff (Johann-Joachim) Gren.Rgt. 12	,,	(109)
von Wehren Pz.Gren.Rgt. 7	1. 2. 41	(22)
Oberstleutnant 1. 6. 44 (3)			
Stroebe Pz.Aufkl.Abt. 7 (PzGr)	,,	(23)
Oberstleutnant 1. 6. 44 (4); Friedenstruppenteil neu festgesetzt: Gren.Rgt. 36			
Nuber H.Nachr.Schule	,,	(25)
Oberstleutnant 1. 6. 44 (5)			
Preuß Geb.Jäg.Rgt. 137	,,	(27)
Oberstleutnant 1. 6. 44 (6)			
Ulrich Gren.Rgt. 135		(38)
Oberstleutnant 1. 6. 44 (7)			
Volland z. Verf. Ob. d. H. (Hochsch) (Pi)	,,	(41)
Oberstleutnant 1. 6. 44 (8)			
Langkau Pz.Pi.Btl. 58	,,	(43)
Oberstleutnant 1. 6. 44 (9)			
Gierga Ob.Kdo. d. H. (Ag E Tr/U) (Pz)	,,	(43a)
Oberstleutnant 1. 6. 44 (10)			
Lorenz Geb.Jäg.Rgt. 139	,,	(48)
Oberstleutnant 1. 7. 44 (1)			
Schöffer Geb.Beob.Abt. 38	,,	(50)

Koch Pz.Rgt. 4		1. 2. 41	(50c)
Oberstleutnant 1. 7. 44 (2)			
Pany Geb.Jäg.Rgt. 138		,,	(52)
Oberstleutnant 1. 7. 44 (3)			
Schütze Pi.Btl. 20		,,	(52a)
Oberstleutnant 1. 7. 44 (4)			
Nemeč II. Abt. Art.Rgt. 53		,,	(53)
Oberstleutnant 1. 7. 44 (5)			
Wolfmeyer Geb.Jäg.Rgt. 136		,,	(55)
Oberstleutnant 1. 7. 44 [6]			
Salzer Geb.Jäg.Rgt. 139		,,	(56)
Oberstleutnant 1. 7. 44 (7)			
Rosmann-Van Goethem I. Abt. Art.Rgt. 97		,,	(58)
Oberstleutnant 1. 7. 44 [8]			
Hardt 1. (N) Kp. Nachr.Abt. 71		,,	(61)
Oberstleutnant 1. 7. 44 (9)			
Jiresch Reit.Rgt. 1		,,	(63)
Oberstleutnant 1. 8. 44 [1]			
Friedl b. Kdr. d. Nachr.Tr. XII (N)		,,	(67)
Oberstleutnant 1. 8. 44 (2)			
Gerst (Friedrich) Art.Rgt. 24		,,	(67a)
Goßler Gren.Rgt. 80		,,	(69)
Oberstleutnant 1. 8. 44 (3)			
Zirngibl Gren.Rgt. 132		1. 3. 41	(1)
Oberstleutnant 1. 8. 44 [4]			
Richter M.G.Btl. 2 (PzGr)		,,	(1a)
Oberstleutnant 1. 8. 44 (5)			
Kohler Pi.Btl. 17		,,	(4)
Straßner Pz.Pi.Btl. 33		,,	(8)
Oberstleutnant 1. 8. 44 (6)			
Voll Gren.Rgt. 111		,,	(12)
Oberstleutnant 1. 9. 44 (1)			
Ritter Fla.Btl. 46		,,	(12a)**
Oberstleutnant 1. 5. 44 (3d)			
Vornberger Nachr.Abt. 29		,,	(17)
Oberstleutnant 1. 9. 44 (2)			
Lecht Pz.Rgt. 36		,,	(21)
Gawenda Gren.Rgt. 110		,,	(26)
Oberstleutnant 1. 9. 44 (3)			
Grimme Gren.Rgt. 18		,,	(27)
Oberstleutnant 1. 7. 44 (40)			
Reuter Gren.Rgt. 116		,,	(29)
Oberstleutnant 1. 10. 44 (1)			
Hansen Pz.Gren.Rgt. 6		,,	(32)
Oberstleutnant 1. 10. 44 (2)			
Fitzner Nachr.Abt. 43		,,	(36)
Oberstleutnant 1. 10. 44 (3)			
Woehl Kav.Schütz.Rgt. 9 (PzGr)		,,	(41)
Oberstleutnant 1. 10. 44 (4)			
Kasten Gren.Rgt. 130		,,	(44)
Oberstleutnant 1. 10. 44 (5)			
Menzel d. Gen.St., zuletzt Kriegsakad. (I)		,,	(45a)
Oberstleutnant 1. 10. 44 (6)			
Beckert Art.Rgt. 17		,,	(46)
Oberstleutnant 1. 10. 44 [7]			
Bantje Gren.Rgt. 82		,,	(48)
Oberstleutnant 1. 9. 44 (48)			

Hüsing   St. Landw.Kdr. Lübben (Spreew)   (I)   1. 3. 41   (51)
Oberstleutnant 1. 10. 44 (8)
Kressin   St. Kdtr. Befest. b. Neustettin   (I)   ,,   (52)
Langer   Nachr.Abt. 26   ,,   (58)
Oberstleutnant 9. 11. 44 (1 a)
von Schrader   z. Verf. Ob. d. H. (Sonst. Offz.)   (A)   ,,   (68)
Stabenow   Kav.Rgt. 6   1. 4. 41   (5)
Oberstleutnant 1. 6. 44
Finkel   Gren.Rgt. 45   ,,   (6)
Oberstleutnant 9. 11. 44 (1)
Funk   Kriegsschule Potsdam   (I)   ,,   (7)
Oberstleutnant 9. 11. 44 [2]
Erdmann   Gren.Rgt. 50   ,,   (8)
Oberstleutnant 1. 9. 44 (49)
Scholz   Pz.Gren.Rgt. 73   ,,   (9)
Oberstleutnant 9. 11. 44 (3)
Leischulte   St. Gen.Kdo. XV. A.K.   (PzGr)   ,,   (13)
Oberstleutnant 1. 12. 44 (1)
Ficht   Gren.Rgt. 119 (PzGr)   ,,   (15)
Oberstleutnant 1. 12. 44 (2)
Reinhardt   Gren.Rgt. 61   ,,   (17b)
Oberstleutnant 1. 6. 44 mit RDA 1. 11. 42 (96)
Ehrenpfordt   Pz.Jäg.Abt. 5   ,,   (20)
Oberstleutnant 1. 12. 44 (4)
Sieben (Ernst)   Pz.Nachr.Abt. 37   ,,   (21a)
Oberstleutnant 1. 12. 44 (5)
von Rumohr   Füs.Rgt. 26   (I)   ,,   (22a)
Oberstleutnant 1. 6. 44
Riemer   Nachr.Abt. 61   ,,   (33)
Oberstleutnant 1. 12. 44 (6)
Snethlage   z. Verf. Ob. d. H. (Hochsch)   (Pi)   ,,   (39)
Oberstleutnant 1. 1. 45 (1)
Keller   Art.Rgt. 28   ,,   (41)
Oberstleutnant 1. 1. 45 (2)
Specht   Beob.Abt. 7   ,,   (47)
Oberstleutnant 1. 1. 45 [3]
Riese   Gren.Rgt. 110 (Kdsch)   ,,   (52)**
Oberstleutnant 1. 1. 44 (76k)
Quehl   d. Gen.St., zuletzt Kriegsakad.   (I)   ,,   (58)
Oberstleutnant 30. 1. 45 (1)
Heller   Art.Rgt. 8   ,,   (62)
Oberstleutnant 30. 1. 45 [2]
Douglas   Jäg.Rgt. 54   ,,   (63)
Oberstleutnant 1. 6. 44 (48)
Mattern   Gren.Rgt. 45   ,,   (72)
Oberstleutnant 30. 1. 45 (3)
Gradl   Kriegsschule Dresden   (Pz)   ,,   (75a)
Oberstleutnant 1. 9. 44 (50)
Berz   Pz.Nachr.Abt. 4   ,,   (77)
Oberstleutnant 30. 1. 45 [4]
Huffmann   Ob.Kdo. d. H. (In 4) (b. Höh. Offz. d. Art.Beob.Tr.) (A)   ,,   (77a)
Oberstleutnant 30. 1. 45 [5]
Muninger   Gren.Rgt. 105   ,,   (82)
Oberstleutnant 1. 3. 45 (1)
Alberti   Wehrbz. Gießen   (I)   ,,   (85)
Walcher   Wehrkrs.Reit- u. Fahrschule Aalen (Württ)   ,,   (86)
Oberstleutnant 1. 3. 45

Vierkotten	Gren.Rgt. 90		1. 4. 41	(87)

Oberstleutnant 1. 10. 44　(70)

Plapp	Wehrkrs.Reit- u. Fahrschule Aalen (Württ)		,,	(92)*
Fischer	b. Ausb.Leiter Deutsch Krone　(A)		,,	(95)
Mehrbrey	- Gren.Rgt. 20		,,	(97)
Richter-Rethwisch	Pz.Abt. 33　(PzGr)		1. 5. 41	(1)
Schulz	Art.Rgt. 21		1. 6. 41	(1)

Oberstleutnant 1. 5. 44　(3a)

Schmidtmann	I. Abt. Art.Rgt. 59		,,	(2)

Oberstleutnant 1. 6. 44　[49]; Oberst 1. 12. 41　(36)

Freiherr von Ruepprecht	St. 2. Pz.Div.　(Kdsch)		,,	(4)
Mettig	Ob.Kdo. d. H. (In 7)　(N)		,,	(5)*
Peter	Geb.Nachr.Abt. 54		,,	(12)
Lohmann	Pz.Gren.Rgt. 103		,,	(15)**

Oberstleutnant 1. 5. 44　(3e)

Adamus	Nachr.Abt. 65		,,	(16a)
Klingspor	I. Abt. Pz.Rgt. 23		,,	(17)

Oberstleutnant 20. 4. 45　(1)

von Herff	Kav.Lehr- u. Vers.Abt.		,,	(19)
Semrau	Nachr.Abt. 3		,,	(25)
Niethammer	Geb.Jäg.Rgt. 13		,,	(26)
Breitenbach	Gren.Rgt. 80		,,	(26a)*
Eisgruber	Geb.Jäg.Rgt. 99		,,	(26b)
Schmelzle	Gren.Rgt. 20		,,	(27)
Erfurth	Gren.Rgt. 88		,,	(30)

Oberstleutnant 1. 10. 44　(71)

Kappe	Jäg.Rgt. 49		,,	(31)
Voigt	Nachr.Abt. 47		,,	(35)
Hillen	Gren.Rgt. 37		,,	(36)
Rudolf	Aufkl.Rgt. 8　(Pz)		,,	(39)
Hammrich	Beob.Abt. 5		,,	(41)
Steidl	Gren.Rgt. 20		,,	(42)
Hagl	Geb.Art.Rgt. 79		,,	(43)
Bitterolf	Beob.Abt. 31		,,	(45)
Brede	M.G.Btl. 3　(Kdsch)		,,	(45a)

Oberstleutnant 1. 12. 44　(49)

Lepom	Pi.Btl. 80		,,	(46)

Oberstleutnant 1. 9. 44　(51)

Pesth	Gren.Rgt. 24		,,	(47)
Kiermeir	Nbl.Abt. 5		,,	(48)
Baier	Pi.Lehrbtl.		,,	(50)
Bretschneider	Nachr.Abt. 60		,,	(57)
Liehr	z. Verf. Ob. d. H. (Sonst. Offz.)　(A)		,,	(63)
Schebek	Geb.Jäg.Rgt. 137		,,	(65)
Geck	Fest.Pi.St. 29		,,	(69)
Jürgens	Pz.Rgt. 11		1. 7. 41	(1)
Zietlow	Reit.Rgt. 1		,,	(2)
von der Hardt	Gren.Rgt. 92		,,	(4a)

Oberstleutnant 1. 10. 44　(72)

Wamboldt	Art.Rgt. 34		,,	(7)

Oberstleutnant 1. 5. 44　(3b)

Johanns (Günther)	Fest.Pi.St. 11		,,	(7a)
Bodsch	Gren.Rgt. 105		,,	(11)
Dreyer	Gren.Rgt. 116		,,	(12)

Oberstleutnant 1. 7. 44　(41)

Rogalla von Bieberstein	H.Fohlenaufzuchtamt Piber　(K)		,,	(13)
Dolze	Pz.Gren.Rgt. 108 (früher Inf.Rgt. 10)　(I)		,,	(16)

von Hagen	Aufkl.Rgt. 7 (Kdsch)	1. 7. 41	(17)
Chuchracky	Nbl.Abt. 2	,,	(18)
1. 9. 44 in DAL S überführt			
Tremmel	Fla.Btl. 55	,,	(19a)
Oberstleutnant 1. 8. 44 (30)			
Lueder	Pz.Rgt. 3	,,	(22)
Oberstleutnant 1. 8. 44 (31); Oberst 30. 1. 45			
Fabry	Nachr.Abt. 56	,,	(34)
Deutinger	Pz.Jäg.Abt. 13	,,	(35)
Epp	Gen.St. d. H. (5. Abt.) (I)	,,	(36)
Schwarzäugl	Kav.Rgt. 10	,,	(44)
Daunert	Pi.Btl. 2	,,	(59)
Hamel (Albert)	Gren.Rgt. 32	,,	(61)
Luckow (Werner)	Gren.Rgt. 48	,,	(62)
Ebersberger	Geb.Jäg.Rgt. 139	1. 8. 41	(2)
Lichey	Jäg.Rgt. 49	,,	(3)
Hoefer	Art.Rgt. 32	,,	(4a)**
Oberstleutnant 1. 5. 44 (3c)			
Moers	St. Gen.Kdo. XXI. A.K. (I)	,,	(5)**
Oberstleutnant 1. 7. 44 (41a)			
Schudnagies	Pz.Art.Rgt. 4	,,	(8)
Otto	Kraftf.Abt. 17	,,	(9)
Reicheneder	Geb.Jäg.Rgt. 100	,,	(20)
Pfisterer	Aufkl.Rgt. 9	,,	(21)
Oberstleutnant 1. 7. 44 (42)			
Stockmann	Nachr.Abt. 25	,,	(22)
Herzog	Kriegsakad. (I)	,,	(24)
Oberstleutnant 1. 8. 44 (32)			
Möhring	Nachr.Abt. 32	,,	(26)
Knötsch	Pz.Gren.Rgt. 59 (I)	,,	(29)
Ehreke	Pz.Pi.Btl. 19	,,	(37)
Graf zu Eulenburg	Kriegsakad. (I)	,,	(37a)
Reinel	Ob.Kdo. d. H. (Wa Prüf 6) (Pz)	,,	(38)
Oberstleutnant 1. 3. 45			
von Schlütter	Kdtr. Tr.Üb.Pl. Groß Born (I)	,,	(39)
Brau	Pz.Nachr.Abt. 13	,,	(45)
Köller	Gren.Rgt. 23	1. 9. 41	(1)
Watzek	Gren.Rgt. 133	,,	(10a)
Stute	Geb.Jäg.Rgt. 137	,,	(13)
Uhlmann	Füs.Rgt. 39	,,	(14)
Michaelis	Pz.Jäg.Abt. 37	,,	(15)
Oberstleutnant 30. 1. 45			
Frohburg	Nachr.Abt. 34	,,	(16)
Grooke	Gren.Rgt. 43	,,	(19)
Nave	4. (EFu) Kp. Nachr.Abt. 74	,,	(21)
Zühr	Gren.Rgt. 92 (PzGr)	,,	(22)
Gerstung	Pz.Gren.Rgt. 93	,,	(24)
Back	Pz.Pi.Btl. 4	,,	(25)
Pockrandt	Nachr.Abt. 22	,,	(27)
Kassubek	Pz.Art.Rgt. 80	,,	(28)
Körbel	M.G.Btl. 11 (PzGr)	,,	(31)
Widmann	Gren.Rgt. 107	,,	(32)
Wota	Füs.Rgt. 39 (PzGr)	,,	(34)
Meffert	Kraftf.Abt. 6	,,	(36)
von Scholz	Pz.Gren.Rgt. 93	,,	(36a)
Oberstleutnant 1. 10. 44 [73]			
Tröger	Gren.Rgt. 42	,,	(42a)

9 Rangliste

Friedrich	Wehrbz.Kdo. Trier I (A)	1. 9. 41	(45)
Knabl	Nachr.Abt. 7	1. 10. 41	(4)
Ernst	Geb.Jäg.Rgt. 100	,,	(7)
Oberstleutnant 1. 7. 44 (33)			
Engel	Gren.Rgt. 71	,,	(8)
Breder	Gren.Rgt. 18	,,	(10)
Augustin	Fla.Schule Inf.	,,	(12)
Gebauer	Gren.Rgt. 9	,,	(13)
Menke	H.Reit- u. Fahrschule (PzGr)	,,	(14)
Kroner	Gren.Rgt. 106	,,	(17)
Frantz	Pi.Btl. 29	,,	(18)
Spielberg	Nachr.Abt. 57	,,	(19)
von Köller und von Stuckrad Pi.Btl. 3		,,	(22)
Schnappauf 2. Kp. Pz.Jäg.Abt. 52		,,	(24a)
Oberstleutnant 1. 3. 45			
von Schenckendorff Jäg.Rgt. 83		,,	(27)
Klamroth	Gren.Rgt. 47	,,	(29)
von Schweinitz Pz.Rgt. 31		,,	(32)
Heintke	Pz.Nachr.Abt. 37	,,	(32a)
Hoffmann	II. Abt. Art.Rgt. 48	,,	(33)
Walter	Art.Rgt. 26	,,	(33a)
Oberstleutnant 1. 6. 44 (49 a)			
Winkler	Nbl.Abt. 1	,,	(36)
Rudolph	Pz.Jäg.Abt. 24	1. 11. 41	(2)
Oberstleutnant 1. 1. 45			
Kurth	Gren.Rgt. 94	,,	(3)
Eßer	Pz.Gren.Rgt. 64 (I)	,,	(4)
Sachtleben	Pz.Jäg.Abt. 13	,,	(6)
von Olearius H.Gasschutzschule (Nbl)		,,	(9)
Weißmann	Gren.Rgt. 61	,,	(18)
Oberstleutnant 1. 10. 44 (74)			
Schulze	Beob.Abt. 9	,,	(19)
Freiherr von Leonrod Kav.Rgt. 17		,,	(21)
von Lossow Pz.Jäg.Abt. 35 (PzGr)		,,	(23)
Oberstleutnant 1. 3. 45			
Schlager	Pi.Btl. 80	,,	(25)
Höpfner	Nachr.Abt. 45	,,	(26)
Oberstleutnant 1. 6. 44 (49b)			
von Platen	Kav.Rgt. 5	,,	(30)
Stockmann	Pz.Lehrrgt. (Pz.Lehrabt.)	,,	(33)
Rammelt	Gren.Rgt. 80	,,	(35)
Reichenbach Pz.Jäg.Abt. 36		,,	(36)
Friedrichs	Gren.Rgt. 133	,,	(37)
Oehlmann	Pz.Pi.Btl. 37	,,	(40)**
Oberstleutnant 1. 4. 44 (182a)			
Macholz	Geb.Jäg.Rgt. 137	,,	(41)
Porsch	Nachr.Abt. 44	,,	(43)
Stejskal	Gren.Rgt. 133	,,	(45)
Zehe	r. Art.Rgt. 1	,,	(46)
Oberstleutnant 1. 7. 44 [44]			
Hasbach d. Gen.St., zuletzt Kriegsakad. (I)		,,	(46a)
Oberstleutnant 1. 7. 44 (45)			
Böhm	Gren.Rgt. 107	,,	(46b)
Oberstleutnant 1. 10. 44 (75)			
Friedrichs	Pz.Gren.Rgt. 66 (Kdsch)	,,	(47)
von Engel	Kav.Rgt. 14	,,	(49)
Benzmann	Nachr.Abt. 67	,,	(54)

von Hartz	Gren.Rgt. 61	1. 11. 41	(60)
Gündell	Kav.Rgt. 13	,,	(63)
Höhn	Pz.Rgt. 31	,,	(63a)
von Viereck	Pz.Jäg.Abt. 39	,,	(65) **
Oberstleutnant 1. 9. 44 (51a)		,,	
Bensch	Gren.Rgt. 78		(69)
Jakob	Kav.Rgt. 18	,,	(71)
Krumsiek	Pz.Pi.Btl. 19	,,	(72)
von Sannow-Boettcher	Pz.Jäg.Abt. 39	,,	(73f)
Holze	Pz.Jäg.Abt. 46	1. 12. 41	(1a)
Franzke	Pi.Btl. 42	,,	(2)
Mittermaier	d. Gen.St., zuletzt Kriegsakad. (Pz)	,,	(2a)
von Haacke	d. Gen.St., zuletzt Gren.Rgt. 45	,,	(3a)
Kraus	Pz.Art.Rgt. 102	,,	(4)
Oberstleutnant 30. 1. 45 (Lt. Soldbuch 1. 1. 45)			
Müller	Kav.Rgt. 9 (PzGr)	,,	(5)
Oberstleutnant 9. 11. 44			
Beinhoff	Fla.Btl. 59	,,	(6)
Leptihn	Gren.Rgt. 65	,,	(7)
Oberstleutnant 1. 6. 44 (50)			
Altenburg	Gren.Rgt. 123	,,	(8)
Oberstleutnant 1. 10. 44 (76)			
Kilgus	Jäg.Rgt. 56	,,	(9)**
Oberstleutnant 1. 4. 44 (182b)			
Rüdiger	Nachr.Abt. 6	,,	(10)
Jacobs	Gren.Rgt. 29 (PzGr)	,,	(12)
Schmall	Gren.Rgt. 51 (PzGr)	,,	(15)
Baur	M.G.Btl. 5	,,	(16)
Oberstleutnant 1. 1. 45			
Alt	Gren.Rgt. 106	,,	(18)
Hannes	Art.Abt. 101	,,	(19)
Oberstleutnant 1. 6. 44 [51]; Oberst 1. 12. 44 (37)			
Eichinger	Pz.Gren.Rgt. 40 (Kdsch)	,,	(20)
Knaust	Pz.Gren.Rgt. 79	,,	(22)
Oberstleutnant 9. 11. 44 (61a); Oberst . . . 4. 45			
Labermeier	Pi.Btl. 7	,,	(25)
Freiherr von Peckenzell	H.Nachr.Schule	,,	(28)
von Reinhard	Pz.Rgt. 15	,,	(28a)
Krüger	Pi.Btl. 21	,,	(30)
Stresow	Gren.Rgt. 2	,,	(32)
Deising	Pz.Jäg.Abt. 6	,,	(34)
Hentschel	Ob.Kdo. d. H. (Ag P 1) (A)	,,	(36)
Oberstleutnant 1. 3. 45			
Krätz	Gren.Rgt. 36	,,	(37)
Kulle	Nachr.Abt. 15	,,	(38)
Schröder	. Füs.Rgt. 27	,,	(41)
Brinkmann	Kav.Rgt. 14	,,	(42)
Kupka	Gren.Rgt. 78	,,	(43)
Oberstleutnant 1. 6. 44 (51a)			
Hausmann	Art.Schule	,,	(48)
zur Nieden	St. 6. Div. (I)	,,	(49)
Hornfeck	Pz.Gren.Rgt. 86	1. 1. 42	(2)
Leske	Kraftf.Abt. 3	,,	(3)
Tadewald	Pz.Gren.Rgt. 5 (I)	,,	(4)
Meseck	Gren.Rgt. 45	,,	(7) **
Oberstleutnant 1. 10. 44 (77)			
Wagner (Günter)	d. Gen.St., zuletzt Kriegsakad. (Pz)	,,	(8a)

9*

Hartmann	Gren.Rgt. 95	1. 1. 42	(12)
Bauer	Pz.Art.Rgt. 103	,,	(17)
Oberstleutnant 1. 10. 44 [78]			
Uitz	Gren.Rgt. 135	,,	(19)**
Oberstleutnant 1. 8. 44 (32a)			
von dem Hagen	d. Gen.St., zuletzt Gren.Rgt. 46	,,	(19a)
Oberstleutnant 1. 7. 44 (46)			
Grasmuk	Geb.Jäg.Rgt. 100	,,	(21)
Rothansel	Kriegsakad. (I)	,,	(22)**
Oberstleutnant 1. 6. 44 (51b)			
Jordis	Kriegsakad. (A)	,,	(27)
Laurin	Geb.Art.Rgt. 112	,,	(28)
Oberstleutnant 9. 11. 44 [62]			
Hertzer	Ob.Kdo. d. H. (In 7) (N)	,,	(34)
Springer	Pz.Art.Rgt. 4	,,	(35)
Stock	Ob.Kdo. d. H. (In 5) (Pi)	,,	(36)
von Tschischwitz	Gren.Rgt. 15 (PzGr)	,,	(37)
Müller	Pi.Btl. 45	,,	(41)
von Winning	Kav.Rgt. 9	,,	(44)
Oberstleutnant 9. 11. 44 [63]			
Hinze	Gren.Rgt. 84	,,	(46)
Mans	b. Kdr. d. Pi. VI	,,	(48)
Oberstleutnant 30. 1. 45			
Ibe	Gren.Rgt. 70	,,	(50)
Zejdlik	Pz.Pi.Btl. 32	,,	(51a)
Oberstleutnant 1. 7. 44 mit RDA 1. 12. 42 (97b)			
Schneider	Füs.Rgt. 68	,,	(52)
Stolle	Pz.Gren.Rgt. 115 (I)	,,	(53)
Ebsen	Kav.Rgt. 14	,,	(59)
Hedenus	Gren.Rgt. 70	,,	(60)
Ehrbeck	Pz.Rgt. 8	,,	(61)
Brummund	Gren.Rgt. 32	,,	(65)
Giese	Nachr.Abt. 50	,,	(66)
Krause	Gren.Rgt. 18	,,	(67)
Linden	Pz.Pi.Btl. 16	,,	(69)
Bäu	M.G.Btl. 15	,,	(70)
Scheuermann	Pz.Gren.Rgt. 13	,,	(71)
Mattusch	Pz.Gren.Rgt. 103	,,	(72)
Henseling	Gren.Rgt. 60 (PzGr)	,,	(73)
Binder	Geb.Nachr.Abt. 54	,,	(74a)
Volberg	Kraftf.Abt. 1	,,	(75)
Schulze	St. Wehrers.Insp. Leipzig (I)	,,	(76a)
Keßler	Gren.Rgt. 30	,,	(77)
Hutans	Füs.Rgt. 39	,,	(78)
Büschen	1. Kp. Pz.Jäg.Abt. 53	,,	(79)
Uebel	Kav.Schütz.Rgt. 9 (Kdsch)	,,	(80a)
Rothschuh	M.G.Btl. 10 (PzGr)	,,	(84)
Höhne	z. Verf. Ob. d. H. (Hochsch) (I)	,,	(86)
Wollenberg	Pz.Pi.Btl. 38	,,	(87)
Leitreuter	Pz.Art.Rgt. 13	,,	(89)
Perkhof	Art.Rgt. 21	,,	(90)
Lindner	Gren.Rgt. 31	,,	(91)
Lindemann	Fla.Btl. 48	,,	(92)
Jäserich	z. Verf. Ob. d. H. (Hochsch) (A)	,,	(94)
Edelbluth (Raimund)	Gren.Rgt. 110	,,	(95a)
Wunderlich	Art.Rgt. 70	,,	(96)
Oberstleutnant 1. 7. 44 (47)			

Hübner (Karl) Kriegsakad. (I)		1. 1. 42	(99a)
Oberstleutnant 1. 12. 44			
Cunitz Pz.Gren.Rgt. 6		,,	(100)
Lund Pz.Art.Rgt. 16		,,	(104)
Oberstleutnant 1. 8. 44 [33]			
Wuchenauer I. Abt. Pz.Gren. 10		,,	(105)
Michels Pz.Gren.Rgt. 4		,,	(107)
Steiniger Gren.Rgt. 32		,,	(108)
Ribbert Gren.Rgt. 87		,,	(109) **
Oberstleutnant 1. 7. 44 (47a)			
Jeschke Gren.Rgt. 45		,,	(111)
Dippel Pz.Jäg.Abt. 9		,,	(113)
Homrighausen Gren.Rgt. 106		,,	(114a)
Schmidt Pz.Jäg.Abt. 11		,,	(116)
Scherer Kraftf.Abt. 1		,,	(117)
Bendler Pz.Nachr.Abt. 27		,,	(119)
Eckhardt Art.Rgt. 9		,,	(120)
Oberstleutnant 1. 10. 44 (79)			
Zellner Gren.Rgt. 20 *Oberstleutnant 1. 1. 45*		,,	(122a)
Bergholz II. Abt. Art.Rgt. 68		,,	(122b)
Wömpener H.Waffenm.Schule (I)		,,	(123)
Borchers (Georg) Gren.Rgt. 65		,,	(123a)
Draffehn II. Abt. Art.Rgt. 61		,,	(128)
Lehr b. Höh. Nachr.Offz. 3		,,	(129)
Staedtke Gren.Rgt. 50		,,	(130a)
Oberstleutnant 1. 5. 44 (4a)			
Raake Art.Rgt. 24		,,	(133)
Oberstleutnant 1. 10. 44 [80]			
Walter z. Verf. Ob. d. H. (Hochsch) (Pi)		,,	(135)
Freiherr von Maltzahn Kav.Rgt. 14		,,	(136)
Oberstleutnant 30. 1. 45			
Rott d. Gen.St., Ob.Kdo. d. H. (G.I.F.) (PzGr)		,,	(139)
von Criegern Gren.Rgt. 81		,,	(141)
Tams Pz.Jäg.Abt. 3		,,	(142) **
Oberstleutnant 1. 5. 44 (4b)			
Leinberger Pz.Rgt. 36		,,	(147)
Roettig Pi.Btl. 48		,,	(155) **
Oberstleutnant 1. 7. 44 (47b)			
Heide I. Abt. Art.Rgt. 48		,,	(157)
Oberstleutnant 9. 11. 44 [64]			
Burgsthaler Kriegsakad. (Pz)		,,	(158a)
Oberstleutnant 1. 7. 44 (48)			
Gloyna Pz.Gren.Rgt. 66 (I)		,,	(160)
Benedeit II. Abt. Art.Rgt. 68		,,	(164)
Seemann Fla.Btl. 48		,,	(168)
Käppler II. Abt. Art.Rgt. 45		,,	(169)
Eichstädt Pi.Schule II		,,	(174)
Boxberger Kav.Rgt. 17		,,	(175)
Oberstleutnant 9. 11. 44 [65]			
von Oertzen Gren.Rgt. 15 (PzGr)		,,	(180)
von Olberg Kdtr. Tr.Üb.Pl. Wahn (I)		,,	(181)
Blume Inf.Lehrrgt.		,,	(182)
Scanzoni von Lichtenfels Geb.Jäg.Rgt. 98		,,	(187)
Henrici Kriegsakad. (N)		,,	(189)
von Görne Aufkl.Rgt. 8 (PzGr)		,,	(190a)
Schwing Pi.Btl. 62		,,	(196b)
Oberstleutnant 30. 1. 45 (55a)			

Zärban	Nachr.Abt. 35	1. 1. 42	(203)
Loch	Nachr.Abt. 8	,,	(208)
Kruppa	Gren.Rgt. 88	,,	(209)
Thies	Pi.Btl. 28	,,	(210)
Kersten	Gren.Rgt. 8	,,	(211)
Böhm	I. Abt. Art.Rgt. 37	,,	(213)

Oberstleutnant 9. 11. 44 [66]

Kuhle	Gren.Rgt. 88	,,	(214)

Ritter und Edler von Rosenthal (Hans)
d. Gen.St., zuletzt Kriegsakad.   (N)   ,,   (214a)

Oberstleutnant 1. 6. 44 (52)

Siebenbürger	Gren.Rgt. 51	,,	(215)
Drüke	Pz.Gren.Rgt. 4 (I)	,,	(217)
Schäfer	Gren.Rgt. 123	,,	(218)
Dieckhoff	Art.Rgt. 96	,,	(220)
Frenzel	Pz.Jäg.Abt. 8, kdt. z. Gen.St.	,,	(223)**

1. 6. 44 in den Gen.St. versetzt; Oberstleutnant 1. 1. 44 (77c)

Berg	Gren.Rgt. 29	,,	(224)
Wilcke	H.Reit- u. Fahrschule	,,	(227a)

Oberstleutnant 1. 8. 44 [34]

von Kalm	Ob.Kdo. d. H. (Ag P 2/2. Abt.) (I)	,,	(229)

Oberstleutnant 1. 9. 44 [52]

Graf von Montgelas	Gren.Rgt. 61	,,	(234)

Oberstleutnant 1. 10. 44 (81)

Prilipp	Kriegsschule München (A)	,,	(235)

Oberstleutnant 1. 9. 44 [53]

Seith	I. Abt. Art.Rgt. 71	,,	(236)
Hundertmark	Inf.Lehrrgt. (PzGr)	,,	(237)**

Oberstleutnant 1. 5. 44 (4c)

Neumann	Art.Rgt. 31	,,	(238)
Kaufeld	Gren.Rgt. 111	,,	(240)
Hänsel	H.Reit- u. Fahrschule (PzGr)	,,	(243)

Oberstleutnant 1. 9. 44 (†)

Helbig	Rüst.Insp. Oberrhein (Kdo. Rüst.Ber. Mannheim) (I)	,,	(247)

Oberstleutnant 1. 7. 44 [48a oder vordatiert]

Grimm	Art.Rgt. 41	,,	(250)
Habel	H.Reit- u. Fahrschule (PzGr)	,,	(250a)
Günther	Art.Rgt. 51	,,	(253)
Jurisch	Gren.Rgt. 7	,,	(256)
Heling	II. Abt. Art.Rgt. 68	,,	(258)
Tschache	Jäg.Rgt. 49	,,	(259)
Marx	Gren.Rgt. 130	,,	(260)

Oberstleutnant 1. 10. 44 (82)

Hack	Gren.Rgt. 14	,,	(265)
von Adriani	Gren.Rgt. 131	,,	(267)

Oberstleutnant 1. 6. 44 (52a)

Simon Casimir Prinz zu Lippe	Gren.Rgt. 96	,,	(271)

Oberstleutnant 1. 8. 44 (35)

Sievert	Gren.Rgt. 94	,,	(274)
Döllner	Gren.Rgt. 58	,,	(275)

Oberstleutnant 1. 10. 44 (83)

Christensen	Gren.Rgt. 46	,,	(276)
Thiede	Pz.Rgt. 2	,,	(278)
Fohr	Gren.Rgt. 118 (PzGr)	,,	(279)
Klein	I. Abt. Art.Rgt. 50	,,	(283)
Kleidorfer	Geb.Art.Rgt. 111	,,	(289)
Hanisch	Kriegsakad. (A)	,,	(291)

Fau	Gren.Rgt. 134 (Kdsch)	1. 1. 42	(292)
Fleischmann	Jäg.Rgt. 49	,,	(293)
Pommer	Gren.Rgt. 131	,,	(295)
Oberstleutnant 1. 8. 44 (36)			
Heckers	Gren.Rgt. 60	,,	(295a)
Priller	Kav.Rgt. 3	,,	(296)
Peyrl	Gren.Rgt. 134	,,	(301)
Groth	Füs.Rgt. 34	,,	(306)
Bertling	Gren.Rgt. 17	,,	(308)
Froschmaier	Pi.Btl. 24	,,	(308a)
Huck	Art.Rgt. 22	,,	(308b)
Oberstleutnant 1. 7. 44 [49]			
Lüben	d. Gen.St., zuletzt Kriegsakad. (I)	,,	(309a)
von Xylander	Pz.Art.Rgt. 78	,,	(313)
Merxmüller	Geb.Jäg.Rgt. 98	,,	(314)
von Wagner	Kriegsakad. (K)	,,	(316)
Oberstleutnant 9. 11. 44 (67)			
von Bothmer	Gren.Rgt. 3	,,	(317a)
Nietsche	Gren.Rgt. 105	,,	(318)**
Oberstleutnant 1. 7. 44 (49a)			
Singrün	Gren.Rgt. 109	,,	(321)
Vogt	Kraftf.Abt. 6	,,	(323a)
Maltzan	Gren.Rgt. 89	,,	(326)
Korff	Art.Rgt. 70	,,	(327)**
Oberstleutnant 1. 8. 44 (36a)			
Zimmer	Pz.Gren.Rgt. 115 (I)	,,	(329a)
Oberstleutnant 1. 10. 44 [RDA 1. 8. 44 (36b)?]			
Kölle	Geb.Jäg.Rgt. 13	,,	(334)
Oberstleutnant 30. 1. 45			
Lange	Kriegsakad. (I)	,,	(337)
Schlüter	Geb.Jäg.Rgt. 13	,,	(348)
Peter	Gren.Rgt. 23	,,	(349)
Moll	Gren.Rgt. 89	,,	(351)
Kassebeer	Jäg.Rgt. 75	,,	(353)**
Oberstleutnant 1. 8. 44 (36c)			
Seegmüller	Jäg.Rgt. 38	,,	(354)
Keßler	Pz.Jäg.Abt. 33	,,	(358)
Bartel	Nachr.Abt. 46	,,	(359)
Lübben	Eisenb.Pi.Rgt. 3	,,	(360)
Wilke	Nachr.Abt. 41	,,	(361)
Lorentzen	Gren.Rgt. 58	,,	(362)
Schwaab (Eugen)	Eisenb.Pi.Rgt. 1	,,	(363a)
Knüttel	Pz.Gren.Rgt. 73 (I)	,,	(364)
Oberstleutnant 1. 7. 44 [50]			
Reinke	Pi.Btl. 9	,,	(365)**
Oberstleutnant 1. 5. 44 (9a)			
Tummeley	d. Gen.St., zuletzt Gren.Rgt. 58	,,	(365a)**
Oberstleutnant 1. 7. 44 (50a)			
Fröse	Pz.Jäg.Abt. 26	,,	(366)
Zinkel	II. Abt. Art.Rgt. 45	,,	(368)
Schwarz	Gren.Rgt. 72	,,	(368a)
Schmidt	Pz.Lehrrgt. (Schütz.Lehrbtl.) (PzGr)	,,	(369)
Scholze	Gren.Rgt. 92 (PzGr)	,,	(370)
Lange	Gren.Rgt. 58	,,	(371)**
Oberstleutnant 1. 7. 44 (50b)			
Zörner (Karl)	St. H.Gru.Kdo. 2 (AVm)	,,	(374a)

Wendland   Beob.Abt. 24   *Oberstleutnant 1. 4. 44 (184c)*   1. 1. 42 (375)**
Oberst 1. 4. 45 (RDA vorbehalten)
Eberhard Fürst von Urach, Graf von Württemberg   Kav.Rgt. 18   ,,   (376)
Schneider-Kostalski   Pz.Rgt. 6   ,,   (377)
Oberstleutnant 1. 8. 44 (†)
Müller   Gren.Rgt. 2   ,,   (378)
Oberstleutnant 1. 8. 44 (37)
Rhau   Gren.Rgt. 94   ,,   (380)
Oberstleutnant 1. 9. 44 (54)
Schulze   Pz.Gren.Rgt. 93   ,,   (381)
Düttchen   I. Abt. Art.Rgt. 63   ,,   (386a)
Oberstleutnant 1. 10. 44 [84]
Pilgrim   Kav.Rgt. 3   ,,   (387)
Nöbel   Pz.Gren.Rgt. 125 (I)   ,,   (388)
Hamann   Art.Rgt. 29   ,,   (389)
Heesch   z. Verf. Ob. d. H. (Sonst. Offz.) (I)   ,,   (390)
Führer   Kav.Rgt. 4   ,,   (391)
Paschke   Art.Rgt. 3   ,,   (394)
Maas   II. Abt. Art.Rgt. 71 (PzGr)   ,,   (397)
Oberstleutnant 1. 12. 44 (55)
Wulff   Nachr.Abt. 45   ,,   (400)
Böker   Nachr.Abt. 52   ,,   (402)
Schmitz   Nachr.Abt. 5   ,,   (403)
Böhme   Nbl.Lehr- u. Vers.Abt.   ,,   (404)
Oberstleutnant 1. 6. 44 [RDA 1. 4. 44 (185b)?]
von Kirchbach   d. Gen.St., zuletzt M.G.Btl. 7   ,,   (404a)
von Legat   Kriegsakad. (Pz)   ,,   (407)
Roezel   Pi.Btl. 43   ,,   (412)
John   Gren.Rgt. 122   ,,   (414)
von Plehwe   d. Gen.St., zuletzt Kav.Rgt. 3   ,,   (415a)
Oberstleutnant 1. 7. 44 (51)
Enneccerus   Gren.Rgt. 90   ,,   (416)
Ehrhardt   Pz.Jäg.Abt. 46   ,,   (420)
Schnetz   Geb.Jäg.Rgt. 100   ,,   (422)
Kaupert   Pz.Art.Rgt. 27   ,,   (423)
Andresen   Kraftf.Abt. 12   ,,   (424)
Schlieter   Geb.Kraftf.Abt. 18   ,,   (427)
Simons   Gren.Rgt. 77   ,,   (429)
Oberstleutnnt 1. 10. 44 (85)
Haspel   Pz.Gren.Rgt. 3   ,,   (429a)
Oberstleutnant 1. 1. 45
Edeling   Pi.Btl. 46   ,,   (430)**
Oberstleutnant 1. 4. 44 (185a)
Witte   Pi.Btl. 35   ,,   (432)
Schmidt   Gren.Rgt. 96   ,,   (433)
Schulze   Gren.Rgt. 55   ,,   (435)
Froböse   z. Verf. Ob. d. H. (Hochsch) (I)   ,,   (438)
Kühnbaum   z. Verf. Ob. d. H. (Hochsch) (I)   ,,   (440)
Gerhard   Ob.Kdo. d. H. (Ag P 2) (A)   ,,   (440a)
Oberstleutnant 1. 3. 45
Ante   Pz.Jäg.Abt. 20   ,,   (443)
de Leliwa   Nachr.Abt. 9   ,,   (448)
Reißmüller   I. Abt. Art.Rgt. 67   ,,   (449)
Oberstleutnant 1. 5. 44 (10a)
Keisler   I. Abt. Art.Rgt. 106   ,,   (450)
Forchhammer   Gren.Rgt. 58   ,,   (452)
Oberstleutnant 9. 11. 44 (68)

Tschoepe	Gren.Rgt. 78	1. 1. 42	(453)
Nolle	Art.Rgt. 51	,,	(454)
Oberstleutnant 1. 10. 44 [86]			
Reclam	Pi.Btl. 20	,,	(459)
Lübbe	d. Gen.St., zuletzt b. Kdr. d. Pi. III	,,	(460a)
Fischer	Gren.Rgt. 77	,,	(461)
Oberstleutnant 9. 11. 44 (69)			
Materne	Gren.Rgt. 47	,,	(467)
Feige	d. Gen.St., zuletzt Art.Rgt. 29	,,	(467b)
Steiner	Art.Rgt. 17	,,	(468)
Milcher	Gren.Rgt. 19	,,	(469)
Lohner	Geb.Jäg.Rgt. 139	,,	(470)
Meyer-Schöller	b. Ausb.Leiter Oels (Schles) (I)	,,	(471)
Setzke (Erich)	Gren.Rgt. 131	,,	(473)
Post (Rudolf)	Kav.Rgt. 9	,,	(474)
Hasse	Kav.Rgt. 8	1. 2. 42	(3)
Hoffmann (Hans)	z. Verf. Ob. d. H. (Sonst. Offz.) (Pz)	,,	(5)
Lechner	St. d. Wehrm.Bevollm. b. Reichsprotektor u. Befehlshaber i. Wehrkrs. Böhmen u. Mähren (N)	,,	(7)
von Zydowitz	Art.Rgt. 30	,,	(12)
Oberstleutnant 1. 9. 44 (55)			
von Bary	Pz.Nachr.Abt. 2	,,	(13)
Schulz-Kleyenstüber	I. Abt. Art.Rgt. 57	,,	(22)
Oberstleutnant 9. 11. 44 [70]			
Strobel	Gren.Rgt. 109	,,	(33a)
Oberstleutnant 1. 10. 44 (87)			
Brutzer	Gren.Rgt. 24, kdt. z. Gen.St.	,,	(39)
Lenz	Geb.Jäg.Rgt. 13 (PzGr)	,,	(40)
Freiherr Grote	Gren.Rgt. 94	,,	(41a)
Ambrosius	Pi.Btl. 41	,,	(43)
Terner	Art.Rgt. 6	,,	(44)
Lademann	Füs.Rgt. 68	,,	(45)
von Luck	Aufkl.Rgt. 7 (PzGr)	,,	(46)
Oberstleutnant 1. 8. 44 (38) ; Oberst 30. 1. 45			
Sperling	Pz.Jäg.Abt. 4 (PzGr)	,,	(49)
Graf	Gren.Rgt. Großdeutschland	,,	(52)
Riedler	Kriegsschule München (N)	,,	(52a)
Michelly	Pz.Jäg.Abt. 33	,,	(54)
Eisentraut	Pz.Art.Rgt. 27	,,	(55)
Buschhausen	Pz.Gren.Rgt. 10	,,	(57)
von Rettberg	Gren.Rgt. 65	,,	(58)
Oberstleutnant 1. 10. 44 (88)			
Sternbach	Geb.Art.Rgt. 79	,,	(60a)
Oberstleutnant 1. 7. 44 (52)			
Bloch	Pi.Btl. 10	,,	(61)**
Oberstleutnant 1. 4. 44 (186a)			
Oppenländer	Jäg.Rgt. 56	,,	(62)
Oberstleutnant 1. 6. 44 (53)			
Gaudig	Gren.Rgt. 21	,,	(63)
von Vogel	Jäg.Rgt. 75	,,	(66)
Kröber	Gren.Rgt. 102	,,	(67)
Grothe	Kav.Rgt. 13	,,	(69)
Strauch	Kriegsakad. (PzGr)	,,	(71)
Gerloff	Gren.Rgt. 47	,,	(72)
Oberstleutnant 1. 8. 44 (39)			
Gunowski	Gren.Rgt. 47	,,	(73)

Hendel	Pz.Gren.Rgt. 63 (I)	1, 2.42	(74)
Oberstleutnant 1. 10. 44 (89)			
Subklew	Gren.Rgt. 12	,,	(75)
Veit	Gren.Rgt. 61	,,	(76)
Oberstleutnant 1. 9. 44 (56)			
Weith	Gren.Rgt. 77	,,	(80b)
Gerke (Karl)	H.Plankammer (AVm)	,,	(80c)
von Wurzbach-Tannenberg (Herbert)	Geb. Jäg.Rgt. 139	,,	(85)
Rattemeyer	Wehrbz.Kdo. Hameln (W.M.A. Bückeburg) (I)	1. 3. 42	(1a)
Polenz	Pz.Nachr.Abt. 38	,,	(3a)
Oberstleutnant 1. 3. 45			
Gephart	Pi.Btl. 81	,,	(9)
Liebrecht	Nachr.Abt. 26	,,	(10)
Kleinert	Nachr.Abt. 49	,,	(12)
Tretrop	z. Verf. Ob. d. H. (Sonst. Offz.) (I)	,,	(13)
Oberstleutnant 1. 9. 44 (57)			
Frank	M.G.Btl. 8	,,	(16)
Markowski	Gren.Rgt. 82	,,	(17)
Heitmann	Inf.Btl. 126	,,	(18)
Bell	Art.Rgt. 31	,,	(21)
Oberstleutnant 1. 10. 44 [90]			
Glasmachers	Inf.Schule	,,	(27)
Heck	d. Gen.St., zuletzt Kriegsakad. (Pi)	,,	(31c)
Oberstleutnant 1. 6. 44 (54)			
Lang	Fla.Btl. 66	,,	(32)**
Oberstleutnant 1. 8. 44 (39a)			
Bichler	Geb.Pi.Btl. 83	,,	(32a)
Haberbosch	II. Abt. Art.Rgt. 66	,,	(33)
Färber	Gren.Rgt. 57	,,	(35)
Dernesch	Eisenb.Pi.Rgt. 3	,,	(35a)
Neff	M.G.Btl. 4	,,	(38)
Schnabel	Jäg.Rgt. 38	,,	(42)
Hartmann	Art.Rgt. 28	,,	(43)
Oberstleutnant 1. 12. 44			
Feislachen	Art.Rgt. 6	,,	(44)
Oberstleutnant 1. 5. 44 [14b]			
Schmid	Geb.Schießschule (I)	,,	(45)
Voll	Ob.Kdo. d. H. (Chef H Rüst u Bd E/Stab) (I)	,,	(49)
Becker	Gren.Rgt. 17	,,	(50)
Sauer	Kav.Rgt. 11 (Kdsch)	,,	(50a)
Maurer	Gren.Rgt. 89	,,	(52)
Müller	Gren.Rgt. 9	,,	(53)
Schoefinius	Gren.Rgt. 51 (PzGr)	,,	(54)
Kingyera	Gren.Rgt. 111	,,	(55)
Oberstleutnant 9. 11. 44 (71)			
Hasford	Pz. Jäg.Abt. 1	,,	(56)
Wehle	Gren.Rgt. 131	,,	(57)
Oberstleutnant 1. 1. 45			
Lukas	Fla.Btl. 52	,,	(58)
Reimann	Pz. Jäg.Abt. 26	,,	(59)
Leuschner	Pz.Gren.Rgt. 25	,,	(62)
Oberstleutnant 30. 1. 45			
Westermann	Jäg.Rgt. 83	,,	(63)
von Dufving	Pz.Art.Rgt. 76	,,	(67)
Sander	Kav.Rgt. 15 (PzGr)	,,	(69)
Bull	Gren.Rgt. 89	,,	(70)

Hogrebe	Gren.Rgt. 18	1. 3. 42	(71)**
Oberstleutnant 1. 9. 43 (68d)			
Borchert	Art.Rgt. 25	,,	(72)
Jonischkeit	Gren.Rgt. 1	,,	(73a)
von Oertzen	Gren.Rgt. 29	,,	(75)
Burst	Gren.Rgt. 111	,,	(75a)
Oberstleutnant 1. 8. 44 (40)			
Scheidt	Gren.Rgt. 105	,,	(76)
Lütkehaus	III. (E) Btl. Inf.Rgt. 79	,,	(77)
Oberstleutnant 1. 10. 44 (91)			
Thünemann	Pz.Pi.Btl. 89	,,	(77a)**
Oberstleutnant 1. 8. 44 (40a)			
Knebel	Pz.Jäg.Abt. 46	,,	(78)
von Gustke	Gren.Rgt. 9	,,	(81)
Oberstleutnant 1. 8. 44 (41)			
Freiherr von Maltzahn	Pz.Gren.Rgt. 101 (I)	,,	(82)
Reichert	Fla.Btl. 47	,,	(84)
Illig	Gren.Rgt. 53 (Pz)	,,	(86)
Brunner	d. Gen.St., zuletzt Kriegsakad. (A)	,,	(88)
Binder-Krieglstein	d. Gen.St., zuletzt Art.Rgt. 109	,,	(88a)
Oberstleutnant 1. 7. 44 (53)			
Brecht	Kriegsakad. (Pi)	,,	(89)
Reichel	Kriegsakad. (A)	,,	(90)
Dornik	Kriegsakad. (I)	,,	(92)
Oberstleutnant 1. 6. 44 (54a)			
Steinhart-Hantken	d. Gen.St., zuletzt II. Abt. Art.Rgt. 63	,,	(96a)
Bruckner	Geb.Jäg.Art. 139	,,	(97)
Nekola	Pz.Abt. 33	,,	(98)
Egger	Kav.Rgt. 17	,,	(99)
Birsak	Wachbtl. Wien	,,	(100)
Zdrahal-Lots	d. Gen.St., zuletzt Pz.Art.Rgt. 102	,,	(102a)
Neumayr	Geb.Jäg.Rgt. 98	,,	(103)
Winkler	Kraftf.Abt. 10	,,	(104)
Mötzk	Pi.Btl. 17	,,	(105)
Putzker	II. Btl. Geb.Jäg.Rgt. 140	,,	(106)
Niemetz	Geb.Jäg.Rgt. 139	,,	(107)
Waldeck	Pz.Abt. 33	,,	(108)**
Oberstleutnant 1. 9. 44 (57a)			
Lerch	H.Nachschubtr.Schule	,,	(108a)
Vaß	Pz.Gren.Rgt. 2	,,	(111)
Bild	Pz.Gren.Rgt. 10	,,	(112)
Hyža	Gren.Rgt. 133	,,	(112a)
Aigner	Geb.Art.Rgt. 111	,,	(113)
Oberstleutnant 1. 1. 45			
Gerlach	Ob.Kdo. d. H. (In 2) (PzGr)	,,	(113a)
Oberstleutnant 9. 11. 44 (71a)			
Bönsch	Art.Rgt. 18	,,	(116)
Oberstleutnant 1. 12. 44			
Tiefenthal	Wehrbz.Kdo. Baden b. Wien (W.M.A. Bruck [Leitha]) (I)	,,	(124)
Müller von Berneck	Gren.Rgt. 71	1. 4. 42	(1)
Rohde	Beob.Abt. 13	,,	(1b)
Habicht	Gren.Rgt. 11	,,	(1f)
Graf von Baudissin	d. Gen.St., zuletzt Kriegsakad. (I)	,,	(5)
Kauffmann	d. Gen.St., zuletzt Pz.Rgt. 8	,,	(10d)
Oberstleutnant 1. 8. 44 (42)			

Hempel	Kriegsakad. (I)	1. 4. 42	(14)
von Dobschütz	d. Gen.St., zuletzt Kriegsakad. (A)	,,	(18)
Gehring	Gren.Rgt. 48	,,	(18b)
Trommer	Ob.Kdo. d. H. (Ag P 2) (I)	,,	(19a)
Büchs	Pz.Jäg.Abt. 29	,,	(28a)
von Flotow	Ob.Kdo. d. H. (Ag P 2/2. Abt.) (Pz)	,,	(29)

Oberstleutnant 1. 5. 44 (14a)

Fischer	II. Abt. Art.Rgt. 66	,,	(36)
Reichel	Ob.Kdo. d. H. (Ag P 2) (Kdsch)	,,	(40a)
Graf von der Schulenburg	Pz.Rgt. 1	,,	(46c)

Oberstleutnant 1. 1. 45

Habicht	Ob.Kdo. d. H. (Fz In) (A)	,,	(50)

Oberstleutnant 1. 10. 44 [91a]

von Amsberg	Kav.Rgt. 14	,,	(51)

Oberstleutnant 1. 4. 44 [191a]

Richter	Aufkl.Rgt. 8 (Kdsch)	,,	(52)
Gerber	Pi.Btl. 1	,,	(53)
Büssemeier	Füs.Rgt. 26	,,	(54)

Oberstleutnant 1. 10. 44 (92)

Zimmer	Pi.Btl. 15	,,	(55)
Gentner	Gren.Rgt. 81	,,	(56)
Hagen	Gren.Rgt. 80	,,	(57)
Holler	Pz.Nachr.Abt. 33	,,	(58)
Zornig	Kav.Rgt. 4	,,	(59)
Kuck	Art.Rgt. 36	,,	(60c)
Zwirner	Jäg.Rgt. 38	,,	(61)
Endlein	Pi.Btl. 52	,,	(61b)
Liebmann	Füs.Rgt. 34	,,	(61c)

Oberstleutnant 1. 9. 44 (58)

von Tippelskirch	Nachr.Abt. 56	,,	(67)
Kübler	Pz.Gren.Rgt. 2	,,	(68)

Oberstleutnant 9. 11. 44 (72)

Brinckmann	H.Reit- u. Fahrschule	,,	(73)

Oberstleutnant 1. 8. 44 [43]

Baumann	Nachr.Abt. 52	,,	(76)
Schmidt	Pz.Jäg.Abt. 27 (PzGr)	,,	(81)
Ludwig	Kriegsakad. (Pi)	,,	(85)
Cornelius	Art.Rgt. 7	,,	(89)
Meyer (René)	Gren.Rgt. 31	,,	(89a)
Löling	Pi.Btl. 6	,,	(93)**

Oberstleutnant 1. 7. 44 (53b)

Grams	Pz.Aufkl.Abt. 7 (Kdsch)	,,	(94)

Oberstleutnant 1. 4. 45

Muschner	Kriegsakad. (Pi)	,,	(99)
Vial	Nachr.Abt. 23	,,	(100)
von Einem	Kav.Rgt. 3 (Pz)	,,	(102)

Oberstleutnant 1. 5. 44 (14b); Oberst 1. 1. 45

Andohr	Nachr.Abt. 76	,,	(103)
Groeneveld	Pi.Btl. 70	,,	(104)
Helwing	H.Nachr.Schule	,,	(105)
Kraus	Pz.Gren.Rgt. 63 (I)	,,	(107)
Heuschkel	Pz.Gren.Rgt. 59 (I)	,,	(108a)
Borisch	Beob.Abt. 7	,,	(109)
Bischoff	Pz.Jäg.Abt. 3 (PzGr)	,,	(112)

Oberstleutnant 1. 1. 45

Stadlbauer	Pz.Gren.Rgt. 63 (I)	,,	(113)

Oberstleutnant ... 44 [1. 10. 44 (92a)?]

von Lonski	I. Abt. Art.Rgt. 15	1. 4. 42	(114a)

Oberstleutnant 1. 8. 44 (44)

Sellschopp	Pi.Btl. 20	,,	(116)
Winter	z. Verf. Ob. d. H. (Sonst. Offz.) (I)	,,	(118)
von Caprivi	I. (E) Btl. Inf.Rgt. 150	,,	(119)
von Bredow	Pz.Jäg.Abt. 22 (Pz)	,,	(122)
Karbe	Pi.Btl. 35	,,	(123)
Weyrach	Pz.Gren.Rgt. 33 (I)	,,	(124)
Oelker	Art.Rgt. 3	,,	(126)
Dedekind	Pz.Gren.Rgt. 69	,,	(128)
Bunnemann	Gren.Rgt. 124	,,	(129)
Tölke	Pz.Rgt. 11	,,	(131)
Fahl	Nachr.Abt. 9	,,	(132)
Willemer	Radf.Abt. 1 (PzGr)	,,	(134)
Kleine	Beob.Abt. 35	,,	(135)
Weisel	I. Btl. Inf.Rgt. 128	,,	(136)
Schwarzmann	Gren.Rgt. 41	,,	(141)
Timmermann	Beob.Abt. 1	,,	(142)
Kraß	I. Btl. Inf.Rgt. 128	,,	(143)
Horbach	Pz.Gren.Rgt. 101 (I)	,,	(144)
Freiherr von Freyberg	Nbl.Abt. 2	,,	(145)

Oberstleutnant 9. 11. 44 [73]

Bertram	z. Verf. Ob. d. H. (Sonst. Offz.) (I)	,,	(146)
Uebigau	Pz.Gren.Rgt. 108 (früher Inf.Rgt. 10) (I)	,,	(152)**

Oberstleutnant 1. 7. 44 (53a)

Berndt	M.G.Btl. 7 (PzGr)	,,	(153)**

Oberstleutnant 1. 4. 44 (192a)

Poessl	Aufkl.Rgt. 9 (Pz)	,,	(153b)

Oberstleutnant 1. 9. 44 (†)

Bucher	Jäg.Rgt. 56	,,	(154)
Meyer	Pz.Art.Rgt. 19	,,	(155)
Streger	Pz.Rgt. 11	,,	(156)
Heinecke	Gren.Rgt. 76	,,	(158)
Klaffke	Nachr.Abt. 35	,,	(161)
Quittnat	I. Abt. Art.Rgt. 47	,,	(162)
West	Nachr.Abt. 3	,,	(165)
Knaak	Pi.Btl. 48	,,	(167)
Logsch	Nachr.Abt. 10	,,	(168)
Dübbers	Gren.Rgt. 105	,,	(173)

Oberstleutnant 9. 11. 44 (74)

True	M.G.Btl. 10	,,	(174)
Warner	Gren.Rgt. 92 (PzGr)	,,	(175)
Lorenz	Nachr.Abt. 60	,,	(178)
Willig	Gren.Rgt. 15	,,	(178a)
Küster	Nbl.Abt. 1	,,	(179)
Graßhoff	Nachr.Abt. 1	,,	(181)
Reuter	Art.Rgt. 11	,,	(183)
Fellmann	Jäg.Rgt. 49	,,	(185)
Guttmacher	Pz.Jäg.Abt. 31	,,	(187)
Blau	Gren.Rgt. 124	,,	(188)
Moeller	z. Verf. Ob. d. H. (Hochsch) (N)	,,	(189)
Besler (Erwin)	Radf.Abt. 1	,,	(189a)
Gronert	Beob.Abt. 33	,,	(191)
Neugart	Kav.Rgt. 18 (PzGr)	,,	(192)
Burkert (Helmut)	St. H.Gru.Kdo. 6 (AVm)	,,	(192b)
Lorek	Gren.Rgt. 3 (PzGr)	,,	(195)
Loisel	Art.Rgt. 96	,,	(195a)

Clausen	Gren.Rgt. 6	1. 4. 42	(196)
Oberstleutnant 1. 8. 44 (45)			
Albert	I. Abt. Art.Rgt. 46	,,	(197)
Oberstleutnant 9. 11. 44 [75]			
Möller	Art.Rgt. 96	,,	(197a)
Oberstleutnant 1. 1. 45			
Handler	Kav.Rgt. 18	,,	(198b)
Rose	Gren.Rgt. 87	,,	(202)
Merkord	Gren.Rgt. 12	,,	(207)
Horst	Pz.Gren.Rgt. 73	,,	(209)
Thau	Pz.Rgt. 15	,,	(210)
Evers	Gren.Rgt. 16	,,	(211)
Schlaak	Gren.Rgt. 82	,,	(213)
Fiedler	8. (E) Battr. Art.Rgt. 39	,,	(214)
Oberstleutnant 1. 1. 45			
Dobberkau	Gren.Rgt. 116	,,	(215)
Schönbeck	Geb.Jäg.Rgt. 139	,,	(216)
Gugel	Pz.Gren.Rgt. 115	,,	(217)
Schmidt	Art.Rgt. 36	,,	(220)
von Amsberg	Pz.Rgt. 6	,,	(222)
von Renouard	Wehrbz.Kdo. Leipzig I (W.M.A. Leipzig 1) (I)	,,	(223)
Leimbach (Johannes)	Füs.Rgt. 68	,,	(224)
Toll	II. Abt. Art.Rgt. 72	1. 6. 42	(1a)
Eckert	d. Gen.St., zuletzt Füs.Rgt. 39	,,	(1d)
Oberstleutnant 1. 6. 44 (55)			
Knorr (Herbert)	St. H.Gru.Kdo. 3 (AVm)	,,	(4c)
Bartenwerfer	Art.Rgt. 32	,,	(7)
Oberstleutnant 1. 1. 45			
Graupner (Heinz)	St. Gen.Kdo. XVIII. A.K. (AVm)	,,	(7b)
Klein	d. Gen.St., zuletzt St. Art.Kdr. 17	,,	(8a)
Oberstleutnant 1. 7. 44 (54)			
Sohn	d. Gen.St., zuletzt Beob.Abt. 32	,,	(8b)
Boehm	d. Gen.St., zuletzt Art.Rgt. 31	,,	(8c)
Oberstleutnant 1. 7. 44 (55)			
Eger	d. Gen.St., zuletzt Gren.Rgt. 105	,,	(8e)
Oberstleutnant 1. 7. 44 (56)			
Gensichen	d. Gen.St., zuletzt Gren.Rgt. 70	,,	(8h)
Oberstleutnant 1. 7. 44 (57)			
Keyl	d. Gen.St., zuletzt Pz.Jäg.Abt. 38	,,	(8i)
Prahst	d. Gen.St., zuletzt Gren.Rgt. 67	,,	(8k)
Jordan (Hans)	d. Gen.St., zuletzt Gren.Rgt. 1	,,	(8*l*)
Oberstleutnant 30. 1. 45			
Grebe	d. Gen.St., zuletzt Art.Rgt. 51	,,	(9a)
Reerink	d. Gen.St., zuletzt St. 6. Pz.Div. (K)	,,	(9b)
Oberstleutnant 1. 9. 44 (59)			
Kobe	d. Gen.St., zuletzt Gren.Rgt. 123	,,	(9d)**
Oberstleutnant 1. 8. 44 (45a)			
Brennecke	d. Gen.St., zuletzt b. Kdr. d. Nachr.Tr. IX	,,	(11b)
Oberstleutnant 1. 9. 44 (60)			
Danckworth	d. Gen.St., zuletzt Art.Lehrrgt.	,,	(11c)
Oberstleutnant 1. 9. 44 (61)			
Hecker	d. Gen.St., zuletzt Nachr.Abt. 66	,,	(11d)
Oberstleutnant 1. 9. 44 (62)			
Freiherr Loeffelholz von Colberg (Burkhart) d. Gen.St.,			
	zuletzt Gren.Rgt. 61	,,	(11f)
Oberstleutnant 1. 7. 44 (58)			

Reischle	d. Gen.St., zuletzt Gren.Rgt. 111		1. 6. 42	(11h)
Oberstleutnant 1. 7. 44 (59)				
Bartl	Pi.Btl. 70		,,	(14b)
Wicht	Kriegsschule Potsdam (N)	•	,,	(15)
1. 6. 44 in den Gen.St. versetzt				
Burger	d. Gen.St., zuletzt Geb.Jäg.Rgt. 13		,,	(16c)
Oberstleutnant 1. 9. 44 (63)				
Linn	d. Gen.St., zuletzt Jäg.Rgt. 75		,,	(18a)
Oberstleutnant 1. 9. 44 (64)				
Kuebart	d. Gen.St., zuletzt Pz.Aufkl.Abt. 1		,,	(18b)
Oberstleutnant 1. 6. 44 [56]				
Heeren	Pz.Nachr.Abt. 16 (PzGr)		,,	(19)
Bechler	St. Inf.Kdr. 24		,,	(19a)
Neumann (Albrecht)	d. Gen.St., zuletzt Fest.Pi.St. 18		,,	(20b)
Hoppe	z. Verf. Ob. d. H. (Sonst. Offz.)		,,	(22)
Hohe	Geb.Jäg.Rgt. 98		1. 7. 42	(1a)
Rixecker	Kriegsschule Dresden (I)		,,	(2)
Seiffert	d. Gen.St., zuletzt Art.Rgt. 30		,,	(2a)
Oberstleutnant 1. 8. 44 (46)				
von Arentschildt	Pz.Abt. 67		,,	(4)
Althaus	Kav.Rgt. 8		,,	(6)
Brockelmann	d. Gen.St., zuletzt Gren.Rgt. 124		,,	(7a)
Oberstleutnant 1. 10. 44 (93)				
Freiherr von Uslar-Gleichen	Ob.Kdo. d. H. (Att.Abt.) (Pz)		,,	(8)
Oberstleutnant 1. 10. 44 (†)				
Bohm	Nachr.Abt. 3		,,	(10)
von Cochenhausen	Krad.Schütz.Btl. 3		,,	(12)
Oberstleutnant 1. 3. 45				
Koch (Franz)	H.Gasschutzschule (Nbl)		,,	(12a)
von Schkopp	Schule f. Schnelle Tr. Krampnitz (PzGr)		,,	(13)
Drews	d. Gen.St., zuletzt Reit.Rgt. 1		,,	(14b)
Oberstleutnant 1. 9. 44 (65)				
Blümel	d. Gen.St., zuletzt Gren.Rgt. 67		,,	(16c)
Oberstleutnant 9. 11. 44 (76)				
Schröder	b. Kdr. d. Pi. XXIV		,,	(18)
Hoefer	d. Gen.St., zuletzt Gren.Rgt. 3		,,	(19a)
Oberstleutnant 1. 8. 44 (47)				
von Meyer	Kav.Rgt. 6 (PzGr)		,,	(20a)
Götz	Gren.Rgt. 14, kdt. z. Gen.St.		,,	(21a)
Neubeck	Ob.Kdo. d. H. (In 6) (PzGr)		,,	(22a)
Oberstleutnant 1. 8. 44 (48)				
Hamler	d. Gen.St., zuletzt Art.Rgt. 98		,,	(23b)
Oberstleutnant 1. 10. 44 (93a)				
Sturm	Art.Rgt. 32		,,	(24a)
Oberstleutnant 30. 1. 45				
Kaldrack	Pz.Gren.Rgt. 25		,,	(24b)
Muschner	Pi.Btl. 2		,,	(27)
Wlottkowski	b. Ausb.Leiter Allenstein 1 (Pi)		,,	(31)
Mack	I. Abt. Art.Rgt. 43		1. 8. 42	(1)
Wöhler	Gren.Rgt. 15		,,	(1b)
Huck	H.Reit- u. Fahrschule		,,	(4)
Böttge	Ob.Kdo. d. H. (In 7) (N)		,,	(5)
Pramann	Geb.Jäg.Rgt. 136		,,	(7)
Oberstleutnant 1. 10. 44 (95)				
Reinhardt	Pz.Gren.Rgt. 125		,,	(8)**
Oberstleutnant 1. 4. 44 (194a)				
Sommerlad	d. Gen.St., zuletzt Pz.Art.Rgt. 16		,,	(8a)

Montfort Pz.Rgt. 4			1. 8. 42	(13)
von Poser und Groß-Naedlitz d. Gen.St., zuletzt Art.Rgt. 18			,,	(15a)
Oberstleutnant 1. 10. 44 (96)				
von Bonin d. Gen.St., zuletzt Gren.Rgt. 12			,,	(15b)
Oberstleutnant 1. 10. 44 (97)				
Sauvant Pz.Rgt. 36			,,	(16)
Oberstleutnant 1. 10. 44 (98); *Oberst 1. 4. 45*				
von Reden (Günter) d. Gen.St., zuletzt Pz.Art.Rgt. 19			,,	(16a)
Oberstleutnant 1. 10. 44 (99)				
Würtz d. Gen.St., zuletzt Art.Rgt. 23			,,	(16b)
Oberstleutnant 1. 7. 44 (60)				
Beyling Pz.Nachr.Abt. 33			,,	(17)
Böttcher d. Gen.St., zuletzt St. Art.Kdr. 15			,,	(17a)
Oberstleutnant 1. 10. 44 (100)				
Fischer Ob.Kdo. d. H. (In 2) (PzGr)			,,	(19)
Oberstleutnant 1. 12. 44 (63)				
Förster d. Gen.St., zuletzt Gren.Rgt. 47			,,	(19b)
Ziegler Kav.Rgt. 6 (Kdsch)			,,	(21)
von Amsberg Art.Rgt. 12			,,	(21a)
Abramowski Beob.Abt. 34			,,	(22)
Preu Ob.Kdo. d. H. (AHA/Stab) (Pz)			,,	(23)
Oberstleutnant 1. 1. 45				
von Rosenberg-Lipinsky Pz.Art.Rgt. 76			,,	(25)
Rother d. Gen.St., zuletzt Art.Rgt. 14			,,	(26a)
Oberstleutnant 1. 3. 45				
Mitsching Pz.Jäg.Abt. 17			,,	(27)
Hundertmarck Beob.Abt. 18			,,	(28)
Weber Ob.Kdo. d. H. (In 2) (I)			,,	(29)
Klennert d. Gen.St., zuletzt Gren.Rgt. 8			,,	(29a)
Oberstleutnant 9. 11. 44 (77)				
Lehmann (Franz) Gren.Rgt. 8 (Fl)			,,	(30f)
Linke d. Gen.St., zuletzt Pi.Btl. 71			,,	(31a)
Oberstleutnant 1. 10. 44 (101)				
Bader Geb.Jäg.Rgt. 98		1. 9. 42		(1)
John Pz.Gren.Rgt. 108 (früher Inf.Rgt. 10)			,,	(1a)
von Bosse Pi.Btl. 42			,,	(1b)
Brunk Beob.Abt. 33			,,	(2b)
Kersten Pz.Art.Rgt. 75			,,	(2c)
Schlicke Beob.Abt. 24			,,	(2d)
Steinmeyer Beob.Lehrabt.			,,	(2e)
Reinhold d. Gen.St., zuletzt z. Verf. Ob. d. H. (Sonst. Offz.) (I)			,,	(3b)
Schneider Geb.Art.Rgt. 79			,,	(5)
Oberstleutnant 1. 10. 44 [102]				
Gottheiner d. Gen.St., zuletzt Kriegsschule Potsdam (I)			,,	(5a)
Oberstleutnant 9. 11. 44 (78)				
Baumann Art.Rgt. 17			,,	(6)
Oberstleutnant 1. 10. 44 [103]				
Kuhn (Joachim) d. Gen.St., zuletzt b. Kdr. d. Pi. XIV			,,	(6a)
Ritter und Edler von Fischern Art.Rgt. 21			,,	(7)
Peitz III. Abt. Art.Rgt. 20			,,	(8)
Freiherr von dem Bongart H.Reit- u. Fahrschule			,,	(9)
Grisar Art.Rgt. 9			,,	(10)
Borsien Pi.Btl. 18			,,	(10a)**
Oberstleutnant 1. 8. 44 (48a)				
Freiherr von Vietinghoff von Riesch Pz.Rgt. 31			,,	(12)
Schwarz Pi.Schule II			,,	(13)
Oberstleutnant 30. 1. 45				

Hartmann	Ob.Kdo. d. H. (In 7) (N)		1. 9. 42	(14)
Spangenberg	Pi.Btl. 88		,,	(16)
Neumann	(Joachim) Pz.Jäg.Abt. 16		,,	(18)
von Detten	Kriegsschule Dresden (N)		,,	(20)
Langenfaß	Kriegsschule Hannover (PzGr)		,,	(21)
Schultzen	Kriegsschule Wiener Neustadt (I)		,,	(24)
Nirrnheim	Kriegsschule Dresden (I)		,,	(25a)
Hoyer	Nachr.Abt. 51		,,	(26)
Fritzsche	Nachr.Abt. 10		,,	(27)
Thies	Gren.Rgt. 32		,,	(27d)
von Christen	d. Gen.St., zuletzt Reit.Rgt. 2		1. 10. 42	(3a)

Oberstleutnant 1. 10. 44 (104)

Schirmer	Geb.Jäg.Rgt. 98		,,	(4)
Dörnfelder	Ob.Kdo. d. H. (In 2) (I)		,,	(9)
Trautvetter	Annahmestelle XII f. Offz.Bew. d. H. (I)		,,	(10)

Oberstleutnant 1. 5. 45

Rausche	M.G.Btl. 7 (PzGr)		,,	(11)
Nolte	Nbl.Abt. 5		,,	(13)

Oberstleutnant 9. 11. 44 (79)

Mössler	Geb.Art.Rgt. 112		,,	(14)
Blose	Gren.Rgt. 9		,,	(15)
Klier	b. Kdr. d. Pi. IV		,,	(16)
Sohnemann	Nachr.Abt. 56		,,	(17)
Oeser	Gren.Rgt. 46		,,	(20)
von Arnim	Kav.Rgt. 6		,,	(20a)
Bovensmann	Ob.Kdo. d. H. (Wa Prüf 6) (Pz)		,,	(21)

Oberstleutnant 1. 12. 44 (64)

Scharffenberg	Nachr.Abt. 66		,,	(21a)
Bader	Pi.Btl. 22		,,	(23)
Schöppert	b. Kdr. d. Nachr.Tr. V		,,	(24)
Meixner	Eisenb.Pi.Rgt. 3		,,	(25)
Pagel	I. Abt. Art.Rgt. 50		,,	(27)

Oberstleutnant 1. 10. 44 [105]

Kempa	Pz.Jäg.Abt. 5 (Fl)		,,	(28b)
Wohlfahrt	(Alfred) Art.Rgt. 12		,,	(30)

Oberstleutnant 1. 12. 44

Straube	(Theodor) Gren.Rgt. 84		,,	(31)**

Oberstleutnant 1. 5. 44 (17a)

Kaiser	Art.Rgt. 23		1. 11. 42	(1)
Lutterbeck	1. Kp. Pz.Jäg.Abt. 52		,,	(1a)
Teller	(Karl-Heinz) Kriegsschule Hannover (AVm)		,,	(1b)
Zwierzynski	Pz.Gren.Rgt. 93		,,	(2)
Kolrep	Gren.Rgt. 82		,,	(3)

Oberstleutnant 1. 10. 44 (106)

Zorn	Pz.Gren.Rgt. 52 (I)		,,	(5)
Stückler	d. Gen.St., zuletzt Art.Rgt. 69		,,	(5a)

Oberstleutnant 9. 11. 44 (80)

Böhm	(Richard) Gren.Rgt. 135		,,	(7a)
Renstieg	Gren.Rgt. 80		,,	(9)
Dietrichsdorf	Gren.Rgt. 23		,,	(12)
Günthersberger	Kav.Rgt. 4		,,	(13)
Willich	Gren.Rgt. 121		,,	(17)
Walther	Jäg.Rgt. 54		,,	(18)
Hagen	Kraftf.Abt. 12		,,	(19)
Degner	Nachr.Abt. 26		,,	(20)
Behnken	Gren.Rgt. 102		,,	(20a)

Oberstleutnant 1. 7. 44 (61)

Gethöffer	Pz.Gren.Rgt. 125	1. 11. 42	(21)
Siebke	Gren.Rgt. 46	„	(22a)
Fabritius	Gren.Rgt. 44	„	(22b)
Oberstleutnant 1. 5. 44 (18e)			
Seifert (Herbert)	Gren.Rgt. 31	„	(23a)
Wichmann	Art.Rgt. 70	„	(23b)
Schwenger	II. Abt. Art.Rgt. 42	„	(23c)
Heller (Emil)	St. H.Gru.Kdo. 1 (AVm)	„	(30a)
Straßer (Georg)	St. Gen.Kdo. XIII. A.K. (AVm)	„	(45a)
Junker (Heinrich)	Lehrstab B Art.Schule II (AVm)	„	(60a)
Krug	Gren.Rgt. 60	1. 12. 42	(3)
Kurzai	Aufkl.Rgt. 7 (PzGr)	„	(3a)
Welsch (Willi)	Pz.Gren.Rgt. 3	„	(4)
Haßpacher	Pz.Gren.Rgt. 103	„	(5)
Stöckle	III. Abt. Art.Rgt. 15	„	(5a)
Oberstleutnant 9. 11. 44 [81]			
Waberseck	Nachr.Lehr- u. Vers.Abt.	„	(6)
Föllmer	H.Unteroffizierschule Sigmaringen (I)	„	(7)
Roepke	Gren.Rgt. 76	„	(7a)
Oberstleutnant 9. 11. 44 (82)			
van Kranenbrook	Gren.Rgt. 32	„	(8)
Oberstleutnant 9. 11. 44 (83)			
Freiherr von Hohenfels	Pz.Jäg.Abt. 25	„	(8a)
Jensen	Kav.Rgt. 15	„	(9)
Meuter	Gren.Rgt. 118	„	(9a)
Goll (Eitel)	Kav.Rgt. 6	„	(10)
Wischeropp	Pz.Gren.Rgt. 93	„	(10a)
Oberstleutnant 1. 8. 44 (49)			
Krambeck	Gren.Rgt. 90	„	(11)
Oberstleutnant 1. 12. 44 (67)			
Habben	Gren.Rgt. 23	„	(11a)
Oberstleutnant 1. 6. 44 (56a)			
Riedler	Nachr.Abt. 34	„	(13)
von Schweinitz	d. Gen.St., zuletzt Gren.Rgt. 9	„	(13a)
Oberstleutnant 1. 6. 44 (57)			
Trautmann	Füs.Rgt. 22	„	(13b)
Oberstleutnant 1. 6. 44 [58]; Oberst 9. 11. 44 (54)			
Graf	Kav.Rgt. 17	„	(18)
Oberstleutnant 1. 6. 44 (59)			
Klehr	Gren.Rgt. 84	„	(19a)
Oberstleutnant 1. 12. 44 [68]			
Heber	Art.Rgt. 24	„	(20)
Oberstleutnant 30. 1. 45			
Habbel	Gren.Rgt. 20	„	(20a)
Oberstleutnant 1. 6. 44 (59a)			
Haarig	Pz.Gren.Rgt. 108 (früher Inf.Rgt. 10)	„	(21)
Schwiegk	Jäg.Rgt. 49	„	(23)
Bohnsack	Pz.Aufkl.Abt. 2	„	(24)
Floeck	Gren.Rgt. 94	„	(25)
Spreu	Pz.Jäg.Abt. 11	„	(25a)
Oberstleutnant 30. 1. 45			
Graf von Blumenthal	Ob.Kdo. d. H. (Ag E Tr/Tr Abt) (I)	„	(26)
Korst	Gren.Rgt. 53	„	(27)
Thiel	Kav.Rgt. 8	„	(27a)
Walther	Pz.Gren.Rgt. 101 (I)	„	(28)
Gebhardt	Geb.Jäg.Rgt. 13	„	(29)
Oster	Kav.Rgt. 10	„	(31)

von Notz	Gren.Rgt. 6	1. 12. 42	(34)
Oberstleutnant 9. 11. 44 (84)			
Wulff (Erich)	d. Gen.St., zuletzt Füs.Rgt. 26	,,	(35)
Wolf (Ernst)	Pz.Jäg.Abt. 8, kdt. z. Gen.St.	,,	(36)
1. 6. 44 in den Gen.St. versetzt			
Bauernfeind	I. Btl. Inf.Rgt. 129	,,	(37)
Oberstleutnant 1. 10. 44 (107)			
Kauffeld	Art.Rgt. 23	,,	(40a)
Oberstleutnant 1. 10. 44 [108]			
Nahler	Pz.Art.Rgt. 103	,,	(42)
Oberstleutnant 1. 8. 44 (50)			
Opitz	Art.Rgt. 14	,,	(42a)
Hummel-Hirschberg	Pz.Gren.Rgt. 52	,,	(42a¹)
Oberstleutnant 1. 12. 44 (69)			
Hörnemann	II. Abt. Art.Rgt. 40	,,	(42a²)
Oberstleutnant 1. 12. 44 [70]; Oberst20. 4. 45			
Fritzsche	I. Abt. Art.Rgt. 43	,,	(42b)
Oberstleutnant 1. 10. 44 [108a]			
Ritter von Poschinger	Pz.Gren.Rgt. 2	,,	(42c)
Oberstleutnant 1. 12. 44 (71)			
Prugger	Pz.Gren.Rgt. 63 (Kdsch)	,,	(43)
Fallmeier	Art.Rgt. 22	,,	(43a)
Otto	Gren.Rgt. 105	,,	(44)
Oberstleutnant 1. 12. 44			
Solleder	Art.Rgt. 5	,,	(44a)
Eichhorn	II. Abt. Art.Rgt. 40	,,	(45)
Oberstleutnant 1. 3. 45			
Bublitz (Kurt)	Art.Rgt. 3	,,	(46)
Oberstleutnant 1. 10. 44 [109]			
Haderecker	Gren.Rgt. 20 (PzGr)	,,	(46a)
Hegerl	d. Gen.St., zuletzt Gren.Rgt. 20	,,	(46b)
Meier	Pz.Gren.Rgt. 64 (I)	,,	(46b¹)
Seidel (Heinrich)	d. Gen.St., zuletzt Gren.Rgt. 2	,,	(46b²)
Oberstleutnant 20. 4. 45			
Bennecke (Louis-Ferdinand)	d. Gen.St., zuletzt Gren.Rgt.12	,,	(46c)
Abel	Gren.Rgt. 23	,,	(46d)
Oberstleutnant 1. 5. 44 (18a)			
Grodhaus	Geb.Art.Rgt. 79	,,	(50)
Geerdts	I. Abt. Art.Rgt. 44	,,	(51)
von Mutius	Aufkl.Abt. 29 (Kdsch)	,,	(51a)
1. 11. 44 in den Gen.St. versetzt			
Glatzel	Art.Rgt. 18	,,	(52)
Zieher	Gren.Rgt. 131	,,	(53)
Höhne	Geb.Jäg.Rgt. 99	,,	(54)
Oberstleutnant 1. 12. 44			
Hartig	Art.Rgt. 29	,,	(55)
Salkowski	Ob.Kdo. d. H. (P 4) (I)	,,	(55a)
Ehrnsperger	Gren.Rgt. 42	,,	(56)
Lorenz	Nachr.Abt. 22	,,	(57)
Senfft von Pilsach	Pz.Lehrrgt. (Pz.Lehrabt.)	,,	(58)
Dittmer	Gren.Rgt. 110	,,	(58a)
Clodi	Gren.Rgt. 4	,,	(59)
Häckel	Füs.Rgt. 68 (PzGr)	,,	(59a)
Oberstleutnant 9. 11. 44 (85)			
Riedel (Willi)	Gren.Rgt. 84	,,	(59a²)
Allendorff	Pz.Art.Rgt. 80	,,	(59b)
von Berg	Art.Rgt. 35	,,	(59c)

10*

Sebold Pi.Btl. 17		1. 12. 42	(63)
Knepper H.Nachr.Schule		,,	(66)
Stein (Wilhelm) St. Gen.Kdo. IX. A.K. (AVm)		,,	(66a)
Rojahn d. Gen.St., zuletzt Kav.Rgt. 11		,,	(67a)
Birke Gren.Rgt. 58		,,	(68)
von Groote Gren.Rgt. 48		,,	(68b)
Roeckner II. Abt. Art.Rgt. 60		,,	(68c)
Oberstleutnant 9. 11. 44 [86]; Oberst 20. 4. 45			
Fuhrmann Pz.Nachr.Abt. 79		,,.	(70a)
Hartmann (Otto) Art.Rgt. 5		,,	(70b)
Kunterwald (Bernhard) Gren.Rgt. 49		,,	(71)
Püttmann Gren.Rgt. 55		,,	(72)
Gebele Gren.Rgt. 109		,,	(75a)
Hüsson (Hans) Pz.Gren.Rgt. 79 (I)		,,	(76)
Brecht Gren.Rgt. 116		,,	(76a)
Pasternack I. Abt. Art.Rgt. 57		,,	(76b)
Oberstleutnant 30. 1. 45			
Pröll (Karl) Pz.Gren.Rgt. 63		,,	(77)
Oberstleutnant 1. 10. 44 (110)			
Müller (Helmut) Gren.Rgt. 77		,,	(77a)
Giesdorf d. Gen.St., zuletzt Gren.Rgt. 58		,,	(78)
Schwierz Gren.Rgt. 46		,,	(81)
Eidel (Alfred) Pz.Gren.Rgt. 103		,,	(82)
Heimann (Albert) Pz.Jäg.Abt. 3		,,	(82a)
von Ditfurth I. Abt. Art.Rgt. 59, kdt. z. Gen.St.		,,	(83)
1. 6. 44 in den Gen.St. versetzt			
Tellbrügge Füs.Rgt. 39		,,	(85)
Oberstleutnant 9. 11. 44 [87]			
Hehn Füs.Rgt. 22		,,	(87)
Brill Gren.Rgt. 61		,,	(87a)
Oberstleutnant 1. 10. 44 (111)			
Beermann Art.Rgt. 1		,,	(90)
Oberstleutnant 1. 12. 44			
Gottsmann Pz.Art.Rgt. 33		,,	(90a)
Düssel Art.Rgt. 9		,,	(91)
Andrä Gren.Rgt. 57		,,	(92a)
1. 8. 44 in den Gen.St. versetzt			
Nowakowski Gren.Rgt. 94		,,	(93)
Krüger Pz.Gren.Rgt. 8		,,	(94)
von Heyden Pz.Gren.Rgt. 12		,,	(95a)
Seidel (Erwin) Gren.Rgt. 3		,,	(97)
Liedtke Art.Rgt. 36		,,	(98)
Binnewies Nachr.Abt. 46		,,	(98a)
Sohr (Karl) Gren.Rgt. 53		,,	(100)
Waibel Pz.Pi.Btl. 27		,,	(101)
Caminada (Richard) Art.Rgt. 109		,,	(102)
Oberstleutnant 1. 10. 44 [112]			
Iversen H.Unteroffizierschule Frankenstein (Schles.) (I)		1. 1. 43	(1)
Steffani Beob.Abt. 1		,,	(1a)
Merk (Andreas) St. Gen.Kdo. XI. A.K. (AVm)		,,	(1b)
Namslau Pz.Nachr.Abt. 39		,,	(2)
Oberstleutnant 1. 7. 44 (62)			
Freyer Pi.Btl. 8		,,	(2a)
Rasocha Nachr.Abt. 48		,,	(3)
von Kleist Ob.Kdo. d. H. (Ag P 2/3. Abt.) (I)		,,	(5)
Oberstleutnant 1. 1. 45			
Jähde Pz.Abt. 66		,,	(6)

Lemor	Pz.Rgt. 15	1. 1. 43	(7)
von Laffert	Nachr.Abt. 50	,,	(8)
von Pritzbuer	Gren.Rgt. 32	,,	(9)
Krainz	z. Verf. Ob. d. H. (Hochsch) (I)	,,	(11)
Bédé-Kraut	Kav.Rgt. 11	,,	(14)
Limberger	Ob.Kdo. d. H. (Wa Prüf 8) (A)	,,	(15)
Kraus	Kriegsakad. (I)	,,	(16)
Stagl	Gren.Rgt. 134	,,	(19)
Hübner (Ferdinand)	Pz.Gren.Rgt. 11, kdt. z. Gen.St.	,,	(19a)
Müller-Elblein	Geb.Pi.Btl. 54	,,	(20)
Feldzahn	Pz.Gren.Rgt. 2	,,	(21)
Schmidt (Friedrich)	Geb.Jäg.Rgt. 139	,,	(22)
Oberstleutnant 1. 10. 44 (113)			
Sick	Pi.Btl. 7	,,	(23)
Hauschild	H.Nachr.Schule	,,	(25)
Bürkle (Willi)	z. Verf. Ob. d. H. (Sonst. Offz.) (AVm)	,,	(25a)
Kollehn	Jäg.Rgt. 28	,,	(26)
Oberstleutnant 1. 7. 45			
Bleyer	Nachr.Abt. 14	,,	(27)
Junge	Pz.Jäg.Abt. 10	,,	(28)
Windbiel (Anton)	Jäg.Rgt. 75	,,	(31)
Flamme	d. Gen.St., zuletzt Kriegsschule München (I)	,,	(32)
Burchardt	Pz.Nachr.Abt. 37	,,	(33)
Oberstleutnant 1. 12. 44 (79)			
Olshausen	d. Gen.St., zuletzt Gren.Rgt. 29	,,	(35)
Oberstleutnant 20. 4. 45			
Ackermann	Kriegsschule München (I)	,,	(36)
Oberstleutnant 9. 11. 44 (88)			
Koch	Gren.Rgt. 133	,,	(37)
Oberstleutnant 1. 9. 44 (66)			
Schütte	Gren.Rgt. 90	,,	(38)
Oberstleutnant 1. 9. 44 (67)			
von Domarus	Pz.Jäg.Abt. 13	,,	(39)
von Mitzlaff	Pz.Aufkl.Abt. 8 (PzGr)	,,	(40)
Oberstleutnant 20. 4. 45 (Bef. 11. 5. 45 durch OKH/PA)			
Dahms (Werner)	Gren.Rgt. 82	,,	(41)
Kleinkorres (Hans)	Gren.Rgt. 17	,,	(42)
von Hagen	Ob.Kdo. d. H. (Ag P 1/1. Abt.) (I)	,,	(43)
Oberstleutnant 9. 11. 44 (89)			
Karl	Beob.Abt. 3	,,	(43b)
Nette	d. Gen.St., zuletzt H.Reit- u. Fahrschule	,,	(43c)
Oberstleutnant 20. 4. 45			
Warmbold	I. Abt. Pz.Rgt. 10	,,	(44)
Schemmel	Kriegsschule Wiener Neustadt (Pi)	,,	(44a)
Carganico	d. Gen.St., zuletzt Pz.Rgt. 2	,,	(44b)
von Winkler	Gren.Rgt. 50	,,	(44b[1])
Süßmann	II. Abt. Art.Rgt. 60	,,	(44d)
Neuer	Pz.Jäg.Abt. 28	,,	(45)
Krienke	Kav.Rgt. 10 (I)	,,	(45a)
Klisch	Beob.Abt. 20	,,	(45b)
Winterle	Gren.Rgt. 37	,,	(46)
Langesee	Gren.Rgt. 20 (PzGr)	,,	(46b)
Meesmann	Art.Schule	,,	(46c)
Dormann	Pz.Gren.Rgt. 79	,,	(47)
Wolf	d. Gen.St., zuletzt Art.Rgt. 69	,,	(47a)
Oberstleutnant 1. 8. 44 (51)			

Hauser   Pz.Gren.Rgt. 12   (Kdsch)   1. 1. 43   (47b)
Oberstleutnant 1. 6. 44   (59b); Oberst 1. 1. 45
Hoppe   Kraftf.Abt. 3   (F)   ,,   (47c)
Oberstleutnant 1. 3. 45
Rödiger   d. Gen.St., zuletzt Art.Rgt. 12   ,,   (48a)
Ferber   Pi.Btl. 6   ,,   (48b)
Heisch   Gren.Rgt. 110   ,,   (48c)
Oberstleutnant 1. 10. 44   (114)
Klein   Nachr.Abt. 26   ,,   (48d)
Jungbluth Gren.Rgt. 3   ,,   (48e)
Berger (Johannes)   d. Gen.St., zuletzt Nachr.Abt. 47   ,,   (48f)
Möller (Hans)   d. Gen.St., zuletzt Gren.Rgt. 88   ,,   (48g)
Oberstleutnant 1. 9. 44   (68)
Klingohr   Art.Rgt. 109   ,,   (48g^1)
Wüstenberg   d. Gen.St., zuletzt I. Abt. Art.Rgt. 48   ,,   (48h)
Oberstleutnant 1. 1. 45
Maurer d. Gen.St., zuletzt H.Unteroffizierschule Sigmaringen (I)   ,,   (48i)
Weyel (Erich)   Gren.Rgt. 80   (PzGr)   ,,   (48k)
Guderian   d. Gen.St., zuletzt Pz.Rgt. 35   ,,   (48*l*)
Oberstleutnant 9. 11. 44   (90)
Burmeister   d. Gen.St., zuletzt Art.Rgt. 9   ,,   (48m)
Oberstleutnant 30. 1. 45
Kaminski   d. Gen.St., zuletzt Art.Rgt. 109   ,,   (48n)
Oberstleutnant 20. 4. 45
Ribbentrop   d. Gen.St., zuletzt Kav.Rgt. 5   ,,   (48o)
Oberstleutnant 1. 7. 44   [63]
Bauer   d. Gen.St., zuletzt Pi.Btl. 29   ,,   (48p)
Ferber   d. Gen.St., zuletzt Gren.Rgt. 19   ,,   (48q)
Oberstleutnant 20. 4. 45
Harnack   d. Gen.St., zuletzt Art.Rgt. 11   ,,   (48r)
Oberstleutnant 1. 8. 44   (52)
Hartmann (Alfred)   d. Gen.St., zuletzt Jäg.Rgt. 54   ,,   (48s)
Oberstleutnant 1. 10. 44   (115)
Keller (Kilian)   Art.Rgt. 10   ,,   (48t)
Mußil   Art.Rgt. 10, kdt. z. Gen.St.   ,,   (49)
Wätjen   Krad.Schütz.Btl. 1   ,,   (49a)
Oberstleutnant 1. 12. 44   (81)
Krusche   d. Gen.St., zuletzt Jäg.Rgt. 38   ,,   (49b)
Oberstleutnant 9. 11. 44   (91)
Grashey   d. Gen.St., zuletzt Hochgebirgsschule   (I)   ,,   (49c)
Oberstleutnant 9. 11. 44   (92)
Ewert   H.Unteroffizierschule Frankenstein (Schles.)   (I)   ,,   (49d)
von Ekesparre   d. Gen.St., zuletzt Gren.Rgt. 8   ,,   (49e)
Oberstleutnant 1. 10. 44   (116)
Geitner (Kurt-Heinz)   d. Gen.St., zuletzt Art.Rgt. 7   ,,   (49f)
Oberstleutnant 1. 10. 44   (117)
Schönbrunner (Egbert)   Pz.Jäg.Abt. 46   ,,   (49g)
Krückeberg   d. Gen.St., zuletzt Gren.Rgt. 122   ,,   (49h)
Oberstleutnant 1. 7. 44   (64)
Beck   Gren.Rgt. 95   ,,   (49i)
Freytag   d. Gen.St., zuletzt Gren.Rgt. 58   ,,   (49k)
Oberstleutnant 1. 10. 44   (118)
Hupfer   Gren.Rgt. 72   (PzGr)   ,,   (49*l*)
von dem Knesebeck (Dietz)   d. Gen.St., zuletzt Aufkl.Rgt. 8   ,,   (49m)
Oberstleutnant 1. 12. 44
Mayrhofer   Gren.Rgt. 41   ,,   (49n)
von Bosse   Pi.Btl. 2, kdt. z. Gen.St.   ,,   (50)

von Zastrow	d. Gen.St., zuletzt Pz.Gren.Rgt. 25	1. 1. 43	(50a)
Oberstleutnant 1. 10. 44 (119)			
Oetken	d. Gen.St., zuletzt Gren.Rgt. 133	,,	(50b)
Klopsch	Geb.Nachr.Abt. 54, kdt. z. Gen.St.	,,	(50c)
Gerber	d. Gen.St., zuletzt Gren.Rgt. 35	,,	(50d)
Oberstleutnant 1. 3. 45			
Neuhaus (Hans)	d. Gen.St., zuletzt Kriegsschule Dresden (I)	,,	(50e)
Oberstleutnant 1. 10. 44 (120)			
Schmittmann	Gren.Rgt. 57	,,	(50g)
1. 8. 44 in den Gen.St. versetzt			
Bock von Wülfingen	II. Abt. Art.Rgt. 59, kdt. z. Gen.St.	,,	(51)
Kördel	Gren.Rgt. 17	,,	(51a)
Oberstleutnant 1. 12. 44			
von Puttkamer (Arwed-Fedor)	d. Gen. St., zuletzt Pz.Art.Rgt.103	,,	(51b)
von der Sode	d. Gen.St., zuletzt Pz.Rgt. 3	,,	(51c)
Bethge	Gren.Rgt. 15 (PzGr)	,,	(51d)
Petzholtz	d. Gen.St., zuletzt Pi.Schule I	,,	(51e)
Oberstleutnant 1. 10. 44 (121)			
Graf von Schmettow	d. Gen.St., zuletzt Pz.Gren.Rgt. 13	,,	(51f)
Schwarzrock	Gren.Rgt. Großdeutschland	,,	(51g)
Oberstleutnant 9. 11. 44 (93)			
von Heuduck	d. Gen.St., zuletzt Pz.Lehrrgt. (Schütz.Lehrbtl.)	,,	(52a)
Oberstleutnant 9. 11. 44 (94)			
Schmidt (Walter)	d. Gen.St., zuletzt Pi.Btl. 21	,,	(52c)
von Ploetz	St. Art.Kdr. 16	,,	(52d)
Ruckau	d. Gen.St., zuletzt Art.Rgt. 5	,,	(52e)
Oberstleutnant 1. 10. 44 (122)			
Michael	d. Gen.St., zuletzt Beob.Abt. 35	,,	(52f)
Oberstleutnant 1. 7. 44 (65)			
Thomas	d. Gen.St., zuletzt Art.Rgt. 10	,,	(52g)
Oberstleutnant 1. 7. 44 (66)			
Freiherr von Wangenheim (Ernst-August)			
	d. Gen.St., zuletzt Art.Rgt. 23	,,	(52h)
Oberstleutnant 1. 1. 45			
Reinhard	Gren.Rgt. 51 (PzGr)	,,	(52i)
Schimmel	Gren.Rgt. 41	,,	(53)
Oberstleutnant 9. 11. 44 (95)			
Gemmring	d. Gen.St., zuletzt II. Abt. Art.Rgt. 114	,,	(53a)
Oberstleutnant 1. 12. 44			
Klumpp	Pz.Jäg.Abt. 14	,,	(53a¹)
Baron von Haaren	I. Abt. Art.Rgt. 40	,,	(53a²)
Freiherr von Berlichingen-Jagsthausen	Kav.Rgt. 18	,,	(53b)
Oberstleutnant 1. 6. 44 [60]			
Grüber	d. Gen.St., zuletzt II. Abt. Art.Rgt. 50	,,	(53c)
Roschmann	Art.Rgt. 10	,,	(53d)
Brandt	Pi.Lehrbtl.	,,	(53e)
Laebe	Gren.Rgt. 44	,,	(53f)
Oberstleutnant 1. 8. 44 (53)			
Metelmann	Kav.Schütz.Rgt. 9 (PzGr)	,,	(53g)
Kaiser	II. Abt. Art.Rgt. 64	,,	(53h)
von Witzleben	Pz.Gren.Rgt. 11	,,	(53i)
Jacob	Geb.Jäg.Rgt. 98	,,	(53i¹)
Frey	Jäg.Rgt. 54	,,	(53k)
Weiß	b. Kdr. d. Nachr.Tr. II	,,	(53*l*)
Dörnemann	Pz.Gren.Rgt. 64	,,	(54)*
Oberstleutnant 9. 11. 44 (96)			
Poetsch	Gren.Rgt. 87	,,	(55)

Witte	d. Gen.St., zuletzt Gren.Rgt. 58	1. 1. 43	(55b)
Oberstleutnant 1. 7. 44 (67)			
Schiller	Pi.Btl. 11	,,	(55c)
Löffler (Erich)	Gren.Rgt. 57	,,	(55c[1])
Lux	Gren.Rgt. 12	,,	(55e)
Oberstleutnant 1. 7. 44 (68)			
Leibl	d. Gen.St., zuletzt Kav.Rgt. 3	,,	(55g)
Rochlitz	Art.Rgt. 30	,,	(55h)
Hoffmann	Art.Lehrrgt.	,,	(55i)
1. 11. 44 in den Gen.St. versetzt			
Remer	Gren.Rgt. 89 (PzGr)	,,	(55k)
Unter Überspringung des Oberstleutnants Oberst 1. 7. 44 (51);			
Gen.Maj. 30. 1. 45 (28)			
Artmann	d. Gen.St., zuletzt Geb.Jäg.Rgt. 98	,,	(55*l*)
Oberstleutnant 1. 12. 44			
Heitzmann	d. Gen.St., zuletzt Pz.Gren.Rgt. 69	,,	(55n)
Oberstleutnant 30. 1. 45			
von Lossow	Nachr.Abt. 64	,,	(56)
30. 1. 45 in den Gen.St. versetzt			
Badstübner	d. Gen.St., zuletzt Art.Rgt. 24	,,	(56a)
Hiltrop	d. Gen.St., zuletzt I. Abt. Art.Rgt. 64	,,	(56b)
Kahl	Geb.Pz.Jäg.Abt. 48	,,	(57)
Oberstleutnant 1. 1. 45			
Schlottmann	d. Gen.St., zuletzt Gren.Rgt. 70	,,	(57a)
Oberstleutnant 9. 11. 44 (97)			
Gericke	d. Gen.St., zuletzt St. Art.Kdr. 3	,,	(57b)
Vogt	Art.Rgt. 10	,,	(57c)
de l'Homme de Courbière	Gren.Rgt. 92 (PzGr)	,,	(57d)
Winter	Ob.Kdo. d. H. (In 6) (Kdsch)	,,	(57d[1])
Kronenwerth	M.G.Btl. 4, kdt. z. Gen.St.	,,	(57e)
1. 6. 44 in den Gen.St. versetzt			
Erasmus	d. Gen.St., zuletzt Gren.Rgt. 84	,,	(57f)
Oberstleutnant 1. 8. 44 (54)			
Rogge	Nachr.Abt. 6	,,	(57g)
Borrmann	d. Gen.St., zuletzt Art.Rgt. 96	,,	(57h)
Oberstleutnant 20. 4. 45			
Hoeckner	Art.Rgt. 12	,,	(57i)
Menzel (Wolfgang)	Geb.Art.Rgt. 111	,,	(57k)
Kerber	Pz.Gren.Rgt. 12	,,	(57*l*)
Lehnhoff	M.G.Btl. 8 (PzGr)	,,	(58a)
Marheineke (Bernhard)	Füs.Rgt. 26	,,	(58d)
Rauschenbusch (Hermann)	Jäg.Rgt. 83	,,	(58e)
Ružička	Art.Rgt. 36	,,	(58e[1])
Stampfer	Geb.Jäg.Rgt. 136	,,	(58f)
Oberstleutnant 1. 6. 44 (61)			
Jetzl (Erwin)	Gren.Rgt. 88	,,	(59)
Thurner (Joseph)	Fla.Btl. 59	,,	(60)
Hartmann (Gerhard)	Gren.Rgt. 7	,,	(60a)
Braun	Geb.Jäg.Rgt. 91	,,	(60d)
Reiser (Richard)	Gren.Rgt. 14	,,	(61b)
Rode	Pz.Gren.Rgt. 5	,,	(61c)
Oberstleutnant 1. 10. 44 (123)			
Theyson	Pz.Pi.Btl. 4	,,	(61d)
von Hagenow	Art.Rgt. 23	,,	(61e)
Wolters	Ob.Kdo. d. H. (Ag P 2) (I)	,,	(62)
Bossert	Pz.Gren.Rgt. 115 (I)	,,	(62a)

Telle	Pz.Gren.Rgt. 86, kdt. z. Gen.St. (I)		1. 1. 43	(62b)
1. 6. 44 in den Gen.-St. versetzt				
Barth	Pz.Jäg.Abt. 13		,,	(62d)
Rüdiger	Gren.Rgt. 31		,,	(63)
Kreis	Krad.Schütz.Btl. 6 (PzGr)		,,	(63a)
Hegemann	Gren.Rgt. 37, kdt. z. Gen.St.		,,	(64)
1. 6. 44 in den Gen.St. versetzt				
Adam (Hermann)	d. Gen.St., zuletzt Pz.Aufkl.Abt. 9		,,	(65)
Oberstleutnant 1. 6. 44 (62)				
Eggerstorfer (Joseph)	Gren.Rgt. 111		,,	(65b)
Oberstleutnant 9. 11. 44 (98)				
Walleser	Geb.Jäg.Rgt. 137		,,	(65c)
Langerfeldt	Pz.Art.Rgt. 19		,,	(65c^1)
von Krosigk	Gren.Rgt. 51 (PzGr)		,,	(65d)
Koller	Gren.Rgt. 119 (PzGr)		,,	(65e)
Tietjen	Art.Rgt. 6		,,	(65f)
Oberstleutnant 1. 10. 44 [124]				
Welz	Pi.Btl. 34		,,	(65f^1)
Schmidt	Art.Rgt. 26		,,	(65g)
Ender	Art.Rgt. 24		,,	(65h)
Linderkamp (Heinrich)	Gren.Rgt. 17		,,	(65k)
von Zitzewitz	Kav.Rgt. 11		,,	(67)
Liedtke	Art.Rgt. 21		,,	(67b)
1. 8. 44 in den Gen.St. versetzt				
Beutner	Pz.Jäg.Abt. 43		,,	(67c)
Bahr	II. Abt. Art.Rgt. 44		,,	(68a)
Johe (August)	Gren.Rgt. 106		,,	(68b)
Hermann (Karl)	Art.Rgt. 18		,,	(68d)
Tilleßen	Art.Rgt. 96		,,	(68e)
Hirsch (Helmut)	Gren.Rgt. 92		,,	(69)
Baar (Rudolf)	Pz.Aufkl.Abt. 4 (PzGr)		,,	(69a)
Oesterhelt	Art.Rgt. 5		,,	(71)
Herzog	Gren.Rgt. 4		,,	(72)
Oberstleutnant 1. 9. 44 (69)				
Dörfel	Pz.Gren.Rgt. 63 (I)		,,	(73)
Stäuber	Pz.Gren.Rgt. 12		,,	(73a)
Weishäupl	Pz.Jäg.Abt. 10		,,	(74)
Mangold (Gottfried)	Pz.Pi.Btl. 51		,,	(74a)
Steinhauser (Friedrich)	Kav.Rgt. 18		,,	(74a^1)
Oberstleutnant 1. 5. 44 [18b]				
Obermair	d. Gen.St., zuletzt Art.Rgt. 98		,,	(74b)
Oberstleutnant 20. 4. 45				
Rosin	Jäg.Rgt. 75		,,	(75a)
Schreiner	Pz.Gren.Rgt. 69 (I)		,,	(75b)
Schütz	Gren.Rgt. 50		,,	(75c)
Wenger	Pz.Gren.Rgt. 63 (I)		,,	(75d)
Puttkammer	Gren.Rgt. 8 (PzGr)		,,	(75e)
Biehl	Beob.Abt. 15		,,	(75f)
Warner (Walter)	Kav.Rgt. 3		,,	(75g)
Hiltawski	Gren.Rgt. 78		,,	(75h)
Kohler (Heinrich)	Nbl.Abt. 5		,,	(75i)
Hacker (Otto)	Gren.Rgt. 4		,,	(76)
Oberstleutnant 1. 10. 44 (125)				
Krug (Otto)	Gren.Rgt. 121		,,	(77)
Calwin (Erich)	Gren.Rgt. 50		,,	(78)
Eccher	Geb.Jäg.Rgt. 136		1. 2. 43	(1)
Schulz (Georg)	St. Gen.Kdo. I. A.K. (AVm)		,,	(1a)

von Samson-Himmelstjerna	Pz.Gren.Rgt. 3		1. 2. 43	(2)
Tornow	Gren.Rgt. 81		,,	(4)
Borchert	Gren.Rgt. 32		,,	(5)
Krüpfganz	Gren.Rgt. 31		,,	(6)
Pelikan	Geb.Jäg.Rgt. 137		,,	(9)
Schleicher	Pz.Gren.Rgt. 66		,,	(10)
Kössler	Kraftf.Abt. 9		,,	(11)
Toifl	I. Abt. Art.Rgt. 43		,,	(12)
Mottl	Nachr.Abt. 41		,,	(13)
Arnsmeier	II. Abt. Art.Rgt. 55		,,	(14)
Oberstleutnant 1. 1. 45				
Hamann	Kav.Rgt. 6		,,	(16)
Wiechert	M.G.Btl. 9		,,	(17)
Scholz (Herbert)	Gren.Rgt. 88		,,	(18)
Eichhorn	Gren.Rgt. 77		,,	(19)
Meyer	Gren.Rgt. 102		,,	(20)
Wolfram	d. Gen.St., zuletzt Gren.Rgt. 82		,,	(24)
Oberstleutnant 20. 4. 45				
Hegenbart	Geb.Art.Rgt. 112		,,	(26a)
Seeck	b. Kdr. d. Nachr.Tr. XVII		,,	(26b)
Gamer	I. Abt. Art.Rgt. 61		,,	(27a)
Eisenschenk	Gren.Rgt. 19, kdt. z. Gen.St.		,,	(28)
1. 6. 44 in den Gen.St. versetzt; Oberstleutnant 30. 1. 45				
Gomille	Pz.Rgt. 4		,,	(29)
Kube	Pi.Lehrbtl.		,,	(30)
Rohde	Gren.Rgt. 134		,,	(31)
Oberstleutnant 1. 10. 44 (126)				
Engelien	Pz.Gren.Rgt. 3		,,	(31a)
Oberstleutnant 1. 1. 45				
Brucker	Gren.Rgt. 36		,,	(32)
Oberstleutnant 9. 11. 44 (99)				
Endres	Pz.Pi.Btl. 33		,,	(33)
Kratz	Nachr.Abt. 25		,,	(34)
Wilhelm Prinz von Schönburg-Waldenburg	Pz.Rgt. 31		,,	(35)
Oberstleutnant 1. 6. 44 (†)				
Student	Ob.Kdo. d. H. (Ag P 1/1. Abt.) (Pz)		,,	(36)
Schneider (Albert)	Füs.Rgt. 34		,,	(37a)
Oberstleutnant 1. 9. 44 (70)				
Nähring	Kav.Lehr- u. Vers.Abt. (PzGr)		,,	(38)
Oberstleutnant 9. 11. 44 (100); Oberst 20. 4. 45				
Ochßner	Pz.Gren.Rgt. 115 (I)		,,	(39)
Piltz	Ob.Kdo. d. H. (Ag E Tr/U) (PzGr)		,,	(40)
von der Groeben	Kav.Rgt. 17		,,	(41)
Steinberg	Pz.Gren.Rgt. 66		,,	(42a)
Petersen	Kav.Rgt. 14		,,	(43)
Bockler (Bernhard)	Pz.Gren.Rgt. 73 (I)		,,	(44)
Schümann (Hans)	Gren.Rgt. 3		,,	(45)
Manzer (Hans)	Inf.Rgt. 127		,,	(46)
Malks	Gren.Rgt. 132		,,	(47)
Oberstleutnant 1. 10. 44 (127)				
Kratochwil	Kav.Rgt. 3		,,	(48)
Krocker	Art.Rgt. 6		,,	(49)
Pantenius	Füs.Rgt. 68		,,	(50)
Ostermann	b. Kdr. d. Pi. XVIII		,,	(52)
Koeber	Gren.Rgt. 19		,,	(53)
von Boxberg	Pz.Rgt. 3		,,	(54)

Mayer	Aufkl.Rgt. 9 (Kdsch)	1. 2. 43	(55)
Oberstleutnant 1. 12. 44 (86)			
von Horn	Pz.Gren.Rgt. 69	,,	(56)
Schulte	Gren.Rgt. 35	,,	(57)
Beug	b. Kdr. d. Pi. II	,,	(58)
Wenzel	Nachr.Abt. 40	,,	(59)
Heuß	Gren.Rgt. 109	,,	(60)
Oberstleutnant 1. 1. 45			
Maier	Jäg.Rgt. 75	,,	(61)
Oberstleutnant 1. 10. 44 (128)			
Schulze-Breustedt	Art.Rgt. 22	,,	(62)
Hedde	Pz.Gren.Rgt. 59	,,	(63)
Helmke	Gren.Rgt. 133	,,	(64)
von Uechtritz und Steinkirch	Kav.Rgt. 10	,,	(66)
Funke	Ob.Kdo. d. W. (W Allg) (A)	,,	(67)
Kast	Gren.Rgt. 41 (PzGr)	,,	(69)
Goertz	Gren.Rgt. 37	,,	(70)
Klawe (Erich)	Gren.Rgt. 23	,,	(71)
Oberstleutnant 30. 1. 45			
Kellner	Gren.Rgt. 116	,,	(72)
Amey	Ob.Kdo. d. H. (Ag P 1) (I)	,,	(73)
Zimbelius	Füs.Rgt. 68	,,	(73a)
Hacke	Pz.Jäg.Abt. 46	,,	(74)
Walther	Pz.Aufkl.Abt. 5 (PzGr)	,,	(75)
Oberstleutnant 1. 5. 44 (18c)			
Benzin (Otto)	Gren.Rgt. 89	,,	(76)
Hörmann	Geb.Jäg.Rgt. 100	,,	(77)
1. 8. 44 in den Gen.St. versetzt; Oberstleutnant 20. 4. 45			
Bretschneider	d. Gen.St., zuletzt Gren.Rgt. 35	,,	(79)
Luitjens	Gren.Rgt. 43	,,	(80)
Rebensburg	Pz.Art.Rgt. 16	,,	(81)
Hinsch	Füs.Rgt. 27	,,	(82)
Freiherr von Oeynhausen	Gren.Rgt. 45	,,	(83)
Sprenger	Gren.Rgt. 109	,,	(84)
Haßlacher	Art.Schule	,,	(85)
Teller	Nachr.Abt. 47	,,	(87)
von Schack	Kav.Rgt. 17	,,	(88)
Albers	Art.Rgt. 56	,,	(89)
Schmidt	Nachr.Abt. 50	,,	(90)
Krämer	Art.Rgt. 9	,,	(91)
Budde	Gren.Rgt. 109 (PzGr)	,,	(92)
Oberstleutnant 1. 6. 44 (63)			
Ültzen	Nachr.Abt. 43	,,	(93)
Günther	Pz.Gren.Rgt. 8, kdt. z. Gen.St.	,,	(93a)
1. 6. 44 in den Gen.St. versetzt			
Bröckerhoff (Wilhelm)	Art.Rgt. 31	,,	(94)
Minssen	Pz.Gren.Rgt. 8, kdt. z. Gen.St.	,,	(95)
1. 6. 44 in den Gen.St. versetzt			
Vogel (Franz)	Gren.Rgt. 12	,,	(96)
Oberstleutnant 1. 1. 45			
von Saldern	Pz.Gren.Rgt. 79 (I)	,,	(97)**
Oberstleutnant 1. 6. 44 (63c)			
Heim	Gren.Rgt. 78	,,	(98)
Krieg	Ob.Kdo. d. H. (In 6) (PzGr)	,,	(99)
Schleiß	Nachr.Abt. 45	,,	(100)
Zöllner	Nachr.Abt. 45	,,	(101)

Silbernagel	Gren.Rgt. 4	1. 2. 43	(102)
Oberstleutnant 1. 10. 44 (129)			
König (Christian)	Gren.Rgt. 41	,,	(103)
Heidschmidt (Joachim)	Gren.Rgt. 94	,,	(104)
Oberstleutnant 1. 8. 44 (55)			
Rosenthal (Helmuth)	Pz.Jäg.Abt. 22	,,	(105)
Behnke (Gerhard)	II. Abt. Art.Rgt. 57	,,	(106a)
Honsel (Gerhard)	Pz.Jäg.Abt. 35	,,	(107)
Lowatzki (Erich)	Pz.Jäg.Abt. 11	,,	(108)
Stather	Gren.Rgt. 133	,,	(109)
Oberstleutnant 1. 10. 44 (130)			
Reither	d. Gen.St., zuletzt Art.Rgt. 17	,,	(109a)
Lyhme	Gren.Rgt. 50	,,	(111)
Oberstleutnant 9. 11. 44 (101)			
Rohde	Art.Rgt. 41	,,	(112)
Franke	Art.Rgt. 5	,,	(114a)
Oberstleutnant 1. 3. 45			
von Lösecke	Gren.Rgt. 90 (PzGr)	,,	(115)
Grübnau	Pi.Btl. 41	,,	(116)
Seiler	Pz.Gren.Rgt. 63 (I)	,,	(117)
Niederlaender (Horst)	Gren.Rgt. 45	,,	(117a)
Friedrich (Gerhard)	Pz.Gren.Rgt. 13	,,	(117b)
Oberstleutnant 1. 6. 44 (63a); Oberst 1. 12. 44 (38)			
Groß (Helmuth)	Gren.Rgt. 57	,,	(118)
Naseband	Gren.Rgt. 44	,,	(118a)
Greßler	Gren.Rgt. 107	,,	(120)
Anspach	Gren.Rgt. 11	,,	(121)
Otto (Ernst)	Gren.Rgt. 58	,,	(122a)
Obermeyer	Art.Rgt. 5	,,	(122a[1])
Corßen	Pz.Jäg.Abt. 22	,,	(122b)
1. 8. 44 in den Gen.St. versetzt			
von Dobschütz	Jäg.Rgt. 49	,,	(124)
Grün	Pz.Rgt. 5	,,	(124a)
1. 8. 44 in den Gen.St. versetzt			
Wiontzek	Jäg.Rgt. 49	,,	(125)
Frank	Gren.Rgt. 42	,,	(126)
Voß (Friedrich Wilhelm)	II. Abt. Art.Rgt. 42 (PzGr)	,,	(127)
1. 8. 44 in den Gen.St. versetzt			
Keller	Jäg.Rgt. 75	,,	(128)
Küper	Gren.Rgt. 131	,,	(129)
Dahmke	Art.Rgt. 32	,,	(131)
Wichert	Gren.Rgt. 94	,,	(132)
Medicus	Pz.Jäg.Abt. 1	,,	(133)
Zeitler	Art.Rgt. 98	,,	(133a)
Sandner	Art.Rgt. 36	,,	(133b)
Büttner (Ernst)	Gren.Rgt. 94	,,	(134)
Hißmann	Fla.Btl. 46	,,	(135)
Heine	Geb.Jäg.Rgt. 137	,,	(136a)
Eitner	Gren.Rgt. 87	,,	(137)
Oberstleutnant 9. 11. 44 (102)			
Draeger (Heinrich)	Pz.Jäg.Abt. 37	,,	(140)
Glimm	Art.Rgt. 11	,,	(141)
von Gazen genannt Gaza	Pz.Gren.Rgt. 66	,,	(141a)
1. 8. 44 in den Gen.St. versetzt			
Freudenberger	Jäg.Rgt. 75	,,	(142)
Bremm (Josef)	Gren.Rgt. 7	,,	(144)
Oberstleutnant 9. 11. 44 (103)			

Schulz	Gren.Rgt. 23		1. 2. 43	(144a)
Schäffner (Hermann)	Pz.Gren.Rgt. 125 (I)		,,	(144b)
Plümer	Gren.Rgt. 88		,,	(144c)
von Poncet	Gren.Rgt. 8		,,	(144d)
Guschker (Ernst)	Pz.Gren.Rgt. 79 (I)		,,	(144e)
von Dreßler	Kav.Rgt. 3 (PzGr)		,,	(144 f)
Gerstmann	Geb.Jäg.Rgt. 139		,,	(145)
Oberstleutnant 1. 12. 44				
Herfurth (Heinz)	Gren.Rgt. 102		,,	(148)
Weymann (Martin)	Pz.Gren.Rgt. 8		,,	(150)
Oberstleutnant 1. 9. 44 (71); Oberst 1. 3. 45				
Berg (Encio)	Beob.Lehrabt.		1. 3. 43	(1)
Kalefeld	Füs.Rgt. 39		,,	(3)
Müller (Wilhelm)	Füs.Rgt. 39		,,	(4)
Dramburg	Gren.Rgt. 6		,,	(5)
Oberstleutnant 1. 10. 44 (131)				
Jeitler	Art.Rgt. 109		,,	(6)
Hirthe	Pz.Gren.Rgt. 59 (I)		,,	(7)
Harrer	Art.Rgt. 96		,,	(8)
Krause	Jäg.Rgt. 28		,,	(9)
Lübkemann	Pz.Gren.Rgt. 79 (I)		,,	(10)
Fickermann	Pz.Gren.Rgt. 79		,,	(11)
Engel	Gren.Rgt. 106		,,	(12)
Lenz	Gren.Rgt. 48		,,	(13)
Nuber	Nachr.Abt. 7		,,	(15)
Damm (Walter)	Art.Rgt. 56		,,	(16)
Scholz (Georg)	Gren.Rgt. 84		,,	(17)
Schulte-Schrepping (Fritz)	Art.Rgt. 36		,,	(19)
Stahlmann (Friedrich)	Nachr.Abt. 6		,,	(20)
Reichow (Herbert)	Füs.Rgt. 27		,,	(21)
Musch (Adolf)	Geb.Art.Rgt. 112		,,	(23)
Meyer (Fritz)	Pi.Lehrbtl.		,,	(24)
Sperling (Erwin)	Gren.Rgt. 7		,,	(26)
Latayka (Rudolf)	Pz.Pi.Btl. 38		,,	(27)
Schmalhofer (Georg)	Art.Rgt. 10		,,	(28)
Meißner (Hans)	Pz.Jäg.Abt. 9		,,	(29)
Lingen (Rudolf)	Aufkl.Rgt. 9 (PzGr)		,,	(30)
Lindl (Georg)	Pz.Gren.Rgt. 63 (I)		,,	(32)
Gaigalat (Willy)	Pz.Jäg.Abt. 36		,,	(32a)
Otto (Alois)	Kav.Rgt. 4		,,	(34)
Petry (Hans)	Art.Rgt. 32		,,	(35)
Starkl	Geb.Jäg.Rgt. 99		,,	(36)
Tilscher	Pz.Art.Rgt. 103		,,	(37)
Fahrig (Wilhelm)	Art.Rgt. 22		,,	(38)
Weiß (Willi)	Art.Rgt. 32		,,	(39)
Bauer	Gren.Rgt. 132		,,	(41)
Staudinger	Wehrkrs.Reit- u. Fahrschule Soltau (Han)		,,	(42)
Gabler	Gren.Rgt. 30 (PzGr)		,,	(45a)
Kopp	Geb.Jäg.Rgt. 99		,,	(46)
Oberstleutnant 1. 10. 44 (132)				
Graumann	Fest.Pi.St. 17		,,	(46a)
Hagenloh	Pz.Gren.Rgt. 108 (früher Inf.Rgt. 10) (I)		,,	(47)
Bunkus	Gren.Rgt. 116		,,	(48)
Vogt	Gren.Rgt. 106		,,	(48a)
Held	Pi.Btl. 26		,,	(48a¹)
Herzog	Pz.Pi.Btl. 27		,,	(48b)**
Oberstleutnant 1. 10. 44 (113a)				

Ehrhardt	Gren.Rgt. 61	1. 3. 43	(48c)
Goder	Aufkl.Rgt. 8 (PzGr)	,,	(49)
Goriany	Geb.Art.Rgt. 112	,,	(49a)
Engler (Alfred)	Gren.Rgt. 72	,,	(49a¹)
Guckenberger	Gren.Rgt. 41	,,	(49a²)

Oberstleutnant 1. 12. 44

Hebert	Kriegsschule Hannover (N)	,,	(49a³)
Hahn	II. Abt. Art.Rgt. 58	,,	(49b)
Allmer	Pz.Gren.Rgt. 108 (früher Inf.Rgt. 10)	,,	(50a)
Wick	Art.Rgt. 1	,,	(50b)
Milewski	Nachr.Abt. 20	,,	(50c)
Nolte	Pi.Btl. 30	,,	(50d)
Hantelmann	Pz.Gren.Rgt. 64 (Kdsch)	,,	(51)
Petri	Aufkl.Rgt. 7 (Kdsch)	,,	(52)
von Studnitz	Pz.Jäg.Abt. 30	,,	(52a)

Oberstleutnant 30. 1. 45

Hundt	Art.Rgt. 6	,,	(52a¹)
Bellinger	Art.Rgt. 34	,,	(52a²)

Oberstleutnant 30. 1. 45

Frömbling	Art.Rgt. 11	,,	(52b)
Hesse	Pz.Pi.Btl. 37	,,	(53)
Schmidt-Taube	Nachr.Abt. 41	,,	(53a)
Feldtkeller	b. Kdr. d. Pz.Jäg.Tr. IX	,,	(54)
Heimann	Gren.Rgt. 72	,,	(54a)
Hofacker	Geb.Jäg.Rgt. 13	,,	(54b)
Eggeling	Gren.Rgt. 116	,,	(54d)
Nagengast (Georg)	M.G.Btl. 11 (PzGr)	,,	(54e)
Müller (Karl-Ernst)	Kriegsschule Wiener Neustadt, kdt. z. Gen.St. (I)	,,	(54e¹)

1. 6. 44 in den Gen.St. versetzt; Oberstleutnant 20. 4. 45

Hauß	M.G.Btl. 6 (Kdsch)	,,	(55)
Schafmayer	Art.Rgt. 31	,,	(55a)
Poretschkin	Pz.Nachr.Abt. 90	,,	(55a¹)
Hauswedell	Gren.Rgt. 130	,,	(55b)
Ehlers	Gren.Rgt. 43	,,	(55c)

1. 8. 44 in den Gen.St. versetzt

Bertram	Pz.Art.Rgt. 27	,,	(55e)
Hüttner	Gren.Rgt. 111	,,	(55f)
Fröhlich	Pi.Btl. 28	,,	(56)

1. 8. 44 in den Gen.St. versetzt

Bauer	Geb.Art.Rgt. 112	,,	(56a)
Mencke	I. Abt. Art.Rgt. 68	,,	(56a¹)
Mertens	Gren.Rgt. 61	,,	(56b)
Gerstenberg	Ob.Kdo. d. H. (Ag P 1) (I)	,,	(57)

1. 8. 44 in den Gen.St. versetzt

Wischnath	Gren.Rgt. 134 (PzGr)	,,	(57a)

Oberstleutnant 1. 12. 44 (96a) [90a?]

von Taysen	d. Gen.St., zuletzt M.G.Btl. 8	,,	(57b)
Gruber	II. Abt. Art.Rgt. 63	,,	(57b¹)
Ihde	Gren.Rgt. 131	,,	(58)
Weber	Art.Lehrrgt.	,,	(58a)
Siebert	St. Art.Kdr. 22	,,	(58a¹)
Binder	I. Abt. Art.Rgt. 45	,,	(58c)

1. 8. 44 in den Gen.St. versetzt

List	Geb.Jäg.Rgt. 138	,,	(58d)
Rothe	Kriegsschule Dresden, kdt. z. Gen.St. (I)	,,	(58e)

1. 6. 44 in den Gen.St. versetzt

Siber	Kav.Schütz.Rgt. 9, kdt. z. Gen.St. (PzGr)	1. 3. 43	(59)
1. 6. 44 in den Gen.St. versetzt; Oberstleutnant 20. 4. 45			
Nädele (Wilhelm)	Geb.Jäg.Rgt. 13	,,	(59a)
Neuendorff	Gren.Rgt. 78	,,	(59b)
Oberstleutnant 1. 10. 44 (133)			
Vosberg	Art.Rgt. 18	,,	(59c¹)
Haidvogl	Gren.Rgt. 135	,,	(59d)
Werner	Pz.Gren.Rgt. 59 (I)	,,	(60)
Baier (Josef)	Gren.Rgt. 36	,,	(60a)
Richter (Walter)	Gren.Rgt. 50	,,	(60a¹)
Gröne (Oskar)	Gren.Rgt. 77	,,	(61)
Heusner (Friedrich)	Gren.Rgt. 57	,,	(61a)
Wunnenberg (Hermann)	Gren.Rgt. 37	,,	(61b)
Voß (Alfred)	Gren.Rgt. 80	,,	(61b¹)
Wehner (Kurt)	Gren.Rgt. 72	,,	(61b²)
Weigel (Erwin)	Art.Rgt. 28	,,	(61b³)
Hartlieb (Fritz)	Art.Rgt. 35	,,	(61c¹)
Polzin (Walter)	Gren.Rgt. 9	,,	(61c²)
Velte	Gren.Rgt. 78	,,	(61c³)
1. 8. 44 in den Gen.St. versetzt			
Platz	Art.Rgt. 96	,,	(61d)
Brzoska	Gren.Rgt. 94, kdt. z. Gen.St.	,,	(61e)
1. 6. 44 in den Gen.St. versetzt			
Sinram	Gren.Rgt. 130	,,	(61e¹)
Weber	I. Abt. Art.Rgt. 57	,,	(61e²)
Bühring	I. Abt. Art.Rgt. 114	,,	(61f)
Evert	H.Waffenm.Schule (I)	,,	(61g)
Kapp	Art.Rgt. 21	,,	(61h)
Streitz	Pi.Lehrbtl.	,,	(62)
Fischer (Ernst)	Pz.Jäg.Abt. 17	,,	(63)
Fett	Geb.Jäg.Rgt. 85	,,	(64)
Bescht	I. Abt. Art.Rgt. 68	,,	(64a)
Lemp	M.G.Btl. 5	,,	(64b)
Henkel	Art.Rgt. 26	,,	(64d)
Andree	Gren.Rgt. 43	,,	(64e)
Oberstleutnant 9. 11. 44 (104)			
Kund	Geb.Art.Rgt. 111	,,	(64f)
Schulmeister	Geb.Art.Rgt. 112	,,	(64g)
von Malachowski	II. Abt. Art.Rgt. 68	,,	(64h)
1. 11. 44 in den Gen.St. versetzt			
Richter (Fritz)	Gren.Rgt. 42	,,	(64i)
Dreher	Jäg.Rgt. 56	,,	(65a)
1. 8. 44 in den Gen.St. versetzt			
Opitz	Jäg.Rgt. 28	,,	(65b)
Oberstleutnant 1. 6. 44 (63b)			
Staudt	Gren.Rgt. 72	,,	(65c)
Heitsch	Pz.Gren.Rgt. 52	,,	(66)
1. 8. 44 in den Gen.St. versetzt			
Fuhrmann	Gren.Rgt. 76, kdt. z. Gen.St.	,,	(66a)
1. 6. 44 in den Gen.St. versetzt			
Lehner	Gren.Rgt. 62	,,	(66a¹)
Freiherr von Ulmenstein	H.Waffenm.Schule (I)	,,	(66a²)
Haeuseler	Gren.Rgt. 12	,,	(66b)
Oberstleutnant 9. 11. 44 (105)			
Buchhorn	Pi.Btl. 5	,,	(67)
von Schönfeldt	Art.Rgt. 29	,,	(67a)
Oberstleutnant 1. 12. 44 (94)			

Bedendörfer Gren.Rgt. 42	1. 3. 43	(67a¹)
Freiherr von Babo I. Abt. Art.Rgt. 62	,,	(67b)
1. 8. 44 in den Gen.St. versetzt		
Völkl Geb.Jäg.Rgt. 85	,,	(67b¹)
Petschelt Art.Rgt. 28	,,	(67c)
Ohlsen Gren.Rgt. 47	,,	(67d)
1. 8. 44 in den Gen.St. versetzt		
Pätzold (Günther) Jäg.Rgt. 49 (PzGr)	,,	(67e)
Berner (Bruno) Art.Rgt. 28	,,	(67f)
Zeisler (Hubert) Beob.Abt. 34	,,	(67g)
Walter Geb.Jäg.Rgt. 85	,,	(69)
Krä (Alois) Pi.Btl. 73	,,	(69a)
Schäfer (Eduard) Gren.Rgt. 72	,,	(69a¹)
Bauer Pz.Gren.Rgt. 11	,,	(69b)
1. 8. 44 in den Gen.St. versetzt		
Högg (Hariolf) Art.Rgt. 41	,,	(69b¹)
Freund Art.Rgt. 1	,,	(69c)
Eck Gren.Rgt. 24	,,	(70)
Koop Kdtr. Karlsruhe (Baden) (I)	,,	(71)
Sandhoff (Hans-Heinrich) Pi.Btl. 3	,,	(75)
Borchert (Wilhelm) Gren.Rgt. 29	,,	(76)
Sznahovich Pz.Rgt. 35	1. 4. 43	(3)
Hirth Gren.Rgt. 130	,,	(3a)
Orbes Gren.Rgt. 135	,,	(4)
Lochmann Geb.Art.Rgt. 112	,,	(5)
Ranke Eisenb.Pi.Rgt. 3	,,	(5a)
Schmidt Gren.Rgt. 70	,,	(5b)
Fereberger z. Verf. Ob. d. H. (Hochsch) (I)	,,	(6)
Hoffer Kav.Rgt. 13	,,	(7)
Sauer d. Gen.St., zuletzt Kav.Rgt. 5	,,	(9)
Oberstleutnant 1. 1. 45		
Lauer Pz.Jäg.Abt. 50	,,	(10)
Wück Geb.Jäg.Jäg.Rgt. 139	,,	(11)
Marek Pz.Jäg.Abt. 49	,,	(12)
Weiser Gren.Rgt. 135	,,	(13)
Pihuliak (Horst) Art.Rgt. 35	,,	(14)
Rüthnick (Franz) Art.Lehrrgt.	,,	(14a)
Schoepf Gren.Rgt. 41	,,	(15a¹)
Romey (Gerhard) Pz.Gren.Rgt. 74 (PzGr)	,,	(15a²)
Zippe Pz.Gren.Rgt. 108 (früher (Inf.Rgt. 10)	,,	(15a³)
Meinel d. Gen.St., zuletzt Gren.Rgt. 107	,,	(15a⁴)
John von Freyend Ob.Kdo. d. W. (Adj. [Heer] b. Chef O.K.W.) (A)	,,	(15a⁵)
Kucklick Pz.Art.Rgt. 13	,,	(15a⁶)
Oberstleutnant 1. 1. 45		
Jakob Gren.Rgt. 105	,,	(15a⁷)
Oberstleutnant 9. 11. 44 (106)		
Remlinger Kav.Rgt. 15 (PzGr)	,,	(15a⁸)
Oberstleutnant 1. 12. 44 (95); Oberst 30. 1. 45		
Kersandt Art.Rgt. 11	,,	(15a⁹)
Gruber M.G.Btl. 5	,,	(15b)
Laeuen Pi.Btl. 26	,,	(15d)
Freiherr von Waldenfels I. Btl. Inf.Rgt. 128	,,	(15d¹)
Freiherr von Schlotheim Kav.Rgt. 10	,,	(15e)
Freiherr Loeffelholz von Colberg H.Feuerw.Schule, kdt. z. Gen.St. (A)	,,	(15f)
1. 6. 44 in den Gen.St. versetzt		

Le Tanneux von Saint-Paul (Dietrich)   Gren.Rgt. 1   1. 4. 43   (16)
Oberstleutnant 1. 10. 44 (134)
Wittchow von Brese-Winiary   Pz.Gren.Rgt. 108
                                   früher Inf.Rgt. 10)   ,,   (16a)
Oberstleutnant 1. 4. 44 [200c]; Oberst 1. 9. 44 (58)
Joerg   Gren.Rgt. 81   ,,   (16a¹)
Oberstleutnant 1. 10. 44 (135)
Bachus   d. Gen.St., zuletzt Gren.Rgt. 116   ,,   (16a²)
Grauer   d. Gen.St., zuletzt Art.Rgt. 24   ,,   (16a³)
Koch   r. Art.Abt. 1   ,,   (16a⁴)
Otto   Pz.Rgt. 2   ,,   (16b)
Mehnert   Nachr.Abt. 29   ,,   (16c)
Schulz   Gren.Rgt. 23   ,,   (16d)
Meißner   M.G.Btl. 9   ,,   (16e)
Schmidt (Gerhard)   I. Abt. Art.Rgt. 66, kdt. z. Gen.St.   ,,   (16e¹)
1. 6. 44 in den Gen.St. versetzt
Vogelsang   II. Abt. Art.Rgt. 42   ,,   (16f)
Neckenauer   Pz.Jäg.Abt. 41 (PzGr)   ,,   (17a)
Oberstleutnant 20. 4. 45
Nonnig   I. Abt. Art.Rgt. 55   ,,   (17b)
Hauptmann   Gren.Rgt. 11 (PzGr)   ,,   (18)
Osterroth   Nachr.Abt. 48   ,,   (18a)
Heintzel   Gren.Rgt. 131   ,,   (18a¹)
Frewer (Karl)   Gren.Rgt. 37   ,,   (18a²)
Oberstleutnant 1. 10. 44 (136)
Praxmarer   Geb.Jäg.Rgt. 98   ,,   (18a³)
Binkenstein (Kurt)   Pz.Gren.Rgt. 86 (Pz)   ,,   (18a⁵)
Mangelsdorf   Gren.Rgt. 70   ,,   (18a⁶)
von Heydebreck   Gren.Rgt. 72   ,,   (18a⁷)
Bodenstab   Gren.Rgt. 61   ,,   (18a⁸)
Hehmeyer   Gren.Rgt. 58   ,,   (18a⁹)
Fritsche (Hans)   Gren.Rgt. 88   ,,   (18b)
Oberstleutnant 1. 5. 44 (18d)
Huber (Peter)   Jäg.Rgt. 56   ,,   (18c)
Oberstleutnant 1. 9. 44 (72)
Horn (Horst)   Fla.Btl. 31   ,,   (18c¹)
Wachsmann   Gren.Rgt. 131   ,,   (18d)
1. 8. 44 in den Gen.St. versetzt
Dehns   I. Abt. Art.Rgt. 48   ,,   (18e)
von Engel   Art.Rgt. 12   ,,   (18f)
von Cramon   Pz.Rgt. 2   ,,   (19)
Eckstein   Gren.Rgt. 3   ,,   (19a)
Uhl   Gren.Rgt. 106   ,,   (19a¹)
1. 8. 44 in den Gen.St. versetzt
Everth   Pz.Aufkl.Abt. 3   ,,   (19a²)
von Bülow   Art.Rgt. 5, kdt. z. Gen.St.   ,,   (19a³)
1. 6. 44 in den Gen.St. versetzt
Fehler   Pz.Gren.Rgt. 25   ,,   (19a⁴)
1. 8. 44 in den Gen.St. versetzt
Wiechers (Otto)   Art.Rgt. 22   ,,   (19a⁵)
Feuerer (Alois)   Geb.Jäg.Rgt. 85   ,,   (19b)
Dehio   Gren.Rgt. 46   ,,   (19c)
von Salisch   Jäg.Rgt. 49   ,,   (19d)
Frey   Gren.Rgt. 72   ,,   (20)*
Huß   Gren.Rgt. 119 (PzGr)   ,,   (20a)
Oberstleutnant 1. 3. 45
Laupichler   Nachr.Abt. 21   ,,   (20a¹)

11 Rangliste

Kirsch	Geb.Art.Rgt. 112	1. 4. 43	(20a^2)
1. 8. 44 in den Gen.St. versetzt			
Rieger	Geb. Jäg.Rgt. 137	,,	(20a^3)
Kolloros	Geb. Jäg.Rgt. 139	,,	(20a^4)
Abbaß (Horst)	II. Abt. Art.Rgt. 114	,,	(20b)
Wildschütz	d. Gen.St., zuletzt Gren.Rgt. 14	,,	(20b^2)
Redecker	Art.Rgt. 11	,,	(20b^3)
Sonnek (Hubert)	Art.Rgt. 28, kdt. z. Gen.St.	,,	(20b^4)
1. 6. 44 in den Gen.St. versetzt; Oberstleutnant 20. 4. 45			
Weber	Art.Rgt. 32	,,	(20c^1)
Seeger	Kriegsschule Dresden (I)	,,	(20d)
Kremnitz	Gren.Rgt. 55	,,	(20d^1)
Lemm	Füs.Rgt. 27	,,	(20e)
Oberstleutnant 9. 11. 44 (107)			
Hahn	Füs.Rgt. 34	,,	(20f)
Oberstleutnant 1. 12. 44 [96]			
Güssow	I. Abt. Art.Rgt. 47	,,	(20f^1)
Berg	Gren.Rgt. 7	,,	(20g)
Jaenike	Gren.Rgt. 92 (PzGr)	,,	(20h)
Ebeling	Pz.Gren.Rgt. 101	,,	(21)
1. 8. 44 in den Gen.St. versetzt			
Bloch	Pi.Btl. 25	,,	(21a)
Kowitz	Pi.Btl. 14	,,	(21a^1)
1. 11. 44 in den Gen.St. versetzt			
Heusmann (Fritz)	Gren.Rgt. 37	,,	(21a^2)
Schleusener (Hans)	Pz. Jäg.Abt. 39	,,	(21b)
Lautz (Friedrich)	Gren.Rgt. 70	,,	(21b^1)
Oberstleutnant 1. 10. 44 (137)			
Schwamberger (Richard)	Gren.Rgt. 70	,,	(21b^2)
Wrede	Pz.Gren.Rgt. 1	,,	(21b^4)
Martinovsky	Art.Rgt. 41	,,	(21b^5)
Fischer (Karl)	I. Btl. Inf.Rgt. 129	,,	(21b^6)
Liese	Gren.Rgt. 9	,,	(21b^7)
Rösner (Rudolf)	Jäg.Rgt. 38	,,	(21b^8)
Osterhold	Füs.Rgt. 27	,,	(21b^9)
Naskau	Gren.Rgt. 17	,,	(21b^{10})
Schmid	Art.Rgt. 35	,,	(21b^{12})
Münch	Gren.Rgt. 82	,,	(21b^{15})
1. 8. 44 in den Gen.St. versetzt			
Wiechec	Art.Rgt. 51	,,	(21b^{16})
Hilbertz	Gren.Rgt. 133	,,	(21c)
von Jordan	Pz.Art.Rgt. 74	,,	(21d)
Hofmann (Johann)	St. Gen.Kdo. VII. A.K. (AVm)	,,	(32)
Schulz (Wolfgang)	St. Gen.Kdo. VI. A.K. (AVm)	,,	(33)
Feige (Helmut)	St. Gen.Kdo. X. A.K. (AVm)	,,	(34)
Müller (Theodor)	St. Gen.Kdo. VIII. A.K. (AVm)	,,	(35)
Wagner (Karl)	St. Gen.Kdo. III. A.K. (AVm)	,,	(36)
Pürkner (Alfred)	Ob.Kdo. d. H. (9. Abt. Gen.St. d. H.) (AVm)	,,	(37)
Schäfer (Wilhelm)	St. Gen.Kdo. II. A.K. (AVm)	,,	(38)
Rothhaas (Walter)	H.Plankammer (AVm)	,,	(39)
Figura (Kurt)	St. Gen.Kdo. XXIII. A.K. (AVm)	,,	(40)
Pfaffinger (Peter)	St. Gen.Kdo. IV. A.K. (AVm)	,,	(41)
Langer (Herbert)	H.Plankammer (AVm)	,,	(42)
Henningsen (Klaus)	H.Plankammer (AVm)	,,	(44)
Doht (Rudi)	H.Plankammer (AVm)	,,	(45)
Reimer (Franz)	H.Plankammer (AVm)	,,	(46)
Herunter (Franz)	H.Plankammer (AVm)	,,	(47)

Molzen	Gren.Rgt. 71	1.	4. 43	(51)
Augst (Ferdinand)	Art.Rgt. 115		„	(52)
Marticke	d. Gen.St., zuletzt Pz.Art.Rgt. 76	1.	5. 43	(1)
Keitel	d. Gen.St., zuletzt Kriegsschule Dresden (A)		„	(2)
Kirsten	d. Gen.St., zuletzt Gren.Rgt. 31		„	(2a)
von Oertzen (Ulrich)	d. Gen.St., zuletzt b. Höh. Nachr.Offz. 5		„	(3)
von Schultzendorff	d. Gen.St., zuletzt Gren.Rgt. 44		„	(4)
Toepke	d. Gen.St., zuletzt Gren.Rgt. 23		„	(5)

Oberstleutnant 1. 3. 45

Warnatz	Gren.Rgt. 102	„	(5a)
Graf von Rittberg	d. Gen.St., zuletzt Kav.Schütz.Rgt. 9 (PzGr)	„	(6)

Oberstleutnant 9. 11. 44 (108)

Frerichs	Ob.Kdo. d. H. (P A) (I)	„	(6a)
Schulz	Gren.Rgt. 2	„	(6b)
Ganschow	d. Gen.St., zuletzt Pz.Art.Rgt. 103	„	(7)
von Hinckeldey (Heinz-Helmut)	d. Gen.St., zuletzt Pz.Art.Rgt. 19	„	(8)
Sporkhorst	Pz.Art.Rgt. 2	„	(8b)
von Wiarda	d. Gen.St., zuletzt Gren.Rgt. 48	„	(9)

Oberstleutnant 20. 4. 45

Housselle	Gren.Rgt. 51	„	(9a)
Schreiber (Hellmut)	d. Gen.St., zuletzt Gren.Rgt. 110	„	(10)
Wiese	Gren.Rgt. 37	„	(10a)
Rességuier	d. Gen.St., zuletzt Pi.Btl. 70	„	(12)

Oberstleutnant 1. 12. 44 (97)

Partl	Ob.Kdo. d. W. (Abw III) (Pz)	„	(12a)
Blau	Pz.Gren.Rgt. 12	„	(12b)
Meinicke	d. Gen.St., zuletzt Pi.Btl. 3	„	(12c)
Hükelheim	d. Gen.St., zuletzt Pz.Gren.Rgt. 108 (früher Inf.Rgt. 10) *Oberstleutnant 1. 10. 44 (138)*		(13)
Müller (Walter)	Gren.Rgt. 102	„	(13a)

Oberstleutnant 1. 10. 44 (139)

Hoffmann (Paul)	Gren.Rgt. 84	„	(13b)
Schwipper (Fritz)	Gren.Rgt. 31	„	(13c)
Leistner (Armin)	Pz.Gren.Rgt. 12 (Pz)	„	(13d)
Moschner (Felix)	Art.Rgt. 8	„	(13e)
Braun	Gren.Rgt. 19	„	(13f)
Heuer	Gren.Rgt. 60 (PzGr)	„	(13f[1])
Düwel	Ob.Kdo. d. H. (PA) (Pz)	„	(13g)
Haack (Otto)	Beob.Abt. 6, kdt. z. Gen.St.	„	(14)
Stenzler[1]	Pz.Gren.Rgt. 33, kdt. z. Gen.St.	„	(14a)
Köstlin (Gerd)	d. Gen.St., zuletzt Art.Rgt. 35	„	(15)
Freiherr von Humboldt-Dachroeden	d. Gen.St., zuletzt St. Art.Kdr. 6 *Oberstleutnant 1. 12. 44*		(16)
Duval de Navarre	Art.Rgt. 111	„	(16a)
Baron von Buchholtz	d. Gen.St., zuletzt Pz.Pi.Btl. 38	„	(17)
Frank	d. Gen.St., zuletzt Radf.Abt. 1	„	(18)

Oberstleutnant 1. 1. 45

Hacke (Friedrich)	d. Gen.St., zuletzt Gren.Rgt. 2	„	(19)
Freiherr von Rotberg	d. Gen.St., zuletzt Kav.Rgt. 18	„	(20)

Oberstleutnant 30. 1. 45 (Bef. 15. 5. 45 durch Ob. AOK. 6)

Freiherr von Tiesenhausen	d. Gen.St., zuletzt Gren.Rgt. 37	„	(21)
von Cranach	Pz.Gren.Rgt. 5 (I)	„	(21a)
Rittmann	d. Gen.St., zuletzt Gren.Rgt. 95	„	(22)

Oberstleutnant 1. 3. 45

Koehler (Konrad)	d. Gen.St., zuletzt Gren.Rgt. 118	„	(23)

Oberstleutnant 20. 4. 45

---

[1] Lt DAL 1938: „Stentzler" (Druckfehler in Original-DAL)

11*

Zimmer-Vorhaus	Pi.Schule I	1. 5. 43	(23a)
Eschenburg	d. Gen.St., zuletzt Kav.Rgt. 10	,,	(24)
Geisler	Nachr.Abt. 48	,,	(24a)
Seidel	Beob.Abt. 5	,,	(24b)
Grüner	d. Gen.St., zuletzt Inf.Lehrrgt.	,,	(26)

Oberstleutnant 1. 3. 45

Bethke	Inf.Lehrrgt. (PzGr)	,,	(27)
Möller (Helmut)	d. Gen.St., zuletzt Gren.Rgt. 16	,,	(28)
Rosewich	d. Gen.St., zuletzt Pz.Jäg.Abt. 5	,,	(29)

Oberstleutnant 1. 1. 45

Leyendecker	Pz.Gren.Rgt. 86	,,	(29a)
Baron von Medem	Gren.Rgt. 106	,,	(29b)
Hauck	Nachr.Abt. 24	,,	(29c)
Kammann	d. Gen.St., zuletzt Gren.Rgt. 78	,,	(30)
Hewel	Pz.Art.Rgt. 33	,,	(30a)
Schäfer (Wilhelm)	Gren.Rgt. 80	,,	(30b)

Oberstleutnant 9. 11. 44 (110)

Braune-Krickau	d. Gen.St., zuletzt Pz.Gren.Rgt. 1	,,	(31)
Stetter	Gren.Rgt. 41	,,	(31a[1])

1. 11. 44 in den Gen.St. versetzt

Baudler	Pz.Art.Rgt. 27	,,	(31b)
von Keller	Art.Rgt. 69, kdt. z. Gen.St.	,,	(32)

Oberstleutnant 20. 4. 45

Rautenberg	Pi.Btl. 41	,,	(32a)
Wagner (Roland)	d. Gen.St., zuletzt Gren.Rgt. 17	,,	(33)
Pickel	d. Gen.St., zuletzt Gren.Rgt. 21	,,	(34)

Oberstleutnant 1. 3. 45

Lerche	d. Gen.St., zuletzt Gren.Rgt. 90	,,	(34a)
Fiechtner	Ob.Kdo. d. H. (G. I. F.) (Pi)	,,	(34a[1])
Hübbe	St. Gen.Kdo. XII. A.K.	,,	(34a[2])
Hoffmann	Nachr.Abt. 9	,,	(34b)
Momber	Pz.Art.Rgt. 19	,,	(34c)
von Claer	d. Gen.St., zuletzt Krad.Schütz.Btl. 3	,,	(35)

Oberstleutnant 1. 1. 45

Hellwig	Art.Rgt. 3	,,	(35a)
Sinkel	d. Gen.St., zuletzt I. Abt. Art.Rgt. 65	,,	(35a[1])
Wiedemann	d. Gen.St., zuletzt Gren.Rgt. 55	,,	(35b)
Eschrich	Art.Rgt. 6	,,	(35c)
Berzl	Art.Rgt. 41	,,	(35d)
Hantel	Gren.Rgt. 44	,,	(36)
Schwerdtfeger	d. Gen.St., zuletzt Ob.Kdo. d. H. (P 3) (PzGr)	,,	(36a)

Oberstleutnant 1. 5. 45.

Stetting	Fla.Btl. 46 (PzGr)	,,	(37)
von Leutsch	St. Art.Kdr. 8	,,	(37a)
von Seydlitz-Kurzbach	Pz.Art.Rgt. 33	,,	(37a[1])
Wagner (Richard)	Gren.Rgt. 31, kdt. z. Gen.St.	,,	(37a[2])

1. 6. 44 in den Gen.St. versetzt

Thiele	Aufkl.Rgt. 9 (Pz)	,,	(37b)
Boch	Nachr.Abt. 35	,,	(37c)
Rasch	d. Gen.St., zuletzt Pz.Jäg.Abt. 20	,,	(38)
Martin	Pz.Jäg.Abt. 37	,,	(38a)
Münich	Pi.Btl. 36	,,	(38a[1])
Brandner	d. Gen.St., zuletzt II. Btl. Geb.Jäg.Rgt. 140	,,	(39)
Krauß	Gren.Rgt. 116 *1. 8. 44 in den Gen.St. versetzt*	,,	(39a)
Schröfl	d. Gen.St., zuletzt Aufkl.Rgt. 9 (PzGr)	,,	(39a[1])
Hein	Nachr.Abt. 7	,,	(39a[2])
Buhr	Beob.Abt. 35	,,	(39a[5])

Lorentzen Gren.Rgt. 37 1. 5. 43 (39a[6])
Goschau (August) Gren.Rgt. 24 ,, (39a[7])
Schweißhelm Pz.Jäg.Abt. 16 ,, (39a[8])
Krug (Konrad) Gren.Rgt. 81 ,, (39a[9])
Naujoks (Fritz) Gren.Rgt. 70 ,, (39a[10])
Hammerschmidt Gren.Rgt. 18 ,, (39a[11])
Feiks Gren.Rgt. 2 ,, (39a[12])
Bredenförder Pz.Gren.Rgt. 73 (I) ,, (39a[13])
Zorn Pz.Gren.Rgt. 63 (I) ,, (39a[14])
Dollmann Pi.Btl. 35 ,, (39a[15])
Schwarz Pz.Gren.Rgt. 2 ,, (39a[16])
Heldmann (Johann) Gren.Rgt. 71 (PzGr) ,, (39c)
Oberstleutnant 9. 11. 44 (111)
Kork Nbl.Lehr- u. Vers.Abt. ,, (39d)
Kirschey I. Abt. Art.Rgt. 61 ,, (39d[1])
Kleeberg Gren.Rgt. 94 ,, (39e)
Klebe Kriegsschule Dresden (I) ,, (40a)
Krauß Gren.Rgt. 61 ,, (40b)
Heber Geb.Jäg.Rgt. 99 ,, (40b[1])
Oberstleutnant 1. 1. 45
Hofmann Art.Rgt. 21 ,, (40b[2])
Fox Art.Rgt. 56, kdt. z. Gen.St. ,, (40c)
1. 6. 44 in den Gen.St. versetzt
Dornseifer Gren.Rgt. 107 ,, (40e)
Wilhelm Gren.Rgt. 102 ,, (41)
Pollmann Gren.Rgt. 20 ,, (41a)
Spillner Gren.Rgt. 78 ,, (41a[1])
1. 8. 44 in den Gen.St. versetzt
Ostermaier H.Waffenm.Schule (A) ,, (41a[2])
von Kirchbach Art.Rgt. 28 ,, (41b)
Sterz Pz.Jäg.Abt. 3 ,, (41c)
Sachs Art.Rgt. 36 ,, (41c[1])
Eifler Pi.Btl. 47 ,, (41c[2])
Tebbe Pz.Jäg.Abt. 29 ,, (41d)
Walter Pz.Gren.Rgt. 73 ,, (41e)
Mengel Pi.Btl. 1 ,, (41f)
Mohr Gren.Rgt. 119 ,, (41g)
von Kaufmann Geb.Art.Rgt. 79 ,, (42)
Gutschera (Paul) Pz.Jäg.Abt. 15 ,, (42a)
Tränkner Kdtr. Versuchspl. Hillersleben (A) ,, (42b)
Bösel (Arthur) Art.Rgt. 9 ,, (42c)
Gliemann (Paul) Pz.Gren.Rgt. 101 (I) ,, (43)
Wolff (Helmut) Gren.Rgt. 3 (PzGr) ,, (44)
Oberstleutnant 9. 11. 44 (112); Oberst 20. 4. 45
Selhorst Gren.Rgt. 20 ,, (44a)
Peter (Rudolf) Gren.Rgt. 87 ,, (44b)
Hase (Walter) Gren.Rgt. 4 ,, (44c)
Frank Gren.Rgt. 102 ,, (44d)
von Burkersroda Art.Rgt. 24 ,, (44e)
Carl I. Abt. Art.Rgt. 65 ,, (44f)
Stotten Pz.Rgt. 3 ,, (45)
1. 8. 44 in den Gen.St. versetzt
van Gember Pz.Jäg.Abt. 34 ,, (46)
Zimmermann Gren.Rgt. 105 ,, (46a)
von Meyerinck Gren.Rgt. 44 ,, (46b)
Kleibömer Kraftf.Abt. 10 ,, (46c)
Freiherr von Ulmenstein Schule f. Schnelle Tr. Krampnitz (K) (47)

Eßbach	Gren.Rgt. 31	1. 5. 43	(47a)
1. 8. 44 in den Gen.St. versetzt			
Thomas	Gren.Rgt. 60 (PzGr)	,,	(48)
1. 8. 44 in den Gen.St. versetzt			
Kempcke (Walter)	Gren.Rgt. 123	,,	(48a)
Reinert	Art.Rgt. 35	,,	(49)
Gueinzius	Gren.Rgt. 12	,,	(50)
Weiß	Pz.Gren.Rgt. 104 (I)	,,	(50a)
Rohlack	Füs.Rgt. 27	,,	(50a[1])
1. 8. 44 in den Gen.St. versetzt			
König	Nachr.Abt. 42	,,	(50a[2])
Fechner	Pz.Rgt. 6	,,	(50b)
Hertel	Pz.Gren.Rgt. 86	,,	(50c)
Schaper	Kriegsschule Hannover (I)	,,	(51)
Ziegler	Gren.Rgt. 20	,,	(52)
Oberstleutnant 1. 6. 44 [64]			
Steuber	Fla.Btl. 31 (PzGr)	,,	(53)
Evers	Gren.Rgt. 47	,,	(53a)
Hoffmann	Pz.Gren.Rgt. 6	,,	(53b)
Moll	Jäg.Rgt. 38 (PzGr)	,,	(53c)
Walter	Pi.Btl. 14	,,	(54)
von Bomhard	d. Gen.St., zuletzt Pz.Art.Rgt. 33	1. 6. 43	(1)
Oberstleutnant 20. 4. 45			
Helmke	Leiter Feste Horchstelle Husum (N)	,,	(2)
Eberhardt	Pz.Art.Rgt. 4	,,	(3)
Krebs	d. Gen.St., zuletzt Gren.Rgt. 111	,,	(4)
Oloff	d. Gen.St., zuletzt Fahrabt. 14	,,	(5)
Oberstleutnant 20. 4. 45			
Arnold	Pi.Schule I	,,	(6)
von Alvensleben	Pz.Gren.Rgt. 10	,,	(7)
Brudermüller	d. Gen.St., zuletzt I. Abt. Art.Rgt. 15	,,	(9)
Oberstleutnant 20. 4. 45			
Fintelmann	d. Gen.St., zuletzt Pz.Gren.Rgt. 5	,,	(11)
Schrode	d. Gen.St., zuletzt Art.Rgt. 25	,,	(12)
Wagner	II. Abt. Art.Rgt. 48	,,	(13)
von Bernhardi	Kav.Rgt. 6	,,	(14)
Oberstleutnant 1. 10. 44 [140]			
Muschner	Fest.Pi.St. 13	,,	(15)
von Loeben	d. Gen.St., zuletzt Gren.Rgt. 102	,,	(16)
Oberstleutnant 1. 10. 44 (141)			
von Jena	Art.Rgt. 18	,,	(17)
Semper	d. Gen.St., zuletzt Gren.Rgt. 9	,,	(18)
Marx	d. Gen.St., zuletzt Pz.Gren.Rgt. 59	,,	(22)
Oberstleutnant 20. 4. 45			
Huth	d. Gen.St., zuletzt I. Btl. Inf.Rgt. 129	,,	(23)
von Graevenitz	d. Gen.St., zuletzt b. Kdr. d. Pion. VIII	,,	(25)
Daumiller	Pi.Btl. 7	,,	(25a)
Oberstleutnant 1. 12. 44 (100)			
Freiherr von Ruffin	II. Btl. Geb.Jäg.Rgt. 140	,,	(25b)
Monshausen	d. Gen.St., zuletzt Pz.Art.Rgt. 78	,,	(26)
Sommer	Gren.Rgt. 87	,,	(26a)
Sichart von Sichartshofen	Gren.Rgt. 1	,,	(27a)
Oberstleutnant 1. 8. 44 (56)			
Müller (Helmold)	d. Gen.St., zuletzt Gren.Rgt. 12	,,	(28)
Goertz	d. Gen.St., zuletzt Reit.Rgt. 2	,,	(29)
Oberstleutnant 20. 4. 45			
Berkholz	Gren.Rgt. 9	,,	(29a)

Hintz Fla.Btl. 31		1. 6. 43	(29b)
Hoffmeister Kriegsschule Potsdam (I)		,,	(29c)
Oberstleutnant 9. 11. 44 (113)			
Merz d. Gen.St., zuletzt Art.Rgt. 5		,,	(30)
Ecker Pz.Gren.Rgt. 12		,,	(31)
Oberstleutnant 9. 11. 44 (114)			
Fitz Pz.Gren.Rgt. 11		,,	(31a)
Domaschk (Erich) Pz.Aufkl.Abt. 1 (PzGr)		,,	(31b)
Kruse d. Gen.St., zuletzt Gren.Rgt. 32		,,	(32)
Neitzke (Hermann) Pz.Jäg.Abt. 11		,,	(32a)
Ehrhardt Nachr.Abt. 44		,,	(32a[1])
Gehrmann (Erich) Gren.Rgt. 8		,,	(32b)
von Vangerow Art.Rgt. 23		,,	(32c)
Borchardt Pz.Aufkl.Abt. 7 (PzGr)		,,	(32d)
van den Bergh II. Abt. Art.Rgt. 40		,,	(33a)
Ostermann Gren.Rgt. 134		,,	(33b)
1. 8. 44 in den Gen.St. versetzt			
Scheibe d. Gen.St., zuletzt Art.Rgt. 35		,,	(34)
Oberstleutnant 20. 4. 45 (Lt. Soldbuch 1. 4. 45)			
Nagerl Gren.Rgt. 61		,,	(34a)
Oberstleutnant 9. 11. 44 (115)			
Merx Kriegsschule München (Pz)		,,	(34b)
Weyer d. Gen.St., zuletzt Pz.Jäg.Abt. 12		,,	(35)
Christ Pz.Gren.Rgt. 64		,,	(35a)
Schmidt Pz.Rgt. 4		,,	(36)
Oberstleutnant 30. 1. 45			
Berger Pz.Rgt. 35		,,	(36a)
Benze d. Gen.St., zuletzt Pi.Btl. 34		,,	(37)
Rojahn Kav.Rgt. 6		,,	(37a)
Oberstleutnant 1. 6. 44 [65]			
Marahrens d. Gen.St., zuletzt Gren.Rgt. 82		,,	(38)
Oberstleutnant 20. 4. 45			
Naumann d. Gen.St., zuletzt Pz.Gren.Rgt. 40		,,	(38a)
Otten Gren.Rgt. 94		,,	(38b)
Müller (Helmut) d. Gen.St., zuletzt Pz.Gren.Rgt. 103		,,	(39)
Keßelheim d. Gen.St., zuletzt Gren.Rgt. 77		,,	(40)
Hundsalz Art.Rgt. 21		,,	(40a)
Beyer Art.Rgt. 26		,,	(40b)
Beck d. Gen.St., zuletzt Art.Rgt. 29		,,	(41)
Neunhoeffer Füs.Rgt. 34		,,	(41a)
Höfer Gren.Rgt. 42		,,	(41b)
Distel d. Gen.St., zuletzt Pz.Gren.Rgt. 104		,,	(42)
Förster (Otto) d. Gen.St., zuletzt z. Verf. Ob. d. H.			
(Sonst. Offz.) (I)		,,	(43)
Weiß Füs.Rgt. 26		,,	(43a)
Buchholz Pi.Btl. 23		,,	(43b)
Freiherr Göler von Ravensburg Gren.Rgt. 14		,,	(43c)
Lang d. Gen.St., zuletzt Pi.Btl. 7		,,	(44)
Oberstleutnant 20. 4. 45			
Kettner d. Gen.St., zuletzt Gren.Rgt. 6		,,	(45)
Oberstleutnant 20. 4. 45			
Sorsche I. Abt. Art.Rgt. 84		,,	(45a)
Sahlender Nachr.Abt. 31		,,	(45b)
Baron Bagge af Boo d. Gen.St., zuletzt Kriegsschule Wiener			
Neustadt (A)		,,	(46)
Hofmann (Heinz) d. Gen.St., zuletzt Pz.Rgt. 5		,,	(47)
Weise (Hans-Wilhelm) d. Gen.St., zuletzt Pi.Btl. 12		,,	(48)

Hiemenz	d. Gen.St., zuletzt Gren.Rgt. 23	1. 6. 43	(49)
Theermann	Gren.Rgt. 31	,,	(50a)
1. 8. 44 in den Gen.St. versetzt			
Collée	d. Gen.St., zuletzt Nachr.Abt. 42	,,	(51)
Poeschmann	Gren.Rgt. 51	,,	(51a)
Voelkel	d. Gen.St., zuletzt Pz.Nachr.Abt. 13	,,	(52)
Oberstleutnant 20. 4. 45			
Bärwinkel	d. Gen.St., zuletzt I. Abt. Art.Rgt. 53	,,	(53)
Seßler	Art.Rgt. 23	,,	(53a)
Koch-Erpach	d. Gen.St., zuletzt Aufkl.Rgt. 7	,,	(54)
von Koblinski	d. Gen.St., zuletzt Art.Rgt. 21	,,	(55)
Neubert	Pz.Art.Rgt. 76	,,	(55a)
Voigt	d. Gen.St., zuletzt Gren.Rgt. 47	,,	(56)
Oberstleutnant 20. 4. 45			
von Köckritz	d. Gen.St., zuletzt Kav.Rgt. 8	,,	(57)
Oberstleutnant 20. 4. 45			
Müller-Gülich	d. Gen.St., zuletzt Art.Rgt. 30	,,	(58)
von Maltzan, Freiherr zu Wartenberg und Penzlin			
	d. Gen.St., zuletzt Pz.Rgt. 1	,,	(59)
Rehfeld	d. Gen.St., zuletzt Eisenb.Pi.Rgt. 3	,,	(60)
Johannes	d. Gen.St., zuletzt Geb.Jäg.Rgt. 139	,,	(61)
Vorderwülbecke	d. Gen.St., zuletzt Beob.Lehrabt.	,,	(62)
Zander	d. Gen.St., zuletzt Gren.Rgt. 44	,,	(63)
Hepp	Art.Rgt. 35	,,	(63a)
Kuse	Art.Rgt. 6	,,	(63b)
1. 8. 44 in den Gen.St. versetzt			
Hudel	Kriegsschule Potsdam (Pz)	,,	(64)
Schiffer (Franz)	Gren.Rgt. 37	,,	(64a)
Freiherr von Hohenhausen und Hochhaus	Beob.Abt. 5	,,	(64a[1])
Heede (Hans)	Geb.Pz.Jäg.Abt. 47	,,	(65b)
Sattler (Lorenz)	Pz.Jäg.Abt. 5	,,	(66)
Lochmann (Friedrich)	Pz.Gren.Rgt. 115 (I)	,,	(66a)
Tarin (Walter)	Art.Rgt. 21	,,	(66b)
Oberstleutnant 1. 12. 44 [101]			
Timpke (Johannes)	II. Abt. Art.Rgt. 66	,,	(66c)
Oberstleutnant 1. 12. 44 [102]			
Mulzer	Geb.Pi.Btl. 83	,,	(66d)
Oberstleutnant 1. 12. 44 (103)			
Thierse	Jäg.Rgt. 28	,,	(66e)
von Ruthendorf-Przewoski	Gren.Rgt. 43	,,	(66f)
Waller	Geb.Jäg.Rgt. 85	,,	(66f[1])
Baumgartner	Gren.Rgt. 133	,,	(66g)
Gutsche (Georg)	Pz.Gren.Rgt. 52 (I)	,,	(66h)
Kiefer (Josef)	Gren.Rgt. 61	,,	(66h[1])
Liesegang (Heinz)	Gren.Rgt. 9	,,	(66i)
Nieß	Füs.Rgt. 34	,,	(66k)
Baron von Koskull	Pz.Gren.Rgt. 25	,,	(67)
Landerer	M.G.Btl. 11 (Kdsch)	,,	(68)
Oberstleutnant 1. 6. 44 (66)			
Schnösenberg	Jäg.Rgt. 56	,,	(68a)
Mach	Art.Rgt. 98	,,	(68b)
Plecher	Pz.Art.Rgt. 76	,,	(68c)
Oberstleutnant 9. 11. 44 [116]			
Eckstein	Geb.Pz.Jäg.Abt. 47	,,	(69)
Schwieger	Kav.Rgt. 13	,,	(69a)
Wermter (Rudolf)	Gren.Rgt. 9	,,	(69b)
1. 8. 44 in den Gen.St. versetzt			

Gutzschhahn	Pz.Gren.Rgt. 7	1. 6. 43	(70)
30. 1. 45 in den Gen.St. versetzt			
Lüschow	Art.Rgt. 17	,,	(70a)
Schmidt	Art.Rgt. 1	,,	(70b)
Grosche	Pz.Pi.Btl. 59	,,	(70c)
Korge	Beob.Abt. 13	,,	(70d)
Scheller	I. Abt. Art.Rgt. 46	,,	(70e)
Schaefer	Pz.Art.Rgt. 19	,,	(70f)
Lexis	Pi.Btl. 25	,,	(70g)
1. 11. 44 in den Gen.St. versetzt			
Graf von Krockow	Kav.Rgt. 9	,,	(71)
Reichel	Füs.Rgt. 26	,,	(71a)
Vetter	Art.Rgt. 5	,,	(71a¹)
Buck	Nachr.Abt. 8	,,	(71b)
Schäffer	Art.Rgt. 6	,,	(72)
Türcher	Pz.Art.Rgt. 4	,,	(72a)
Schendel	Art.Rgt. 102	,,	(72a²)
Mecklenburg (Max)	Jäg.Rgt. 28	,,	(72a³)
Grosse (Gert)	Pz.Gren.Rgt. 86 (I)	,,	(72b)
Albrecht	Pz.Gren.Rgt. 59 (I)	,,	(72b¹)
1. 8. 44 in den Gen.St. versetzt			
Hagmeister genannt Meyer zu Rahden Gren.Rgt. 17		,,	(72b²)
Heering	Jäg.Rgt. 38	,,	(72b³)
Matzl	Art.Rgt. 9	,,	(72c)
Wolf	Geb.Jäg.Rgt. 85	,,	(72c¹)
Zahn (Lothar)	Gren.Rgt. 30 (PzGr)	,,	(72d)
Michels (Hubert)	M.G.Btl. 14 (PzGr)	,,	(72e)
Griesinger	Gren.Rgt. 3	,,	(72f)
Matthaei	Gren.Rgt. 2	,,	(72g)
Albrecht	Kriegsschule Dresden (A)	,,	(72h)
Frantz (Peter)	Pz.Art.Rgt. 74	,,	(73)
1. 8. 44 in den Gen.St. versetzt			
von Meding	Kav.Rgt. 13	,,	(74)
Gebhardt (Johannes)	Gren.Rgt. 11	,,	(76)
Misera (Walter)	Gren.Rgt. 11	,,	(77)
Oberstleutnant 1. 9. 44 (73)			
Willich	Pz.Gren.Rgt. 33	,,	(78)
1. 8. 44 in den Gen.St. versetzt			
Hornung	Pi.Btl. 9	,,	(79)
Nemnich	Pi.Btl. 20	,,	(80)
Fellmann	Gren.Rgt. 4	,,	(83)
Stettin	b. Kdr. d. Pi. XVII	,,	(84)
Oberstleutnant 20. 4. 45			
Pohl	St. Kdtr. Befest. b. Aachen (A)	1. 7. 43	(1)
Busch	Nachr.Abt. 76	,,	(2)
Moch (Friedrich)	Gren.Rgt. 84	,,	(2a)
Dönges	d. Gen.St., zuletzt Füs.Rgt. 34	,,	(3)
Matschoß	Beob.Abt. 31	,,	(4)
Kreipe	Beob.Abt. 31	,,	(5)
Schmitgen	Fest.Pi.St. 24	,,	(6)
Bartsch (Günter)	d. Gen.St., zuletzt Gren.Rgt. 8	,,	(7)
von Hellfeld	Kriegsschule Dresden (N)	,,	(8)
Kopp	Pi.Btl. 5	,,	(9)
Oberstleutnant 30. 1. 45 (78)			
Gaede	Gren.Rgt. 70	,,	(12a)
Schlemminger	Reit.Rgt. 2	,,	(12b)
Oberstleutnant 1. 8. 44 (57)			

von Ponickau	Pz.Gren.Rgt. 103	1. 7. 43	(12d)
Schottnegg	Pi.Btl. 81	,,	(12e)
Oberstleutnant 1. 1. 45			
Mayer	Nachr.Abt. 66	,,	(13)
Grund	Geb.Jäg.Rgt. 138	,,	(13a)
Gierga	Pz.Rgt. 5	,,	(14)
Mannert	Ob.Kdo. d. H. (In 4) (A)	,,	(15)
Burk	Pz.Rgt. 7	,,	(15a)
de Boer	Pi.Btl. 31	,,	(16)
Rast	Geb.Pi.Btl. 85	,,	(17)
Oberstleutnant 1. 8. 44 (†)			
Schwarzer (Otto)	Gren.Rgt. 53	,,	(18)
Oberstleutnant 1. 12. 44			
Pittelkow	Gren.Rgt. 4	,,	(18a)
Schnelle	Pz.Rgt. 7	,,	(19a)
Friedrich Ferdinand Prinz zu Schleswig-Holstein-Glücksburg			
	Kav.Rgt. 14, kdt. z. Gen.St.	,,	(20)
1. 6. 44 in den Gen.St. versetzt; Oberstleutnant 20. 4. 45			
Rufer	Geb.Nachr.Abt. 68	,,	(20a)
Kalckbrenner	Pi.Btl. 48	,,	(21)
Rehm (Ernst)	Pz.Gren.Rgt. 108 (früher Inf.Rgt. 10)	,,	(22)
Baumunk	Pz.Rgt. 7	,,	(22a)
Oberstleutnant 1. 10. 44 (142)			
Voß	I. Abt. Art.Rgt. 44	,,	(22b)
1. 8. 44 in den Gen.St. versetzt			
Reichel	Ob.Kdo. d. H. (Ag P 2) (I)	,,	(22c)
Oberstleutnant 1. 10. 44 (143); Oberst 1. 4. 45			
von Seydlitz-Kurzbach	Ob.Kdo. d. H. (P 4) (PzGr)	,,	(22d)
Oberstleutnant 1. 10. 44 (144)			
Böhm	Nachr.Abt. 43	,,	(23)
Kögel	Nachr.Lehr- u. Vers.Abt.	,,	(23a)
Drießen	Pz.Art.Rgt. 27	,,	(24)
Rauch	Beob.Abt. 9	,,	(24a)
Scheel	Beob.Abt. 2	,,	(24b)
Bogner (Josef)	Gren.Rgt. 4	,,	(24c)
Babel (Herbert)	Gren.Rgt. 3	,,	(24d)
Müller (Anton)	Geb.Jäg.Rgt. 13	,,	(24e)
Hagemann (Fritz)	Gren.Rgt. 60	,,	(24f)
Reichert	III. Abt. Art.Rgt. 15	,,	(24g)
Hauschildt	Pz.Gren.Rgt. 4	,,	(25)
Oberstleutnant 1. 4. 45			
Graß	II. Abt. Art.Rgt. 15	,,	(26a)
Bössow	Gren.Rgt. 116	,,	(26b)
Freiherr Quadt-Wykradt-Hüchtenbruck	Gren.Rgt. 9 (PzGr)	,,	(26c)
1. 8. 44 in den Gen.St. versetzt			
Weith (Kurt)	Pz.Gren.Rgt. 8	,,	(27)
Bochentin (Richard)	Füs.Rgt. 22	,,	(27a)
Oberstleutnant 9. 11. 44 (117)			
Schröder (Albert)	Gren.Rgt. 46	,,	(27b)
Noll (Heinz)	Füs.Rgt. 68	,,	(28)
Nolde (Bruno)	Gren.Rgt. 44	,,	(29)
Mathieu (Albert)	Gren.Rgt. 77	,,	(30)
Mölber (Georg)	Jäg.Rgt. 75	,,	(31)
Ritzmann	Nachr.Abt. 26	,,	(31b)
Schleif	Geb.Nachr.Abt. 54	,,	(32)
von Wiecki	Pz.Gren.Rgt. 66	,,	(32a)
Rothe	Art.Rgt. 21	,,	(32b)

Horbach	Geb.Jäg.Rgt. 100	1. 7. 43	(32c)
1. 8. 44 in den Gen.St. versetzt			
Hillmann	Nachr.Abt. 1	,,	(33)
1. 11. 44 in den Gen.St. versetzt			
Gelshorn	Nachr.Lehr- u. Vers.Abt.	,,	(34)
Grabow	Pz.Art.Rgt. 2	,,	(34a)
Welz	Geb.Nachr.Abt. 67	,,	(34b)
Schlesier	Nachr.Abt. 5	,,	(34c)
Baron von der Brüggen	Pz.Jäg.Abt. 23	,,	(35)
Jäschke (Georg)	Nbl.Abt. 1	,,	(35a)
Weigel (Hermann)	Kav.Rgt. 14	,,	(35b)
Hausmann	II. Abt. Art.Rgt. 53, kdt. z. Gen.St.	,,	(35c)
1. 6. 44 in den Gen.St. versetzt			
Krüger	Gren.Rgt. 110	,,	(36)
1. 8. 44 in den Gen.St. versetzt			
Lemcke	Füs.Rgt. 27	,,	(36a)
Oberstleutnant 9. 11. 44 (118)			
Täschner	Gren.Rgt. 102	,,	(37)
Schätz	Pz.Jäg.Abt. 1	,,	(37a)
Hicketier	r. Art.Abt. 1	,,	(38a)
Edner	II. Abt. Art.Rgt. 42	,,	(38b)
Marufke	Pi.Btl. 42	,,	(39)
Strafner	Geb.Schießschule (I)	,,	(39a)
Grewendorf	Pi.Btl. 20	,,	(39a¹)
Donnhauser	Pz.Gren.Rgt. 11	,,	(39a²)
Oberstleutnant 20. 4. 45 (Bef. 11. 5. 45 durch OKH/PA)			
Gärtner	Art.Rgt. 35	,,	(39a³)
ten Hompel	Art.Rgt. 11	,,	(39b)
Adam	I. Abt. Art.Rgt. 114	,,	(39c)
Zschucke	I. Abt. Art.Rgt. 40	,,	(39d)
Fasel	Pz.Jäg.Abt. 17	,,	(39e)
Neumann	Pz.Art.Rgt. 103	,,	(39g)
May	Art.Rgt. 7	,,	(39h)
Strauß	St. H.Gru.Kdo. 2 (I)	,,	(39i)
Noeske	Aufkl.Rgt. 7	,,	(39k)
Oberstleutnant 1. 3. 45			
Wehner	Kriegsschule München (I)	,,	(39m)
1. 8. 44 in den Gen.St. versetzt			
Bochnig	Pz.Jäg.Abt. 50	,,	(40)
Tonnesen	Pz.Pi.Btl. 16	,,	(40a¹)
Pöhl (Otto)	Kav.Rgt. 3	,,	(40b)
Stackfleth (Walter)	Pz.Pi.Btl. 57	,,	(41)
Schikowsky (Erhard)	Art.Rgt. 1	,,	(41a)
Koch (Karl)	Pz.Gren.Rgt. 104	,,	(41b)
Schmieden (Aloysius)	Gren.Rgt. 109	,,	(42)
Schleipen	Gren.Rgt. 71 (PzGr)	,,	(42a)
Holler	Gren.Rgt. 80	,,	(42b)
Kniep	Gren.Rgt. 44	,,	(43)
1. 8. 44 in den Gen.St. versetzt			
Debler	I. Abt. Art.Rgt. 37	,,	(43a)
Hafen	Pz.Abt. 33	,,	(43b)
Plate	Pz.Art.Rgt. 33	,,	(43c)
Steffe	Pi.Btl. 52	,,	(44)
Le Mang	Gren.Rgt. 11	,,	(44b)
Klotzsche	Pz.Art.Rgt. 80	,,	(44c)
von Uslar	Pz.Jäg.Abt. 19	,,	(45)
Müller (Heinrich)	Gren.Rgt. 61	,,	(45a)

Mügge (Adolf) Gren.Rgt. 87		1. 7. 43	(45b)
Oehler (Werner) Gren.Rgt. 18		,,	(45b¹)
Wengermayer (Josef) Pz.Art.Rgt. 33		,,	(45b²)
Forstner Geb.Jäg.Rgt. 136		,,	(45c)
Ahnert Gren.Rgt. 72		,,	(45d)
Breuckmann I. Abt. Art.Rgt. 43		,,	(45e)
Gerlach (Arthur) Kav.Rgt. 17 (I)		,,	(45f)
Aßhoff Pz.Art.Rgt. 76		,,	(45g)
Münstermann Art.Rgt. 1		,,	(45h)
Ritgen Gren.Rgt. 3		,,	(45i)
30. 1. 45 in den Gen.St. versetzt			
Hankow Kav.Rgt. 3		,,	(47)
Lindenberg Geb.Jäg.Rgt. 91 (PzGr)		,,	(48)
Krieger (Werner) Gren.Rgt. 17		,,	(49)
Frisch (Albert) Kav.Rgt. 3 (PzGr)		,,	(49a)
Baumgardt Pz.Gren.Rgt. 86		,,	(50)
Schiffer (Rudolf) Art.Rgt. 96		,,	(51)
Staake (Harry) Gren.Rgt. 11		,,	(52)
Kunhardt von Schmidt Pz.Rgt. 7		1. 8. 43	(1)
Senges (Heinrich) Gren.Rgt. 87		,,	(1b)
Holzapfel Gren.Rgt. 16		,,	(2)
Jaquet Jäg.Rgt. 54		,,	(3)
Wünsche-Steude Pz.Art.Rgt. 4		,,	(4)
Freiherr Schenck zu Schweinsberg Pz.Gren.Rgt. 2		,,	(6)
Schroeder (Hans-Ulrich) d. Gen.St., zuletzt Pz.Abt. 66		,,	(7)
Weise (Ulrich) d. Gen.St., zuletzt Art.Rgt. 41		,,	(9)
Oestreicher d. Gen.St., zuletzt Inf.Rgt. 127		,,	(9a)
Cölle d. Gen.St., zuletzt Art.Rgt. 36		,,	(9a¹)
Freiherr von und zu Egloffstein			
d. Gen.St., zuletzt Kriegsschule Potsdam (A)		,,	(9b)
Finger Art.Lehrrgt.		,,	(9c)
Haacke Ob.Kdo. d. H. (Ag P 1/1. Abt.) (I)		,,	(9d)
Wiesheu Gren.Rgt. 62		,,	(9e)
Kohout Aufkl.Rgt. 9 (PzGr)		,,	(9f)
Saßen (Gerhard) Gren.Rgt. 16		,,	(9g)
Gauger d. Gen.St., zuletzt Beob.Abt. 32		,,	(9h)
Koch Nachr.Abt. 52		,,	(9i)
Schubert (Klaus) d. Gen.St., zuletzt Art.Rgt. 14		,,	(9k)
von Raven d. Gen.St., zuletzt Geb.Art.Rgt. 79		,,	(9*l*)
Oberstleutnant 1. 3. 45			
Unger Pz.Gren.Rgt. 10		,,	(9m)
Hoffmeister (Heinrich) Gren.Rgt. 15		,,	(9n)
Steinmeier (Heinrich) Pz.Nachr.Abt. 16		,,	(9o)
Wagner (Karl) d. Gen.St., zuletzt Art.Rgt. 25		,,	(10)
von Hinckeldey (Joachim-Hans) d. Gen.St., zuletzt Pz.Art.Rgt. 16		,,	(10a)
Schroeder (Wolfgang) d. Gen.St., zuletzt Art.Rgt. 11		,,	(10b)
Rungius d. Gen.St., zuletzt Jäg.Rgt. 28		,,	(10c)
Bucksch d. Gen.St., zuletzt Pi.Btl. 44		,,	(11)
Schütze d. Gen.St., zuletzt Gren.Rgt. 3		,,	(11a)
Weicke Pz.Aufkl.Abt. 5		,,	(11b)
Oberstleutnant 1. 8. 44 (†)			
Bittl d. Gen.St., zuletzt Pz.Gren.Rgt. 40		,,	(12)
Rudolph (Walter) d. Gen.St., zuletzt b. Kdr. d. Nachr.Tr. VII		,,	(12a)
Bollack d. Gen.St., zuletzt Jäg.Rgt. 75		,,	(12b)
Haacke (Rudolf) d. Gen.St., zuletzt Art.Rgt. 3		,,	(13)
Mayer (Klaus) d. Gen.St., zuletzt St.Art.Kdr. 20		,,	(13a)

Schall	d. Gen.St., zuletzt Gren.Rgt. 119	1. 8. 43	(14)
Weymann	d. Gen.St., zuletzt Pz.Gren.Rgt. 25	,,	(14b)
Maltusch	d. Gen.St., zuletzt Gren.Rgt. 29	,,	(14c)
Littau	d. Gen.St., zuletzt Pz.Gren.Rgt. 7	,,	(14d)
Kleckel	Ob.Kdo. d. W. (WNV) (N)	,,	(14e)
Böttcher	d. Gen.St., zuletzt Fla.Btl. 52	,,	(15)
Bertelsmann	d. Gen.St., zuletzt Pz.Gren.Rgt. 14	,,	(15a)
Philipp	Pz.Rgt. 1	,,	(15b)

Oberstleutnant 1. 12. 44 (109); Oberst 1. 4. 45

Felix	d. Gen.St., zuletzt Pz.Lehrrgt. (Pz.Lehrabt.)	,,	(15c)
Grün (Ottfried)	d. Gen.St., zuletzt St. Art.Kdr. 35	,,	(15d)
Friedel	d. Gen.St., zuletzt Inf.Lehrrgt.	,,	(16)
Daeschler	d. Gen.St., zuletzt Pz.Gren.Rgt. 63	,,	(16a)
Pröhl	d. Gen.St., zuletzt Geb.Jäg.Rgt. 138	,,	(16b)

Oberstleutnant 20. 4. 45

Hinrichs	d. Gen.St., zuletzt Pi.Btl. 34	,,	(16c)
Tyrell	d. Gen.St., zuletzt Art.Rgt. 3	,,	(17)
von Brauchitsch	d. Gen.St., zuletzt Kav.Rgt. 4	,,	(18)
Mißbach	d. Gen.St., zuletzt Nachr.Abt. 49	.,	(19)
Niedner	d. Gen.St., zuletzt Gren.Rgt. 1	,,	(19a)
Schmidt (Ernst)	d. Gen.St., zuletzt Gren.Rgt. 134	,,	(19b)
Büschleb	d. Gen.St., zuletzt Pz.Gren.Rgt. 66	,,	(19c)
Freiherr von Wangenheim (Burkhard)	d. Gen.St., zuletzt Gren.Rgt. 3	,,	(19d)
Eichendorff	d. Gen.St., zuletzt Gren.Rgt. 29	,,	(19e)

Oberstleutnant 1. 10. 44 (145)

Brecht	d. Gen.St., zuletzt III. Abt. Art.Rgt. 15	,,	(20)

Oberstleutnant 1. 8. 44 [58]

Olbrisch	d. Gen.St., zuletzt Füs.Rgt. 27	,,	(20a)
Schoeller	d. Gen.St., zuletzt II. Abt. Art.Rgt. 40	,,	(20b)
Dittrich	d. Gen.St., zuletzt Gren.Rgt. 21	,,	(20c)
Freiherr von Puttkamer (Hasso)	d. Gen.St., zuletzt Kriegsschule München (K)	,,	(21)

Oberstleutnant 30. 1. 45

Viebig	d. Gen.St., zuletzt Art.Rgt. 8	,,	(21a)
Ilking	d. Gen.St., zuletzt Pz.Lehrrgt. (Pz.Jäg.Lehrabt.)	,,	(22)
Keilig	d. Gen.St., zuletzt Pz.Art.Rgt. 78	,,	(23)
Balve	d. Gen.St., zuletzt Pz.Gren.Rgt. 4	,,	(24)
Lindner	d. Gen.St., zuletzt Jäg.Rgt. 56	,,	(24a)
Graf Vitzthum von Eckstädt	d. Gen.St., zuletzt Kav.Rgt. 4	,,	(24b)
Braun (Hans-Joachim)	d. Gen.St., zuletzt Pz.Rgt. 36	,,	(24c)
Brückner	d. Gen.St., zuletzt Kriegsschule Dresden (I)	,,	(24d)
Stürmer	d. Gen.St., zuletzt Gren.Rgt. 111	,,	(24e)
Kohlmeier	d. Gen.St., zuletzt Gren.Rgt. 57	,,	(24f)
Schlabitz	d. Gen.St., zuletzt Gren.Rgt. 84	,,	(24g)
Schulz (Siegfried)	d. Gen.St., zuletzt Gren.Rgt. 19	,,	(24h)
Messerer	d. Gen.St., zuletzt b. Kdr. d. Pi. VII	,,	(24i)
Clausen	d. Gen.St., zuletzt Pz.Gren.Rgt. 93	,,	(24k)
Niemann	d. Gen.St., zuletzt Gren.Rgt. 31	,,	(25)
Heike	d. Gen.St., zuletzt Art.Rgt. 30	,,	(25a)
von Stülpnagel	d. Gen.St., zuletzt Gren.Rgt. 9	,,	(25b)
Schröder (Jürgen)	d. Gen.St., zuletzt Gren.Rgt. 96	,,	(25c)
Hoffmann (Heinz)	d. Gen.St., zuletzt Gren.Rgt. 24	,,	(25d)
Langel	Art.Rgt. 1	,,	(25e)
Karpinski	d. Gen.St., zuletzt Geb.Jäg.Rgt. 85	,,	(26)
Adler	d. Gen.St., zuletzt Krad.Schütz.Btl. 3	,,	(27)
Knoespel	d. Gen.St., zuletzt Gren.Rgt. 118	,,	(27a)

Vorpahl	d. Gen.St., zuletzt Gren.Rgt. 82	**1. 8. 43**	(27b)
Wentzel	d. Gen.St., zuletzt Gren.Rgt. 71	,,	(27c)
von dem Borne	d. Gen.St., zuletzt Pz.Jäg.Abt. 14	,,	(28)
Conrad	d. Gen.St., zuletzt Art.Rgt. 25	,,	(29)
Brühl	d. Gen.St., zuletzt Jäg.Rgt. 56	,,	(29a)
Lenz	d. Gen.St., zuletzt Füs.Rgt. 22	,,	(29a^1)
Heerdt	d. Gen.St., zuletzt Gren.Rgt. 17	,,	(29a^2)
Weger	d. Gen.St., zuletzt II. Abt. Art.Rgt. 38	,,	(29b)
Musset	d. Gen.St., zuletzt Gren.Rgt. 87	,,	(30)
Asimont	d. Gen.St., zuletzt Gren.Rgt. 19	,,	(30a)
Cornelissen	d. Gen.St., zuletzt Jäg.Rgt. 28	,,	(30b)
Klemm	d. Gen.St., zuletzt Gren.Rgt. 45	,,	(30c)
von Busse	d. Gen.St., zuletzt Kav.Rgt. 8	,,	(31)
Meyer (Valentin)	d. Gen.St., zuletzt Gren.Rgt. 36	,,	(31a)
Biedermann	d. Gen.St., zuletzt Pz.Gren.Rgt. 66	,,	(31a^1)
Moll (Werner)	d. Gen.St., zuletzt Pz.Gren.Rgt. 12	,,	(31b)
Middeldorf	d. Gen.St., zuletzt Gren.Rgt. 8	,,	(31c)
Reim	Gren.Rgt. 62, kdt. z. Gen.St.	,,	(31c^1)
1. 6. 44 in den Gen.St. versetzt			
Salcher	d. Gen.St., zuletzt Gren.Rgt. 61	,,	(31c^2)
Goes	d. Gen.St., zuletzt Grén.Rgt. 67	,,	(31c^3)
Krause (Hanno)	d. Gen.St., zuletzt Geb.Jäg.Rgt. 136	,,	(31d)
Hermersdorfer	d. Gen.St., zuletzt Pi.Btl. 1	,,	(31e)
von Roeder	d. Gen.St., zuletzt Gren.Rgt. 48	,,	(31f)
Pickart	d. Gen.St., zuletzt Art.Rgt. 18	,,	(31g)
Walters	d. Gen.St., zuletzt Gren.Rgt. 2	,,	(31h)
Praël	d. Gen.St., zuletzt Gren.Rgt. 78	,,	(31i)
Oxenius	d. Gen.St., zuletzt M.G.Btl. 14	,,	(31k)
Seele	Gren.Rgt. 37, kdt. z. Gen.St. (PzGr)	,,	(32)
1. 6. 44 in den Gen.St. versetzt			
Faistenauer	d. Gen.St., zuletzt Füs.Rgt. 34	,,	(33)
Raeder	d. Gen.St., zuletzt Inf.Rgt. 127	,,	(33a)
Schwartz	d. Gen.St., zuletzt Gren.Rgt. 19	,,	(33b)
Müller-Eversbusch	d. Gen.St., zuletzt Pz.Art.Rgt. 13	,,	(33c)
Dittmar	d. Gen.St., zuletzt Gren.Rgt. 21	,,	(33d)
Zetsche	d. Gen.St., zuletzt Kriegsschule Potsdam (I)	,,	(33e)
Reinhardt (Günther)	d. Gen.St., zuletzt 2. Kp. Pz.Jäg.Abt. 53	,,	(33f)
Vicari	Pz.Gren.Rgt. 115	,,	(33g)
Japs	d. Gen.St., zuletzt St. Art.Kdr. 18	,,	(34)
Schultz (Joachim)	d. Gen.St., zuletzt Gren.Rgt. 96	,,	(34a)
von Raison	d. Gen.St., zuletzt Art.Rgt. 32	,,	(34b)
Oberstleutnant 20. 4. 45			
Schenk	Ob.Kdo. d. H. (Ag P 1/6. Abt.) (A)	,,	(34c)
Freiherr von Woellwarth-Lauterburg	d. Gen.St., zuletzt Kav.Rgt. 17	,,	(34e) *
Wildhagen	Nachr.Abt. 20	,,	(35)
Schweim	d. Gen.St., zuletzt Gren.Rgt. 109	,,	(35a)
Weller	d. Gen.St., zuletzt Art.Schule	,,	(35b)
Muntau	d. Gen.St., zuletzt M.G.Btl. 2	,,	(35c)
Bucher	d. Gen.St., zuletzt Art.Rgt. 24	,,	(35d)
Hoppe (Klaus)	Gren.Rgt. 47	,,	(35e)
Wolfram	d. Gen.St., zuletzt I. Abt. Art.Rgt. 20	,,	(36)
von Werneburg	d. Gen.St., zuletzt Krad.Schütz.Btl. 1 (I)	,,	(36a)
Ipland	Ob.Kdo. d. H. (Ag P 2/2. Abt.) (I)	,,	(37)
Graf (Rudolf)	d. Gen.St., zuletzt Gren.Rgt. 30	,,	(37a)
Mitzscherling	Ob.Kdo. d. H. (In 9) (Nbl)	,,	(37b)
Grüninger	d. Gen.St., zuletzt Jäg.Rgt. 56	,,	(38)

von Mitzlaff	d. Gen.St., zuletzt Kav.Rgt. 9	1. 8. 43	(39)
Oberstleutnant 20. 4. 45			
Peters	d. Gen.St., zuletzt I. Abt. Art.Rgt. 48	,,	(40)
Lambrecht genannt Spieth	d. Gen.St., zuletzt Gren.Rgt. 67	,,	(41)
Koch (Willy)	d. Gen.St., zuletzt b. Kdr. d. Nachr.Tr. IV	,,	(42)
Jentsch	d. Gen.St., zuletzt Geb.Art.Rgt. 111	,,	(42a)
Oster	d. Gen.St., zuletzt St. Art.Kdr. 2	,,	(43)
Lützow	Pz.Art.Rgt. 116 *1. 8. 44 in den Gen.St. versetzt*	,,	(43a)
Salewsky	I. Abt. Art.Rgt. 40	,,	(43b)
Kronsbein	d. Gen.St., zuletzt b. Kdr. d. Nachr.Tr. VIII	,,	(44)
Eck	d. Gen.St., zuletzt Pz.Gren.Rgt. 40	,,	(45)
Hellwig	d. Gen.St., zuletzt Fla.Btl. 31	,,	(46)
Müller	Pz.Jäg.Abt. 49	,,	(47a)
von Grolman	d. Gen.St., zuletzt Pz.Rgt. 2	,,	(48)
Buhl	d. Gen.St., zuletzt II. Abt. Art.Rgt. 65	,,	(49)
Burchardt	d. Gen.St., zuletzt Kriegsschule München (K)	,,	(50)
Hentschel	d. Gen.St., zuletzt Gren.Rgt. 3	,,	(51)
Hirche	d. Gen.St., zuletzt Nachr.Abt. 44	,,	(52)
Köstlin (Wolfgang)	d. Gen.St., zuletzt Kav.Rgt. 18	,,	(53)
Koch (Heinz)	d. Gen.St., zuletzt Kriegsschule Potsdam (N)	,,	(54)
Becker (Klaus)	d. Gen.St., zuletzt Geb.Jäg.Rgt. 100	,,	(55)
Wild	Nachr.Abt. 8	,,	(56)
Karbe	d. Gen.St., zuletzt Füs.Rgt. 22	,,	(57)
von Merkatz	d. Gen.St., zuletzt St. 4. Pz.Brig. (PzGr)	,,	(58)
Wiegand	Pz.Nachr.Abt. 33	,,	(58a)
Hayessen	d. Gen.St., zuletzt Art.Rgt. 98	,,	(59)
von Brasch	d. Gen.St., zuletzt Kav.Rgt. 15	,,	(60)
Schirrmacher	d. Gen.St., zuletzt Pz.Pi.Btl. 13	,,	(61)
Oberstleutnant 9. 11. 44 (119)			
Winneberger	d. Gen.St., zuletzt Gren.Rgt. 61	,,	(62)
Hümmerich (Hermann)	II. Abt. Art.Rgt. 63	,,	(62a)
Bauernstätter	d. Gen.St., zuletzt Pz.Gren.Rgt. 10	,,	(63)
Doeinck	Gren.Rgt. 7	,,	(63a)
Siefart	d. Gen.St., zuletzt Nachr.Abt. 43	,,	(64)
Hany (Engelbert)	Pi.Btl. 45	,,	(64a)
Auswöger	d. Gen.St., zuletzt Geb.Jäg.Rgt. 138	,,	(65)
Kampf	Pz.Jäg.Abt. 26	,,	(65a)
Ortler	II. Btl. Geb.Jäg.Rgt. 140	,,	(65b)
Köpper	d. Gen.St., zuletzt Geb.Jäg.Rgt. 137	,,	(66)
Kluckert (Erich)	Kav.Rgt. 4	,,	(66a)
Berg (Heinrich)	Pz.Gren.Rgt. 73 (I)	,,	(66a²)
Thierfelder (Georg)	Gren.Rgt. 111	,,	(66a³)
Oberstleutnant 1. 1. 45			
Danneil (Hans-Jürgen)	Art.Rgt. 12	,,	(66a⁴)
Schramm (Ernst)	Gren.Rgt. 106	,,	(66b)
Schmidt (Hans)	Kav.Rgt. 3	,,	(66b²)
Sichelschmidt (Herbert)	Beob.Abt. 2	,,	(66c)
Karle (Gustav)	Jäg.Rgt. 75	,,	(66c¹)
Fisch (Hansgünther)	Jäg.Rgt. 83	,,	(66c²)
Leikam	d. Gen.St., zuletzt Geb.Jäg.Rgt. 100	,,	(66c³)
Schulz	M.G.Btl. 8	,,	(66d)
Chrapkowski	Pi.Btl. 43	,,	(66d¹)
Mente	Pz.Gren.Rgt. 3	,,	(66e)
Schlie	d. Gen.St., zuletzt I. Abt. Art.Rgt. 48	,,	(66e¹)
Oberstleutnant 1. 5. 45 (Bef. 14. 6. 45 durch Korpsgruppe *Schwarzenecker)*			
Schmitt	Geb.Art.Rgt. 79	,,	(66f)

Paul (Kurt)	Pi.Lehrbt.		1. 8. 43	(66g)
Pfeuffer (Arno)	Kav.Rgt. 17		,,	(66h)
Volker (Heinrich)	Pz.Gren.Rgt. 73		,,	(66i)**
Oberstleutnant 1. 10. 44 (145a); Oberst 1. 4. 45				
Stephan	Jäg.Rgt. 38		,,	(67)
Janoschka	I. Abt. Art.Rgt. 44		,,	(67a)
Freiherr von Seckendorff-Aberdar	Kriegsschule Hannover (I)		,,	(67b)
Michael	Gren.Rgt. 12		,,	(68)
Schloer	Gren.Rgt. 130		,,	(68a)
Duwensee	Gren.Rgt. 36		,,	(69)
Perl	Nachr.Abt. 21		,,	(69a)
von Stünzner	Pz.Rgt. 2		,,	(70)
1. 8. 44 in den Gen.St. versetzt				
Weber	I. Abt. Art.Rgt. 67		,,	(70a)
Breinlinger (Arthur)	Pz.Pi.Btl. 16		,,	(70a¹)
Knobloch (August)	Gren.Rgt. 55		,,	(70a²)
Kopplin (Willy)	Art.Rgt. 32		,,	(70a³)
Schunck	Pz.Gren.Rgt. 52 (I)		,,	(70b)
Theiler	Nachr.Abt. 66		,,	(70d)
Schwietzke	Nachr.Abt. 23		,,	(70e)
Megges	Gren.Rgt. 77		,,	(70f)
Schiel	Pi.Btl. 70		,,	(70g)
Butenberg	Pz.Gren.Rgt. 14		,,	(70h)
Seeger	II. Abt. Art.Rgt. 15		,,	(70i)
Weschky	Gren.Rgt. 132, kdt. z. Gen.St.		,,	(71)
1. 6. 44 in den Gen.St. versetzt				
Emmerling	Pz.Jäg.Abt. 38		,,	(71a)
Volkmann	Gren.Rgt. 88		,,	(71b)
Jaksch	Geb.Nachr.Abt. 70		,,	(71b¹)
Voigt	Pz.Jäg.Abt. 4		,,	(71c)
Huppert	Krad.Schütz.Btl. 1 (PzGr)		,,	(71d)
Oberstleutnant 9. 11. 44 (120)				
Schindler	Pz.Nachr.Abt. 79		,,	(71e)
1. 8. 44 in den Gen.St. versetzt				
Recht	Gren.Rgt. 84		,,	(71f)
Hellfritsch	M.G.Btl. 3 (PzGr)		,,	(71g)
Schaßner	Geb.Jäg.Rgt. 13		,,	(72)
Oberstleutnant 9. 11. 44 (121)				
Leube	Art.Rgt. 41		,,	(72a)
Radnitz	Pi.Btl. 12		,,	(72b)
von Sierakowski	II. Abt. Art.Rgt. 44		,,	(72b¹)
Borsutzki	z. Verf. Ob. d. H. (Sonst. Offz.) (A)		,,	(72b²)
30. 1. 45 in den Gen.St. versetzt				
Reinhardt	Pz.Gren.Rgt. 74 (I)		,,	(72c)
Braun	Pz.Pi.Btl. 49		,,	(72c¹)
Böhmer (Hans)	Kav.Rgt. 17		,,	(72d)
Christoph (Robert)	Pz.Jäg.Abt. 15		,,	(72e)
Kaufmann (Peter)	Füs.Rgt. 39		,,	(72f)
Graf von Roedern	Nachr.Abt. 23		,,	(72g)
Leist	Nachr.Abt. 12		,,	(72h)
Derrer (Georg)	Gren.Rgt. 61		,,	(72i)
von Damm	Art.Rgt. 12		,,	(72k)
Frank (Oskar)	Pz.Pi.Btl. 27		,,	(73)
Gardelegen (Willy)	Nbl.Abt. 2		,,	(73a)
Bütow (Arthur)	Art.Rgt. 6		,,	(73b)
Pösse (Heinrich)	I. Abt. Art.Rgt. 58		,,	(73c)
Andree (Harry)	Gren.Rgt. 80		,,	(74)

Gehl (Friedrich)	Füs.Rgt. 27	1. 8. 43	(75)
Stein (Walter)	Gren.Rgt. 14	,,	(75a)
Schauß	Gren.Rgt. 18	,,	(75b)
von Witzleben	Pz.Gren.Rgt. 103 (I)	,,	(75c)

1. 8. 44 in den Gen.St. versetzt

Ehrhardt	Kav.Rgt. 11	,,	(75d)
Middeldorf	I. Btl. Inf.Rgt. 129	,,	(75d¹)
Hofmann-Schmidt	Eisenb. Pi.Rgt. 3	,,	(75e)
Reinbrecht	Pz.Jäg.Abt. 29	,,	(75f)
Bürger	Gren.Rgt. 20 (PzGr)	,,	(75g)
Meyer	Geb.Pi.Btl. 54	,,	(75h)
Pauli	Pi.Btl. 26	,,	(76)
Wind	Gren.Rgt. 37	,,	(77)

1. 8. 44 in den Gen.St. versetzt

Pesch	Gren.Rgt. 77	,,	(78)
Baranek	Pz.Pi.Btl. 4	,,	(78a)
Holzach	Art.Rgt. 9	,,	(78b)
Wolf	Pz.Jäg.Abt. 5	,,	(78c)
von Wolff	Kav.Rgt. 10	,,	(78d)

30. 1. 45 in den Gen.St. versetzt

Michael	Pz.Jäg.Abt. 50 (PzGr)	,,	(79)
Koos (Kurt)	Art.Rgt. 32	,,	(80)
Tietjen (Georg)	Gren.Rgt. 18	,,	(80a)
Ernst	Gren.Rgt. 11	,,	(80b)
Dittfeld (Johannes)	Gren.Rgt. 9	,,	(81)
Metelmann	Pz.Gren.Rgt. 11	,,	(82)
Burmeister	Art.Lehrrgt.	,,	(82a)
Hohenthanner	Kdtr. Tr.Üb.Pl. Grafenwöhr (I)	1. 9. 43	(1a)
Elsner	Pi.Btl. 11 (PzGr)	,,	(4)
Küllenberg (Heinrich)	Nachr.Abt. 28	,,	(9)
Reißmann	Pz.Gren.Rgt. 104	,,	(9a)

1. 8. 44 in den Gen.St. versetzt

Bleß	Gren.Rgt. 29 (PzGr)	,,	(9d)
Clement	Geb.Art.Rgt. 112	,,	(9e)
Wyneken	Gren.Rgt. 45 (PzGr)	,,	(9f)
Schildhauer	Gren.Rgt. 35	,,	(10)
Heyn	1. (N) Kp. Nachr.Abt. 74	,,	(11)
Weber	Gren.Rgt. 57	,,	(12)
Twellmann	I. Btl. Inf.Rgt. 129	,,	(12a)
Harth	d. Gen.St., zuletzt II. Abt. Art.Rgt. 58	,,	(13)
Schmid	Pz.Jäg.Abt. 5	,,	(14)
Brychcy	Pz.Jäg.Abt. 8	,,	(14a)
Ramspeck	d. Gen.St., zuletzt Pz.Gren.Rgt. 103	,,	(15)
Vesenmayer	Gren.Rgt. 134	,,	(16a)
Loth	Art.Rgt. 35	,,	(16b)
Nehm	d. Gen.St., zuletzt Art.Rgt. 69	,,	(17)
Buchterkirch	d. Gen.St., zuletzt Pz.Rgt. 6	,,	(18)
Hofmann (Walter)	d. Gen.St., zuletzt Art.Rgt. 35	,,	(19)
von Zitzewitz	d. Gen.St., zuletzt Gren.Rgt. 48	,,	(20)
Schumm	d. Gen.St., zuletzt Art.Rgt. 25	,,	(21)
Karch	d. Gen.St., zuletzt Gren.Rgt. 119	,,	(22)
Reißig	d. Gen.St., zuletzt Art.Rgt. 14	,,	(23)
Freiherr Treusch von Buttlar-Brandenfels	d. Gen.St., zuletzt Gren.Rgt. 105	,,	(24)
Lang (Franz)	d. Gen.St., zuletzt Gren.Rgt. 41	,,	(25)
Freiherr von Schönau-Wehr	d. Gen.St., zuletzt Art.Rgt. 25	,,	(26)
Ball	d. Gen.St., zuletzt Art.Rgt. 10	,,	(27)

Freiherr von Hammerstein-Gesmold　　　d. Gen.St.,
　　　　　　　　　　　　　　　　zuletzt Pz.Gren.Rgt. 1　1. 9. 43　(28)
Freiherr zu Inn- und Knyphausen　　　d. Gen.St.,
　　　　　　　　　　　　　　　　zuletzt Gren.Rgt. 9　　,,　(29)
Dechamps　　d. Gen.St., zuletzt Gren.Rgt. 2[1]　　　,,　(30)
Schnell　　d. Gen.St., zuletzt Art.Rgt. 35　　　,,　(31)
Oesterle　　d. Gen.St., zuletzt Gren.Rgt. 24　　　,,　(32)
Poll　　d. Gen.St., zuletzt Pz.Gren.Rgt. 63　　　,,　(33)
Fischer　　Ob.Kdo. d. H. (In 2)　(I)　　　,,　(34)
Püschel　　Pz.Art.Rgt. 74　　　,,　(34a)
Dedekind　　d. Gen.St., zuletzt Gren.Rgt. 133　　　,,　(35)
Struff　　d. Gen.St., zuletzt Art.Rgt. 34　　　,,　(36)
Schuster　　Pz.Gren.Rgt. 115[2]　　　,,　(37)
Bohnemeier　　d. Gen.St., zuletzt Gren.Rgt. 78　　　,,　(38)
Wittmann　　d. Gen.St., zuletzt Ob.Kdo. d. H. (P 4)　(Pz)　　　,,　(39)
von Kleist (Karl-Wilhelm)　　Pz.Rgt. 2　　　,,　(40)
　　1. 6. 44 in den Gen.St. versetzt
von Kathen　　d. Gen.St., zuletzt Pz.Jäg.Abt. 30　　　,,　(41)
Heyd　　d. Gen.St., zuletzt Art.Rgt. 115　　　,,　(42)
Wiese　　d. Gen.St., zuletzt b. Kdr. d. Pi. V　　　,,　(43)
Barkhausen　　d. Gen.St., zuletzt Pz.Lehrrgt. (Schütz.Lehrbtl.)　　　,,　(44)
Freiherr von Wangenheim　　Art.Rgt. 3　　　,,　(44a)
Greiner　　Gren.Rgt. 42　　　,,　(45)*
Koch　　Pi.Btl. 52　　　,,　(45a)
Friedrich (Richard)　　Kav.Rgt. 18　(Pz)　　　,,　(46)
Klaukien (Franz-Georg)　　Gren.Rgt. 9　　　,,　(46a)
Holschbach (Albert)　　Kav.Rgt. 15　　　,,　(47)
Müller　　Nachr.Abt. 6　　　,,　(48)
Reichelt　　Gren.Rgt. 3　　　,,　(49)
Nierste (Ewald)　　Gren.Rgt. 16　　　,,　(49a)
Lange (Albert)　　Kav.Rgt. 6　　　,,　(49b)
Schlesiger　(Otto)　　Gren.Rgt. 1　　　,,　(50)
Jaß (Georg)　　Kav.Rgt. 5　　　,,　(51)
Schröder (Kurt)　　Fla.Btl. 59　　　,,　(52)
Recklies (Karl)　·　Pi.Lehrbtl.　　　,,　(52a)
Kaufmann (Walter)　　Gren.Rgt. 77　　　,,　(53)
Hufschmidt (Georg)　　Gren.Rgt. 47　(PzGr)　　　,,　(53a)
Herlein　　I. Btl. Inf.Rgt. 128　　　,,　(53b)
Wulf　　Gren.Rgt. 76　　　,,　(54)
　　Oberstleutnant 9. 11. 44　(RDA bleibt vorbehalten)
Eberhard　　Geb.Jäg.Rgt. 13　　　,,　(55)
Becker　　Art.Rgt. 11　　　,,　(56)
Drude　　Art.Rgt. 36　　　,,　(56a)
Braun　　Pz.Art.Rgt. 73　　　,,　(56b)
Pretzl (Otto)　　Aufkl.Rgt. 8　(PzGr)　　　,,　(56c)
Biber (Max)　　Kav.Rgt. 17　(I)　　　,,　(56d)
Prüß　　II. Abt. Art.Rgt. 48　　　,,　(56e)
Fanter (Ewald)　　Gren.Rgt. 48　　　,,　(56f)
Berger (Robert)　　Gren.Rgt. 2　　　,,　(57)
Bering　　Pz.Art.Rgt. 16　　　,,　(58)
Rode　　Geb.Jäg.Rgt. 136　　　,,　(58a)
Meyer-Wüstenhagen　　Gren.Rgt. 89　　　,,　(59)
Trowitzsch　　Art.Rgt. 30　　　,,　(59a)

---

[1] Muß heißen: ,,Gren.Rgt. 2, kdt. z. Gen.Stab'' (Fehler in Original-DAL; Versetzung in den Gen.St. erst 1. 8. 44 wirksam geworden).

[2] Muß heißen: ,,d. Gen.St., zuletzt Pz.Gren.Rgt. 115'' (Fehler in Original-DAL).

Rathjens	Gren.Rgt. 11 (PzGr)	1. 9. 43	(59b)
von Lepel	Pz.Jäg.Abt. 30	,,	(60)
Persy	Pz.Nachr.Abt. 38	,,	(60a)
Pribil	Pi.Btl. 70	,,	(60b)
Grumm	Geb.Jäg.Rgt. 136	,,	(60c)
Tiedmann	Nachr.Abt. 1	,,	(61)
Nomanni (Lorenz)	Gren.Rgt. 81	,,	(62)
Buckpesch	Art.Rgt. 29	,,	(62a)
1. 8. 44 in den Gen.St. versetzt			
Bailer	Gren.Rgt. 107	,,	(62b)
1. 8. 44 in den Gen.St. versetzt			
von Mitzlaff	Art.Rgt. 9	,,	(63)
Berendonk	Art.Rgt. 51	,,	(63a)
Blum	I. Abt. Art.Rgt. 62	,,	(64a)
1. 8. 44 in den Gen.St. versetzt			
Reinhardt	Pi.Btl. 3	,,	(65)
Schmidt (Armin)	Gren.Rgt. 42	,,	(65a)
Quashowski	Gren.Rgt. 23	,,	(65b)
Reichsgraf von Hochberg, Freiherr zu Fürstenstein	Art.Rgt. 8	,,	(65c)
Koch (Willi)	Gren.Rgt. 105	,,	(65d)
Nuckelt (Alfred)	Gren.Rgt. 9	,,	(65e)
Behnke (Otto)	Pz.Jäg.Abt. 29	,,	(65f)
Kaminsky (Kurt)	Gren.Rgt. 55	,,	(65g)
Scherg	Jäg.Rgt. 75	,,	(65h)
Schindel (Herbert)	Gren.Rgt. 84	,,	(66)
Hahm	Pz.Rgt. 15	,,	(66a)
von Kahlden	Pz.Art.Rgt. 78	,,	(66b)
Oberstleutnant 1. 1. 45			
Schiffmann (Josef)	Pz.Gren.Rgt. 11	,,	(66c)
Rudeloff	Pi.Btl. 5	,,	(67)
Mothes	Gren.Rgt. 24	,,	(67a)
1. 11. 44 in den Gen.St. versetzt			
Haase	Gren.Rgt. 23	,,	(68)
Hausel	Pz.Art.Rgt. 74	,,	(68a)
Mehrgardt	Beob.Abt. 9	,,	(68b)
Schmelzer	Art.Rgt. 22	,,	(69)
Kuhn (Josef)	M.G.Btl. 9	,,	(69a)
Mackeldey	I. Abt. Art.Rgt. 66	,,	(69b)
Katscherius (Karl)	M.G.Btl. 8 (I)	,,	(69c)
Schröter (Rudolf)	Pz.Art.Rgt. 13	,,	(70a)
Kasch (Hans-Ulrich)	Nachr.Abt. 12	,,	(71)
Thoma	II. Abt. Art.Rgt. 65	,,	(72a)
1. 8. 44 in den Gen.St. versetzt			
Tüxen	Ob.Kdo. d. H. (Ag P 1) (A)	,,	(72b)
Scholz	Art.Rgt. 22	,,	(73)
Voelkel	Jäg.Rgt. 38	,,	(73a)
Textor	Gren.Rgt. 105	,,	(74)
1. 8. 44 in den Gen.St. versetzt			
Paul	Nbl.Abt. 1	,,	(75)
Lange (Erwin)	Gren.Rgt. 80	,,	(76)
Oberstleutnant 1. 9. 44 (74)			
Nagel (Herbert)	I. Abt. Art.Rgt. 48	,,	(76a)
Pirner (Rolf)	Gren.Rgt. 131	,,	(78)
Fritz	Fla.Btl. 52	1. 10. 43	(1)
Gilbert	I. Abt. Pz.Rgt. 10	,,	(2)
Leja	Gren.Rgt. 134	,,	(3)
Deutscher	Fest.Pi.St. 12	,,	(7)

12*

Füßel (Hans)	Pz.Pi.Btl. 86	1. 10. 43	(7a)
Hopf (Karl)	Pz.Gren.Rgt. 52 (I)	,,	(7b)
Kuhr	Pz.Jäg.Abt. 24	,,	(8)
Krauß	Pi.Btl. 7	,,	(8a)
Brottke (Richard)	Gren.Rgt. 8	,,	(8c)
Reichert (Otto)	Beob.Abt. 5	,,	(8d)
Heinig	Nachr.Abt. 62	,,	(8e)
Wieditz	Gren.Rgt. 109	,,	(8f)

Oberstleutnant 9. 11. 44 [122]

Sorgner	Geb.Pi.Btl. 83	,,	(8g)
von Sivers	Reit.Rgt. 2 (Pz)	,,	(9)
Großmann	Art.Rgt. 109	,,	(9a)
Eltz	Kav.Rgt. 11	,,	(9b)
Mücke (Johannes)	Gren.Rgt. 51 (PzGr)	,,	(10)
Rohen	Beob.Abt. 2	,,	(10a)
Wallbaum	Pz.Aufkl.Abt. 3	,,	(11)
Lenze	Art.Rgt. 56	,,	(11a)
Schübeler	Art.Rgt. 1	,,	(11b)
Schlegel	Gren.Rgt. 44	,,	(11c)
Coulin	Pi.Lehrbtl.	,,	(11d)
Schmalzried	d. Gen.St., zuletzt Gren.Rgt. 14	,,	(12)
Handke	Geb.Jäg.Rgt. 139	,,	(13)
Richtsteig	d. Gen.St., zuletzt Art.Rgt. 18	,,	(14)
Woelk	Nachr.Abt. 9	,,	(15)
Windschügl	II. Abt. Art.Rgt. 38	,,	(15a)
Ritzmann	Pz.Nachr.Abt. 79	,,	(15b)
Ramlow (Walter)	Pz.Gren.Rgt. 69 (I)	,,	(16)
Hackl	Geb.Jäg.Rgt. 138	,,	(17)
Brocke (Fritz)	Kav.Rgt. 3 (Pz)	,,	(18)
Virnich (Paul)	Gren.Rgt. 60	,,	(18a)
Kranz (Herrmann)	Pi.Btl. 8	,,	(18b)
Loibner	Geb.Jäg.Rgt. 138	,,	(18c)
Wegener	Gren.Rgt. 134	,,	(18d)
Albrecht	Jäg.Rgt. 54	,,	(18e)
Meyer (Fritz)	Art.Rgt. 22	,,	(18f)
Matthias (Bruno)	Nachr.Abt. 30	,,	(18g)
Fehr (Erich)	Gren.Rgt. 43	,,	(18h)
Treffer (Josef)	Gren.Rgt. 19	,,	(18i)
Winter (Kurt)	Jäg.Rgt. 83	,,	(19)
Münzing	II. Abt. Art.Rgt. 43	,,	(19a)
Waldschmidt	I. Abt. Art.Rgt. 106	,,	(19b)
Schnübbe	Pz.Art.Rgt. 103	,,	(20)

30. 1. 45 in den Gen.St. versetzt

Funk	Pi.Btl. 21	,,	(20a)
Schümann	Pi.Btl. 41	,,	(20b)
Seiler	Gren.Rgt. 43	,,	(20c)

Oberstleutnant 1. 12. 44

Schatz	Pz.Art.Rgt. 19	,,	(21)
Schwarzbeck	Pz.Art.Rgt. 33	,,	(22)
Anton	Gren.Rgt. 3	,,	(23)
Freiherr von Fircks	Pz.Jäg.Abt. 7	,,	(23a)
Pohl	Gren.Rgt. 24	,,	(23b)
Fricke (Karl)	Füs.Rgt. 26	,,	(24)
Nietmann (Kurt)	Gren.Rgt. 46	,,	(25)
Gropengießer (Egon)	Gren.Rgt. 37	,,	(25a)
Rippmann	Pi.Btl. 73	,,	(25b)
Freiherr Schenck zu Schweinsberg	Gren.Rgt. 107	,,	(25c)

Backofen	Geb.Art.Rgt. 79	1. 10. 43	(25d)
Klinghammer	Art.Rgt. 3	,,	(25e)
Bäcker	I. Abt. Art.Rgt. 45	,,	(26)
von Hartmann	Nbl.Abt. 5	,,	(27)
Donner-Grobois	I. Abt. Geb.Art.Rgt. 113	,,	(28a)
Freiherr von Fritsch	Pz.Gren.Rgt. 103 (I)	,,	(28c)
Lembke (Armin)	Gren.Rgt. 46	,,	(28d)
Oberstleutnant 1. 1. 45			
Siebert	Art.Rgt. 2	,,	(28e)
Loew	Gren.Rgt. 19	,,	(28f)
Gottschalch	I. Abt. Art.Rgt. 49	,,	(28g)
Beckamp	Gren.Rgt. 133	,,	(28h)
Haeffner	3. Komp. Pz.Pi.Btl. 79	,,	(28i)
Lohse	Nachr.Abt. 20	,,	(28k)
Ehlers	Art.Rgt. 31	,,	(28l)
1. 11. 44 in den Gen.St. versetzt			
Völkel	Pi.Btl. 42	,,	(28m)
Willikens	Pz.Jäg.Abt. 19	,,	(29)
Olze	Pz.Gren.Rgt. 1	,,	(30)
1. 11. 44 in den Gen.St. versetzt			
Weinzheimer	II. Abt. Art.Rgt. 15	,,	(30a)
Sauermilch	Gren.Rgt. 15	,,	(31)
Pfarr	Art.Rgt. 56	,,	(31a)
Weithauer	II. Abt. Art.Rgt. 64	,,	(31b)
Kunzmann	Geb.Art.Rgt. 112	,,	(31c)
Breithaupt	Art.Rgt. 30	,,	(31d)
1. 8. 44 in den Gen.St. versetzt			
Straßer	Pi.Btl. 15	,,	(31e)
Siemens	Kriegsschule Hannover (A)	,,	(31f)
Freiherr von Gemmingen-Hornberg	Kav.Rgt. 18	,,	(32)
Fink	I. Abt. Art.Rgt. 57	,,	(32a)
Werth (Gerhard)	Art.Rgt. 17	,,	(32b)
Rasel (Josef)	Pz.Pi.Btl. 86	,,	(32c)
Kruck (Robert)	II. Abt. Art.Rgt. 57	,,	(32d)
Weber (Friedrich)	Gren.Rgt. 110	,,	(32f)
Nill	Pz.Rgt. 7	,,	(32g)
Oelmann	Art.Rgt. 10	,,	(32h)
Holzapfel	Pi.Btl. 29	,,	(32i)
Wagner	II. Abt. Art.Rgt. 58	,,	(32k)
Hampe (Willi)	Geb.Nachr.Abt. 67	,,	(32l)
Stein (Gustav)	Gren.Rgt. 24	,,	(32m)
Thümmler	Gren.Rgt. 31	,,	(33)
Hänsch	Art.Rgt. 32	,,	(33a)
Beyschlag	Nbl.Abt. 2	,,	(33b)
Siemens	Pz.Jäg.Abt. 25	,,	(33c)
Oberstleutnant 20. 4. 45			
Holenia	Pz.Pi.Btl. 39	,,	(34)
Herrmann (Kurt)	Pi.Btl. 28	,,	(35a)
Ambos (Helmut)	Kav.Rgt. 18	,,	(35b)
Winkler (Kurt)	Pz.Gren.Rgt. 73	,,	(36)
Oberstleutnant 9. 11. 44 (123)			
Fenski (Paul)	Pi.Btl. 11	,,	(36a)
Illig (Heinrich)	Art.Rgt. 32	,,	(36b)
Keil (Wilhelm)	Art.Rgt. 5	,,	(36c)
Gustke (Ernst)	Gren.Rgt. 45	,,	(36e)
Schönebeck (Fritz)	Pz.Gren.Rgt. 52	,,	(36f)

von Pezold	Gren.Rgt. Großdeutschland	1. 10. 43	(37)
von Bismarck	Gren.Rgt. 67 (PzGr)	,,	(37a)
1. 11. 44 in den Gen.St. versetzt			
Seifert	Art.Rgt. 24	,,	(37b)
Loertzer	Gren.Rgt. 133	,,	(38)
Klotz	I. Abt. Art.Rgt. 50	,,	(38a)
30. 1. 45 in den Gen.St. versetzt			
Dittmann	Geb.Jäg.Rgt. 98	,,	(39)
1. 11. 44 in den Gen.St. versetzt			
Hübner	Art.Rgt. 98	,,	(39a)
Hofmann	Gren.Rgt. 135	,,	(39b)*
Klinke (Joachim)	Gren.Rgt. 132	,,	(39c)
1. 11. 44 in den Gen.St. versetzt			
ten Hompel	I. Abt. Art.Rgt. 99	,,	(40)
Roeder	Art.Rgt. 51	,,	(40a)
Schmidt	Gren.Rgt. 43	,,	(40b)
Keppner	Art.Rgt. 10	,,	(40c)
Dennerlein	Pi.Btl. 47 (I)	,,	(40d)
Sild	Gren.Rgt. 71	,,	(40e)
Pestke	Gren.Rgt. 24	,,	(41)
1. 11. 44 in den Gen.St. versetzt			
Knecht	Gren.Rgt. 77	,,	(41a)
30. 1. 45 in den Gen.St. versetzt			
Henneberg (Hermann)	Pz.Pi.Btl. 13	,,	(42)
von Stein	Kav.Rgt. 10 (I)	,,	(42a)
Witte	Pz.Gren.Rgt. 25	,,	(43)
Oddoy (Friedrich-Karl)	I. Abt. Art.Rgt. 47	,,	(43a)
Franke	Art.Rgt. 28	,,	(43b)
Waldrab	Art.Rgt. 17	,,	(43c)
Kater	Gren.Rgt. 58	,,	(43d)
Jeß	I. Abt. Art.Rgt. 99	,,	(44)
Salewski	Gren.Rgt. 1	1. 11. 43	(1)
Knorrenschild	Kriegsschule Dresden (I)	,,	(2)
Emmerich	Gren.Rgt. 11	,,	(3)
Wickert	Gren.Rgt. 58	,,	(5)
Neuhaus	Gren.Rgt. 63	,,	(6)
Matteß	M.G.Btl. 13	,,	(6a)
Pick	Gren.Rgt. 46	,,	(6b)
Oberstleutnant 1. 6. 44 (67)			
Moraw	Pz.Art.Rgt. 102	,,	(6c)
von Criegern	Gren.Rgt. 19, kdt. z. Gen.St.	,,	(6e)
1. 6. 44 in den Gen.St. versetzt			
Wenger (Anton)	Pz.Gren.Rgt. 63 (I)	,,	(6f)
Sellner	Gren.Rgt. 72	,,	(7)
Bollmann (Karl-Heinz)	Pz.Jäg.Abt. 24	,,	(8)
Simon	Beob.Abt. 28	,,	(8a)
Oesterheld	Gren.Rgt. 53, kdt. z. Gen.St.	,,	(8b)
1. 6. 44 in den Gen.St. versetzt			
Jahncke	Gren.Rgt. 96	,,	(8c)
1. 8. 44 in den Gen.St. versetzt			
Pfeifer	Pi.Btl. 1	,,	(9)
Städtler	Geb.Jäg.Rgt. 91	,,	(9a)
Bopst	Pi.Lehrbtl.	,,	(9b)
Kraus (Albert)	Ob.Kdo. d. H. (Ag P 2) (PzGr)	,,	(9c)
1. 11. 44 in den Gen.St. versetzt			
Finck	Ob.Kdo. d. H. (P 5) (A)	,,	(9d)
Gahm (Johann)	Gren.Rgt. 134	,,	(9e)

Baron Freytag von Loringhoven (Bernd)	Pz.Rgt. 2, kdt. z.Gen.St.	1. 11. 43	(9f)

1. 6. 44 in den Gen.St. versetzt

Thunich   Art.Rgt. 24, kdt. z. Gen.St.   ,,   (9g)
1. 6. 44 in den Gen.St. versetzt
Saumweber   Nachr.Abt. 47, kdt. z. Gen.St.   ,,   (9h)
1. 6. 44 in den Gen.St. versetzt
Krohn   II. Abt. Art.Rgt. 59, kdt. z. Gen.St.   ,,   (9i)
1. 6. 44 in den Gen.St. versetzt
von Wolff   Pz.Aufkl.Abt. 57   ,,   (9k)
Freiherr Roeder von Diersburg   Gren.Rgt. 67, kdt. z. Gen.St.   ,,   (9*l*)
1. 6. 44 in den Gen.St. versetzt
Altmeyer   II. Abt. Art.Rgt. 63, kdt. z. Gen.St.   ,,   (9m)
1. 6. 44 in den Gen.St. versetzt
Wachter   Art.Rgt. 25, kdt. z. Gen.St.   ,,   (9n)
1. 6. 44 in den Gen.St. versetzt
Hoffmann (Wolfgang)   Art.Rgt. 24, kdt. z. Gen.St.   ,,   (9o)
1. 6. 44 in den Gen. St. versetzt
Bosselmann   Gren.Rgt. 12, kdt. z. Gen.St.   ,,   (9p)
1. 6. 44 in den Gen.St. versetzt
Henrich   Art.Rgt. 23   ,,   (9q)
Behlau   Art.Rgt. 21   ,,   (9r)
Botschafter   d. Gen.St., zuletzt Art.Rgt. 32   ,,   (10)
Schmitt (Otto)   H.Unteroffizierschule Sigmaringen,
                       kdt. z. Gen.St. (I)   ,,   (11)
Fischer   Pz.Gren.Rgt. 103 (I)   ,,   (11a)
Oberstleutnant 1. 1. 45
Sebald   Gren.Rgt. 61   ,,   (12)
Reimers   Art.Rgt. 22   ,,   (12a)
Menz   Gren.Rgt. 7   ,,   (12b)
Zachariae-Lingenthal   Pz.Rgt. 15   ,,   (12c)
30. 1. 45 in den Gen.St. versetzt
Lange (August)   Gren.Rgt. 18   ,,   (12d)
Heller   Pi.Btl. 36   *1. 8. 44 in den Gen.St. versetzt*   ,,   (12e)
Raddatz (Walter)   Pz.Jäg.Abt. 24   ,,   (12f)
Bauer (Robert)   Gren.Rgt. 94   ,,   (12g)
Rosenberg   Beob.Abt. 18   ,,   (12h)
von Petersdorff-Campen   Pz.Rgt. 1   ,,   (13)
Egge (Otto)   Pz.Gren.Rgt. 74 (I)   ,,   (13a)
Weiß (Friedrich)   Geb.Jäg.Rgt. 137   ,,   (13b)
Rudolph (Arno)   Art.Rgt. 24   ,,   (13c)
Baartz (Albert)   Gren.Rgt. 17   ,,   (13d)
Barto   Art.Rgt. 30   .,   (13f)
Schäfer (Hermann)   Pi.Btl. 42   ,,   (13h)
Munz (Johann)   Pi.Lehrbtl.   ,,   (13i)
Zetzsche   I. Abt. Art.Rgt. 71   ,,   (13k)
Scharrenberg   Pz.Gren.Rgt. 93 (I)   ,,   (13*l*)
Mannweiler   Pz.Nachr.Abt. 27   ,,   (13m)
Uckrow   Art.Rgt. 3   ,,   (13n)
Spornberger   Geb.Beob.Abt. 38   ,,   (14a)
von Witzendorff   Gren.Rgt. 9   ,,   (14b)
Wehr   Pz.Art.Rgt. 19   ,,   (14c)
Volquardsen   Gren.Rgt. 89   ,,   (14d)
von Massow   Inf.Lehrrgt.   ,,   (14e)
Klinke (Walter)   Gren.Rgt. 31   ,,   (14f)
Langer   Art.Rgt. 56   ,,   (14g)
Kästner   Pz.Jäg.Abt. 13   ,,   (14h)
Dennhardt   Gren.Rgt. 53   ,,   (14i)

Höflich	Gren.Rgt. 77	1. 11. 43	(14k)
von Saldern	Nachr.Abt. 48	,,	(14*l*)
Suffa	Gren.Rgt. 42	,,	(14m)

Oberstleutnant 1. 6. 44 (68); Oberst 1. 12. 44 (39)

Hoffmann	Pz.Pi.Btl. 50	,,	(14n)
von Stockhausen	Kav.Rgt. 18 (Kdsch)	,,	(14o)
Winkler	Gren.Rgt. 110	,,	(15)
Straden	Nachr.Abt. 18	,,	(15a)
Weicht	Nachr.Abt. 28	,,	(16)
Kleine-Limberg	Pz.Pi.Btl. 16	,,	(16a)
Jürgens	Gren.Rgt. 135	,,	(16b)
Franz	Art.Abt. 101	,,	(16c)
von Winning	Nacht.Abt. 10	,,	(16d)
von Dewitz	Gren.Rgt. 4	,,	(16e)
Fritzlar	Nachr.Abt. 9	,,	(16f)
Büchner	Art.Rgt. 51	,,	(16g)
Sauter	Pz.Jäg.Abt. 46	,,	(16h)
Vitten (Heinrich)	Nachr.Abt. 6	,,	(16i)
Ruland (Wilhelm)	St. Landw.Kdr. Mülheim (Ruhr) (N)	,,	(16k)
Krüger (Paul)	Art.Rgt. 24	,,	(16*l*)
Kempf	Pz.Jäg.Abt. 20	,,	(16m)

Oberstleutnant 1. 9. 44 (†)

Canders (Werner)	Gren.Rgt. 43	,,	(16n)
Pabst	Geb.Art.Rgt. 111	,,	(16o)
Stern	Nachr.Abt. 41	,,	(16p)
Hey	I. Abt. Art.Rgt. 53	,,	(16q)
Freiherr von Eltz-Rübenach	Pz.Art.Rgt. 16	,,	(16r)
Hübner	Pz.Art.Rgt. 19	,,	(16s)
Müller	Füs.Rgt. 27	,,	(16t)
Müller	Pz.Art.Rgt. 74	,,	(16u)
Kopplin	Nachr.Abt. 64	,,	(16v)
Scholz	Nachr.Abt. 65	,,	(16w)
Uthe (Konrad)	Gren.Rgt. 15 (PzGr)	,,	(16x)
Marek (Rudolf)	Gren.Rgt. 130	,,	(16y)
Papendieck	Pz.Nachr.Abt. 37	,,	(16z)
Gaigl	Gren.Rgt. 109	,,	(16aa)
Horlbeck	Gren.Rgt. 109	,,	(16bb)
Hiemenz	Gren.Rgt. 7	,,	(16cc)
Seile	Pz.Jäg.Abt. 8	,,	(17)
Ehlers	Gren.Rgt. 130	,,	(17a)
Auras	Jäg.Rgt. 49	,,	(17b)
Becker	Art.Rgt. 41	,,	(17d)
Busch	Pz.Art.Rgt. 16	,,	(17e)
Kachel (Georg)	M.G.Btl. (I)	,,	(17f)
Koppe	Art.Rgt. 8	,,	(17g)
Hartnick	Pz.Jäg.Abt. 18	,,	(18)

1. 11. 44 in den Gen.St. versetzt

Hajny	Nachr.Abt. 51	,,	(18a)
Dederscheck	H. Gasschutzschule (Nbl)	,,	(18c)
Richter	Nachr.Abt. 34	,,	(18d)
Neubauer	Art.Rgt. 41	,,	(18e)
Darius	Pz.Aufkl.Abt. 4	,,	(19)
Ohrt	Art.Rgt. 12	,,	(19a)
Broll	Pz.Jäg Abt. 21	,,	(19b)
Steiof (Josef)	Gren.Rgt. 81	,,	(19c)

Oberstleutnant 1. 10. 44 (146)

Rentschler	Gren.Rgt. 119	1. 11. 43	(19d)

Oberstleutnant 1. 10. 44 (147)

Eckenstein (Walter)	Gren.Rgt. 14	,,	(19e)
Engelhardt	Pz.Nachr.Abt. 33	,,	(19f)
Zettler (Rudolf)	Art.Rgt. 7	,,	(20)
Sandmann	Gren.Rgt. 42	,,	(21)

1. 11. 44 in den Gen.St. versetzt

Schmidt	Art.Rgt. 25	,,	(23)
Weinzierl	Geb.Jäg.Rgt. 91	,,	(23a)
Paschedag	Art.Rgt. 26	,,	(23b)
Greschik	Jäg.Rgt. 83	,,	(24)
Keishold	Art.Rgt. 29	,,	(24a)
Schmidt	Gren.Rgt. 11	,,	(24b)
Niehoff	Nachr.Abt. 17	,,	(24c)
Krautwald	Nachr.Abt. 48	,,	(24d)
Reiter	Pi.Btl. 52	,,	(24e)
Anbuhl	2. Kp. Pi.Btl. 88	,,	(24f)
Hoberg	Art.Lehrrgt.	,,	(25)

Oberstleutnant 1. 1. 45

Fehmer	II. Abt. Art.Rgt. 39	,,	(26)
Bosselmann	Art.Rgt. 12	,,	(27)
Jacobs	Art.Rgt. 10	,,	(28)
Brüning	Pz.Jäg.Abt. 30	,,	(29)
Prinz	Jäg.Rgt. 75	,,	(30)
Göller	I. Abt. Art.Rgt. 71	,,	(31)
Mittelbach	Gren.Rgt. 116	,,	(32)

30. 1. 45 in den Gen.St. versetzt

te Reh	Gren.Rgt. 16	,,	(33)
Zimmer	Gren.Rgt. 78	,,	(33a)
Nikolaus	Füs.Rgt. 22	,,	(33b)
Borghorst	Gren.Rgt. 18	,,	(33c)
Schmitz (Wilhelm)	Gren.Rgt. 133	,,	(34)
Melcher (Gerhard)	Pi.Btl. 8	,,	(34a)
Gust (Werner)	Gren.Rgt. 50	,,	(34b)

Oberstleutnant 9. 11. 44 (124)

Schröer	Art.Rgt. 3	,,	(35)

1. 11. 44 in den Gen.St. versetzt

Siebert	Gren.Rgt. 110	,,	(35a)
Roser	Jäg.Rgt. 75	,,	(36)
von Garn	Gren.Rgt. 30	,,	(37)
Hillenkamp	Art.Rgt. 26	,,	(38)

30. 1. 45 in den Gen.St. versetzt

Freiherr von Cramm	Kav.Rgt. 13	,,	(39)
Christ (Peter)	Gren.Rgt. 37	,,	(40)
Schwabe	Pz.Gren.Rgt. 14	,,	(41)
Musset (Hans)	Nachr.Abt. 35	,,	(42)
Schriever (Karl)	Art.Rgt. 4	,,	(43)
Bartsch	M.G.Btl. 8	1. 12. 43	(2)
Grothe	Gren.Rgt. 124	,,	(3)
Kleemeier	Art.Rgt. 30	,,	(4)
Prelz	Art.Rgt. 98	,,	(6)
Stößlein	Gren.Rgt. 107, kdt. z. Gen.St.	,,	(7)
Roos	Geb.Jäg.Rgt. 13, kdt. z. Gen.St.	,,	(8)

1. 6. 44 in den Gen.St. versetzt; erhielt RDA-Verbesserung 1. 3. 43 (49c)

Häring	Gren.Rgt. 20	,,	(8a)
Ettwein	d. Gen.St., zuletzt Gren.Rgt. 35	,,	(9)
von Finckh	Kav.Rgt. 13	,,	(10)

Wahl	St. 4. Pz.Brig.	1. 12. 43	(11)
Thomas	Jäg.Rgt. 54, kdt. z. Gen.St.	,,	(12)
1. 6. 44 in den Gen.St. vers.			
Anderssen	Gren.Rgt. 84	,,	(12a)
Graf von Korff-Schmising	Fla.Btl. 46 (PzGr)	,,	(12b)
Zügner	Pz.Rgt. 15	,,	(14)
Berger	I. Abt. Art.Rgt. 105	,,	(15)
Krause	Gren.Rgt. 130	,,	(15a)
Seidel (Karl)	d. Gen.St., zuletzt Pz.Aufkl.Abt. 4	,,	(16)
Oberstleutnant 1. 5. 45 (Bef. 7. 5. 45 durch Ob.AOK 12)			
Jahns	d. Gen.St., zuletzt Pz.Rgt. 8		(17)
Johnson	Art.Rgt. 1	,,	(17a)
Junghans	Gren.Rgt. 102	,,	(17b)
Reuß	Art.Rgt. 31	,,	(18)
Bartels	H.Feuerw.Schule (I)	,,	(18a)
Tänzler	H.Nachschubtr.Schule (PzGr)	,,	(18b)
Hiltrop (Helmut)	Art.Rgt. 34, kdt. z. Gen.St.	,,	(19)
1. 6. 44 in den Gen.St. versetzt			
Zimmermann (Karl-Viktor)	Pz.Pi.Btl. 38, kdt. z. Gen.St.	,,	(20)
1. 6. 44 in den Gen.St. versetzt			
Haymann	Kriegsschule Dresden, kdt. z. Gen.St. (K)	,,	(21)
1. 6. 44 in den Gen.St. versetzt			
Dellschau	St. Art.Kdr. 31	,,	(21a)
Zirpel	Beob.Abt. 1, kdt. z. Gen.St.	,,	(22)
Blasius	d. Gen.St., zuletzt Gren.Rgt. 11	,,	(23)
Schwiebert	Nachr.Abt. 8	,,	(23a)
Schwarz (Dieter)	Art.Rgt. 1, kdt. z. Gen.St.	,,	(24)
1. 6. 44 in den Gen.St. versetzt			
von Tippelskirch	Art.Rgt. 3, kdt. z. Gen.St.	,,	(25)
Wolf (Lothar)	Pz.Rgt. 11, kdt. z. Gen.St.	,,	(26)
1. 6. 44 in den Gen.St. versetzt			
Eckert	Beob.Abt. 5	,,	(26a)
Kramme	Pz.Art.Rgt. 74	,,	(27)
Gehr	Gren.Rgt. 110	,,	(27a)
Petrusch	Art.Rgt. 32, kdt. z. Gen.St.	,,	(28)
1. 6. 44 in den Gen.St. versetzt			
Kircher	Pz.Art.Rgt. 103, kdt. z. Gen.St.	,,	(29)
1. 6 .44 in den Gen.St. versetzt			
Leeb	d. Gen.St., zuletzt Geb.Jäg.Rgt. 98	,,	(30)
Flierl	Art.Rgt. 7, kdt. z. Gen.St. ..... *in den Gen.St. vers.*	,,	(31)
Repnik	Nachr.Abt. 65	,,	(32)
Graupe	Gren.Rgt. 7, kdt. z. Gen.St.	,,	(33)
1. 8. 44 in den Gen.St. versetzt			
Backhauß	Geb.Jäg.Rgt. 13	,,	(33a)
Bauer (Wolfram)	Art.Rgt. 24, kdt. z. Gen.St.	,,	(34)
1. 6. 44 in den Gen.St. versetzt			
Laber	I. Btl. Inf.Rgt. 129, kdt. z. Gen.St.	,,	(35)
1. 6. 44 in den Gen.St. versetzt			
Rambach (Andreas)	Gren.Rgt. 62	,,	(35a)
Hopf (Rudolf)	Gren.Rgt. 110	,,	(35b)
Mayer (Albert)	Jäg.Rgt. 75	,,	(35c)
Schwarzmann (Karl)	Pz.Jäg.Abt. 30	,,	(36)
Stammwitz (Emil)	Art.Rgt. 28	,,	(36a)
Spiegel (Edmund)	Pz.Gren.Rgt. 104 (I)	,,	(36b)
Otto (Heinrich)	d. Gen.St., zuletzt Gren.Rgt. 16	,,	(37)
Bazant	Geb.Jäg.Rgt. 137	,,	(37a)
Braukmann	Pz.Gren.Rgt. 64 (I)	,,	(37b)

Stoephasius	Nachr.Abt. 32	1. 12. 43	(37c)
Krämer (Karl)	II. Abt. Art.Rgt. 71	,,	(37d)
Becker (Robert)	Gren.Rgt. 6	,,	(37e)
Karnbach (Gerhard)	I. Abt. Art.Rgt. 48	,,	(38a)
von Bismarck	d. Gen.St., zuletzt Gren.Rgt. 9	,,	(39)
Reddehase (Georg) ·	Gren.Rgt. 44	,,	(39a)
Fulde (Gerhard)	Gren.Rgt. 7	,,	(39b)
Ahollinger	d. Gen.St., zuletzt St. Art.Kdr. 24	,,	(40)
Krelle	Pi.Btl. 24	,,	(40a)

1. 8. 44 in den Gen.St. versetzt

Hübsch	d. Gen.St., zuletzt Geb.Nachr.Abt. 54	,,	(41)
Wersig	Art.Lehrrgt.	,,	(42)

1. 11. 44 in den Gen.St. versetzt

Schretzenmayr	Nachr.Abt. 34	,,	(43)
Lindenau	d. Gen.St., zuletzt Gren.Rgt. 121	,,	(44)

Oberstleutnant 10. 2. 45 [RDA 30. 1. 45 ?]

Becker (Hansjürgen)	d. Gen.St., zuletzt b. Kdr. d. Nachr.Tr. VI	,,	(45)
Schönefeld	d. Gen.St., zuletzt Nachr.Abt. 6	,,	(46)
von Kalckstein	d. Gen.St., zuletzt Gren.Rgt. 3	,,	(47)
Esche	d. Gen.St., zuletzt Pi.Btl. 8	,,	(48)
Schneider (Heinz)	d. Gen.St., zuletzt Pi.Btl. 59	,,	(49)
Freiherr von Lüdinghausen genannt Wolff	d. Gen.St., zuletzt Nbl.Lehr- u. Vers.Abt.	,,	(50)
Behnke	d. Gen.St., zuletzt Pz.Jäg.Abt. 23	,,	(51)
Mittermaier	M.G.Btl. 4	,,	(51a)
Kulenkampff	d. Gen.St., zuletzt Pz.Art.Rgt. 19	,,	(52)
Bouveret	Gren.Rgt. 111	,,	(52a)
Schwarz	Pz.Jäg.Abt. 6	,,	(53)
von Schuh	d. Gen.St., zuletzt Gren.Rgt. 42	,,	(54)

Oberstleutnant . . . 3. 45

Peterhänsel	Gren.Rgt. 44	,,	(54a)

Oberstleutnant 9. 11. 44 (125)

Leeg	Nachr.Abt. 46	,,	(55)
Poppe	Nachr.Abt. 42	,,	(55a)
Steuer	Pz.Nachr.Abt. 38	,,	(55b)
Flöther (Albert)	I. Abt. Art.Rgt. 72	,,	(55c)
Becker (Bernhard)	Gren.Rgt. 15	,,	(55d)
Kontny (Walter)	Jäg.Rgt. 28	,,	(55e)

Oberstleutnant 1. 10. 44 (148)

Mac Lean of Coll	d. Gen.St., zuletzt Kav.Rgt. 8	,,	(56)
Helmke	Gren.Rgt. 82	,,	(56a)
Schömig	Kriegsschule Dresden (I)	,,	(56b)
Anschütz	Nachr.Abt. 34	,,	(56c)
Starfinger	Nachr.Abt. 12	,,	(56d)
Kretschmer	Geb.Nachr.Abt. 68	,,	(56e)
Lechner	Nbl.Lehr- u. Vers.Abt.	,,	(56f)
Wehrheim	Nbl.Abt. 1	,,	(56g)
Hoffmann	Pz.Jäg.Abt. 25	,,	(56h)
Poppelbaum	Nachr.Abt. 46	,,	(57)
Wolff	Gren.Rgt. 31	,,	(58)
Raß	Geb.Jäg.Rgt. 91 (PzGr)	,,	(58a)
Nendza	Art.Rgt. 22	,,	(58b)
Dammann	Gren.Rgt. 46	,,	(59)
Jung	Pi.Btl. 2	,,	(60)

1. 11. 44 in den Gen.St. versetzt

Johannmeyer	Pz.Gren.Rgt. 64 (I)	,,	(61)

Wetzel	Art.Rgt. 12	1. 12. 43	(61a)
Petzel	Art.Rgt. 3	,,	(61b)
Schlanz	Pz.Art.Rgt. 13	,,	(61d)
von Campe	2. Kp. Pi.Btl. 88	,,	(61e)
Hauffe	Art.Rgt. 8	,,	(61f)
Fligge	Art.Lehrrgt.	,,	(61g)
Grauenhorst	Kav.Rgt. 11	,,	(62)
Eich (Heinrich)	Gren.Rgt. 134	,,	(62a)
Etzien (Heinz)	Pz.Jäg.Abt. 12	,,	(63)
Blazejezak (Hermann)	Pz.Gren.Rgt. 73	,,	(63a)
Schmidt (Karl)	Pz.Pi.Btl. 50	,,	(63b)
Nevermann (Rudo)	Gren.Rgt. 6	,,	(63c)
Morigl (Anton)	Pi.-Btl. 17	,,	(63d)
Dietz (Valentin)	Gren.Rgt. 19	,,	(63e)
Ball	Füs.Rgt. 39	,,	(64a)
Schreiber	Art.Rgt. 14	,,	(64b)
Tilemann	Pz.Jäg.Abt. 6	,,	(64c)
1. 8. 44 in den Gen.St. versetzt			
Thies	Gren.Rgt. 60 (PzGr)	,,	(64d)
Lieberkühn	I. Abt. Art.Rgt. 67	,,	(65)
Garvs	Gren.Rgt. 47	,,	(65a)
Ilius (Georg)	Pz.Gren.Rgt. 25	,,	(65b)
Machers (Heinz)	Gren.Rgt. 30 (PzGr)	,,	(65c)
Duve (Werner)	Gren.Rgt. 84	,,	(65d)
Limmer (Johann)	Gren.Rgt. 19	,,	(65e)
Eiselt	Pz.Aufkl.Abt. 7 (Pz)	,,	(66)
Schmückle	I. Abt. Art.Rgt. 77	,,	(66a)
Conrad	Geb.Pz.Jäg.Abt. 47	,,	(66b)
Rüngeler	Pi.Btl. 6	,,	(66c)
Austen	Gren.Rgt. 17	,,	(66e)
Karsten	Gren.Rgt. 84	,,	(66f)
Scholze	Pz.Gren.Rgt. 101 (I)	,,	(66g)
Niemann	Art.Rgt. 6	,,	(66h)
30. 1. 45 in den Gen.St. versetzt			
Schulze	Pi.Btl. 21	,,	(66i)
Trüper (Johann)	Gren.Rgt. 16	,,	(66k)
Sickert	Gren.Rgt. 88	,,	(66l)
von Gizycki	Gren.Rgt. 89	,,	(66m)
Domaschk	Pz.Gren.Rgt. 108 (früher Inf.Rgt. 10)	,,	(67)
Neitzel (Walter)	Gren.Rgt. 4	,,	(67a)
Bär (Kurt)	Pi.Btl.36	,,	(67b)
Müller	Pz.Art.Rgt. 16	,,	(67c)
Deichen (Charly)	Krad-Schütz.Btl. 3	,,	(68)
Brandes	Pz.Gren.Rgt. 125 (I)	,,	(68a)
Rosenow	I. Abt. Art.Rgt. 37	,,	(68b)
Baller	Gren.Rgt. 48	,,	(68c)
von Basse	Gren.Rgt. 51 (PzGr)	,,	(68d)
Oberstleutnant 1. 4. 45			
Schmischke	Pi.Btl. 36	,,	(69)
30. 1. 45 in den Gen.St. versetzt			
Schoenmakers (Gerhard)	Gren.Rgt. 124	,,	(69b)
Pohlmann	Art.Rgt. 11	,,	(70)
Hille (Wilfried)	Gren.Rgt. 81	,,	(70a)
30. 1 .45 in den Gen.St. versetzt			
Viehmann	Gren.Rgt. 78	,,	(71)*
Roy	Gren.Rgt. 84	,,	(71a)
Schenk (Rudi)	Gren.Rgt. 48	,,	(71b)

Wohlgemuth Kav.Rgt. 4	1. 12. 43	(71c)
Gellhorn Gren.Rgt. 89	,,	(71d)
Thieme (Karl) Pz.Gren.Rgt. 69	,,	(71e)
Oberstleutnant 30. 1. 45		
Heidingsfelder Pz.Gren.Rgt. 104 (I)	,,	(71f)
Wellnitz (Wilhelm) Pi.Btl. 6	,,	(71g)
30. 1. 45 in den Gen.St. versetzt		
Rettelbach Geb.Jäg.Rgt. 138	,,	(71h)
Hamann (Herbert) Gren.Rgt. 76 (PzGr)	,,	(72)
Oberstleutnant 1. 3. 45		
Metger Art.Rgt. 36	,,	(72a)
Neubert (Rudolf) Gren.Rgt. 102	,,	(72b)
Oberstleutnant 1. 1. 45		
Hecker (Karl-Heinz) Pz.Gren.Rgt. 79	,,	(72c)
Karezewski (Bruno) Gren.Rgt. 2	,,	(73)
Theissen (Hubert) Gren.Rgt. 77	,,	(74)
Kutsch (Walter) Kav.Rgt.15	,,	(75)
30. 1. 45 in den Gen.St. versetzt		
Lippolt (Max) Pz.Jäg.Abt. 5	,,	(76)
Wieneke (Karl-Heinz) Gren.Rgt. 8	,,	(76a)
Macht (Werner) Gren.Rgt. 42	,,	(77)
Parchow Pi.Lehrbtl.	1. 1. 44	(1)
Keppel Geb.Pz.Jäg.Abt. 48	,,	(1a)
Trumpfheller Geb.Jäg.Rgt. 138	,,	(2)
Enß Reit.Rgt. 1 (PzGr)	,,	(3)
Trojan Gren.Rgt. 50	,,	(4)
Schmidt Pz.Rgt. 36	,,	(5)
Walter (Alfred) Pz.Art.Rgt. 78	,,	(7)
Kendzia (Eugen) Gren.Rgt. 7	,,	(7a)
Prussog Jäg.Rgt. 49	,,	(7b)
Gräter Kriegsschule Wiener Neustadt (N)	,,	(7c)
Ziegler Pz.Art.Rgt. 116	,,	(8)
Steudle M.G.Btl. 15 (Kdsch)	,,	(8a)
Erhielt RDA-Verbesserung 1. 4. 43 (15g)		
Kaltenbach Geb.Jäg.Rgt. 91	,,	(8b)
von Cramer I. Abt. Art.Rgt. 59	,,	(8c)
Guillaume St. Art.Kdr. 1	,,	(9)
Berger Gren.Rgt. 106	,,	(9a)
Guaita Art.Rgt. 12	,,	(9b)
Oberstleutnant 1. 12. 44		
Wiemann Gren.Rgt. 12	,,	(9c)
Wintgens Gren.Rgt. 8	,,	(9d)
Strehl Pz.Gren.Rgt. 33	,,	(9e)
1. 8. 44 in den Gen.St. versetzt		
Graßhoff Beob.Abt. 44	,,	(9g)
Theut Gren.Rgt. 37	,,	(9h)
von Schweinitz Beob.Abt. 4	,,	(9i)
1. 8. 44 in den Gen.St. versetzt		
von Kalckreuth Gren.Rgt. 18	,,	(9k)
1. 8. 44 in den Gen.St. versetzt		
Reck Kriegsschule Wiener Neustadt (I)	,,	(9l)
1. 8. 44 in den Gen.St. versetzt		
von Schultzendorff Gren.Rgt. 8	,,	(9m)
1. 8. 44 in den Gen.St. versetzt		
Kuntz Nachr.Abt. 32	,,	(9n)
1. 8. 44 in den Gen.St. versetzt		

Peiler   M.G.Btl. 13   1. 1. 44   (9o)
1. 8. 44 in den Gen.St. versetzt
Goedeckemeyer   M.G.Btl. 8   ,,   (9p)
Giesenhagen   Gren.Rgt. 45   ,,   (9q)
1. 8. 44 in den Gen.St. versetzt
Graf Vitzthum von Eckstädt   Pz.Lehrrgt.   (Pz.Jäg.Lehrabt.)   ,,   (9r)
Wündrich   Pz.Gren.Rgt. 103, kdt. z. Gen.St.   ,,   (9s)
1. 6. 44 in den Gen.St. versetzt
Lottmann   Beob.Abt. 20   ,,   (9t)
1. 8. 44 in den Gen.St. versetzt
Lankheit   Pz.Gren.Rgt. 66   ,,   (9u)
1. 8. 44 in den Gen.St. versetzt
Weber   Jäg.Rgt. 75   ,,   (9v)
1. 8. 44 in den Gen.St. versetzt
Täubrich   Pz.Pi.Btl. 58   ,,   (9w)
1. 8. 44 in den Gen.St. versetzt
Obermair   Gren.Rgt. 135   ,,   (9x)
Jahnke   Pi.Btl. 43   ,,   (9y)
von Joeden   Gren.Rgt. 72   ,,   (9z)
1. 11. 44 in den Gen.St. versetzt
Dreß   II. Abt. Art.Rgt. 46   ,,   (9aa)
Spier   Pz.Jäg.Abt. 34   ,,   (10)
Graf Finck von Finckenstein   Füs.Rgt. 68   ,,   (10a)
Stephani   Pi.Btl. 81   ,,   (10b)
1. 8. 44 in den Gen.St. versetzt
Freiherr von Ziegesar   Art.Rgt. 26   ,,   (10c)
Schicker (Friedrich)   Gren.Rgt. 133   ,,   (10d)
Wolfien   Kav.Rgt. 11   ,,   (10e)
Hold   Gren.Rgt. 102, kdt. z. Gen.St.   ,,   (10f)
1. 6. 44 in den Gen.St. versetzt
Dunkel (Konrad)   Pz.Aufkl.Abt. 5   ,,   (10g)
Prang   Gren.Rgt. 43   ,,   (10h)
Baron von Schlippenbach   Gren.Rgt. 57   ,,   (10i)
Maaß   Pz.Rgt. 7   ,,   (10k)
1. 8. 44 in den Gen.St. versetzt
Schafferus (Ernst)   Gren.Rgt. 94   ,,   (10*l*)
von Hanstein   Pz.Rgt. 4   ,,   (10m)
Mansbart   Geb.Art.Rgt. 111   ,,   (10n)
Thomschke   Pz.Art.Rgt. 27   ,,   (10o)
Stein (Artur)   Gren.Rgt. 60   ,,   (10p)
Möhn (Walter)   Geb.Jäg.Rgt. 13   ,,   (10q)
Liedke   Nachr.Abt. 3, kdt. z. Gen.St.   ,,   (11)
1. 6. 44 in den Gen.St. versetzt
Specht   Gren.Rgt. 130   ,,   (11a)
Holtmeyer   Ob.Kdo. d. H. (Ag P 1/7. Abt.)   (I)   ,,   (11b)
Rütt   Gren.Rgt. 80   ,,   (11c)
Lohrisch   Pz.Rgt. 3   ,,   (11d)
Voigt   Pi.Btl. 11   ,,   (11e)
Klauenberg   Art.Rgt. 34   ,,   (11f)
von Knebel Doeberitz   Kav.Rgt. 6, kdt. z. Gen.St.   (PzGr)   ,,   (12)
1. 6. 44 in den Gen.St. versetzt
von Seydlitz-Kurzbach   Art.Rgt. 28, kdt. z. Gen.St.   ,,   (13)
1. 6. 44 in den Gen.St. versetzt
Stickel (Elias)   Pz.Jäg.Abt. 5   ,,   (14)
Kschicho (Paul)   Gren.Rgt. 110   ,,   (14a)
Brickmann (Herbert)   Kav.Rgt. 14   (PzGr)   ,,   (14b)
Schmidt   Ob.Kdo. d. H. (Ag P 2/1. Abt.)   (I)   ,,   (14c)

Thiel Nachr.Abt. 48		1. 1. 44	(14d)
Reinig (Fritz) Pz.Art.Rgt. 75		,,	(14e)
Goldammer (Friedrich) Pz.Jäg.Abt. 25		,,	(14f)
Kob (Fritz) M.G.Btl. 10		,,	(14f¹)
Auch (Alexander) Gren.Rgt. 9		,,	(14g)
Knapp Art.Rgt. 5		,,	(14h)
von Koenen Füs.Rgt. 39 (PzGr)		,,	(14i)
Meyer II. Abt. Art.Rgt. 59		,,	(14k)
Minx (Franz) Nachr.Abt. 51		,,	(14*l*)
Müller (Willy) Pz.Pi.Btl. 39		,,	(14m)
Knüpling II. Abt. Art.Rgt. 55		,,	(14n)
Pickavé II. Abt. Art.Rgt. 46		,,	(14o)
Dechert Beob.Abt. 15		,,	(14p)
Ziegs Gren.Rgt. 32		,,	(14q)
Schmitz-Peiffer I. Abt. Art.Rgt. 77		,,	(14r)
Greiner Geb.Jäg.Rgt. 139		,,	(14s)
Hacke (Helmuth) Kav.Rgt. 10		,,	(14t)
Burchard Art.Rgt. 69		,,	(14u)
Heinze Pi.Btl. 44		,,	(14v)
Schwirz (Egon) Pz.Aufkl.Abt. 7		,,	(14w)
Allmer (Anton) Geb.Jäg.Rgt. 138		,,	(14x)
Vogel Pi.Btl. 7		,,	(14y)
Rickert Art.Rgt. 30		,,	(14z)
von Massow Kav.Rgt. 6 (Kdsch)		,,	(14aa)
Gernert Nachr.Abt. 3		,,	(14bb)
Freiherr von Hammerstein-Equord Gren.Rgt. 82		,,	(14cc)
Freiherr von Perfall (Oskar) Art.Rgt. 10		,,	(14dd)
von Reuter Gren.Rgt. 121		,,	(14ee)
Oberstleutnant 1. 1. 45			
Franke III. Abt. Art.Rgt. 15		,,	(14ff)
Pietzek (Walter) Gren.Rgt. 8		,,	(14gg)
Vogt Art.Rgt. 41		,,	(14hh)
Scharnagel Pz.Pi.Btl. 27		,,	(16)
Schultze-Petzold Pz.Jäg.Abt. 39		,,	(16a)
Höhne (Georg) Kav.Rgt. 9 (PzGr)		,,	(16b)
Thol (Johannes) Krad.Schütz.Btl. 6 (PzGr)		,,	(16d)
Lösch Pz.Aufkl.Abt. 4 (PzGr)		,,	(16e)
Lindemann Kav.Rgt. 13 (PzGr)		,,	(16f)
30. 1. 45 in den Gen.St. versetzt			
Kurnap Pz.Gren.Rgt. 79		,,	(16g)
Ebeling (Werner) Gren.Rgt. 16		,,	(16h)
Oberstleutnant 1. 9. 44 (75)			
Hartig (Ernst) Gren.Rgt. 16		,,	(16i)
Loytved-Hardegg Gren.Rgt. 23		,,	(16k)
Herbst Nach.Abt. 17		,,	(16*l*)
Fritsche Art.Rgt. 14		,,	(16m)
Kublitz I. Abt. Art.Rgt. 37		,,	(16n)
Brendel Nbl.Abt. 1		,,	(16o)
Schneider Gren.Rgt. 87 (PzGr)		,,	(16p)
von Schack Art.Schule		,,	(16q)
Kleg Pz.Art.Rgt. 4		,,	(16r)
Pinckert (Gerhard) Gren.Rgt. 11		,,	(16s)
Gonnermann (Walter) Gren.Rgt. 36		,,	(16t)
Klaus (Ludwig) Pz.Jäg.Abt. 17		,,	(16u)
Jung (Valentin) Pz.Aufkl.Rgt. 115		,,	(16v)
Lucke (Kurt) Gren.Rgt. 92 (PzGr)		,,	(16w)
Haack (Erich) Nachr.Abt. 50		,,	(16x)

Seifert (Walter)	Pi.Btl. 24	1. 1. 44	(16z)
Endres	Pz.Art.Rgt. 74	,,	(17)
Franke (Ferdinand)	Pi.Btl. 31	,,	(17a)
Winter	Gren.Rgt. 29 (A)	,,	(17b)
von Bomsdorff	Art.Rgt. 23	,,	(18)
von Raison	II. Abt. Art.Rgt. 66	,,	(19)
Büchs	Gren.Rgt. 4	,,	(20)
Marx	Nachr.Abt. 14	,,	(21)
von Vacano	Pz.Nachr.Abt. 37	,,	(22)
Prochazka	Nbl.Lehr- u. Vers.Abt.	,,	(23)
Prahl	M.G.Btl. 8 (PzGr)	,,	(24)
von Bauer	Art.Rgt. 16	,,	(25)
Zimmermann (Jacob)	Gren.Rgt. 21	,,	(26)
Wagner (Franz)	Geb.Art.Rgt. 79	,,	(27)
Hüttig (Rudolf)	Nbl.Abt. 2	,,	(27a)
Michalski (Erich)	Gren.Rgt. 96	,,	(28)
Olms	Pz.Gren.Rgt. 79 (I)	,,	(29)
Schwipper	Art.Rgt. 10	,,	(30)
Düntsch	Pz.Rgt. 1	,,	(31)
Martens (Klaus)	Gren.Rgt. 65	,,	(31a)
Fietz	Art.Rgt. 24	,,	(31b)
Fittschen	Pz.Gren.Rgt. 64 (I)	,,	(32)
Richter (Willi)	Art.Rgt. 30	,.	(33)
Kühne	I. Abt. Art.Rgt. 55	,,	(33a)
30. 1. 45 in den Gen.St. versetzt			
Sothmann	Gren.Rgt. 90 (PzGr)	,,	(34)
Brede	Art.Rgt. 70	,,	(35)
Grunwald	Nachr.Abt. 1	,,	(36)
Wolff	Geb.Pi.Btl. 54	,,	(37)
Roloff	Gren.Rgt. 17	,,	(38)
Kleinau	Pz.Art.Rgt. 116	,,	(39)
30. 1. 45 in den Gen.St. versetzt			
Krüger	Pz.Art.Rgt. 19	,,	(40)
Koch	Art.Rgt. 115	,,	(41)
Wigand	Gren.Rgt. 134	,,	(41a)
Wykopal	Art.Rgt. 49	,,	(41b)
Steimann	Füs.Rgt. 39	,,	(42)
Woehren (Peter)	Pz.Jäg.Abt. 29	,,	(43)
Dortschy	Art.Rgt. 3	,,	(43a)
Menke	Gren.Rgt. 44	,,	(44)
Mahrholz (Ernst)	Gren.Rgt. 12	,,	(44a)
Buchbauer	Geb.Pz.Jäg.Abt. 47	,,	(44b)
Kinder	Gren.Rgt. 102	,,	(44c)
Süppel	Art.Rgt. 17	,,	(44d)
30. 1. 45 in den Gen.St. versetzt			
Manns	Gren.Rgt. 94	,,	(45)
30. 1. 45 in den Gen.St. versetzt			
Sebode (Robert)	Gren.Rgt. 9	,,	(45a)
Mende (Fritz)	Gren.Rgt. 32	,,	(46)
Freiherr von Fritsch	Kav.Rgt. 10	,,	(46a)
30. 1. 45 in den Gen.St. versetzt			
Graf von Kageneck	Pz.Rgt. 6	,,	(47)
Boll (Josef)	Jäg.Rgt. 56	,,	(47a)
30. 1. 45 in den Gen.St. versetzt			
Baranek	Pz.Pi.Btl. 58	,,	(48)
Theermann	Pz.Art.Rgt. 4	,,	(48a)

Grünewald (Friedrich) Gren.Rgt. 109	1. 1. 44	(48b)
30. 1. 45 in den Gen.St. versetzt		
Roessler (Lothar) Pz.Gren.Rgt. 63	,,	(48c)
Oesterwitz (Karl-Heinz) Gren.Rgt. 31	,,	(50)
Oberstleutnant 1. 1. 45		
Jans (Otto) Pi.Btl. 45	,,	(51)
Endres Pi.Btl. 14	1. 2. 44	(1)
Andersch Pi.Btl. 43	,,	(1a)
von Zamory Kraftf.Abt. 7	,,	(2)
Kokott Art.Rgt. 49	,,	(3)
Schmidt Beob.Abt. 6	,,	(3a)
Richter Pz.Rgt. 25	,,	(3b)
Blüthgen d. Gen.St., zuletzt Pz.Gren.Rgt. 73	,,	(3c)
Marks d. Gen.St., zuletzt Gren.Rgt. 18	,,	(3d)
Barth (Walter) Nbl.Abt. 1	,,	(3e)
Zander (Helmut) Gren.Rgt. 118 (PzGr)	,,	(3f)
Oberstleutnant 1. 12. 44 (117)		
Drewes (Wilhelm) Pz.Gren.Rgt. 14	,,	(3g)
Rackl Art.Rgt. 5	,,	(3h)
Janssen Ob.Kdo. d. H. (Ag P 1) (A)	,,	(3i)
1. 8. 44 in den Gen.St. versetzt		
Sterna (Wilhelm) Gren.Rgt. 45	,,	(3k)
von Bezold I. Abt. Art.Rgt. 20	,,	(3m)
Sander (Friedrich) Pz. Jäg.Abt. 5	,,	(3n)
Ettingshausen Art.Rgt. 9	,,	(3o)
Schneider (Johannes) Pz.Jäg.Abt. 30	,,	(3p)
Rauschenberger Pz.Gren.Rgt. 4	,,	(3q)
Riester H.Unteroffizierschule Düren (I)	,,	(3r)
Winkelmann Gren.Rgt. 81	,,	(3s)*
Jungeblodt Pz.Gren.Rgt. 64 (I)	,,	(3t)
Zander Gren.Rgt. 21	,,	(3u)
von Eisenhart-Rothe Art.Rgt. 23	,,	(3v)
Wüstner Art.Rgt. 24	,,	(3w)
Armbruster Gren.Rgt. 134	,,	(3x)
Werner Art.Schule	,,	(3y)
Stroschke (Georg) Kav.Rgt. 3	,,	(3z)
Peine (Wilhelm) Pz.Gren.Rgt. 4	,,	(3aa)
Leitner Gren.Rgt. 133	,,	(3bb)
Köhler Gren.Rgt. 23	,,	(3cc)
Geginat Art.Rgt. 11	,,	(3dd)
Löffers Nachr.Abt. 22	,,	(3ee)
1. 8. 44 in den Gen.St. versetzt		
Eilers (Adolf) Gren.Rgt. 88	,,	(3ff)
Messerschmidt (Hugo) Jäg.Rgt. 75	,,	(3gg)
Grunst (Otto) Kav.Rgt. 5	,,	(3hh)
Ziermann (Franz) Gren.Rgt. 60	,,	(3ii)
Merker Pz.Gren.Rgt. 59	,,	(3kk)
Mangelsdorff Pz.Nachr.Abt. 39, kdt. z. Gen.St.	,,	(4)
1. 6. 44 in den Gen.St. versetzt		
Herrmann-Troß d. Gen.St., zuletzt Pz.Nachr.Abt. 19[1]	,,	(4a)
Flörke II. Abt. Art.Rgt. 44	,,	(4b)
Schneider (Friedrich-Wilhelm) Pz.Art.Rgt. 73	,,	(5)
1. 6. 44 in den Gen.St. versetzt		
Dillmann d. Gen.St., zuletzt Art.Rgt. 10	,,	(5a)

[1] Muß heißen: „Pz.Nachr.Abt. 19, kdt. z. Gen.St." (Fehler in Original-DAL; Versetzung in den Gen.St. erst 1. 8. 44 wirksam geworden).

Göttmann	d. Gen.St., zuletzt Pz.Gren.Rgt. 103	1. 2. 44	(5b)
Renner	d. Gen.St., zuletzt Pz.Gren.Rgt. 2	,,	(5c)
Ritter	d. Gen.St., zuletzt Pz.Gren.Rgt. 8	,,	(5d)
Grünewaldt	Gren.Rgt. 76 (PzGr)	,,	(5e)
Kiefer	d. Gen.St., zuletzt Pz.Art.Rgt. 33	,,	(5f)
Mangelow	d. Gen.St., zuletzt Kriegsschule Dresden (Kdsch)	,,	(5g)
Leue	d. Gen.St., zuletzt Pz.Art.Rgt. 102	,,	(5h)
Nielsen	d. Gen.St., zuletzt b. Kdr. d. Nachr.Tr. I	,,	(5i)
Lammert	d. Gen.St., zuletzt I. Abt. Art.Rgt. 106	,,	(5k)
Martin (Heiko)	d. Gen.St., zuletzt Gren.Rgt. 65	,,	(5*l*)
Haen	d. Gen.St., zuletzt Kriegsschule München (Kdsch)	,,	(5m)
Honeck	d. Gen.St., zuletzt Gren.Rgt. 78	,,	(5n)
Hahn	d. Gen.St., zuletzt Gren.Rgt. 105	,,	(5o)
Rominger	d. Gen.St., zuletzt Pz.Art.Rgt. 116	,,	(5p)
Herrmann (Ewald)	d.Gen.St., zuletzt Kriegsschule München (I)	,,	(5q)
van Beuningen	d. Gen.St., zuletzt Art.Rgt. 56	,,	(5r)
Heitsch	Nachr.Abt. 43	,,	(5s)
Hannemann	Pz.Jäg.Abt. 2 (PzGr)	,,	(5t)
von Czernicki	I. Abt. Geb.Art.Rgt. 113	,,	(5u)
Meyer	Kav.Rgt. 18	,,	(5v)

1. 8. 44 in den Gen.St. versetzt; erhielt RDA-Verbesserung 1. 2. 43 (109b)

Baur	Kriegsschule München (A)	,,	(5w)

1. 8. 44 in den Gen.St. versetzt

Peters	Gren.Rgt. 23	,,	(5x)

1. 8. 44 in den Gen.St. versetzt

Knoblauch (Burkhard)	Gren.Rgt. 15 (PzGr)	,,	(5y)

1. 8. 44 in den Gen.St. versetzt

Leiste	Pz.Nachr.Abt. 13	,,	(5z)

1. 8. 44 in den Gen.St. versetzt

Bach	Art.Rgt. 28	,,	(5aa)
Benack	Gren.Rgt. 51	,,	(5bb)
Beck-Broichsitter	Inf.Lehrrgt.	,,	(5cc)

1. 11. 44 in den Gen.St. versetzt

Kirchhauser	Gren.Rgt. 81	,,	(5dd)

Oberstleutnant 1. 10. 44 (150)

Pauls	Jäg.Rgt. 56, kdt. z. Gen.St.	,,	(6)

1 8 44 in den Gen Stab v. rs. tzt

Hiller	d. Gen.St., zuletzt II. Art.Rgt. 67	,,	(6a)
Freiherr von Ketelhodt	d. Gen.St., zuletzt Gren.Rgt. 30	,,	(6b)

Oberstleutnant 20. 4. 45

Schubert	Pz.Jäg.Abt. 3	,,	(6c)

1. 8. 44 in den Gen.St. versetzt

Kühne	Eisenb.Pi.Rgt. 1	,,	(6d)
Bormann	Pz.Gren.Rgt. 59	,,	(6e)
Kisker	Kav.Rgt. 3	,,	(6f)

1. 8. 44 in den Gen.St. versetzt

Birk	Kav.Rgt. 11	,,	(6g)

1. 8. 44 in den Gen.St. versetzt

Weiß	Pz.Nachr.Abt. 33	,,	(6h)

1. 8. 44 in den Gen.St. versetzt

Barlet	Pi.Btl. 5	,,	(6i)
Mayerhofer	Pz.Art.Rgt. 27	,,	(6k)
Kraaz	Gren.Rgt. 94	,,	(6*l*)
Rehm (Walter)	Pz.Gren.Rgt. 108 (früher Inf.Rgt. 10), kdt. z. Gen.St. (I)	,,	(7)

1. 6. 44 in den Gen.St. versetzt

Schreiner	Art.Rgt. 31	1. 2. 44	(7a)
von Kayser	Pz.Gren.Rgt. 3, kdt. z. Gen.St.	„	(8)
1. 6. 44 in den Gen.St. versetzt			
Eichhorn	d. Gen.St., zuletzt Nachr.Abt. 57	„	(8a)
Schubarth	Pz.Gren.Rgt. 73, kdt. z. Gen.St. (I)	„	(9)
1. 6. 44 in den Gen.St. versetzt			
Wich (Rudolf)	Füs.Rgt. 34, kdt. z. Gen.St.	„	(10)
1. 6. 44 in den Gen.St. versetzt			
von Aulock	Pz.Rgt. 2	„	(10a)
1. 8. 44 in den Gen.St. versetzt			
Jürgens	Pz.Jäg.Abt. 16	„	(10b)
Eltrich	Pi.Btl. 21	„	(10c)
Langenfaß	Geb.Jäg.Rgt. 137, kdt. z. Gen.St.	„	(11)
1. 6. 44 in den Gen.St. versetzt			
Haensel	Pz.Gren.Rgt. 108 (früher Inf.Rgt. 10), kdt. z. Gen.St. (I)	„	(11a)
1. 6. 44 in den Gen.St. versetzt			
Erbe	Gren.Rgt. 95, kdt. z. Gen.St.	„	(12)
1. 6. 44 in den Gen.St. versetzt			
Raetsch	H.Feuerw.Schule, kdt. z. Gen.St. (A)	„	(13)
1. 6. 44 in den Gen.St. versetzt			
Ehrt	Gren.Rgt. 41	„	(13a)
Mittelstaedt	Gren.Rgt. 16, kdt. z. Gen.St.	„	(13b)
1. 6. 44 in den Gen.St. versetzt			
Reuschling	Art.Rgt. 5, kdt. z. Gen.St.	„	(14)
1. 6. 44 in den Gen.St. versetzt			
Vogler	I. Abt. Art.Rgt. 37, kdt. z. Gen.St.	„	(15)
1. 6. 44 in den Gen.St. versetzt			
von Zahn	Pz.Gren.Rgt. 108 (früher Inf.Rgt. 10)	„	(15a)
Aldinger	r. Art.Abt. 1, kdt. z. Gen.St.	„	(16)
1. 6. 44 in den Gen.St. versetzt			
Gombart	Geb.Art.Rgt. 79, kdt. z. Gen.St.	„	(17)
1. 6. 44 in den Gen.St. versetzt			
Künne	I. Abt. Art.Rgt. 38, kdt. z. Gen.St.	„	(18)
1. 6. 44 in den Gen.St. versetzt			
Hendrick (Reinhold)	I. Abt. Art.Rgt. 105	„	(18a)
1. 8. 44 in den Gen.St. versetzt			
Engelhardt	H.Feuerw.Schule, kdt. z. Gen.St. (A)	„	(19)
1. 6. 44 in den Gen.St. versetzt			
von Waldow	Pz.Rgt. 6, kdt. z. Gen.St.	„	(20)
1. 6. 44 in den Gen.St. versetzt; Oberstleutnant 1. 6. 44 (†)			
Wimmer	Pz.Art.Rgt. 4, kdt. z. Gen.St.	„	(21)
1. 6. 44 in den Gen.St. verseztt			
Seybold	Gren.Rgt. 84	„	(21a)
Bartuzat	Gren.Rgt. 32, kdt. z. Gen.St.	„	(22)
Lobedanz	d. Gen.St., zuletzt Gren.Rgt. 48	„	(22a)
Gaier	Füs.Rgt. 34	„	(22b)
Rüdiger	Pz.Gren.Rgt. 93 (Pz)	„	(22c)
Ritter Hentschel von Gilgenheimb	Pz.Rgt. 7	„	(22d)
Semisch	Pz.Jäg.Abt. 15	„	(22e)
Usener	Gren.Rgt. 76, kdt. z. Gen.St.	„	(23)
1. 6. 44 in den Gen.St. versetzt			
Schwerdtner	Pz.Rgt. 7	„	(23a)
Abs	M.G.Btl. 11	„	(23b)
Bannach	Pz.Jäg.Abt. 46	„	(23c)
1. 8. 44 in den Gen.St. versetzt			
Thumser	Geb.Jäg.Rgt. 98, kdt. z. Gen.St.	„	(24)
Freiherr von Maercken	Ob.Kdo. d. H. (Gen. d. Mot.) (Pz)	„	(24a)

13*

Kratochwila	d. Gen.St., zuletzt Pz.Gren.Rgt. 86	1. 2. 44	(24b)
von Laer	Krad.Schütz.Btl. 2	,,	(24c)
Hiller	Pz.Gren.Rgt. 7	,,	(24d)
Linder	Beob.Abt. 2, kdt. z. Gen.St. *1. 6. 44 in den Gen.St. versetzt*	,,	(25)
Stahringer	Nachr.Abt. 7, kdt. z. Gen.St.	,,	(26)

1. 8. 44 in den Gen.St. versetzt

Hoepner	d. Gen.St., zuletzt Kav.Rgt. 6	,,	(26a)
Gube	Art.Rgt. 101, kdt. z. Gen.St.	,,	(27)

1. 6. 44 in den Gen.St. versetzt

Roske	(Ob.Kdo. d. H. (Ag P 1/4. Abt) (A)	,,	(27a)
Kaempfe	Gren.Rgt. 9, kdt. z. Gen.St. (PzGr)	,,	(28)

1. 6. 44 in den Gen.St. versetzt

Knörzer	d. Gen.St., zuletzt Pz.Gren.Rgt. 104	,,	(28a)
Lemke	II. Abt. Art.Rgt. 72	,,	(28b)
Jescheck	Jäg.Rgt. 38	,,	(28c)
Wahl	Kav.Rgt. 18, kdt. z. Gen.St.	,,	(29)

1. 6. 44 in den Gen.St. versetzt, Oberstleutnant 1. 4. 45

Hoffmann	Eisenb.Pi.Rgt. 3	,,	(29a)*
Görnandt	Jäg.Rgt. 83, kdt. z. Gen.St.	,,	(30)

1. 6. 44 in den Gen.St. versetzt

Walter (Albrecht)	II. Abt. Art.Rgt. 57, kdt. z. Gen.St.	,,	(31)

1. 6. 44 in den Gen.St. versetzt

Scheidt	Kav.Rgt. 18	,,	(32)
Peters (Paul)	Füs. Rgt. 39, kdt. z. Gen.St.	,,	(32a)

1. 6. 44 in den Gen.St. versetzt

Lingg	Geb.Jäg.Rgt. 100	,,	(32b)

1. 8. 44 in den Gen.St. versetzt

Schuck	Pi.Btl. 36	,,	(32c)

1. 8. 44 in den Gen.St. versetzt

Kuhls (Walther)	Gren.Rgt. 96	,,	(32d)
Stark	Nachr.Abt. 31	,,	(32e)
Rußer (Wilhelm)	Geb.Jäg.Rgt. 13	,,	(32f)
Roos (Hugo)	Gren.Rgt. 119 (PzGr)	,,	(32g)
Dohle (Herbert)	Gren.Rgt. 11	,,	(32h)
Frank (Hermann)	Gren.Rgt. 9	,,	(32i)
Gstöttl	Gren.Rgt. 62 (PzGr)	,,	(32k)
Schulte	Pz.Art.Rgt. 16	,,	(32l)
Kwisda	Kav.-Rgt. 11	,,	(32n)
Fritz	Pz.Art.Rgt. 27	,,	(32o)
Breitner	I. Abt. Art.Rgt. 44	,,	(32p)
Gunzert	Pi.Btl. 7	,,	(32q)
Hackenberg (Georg)	Inf.Lehrrgt.	,,	(32r)
Danhauser (Josef)	Gren.Rgt. 36	,,	(32s)
Staffe (Willy)	Gren.Rgt. 1	,,	(32t)
Haen	Pz.Rgt. 4	,,	(33)

Oberstleutnant 20. 4. 45

Bieler	Gren.Rgt. 3	,,	(33a)
Stein	Pz.Gren.Rgt. 33	,,	(33b)
Betzle	Art.Rgt. 5	,,	(33c)
Gabler	Pi.Btl. 5	,,	(33d)
Koetzle	Pz.Jäg.Abt. 35	,,	(34)
Ender	Nachr.Lehr- u. Vers.Abt.	,,	(34a)
Sandrock	Pz.Rgt. 5	,,	(34b)
Walz	Gren.Rgt. 58	,,	(34c)
Vossieg	Beob.Abt. 20	,,	(34d)
Schaupensteiner	Art.Lehrrgt.	,,	(34e)
Abele	St. Gen.Kdo. XXIV. A. K. (I)	,,	(34f)

Alex	II. Abt. Art.Rgt. 77	1. 2. 44	(34g)
Schmidt	Art.Rgt. 32	,,	(34h)
Nourney	Art.Rgt. 5	,,	(34i)
Klein	Art.Rgt. 96	,,	(34k)
Trahn	I. Abt. Art.Rgt. 66	,,	(34 *l*)
Fischer	Pi.Btl. 1	,,	(34m)
Klipstein	Pz.Gren.Rgt. 7	,,	(34n)
Domine (Wilhelm)	Art.Rgt. 31	,,	(34o)
Larisch (Hasso)	I. Abt. Art.Rgt. 48	,,	(34p)
Heeg (Georg)	Pz.Gren.Rgt. 74	,,	(34q)
Otto (Herbert)	Gren.Rgt. 90 (PzGr)	,,	(34r)
Pfingsten	Nachr.Abt. 65	,,	(34s)
Schütz	Aufkl.Abt. 8 (Kdsch)	,,	(34t)
Jastram	Gren.Rgt. 12	,,	(34u)
Ochterbeck	Pz.Jäg.Abt. 19	,,	(34v)
Hesemann	Art.Rgt. 34	,,	(34w)
Goetze	Kriegsschule (Potsdam) (I)	,,	(34x)
Behm	Kav.Rgt. 14	,,	(34y)
Knoop (Rolf)	Gren.Rgt. 6	,,	(35)
Tiedemann (Karl)	Pz.Jäg.Abt. 6	,,	(35a)
Mühlmeister	Nachr.Abt. 6	,,	(35b)
Esper (Otto)	Gren.Rgt. 72	,,	(35c)
Reetz (Karl)	Kav.Rgt. 13	,,	(35d)
Krebs	Nachr.Abt. 40	,,	(35e)
Kasper (Josef)	Pz.Jäg.Abt. 7	,,	(35f)
Moeller	Art.Rgt. 30	,,	(35h)
Jasper	Gren.Rgt. 16	,,	(35i)
30. 1. 45 in den Gen.St. versetzt			
Schliephack	Gren.Rgt. 116 (PzGr)	,,	(35k)
1. 8. 44 in den Gen.St. versetzt			
Mach	Kav.Rgt. 11	,,	(35 *l*)
Buchenau	Pz.Art.Rgt. 13	,,	(36)
Braun	II. Abt. Art.Rgt. 61	,,	(36a)
Heldt	Gren.Rgt. 94	,,	(36b)
30. 1. 45 in den Gen.St. versetzt			
Mayer (Max)	Geb.Jäg.Rgt. 139	,,	(36c)
Buhlert	Pz.Gren.Rgt. 79 (I)	,,	(36d)
Bornschein	Art.Rgt. 5	,,	(36e)
Ehlers	Gren.Rgt. 116	,,	(36f)
Focks	Gren.Rgt. 78	,,	(36g)
von Wietersheim	Pz.Rgt. 15	,,	(36h)
Meyer-Bothling	Geb.Art.Rgt. 111	,,	(36i)
Doerr (Erwin)	Gren.Rgt. 20	,,	(36k)
Burisch	Pi.Btl. 46	,,	(36 *l*)
Schmidt-Salzmann	Kav.Rgt. 18	,,	(36m)
Aschoff	Gren.Rgt. 16	,,	(36n)
Wüst	Art.Rgt. 69	,,	(36o)
Westenberger (Walter)	Füs.Rgt. 22	,,	(36p)
von Mohnsdorff	Geb.Jäg.Rgt. 138	,,	(36q)
Chodura (Heinrich)	Gren.Rgt. 78	,,	(37)
Delius	Pz.Pi.Btl. 50	,,	(37a)
Steglich	Füs.Rgt. 27	,,	(37b)
Söhner	Pz.Jäg.Abt. 30	,,	(37c)
Schwantes (Günther)	Art.Rgt. 12	,,	(37d)
Pfläging (Heinrich)	Gren.Rgt. 57	,,	(37e)
Maak (Wilhelm)	Gren.Rgt. 14	,,	(37f)
Ulbrich	Gren.Rgt. 84	,,	(37g)

Gillmann Pz.Jäg.Abt. 30		1. 2. 44	(38)
Hempel Gren.Rgt. 90 (PzGr)		,,	(38a)
Hoeth Gren.Rgt. 24		,,	(38b)
Mack (Josef) Art.Rgt. 51		,,	(38c)
Nilshon (Hans) Art.Rgt. 26		,,	(38d)
Kreuzer Gren.Rgt. 19		,,	(38e)
Brucker Jäg.Rgt. 56		,,	(38f)
Freiherr von Rotberg (Wolf) Kav.Rgt. 18		,,	(38g)
Ahrens (Willi) Gren.Rgt. 37		,,	(38h)
Jochims (Hermann) Gren.Rgt. 90 (PzGr)		,,	(39)
Oberstleutnant 1. 4. 45			
Scriba Pz.Jäg.Abt. 11		,,	(39a)
Gaumnitz (Alfred) Gren.Rgt. 32		,,	(39b)
Fichtl I. Abt. Geb.Art.Rgt. 113		,,	(39c)
Kreutz Art.Rgt. 9		,,	(39d)
Strey (Wilhelm) Art.Rgt. 5		,,	(39e)
Ruef (Karl) Geb.Jäg.Rgt. 136		,,	(39f)
Hauser Gren.Rgt. 35 (PzGr)		,,	(39g)
Freiherr von Boeselager Kav.Rgt. 15		,,	(39h)
Krause Gren.Rgt. 43		,,	(39i)
Weber Gren.Rgt. 3		,,	(39k)
Müller Kav.Rgt. 4		,,	(39*l*)
Motsch (Wilhelm) Jäg.Rgt. 56		,,	(39m)
Riechert (Heini) Kav.Rgt. 3 (PzGr)		,,	(39n)
Mez (Emil) Geb.Jäg.Rgt. 13		,,	(39o)
Drenkhahn Art.Rgt. 56		,,	(39p)
Lindl (Rudolf) Gren.Rgt. 21		,,	(40)
Teschner (Gerhard) Gren.Rgt. 122		,,	(40a)
Wepfer M.G.Btl. 4		,,	(41)
Nix (Helmut) Gren.Rgt. 121		,,	(42)
Deutschländer (Erich) Gren.Rgt. 12		,,	(43)
Richter (Hans) Gren.Rgt. 121		,,	(44)
Schmidt Pi.Btl. 14		1. 3. 44	(1)
Mauser Beob.Abt. 17		,,	(1a)
von Hirschfeld Fla.Btl. 59		,,	(3)
von Plüskow Pz.Rgt. 6		,,	(4a)
Müller Geb.Pz.Jäg.Abt. 47		,,	(4b)
Neubert Pz.Jäg.Abt. 4		,,	(4c)
Frotscher Pz.Tr.Schule (Schule f. Schnelle Tr. Wünsdorf) (Pz)		,,	(4d)*
von Oertzen Pz.Rgt. 5		,,	(4e)
Fleck Pi.Lehrbtl.		,,	(4f)
Sattler Pz.Jäg.Abt. 35		,,	(4g)
Schmeidler Fla.Btl. 48		,,	(4h)
Bonnet Art.Rgt. 22		,,	(5)
30. 1. 45 in den Gen.St. versetzt			
Gareis Art.Rgt. 51		,,	(5a)
von Wedel Pz.Gren.Rgt. 14		,,	(5b)
Volk Beob.Abt. 16		,,	(5c)
Frischhut (Xaver) Pz.Pi.Btl. 38		,,	(5d)
Grimm Beob.Lehrabt.		,,	(5e)
Schilling (Max) Gren.Rgt. 14		,,	(5f)
Drost Gren.Rgt. 15		,,	(5g)
Waiblinger Gren.Rgt. 16		,,	(5h)
Rietzel Pz.Art.Rgt. 4		,,	(5i)
Bohlender Art.Lehrrgt.		,,	(5k)
Benecke (Friedrich) Art.Rgt. 22		,,	(5*l*)
Menzel Pz.Pi.Btl. 38		,,	(5m)

Mack	Nachr.Abt. 25	1. 3. 44	(6)
Vandrée	I. Abt. Art.Rgt. 54	,,	(6a)
von Heymann	Gren.Rgt. 76 (PzGr)	,,	(6b)
1. 8. 44 in den Gen.St. versetzt			
von Schultzendorff	Pz.Gren.Rgt. 5	,,	(6c)
Pfeiffer	Pz.Gren.Rgt. 115	,,	(6d)
Bieg (Karl)	Jäg.Rgt. 75	,,	(6e)
Hellmich	Nachr.Abt. 20, kdt. z. Gen.St.	,,	(7)
1. 6. 44 in den Gen.St. versetzt			
Bensien	Nachr.Abt. 12, kdt. z. Gen.St.	,,	(8)
1. 6. 44 in den Gen.St. versetzt			
Bergmann	Füs.Rgt. 34, kdt. z. Gen.St.	,,	(9)
1. 6. 44 in den Gen.St. versetzt			
von Kutzschenbach	I. Abt. Art.Rgt. 40	,,	(10)
1. 8. 44 in den Gen.St. versetzt			
Gaeble	Gren.Rgt. 41	,,	(10a)
Hahn	Pz.Gren.Rgt. 93 (I)	,,	(10b)
Neuner	Gren.Rgt. 42	,,	(10c)
Werncke	Pz.Jäg.Abt. 33, kdt. z. Gen.St.	,,	(11)
1. 6. 44 in den Gen.St. versetzt			
Zimmermann (Karl-Heinz)	Geb.Jäg.Rgt. **85**, kdt. z. Gen.St.	,,	(12)
1. 6. 44 in den Gen.St. versetzt			
Nowak	Gren.Rgt. 121	,,	(12a)
1. 8. 44 in den Gen.St. versetzt			
Walter	Gren.Rgt. 134	,,	(12b)
Ell (Franz)	Beob.Abt. 15, kdt. z. Gen.St.	,,	(13)
1. 6. 44 in den Gen.St. versetzt			
Gärtner (Wolfgang)	Geb.Jäg.Rgt. 137	,,	(14)
1. 8. 44 in den Gen.St. versetzt			
Diepenbeck	Pz.Pi.Btl. 16	,,	(14a)
Schmidt (Herbert)	Gren.Rgt. 70, kdt. z. Gen.St.	,,	(15)
1. 6. 44 in den Gen.St. versetzt			
Kühn (Herbert)	Nachr.Abt. 57, kdt. z. Gen.St.	,,	(16)
1. 6. 44 in den Gen.St. versetzt			
Seeher	Ob.Kdo. d. H. (In 4) (A)	,,	(16a)
Rott	Geb.Jäg.Rgt. 100	,,	(16b)
von Bock	d. Gen.St., zuletzt Gren.Rgt. 67	,,	(17)
Gattinger	b. Kdr. d. Nachr.Tr. XIII, kdt. z. Gen.St.	,,	(18)
1. 6. 44 in den Gen.St. versetzt			
Müller (Helmut)	Geb.Nachr.Abt. 40, kdt. z. Gen.St.	,,	(19)
1. 6. 44 in den Gen.St. versetzt			
Block	Gren.Rgt. 94	,,	(19a)
Kerschkamp	Kriegsschule Potsdam (I)	,,	(19b)
Grob	Art.Rgt. 49, kdt. z. Gen.St.	,,	(20)
1. 6. 44 in den Gen.St. versetzt			
Delévièleuse	M.G.Btl. 4, kdt. z. Gen.St.	,,	(21)
1. 6. 44 in den Gen.St. versetzt			
Milpacher	Füs.Rgt. 22 *1. 8. 44 in den Gen.St. versetzt*	,,	(22)
von Ribbeck	Kriegsschule München (K)	,,	(23)
Hedderich	Gren.Rgt. 80	,,	(23a)*
Hagemann	Art.Rgt. 26, kdt. z. Gen.St.	,,	(24)
1. 6. 44 in den Gen.St. versetzt			
Grollmann	Gren.Rgt. 60	,,	(24a)
Oberstleutnant 9. 11. 44 (127)			
Späth	Pz.Gren.Rgt. 63 (I)	,,	(24a[1])
Kriß	Gren.Rgt. 16	,,	(24b)
von Moeller	Ob.Kdo. d. H. (Ag P 2) (PzGr)	,,	(25)

Snowadzki	Gren.Rgt. 18, kdt. z. Gen.St.	1. 3. 44	(26)
1. 6. 44 in den Gen.St. versetzt			
Jacobi	I. Abt. Art.Rgt. 54, kdt. z. Gen.St.	,,	(27)
1. 6. 44 in den Gen.St. versetzt			
Thiede	Beob.Abt. 20	,,	(27a)
3). 1. 45 in den Gen.St. versetzt			
von Rosenberg-Lipinsky	r. Art.Abt. 1	,,	(27b)
Schiller	Pz.Pi.Btl. 37	,,	(28)
1. 8. 44 in den Gen.St. versetzt			
von Koenen	Gren.Rgt. 60	,,	(28a)
von Schmiterlöw	Art.Rgt. 14	,,	(29)
von Watzdorf	Jäg.Rgt. 38	,,	(30)
Freiherr von Wachtmeister	Ob.Kdo. d. H.		
	(Insp. H.Flakart.) (A)	,,	(30a)
von Donat	Gren.Rgt. 49	,,	(30b)
Poth	Pi.Btl. 46	,,	(30c)
Pfeiffer	Gren.Rgt. 41 (PzGr)	,,	(30d)
Premrou	Gren.Rgt. 130	,,	(30e)
Attems-Petzenstein	Art.Rgt. 96, kdt. z. Gen.St.	,,	(31)
1. 8. 44 in den Gen.St. versetzt			
Lütgendorf	Geb.Art.Rgt. 112, kdt. z. Gen.St.	,,	(32)
1. 6. 44 in den Gen.St. versetzt			
Simma	Geb.Jäg.Rgt. 99	,,	(32a)
Rudolf (Franz)	Geb.Jäg.Rgt. 138, kdt. z. Gen.St.	,,	(33)
1. 6. 44 in den Gen.St. versetzt			
Dessulemoustier-Bovekercke	Pz.Art.Rgt. 102	,,	(34)
Trendelenburg	Art.Rgt. 5	,,	(35)
Hurnaus	Pz.Gren.Rgt. 11, kdt. z. Gen.St.	,,	(36)
1. 6. 44 in den Gen.St. versetzt			
Gintner	I. Abt. Geb.Art.Rgt. 113	,,	(36a)
Lawatsch	I. Abt. Art.Rgt. 110	,,	(37)
Zingibl	Pz.Art.Rgt. 27	,,	(37a)
Schrempf	Art.Rgt. 11, kdt. z. Gen.St.	,,	(38)
1. 6. 44 in den Gen.St. versetzt			
Lenssen	Art.Rgt. 23	,,	(38a)
Gärtner	Nachr.Abt. 34	,,	(38b)
Klingsporn	d. Gen.St., zuletzt Pi.Btl. 41	,,	(39)
Bärwald (Horst)	Pz.Gren.Rgt. 101, kdt. z. Gen.St. (I)	,,	(40)
1. 6. 44 in den Gen.St. versetzt			
Riedel	Pz.Aufkl.Abt. 1	,,	(40a)
Wilhelm	Art.Rgt. 17	,,	(40b)
Freiherr von Cramm	Kav.Rgt. 3	,,	(41)
Schmöckel	Ob.Kdo. d. H. (PA) (I)	,,	(42)
Froböse	Gren.Rgt. 45	,,	(42a)
Plaß	Gren.Rgt. 72	,,	(42b)
1. 8. 44 in den Gen.St. versetzt			
Knoche	Pz.Gren.Rgt. 33	,,	(42c)
Oberstleutnant 1. 4. 45 [RDA. 1. 3. 45]			
von Kunow	Pz.Aufkl.Abt. 8	,,	(42d)
Dienenthal	Kav.Rgt. 11	,,	(42e)
Baum	Pz.Abt. 65	,,	(43)
Stegemann	Pi.Btl. 20	,,	(43a)
Hartmann	Pz.Lehrrgt. (Pz.Lehrabt.)	,,	(43b)
Wunderlich	Gren.Rgt. 134	,,	(43c)
Hoffmann	Art.Rgt. 17	,,	(43d)
Gloßner	Beob.Abt. 15	,,	(43e)

Scharnhorst	Art.Rgt. 26, kdt. z. Gen.St.		1. 3. 44	(44)
1. 6. 44 in den Gen.St. versezt				
Welp	Geb.Art.Rgt. 111		,,	(45)
Stolz	Art.Rgt. 35		,,	45a)
Hahl (Hans)	Nachr.Abt. 35		,,	(45b)
Bauer (Erich)	Pz.Art.Rgt. 19		,,	(45c)
Marzluf (Xaver)	Gren.Rgt. 118 (PzGr)		,,	(45d)
Becker	Pz.Jäg.Abt. 7		,,	(45f)
Petter	Pi.Btl. 8		,,	(45g)
Bleyl	I. Abt. Art.Rgt. 50		,,	(45h)
Meyer (Lukas)	Jäg.Rgt. 49		,,	(45i)
Junger (Paul)	Jäg.Rgt. 38		,,	(45k)
Schimmel	I. Abt. Art.Rgt. 55		,,	(45l)
Kalbitz	Pi.Btl. 30		,,	(46)
Mutzeck (Artur)	Nachr.Abt. 20		,,	(49)
Meyer	Gren.Rgt. 76		,,	(50)
Staiger	Pz.Jäg.Abt. 9		,,	(51)
Proske	Art.Rgt. 18		,,	(52)
Bludau	Art.Rgt. 21		,,	(53)
Bielitz	Gren.Rgt. 71		,,	(53a)
Otte (Heino)	Füs.Rgt. 26 (PzGr)		,,	(54)
Peters (Heinz)	Pz.Jäg.Abt. 16		,,	(54a)
Bertels	Pz.Aufkl.Abt. 7		,,	(55)
Gellrich (Herbert)	Art.Rgt. 28		,,	(55a)
Gerlach	Art.Rgt. 6		,,	(56)
Westermann (Wilhelm)	Gren.Rgt. 119		,,	(57)
Tänzer	Art.Rgt. 6		,,	(57a)
Bockhoff	Pz.Aufkl.Abt. 57		,,	(58)
Oberstleutnant 1. 1. 45				
Kehr	Art.Rgt. 28		,,	(59)
von Saldern	Gren.Rgt. 51 (PzGr)		,,	(59b)
Schirmer (Berthold)	Gren.Rgt. 32		,,	(60)
Baunach (Gregor)	Pz.Gren.Rgt. 86		,,	(60a)
Eisele (Alois)	Jäg.Rgt. 56		,,	(60b)
Schenkel (Joachim)	Art.Rgt. 12		,,	(60c)
Kraft	Pz.Gren.Rgt. 59		,,	(60d)
Gey (Erwin)	Gren.Rgt. 11		,,	(61)
Schröder (Karl)	II. Abt. Art.Rgt. 47		,,	(62)
Drosihn (Otto)	Pz.Jäg.Abt. 41		,,	(62a)
Ißermann	Gren.Rgt. 102		,,	(62b)
Oberstleutnant 1. 1. 45				
Precht	Pz.Jäg.Abt. 49		,,	(62c)
von Arnim	Gren.Rgt. 9		,,	(63)
Sandkuhl (Wilhelm)	I. Abt. Art.Rgt. 52		,,	(63a)
Euler (Werner)	Pz.Rgt. 2		,,	(64)
Krützmann	Pz.Gren.Rgt. 5		,,	(65)
Oberstleutnant 1. 4. 45				
Körbl (Viktor)	Art.Rgt. 96		,,	(66)
Türke (Kurt)	Art.Rgt. 41		,,	(67)
Rusch (Erich)	Gren.Rgt. 44		,,	(68)
Robra	Pz.Gren.Rgt. 66 (I)		,,	(69)
May	Beob.Abt. 17		1. 4. 44	(1)
Domeyer (Friedrich)	Kriegsschule München (AVm)		,,	(2)
Paschmeyer (Hans)	Ob.Kdo. d. H. (In 4)			
	(b. Höh. Offz. d. Art.Beob.Tr.) (AVm)		,,	(3)
Pötzschner (Wolfgang)	St. Gen.Kdo. XII. A.K. (AVm)		,,	(4)
Englisch (Günter)	H.Plankammer (AVm)		,,	(5)

Hörning (Heinz)	H.Plankammer (AVm)	1. 4. 44	(6)
Buck (Arno)	H.Plankammer (AVm)	,,	(7)
Sangmeister (Heinrich)	H.Plankammer (AVm)	,,	(8)
Jähnichen (Hellmut)	H.Plankammer (AVm)	,,	(9)
Bäro (Walter)	St. Gen.Kdo. XVII. A.K. (AVm)	,,	(11)
Frank (Alfred)	H.Plankammer (AVm)	,,	(12)
Seibt (Günther)	Ob.Kdo. d. H. (In 4) (AVm)	,,	(13)
Riemann (Walter)	Ob.Kdo. d. H. (9. Abt. Gen.St. d. H.) (AVm)	,,	(14)
Graf Pilati von Thassul zu Daxberg	Pz.Jäg.Abt. 18	,,	(15)
Nieber (Friedrich)	Pz.Gren.Rgt. 14	,,	(16)
Schneider (Kurt)	Gren.Rgt. 116	,,	(16a)
von Meyer	Kav.Rgt. 6 (Pz)	,,	(16b)

Oberstleutnant 9. 11. 44 (RDA bleibt vorbehalten); erh. später RDA 1. 4. 45

Essigke	Art.Rgt. 24	,,	(16c)
Wiegand	M.G.Btl. 11 (PzGr)	,,	(17)
Sova	Pz.Rgt. 11	,,	(18)
Kunze	Nachr.Abt. 56	,,	(19)
Stampe (Kurt)	Gren.Rgt. 17	,,	(20)
Döring (Ernst)	Gren.Rgt. 30	,,	(21)
Meine	Art.Schule	,,	(22)
Rettemeier	b. Kdr. d. Pz.Jäg.Tr. XVII	,,	(23)
Unger	Gren.Rgt. 67	,,	(24)
Helm (Erwin)	Gren.Rgt. 37	,,	(25)
Gathmann	I. Abt. Art.Rgt. 50	,,	(25a)
Thilo	Beob.Abt. 22	,,	(25b)
Freiherr von Beschwitz	Pz.Rgt. 3	,,	(26)
Graf zu Dohna	Kriegsschule Dresden (Pz)	,,	(27)
Ohrloff	Pz.Rgt. 2	,,	(28)
1. 8. 44 in den Gen.St. versetzt			
Schwenninger	II. Abt. Art.Rgt. 42, kdt. z. Gen.St.	,,	(28a)
1. 6. 44 in den Gen.St. versetzt			
Overbeck	Art.Rgt. 30	,,	(29)
1. 8. 44 in den Gen.St. versetzt			
Rosenhauer	Geb.Jäg.Rgt. 100	,,	(30)
1. 8. 44 in den Gen.St. versetzt			
Duić	Pz.Art.Rgt. 73	,,	(31)
1. 8. 44 in den Gen.St. versetzt			
Ohl	Pz.Art.Rgt. 102	,,	(31a)
1. 8. 44 in den Gen.St. versetzt			
von Reichert	I. Abt. Art.Rgt. 43, kdt. z. Gen.St.	,,	(31b)
1. 6. 44 in den Gen.St. versetzt			
Mergler	Pi.Btl. 17	,,	(31c)
1. 8. 44 in den Gen.St. versetzt			
Mattes	Pi.Lehrbtl.	,,	(32)
1. 8. 44 in den Gen.St. versetzt			
Brey	Jäg.Rgt. 49	,,	(33)
1. 8. 44 in den Gen.St. versetzt			
Junge	II. Abt. Art.Rgt. 20	,,	(33a)
1. 8. 44 in den Gen.St. versetzt			
Post	Gren.Rgt. 62	,, .	(34)
1. 8. 44 in den Gen.St. versetzt			
Schmidt	Kav.Rgt. 17 (PzGr)	,,	(35)
1. 8. 44 in den Gen.St. versetzt			
Behr	Pz.Aufkl.Abt. 3, kdt. z. Gen.St.	,,	(35a)
1. 6. 44 in den Gen.St. versetzt			

Heel	Nbl.Abt. 5		1. 4. 44	(36)
1. 8. 44 in den Gen.St. versetzt				
Breidenbach	Ob.Kdo. d. H. (P 4) (I)		,,	(36a)
von Frankenberg und Ludwigsdorf	Kav.Rgt. 13,			
	kdt. z. Gen.St.		,,	(36b)
1. 6. 44 in den Gen.St. versezt				
Kremin	Ob.Kdo. d. H. (G. I. F.) (A)		,,	(37)
Hiersemenzel	Kraftf.Abt. 17		,,	(38)
1. 8. 44 in den Gen.St. versetzt				
Kaphengst	Pz.Rgt. 15		,,	(39)
Vogel (Walter)	Gren.Rgt. 118		,,	(40)
1. 8. 44 in den Gen.St. versetzt				
Held	Pz.Gren.Rgt. 79		,,	(41)
1. 11. 44 in den Gen.St. versetzt				
Horsch	H.Unteroffizierschule Potsdam (I)		,,	(42)
Klöckner	Beob.Abt. 33, kdt. z. Gen.St.		,,	(42a)
1. 6. 44 in den Gen.St. versetzt				
Heringer	Ob.Kdo. d. H. (G. I. F.) (Pz)		,,	(43)
Kelch	Gren.Rgt. 21		,,	(44)
1. 8. 44 in den Gen.St. versetzt				
Gerth	Pz.Gren.Rgt. 69		,,	(45)
Wollert	Art.Rgt. 26		,,	(46)
1. 8. 44 in den Gen.St. versetzt				
Bercht	Pi.Btl. 62		,,	(47)
1. 8. 44 in den Gen.St. versetzt				
Lindinger	Geb.Nachr.Abt. 68		,,	(48)
Retzlaff	Kraftf.Abt. 10		,,	(49)
1. 8. 44 in den Gen.St. versetzt				
Düwell	Geb.Jäg.Rgt. 137		,,	(50)
1. 8. 44 in den Gen.St. versetzt				
Kreßner	Art.Lehrrgt.		,,	(50a)
1. 8. 44 in den Gen.St. versetzt				
Dippel	II. Abt. Art.Rgt. 45		,,	(51)
1. 8. 44 in den Gen.St. versetzt				
Fischer	Nbl. Abt. 5		,,	(51a)
Fuchs	Pz.Gren.Rgt. 6		,,	(52)
Obenaus	Pz.Art.Rgt. 4, kdt. z. Gen.St.		,,	(52a)
1. 6. 44 in den Gen.St. versetzt				
Tzschachel	Pz.Art.Rgt. 74		,,	(53)
1. 8. 44 in den Gen.St. versetzt				
Rodewald	Pz.Art.Rgt. 75		,,	(53a)
Graf von Hardenberg	Pz.Jäg.Abt. 32		,,	(54)
1. 8. 44 in den Gen.St. versetzt				
Hosemann	Gren.Rgt. 19, kdt. z. Gen.St.		,,	(54a)
1. 6. 44 in den Gen.St. versetzt				
Janßen	Pz.Jäg.Abt. 31, kdt. z. Gen.St.		,,	(54b)
1. 6. 44 in den Gen.St. versetzt				
von Balluseck	Kriegsschule Hannover, kdt. z. Gen.St. (A)		,,	(54c)
Klinzing	Pz.Jäg.Abt. 5		,,	(54d)
Philipps	Pz.Gren.Rgt. 8		,,	(55)
1. 8. 44 in den Gen.St. versetzt				
Friesenhausen	Pi.Btl. 28		,,	(56)
1. 8. 44 in den Gen.St. versetzt				
Thiele	Gren.Rgt. 53, kdt. z. Gen.St.		,,	(56a)
1. 6. 44 in den Gen.St. versetzt				
Windemuth	Pz.Jäg.Abt. 30		,,	(57)

Richter (Wolfgang)	Art.Rgt. 28, kdt. z. Gen.St.	1. 4. 44	(57a)
1. 6. 44 in den Gen.St. versetzt			
von Gizycki	Ob.Kdo. d. H. (Ag P 1/2. Abt.) (I)	,,	(58)
von Oertzen	Pz.Rgt. 1	,,	(59)
1. 8. 44 in den Gen.St. versetzt			
Husen	Art.Rgt. 12	,,	(60)
1. 8. 44 in den Gen.St. versetzt			
von Bassewitz	Gren.Rgt. 15 (PzGr)	,,	(61)
Paschke	Nachr.Abt. 18	,,	(61a)
Breidenbach	Pz.Jäg.Abt. 36	,,	(62)
Wiesel	Gren.Rgt. 55	,,	(63)
Sanftenberg	Art.Rgt. 26	,,	(63a)
1. 8. 44 in den Gen.St. versetzt			
Lembke	II. Abt. Art.Rgt. 55	,,	(64)
1. 8. 44 in den Gen.St. versetzt			
Becker	Art.Rgt. 3	,,	(65)
1. 8. 44 in den Gen.St. versetzt			
Schubert	Beob.Abt. 33	,,	(65a)
Wolff	Gren.Rgt. 44	,,	(66)
1. 8. 44 in den Gen.St. versetzt			
Heick (Gerhard)	Pz.Jäg.Abt. 41, kdt. z. Gen.St.	,,	(66a)
1. 6. 44 in den Gen.St. versetzt			
Forker	I. Abt. Art.Rgt. 50, kdt. z. Gen.St.	,,	(66b)
1. 6 44 in den Gen.Stab versetzt			
von Löbbecke	Kav.Rgt. 8	,,	(67)
1. 8. 44 in den Gen.St. versetzt			
Piltz	Art.Abt. 101	,,	(68)
1. 8. 44 in den Gen.St. versetzt			
Cramer	II. Abt. Art.Rgt. 48	,,	(68a)
Zabransky	Pz.Gren.Rgt. 25, kdt. z. Gen.St.	,,	(68b)
1. 6. 44 in den Gen.St. versetzt			
Langel	Aufkl.Rgt. 9	,,	(68c)
Krause	Art.Lehrrgt.	,,	(69)
Friedrich (Heinz)	Art.Rgt. 26	,,	(69a)
Molinari	Pz.Aufkl.Abt. 8	,,	(70)
Oberstleutnant 1. 4. 45			
Fröhlich	II. Abt. Art.Rgt. 39	,,	(71)
1. 8. 44 in den Gen.St. versetzt			
Adler	Nachr.Abt. 36 (PzGr)	,,	(72)
1. 8. 44 in den Gen.St. versetzt			
Meier	Gren.Rgt. 60	,,	(72a)
1. 8. 44 in den Gen.St. versetzt			
Bauer	Pz.Rgt. 11	,,	(73)
1. 8. 44 in den Gen.St. versetzt			
Mayer	Pz.Art.Rgt. 2	,,	(74)
1. 8. 44 in den Gen.St. versetzt			
Obermayer	Gren.Rgt. 51	,,	(75)
Preiß	Pz.Rgt. 6	,,	(76)
Himmighoffen	Kav.Rgt. 11	,,	(76a)
Langer	Pz.Rgt. 2	,,	(77)
1. 8. 44 in den Gen.St. versetzt			
Geltinger (Dionys)	Art.Rgt. 51	,,.	(77a)
von Wiese und Kaiserswaldau	Gren.Rgt. 6	,,	(77b)
30. 1. 45 in den Gen.St. versetzt			
Faber (Walter)	Pi.Btl. 80	,,	(77c)
Schröder	Art.Rgt. 18	,,	(77d)
Pohl (Helmut)	Pz.Jäg.Abt. 31	,,	(78)

Moll (Kurt)	Pi.Btl. 26	1. 4. 44	(79)

30. 1. 45 in den Gen.St. versetzt

Kaumanns	Gren.Rgt. 9 (PzGr)	,,	(80)
Schlingmann (Harry)	Pz.Pi.Btl. 51	,,	(80a)
Lieder (Gustav)	Gren.Rgt. 87	,,	(81)
Niekrawitz (Gerhard)	Kav.Rgt. 11 (I)	,,	(82)
Schlappig	Wehrbz.Kdo. St. Wendel (Saar) (I)	1. 5. 44	(1)
Rapreger	d. Gen.St., zuletzt Gren.Rgt. 43	,,	(2)

Erhielt RDA-Verbesserung 1. 4. 44 (19a)

Flierl	Gren.Rgt. 21	,,	(3)
Köhler (Gerhard)	Gren.Rgt. 30 (PzGr)	,,	(4)
Waclawek	Geb.Nachr.Abt. 68	,,	(5)
Schulze	Pz.Jäg.Abt. 36	,,	(6)
Vossiek	Pi.Btl. 73	,,	(7)
Jahn	Pz.Jäg.Abt. 19	,,	(8)
Brauer	Pz.Rgt. 2	,,	(9)
Boit	Art.Rgt. 1	,,	(10)
Reimer (Hans)	Gren.Rgt. 36	,,	(11)
Schwaner	z. Verf. Ob. d. H. (Hochsch) (Pz)	,,	(12)
Jahnke (Gustav)	Fla.Btl. 55	,,	(13)
Ehrlich	Ob.Kdo. d. H. (Ag P 1/1. [Zentral-]Abt.) (A)	,,	(14)
Kuntz	Pz.Aufkl.Abt. 5 (PzGr)	,,	(15)

30. 1. 45 in den Gen.St. versetzt

Page	Nachr.Abt. 45	,,	(16)
Irle	Pi.Btl. 81	,,	(17)
Stolz	Gren.Rgt. 111	,,	(18)
Schneider	Geb.Nachr.Abt. 54	,,	(19)

30. 1. 45 in den Gen.St. versetzt

ohne Rangdienstalter

von der Heyden	Gren.Rgt. 2	Bef. 1. 4. 44

Nachtrag des Herausgebers

Just (Erich)	Art. Rgt. . . .	1. 7. 42	(33)

Oberstleutnant 1. 10. 44 [94]

Anmerkung: Aktiviert oder aus dem Bereich des Ob. d. L. übergetreten.

Hildebrandt (Gerhard)	d. Gen.St., zuletzt Art. Rgt. 11	1. 11 43	(34c)

Anmerknng: Aus dem Bereich des Ob. d. L. übergetreten.

DIENSTALTERSLISTE S
DER OFFIZIERE DES DEUTSCHEN HEERES
1944/1945

Erläuterungen:

1. Die in gewöhnlicher, aufrechter Schrift gedruckten Angaben stellen eine *wortgetreue* Wiedergabe der letzten vom OKH/PA herausgegebenen *„Dienstaltersliste S der Offiziere des Deutschen Heeres nach dem Stande vom 1. Mai 1944"* dar. Als Vorlage diente das in Besitz des Verbandes deutscher Soldaten (VdS), Bonn, befindliche *Original* der o. a. DAL, Prüfnummer 403.

2. Nach dem 1. 5. 1944 eingetretene Veränderungen (Beförderungen, RDA-Verbesserungen, Versetzungen in den Generalstab, Versetzungen mit Wirkung für das Friedensverhältnis, Überführung in eine andere DAL) sind bei dem jeweiligen Originaltext der DAL vom 1. 5. 1944 in *kursiver* Schrift nachgetragen, soweit sie aus den dem Herausgeber zugänglichen amtlichen Originalunterlagen früherer Wehrmachtdienststellen feststellbar waren.

3. Die bei den Kursiv-Nachträgen in eckigen Klammern [ ] angeführten Ordnungsnummern bzw. Angaben sind vom Herausgeber *rekonstruiert*. In diesen Fällen konnte aus den amtlichen Unterlagen lediglich der neue Dienstgrad und ein Datum, dagegen nicht das genaue RDA mit einer Ordnungsnummer ermittelt werden.
Die Rekonstruktion wurde nur dort vorgenommen, wo durch Vergleich des bisherigen RDA des Beförderten und aller anderen Beförderungen dieses Datums die Festlegung einer Ordnungsnummer mit größter *Wahrscheinlichkeit* möglich war.

4. Bei Beförderungen, bei denen weder eine bestätigte ( ) noch eine rekonstruierte [ ] Ordnungsnummer angegeben ist, kann das Datum nicht nur das Datum des RDA, sondern auch das des Ausspruchs oder der Wirksamkeit der Beförderung darstellen und ein vordatiertes RDA erteilt worden sein.

5. Druckfehler und andere Unrichtigkeiten der Original-DAL sind, soweit vom Herausgeber erkannt, in Fußnoten korrigiert.

6. Gemäß den Vorbemerkungen in der Original-DAL vom 1. 5. 1944 sind:
   a) die eingesetzten Dienststellen die Friedensdienststellen;
   b) während des Krieges mit Wirkung für das Friedensverhältnis ausgesprochene Versetzungen berücksichtigt.

7. Es bedeuten:

*	(hinter dem RDA am 1. 5. 1944)	= Angaben über eine weitere, durch Soldbucheinträge, eidesstattliche Versicherungen oder sonstige Behelfsnachweise belegbare Beförderung siehe Anlage 1
**	(hinter dem RDA am 1. 5. 1944)	= weitere Angaben zu der unter den Kursiv-Nachträgen aufgeführten Beförderung siehe Anlage 2.
(†)	(hinter Beförd. Datum)	= nachträglich (nach dem Tode) befördert mit Wirkung vom ...

Obersten

		Rangdienstalter	
Neugebauer	z. Verf. Ob. d. H. (Sonst. Offz.) (I)	1. 12. 33	(6)
von Redei	Kdr. Wehrbz. Marburg (Lahn) (I)	1. 1. 34	(6)
Schweitzer	Kdr. Wehrbz. Leibnitz (I)	1. 2. 34	(9)
Oster	z. Verf. Ob. d. H. (Sonst. Offz.) (I)	1. 5. 34	(10)
Pfeiffer	Kdr. Wehrbz. Mannheim II (I)	1. 9. 34	(12)
Trimmel	Kdr. Wehrbz. Linz (Donau) (A)	1. 8. 35	(27)
Angerer	St. Wehrers.Insp. Leipzig (K)	,,	(28)
Grabinger	Kdr. Wehrbz. Regensburg (I)	1. 4. 36	(46)
Graeve	z. Verf. Ob. d. H. (Sonst. Offz.) (A)	1. 8. 36	(35)
Roesler	Kdt. Tr.Üb.Pl. Bitsch (I)	1. 1. 37	(7)
Helwig[1]	Nachr.Gerätinspiz. 1	,,	(12a)
Schröder	z. Verf. Ob. d. H. (Sonst. Offz.) (A)	,,	(29)
Obenauer	Kdr. Wehrbz. Kaiserslautern (I)	,,	(34)
Stockmann	Kdr. Wehrbz. Hamburg II (K)	,,	(35)
Dallmer-Zerbe	z. Verf. Ob. d. H. (Sonst. Offz.) (I)	1. 3. 37	(8)
Euler	z. Verf. Ob. d. H. (Sonst. Offz.) (K)	,,	(24)
Isermann	Kdr. Wehrbz. Preußisch Stargard (I)	1. 4. 37	(37)
Ricker	Kdr. Wehrbz. M. Gladbach (I)	1. 7. 37	(9)
Ergert	Gren.Rgt. 92	,,	(15)
Kühn	Kdr. Fz.Kdo. IX (I)	1. 8. 37	(4)
Hellrigl	St. Wehrers.Insp. Düsseldorf (I)	,,	(36)
Oßmann	z. Verf. Ob. d. H. (Sonst. Offz.) (I)	,,	(37)
Kleist	Kdt. Tr.Üb.Pl. Lamsdorf (A)	1. 10. 37	(12)
von Bothmer	Kdt. v. Salzburg (I)	,,	(24)
In DAL T überführt; Gen.Maj. 1. 12. 44 (2d)			
Boicetta	Pz.Rgt. 15	,,	(30)
Berger	Kdr. Wehrkrs. Reit- u. Fahrschule Demmin (K)	,,	(31)
von Cramm	z. Verf. Ob. d. H. (Sonst. Offz.) (K)	,,	(32)
Müller	z. Verf. Ob. d. H. (Sonst. Offz.) (I)	,,	(33)
Knebel	Kdr. Wehrbz. Dessau (I)	,,	(34)
Engelhart	Kdr. Wehrbz. Eutin (I)	,,	(35)
Freiherr von Müller	z. Verf. Ob. d. H. (Sonst. Offz.) (K)	,,	(36)
Graf	Kdr. Wehrbz. Prag (I)	,,	(37)
Steinhoff	Kdr. Fest.Pi.St. 3	,,	(38)
Schroeder	Kdr. Wehrbz. Darmstadt (F)	1. 1. 38	(1)
Niezoldi	Kdt. v. Trier (I)	,,	(19)
Giesecke	Kdr. Wehrbz. Bitterfeld (A)	,,	(28)
Winter	Kdr. Wehrkrs. Reit- u. Fahrschule Soltau (Han)	,,	(30)
Crantz	Kdr. Wehrbz. Posen (I)	,,	(32)
Georgi	Ausb.Leiter Lübeck (I)	,,	(33)
In DAL T überführt; Gen.Maj. 1. 12. 44 (2a)			
Feßel	z. Verf. Ob. d. H. (Sonst. Offz.) (I)	,,	(34)
Schön	Kdr. Wehrbz. Glogau (I)	1. 2. 38	(14)
Helm	Kdr. Wehrbz. Dresden II (A)	,,	(15)
Irmisch	Kdr. Pz.Rgt. 25	1. 3. 38	(4)

---

[1] Auf Grund des Gesetzes zur Wiedergutmachung nat.soz. Unrechts wurde H. 1953 durch den Bundesminister d. Inn. die Rechtsstellung eines am 1. 3. 1943 zum Gen. Major beförderten Offiziers und die Führung der Amtsbezeichnung „Gen. Maj. a. D." zuerkannt.

Nieter	Nachr.Gerätinspiz. 2	1. 3. 38	(30)
Schreitter	b. Kdr. d. Nachr.Tr. X	,,	(38)
Peter	Kdr. II. Abt. Art.Rgt. 58	,,	(40b)
Aulike	Kdr. Wehrbz. Salzburg (I)	,,	(43)
Meyer	St. Gen.Kdo. VIII. A.K. (I)	,,	(44)
Esser	z. Verf. Ob. d. H. (Sonst. Offz.) (A)	,,	(45)
Weiß	Kdr. Wehrbz. Lötzen (I)	,,	(46)
Saenger	Kdr. Wehrbz. Berlin VI (A)	,,	(47)
Freiherr Varnbüler von und zu Hemmingen			
	Kdr. Wehrbz. Rottweil (A)	,,	(48)
Schmoeckel	Ob.Kdo. d. H. (9. Abt. Gen.St. d. H.) (A)	,,	(50)
von Mallinckrodt	z. Verf. Ob. d. H. (Sonst. Offz.) (A)	,,	(51)
Buchert	zuletzt Kdt. v. Mannheim (I)	1. 4. 38	(6)
Bittrolff	Pz.Gren.Rgt. 66	,,	(23)
Hentschel	Kdr. Wehrbz. Gleiwitz (A)	,,	(27)
Messerschmidt	Kdr. Wehrbz. Eger (A)	,,	(29)
Kadelke	Kdr. Wehrbz. Crossen (Oder) (I)	,,	(30)
Kolaczek	Kdr. Wehrbz. Breslau II (A)	,,	(31)
Belli von Pino	Ob.Kdo. d. W. (Ag Ausl) (K)	,,	(33)
von Haugk	Kdr. Wehrkrs. Reit- u. Fahrschule Oschatz	,,	(35)
Köhl	z. Verf. Ob. d. H. (Sonst. Offz.) (A)	1. 6. 38	(25)
Wendt	z. Verf. Ob. d. H. (Sonst. Offz.) (I)	,,	(26)
Edelbüttel	Kdr. Wehrbz. Thorn (I)	,,	(27)
von Geldern-Crispendorf	Ob.Kdo. d. W. (Ag Ausl) (K)	,,	(28)
Lüders	Kdr. Wehrbz. Neustettin (I)	,,	(30)
von Metzsch	Kdr. Wehrbz. Freiberg (Sachs) (I)	,,	(31)
Bormann	Kdr. Wehrbz. Hirschberg (Riesengeb) (Pz)	,,	(32)
In DAL T überführt; Gen.Maj. 30. 1. 45 (1a)			
Karkowski	z. Verf. Ob. d. H. (Sonst. Offz.) (I)	,,	(33)
Schwenzer	Kdr. Wehrbz. Ravensburg (I)	,,	(34)
Bethge	z. Verf. Ob. d. H. (Sonst. Offz.) (I)	,,	(35)
Sorsche	Abt.Chef i. Ob.Kdo. d. H. (Ztschr) (A)	,,	(36)
Schumann	St. Wehrers.Insp. Danzig (K)	,,	(37)
Teuber	Führer Lehrkdo. Kriegsschule Dresden (K)	1. 8. 38	(3)
In DAL T überführt; Gen.Maj. 1. 6. 44 (1a)			
Ecke	St. Gen.Kdo. I. A.K. (Pi)	,,	(10)
Zemsch	z. Verf. Ob. d. H. (Sonst. Offz.) (I)	,,	(24)
von Pirch	z. Verf. Ob. d. H. (Sonst. Offz.) (A)	,,	(25)
Freiherr von Schleinitz	Kdr. Wehrbz. Trier I (I)	,,	(26)
Ruhr	Kdr. Wehrbz. Bochum (I)	,,	(28)
von Kaltenborn-Stachau	Kdr. Wehrbz. Glatz (I)	,,	(29)
Schaal	Kdr. Wehrbz. Calw (I)	,,	(33)
Sauer	Ob.Kdo. d. H. (Wa Prüf 8) (I)	1. 10. 38	(25)
Malischek	St. 3. Geb.Div. (F)	,,	(28)
Tscherny	Ausb.Leiter Allenstein 1 (I)	,,	(29)
Pottiez	z. Verf. Ob. d. H. (Sonst. Offz.) (A)	,,	(33)
Becher	St. Wehrers.Insp. Regensburg (A)	,,	(38)
Kaufmann	z. Verf. Ob. d. H. (Sonst. Offz.) (I)	,,	(39)
von dem Knesebeck	St. Wehrers.Insp. Schwerin (Meckl) (K)	,,	(40)
Kamenicky	Kdt. Vers.Pl. Kummersdorf (A)	1. 1. 39	(30)
Schmidt	b. Fest.Pi.Kdr. V	,,	(33c)
In DAL T überführt; Gen.Maj. 1. 6. 44 (1)			
Taude	Gren.Rgt. 130	1. 1. 39	(33f)
Perl-Mückenberger	Leiter H.Rem.Amt Neuhof-Ragnit (K)	,,	(36)
von Asmuth	Inf.Gerätinspiz. (A) 3 (I)	1. 2. 39	(1)
Koenig	H.Abn.Inspiz. Prag (A)	1. 3. 39	(3)
von Borries	Kdr. Fz.Kdo. XII (I)	,,	(18)

Braxator	z. Verf. Ob. d. H. (Sonst. Offz.) (I)	1. 3. 39	(19)
von Koenig	Kdr. Wehrbz. Görlitz (I)	,,	(21)
Gallas	Führer Lehrkdo. Kriegsschule München (K)	1. 4. 39	(24)
Prachensky	Eisenb.Pi.Rgt. 3	,,	(36)
In DAL T überführt; Gen.Maj. 1. 12. 44 (2e)			
Kahlen	Kdr. Fz.Kdo. XI (I)	,,	(37)
Gluth	Kdr. Wehrbz. Marktredwitz (I)	,,	(42)
Kopecky	Leiter H.Vermess.Stelle Wien (N)	,,	(44)
Punt	Kdr. Wehrbz. Berlin I (A)	,,	(46)
von Schrader	Kdr. Wehrbz. Berlin VIII (I)	,,	(47)
Freiherr von Bibra	Kdr. Wehrbz. Münster (Westf) (I)	,,	(48)
Simon	St. Gen.Kdo. XXIV. A.K. (A)	,,	(49)
Burda	Kdr. Wehrbz. Jülich (A)	,,	(50)
Obst	Kdr. Wehrbz. Hamburg I (I)	,,	(52)
Troschel	Kdr. Fest.Pi.St. 16	,,	(53)
Bode	Ob.Kdo. d. W. (Ag Ausl) (A)	,,	(55)
von Löbbecke	Kdr. Wehrbz. Neumünster (I)	,,	(56)
Wieselhuber	Ob.Kdo. d. H. (In 9) (Nbl)	1. 6. 39	(35)
von Engeström genannt von Dahlstjerna			
	Kdr. Wehrbz. Kempten (Allgäu) (I)	,,	(36)
Rieger	St. Gen.Kdo. VIII. A.K. (I)	,,	(37)
Provasi	St. Wehrers.Insp. Linz (Donau) (K)	,,	(39)
Guth	Ob.Kdo. d. H. (Wa Prüf 5) (Pi)	,,	(40)
Graf von Marogna- Redwitz	St. Gen.Kdo. XVII. A.K. (K)	,,	(42)
Reinisch	Kdr. Wehrbz. Böhmisch Krumau (I)	,,	(43)
Wendling	Gren.Rgt. 76	,,	(45)
von Köckritz	Kdr. Fz.Kdo. XVIII (A)	1. 8. 39	(10)
Hupfeld	St. 6. Pz.Div. (Pz)	,,	(21)
Dürrstein	Gren.Rgt. 14	,,	(30)
In DAL T überführt; Gen.Maj. 1. 3. 45 (1)			
von Heffels	Arbeitsstab Wehrers.Insp. Metz (K)	,,	(39)
Lobinger	St. Kdtr. Befest. b. Breslau (A)	,,	(40)
Freiherr von Waldenfels	St. Wehrers.Insp. Mannheim (K)	,,	(42)
Schunck	Kdr. Wehrbz. Soest (A)	,,	(44)
Schmager	Abt.Chef z.b.V. i. Ob.Kdo. d. H.		
	(Wa I Rü Mun) (I)	1. 10. 39	(17)
Schulz	H.Feuerw.Schule (F)	,,	(22)
Gläsche	Ausb.Leiter Dresden 3 (I)	,,	(28)
Daum	Kdr. Wehrbz. Ried (Innkreis) (I)	,,	(30)
Skutta	Kdr. Wehrbz. Hildesheim (I)	,,	(31)
Kokail	Kdr. Wehrbz. Deutsch Krone (A)	,,	(33)
Körpert	Wehrbz.Kdo. Graz (A)	,,	(34)
von Brause	Kdr. Wehrbz. Aachen (I)	1. 11. 39	(11)
Rüling	Gren.Rgt. 32	1. 12. 39	(3)
Marschall	Art.Rgt. 41	,,	(8)
Wagner	z. Verf. Ob. d. H. (Sonst. Offz.) (I)	,,	(13)
Roser	Ausb.Leiter Bitburg (Bz Trier) (I)	,,	(14)
Sedlmayr	Kriegsakad. (I)	1. 1. 40	(2)
Mesmer	Pz.Art.Rgt. 33	,,	(8)
Petersen	Kdr. Wehrbz. Stargard (Pom) (A)	,,	(12)
Eder	Ausb.Leiter Trier (I)	,,	(13)
Matić-Dravodol	Kav.Rgt. 5	1. 2. 40	(1)
von Frankenberg und Proschlitz	Kdr. Pz.Jäg.Abt. 1	,,	(16)
Dallmer-Zerbe	Kdtr. Frankfurt (Oder) (I)	,,	(21)
Eichberger	z. Verf. Ob. d. H. (Sonst. Offz.) (I)	,,	(34)
Berndt	b. Kdr. d. Nachr.Tr. XI (N)	,,	(35)
Schmitt	Gren.Rgt. 20	1. 3. 40	(17)

14*

Kirsten	Pz.Gren.Rgt. 101	1. 3. 40	(18)
Hellwig	Kdr. Wehrbz. Heilbronn (Neckar) (I)	„	(27)
Rauch	z. Verf. Ob. d. H. (Sonst. Offz.) (I)	„	(29)
von Werder	Kdr. Wehrbz. Arnsberg (Westf) (A)	„	(31)
Denke	Ob.Kdo. d. H. (AHA) (I)	1. 4. 40	(2)
Selle	Kdr. Pz.Pi.Btl. 50	„	(5)
Baumgart	Ob.Kdo. d. H. (Fz Jn) (I)	„	(20)
Selle	Kdt. v. Thorn (I)	„	(21)
von Jena	Vorsitz. 6. H.Rem.Kommission (K)	„	(49)
Gebauer	Kdtr. Tr.Üb.Pl. Bergen (I)	„	(55)
Graf von Matuschka Freiherr von Toppolczan und Spaetgen			
	Kdr. Wehrbz. Mährisch Schönberg (I)	„	(56)
Hainschwang	Kdr. Wehrbz. Hameln (I)	„	(59)
Wurtinger	Wehrbz.Kdo. Hannover I (I)	„	(60)
Knackfuß	St. Gen.Kdo. I. A.K. (A)	„	(61)
Lukesch	St. Gen.Kdo. XVII. A.K. (I)	„	(63)
Richter	St. H.Dienststelle 30 (Pi)	„	(67)
Winiwarter	z. Verf. Ob. d. H. (Sonst. Offz.) (A)	„	(68)
Becker	H.Nachr.Schule	1. 6. 40	(5)
Klett	Rüst.Inspekteur V (K)	„	(7)
Kremling	Kav.Rgt. 14	„	(9)
Fischer	Kdt. Nachrichtenkdtr. Wien	„	(12)
Sinz	Ausb.Leiter Freystadt (Niederschles) (I)	„	(27)
Kalifius	Wehrbz.Kdo. Nikolsburg (PzGr)	„	(28)
Vogt	z. Verf. Ob. d. H. (Sonst. Offz.) (I)	„	(30)
Schmidt	St. Wehrers.Insp. Koblenz (A)	„	(31)
Lendenfeld	Wehrbz.Kdo. Berlin IV (Pi)	„	(32)
Pamperl	Wehrbz.Kdo. Hamburg II (A)	„	(33)
Hennig	St. Gen.Kdo. XIV. A.K. (Pz)	1. 7. 40	(9)
Stenzel	Kdr. Nachr.Abt. 1	„	(9a)
Wolfhard	Pz.Gren.Rgt. 63	„	(15)
Meyer	St. Gen.Kdo. XI. A.K. (Pz)	„	(18)
Schulz	Kdtr. Tr.Üb.Pl. Groß Born (I)	„	(18a)
Jurende	Wehrbz.Kdo. Crossen (Oder) (I)	„	(20)
Neumann	Ausb.Leiter (Art.) Darmstadt (A)	„	(22)
Gerhard	z. V. Ob. d. H. (Sonst. Offz.) (K)	1. 8. 40	(4)
Queckbörner	Gasschutzgeräteinspiz. 2 (Nbl)	„	(5)
Vogel	Kdt. Tr.Üb.Pl. Hohenfels (A)	„	(6)
Engelmann	St. Wehrers.Insp. Posen (A)	„	(18)
Gur	St. Wehrers.Insp. Graz (A)	„	(21)
Zimmermann	Kdr. Beob.Abt. 16	1. 9. 40	(2)
Spaeth	Leiter techn. Lehrg. Pz.Tr.Schule I (Pz)	„	(22)
Baron von Ascheberg	Ausb.Leiter Oels (Schles) (I)	„	(28)
Graf von Brühl	St. Wehrers.Insp. Bremen (K)	„	(29)
Sassenberg	Kdr. Wehrbz. Oldenburg (Oldb) I (I)	„	(30)
Reymann	z. Verf. Ob. d. H. (Sonst. Offz.) (I)	„	(31)
Sensfuß	St. Kdtr. Küstrin (Pi)	„	(35)
Lange	Kdt. v. Salzburg (I)	1. 10. 40	(6)
In DAL T überführt; Gen.Maj. 1. 4. 44 (3a)			
von Tippelskirch	Kdt. d. Transportbz. Koblenz (I)	„	(10)
Thiele-Garmann[1]	Kdr. Pi.Btl. 14	„	(13)
Pawlowski	Wehrbz.Kdo. Halle (Saale) (I)	„	(44)
Reim	Pz.Gren.Rgt. 6	1. 11. 40	(24)
Ebering	Kdr. Wehrkrs. Reit- u. Fahrschule Lyck (K)	„	(32)
Münster	Wehrbz.Kdo. Königsberg (Pr) I (I)	„	(38)

---

[1] Muß heißen: „Thieme-Garmann" (Druckfehler im Original-DAL)

Ehrhardt	Ausb.Leiter Chemnitz 2 (I)	1. 11. 40	(39)
Graf Vitzthum von Eckstädt	Rüst.Insp. IV		
	(Kdr. d. Rüst.Ber. Leipzig) (I)	,,	(40)
Hedtke	Kdr. Wehrbz. Leitmeritz (I)	,,	(41)
Ritter von Kollmann	z. Verf. Ob. d. H. (Sonst. Offz.) (I)	,,	(42)
Kieckhoefer	Kdr. Wehrbz. Gotha (I)	,,	(43)
Nadrowski	Ob.Kdo. d. W. (W Vers) (I)	,,	(44)
Will	z. Verf. Ob. d. H. (Sonst. Offz.) (K)	,,	(45)
Blomeyer	z. Verf. Ob. d. H. (Sonst. Offz.) (A)	,,	(46)
Freiherr Röder von Diersburg	Transportoffizier		
	d. Mil.Kommission Preßburg (I)	1. 12. 40	(7)
von Uechtritz	Gren.Rgt. 29	,,	(8)
Pribyl	Gren.Rgt. 41	,,	(35)
Kemminger	Art.Rgt. 98	,,	(38)
Bittner	b. Kdr. d. Nachr.Tr. V	,,	(41)
von Ilsemann	Mil.Attaché Deutsch.Gesandtsch. i. Bern (A)	,,	(42a)
In DAL T überführt; Gen.Maj. 1. 6. 44 (5)			
von Detten	St. Wehrers.Insp. Stettin (I)	,,	(43)
Lobach	Ob.Kdo. d. H. (Wa Z) (I)	,,	(44)
von Wedelstädt	St. Gen.Kdo. III. A.K. (I)	,,	(45)
Freiherr von Oer	Leiter H.Rem.Amt. Bergstetten (K)	,,	(46)
Grosser	H.Gasschutzschule (Nbl)	1. 1. 41	(2)
Ritter und Edler von Oetinger	Pz.Gren.Rgt. 4	,,	(3)
Kratz	Pz.Gren.Rgt. 103 (I)	,,	(4)
Stenz	Kdt. Tr.Üb.Pl. Milowitz (I)	,,	(5)
Follius	b. Kdr. d. Nachr.Tr. VIII	,,	(29)
Auer	Geb.Art.Rgt. 112	,,	(32)
Strandes	z. Verf. Ob. d. H. (Sonst. Offz.) (K)	,,	(34)
Freiherr von Schlotheim	Kdr. Wehrbz. Altenburg (Thür) (K)	,,	(35)
Stoppel	Pz.Gren.Rgt. 1	1. 2. 41	(22)
Bittner	Pz.Gren.Rgt. 7	,,	(23)
Fixson	Gren.Rgt. 43	,,	(29)
Hammerschmidt	Kdt. Tr.Üb.Pl. Wischau (I)	,,	(36)
Wagner	Ob.Kdo. d. H. (Ag E Tr/E) (I)	,,	(37)
von Kalckreuth	z. Verf. Ob. d. H. (Sonst. Offz.) (I)	,,	(39)
Meise	Kdr. Pi.Btl. 25	1. 3. 41	(3)
Schnitzer	Abt.Chef i. Ob.Kdo. d. H. (H Haush) (I)	,,	(23)
Lorentzen	Kdr. Nachr.Abt. 41	1. 4. 41	(14)
Tschersich	Kdt. Wehrm.Gefängnis Anklam (I)	,,	(34)
Klemm	Kdr. Pz.Pi.Btl. 13	,,	(36)
Epke	Gren.Rgt. 60	,,	(42)
Caeser	Kdt. v. Linz (Donau) (I)	,,	(44)
Huszár	Kdtr. Wien (I)	,,	(45)
Lichtschlag	Kdr. Wehrbz. Nienburg (Weser) (A)	,,	(49)
Schall	Kdr. Wehrbz. Stuttgart II (I)	,,	(50)
Freiherr von Uckermann	z. Verf. Ob. d. H. (Sonst. Offz.) (I)	,,	(51)
Lyncker	Gren.Rgt. 71 (PzGr)	,,	(53b)
Horbach	z. Verf. Ob. d. H. (Sonst. Offz.) (I)	,,	(54)
von der Lochau	z. Verf. Ob. d. H. (Sonst. Offz.) (I)	,,	(55)
Friese	Kdr. Wehrbz. Bonn (I)	,,	(60)
von Kaufmann	Ob.Kdo. d. H. (7. Abt. Gen.St. d. H.) (K)	,,	(61)
Froelich	Kdr. Wehrbz. Zwittau (I)	,,	(63)
Wagner	Kdr. Wehrbz. Bernburg (I)	,,	(64)
Dietz	St. Gen.Kdo. X. A.K. (A)	,,	(65)
Mitzlaff	z. Verf. Ob. d. H. (Sonst. Offz.) (A)	,,	(66)
Jahns	St. Wehrers.Insp. Dortmund (I)	,,	(68)
Bebert	Ob.Kdo. d. W. (Abw II) (Pi)	,,	(71)

Name	Position	Date	No.
Reichel	Kdr. Wehrbz. Teplitz-Schönau (I)	1. 4. 41	(76)
Grau	Kdr. d. Wehrm.Vers.Gru. München (I)	,,	(78)
Kleffel	Ob.Kdo. d. W. (W N V) (N)	,,	(79)
Arendt	z. Verf. Ob. d. H. (Sonst. Offz.) (I)	,,	(80)
Lippert	z. Verf. Ob. d. H. (Sonst. Offz.) (A)	,,	(84)
Letis	Ob.Kdo. d. H. (Wa I Rü/Mun 3) (A)	,,	(85)
Schubert	Kdr. Wehrbz. Dresden III (I)	,,	(86)
Keibel	Kdr. Wehrbz. Düren (A)	,,	(87)
Merkel	Kriegsakad. (I)	,,	(88)
von Klaß	Kdr. Wehrbz. Frankfurt (Oder) (I)	,,	(91)
Koehler	St. Gen.Kdo. XXIV. A.K. (A)	,,	(92)
Große	Kdr. Wehrbz. Eberswalde (I)	,,	(93)
von Borries	Kdr. Wehrbz. Cosel (Oberschles) (PzGr)	,,	(94)
Fricke	St. Wehrm.Bevollm. b. Reichsprotektor u. Befehlsh. i. Wehrkrs. Böhmen u. Mähren (Leiter Fürs) (I)	,,	(95)
Plas	Ob.Kdo. d. H. (Wa Prüf 1) (A)	,,	(96)
Peyerl	Kdr. Wehrbz. Wien II (PzGr)	,,	(97)
Fließ	Kdr. Wehrbz. Innsbruck (I)	,,	(98)
Dürbig	Kdr. Wehrbz. Zittau (K)	,,	(102)
von Eschwege	Kdr. Wehrbz. Klagenfurt (I)	,,	(104)
Keller	St. Gen.Kdo. III. A.K. (I)	,,	(105)
Rohleder	Ob.Kdo. d. W. (Abw III) (I)	,,	(106)
Werner	St. Gen.Kdo. XI. A.K. (I)	,,	(108a)
Tetens	Kdr. Wehrbz. Naumburg (Saale) (I)	,,	(109)
Nürnberg	Ob.Kdo. d. H. (2. Abt. Gen.St. d. H.) (Pi)	,,	(110)
von Karmainsky	Ob.Kdo. d. H. (2. Abt. Gen.St. d. H.) (I)	,,	(111)
Matzky	z. Verf. Ob. d. H. (Sonst. Offz.) (PzGr)	,,	(112)
Boese	St. Gen.Kdo. XII. A.K. (A)	,,	(113)
von Hautcharmoy	Kdr. Wehrbz. Sagan (I)	,,	(114)
Blau	Ob.Kdo. d. W. (W Pr) (I)	,,	(115)
Schmitt	Ob.Kdo. d. H. (Fz Jn) (A)	,,	(116)
Bender	Kdr. Wehrbz. Zweibrücken (A)	,,	(118)
Klingholz	Rüst.Insp. IV (Kdr. Rüst.Ber. Dresden) (I)	,,	(119)
Witte	Ob.Kdo. d. W. (W Rü) (A)	,,	(120)
von Faber	St. Gen.Kdo. V. A.K. (I)	,,	(121)
Baath	Kdr. Ausb.Abt. Kriegsschule Potsdam (I)	1. 6. 41	(1a)
Benczek	Kdt. Tr.Üb.Pl. Wahn (I)	,,	(2)
Ortmann	Kdr. St.Abt. Ob.Kdo. d. H. (A)	,,	(3)
Schmid	Kdr. Pz.Jäg.Abt. 10		(6)
20. 4. 45 in DAL T überführt;			
Bickel	Pz.Art.Rgt. 33	,,	(19)
In DAL T überführt			
von Issendorf	Kdr. Wehrkrs. Reit- u. Fahrschule Gardelegen (K)	,,	(24)
Westmann	b. Ausb.Leiter Zweibrücken (I)	,,	(27)
von Hillebrandt	St. 21. Div. (K)	1. 7. 41	(1)
Bierbaum	Geb.Jäg.Rgt. 136	,,	(1a)
von Colbe	Ob.Kdo. d. H. (Wa Prüf) (A)	,,	(15)
Eckart	St. Gen.Kdo. XIII. A.K. (I)	,,	(18)
Schreiber	St. Wehrers.Insp. Linz (Donau) (K)	,,	(24)
Hollatz	Kdr. Fest.Pi.St. 4	,,	(25)
Schultz	Kdr. Fest.Pi.St. 28	,,	(27)
Stoermer	Kdr. Wehrbz. Neustadt (Westpr) (A)	,,	(39)
von Hellermann	Ausb.Leiter Deutsch Krone 2 (I)	,,	(41)
Clüver	Ausb.Leiter Geldern (I)	,,	(42)
Rausch	St. Kdtr. Befest. b. Aachen (A)	,,	(42a)
Roenneberg	z. Verf. Ob. d. H. (Sonst. Offz.) (N)	,,	(43)

Osiander	Ob.Kdo. d. H. (Gen d Mot/Stab), zugl. Verb.Offz.		
	b. Statistischen Reichsamt (Pz)	1. 7. 41	(44)
Schmidt	Rüst.Insp. IX (I)	,,	(45)
Frege	Ob.Kdo. d. H. (12. Abt. Gen.St. d. H.) (A)	,,	(47)
Baron von der Recke	z. Verf. Ob. d. H. (Sonst. Offz.) (A)	,,	(48)
Holiczky	Ob.Kdo. d. H. (Wa I Rü [W. u. G. 5]) (Pi)		(51)
Flimm	Kdt. d. Transportbz. Karlsruhe (Baden) (A)	1. 8. 41	(19)
Werner-Ehrenfeucht	St. Gen.Kdo. VIII. A.K. (I)	,,	(30)
Schneider	Ob.Kdo. d. H. (7. Abt. Gen.St. d. H.) (I)	,,	(31)
von Versen	Pz.Gren.Rgt. 4	1. 9. 41	(1)
von Linde Suden	Kdr. Wehrbz. Celle (K)	,,	(9)
Freiherr von Kettler	z. Verf. Ob. d. H. (Sonst. Offz.) (I)	,,	(10)
von Eisenhart-Rothe	z. Verf. Ob. d. H. (Sonst. Offz.) (I)	,,	(12)
Tripcke	b. Höh. Pi.Offz. f. Landesbefest. West (Pi)	,,	(13)
Helmke	St. Wehrers.Insp. Frankfurt (Main) (I)	,,	(14)
Rockstroh	St. Gen.Kdo. IV. A.K. (Leiter Fürs.) (A)	,,	(16)
Becker	Kdr. Wehrbz. Zwickau (Sachs) (A)	,,	(17)
von Heeringen	Kdr. Wehrbz. Troppau (I)	,,	(19)
Freiherr von Canitz und Dallwitz	Kdr. Wehrbz. Wohlau (K)	,,	(20)
Heims	Kdt. Vers.Pl. Rügenwalde (A)	,,	(24)
Ammann	z. Verf. Ob. d. H. (Sonst. Offz.) (PzGr)	,,	(25)
von Beck	Kdr. d. Wehrm.Vers.Gru. Breslau (A)	,,	(27)
In DAL T überführt			
Fleißner	Kdr. Wehrbz. Ulm (Donau) (I)	,,	(29)
Winkels-Herding	St. Wehrers.Insp. Köslin (K)	,,	(30)
Nagel	Rüst.Insp. V (Kdr. Rüst.Ber. Stuttgart) (I)	,,	(31)
von Heydebrand und der Lasa	Ausb.Leiter Darmstadt (I)	,,	(32)
Fiebig	Kdr. Wehrbz. Bernau b. Berlin (F)	,,	(33)
Braß	Kdr. Wehrbz. Wetzlar (I)	,,	(34)
Leuchtenberger	Gren.Rgt. 35	,,	(35)
von Poser und Groß-Nädlitz	Kdr. Wehrkrs.		
	Reit- u. Fahrschule Warendorf (K)	,,	(36)
von dem Knesebeck	Vorsitz. 1. H.Rem.Kommission (K)	,,	(39)
von der Osten	Kdr. Pz.Nachr.Abt. 4	,,	(42)
Wichers	z. Verf. Ob. d. H. (Sonst. Offz.) (I)	,,	(52)
Prützmann	b. Kdr. d. Nachr.Tr. IV	1. 10. 41	(14)
Treiter	H.Zeugamt (N) (N)	,,	(19)
Hesse	Ob.Kdo. d. H. (G. I. F.) (I)	,,	(26)
Strobl	Ob.Kdo. d. H. (In 10) (EPi)	,,	(27)
Kalle	Kdr. Wehrbz. Neuwied (I)	,,	(31)
Doberg	Vorstand H.Bekl. Amt Berlin (Pi)	,,	(32)
Wilke	Kdr. Wehrbz. Auerbach (Vogtl) (I)	,,	(35)
Klein	Rüst.Insp. IX (Kdr. Rüst.Ber. Frankfurt [Main]) (A)	,,	(38)
Röhrssen	Kdr. Wehrbz. Deutsch Krone (K)	,,	(39)
Osterland	b. Rüst.Insp. XI (Pz)	,,	(40)
Praël	St. Gen.Kdo. II. A.K. (I)	,,	(41)
Kempf	St. Gen.Kdo. XXI. A.K. (Leiter Fürs.) (I)	,,	(42)
Mey	St. Kdtr. Befest. b. Neustettin (Pi)	,,	(44)
von Ilsemann	Ob.Kdo. d. H. (Wa Prüf 6) (A)	,,	(45)
Jacobsen	Ob.Kdo. d. W. (Abw III) (I)	,,	(46)
Boehm	Kdt. v. Saarbrücken (I)	,,	(47)
von Görtz	St. Wehrers.Insp. Prag (K)	,,	(48)
Martini	Ob.Kdo. d. W. (Abw III) (A)	,,	(49)
von Steinwehr	Ob.Kdo. d. W. (b. Stellv. Chef W F St) (I)	,,	(50)
Gleis	Geb.Jäg.Rgt. 13	,,	(51)
Lauterbach	St. Gen.Kdo. VII. A.K. (Pz)	,,	(53)
Parisius	Gren.Rgt. 46	1. 11. 41	(2)

Vogel	St. Kdtr. Befest. b. Neustettin (A)	1. 11. 41	(3)
Stieler	Kdt. Üb.Lag. Regenwurmlager	,,	(5)
von Mengden	Kdt. Nachrichtenkdtr. Frankfurt (Oder)	,,	(16)
Conze	Kdr. Pz.Lehrrgt.	1. 12. 41	(5)

In DAL T überführt; Gen.Maj. 30. 1. 45 (14a)

Graf von Merveldt	Gren.Rgt. 70	,,	(23)
Prahl	b. Höh. Art.Offz. 5	,,	(28)
Demharter	Kdr. Nachr.Abt. 7	,,	(33)
Lutter	Kdtr. Tr.Üb.Pl. Ohrdruf (I)	1. 1. 42	(1a)
Gebert	Kdr. Wehrbz. Neustadt (Oberschles) (A)	,,	(1a¹)
Jaich	St. Wehrers.Insp. Ulm (Donau) (A)	,,	(1b)
Dauber	Pi.Schule I	,,	(13)
Wottrich	Kdr. Wehrbz. Königsberg (Pr) I (K)	,,	(18)
Bath	St. Wehrers.Insp. Danzig (A)	,,	(22)
Hesselmann	z. Verf. Ob. d. H. (Sonst. Offz.) (A)	,,	(32)
von Metzsch	Vorsitz. 4. H.Rem.Kommission (K)	,,	(39)
Meinardus	Wehrbz.Kdo. Neuruppin (A)	,,	(53)
Pellet	z. Verf. Ob. d. H. (Sonst. Offz.) (I)	,,	(54)
Kops	St. Wehrers.Insp. Dresden (I)	,,	(55)
Schröer	z. Verf. Ob. d. H. (Sonst. Offz.) (A)	,,	(59)
von Lange	Wehrbz.Kdo. Berlin IX (I)	,,	(60)
Gerlach	Kdr. Wehrbz. Heidelberg (I)	,,	(61)
Servaes	St. Gen.Kdo. V. A.K. (K)	,,	(62)
Walther	b. Höh. Art.Offz. 5	1. 2. 42	(1)
Freiherr von Bilfinger	z. Verf. Ob. d. H. (Sonst. Offz.) (I)	,,	(46)
Jahreis	St. Wehrers.Insp. Eger (Pz)	,,	(47)
Hiersemenzel	Kdr. Wehrbz. Teschen (I)	,,	(48)
Beling	Kdr. Wehrbz. Bad Kreuznach (A)	,,	(50)
Reuter	Kdr. Wehrbz. Siegen (I)	,,	(51)
Witte	Kdr. H.Unteroffz. Vorschule Freiberg (Sachs) (I)	,,	(52)
Heiß	Kdr. Wehrbz. Kalisch (I)	,,	(53)
Suling	Wehrbz.Kdo. Oldenburg (Oldb) II (I)	,,	(55)
Mackensen von Astfeld	Kdr. Wehrbz. Goslar (I)	,,	(56)
Bührmann	Kdr. Wehrbz. Krefeld (I)	,,	(57)
Bergmann	z. Verf. Ob. d. H. (Sonst. Offz.) (I)	,,	(59)
Erdmann	St. Wehrers.Insp. Allenstein (I)	,,	(60)
Plewig	Kdr. Wehrbz. Loben (A)	,,	(62)
von Schuckmann	Ausb.Leiter Breslau 3 (I)	,,	(64)
Schrader	Wehrbz.Kdo. Meiningen (K)	,,	(64a)
Wagner	Kdr. Wehrbz. Ehingen (Donau) (I)	,,	(66)
Thiele	z. Verf. Ob. d. H. (Sonst. Offz.) (A)	,,	(69)
Grell	Kdr. Nachr.Abt. 8	,,	(72)
Behncke	Kriegsakad. (K)	,,	(83)
Diedrichs	Nachr.Abt. 15	,,	(90)
Gelbrich	Kdr. H.Unteroffz.Vorschule Neubreisach (I)	,,	(93)
Altmann	Kdr. I. Abt. Art.Rgt. 55	,,	(101)
Wagner	Ob.Kdo. d. H. (In 6) (Pz)	,,	(102)
Merten	Kdt. Wehrm.Gefängnis Glatz (I)	,,	(107)
Westmann	Gren.Rgt. 102	,,	(114)
Halder	Kdt. Nachrichtenkdtr. München	,,	(120)
Ehrig	Kriegsschule Hannover (I)	,,	(122)
Ilgen	Kdr. I. Abt. Pz.Rgt. 23	,,	(124)
Freiherr von Esebeck	Mil.Attaché Deutsch. Gesandtsch. i. Lissabon (K)	,,	(128)
Soldan	Fz.Kdo. VIII (A)	,,	(132)
Scheiber	St. Wehrers.Insp. Prag (K)	,,	(132a)
Nölting	St. Wehrers.Insp. Schwerin (Meckl) (I)	,,	(133)

Inama von Sternegg	Kdr. Wehrbz. Horb (Neckar) (I)	1. 2. 42	(134)
Mackensen	St. Gen.Kdo. II. A.K. (A)	,,	(137)
Schroth	z. Verf. Ob. d. H. (Sonst. Offz.) (A)	,,	(139)
Schubert	z. Verf. Ob. d. H. (Sonst. Offz.) (I)	,,	(140)
Scharrer	z. Verf. Ob. d. H. (Sonst. Offz.) (A)	,,	(141)
von Löbbecke	Kdr. Wehrbz. Iserlohn (K)	,,	(142)
Forst	St. Kdtr. Berlin (K)	,,	(144)
Krause	z. Verf. Ob. d. H. (Sonst. Offz.) (I)	,,	(145)
von dem Hagen	Kdr. Wehrbz. Reichenberg (Sudetenl) (Pz)	,,	(146)
von Bismarck	Ob.Kdo. d. H. (7. Abt. Gen.St. d. H.) (I)	,,	(147)
Westphal	Kdr. Wehrbz. Marburg (Drau) (A)	,,	(149)
Schmidt	z. Verf. Ob. d. H. (Sonst. Offz.) (Pi)	,,	(150)
Bußler	Kdr. Wehrbz. Lissa (Wartheland) (I)	,,	(151)
von Bornhaupt	Ob.Kdo. d. W. (AWA) (I)	,,	(152)
Wollmar	St. Wehrers.Insp. Schleswig-Holstein (I)	,,	(153)
Teichmann	Kdr. Wehrbz. Litzmannstadt (A)	,,	(154)
Müller-Hickler	Kdr. Wehrbz. Znaim (K)	,,	(155)
von Abel	Kdr. Wehrbz. Melk (K)	,,	(156)
Becker	St. Gren.Kdo. VII. A.K. (I)	,,	(157)
Roth	St. Landw.Kdr. Freiburg (Breisgau) (N)	,,	(160)
Bernhard	Ob.Kdo. d. H. (Gen d Mot/Stab), zugl. Verb.Offz.		
	b. Generalinsp. d. deutschen Straßenwes. (Pz)	,,	(161)
Klinger	Wehrbz.Kdo. Neumünster (K)	,,	(163)
von Czettritz und Neuhaus	Ausb.Leiter Züllichau (Kdsch)	,,	(165)
Müller-Teusler	St. Gen.Kdo. XXIV. A.K. (I)	,,	(166)
In DAL T überführt			
Freiherr von Amelunxen	St. Wehrers.Insp. Hannover (K)	,,	(167)
Ressel	Kdr. Wehrbz. Neuruppin (A)	,,	(168)
Habersang	Kdr. Wehrbz. Cilli (I)	,,	(169)
von Schenck	Wehrbz.Kdo. Berlin V (I)	,,	(171)
Danielowski	Wehrbz.Kdo. Darmstadt (I)	,,	(172)
Schreiber	St. Wehrers.Insp. Köln (I)	,,	(173)
Schubert	Kdr. Wehrbz. Brünn (Mähren) (I)	,,	(174)
Luyken	Kdr. Wehrbz. Berlin X (I)	,,	(175)
Kreßner	Ob.Kdo. d. W. (Ag Ausl) (A)	,,	(178)
Everken	z. Verf. Ob. d. H. (Sonst. Offz.) (I)	,,	(179)
Weltner	St. Gen.Kdo. XXI. A.K. (I)	,,	(180)
von Schmidt	Leiter H.Rem.Amt Mecklenhorst		
	(über Wunstorf) (K)	,,	(180a)
von Bülow	Kdr. Wehrbz. Hohensalza (K)	,,	(181)
von Neuhaus	Kdr. Wehrbz. Parchim (K)	,,	(182)
Küffner	Vorstand H.Bekl.Amt Hannover (I)	,,	(183)
Behrends	Wehrbz.Kdo. Köln I (I)	,,	(184)
Kraul	Ob.Kdo. d. H. (Wa Prüf) (I)	,,	(186)
Sieber	St. Landw.Kdr. Allenstein (I)	,,	(187)
Golden	Kdr. Pz.Jäg.Abt. 5	,,	(197)
Ullrich	Kdt. Tr.Üb.Pl. Arys (I)	,,	(198)
Kletter	St. Gen.Kdo. XVIII. A.K. (I)	,,	(229)
Cullmann	St. H.Gru.Kdo. 2 (K) *In DAL T überführt*	,,	(233)
Knöpfler	Kdr. Wehrbz. Oels (Schles) (A)	,,	(235)
Hermann	Kdr. Wehrbz. Freiburg (Breisgau) (I)	,,	(236)
Kandler	St. Wehrers.Insp. Berlin (PzGr)	,,	(237)
Bier	Rüst.Insp. IV (Kdr. Rüst.Ber. Reichenberg		
	[Sudetenl]) (I)	,,	(238)
Welter	b. Fest.Pi.Kdr. VI	,,	(239)
Wolf	Kdr. Wehrbz. Cottbus (Pi)	,,	(240)
Kühne	Kdr. Wehrbz. Gießen (A)	,,	(241)

von Kleist	Wehrbz.Kdo. Stolp (Pom) (I)		1. 2. 42	(244)
Freiherr von Langermann und Erlencamp Leiter H.Rem.Amt				
	Perlin (K)		,,	(245)
Reck	St. Wehrers.Insp. Graz (A)		,,	(246)
Rohleder	Wehrbz.Kdo. Wien II (I)		,,	(247)
Siegert	St. Wehrers.Insp. Düsseldorf (Pz)		,,	(249)
Gallasch	St. Wehrers.Insp. Königsberg (Pr) (I)		,,	(253)
Engelbrecht	Kdr. Wehrbz. Lüneburg (I)		,,	(254)
von Bierbrauer zu Brennstein	z. Verf. Ob. d. H.		,,	
	(Sonst. Offz.) (I)			(255)
Seither	Kdt. Vers.Pl. Hillersleben (A)		,,	(256)
Tamm	St. Gen.Kdo. XX. A.K. (I)		,,	(257)
Heller	Kdr. Wehrbz. Straubing (A)		,,	(259)
von Haugk	St. 4. Div. (I)		,,	(260)
Müller-Waegener	z. Verf. Ob. d. H. (Sonst. Offz.) (I)		,,	(262)
Wienholt	St. Gen.Kdo. VI. A.K. (Leiter Fürs.) (I)		,,	(263)
von Leyser	Ob.Kdo. d. H. (Ag P 1) (I)		,,	(264)
Butz	Ob.Kdo. d. H. (In 2) (I)		,,	(265)
Weicht	Kdtr. Tr.Üb.Pl. Senne (I)		,,	(266)
Daemm	Jäg.Rgt. 83		,,	(277)
Keshler	Gren.Rgt. 6		,,	(305)
von Müller	St. Wehrers.Insp. Potsdam (I)		,,	(313)
In DAL T überführt				
Eidam	St. Gen.Kdo. XVII. A.K. (A)		,,	(314)
In DAL T überführt				
Winterer	St. Wehrers.Insp. Stuttgart (I)		,,	(317)
Fischer	Rüst.Insp. XVII (A)		,,	(321)
Gaul	Ob.Kdo. d. H. (12. Abt. Gen.St. d. H.) (I)		,,	(323)
Schwengberg	b. Höh.Nachr.Offz. 2 (N)		,,	(325)
Mattner	Transportkdtr. Köln (I)		,,	(326)
von Westernhagen	St. Wehrers.Insp. Köln (I)		,,	(328)
Rönckendorff	St. Wehrers.Insp. Eger (I)		,,	(330)
von Oertzen	Kdr. Wehrbz. Kamenz (Sachs) (K)		,,	(332)
Evers	Transportkdtr. Wien (A)		,,	(333)
Freiherr von Rössing	Kdr. Fest.Pi.St. 21		,,	(335)
Aldefeld	Wehrbz.Kdo. Kiel (I)		,,	(336)
Ritter von Wurmb	z. Verf. Ob. d. H. (Sonst. Offz.) (I)		,,	(339)
Merkel	H.Abn.Inspiz. IX (I)		,,	(340)
von Mudra	Ob.Kdo. d. H. (Ag E Tr/Tr Abt) (I)		,,	(341)
von Neumann-Cosel	St. Wehrers.Insp. Breslau (Pz)		,,	(341a)
Deloch	z. Verf. Ob. d. H. (Sonst. Offz.) (A)		,,	(342)
Mitscherling	z. Verf. Ob. d. H. (Sonst. Offz.) (I)		,,	(343)
von Kunowski	Ausb.Leiter Coesfeld (Westf) (I)		,,	(345a)
Geißler	Rüst.Insp. VIII (I)		,,	(346)
Tigör	Gren.Rgt. 9		1. 3. 42	(5)
Lederer	Kdr. Pz.Jäg.Abt. 6		,,	(9)
Lauchstaedt	z. Verf. Ob. d. H. (Sonst. Offz.) (N)		,,	(16)
Esser	Gren.Rgt. 14		,,	(20)
Busch	Pz.Gren.Rgt. 66		,,	(34)
Fernbacher	St. Gen.Kdo. XVIII. A.K. (I)		,,	(38)
Kutzelnigg	Gren.Rgt. 60		,,	(39)
Spanner	b. H.Abn.Inspiz. XVII (I)		,,	(40)
Fruhwirth	Geb.Jäg.Rgt. 137		,,	(52)
Douglas	z. Verf. Ob. d. H. (Sonst. Offz.) (I)		,,	(54)
Winter	Gren.Rgt. 3		,,	(55)
Borck	Ob.Kdo. d. H. (In 4) (A)		,,	(56)

von Vethacke	z. Verf. Ob. d. H. (Sonst. Offz.) (I)		1. 3. 42	(57)
In DAL T überführt				
Kienast	z. Verf. Ob. d. H. (Sonst. Offz.) (Pi)		,,	(60)
Kutzen	Ob.Kdo. d. H. (1. Abt. Gen.St. d. H.) (I)		,,	(64)
von Gersdorff	St. Gen.Kdo. II. A.K. (I)		,,	(65)
Schäffer	Rüst.Insp. VII (I)		,,	(66)
von Hugo	z. Verf. Ob. d. H. (Sonst. Offz.) (I)		,,	(67)
von Elterlein	St. Wehrers.Insp. Kassel (K)		,,	(69)
Meiser	St. Gen.Kdo. XVIII. A.K. (I)		,,	(70)
Rodler	St. Gen.Kdo. XVIII. A.K. (I)		,,	(85)
Poltrock	Kdr. Wehrbz. Schwerin (Meckl) (I)		,,	(86)
Pape	St. Wehrers.Insp. München (F)		,,	(88)
Freiherr von Barnekow	Kdr. Wehrbz. Ausland in Berlin (K)		,,	(89)
Korth	Ausb.Leiter Gumbinnen 1 (I)		,,	(90)
Mennicke	Ob.Kdo. d. H. (Wa Prüf 5) (EPi)		,,	(91)
von Karmainsky	Ob.Kdo. d. H. (Ag E Tr/E) (A)		,,	(92)
Nickisch von Rosenegk	Ausb.Leiter Krefeld (I)		,,	(93)
Huck	Ob.Kdo. d. H. (Wa Prüf 1) (PzGr)		,,	(112)
Riedle	Kdr. Wehrbz. Annaberg (Erzgeb) (K)		,,	(127)
Nieske	St. Wehrers.Insp. Chemnitz (K)		,,	(128)
Quensell	Ob.Kdo. d. H. (Fz In) (A)		,,	(130)
Graf von Sparr	St. 72. Div. (N)		,,	(131)
von Coler	Ausb.Leiter Woldenberg (Neum) (I)		,,	(133)
von Werder	z. Verf. Ob. d. H. (Sonst. Offz.) (I)		,,	(138)
Fleck	Ob.Kdo. d. H. (In 2) (I)		,,	(139)
Huethe	Gren.Rgt. 43		,,	(159)
von Wülcknitz	Kdr. Kraftf.Abt. 3		,,	(166)
Kolewe	Ausb.Leiter Ortelsburg 1 (K)		,,	(170)
Albrecht	Kriegsakad. (A)		,,	(171)
Bonde	St. Wehrers.Insp. Hamburg (I)		,,	(172)
Haase	St. Kdtr. Befest. b. Neustettin (N)		,,	(174)
Sympher	Rüst.Insp. IX (Kdr. Rüst.Ber. Gießen) (A)		,,	(175)
Hoffmann	Wehrbz.Kdo. Berlin VII (I)		,,	(176)
Rauthe	Rüst.Insp. III (A)		,,	(178)
von Kloeden	Wehrbz.Kdo. Berlin VIII (I)		,,	(179)
Kubert	Wehrbz.Kdo. Krainburg (I)		,,	(180)
Rennecke	Wehrbz.Kdo. Hamburg I (A)		,,	(184)
Zantner	Kdr. Wehrbz. Mies (F)		,,	(185)
Albert	Kdr. Wehrbz. Krems (Donau) (I)		,,	(186)
Haupt	St. Gen.Kdo. XII. A.K. (Leiter Fürs.) (PzGr)		,,	(187)
Zierenberg	St. Gen.Kdo. XII. A.K. (I)		,,	(188)
Huber	Ausb.Leiter Rosenheim (I)		,,	(189)
Sievers	Wehrbz.Kdo. Bremen I (A)		,,	(190)
Hüter	Rüst.Insp. VIII (Kdr. Rüst.Ber. Kattowitz) (I)		,,	(191)
Römer	Kdr. Wehrbz. Mannheim I (A)		,,	(192)
Tendering	Kdt. d. Tiborlagers (I)		,,	(194)
von Eichborn	Ob.Kdo. d. H. (5. Abt. Gen.St. d. H.) (PzGr)		,,	(198)
von Lewinski	Pz.Rgt. 5		,,	(203)
1. 3. 45 in DAL T überführt				
Winkel	Kav.Rgt. 9		,,	(216)
Châlons	Gren.Rgt. 58		,,	(224)
Elster-Düsing	St. Gen.Kdo. VI. A.K. (Pi)		,,	(228)
Englmann	b. Kdr. d. Nachr.Tr. XVII (N)		,,	(230)
Henning	Wehrbz.Kdo. Schwerin (Meckl) (K)		,,	(231)
Ritter und Edler von Lengrießer	Kdr. Wehrbz. Berlin IV (K)		,,	(233)
Dostler	Wehrbz.Kdo. Wiener Neustadt (I)		,,	(234)
Scholtz	Ob.Kdo. d. W. (Abw I) (PzGr)		,,	(235)

Plessing	St. Wehrers.Insp. Schleswig-Holstein (K)		1. 3. 42	(236)
Reyer	Leiter-Arbeitsstab-Wehrbz.Kdo Straßburg (Els) (I)		,,	(237)
Kießling	Kdr. Wehrbz. Offenburg (Baden) (I)		,,	(240)
Wygnanki	St. Wehrers.Insp. Graz (A)		,,	(241)
Herbst	Abt.Chef i. Ob.Kdo. d. H. (Wa I Rü [Mun 5]) (A)		,,	(243)
von Dechend	Ob.Kdo. d. H. (Wa Prüf 9) (I)		,,	(245)
Elsässer	z. Verf. Ob. d. H. (Sonst. Offz.) (A)		,,	(247)
Zander	Kdr. Wehrbz. Schröttersburg (I)		,,	(248)
Rampacher	z. Verf. Ob. d. H. (Sonst. Offz.) (I)		,,	(249)
Voß	Transportkdtr. Erfurt (I)		,,	(250)
Becker	Pz. Gren.Rgt. 79		1. 4. 42	(2)
Spitta	Pz.Gren.Rgt. 33		,,	(5)
Oehring	Gren.Rgt. 53		,,	(13)
Freiherr von Bodenhausen	Kdt. d. Tr. Üb. Pl. Wandern (Pz)		,,	(16)
1. 3. 45 in DAL T überführt				
Schnitzler	Kdr. Fest. Pi.St. 15		,,	(23)
von Tschammer und Osten	z. Verf. Ob. d. H. (Sonst. Offz.) (I)		,,	(32)
Breyer	Ob.Kdo. d. W. (W Allg) (K)		,,	(34)
Becker	Mil.Attaché Deutsch. Gesandtsch. i. Preßburg (I)		,,	(35)
Gotzmann	St. Wehrers.Insp. Liegnitz (I) *In DAL T überführt*		,,	(37)
Hug	Kdr. Wehrbz. Rastatt (I)		,,	(38)
Köttgen	Rüst.Insp. Prag (A)		,,	(39)
Freiherr von Boenigk	St. Wehrers.Insp. Bremen (I)		,,	(40)
Roth	Kdr. Wehrbz. Rosenheim (I)		,,	(41)
Hofberger	Kdr. Wehrbz. München IV (I)		,,	(42)
Buth	Kdr. Wehrbz. Trautenau (I)		,,	(44)
Egersdorff	St. Wehrers.Insp. Münster (Westf) (I)		,,	(45)
Wittekind	Rüst.Insp. XII (Kdr. Rüst.Ber. Saarbrücken) (Pz)		,,	(46)
Musset	Rüst.Insp. XII (I)		,,	(47)
Maurer	Ob.Kdo. d. W. (Abw. I) (PzGr)		,,	(48)
Freiherr von Funck	St. Gen.Kdo. II A.K. (Kdsch)		,,	(49)
Hebensperger	St. Wehrers.Insp. Innsbruck (I)		,,	(50)
Specht	Rüst.Insp. XII (Kdr. Rüst.Ber. Mannheim) (Pi)		,,	(51)
Rehren	Ob.Kdo. d. H. (5. Abt. Gen.St. d. H.) (A)		,,	(53)
Rudolph	St. Gen.Kdo. VI. A.K. (K)		,,	(54)
von Papen	Kdr. Wehrbz. Dortmund II (I)		,,	(55)
Stein	Kdr. Fest.Pi.St. 18		,,	(56)
von Höhne	b. Kdr. d. Nachr.Tr. XVI (N)		,,	(57)
von Fichte	Ob.Kdo. d. H. (AHA/Stab) (A)		,,	(58)
von Kistowsky	Ob.Kdo. d. H. (Wa Chefing) (A)		,,	(59)
Dingeldey	b. Kdr. d. Nachr.Tr. IV		,,	(60)
Scherzer	Ausb.Leiter Oppeln 1 (I)		,,	(61)
Burger	Fest.Pi.St. 8		,,	(62)
Reimann	St. Wehrers.Insp. Mannheim (I)		,,	(63)
Besch	St. Wehrers.Insp. Innsbruck (I)		,,	(64)
Strehle	z. Verf. Ob. d. H. (Sonst. Offz.) (I)		,,	(65)
Trebst	Kdr. Wehrbz. Weimar (I)		,,	(66)
Meyer	Qb.Kdo. d. H. (AHA/Stab) (I)		,,	(67)
Tietze	Ob.Kdo. d. W. (W Ro) (Pi)		,,	(69)
Hartwieg	Kdr. Wehrbz. Braunschweig (I)		,,	(72)
Dischler	St. Gen.Kdo. X. A.K. (I)		,,	(73)
Grimm	H.Reit- u. Fahrschule		,,	(80)
Stern von Gwiazdowski	Kdt. Nachr.Kdtr. Königsberg (Pr)		,,	(82)
Magschitz	Gren.Rgt. 36		,,	(98)
Siebert	Pz.Rgt. 1		,,	(99)
Schmilauer	St. 4. Pz.Div. (F)		,,	(101)
Freiherr von Scholley	St. Gen.Kdo. V. A.K. (I)		,,	(110)

Eicke	Kdr. H.Unteroffiziervorschule Ettlingen (Baden) (I)	1. 4. 42	(112)
Pahl	Kdt. Tr.Üb.Pl. Senne (I)		„	(113)
von Gersdorff	Pz.Rgt. 7		„	(117a)
Kuhn	St. Gen.Kdo. XIX. A.K. (I)		„	(125)
In DAL T überführt				
Bender	St. Wehrers.Insp. Dortmund (A)		„	(130)
Semmelmann	St. Wehrers.Insp. Regensburg (I)		„	(131)
von Brincken	St. Wehrers.Insp. Schwerin (Meckl) (K)		„	(132)
Brickenstein	z. Verf. Ob. d. H. (Sonst. Offz.) (I)		„	(133)
Volkmann	Wehrbz.Kdo. Bromberg (A)		„	(134)
Ebeling	Wehrbz.Kdo. Osnabrück (I)		„	(137)
Nette	St. Wehrers.Insp. Leipzig (K)		„	(138)
von Meyer	St. Wehrers.Insp. Nürnberg (A)		„	(139)
Reinhard	Wehrbz.Kdo. Eger (I)		„	(142)
Delius (Karl)	St. Gen.Kdo. XXV. A.K. (A)		„	(143)
Diem	Kdr. Wehrbz. Landshut (Bay) (I)		„	(144)
Braunschweig	Rüst.Insp. Prag (Kdr. Rüst.Ber. Prag) (I)		„	(145)
von Scheffler-Knox	z. Verf. Ob. d. H. (Sonst. Offz.) (I)		„	(147)
Dzialas	Kdr. Wehrbz. Koblenz (PzGr)		„	(148)
Wöhler	Kdr. Wehrbz. Friedberg (Hess) (I)		„	(150)
Holtzmann	Wehrbz.Kdo. Berlin VII (I)		„	(153)
Lütgen	St. Wehrers.Insp. Leipzig (Pz)		„	(154)
von Zeschau	St. Wehrers.Insp. Weimar (K)		„	(155)
von Reckow	Wehrbz.Kdo. Frankfurt (Main) I (I)		„	(156)
von Kleist	St. Wehrers.Insp. Köslin (Pz)		„	(157)
Schubert	Ob.Kdo. d. H. (Wa Prüf 1) (A)		„	(158)
Gais	St. Wehrers.Insp. Stuttgart (K)		„	(159)
Gschwender	Ob.Kdo. d. H. (Wa Z 1) (A)		„	(160)
Brednow	Ob.Kdo. d. H. (AHA/Stab) (I)		„	(162)
Leydecker	St. Gen.Kdo. XVIII. A.K. (I)		„	(165)
Hecker	Rüst.Insp. X (I)		„	(166)
Freiherr von Meyern-Hohenberg	Kdr. Wehrbz. Coburg (I)		„	(167)
Hintermayer	St. Gen.Kdo. XVII. A.K. (I)		„	(168)
von Burgsdorff	Wehrbz.Kdo. Cosel (Oberschles) (I)		„	(169)
Klein	St. Gen.Kdo. XII. A.K. (I)		„	(170)
Gude	Wehrbz.Kdo. Bochum (A)		„	(171)
Dietz	Kdr. Wehrbz. Berlin V (K)		„	(173)
Schreiner	Wehrbz.Kdo. Gelsenkirchen (I)		„	(174)
Müller	b. Ausb.Leiter Müllheim (Baden) (Pi)		„	(175)
Schulte	Ob.Kdo. d. H. (In 4) (A)		„	(176)
Müller	Kdr. Wehrbz. Neustadt (Weinstr) (I)		„	(177)
Starke	Kdr. Wehrbz. Döbeln (I)		„	(181)
von Sydow	St. Gen.Kdo. III. A.K. (I)		„	(182)
Buchholtz	Wehrbz.Kdo. Böhmisch Leipa (W.M.A. Böhmisch Leipa) (I)		„	(183)
von Heymann	Leiter - Arbeitsstab - Wehrbz. Mühlhausen (Els) (I)		„	(184)
Freiherr von Bonnet zu Meautry	Wehrkrs. Reit- u. Fahr- schule Dillingen (Donau)		„	(186)
Risler	St. Wehrers.Insp. Dortmund (A)		„	(187)
Wittfeld	St. Gen.Kdo. I. A.K. (Leiter Fürs.) (I)		„	(189)
Kanzler	Wehrbz.Kdo. Linz (Donau) (I)		„	(192)
Kubasta	b. Ausb.Leiter Spittal (Drau) (I)		„	(194)
Wawersich	Eisenb.Pi.Rgt. 2		„	(195)
Jakubey	St. 9. Pz.Div. (PzGr)		„	(195a)
Weß	Ob.Kdo. d. H. (Wa Prüf 5) (Pi)		„	(196)
Schulze	Wehrbz.Kdo. Trier II (I)		„	(198)

Otto	Ob.Kdo. d. H. (Ag E Tr/E) (I)		1. 4. 42	(200)
Meyer (Kurt)	z. Verf. Ob. d. H. (Sonst. Offz.) (I)		,,	(201)
Winter	Kdr. Wehrbz. Amberg (Oberpf) (I)		,,	(202)
Köster	Kdr. Wehrbz. Coesfeld (Westf) (I)		,,	(203)
Pantlen	Wehrbz.Kdo. Mannheim I (I)		,,	(205)
Grommelt	St. Wehrers.Insp. Königsberg (Pr) (A)		,,	(206)
Bauer	Kdr. Wehrbz. Chemnitz II (A)		,,	(207)
Grünert	St. Wehrers.Insp. Ulm (Donau) (A)		,,	(208)
Lippert	Ob.Kdo. d. H. (Wa Prüf 2) (A)		,,	(209)
Hegwein	St. 7. Div. (I)		,,	(215)
von Wolffersdorff	Ob.Kdo. d. W. (Ausl) (I)		,,	(218)
von Prittwitz und Gaffron	Gren.Rgt. 31		,,	(222)
Mehl	Kdr. Nachr.Abt. 44		,,	(226)
Bresselau von Bressensdorf	Kdt. v. Trier (Pz)		,,	(238)
Göllnitz	Ausb.Leiter Breslau 2 (I)		,,	(240)
Lauer	St. Gen.Kdo. XIII. A.K. (Leiter Fürs.) (I)		,,	(243)
Wellhausen	St. Gen.Kdo. I. A.K. (I)		,,	(244)
Riegel	Wehrbz.Kdo. Passau (I)		,,	(245)
Bletschacher	St. Gen.Kdo. VII. A.K. (A)		,,	(246)
von Below	Wehrbz.Kdo. Duisburg (I)		,,	(247)
Dielitz	Wehrbz.Kdo. Berlin X (I)		,,	(248)
Hutschenreuther	St. Gen.Kdo. XVIII. A.K. (K)		,,	(249)
Lorenz	Gren.Rgt. 31		,,	(250)
Süß	St. Gen.Kdo. III. A.K. (F)		,,	(251)
Gringmuth	z. Verf. Ob. d. H. (Sonst. Offz.) (I)		,,	(252)
Achilles	Wehrbz.Kdo. Saarbrücken (I)		,,	(253)
Demuth	St. Wehrers.Insp. Frankfurt (Oder) (A)		,,	(254)
Graf von Armansperg	Kdr. Wehrbz. München III (I)		,,	(256)
Buchwald	St. Gen.Kdo. III. A.K. (I)		,,	(257)
Wottrich	Wehrbz.Kdo. Graz (W.M.A. Graz 1) (K)		,,	(258)
von Bötticher	St. Wehrers.Insp. Magdeburg (K)		,,	(259)
Daltrop	St. Landw.Kdr. Mülheim (Ruhr) (Pi)		,,	(260)
von Oheimb	Rüst.Insp. VII (A)		,,	(261)
Wellhausen	z. Verf. Ob. d. H. (Sonst. Offz.) (A)		,,	(262)
Hermens	Wehrbz.Kdo. Celle (I)		,,	(263)
Siegmund-Schultze	Kdr. Wehrbz. Stendal (I)		,,	(264)
Lutz	Kdr. Wehrbz. Eßlingen (Neckar) (I)		,,	(265)
von Hagen	St. Wehrers.Insp. Schwerin (Meckl) (I)		,,	(266)
Dunzinger	St. Wehrers.Insp. München (I)		,,	(267)
Pabst	z. Verf. Ob. d. H. (Sonst. Offz.) (Pi)		,,	(268)
Homilius	Transportkdtr. Berlin (Pi)		,,	(269)
von Flotow	Ob.Kdo. d. H. (Wa Z 1) (I)		,,	(270)
Feuerherdt	Ob.Kdo. d. H. (In 4) (A)		,,	(271)
Händel	St. Wehrers.Insp. Chemnitz (A)		,,	(273)
Oswald	Rüst.Insp. Prag			
	(Kdr. Rüst.Ber. Brünn [Mähren]) (A)		,,	(275)
Stieler	Kdr. Wehrbz. Brieg (Bz Breslau) (I)		,,	(276)
Armster	St. Gen.Kdo. XII. A.K. (PzGr)		,,	(278)
Freiherr von Biedermann	Wehrbz.Kdo. Leipzig II (I)		,,	(279)
von Bülow	Ob.Kdo. d. H. (Wa I Rü [Mun 2]) (I)		,,	(280)
Heinemann	Wehrbz.Kdo. Heidelberg (I)		,,	(282)
Richter	St. H.Gru.Kdo. 1 (I)		,,	(283)
Vier	Wehrbz.Kdo. Potsdam I (I)		,,	(285)
Buchwiser	Geb.Jäg.Rgt. 99		,,	(285a)
Arnold	Kdr. Geb.Schießschule (I)		,,	(290)
Delius	Wehrm.Gefängnis Glatz (I)		,,	(293)
Bezzenberger	Gren.Rgt. 124		,,	(297)

Freiherr von Dobeneck	Kdr. Pz.Nachr.Abt. 19	1. 4. 42	(298)
Rucker	Wehrbz.Kdo. Wien III (I)	,,	(310)
Schulze	Wehrkrs. Reit- u. Fahrschule Babenhausen (Hess)	,,	(312)
Hecht	St. Gen.Kdo. XVI. A.K. (A)	,,	(313)
Knaus	Fest.Pi.St. 11	,,	(314)
Koller	z. Verf. Ob. d. H. (Sonst. Offz.) (A)	,,	(316)
von Oven	Gren.Rgt. 23	,,	(317)
Distler	St. Gen.Kdo. XIII. A.K. (I)	,,	(318)
Steinbrecht	Wehrbz.Kdo. Magdeburg I (PzGr)	,,	(319)
von Drebber	Kdt. v. Weimar (Pz)	,,	(320)
Keim	Kdr. Wehrbz. Bayreuth (F)	,,	(321)
von Bötticher	Wehrkrs. Reit- u. Fahrschule Beeskow	,,	(322)
Pracht	Wehrbz.Kdo. Würzburg (W.M.A. Würzburg) (I)	,,	(323)
du Bois	Ob.Kdo. d. H. (Gen d Mot/In 12) (I)	,,	(324)
Rothardt	Ob.Kdo. d. H. (Wa Prüf 6) (A)	,,	(325)
Neumann-Silkow	St. Wehrers.Insp. Allenstein (K)	,,	(326)
Pötschke	St. Landw.Kdr. Dresden (Pi)	,,	(327)
Prahl	St. Wehrers.Insp. Hannover (I)	,,	(328)
Rammelt	Ob.Kdo. d. H. (Wa Prüf 4) (A)	,,	(329)
von Hippel	Wehrbz.Kdo. Troppau (A)	,,	(330)
Boettcher	St. 14. Div. (I)	,,	(335)
Sorge	St. H.Dienststelle 10 (Pi)	,,	(336)
von Liebermann	Wehrbz.Kdo. Leipzig I (I)	,,	(337)
Reichert	St. 6. Pz.Div. (I)	,,	(338)
Burr	St. Gen.Kdo. V. A.K. (Leiter Fürs.) (I)	,,	(339)
Bochow	Wehrbz.Kdo. Ausland in Berlin (I)	,,	(340)
Fehlauer	Kdr. Wehrbz. Hanau (I)	,,	(341)
Trauch	Wehrbz.Kdo. Berlin X (F)	,,	(342)
Tuttmann	St. Wehrers.Insp. Mannheim (I)	,,	(345)
Kühnlenz	Kdr. Wehrm.Fürs. u. Vers.Amt Wien (I)	,,	(347)
von Busse	Kdr. Wehrbz. Halle (Saale) (I)	,,	(349)
Maetz	Wehrkrs. Reit- u. Fahrschule Babenhausen (Hess)	,,	(350)
Fleck	H.Nachr.Schule I	,,	(351)
Mair	z. Verf. Ob. d. H. (Sonst. Offz.) (I)	,,	(352)
Mayer	St. Wehrers.Insp. Nürnberg (I)	,,	(353)
Graf zu Eulenburg	St. Wehrers.Insp. Danzig (I)	,,	(354)
Buchterkirch	Wehrbz.Kdo. Deutsch Krone (I)	,,	(355)
Bergling	Wehrbz.Kdo. Aurich (I)	,,	(356)
Pregartbauer	St. Wehrers.Insp. Wien (K)	,,	(357)
Pichler	z. Verf. Ob. d. H. (Sonst. Offz.) (A)	,,	(358)
Mikulitsch	Wehrkrs. Reit- u. Fahrschule Oschatz	,,	(359)
Kreutz	I. Abt. Art.Rgt. 65	,,	(374)
Dümichen	St. Wehrers.Insp. Köslin (A)	,,	(392)
Emmer	St. Wehrers.Insp. Wien (I)	,,	(393)
von Poser und Groß Naedlitz	Leiter H.Rem.Amt Roßlinde (K)	,,	(394)
von Bilow	St. Wehrers.Insp. Bremen (A)	,,	(395)
von der Lühe	Wehrbz.Kdo. Schwerin (Meckl) (W.M.A. Schwerin) (I)	,,	(397)
Fehn	St. Wehrers.Insp. München (I)	,,	(398)
Urbich	Ob.Kdo. d. H. (Wa Z) (I)	,,	(399)
von dem Knesebeck	St. Wehrers.Insp. Potsdam (K)	,,	(400)
Saupe	Wehrbz.Kdo. Posen (I)	,,	(401)
von Boxberg	St. Wehrers.Insp. Leipzig (K)	,,	(402)
Paletta	St. Kdtr. Befest. b. Oppeln (A)	,,	(403)
Hoferdt	Rüst.Insp. VI (Kdr. Rüst.Ber. Dortmund) (K)	,,	(404)
Pieler	z. Verf. Ob. d. H. (Sonst. Offz.) (A)	,,	(405)

Wolf	Wehrbz.Kdo. Litzmannstadt (I)	1. 4. 42	(406)
Rietzel	Kdr. Wehrbz. Chemnitz I (A)	,,	(407)
von Veltheim	St. Wehrers.Insp. Magdeburg (K)	,,	(408)
von Roden	Wehrbz.Kdo. Kiel (W.M.A. Kiel) (Pz)	,,	(409)
Sonnenschein	Wehrbz.Kdo. Darmstadt (W.M.A. Darmstadt) (A)	,,	(410)
Vogel	Wehrbz.Kdo. Auerbach (Vogtl) (A)	,,	(412)
von Hülsen	Pz.Tr.Schule (Schule f. Schnelle Tr. Wünsdorf) (PzGr)	,,	(439)
Baldamus	Ob.Kdo. d. H. (In 3) (K)	,,	(442)
Müller (Eduard)	Ob.Kdo. d. H. (7. Abt. Gen.St. d. H.) (K)	,,	(458)
Döring	Wehrbz.Kdo. Kaiserslautern (A)	,,	(459)
Weber	St. Gen.Kdo. XII. A.K. (I)	,,	(460)
von Helmolt	Wehrbz.Kdo. Woldenberg (Neum) (W.M.A. Arnswalde) (I)	,,	(461)
Naatz	St. Gen.Kdo. III. A.K. (I)	,,	(464)
Lange	St. Wehrers.Insp. Hannover (I)	,,	(465)
Seber	St. Wehrers.Insp. Bremen (A)	,,	(466)
Piëske	Wehrbz.Kdo. Hamburg III (A)	,,	(467)
Schrader	St. Wehrers.Insp. Posen (Pi)	,,	(468)
Preuß	St. Gen.Kdo. XXI. A.K. (I)	,,	(469)
Augenreich	Kdtr. Tr.Üb.Pl. Groß Born (I)	,,	(472)
Mazura	Jäg.Rgt. 49	,,	(474)
Haendler	Gren.Rgt. 131	,,	(485)
von Collani	Pz.Rgt. 4	,,	(490)
von Hänisch	Pz.Gren.Rgt. 12	,,	(493)
Krummacher	Ob.Kdo. d. W. (Ag Ausl) (A)	,,	(498)
Wolfgang Prinz zu Sayn-Wittgenstein-Berleburg	St. Wehrers.Insp. Hannover (K)	,,	(499)
Hapig	St. Wehrers.Insp. Koblenz (Pz)	,,	(500)
von Lewinski	Leiter H.Rem.Amt Ferdinandshof (Pz)	,,	(501)
Herrmann	Wehrbz.Kdo. Königsberg (Pr) (W.M.A. Königsberg 1) (K)	,,	(502)
Steinmann	St. Wehrers.Insp. Wien (I)	,,	(504)
Reinecke-Oesterreich	Kdr. Wehrm.Fürs. u. Vers.Amt. Hannover (Kdsch)	,,	(506)
Schmitz	Rüst.Insp. VI (I)	,,	(507)
Oehlmann	Kdr. Wehrbz. Lübben (Spreew) (I)	,,	(508)
von Wuthenau	St. Wehrers.Insp. Dresden (K)	,,	(509)
Freiherr von Girsewald	Kdr. Wehrm. Fürs. u. Vers.Amt. (Stettin (K)	,,	(511)
Hafner	Kdr. Wehrbz. Rybnik (I)	,,	(512)
von Scholz	Ob.Kdo. d. H. (5. Abt. Gen.St. d. H.) (I)	,,	(513)
Liere	Ob.Kdo. d. H. (In 5) (Pi)	,,	(514)
Wirth	z. Verf. Ob. d. H. (Sonst. Offz.) (PzGr)	,,	(517)
Kothmüller	Ausb.Leiter Ludwigsburg (I)	,,	(518)
Wahl	St. Gen.Kdo. XXV. A.K. (A)	,,	(520)
Wittig	Ob.Kdo. d. H. (3. Abt. Gen.St. d. H.) (K)	,,	(523)
Freiherr von Gise	Geb.Jäg.Rgt. 98	,,	(524)
Seeger	Wehrbz.Kdo. Znaim (W.M.A. Znaim) (A)	,,	(525)
Spangenberg	Rüst.Insp. IV (Kdr. Rüst.Ber. Chemnitz) (Pi)	,,	(526)
Müller	Ob.Kdo. d. H. (Wa I Rü [W. u. G.]) (A)	,,	(528)
Luckmann	St. Wehrers.Insp. Posen (I)	,,	(531)
Thielebein	z. Verf. Ob. d. H. (Sonst. Offz.) (PzGr)	,,	(532)
Steiniger	Wehrbz.Kdo. Berlin IV (A)	,,	(533)
Pauli	St. Kdtr. Weimar (Pz)	,,	(536)
Frank	St. Gen.Kdo. XIII. A.K. (I)	,,	(537)

Nepilly	Pz.Gren.Rgt. 6	**1. 4. 42**	(538)
Wahrendorff	Kdr. Wehrbz. Herne (I)	,,	(540)
Ried z. Verf. Ob. d. H. (Sonst. Offz.) (I)		,,	(542)
von Bonin	Vorstand H.Bekl.Amt Erfurt (I)	,,	(544)
Radeloff	St. Wehrers.Insp. Kattowitz (I)	,,	(545)
Schmidt	St. Gen.Kdo. VIII. A.K. (Pi)	**1. 6. 42**	(24)
Gerwinn	St. Gen.Kdo. XIII. A.K. (Pi)	,,	(27)
Bostelmann	Ob.Kdo. d. H. (In 2) (I)	,,	(29a)
Reichardt	Kdr. Wehrbz. Waldenburg (Schles) (K)	,,	(34)
von Sternstein z. Verf. Ob. d. H. (Sonst. Offz.) (I)		,,	(35)
Ruppe	St. Wehrers.Insp. Prag (A)	,,	(36)
Pönicke	Kriegsschule München (K)	,,	(44)
Lorenz	Wehrbz.Kdo. München I (I)	,,	(54)
Fuchs	Wehrbz.Kdo. Ludwigsburg (W.M.A. Ludwigsburg) (Pz)	,,	(55)
Dillmann	Wehrbz.Kdo. Traunstein (Oberbay) (W.M.A. Mühldorf [Oberbay]) (I)	,,	(56)
Erdmann	St. Wehrers.Insp. Allenstein (I)	,,	(57)
Guse	Wehrbz.Kdo. Landshut (Bay) (I)	,,	(58)
Ostertag	Wehrbz.Kdo. Würzburg (I)	,,	(61)
Moeller	z. Verf. Ob. d. H. (Sonst. Offz.) (N)	,,	(63)
Rothe	b. Höh.Pi.Offz. f. d. Landesbefest. Ost (Pi)	,,	(64)
Koewius	Kdr. Beob.Abt. 24	**1. 7. 42**	(1)
Podhajsky	Kdr. Spanische Reitschule (Wien) (K)	,,	(15)
Noetzel	Nachr.Abt. 18	,,	(23)
Ohlendorf	St. Gen.Kdo. XI. A.K. (I)	,,	(25)
Grüter	Wehrbz.Kdo. Recklinghausen (I)	,,	(26)
Schönbeck	Kdr. Wehrbz. Neisse (K)	,,	(27)
Kleindienst	Ob.Kdo. d. H. (In 7) (N)	,,	(28)
Mensing	St. Gen.Kdo. XV. A.K. (A)	,,	(29)
Linhart	Wehrbz.Kdo. Steyr (W.M.A. Kirchdorf [Krems]) (I)	,,	(30)
Roters	Kriegsschule Dresden (K)	,,	(37)
Ruppert	St. Wehrers.Insp. Kassel (I)	,,	(48)
In DAL T überführt			
Lengnick	St. Kdtr. Befest. b. Breslau (A)	,,	(49)
Heinert	St. Wehrers.Insp. Breslau (I)	,,	(50)
Hahn	Ob.Kdo. d. H. (Fz In) (A)	,,	(51)
Schedl	Wehrbz.Kdo. Köln (I)	,,	(52)
von der Osten z. Verf. Ob. d. H. (Sonst. Offz.) (I)		,,	(61)
Schmitt	St. Gen.Kdo. VI. A.K. (I)	,,	(62)
Freiherr von Hornstein-Biethingen Wehrbz.Kdo. Karlsruhe (Baden) (I)		,,	(63)
Credé	Kdr. Wehrbz. Hagen (Westf) (I)	,,	(64)
Dornig	St. Landw.Kdr. Hannover (N)	,,	(68)
Muncker	St. Gen.Kdo. VII. A.K. (Pi)	,,	(69)
Bercio	Ob.Kdo. d. H. (5. Abt. Gen.St. d. H.) (Pi)	,,	(70)
Hueber	Wehrbz.Kdo. Augsburg (W.M.A. Augsburg) (A)	,,	(71)
Macholz	Kdr. Wehrbz. Mettmann (A)	,,	(72)
Luther	Rüst.Insp. X (A)	,,	(73)
Lührsen	Kdr. Wehrbz. Glauchau (I)	,,	(75)
von Rochow	Leiter H.Rem.Amt Weeskenhof über Preußisch Holland (Pz)	,,	(76)
Kirsch	St. Wehrers.Insp. Innsbruck (K)	,,	(77)
Schmidt	Wehrkrs. Reit- u. Fahrschule Oschatz (K)	,,	(78)
de Voß	Wehrbz.Kdo. Soest (I)	,,	(79)
Beßinger	Wehrbz.Kdo. München II (I)	,,	(80)

Gierke	Wehrbz.Kdo. Celle (W.M.A. Uelzen [Bz Han])	(Pz)	1.	7. 42	(82)
Schmidt von Schmidtseck	Kdr. Wehrm.Fürs. u. Vers.Amt				
	Berlin (K)			„	(84)
Matthias	Rüst.Insp. XVII (Kdo. Rüst.Ber. Mödling)	(I)		„	(85)
Hahn	z. Verf. Ob. d. H. (Sonst. Offz.) (F)			„	(86)
Hofmann	Wehrbz.Kdo. Berlin IX				
	(W.M.A. Zehlendorf) (PzGr)			„	(88)
Reiche	b. Höh.Pi.Offz. f. Landesbefest. Ost (Pi)			„	(89)
Albert	Wehrbz.Kdo. Karlsbad (W.M.A. Karlsbad)	(I)		„	(90)
Cornelius	Wehrbz.Kdo. Teplitz-Schönau				
	(W.M.A. Komotau) (I)			„	(91)
Ackermann	Wehrbz.Kdo. Stuttgart I (I)			„	(92)
Trömner	Wehrkrs. Reit- u. Fahrschule Aalen (Württ)			„	(93)
Alter	Wehrbz.Kdo.Kalisch (Pi)			„	(94)
Kniž	Wehrbz.Kdo. Leibnitz (W.M.A. Leibnitz)	(I)		„	(95)
Axmann	Wehrkrs. Reit- u. Fahrschule Soltau (Han)			„	(96)
von Donat	z. Verf. d. Ob. d. H. (Sonst. Offz.) (Pi)			„	(97)
Czerny	St. Wehrers.Insp. Posen (F)			„	(99)
Muther	Wehrbz.Kdo. Berlin IV (F)			„	(100)
Weniger	Wehrbz.Kdo. Graz (I)			„	(103)
Reiche	St. Gen.Kdo. VIII. A.K. (I)			„	(104)
von Massow	z. Verf. Ob. d. H. (Sonst. Offz.) (K)			„	(105)
Richter	z. Verf. Ob. d. H. (Sonst. Offz.) (K)			„	(106)
Steffan	St. Gen.Kdo. XII. A.K. (I)			„	(107)
Graf Bülow von Dennewitz	Kdr. Wehrbz. Erfurt (K)			„	(108)
Lucke	z. Verf. Ob. d. H. (Sonst. Offz.) (A)			„	(109)
Hartmann	Fest.Pi.St. 16			„	(111)
Freiherr von Feilitzsch	Wehrbz.Kdo. Wuppertal (A)			„	(112)
von Müller	Leiter H.Rem.Amt Breithülen				
	über Münsingen (Württ) (K)			„	(113)
Trauthig	Wehrbz.Kdo. Freiburg (Breisgau) (I)			„	(114)
Jonkheer de Casembroot	Rüst.Insp. II (A)			„	(115)
von Bülow	Gren.Rgt. 65			„	(118)
Ludwig	St. Gen.Kdo. XXV. A.K. (Pz)			„	(119)
Bastian	St. Gen.Kdo. XXI. A.K. (N)			„	(121)
Hildebrand	z. Verf. Ob. d. H. (Sonst. Offz.) (I)			„	(122)
Karcher	Kdr. Fest.Pi.St. 14			„	(124)
Rüdiger (Emil)	Ob.Kdo. d. H. (In Fest) (P)		1.	8. 42	(8a)
Schulte-Mönting	Kdt. v. Elbing (PzGr)			„	(17)
Conrad-Hötzendorf	St. 8. Pz.Div. (K) *In DAL T überführt*			„	(20)
Ringe	Rüst.Insp. XVIII (I)			„	(27)
von Maubeuge	St. Wehrers.Insp. Graz (K)			„	(30)
Naumann	St.Gen.Kdo. XIII. A.K. (I)			„	(33)
Petrasovics	Wehrbz.Kdo. St Pölten (A)			„	(34)
Herber	St. Wehrers.Insp. Ulm (Donau) (I)			„	(35)
Lap	Wehrbz.Kdo. Leibnitz (W.M.A. Radkersburg)	(I)		„	(36)
Burger	z. Verf. Ob. d. H. (Sonst. Offz.) (I)			„	(38)
Vodier	St. 9. Pz.Div. (Pz)			„	(39)
Kogard	Kdtr. Wien (I)			„	(40)
In DAL T überführt					
von Boße	z. Verf. Ob. d. H. (Sonst. Offz.) (I)			„	(41)
Schroeder	z. Verf. Ob. d. H. (Sonst. Offz.) (I)			„	(42)
Burckhardt	Wehrbz.Kdo. Stolp (Pom) (I)			„	(43)
Helfferich	St. Gen.Kdo. XVIII. A.K. (I)			„	(44)
Friese	Wehrbz.Kdo. Bochum (I)			„	(45)
Rühl	Wehrbz.Kdo. Schleswig (W.M.A. Flensburg)	(I)		„	(46)
Priepke	St. Gen.Kdo. II. A.K. (I)			„	(48)

Spiethoff	Wehrbz.Kdo. Halle (Saale) (W.M.A. Halle)	(I)	1. 8. 42	(49)
von Winterfeld	Rüst.Insp. III (Kdr. Rüst.Ber.			
	Frankfurt [Oder]) (A)		,,	(51)
Taborsky	Wehrbz.Kdo. Fürth (Bay) (I)		,,	(52)
Hartl	Ob.Kdo. d. W. (Ag Ausl) (A)		,,	(54)
Peller-Ehrenberg	St. Landw.Kdr. Freiburg (Breisgau) (Pz)		,,	(55)
Szekely de Doba	St. Wehrers.Insp. Innsbruck (K)		,,	(58)
Glahn	St. Wehrers.Insp. Eger (K)		,,	(59)
Roßmann	Pi.Schule I		,,	(59a)
Notzny	St. Gen.Kdo. I. A.K. (A)		,,	(59b)
Meese	Pz.Gren.Rgt. 3		,,	(62)
Raumer	St. Gen.Kdo. V. A.K. (Pi)		,,	(68)
Beeckmann	Leiter H.Rem.Amt Razot (A)		,,	(70)
Schneider	z. Verf. Ob. d. H. (Sonst. Offz.) (I)		,,	(71)
Höhlbaum	St. Gen.Kdo. XXI. A.K. (I)		,,	(72)
Otto	Wehrbz.Kdo. Gotha (I)		,,	(74)
von der Mosel	Wehrbz.Kdo. Dresden III (I)		,,	(75)
Boettger	H.Gasschutzschule (A)		,,	(77)
von Brincken	H.Nachr.Schule		,,	(78)
Müller-Romminger	Rüst.Insp. II (I)		,,	(79)
Timm	I. Abt. Art.Rgt. 71		1. 9. 42	(11)
Kehl	zuletzt H.Musikschule Bückeburg (I)		,,	(18)
Simon	b. Fest.Pi.Kdr. III		,,	(20)
Allmendinger	Kdr. Geb.Pz.Jäg.Abt. 48		,,	(21)
Ramin	Wehrbz.Kdo. Woldenberg (Neum)			
	(W.M.A. Soldin [Neum]) (I)		,,	(24)
Kastel	Wehrbz.Kdo. Heilbronn (Neckar)			
	(W.M.A. Heilbronn) (I)		,,	(25)
Lüttich	Transportkdtr. Schwerin (Meckl) (I)		,,	(26)
Hubrich	Gren.Rgt. 61		,,	(28)
Löhnert	Art.Lehrrgt.		,,	(28a)
Eckhardt	Gren.Rgt. 81		,,	(34)
Grobler	Ob.Kdo. d. H. (9. Abt. Gen.St. d. H.) (AVm)		,,	(42a)
Krull	Ob.Kdo. d. W. (Wi Rü Amt) (A)		,,	(49)
Kiep	St. Gen.Kdo. I. A.K. (N)		,,	(58)
Martin	Wehrbz.Kdo. Wien II (I)		,,	(59)
Zimmermann	Wehrbz.Kdo. Tilsit (I)		,,	(60)
Bückmann	Ob.Kdo. d. H. (Wa I Rü [W. u. G. 6]) (I)		,,	(62)
Egger	St. Gen.Kdo. XIII. A.K. (I)		,,	(64)
Renner	St. Wehrers.Insp. Ulm (Donau) (K)		,,	(65)
Semmelmann	z. Verf. Ob. d. H. (Sonst. Offz.) (I)		,,	(66)
Limberger	Wehrbz.Kdo. Dessau (I)		,,	(68)
Brabec	St. Gen.Kdo. XVIII. A.K. (PzGr)		,,	(69)
Prätorius	St. Kdtr. Befest. b. Königsberg (Pr) (A)		,,	(70)
Bülle	St. Gen.Kdo. I. A.K. (Pi)		,,	(71)
Leeb	St. 45. Div. (I)		,,	(73)
Kaiser	Geb.Jäg.Rgt. 98		1. 10. 42	(1)
Somogyi	Kdr. II. Abt. Art.Rgt. 77		,,	(2)
Kuchler	Kdr. Pz.Jäg.Abt. 7		,,	(3)
Brohm	Kdt. Transportbz. Villach (Pi)		,,	(8)
von Koß	Art.Rgt. 22		,,	(8a)
von Petersdorff	St. Gen.Kdo. XI. A.K. (PzGr)		,,	(21)
Iffland	Pz.Jäg.Abt. 17		,,	(22)
Soltmann	z. Verf. Ob. d. H. (Sonst. Offz.) (Pz)		,,	(26)
Achenbach	Nachr.Abt. 21		,,	(43)
Blum	Kdr. Wehrm.Fürs. u. Vers.Amt Stuttgart (I)		,,	(54)
Bernardi	Wehrbz.Kdo. Pirna (W.M.A. Pirna) (I)		,,	(55)

15*

Ferrant	Wehrbz.Kdo. Spittal (Drau) (W.M.A. Spittal)	(A)	1. 10. 42	(56)
Donner	Kdr. Wehrbz. Offenbach (Main) (A)		,,	(57)
Schaumburg	St. Wehrers.Insp. Allenstein (I)		,,	(58)
Freiherr von Krane	Kdr. Wehrbz. Sigmaringen (K)		,,	(59)
Skrodzki	Nachrichtenkdtr. Würzburg (N)		,,	(61)
Krauß	Ob.Kdo. d. H. (Wa Prü 5) (Pi)		,,	(62)
Schultze	z. Verf. Ob. d. H. (Sonst. Offz.) (I)		,,	(63)
Nagel	Kdt. Nachrichtenkdtr. Köln		1. 11. 42	(1)
Oelsner-Woller	St. H.Gru.Kdo. 3 (I)		,,	(3)
Freiherr von Stetten	Ob.Kdo. d. H. (Wa A/Stab) (A)		,,	(4)
Imhoff	St. Gen.Kdo. XVII. A.K. (I)		,,	(5)
Kohoutek	St. Wehrm.Bevollm. b. Reichsprotektor			
	u. Befehlsh. i. Wehrkrs. Böhmen u. Mähren	(I)	,,	(6)
Maier	Rüst.Insp. V (I)		,,	(7)
Weihe	Wehrbz.Kdo. Frankfurt (Main) II (I)		,,	(9)
Helffenstein	Ob.Kdo. d. W. (W Rü) (A)		,,	(10)
Keller	St. Wehrers.Insp. Frankfurt (Oder) (I)		,,	(11)
Lange	St. Wehrers.Insp. Graz (K)		,,	(12)
Jordan	Ob.Kdo. d. H. (In 7) (N)		,,	(14)
Herzer	Kdr. Wehrbz. Meiningen (I)		,,	(15)
Müller-Römer	z. Verf. Ob. d. H. (Sonst. Offz.) (I)		,,	(16)
Meyer	St. Wehrers.Insp. Düsseldorf (A)		,,	(17)
Bruns	Vorstand H.Bekl.Amt Stettin (I)		,,	(18)
Ruprecht	St. Landw.Kdr. Breslau (K)		,,	(19)
Graf von Pückler	Ob.Kdo. d. H. (Att Abt) (Pz)		,,	(20)
von Specht	Pz.Gren.Rgt. 86		,,	(21)
Dittmer	St. Gen.Kdo. XVII. A.K. (Pz)		,,	(22)
Herberg	Ob.Kdo. d. H. (3. Abt. Gen.St. d. H.) (K)		,,	(26)
Schimkat	Ob.Kdo. d. W. (BW Sied) Dienstsitz Danzig (I)		,,	(27)
Herold	Wehrbz.Kdo. München III			
	(W.M.A. München 3) (A)		,,	(29)
Schenk Graf von Stauffenberg	St. Wehrers.Insp.			
	Stuttgart (K)		,,	(30)
von der Osten	Wehrbz.Kdo. München IV			
	(W.M.A. München 4) (A)		,,	(31)
Schmidt-Brücken	Kdtr. Straßburg (Els) (A)		,,	(32)
Hilschmann	z. Verf. Ob. d. H. (Sonst. Offz.) (A)		,,	(33)
Lorentz	Ob.Kdo. d. H. (Wa Prü 7) (N)		,,	(34)
Zierold	Kdr. Wehrbz. Gera (I)		,,	(35)
Pehlemann	St.Gen.Kdo. XII. A.K. (I)		,,	(36)
Schmidt	St. Wehrers.Insp. Münster (Westf) (K)		,,	(37)
von Quast	St.Wehrers.Insp. Potsdam (PzGr)		,,	(39)
Wolf	Rüst.Insp. III (Kdo. Rüst.Ber. Frankfurt [Oder]) (I)		,,	(41)
Aumer	St. Gen.Kdo. XXIII. A.K. (A)		,,	(45)
Wildt	z. Verf. Ob. d. H. (Sonst. Offz.) (A)		,,	(47)
Behrens	St. Gen.Kdo. XI. A.K. (I)		,,	(48)
Wlatschiha	Art.Rgt. 109		1. 12. 42	(1)
Herrmann	Gren.Rgt. 135		,,	(1a)
Stolze	Ob.Kdo. d. W. (Abw II) (A)		,,	(4)
Thoene	Kdr. Wehrbz. Kassel II (I)		,,	(5)
Hensel	Ob.Kdo. d. H. (In Fest) (Pi)		,,	(6)
Meißner	Rüst.Insp. XVII (Kdr. Rüst.Ber. Linz [Donau]) (A)		,,	(9)
Arway	b. Ausb.Leiter Bruck (Leitha) (I)		,,	(12)
von Damnitz	St. Wehrers.Insp. Frankfurt (Oder) (K)		,,	(14)
Krüger	Wehrbz.Kdo. Schwäbisch Hall			
	(W.M.A. Backnang) (I)		,,	(15)
Meyer	Wehrbz.Kdo. Chemnitz II (W.M.A. Chemnitz 2) (I)		,,	(17)

Schwarznecker	St. Gen.Kdo. VIII. A.K. (A)		1. 12. 42	(18)
von Löbbecke	z. Verf. Ob. d. H. (Sonst. Offz.)	(Pz)	,,	(22)
Becker	St. Gen.Kdo. II. A.K. (I)		,,	(23)
Reinheckel	St. Gen.Kdo. IV. A.K. (A)		,,	(24)
von Bomhard	Abt.Chef Ob.Kdo. d. H. (H Ro)	(K)	,,	(25)
Hoffmann	Rüst.Insp. V (Kdo. Rüst.Ber. Stuttgart)	(I)	,,	(26)
Martinengo	St.Gen.Kdo. XVII. A.K. (Leiter Fürs.)	(I)	,,	(29)
Wiest	St. Wehrers.Insp. Stuttgart (I)		,,	(31)
Braun-Berville	Kdr. Wehrbz. Essen II (I)		,,	(32)
Wieser	St. Gen.Kdo. VIII. A.K. (PzGr)		,,	(34)
von Geldern-Crispendorf	Ob.Kdo. d. H. (In 3) (A)		,,	(36)
Ochernal	Wehrbz.Kdo. Weimar (W.M.A. Jena) (I)		,,	(37)
Nuyken	Ob.Kdo. d. W. (W Allg) (I)		,,	(38)
Grunert	St. Wehrers.Insp. Leipzig (I)		,,	(39)
Dingeldein	St. Gen.Kdo. XX. A.K. (I)		,,	(41)
von Kreckwitz	Wehrbz.Kdo. Ausland in Berlin	(I)	,,	(43)
Tesch	Pz.Lehrrgt.		,,	(44)
von Schwerin	z. Verf. Ob. d. H. (Sonst. Offz.)	(I)	,,	(77)
Nehring	St. Wehrers.Insp. Schleswig-Holstein	(I)	,,	(78)
Rettich	St. Wehrers.Insp. Hamburg (K)		,,	(79)
Schmidt	Wehrbz.Kdo. Glatz			
	(W.M.A. Frankenstein [Schles])	(I)	,,	(80)
Graf von Wengerski	Pz.Gren.Rgt. 4		1. 1. 43	(9)
Sauter	Kdr. Nachr.Abt. 76		,,	(23)
Jahn	Pz.Gren.Rgt. 108 (früher Inf.Rgt. 10) (I)		,,	(29a)
Augustin	Kdr. Fz.Kdo. XX (A)		,,	(44)
Zuske	Pz.Gren.Rgt. 103		1. 2. 43	(5)
Henne	St. Gen.Kdo. XXIV. A.K. (PzGr)		,,	(6)
Hiebe	z. Verf. Ob. d. H. (Sonst. Offz.) (I)		,,	(12)
Steiger	St. Gen.Kdo. VI. A.K. (I)		,,	(14)
In DAL T überführt				
Buchholz	z. Verf. Ob. d. H. (Sonst. Offz.) (Pi)		,,	(16)
von Nicolai	Ob.Kdo. d. H. (Wa I Rü/Mun) (A)		,,	(19)
Gruber	St. 17. Div. (I)		,,	(20)
Strehle	Pz.Gren.Rgt. 79		,,	(42)
Grassi	Pz.Gren.Rgt. 8		1. 3. 43	(3)
Heydrich	Fest.Pi.St. 16		,,	(4)
Clemm von Hohenberg	Mil.Attaché			
	Deutsch. Gesandtsch. i. Athen	(Pz)	,,	(9)
Keßler	St. Gen.Kdo. IX. A.K. (I)		,,	(11a)
von Frankenberg und Proschlitz	St. Wehrers.Insp.			
	Kattowitz (I)		,,	(16)
Looff	Gren.Rgt. 31		,,	(19)
Vogel	Ob.Kdo. d. H. (Wa Abn Z) (I)		,,	(22)
Singer	Leiter Feste Horchstelle Graz (N)		,,	(23)
Seunig	Wehrkrs. Reit- u. Fahrschule Großenhain		,,	(54)
Dadak	Geb.Art.Rgt. 111		1. 4. 43	(1a)
Mangelsdorf	Stabsabt. Ob.Kdo. d. H. (K)		,,	(1b)
Andreae	Kdr. Wehrkrs.Reit- u. Fahrschule Demmin	(F)	,,	(7)
Wurm	Art.Rgt. 12		,,	(27)
von Hünersdorff	Kdr. Wehrbz. Aschaffenburg (A)		,,	(28)
Schiller	Wehrbz.Kdo. Neuwied (W.M.A. Ahrweiler)	(A)	,,	(29)
Maßmann	Wehrbz.Kdo. Lübeck (W.M.A. Ratzeburg)	(A)	,,	(30)
Claßen	Rüst.Insp. VI (Kdr. Rüst.Ber. Köln) (I)		,,	(31)
Heinke	Wehrbz.Kdo. Altenburg (Thür)			
	(W.M.A. Borna [Bz Leipzig]) (I)		,,	(32)
Krüger	Wehrbz.Kdo. Cottbus (W.M.A. Sorau) (I)		,,	(33)

Freiherr von dem Bussche-Streithorst   Wehrbz.Kdo. Posen

	(W.M.A. Posen) (K)	1. 4. 43	(34)
Schneider	z. Verf. Ob. d. H. (Sonst. Offz.) (A)	,,	(35)
Gehlig	St. Wehrers.Insp. Liegnitz (A)	,,	(36)
Maillard	Kdr. Wehrbz. Marienwerder (Westpr) (A)	,,	(37)
Jacobi	Wehrm.Vers.Gru. München (I)	,,	(38)
Hecker	St. Gen.Kdo. XVIII. A.K. (K)	,,	(39)
Beschke	St. Wehrers.Insp. Köslin (PzGr)	,,	(40)
Jaeschke	Fest.Pi.St. 9	,,	(41a)
von Busse	Ob.Kdo. d. H. (Ag P 1/7. Abt.) (I)	,,	(43)
Sasse	Ob.Kdo. d. H. (Ag P 2/2. Abt.) (I)	,,	(45)
Költsch	Fest.Pi.St. 24 (N)	,,	(46b)

Freiherr von der Horst- von Neumann-Auer

	St. Wehrers.Insp. Allenstein (I)	,,	(47)
Nix	Fest.Pi.St. 25 (N)	,,	(47b)
Ebmeier	St. Gen.Kdo. XVIII. A.K. (I)	,,	(48)
Graf	Wehrbz.Kdo. Halle (Saale) (I)	,,	(49)
Zenke	St. Gen.Kdo. II. A.K. (I)	,,	(50)
Hahn	z. Verf. Ob. d. H. (Sonst. Offz.) (A)	,,	(53)
Müller-Römer	St. Kdtr. Befest. b. Glogau (N)	,,	(55)
Ueberhorst	St. Landw.Kdr. Berlin (N)	,,	(57)

Freiherr von Seefried auf Buttenheim

	Vors. 2. H.Rem.Kommission (K)	,,	(60)
Sauvant	Schule f. Schnelle Tr. Krampnitz (Pz)	,,	(63)
Einstmann	Inf.Schule	,,	(65)
Morré	z. Verf. Ob. d. H. (Sonst. Offz.) (I)	,,	(74)
Marquard	Wehrbz.Kdo. Eberswalde (I)	,,	(75)
Sellge	z. Verf. Ob. d. H. (Sonst. Offz.) (I)	,,	(76)
Böhm	z. Verf. Ob. d. H. (Sonst. Offz.) (I)	,,	(77)
Wohlfahrt	Kdr. Fest.Pi.St. 24	1. 6. 43	(1)
von Langheim	b. Höh.Nachr.Offz. 3	,,	(5)
Reibert	Ob.Kdo. d. H. (G. I. F.) (I)	,,	(10)
Soche	Pz.Pi.Btl. 86	,,	(18)
Senzenberger	Pi.Btl. 48	,,	(22)
Papritz	Kav.Rgt. 11	,,	(23)
Pummerer	St. Inf.Kdr. 10	,,	(30)
Kling	z. Verf. Ob. d. H. (Sonst. Offz.) (I)	,,	(31)
Thurmann	z. Verf. Ob. d. H. (Sonst. Offz.) (I)	,,	(32)
von Bodecker	Ob.Kdo. d. H. (12. Abt. Gen.St. d. H.) (I)	,,	(35)
von Levetzow	St. Gen.Kdo. III. A.K. (I)	,,	(37)
Köhler	St. Gen.Kdo. IX. A.K. (Leiter Fürs.) (A)	,,	(38)
Lösch	b. Kdr. d. Nachr.Tr. VII (N)	,,	(39)
Lüttich	H.Nachr.Schule	,,	(40)
Mayer	Wehrbz.Kdo. Wiener Neustadt		
	(W.M.A. Neunkirchen [Niederdonau]) (I)	,,	(41)
Weltz	Kdr. Wehrm.Fürs. u. Vers.Amt München (I)	,,	(42)
Schauß	Wehrbz.Kdo. Danzig (W.M.A. Danzig 1) (I)	,,	(43)
Lügger	St. Gen.Kdo. III. A.K. (Leiter Fürs.) (I)	,,	(44)
Caneva	Wehrbz.Kdo. Chemnitz II		
	(W.M.A. Chemnitz 2) (I)	,,	(45)
Höpfner	Wehrbz.Kdo. Berlin II (W.M.A. Pankow) (I)	,,	(46)
Schaffrath	Wehrbz.Kdo. Großenhain		
	(W.M.A. Großenhain) (I)	,,	(47)
Klemm	I. Abt. Art.Rgt. 60	,,	(53a)
Hardt	Pz.Jäg.Abt. 2	1. 7. 43	(2)
Ungleich	St. Wehrers.Insp. Dresden (I)	,,	(3)
Strehle	St. Gen.Kdo. X. A.K. (I)	,,	(19a)

Hübener	Ob.Kdo. d. H. (Wa I Rü [W. u. G. 5]) (Pi)	1. 7. 43	(21)
Schenck	Pz.Rgt. 11	,,	(21a)
von Wartenberg	Rüst.Insp. VIII (Kdo. Rüst.Ber.		
	Kattowitz) (I)	,,	(22)
Rohde	Ob.Kdo. d. H. (AHA/Stab) (I)	,,	(23)
In DAL T überführt			
von Dietlein	St. Wehrers.Insp. Eger (K)	,,	(24)
Kittlas	Wehrbz.Kdo. Glogau (W.M.A. Grünberg		
	[Schles]) (I)	,,	(25)
Wiß	Kdr. Wehrbz. Schwäbisch Hall (I)	,,	(26)
Stern und Walther von Monbary	Kdtr. Tr.Üb.Pl. Stablack (I)	,,	(27)
von Klahr	Rüst.Insp. III (Pz)	,,	(28)
Müllenbach	z. Verf. Ob. d. H. (Sonst. Offz.) (I)	,,	(29)
Stadlmayer	z. Verf. Ob. d. H. (Sonst. Offz.) (I)	,,	(30)
Schlee	Rüst.Insp. XXI (Kdr. Rüst.Ber. Litzmannstadt) (I)	,,	(31)
Engerth	Wehrbz.Kdo. Salzburg (A)	,,	(32)
Ebner	Wehrbz.Kdo. München II (W.M.A. München 2) (I)	,,	(33)
Seidel	Ob.Kdo. d. H. (AHA/Stab) (Pi)	1. 8. 43	(1)
zum Eschenhoff	Gren.Rgt. 58	,,	(5)
Germann	Gren.Rgt. 107	,,	(6)
von Gustedt	Gren.Rgt. 8	,,	(7)
Trefz	Gren.Rgt. 81	,,	(27)
Polenski	St. Wehrers.Insp. Dortmund (Pz)	,,	(30)
Schindler	Geb.Art.Rgt. 79	,,	(31)
Kenn	St. Wehrers.Insp. Wien (I)	,,	(34)
Voigtel	St. Kdtr. Befest. b. Oppeln (I)	,,	(35)
Meydam	Ob.Kdo. d. H. (Wa I Rü [W. u. G. 7[) (N)	,,	(36)
Mikulski	St. Wehrers.Insp. Berlin (I)	,,	(37)
Schabel	St. Wehrers.Insp. Innsbruck (A)	,,	(38)
Achilles	St.Gen.Kdo. V. A.K. (I)	,,	(39)
von Arnim	St. Art.Kdr. 2 (A)	,,	(40)
Kuhne	Wehrbz.Kdo. Stade (W.M.A. Cuxhaven) (I)	,,	(41)
Reimer	St. Wehrers.Insp. Schleswig-Holstein (I)	,,	(43)
Hundeiker	Wehrm.Vers.Gru. Breslau (I)	,,	(44)
Runge	Rüst.Insp. IX (Pz)	,,	(45)
Lossow	St. Gen.Kdo. IV. A.K. (I)	,,	(46)
Hensel	Wehrbz.Kdo. Eberswalde (W.M.A. Angermünde) (I)	,,	(46a[1])
Schesmer	St. Landw.Kdr. Nürnberg (Pi)	1. 9. 43	(1)
Kraus	Pi.Schule I	,,	(2)
Schablow	St. H.Dienststelle 20 (N)	,,	(6)
Stadler	St. Wehrers.Insp. Innsbruck (I)	,,	(15)
Pfeiffer	St. 7. Pz.Div. (Pz)	,,	(19)
Freiherr Grote	Wehrbz.Kdo. Göttingen		
	(W.M.A. Göttingen) (I)	,,	(20)
Croissant	St. Wehrers.Insp. Eger (A)	,,	(21)
von Born-Fallois	Wehrbz.Kdo. Bunzlau		
	(W.M.A. Bunzlau) (I)	,,	(23)
Hummel	St. Wehrers.Insp. München (I)	,,	(23a)
Hollidt	z. Verf. Ob. d. H. (Sonst. Offz.) (A)	,,	(25)
Buckenauer	Kdr. Wehrm.Fürs. u. Vers.Amt		
	Königsberg (Pr) (I)	,,	(26)
Müller-Kranefeldt	Kdr. Wehrbz. Glatz (I)	,,	(27)
Meinhardt	Rüst.Insp. VI (Kdr. Rüst.Ber. Lüdenscheid) (A)	,,	(28)
Zschetzschingck	Ob.Kdo. d. W. (b. Stellv. Chef W F St) (I)	,,	(29)
Holst	Rüst.Insp. IX (Kdo. Rüst.Ber. Kassel) (I)	,,	(30)
Troitzsch	Ob.Kdo. d. W. (W Wi) (A)	,,	(31)
Bührdel	Wehrbz.Kdo. Pirna (W.M.A. Pirna) (I)	,,	(32)

Proescholdt	Ob.Kdo. d. H. (In 4) (A)		1. 9. 43	(33)
In DAL T überführt				
Ehrhardt	Ob.Kdo. d. H. (In 4) (AVm)		„	(34)
Hampe	Kdtr. Köln (I)		„	(43)
Hußlein	St. Wehrers.Insp. Nürnberg (I)		„	(44)
Freiherr von Kittlitz	Wehrbz.Kdo. Rottweil (W.M.A. Rottweil) (A)		„	(45)
Richelmann	Ob.Kdo. d. H. (5. Abt. Gen.St. d. H.) (K)		„	(46)
Kipping	Ob.Kdo. d. H. (Wa A/Stab) (I)		„	(47)
Schubert	Wehrbz.Kdo. Tilsit (I)		„	(48)
Huch	Rüst.Insp. XIII (Kdr. Rüst.Ber. Coburg) (K)		„	(49)
Kupke	Wehrbz.Kdo. Herne (W.M.A. Wanne-Eickel) (I)		„	(50)
Herdey	St. Wehrers.Insp. Innsbruck (I)		„	(51)
von Voß	St. Wehrers.Insp. Potsdam (Pz)		„	(52)
Freiherr von Massenbach	Pz.Rgt. 5		1. 10. 43	(1)
Rieß	St. Gen.Kdo. VII. A.K. (I)		„	(16)
Pulst	Kdr. Wehrbz. Bautzen (I)		„	(17)
Leistikow	Kdtr. Tr.Üb.Pl. Hohenfels (I)		„	(18)
Deichmann	Art.Rgt. 30		1. 11. 43	(3)
Löscher	Ausb.Leiter Klagenfurt (I)		„	(16)
Gieraths	Direktor d. H.Bücherei (I)		„	(19a)
Soller	Ob.Kdo. d. H. (In 10) (EPi)		„	(19b)
Blankenstein	St. Wehrers.Insp. Chemnitz (Pz)		1. 12. 43	(1b)
Möckel	Pz.Gren.Rgt. 108 (früher Inf.Rgt. 10)		„	(3)
Bley	Nachrichtenkdtr. Frankfurt (Main) (N)		„	(4a)
Neureiter	Pz.Gren.Rgt. 10		„	(18)
Münchow	St. Gen.Kdo. XXIV. A.K. (A)		„	(19)
Steuber	Art.Schule		„	(20)
Liebers	St. Gen.Kdo. XV. A.K. (I)		„	(21)
Giese	St. Wehrers.Insp. Frankfurt (Oder) (I)		„	(22)
Vitua	Rüst.Insp. XI (A)		„	(23)
Bronner	Transportkdtr. Koblenz (A)		1. 1. 44	(23)
Ebner	Gren.Rgt. 132		1. 2. 44	(25)
Gottschalk	Ob.Kdo. d. H. (Wa I Rü [W. u. G. 5]) (Pi)		„	(26)
Rosenstock	Ob.Kdo. d. H. (In 7) (N)		„	(27)
Schmidt	Ob.Kdo. d. H. (Ag P 1/1. Abt.) (I)		„	(28)
Möller	Ob.Kdo. d. H. (E) (I)		1. 3. 44	(12)
Kreckel	Ob.Kdo. d. H. (Wa Prüf 6) (I)		„	(13)
Martenstein	Transportkdtr. Regensburg (I)		„	(14)
Touchy	Wehrbz.Kdo. Halberstadt (W.M.A. Halberstadt) (I)		„	(15)
Fischer	Ob.Kdo. d. H. (In 2) (I)		„	(16)
Bassompierre	St. Gen.Kdo. IX. A.K. (I)		„	(17)
Geiger	Tr.Üb.Pl. Kleine Karpathen (F)		1. 4. 44	(21)
Canitz	Gren.Rgt. 71		„	(22)
Schneider	St. Landw.Kdr. Nürnberg (N)		„	(23)
Moerler	Transportkdtr. Mainz (I)		„	(24)
Goebel	St. Gen.Kdo. VI. A.K. (Pz)		„	(26)
von Anderten	Wehrbz.Kdo. Glauchau (I)		„	(27)
Lennartz	z. Verf. Ob. d. H. (Sonst. Offz.) (I)		„	(28)
Rohowsky	Ob.Kdo. d. H. (Chef H Rüst u. Bd E/AHA/Stab) (Pi)		„	(28a)
Haußknecht	Rüst.Insp. XXI (PzGr)		„	(29)
von Klitzing	Wehrkrs.Reit- u. Fahrschule Demmin		„	(30)
Engelhard	z. Verf. Ob. d. H. (Sonst. Offz.) (I)		„	(31)
Wagner (Otto)	Ob.Kdo. d. W. (Abw III) (A)		„	(32)
Lengnick	z. Verf. Ob. d. H. (Sonst. Offz.) (A)		„	(33)

von Forell	Wehrbz.Kdo. Limburg (Lahn)			
	(W.M.A. Montabaur) (I)	1. 4. 44	(34)
Eixenberger	Ob.Kdo. d. H. (2. Abt. Gen.St. d. H.) (Pi)	,,	(35)
Brand	Kdr. Wehrm.Fürs. u. Vers.Amt Münster (Westf) (I)	,,	(36)
Schwarze	St. Gen.Kdo. XI. A.K. (I)	,,	(37)
Consbruch	St.H.Gru.Kdo. 6 (I)	,,	(38)
Wagner (Hans)	Ob.Kdo. d. W. (Abw III) (Pz)	,,	(39)
von Wedel	St. Wehrers.Insp. Schleswig-Holstein (K)	,,	(40)
Simon	St. Gen.Kdo. XIII. A.K. (Pz)	,,	(41)
Arich	St. Wehrers.Insp. Kassel (A)	,,	(52)
Klostermann	Kdr. Wehrbz. Minden (Westf) (I)	,,	(53)
Heidemann	Ob.Kdo. d. H. (3. Abt. Gen.St. d. H.) (I)	,,	(54)
Hecht	Fest.Pi.St. 18	,,	(55)
Lang	Kdr. Wehrm.Fürs. u. Vers.Amt Nürnberg (I)	,,	(56)
von Sametzki	Ob.Kdo. d. H. (Ag E Tr/E) (A)	,,	(57)
von Ditfurth	St. Wehrers.Insp. Schwerin (Meckl) (A)	,,	(58)
Zirpel	z. Verf. Ob. d. H. (Sonst. Offz.) (A)	,,	(59)

Oberstleutnante

Roggensack	St. Wehrers.Insp. Danzig (A)	1. 5. 33	(7)
Bèlohoubek	Fz.Kdo. VII (A)	1. 8. 34	(51)
Oberst 1. 10. 44 (7)			
Keusch	St. Kdtr. Befest. b. Glogau (A)	1. 11. 34	(21)
Petrini	Wehrbz.Kdo. Rostock (I)	1. 3. 36	(52)
Maulik	z. Verf. Ob. d. H. (Sonst. Offz.) (I)	1. 8. 37	(64)
Loewenherz	Wehrbz.Kdo. Hamburg V (A)	1. 10. 37	(62)
Schreyer	St. Gen.Kdo. XVII. A.K. (K)	1. 1. 38	(92)
Kreuth	Kav.Rgt. 15	1. 2. 38	(36b)
Schenk	Art.Rgt. 109	,,	(39)
Weymelka	Gren.Rgt. 89	,,	(40a)
Kabrda	Inf.Rgt. 127	,,	(43)
Jäger	Gren.Rgt. 59	,,	(57)
Beck	Pz.Gren.Rgt. 11	,,	(60a)
Stollberg	Ob.Kdo. d. H. (Ztschr) (A)	1. 3. 38	(38)
Oberst 1. 8. 44 (13)			
Keller	Fz.Kdo. V (I)	1. 4. 38	(23)
Brandt	H.Feuerw.Schule (A)	1. 8. 38	(6)
König	Wehrbz.Kdo. Düsseldorf (N)	,,	(76)
Oberst 1. 1. 45 (5a)			
Miller	Fz.Kdo. XVIII (A)	1. 4. 39	(115)
Müller	Ob.Kdo. d. H. (Wa Prüf 2) (K)	,,	(116)
Herrmann	H.Zeugamt (N) Berlin-Schöneberg (PzGr)	,,	(117)
Nicolai	Wehrbz.Kdo. Chemnitz II (K)	1. 6. 39	(78)
Freiherr von Richthofen	St. Gen.Kdo. II. A.K. (I)	,,	(79)
von Selchow	Ob.Kdo. d. H. (Wa Prüf 8) (I)	,,	(80)
Däublin	Kdr. Pz.Jäg.Abt. 29	1. 8. 39	(40)
Nitsche	Gren.Rgt. 72	1. 10. 39	(49)
Schäfer	Wehrbz.Kdo. Wien I (I)	1. 11. 39	(22)
Bindseil	Fest.Pi.St. 5	,,	(24)
Kirchbauer	Wehrbz.Kdo. Augsburg (I)	1. 12. 39	(49)
Henze	z. Verf. Ob. d. H. (Sonst. Offz.) (A)	,,	(50)
Oberst 1. 3. 45 (8)			
Gutbier	Wehrbz.Kdo. Neuwied (A)	1. 1. 40	(54)
Claassen	Ob.Kdo. d. H. (St Abt) (A)	,,	(55)
Oberst 1. 10. 44 (21)			
von Waldow	St. Wehrers.Insp. Prag (K)	,,	(57)
Karress	Gren.Rgt. 134	1. 2. 40	(3)
Junker	Ausb.Leiter Geilenkirchen (I)	,,	(59)
Oberst 1. 9. 44 (9)			
Ohlert	Wehrbz.Kdo. Gelsenkirchen (I)	,,	(60)
Mende	Wehrbz.Kdo. Baden (b. Wien) (I)	,,	(61)
von Knobloch	St. Wehrers.Insp. Dresden (K)	1. 3. 40	(78)
Oberst 1. 6. 44 (12)			
Paarmann	z. Verf. Ob. d. H. (Sonst. Offz.) (Pi)	,,	(81)
Reuß	Wehrbz.Kdo. Nikolsburg (Pi)	,,	(82)

Tolar	Pz.Gren.Rgt. 14		1. 4. 40	(43)
Hemmingson	Wehrbz.Kdo. Hamburg IV			
	(W.M.A. Hamburg 4) (I)		,,	(135)
Nehring	Wehrbz.Kdo. Stendal (I)		,,	(136)
Oberst 1. 10. 44 (8)				
von Skopnik	St. Wehrers.Insp. Frankfurt (Oder) (PzGr)		,,	(148)
Oberst 9. 11. 44 (8)				
Nath	b. H.Abn.Inspiz. IV (A)		,,	(149)
Merckel	Wehrbz.Kdo. Berlin I (I)		,,	(150)
Felgel	Wehrbz.Kdo. Wien II (W.M.A. Wien 2) (I)		,,	(152)
Siekermann	Wehrbz.Kdo. Coesfeld (Westf) (F)		,,	(153)
Schmidt	Wehrbz.Kdo. Berlin V (W.M.A. Köpenick) (A)		,,	(154)
Oberst 1. 10. 44 (9)				
Hartwig	St. Gen.Kdo. VIII. A.K. (K)		,,	(155)
Piedmont	Wehrbz.Kdo. Trier I (I)		,,	(156)
Oberst 9. 11. 44 (9)				
Bigge	Ob.Kdo. d. H. (In 8) (I)		,,	(158)
von Bünau	Wehrbz.Kdo. Teplitz-Schönau			
	(W.M.A. Teplitz-Schönau) (Pz)		,,	(161)
Holsten	Wehrbz.Kdo. Berlin X (W.M.A. Siemensstadt) (I)		,,	(162)
Schultze-Dürbig	z. Verf. Ob. d. H. (Sonst. Offz.) (Pz)		,,	(166)
Zimmermann	Wehrbz.Kdo. Teplitz-Schönau			
	(W.M.A. Brüx) (I)		,,	(167)
Thomas	St. 31. Div. (I)		,,	(169)
Wessely	Wehrbz.Kdo. Wien II (Pz)		,,	(170)
Bauer	Wehrbz.Kdo. Linz (Donau) (W.M.A. Linz 2) (I)		,,	(172)
Plaschka	b. Ausb.Leiter Klagenfurt (Pi)		,,	(174)
von Volkmann	Wehrbz.Kdo. Dresden III (K)		,,	(177)
von Boltenstern	Pz.Rgt. 6		1. 6. 40	(39)
Schlüter	Wehrbz.Kdo. Rendsburg (I)		,,	(89)
von Landwüst	Wehrbz.Kdo. Danzig (W.M.A. Elbing) (A)		,,	(91)
Scholz	St. Wehrers.Insp. Magdeburg (F)		,,	(93)
Kloß	Wehrbz.Kdo. Regensburg (A)		,,	(94)
Schröter	Ob.Kdo. d. W. (W Pr) (F)		,,	(95)
Seible	Wehrbz.Kdo. Ulm (Donau) (W.M.A. Ulm) (I)		,,	(97)
Harnisch	Fest.Pi.St. 4		,,	(98)
Oberst 1. 9. 44 (†)				
Schicke	Kdtr. Posen (I)		,,	(99)
Öhe	Wehrbz.Kdo. Fürstenfeld (W.M.A. Fürstenfeld) (I)		1. 7. 40	(84)
Blaschek	z. Verf. Ob. d. H. (Sonst. Offz.) (I)		,,	(85)
Walter	Fest.Pi.St. 9		,,	(87)
Fengler	Wehrbz.Kdo. Kattowitz (A)		,,	(88)
Oberst 1. 6. 44 (13)				
Bertram	Wehrkrs.Reit- u. Fahrschule Aalen (Württ.)		,,	(89)
Schneider	Fz.Kdo. XXI (I)		,,	(90)
Dietl	b. Kdr. d. Nachr.Tr. XIII (N)		,,	(91)
Müller	Wehrbz.Kdo. Bernau b. Berlin (I)		,,	(92)
Wieninger	Kriegsschule Wiener Neustadt (PzGr)		,,	(93)
Pokay	St. Wehrers.Insp. Wien (A)		,,	(94)
Oberst 1. 12. 44 (10)				
Fick	Wehrbz.Kdo. Melk (W.M.A. Scheibbs) (A)		,,	(95)
Magerl	Nachr.Abt. 64		,,	(96)
Prajer	z. Verf. Ob. d. H. (Sonst. Offz.) (A)		,,	(97)
Henckels	St. Gen.Kdo. IX. A.K. (I)		,,	(98)
Uhden	Kdtr. Tr.Üb.Pl. Jüterbog (A)		,,	(99)
Merx	Wehrbz.Kdo. Essen I (A)		,,	(101)
Fürstchen	St. Landw.Kdr. Heilbronn (Neckar) (Pz)		,,	(102)

Münst	Vorstand H.Nebenzeugamt Kempten (Allgäu)	(I)	1.	7. 40	(105)
Podany	Wehrbz.Kdo. Wien III (W.M.A. Wien 8)	(I)		,,	(106)
Hübner	b. Ausb.Leiter Landeck (Tirol)	(Pi)		,,	(107)
Stolfa	St. 2. Div.	(I)		,,	(108)
Schmid	Inf.Btl. 126		1.	8. 40	(2)
Schilling	Wehrbz.Kdo. Görlitz (W.M.A. Görlitz)	(I)		,,	(63)
Uhlmann	St. 13. Div.	(I)		,,	(64)
von der Horst	Wehrbz.Kdo. Berlin II				
	(W.M.A. Schönhauser Allee)	(A)		,,	(65)
Ballas	Rüst.Insp. X	(A)		1. 9. 40	(43)
Dunkel	Wehrkrs.Reit- u. Fahrschule Gardelegen			,,	(44)
Müller	Wehrbz.Kdo. Solingen	(I)		,,	(45)
Bestgen	Ob.Kdo. d. H. (3. Abt. Gen.St. d. H.)	(I)		,,	(46)
Klaeber	Wehrbz.Kdo. Rosenheim (W.M.A. Rosenheim)	(PzGr)		,,	(47)
Vieth	Wehrbz.Kdo. Kassel I	(I)		,,	(49)
Kaegler	Wehrbz.Kdo. Kolberg				
	(W.M.A. Greifenberg [Pom])	(I)		,,	(50)
Freiherr von Leoprechting	St. Wehrers.Insp. München	(K)		,,	(51)**
Oberst 1. 12. 44 (11)					
von Wolffersdorff	b. Höh.Pi.Offz. f. d. Landesbefest. Ost	(Pi)		,,	(52)
Oberst 1. 3. 45 (9)					
Freiherr von Tautphoeus	Gren.Rgt. 118		1. 10. 40		(30)
von Kalckstein	Ob.Kdo. d. W. (W N V)	(Pz)		,,	(51)
Boehm	Gren.Rgt. 76		1. 11. 40		(16)
Glitz	Pz.Art.Rgt. 16			,,	(17)
Winter	Rüst.Insp. XVIII (Kdr. Rüst.Ber. Graz)	(K)		,,	(42)
Oberst 1. 6. 44 (14)					
Liebelt	Wehrbz.Kdo. Ausland in Berlin	(F)			
Sönning	Wehrbz.Kdo. Amberg (Oberpf)			,,	(43)
	(W.M.A. Amberg)	(Pi)		,,	(44)
Morenz	Wehrbz.Kdo. Nikolsburg (W.M.A. Nikolsburg)	(I)	1. 12. 40		(51)
Frühling	z. Verf. Ob. d. H. (Sonst. Offz.)	(PzGr)		,,	(52)
Oberst 1. 6. 44 (15)					
Halm	Wehrbz.Kdo. Krems (Donau) (W.M.A. Krems)	(I)		,,	(53)
Schaar	Wehrbz.Kdo. Leoben	(I)		,,	(55)
Andersohn	Kdtr. Tr.Üb.Pl. Wandern	(I)		1. 1. 41	(11)
von der Esch	St. Wehrers.Insp. Schleswig-Holstein	(K)		,,	(33)
Fraß	Ob.Kdo. d. H. (Ztschr)	(A)		,,	(35)
von Schroetter	b. Höh.Kav.Offz. 4	(A)		1. 2. 41	(69)
Oberst 1. 9. 44 (10)					
Graf von der Schulenburg-Wolfsburg	St. Wehrers.Insp.				
	Kattowitz	(K)		,,	(77)
Dorn	Rüst.Insp. VII (Kdo. Rüst.Ber. Augsburg)	(Pi)		,,	(78)
Oberst 30. 1. 45 (10)					
Worliczek	Wehrbz.Kdo. Wien IV	(I)		,,	(79)
Faber	St. Art.Kdr. 3	(I)		,,	(80)
Dossi	St. Wehrers.Insp. Linz (Donau)	(A)		,,	(81)
Marquardt	St. Gen.Kdo. VI. A.K.	(K)		,,	(82)
Schildknecht	St. Wehrers.Insp. Regensburg	(A)		,,	(83)
Oberst 1. 10. 44 (10)					
Stary	Wehrbz.Kdo. Ehingen (Donau)	(I)		,,	(84)
Oberst 1. 10. 44 (10a)					
Melzer	Ob.Kdo. d. W. (Abw I)	(K)		,,	(85)
Feil	z. Verf. Ob. d. H. (Sonst. Offz.)	(Pz)		,,	(86)
Stein	Ob.Kdo. d. H. (Wa Z)	(A)		,,	(88)
Henkel	z. Verf. Ob. d. H. (Sonst. Offz.)	(F)		,,	(89)
Oberst 1. 6. 44 (16)					

Graf von Schweinitz und Krain Freiherr von Kauder

	Wehrbz.Kdo. Stendal (W.M.A. Osterburg [Altm]) (A)	1. 2. 41	(90)
Reber	Wehrbz.Kdo. Thorn (I)	,,	(92)
Werner	Schutzbereichamt Königsberg (Pr) (K)	,,	(93)
Schelhas	b. Kdr. d. Nachr.Tr. XXIV (N)	,,	(96)
Florian	Art.Rgt. 6	1. 3. 41	(1)
Finster	St. Gen.Kdo. XIV. A.K. (I)	1. 4. 41	(7)
Römhild	Kriegsschule Dresden (I)	,,	(31)
Perschl	Wehrm.Fürs. u. Vers.Amt Berlin (A)	,,	(41)

Oberst 1. 1. 45 (5)

Schleinkofer	H.Waffenm.Schule (A)	,,	(84)
Schulze	Pz.Gren.Rgt. 101	,,	(86)
Hoffmeyer	St. Wehrers.Insp. Kattowitz (A)	,,	(98)
Wünsche	Wehrbz.Kdo. Graz (I)	,,	(102)

Oberst 1. 7. 44 (6a)

Zickler	Wehrbz.Kdo. Trautenau (W.M.A. Hohenelbe) (I)	,,	(104)

Oberst 1. 6. 44 (17)

Schiller	St. Wehrers.Insp. Frankfurt (Main) (A)	,,	(105)
Sandler	St. Wehrers.Insp. Regensburg (K)	,,	(119)
Birras	St. Landw.Kdr. Elbing (I)	,,	(130)
Elmayer	Ob.Kdo. d. H. (Wa I Rü [W. u. G. 2]) (Pz)	,,	(144a)

Oberst 1. 6. 44 (18)

van Erckelens	Wehrbz.Kdo. Oberhausen (Rheinl) (W.M.A. Oberhausen) (A)	,,	(152)
Maaß	Kdr. H.Musikschule Bückeburg (I)	,,	(176)
Trauthig	z. Verf. Ob. d. H. (Sonst. Offz.) (A)	,,	(196a)
Höpflinger	St. Gen.Kdo. XVIII. A.K. (A)	,,	(208)
Nette	Fest.Pi.St. 19	,,	(209)
Ziegler	Wehrbz.Kdo. Marburg (Drau) (W.M.A. Pettau) (A)	,,	(211)

Oberst 1. 9. 44 (11)

Weiß	Wehrbz.Kdo. Berlin I (W.M.A. Gesundbrunnen) (I)	,,	(213)
Paulus	St. Wehrers.Insp. Innsbruck (I)	,,	(215)

Oberst 1. 1. 45 (6)

von Kalckreuth	Wehrbz.Kdo. Bernburg (W.M.A. Schönebeck [Elbe]) (I)	,,	(216)
Kunz	Ob.Kdo. d. H. (Wa Prüf 11) (A)	,,	(219)

Oberst 1. 3. 45 (10)

Freiherr von Mauchenheim genannt Bechtolsheim

	Wehrbz.Kdo. München II (W.M.A. München 2) (A)	,,	(220)
von Renz	Wehrbz.Kdo. Monschau (W.M.A. Malmedy) (I)	,,	(222)
Bourbiel	St. Landw.Kdr. Insterburg (Pi)	,,	(223)
Kaeppel	Wehrbz.Kdo. München IV (W.M.A. Miesbach) (I)	,,	(224)

Oberst 30. 1. 45 (10a)

Hollander	Wehrbz.Kdo. Sigmaringen (W.M.A. Sigmaringen) (Pi)	,,	(225)
Machnig	Jäg.Rgt. 28	1. 6. 41	(29)
Eichberg	Wehrbz.Kdo. Oels (Schles) (W.M.A. Militsch [Bz Breslau]) (I)	,,	(39)
von Quillfeldt	z. Verf. Ob. d. H. (Sonst. Offz.) (I)	,,	(41)

Oberst 1. 6. 44 (19)

Trötsch	Kdtr. Tr.Üb.Pl. Grafenwöhr (I)	,,	(45)
Hebeler	St. Gen.Kdo. IX. A.K. (F)	,,	(48)
von Jena	St. Wehrers.Insp. Liegnitz (K)	,,	(56)
Schirmeister	St. Landw.Kdr. Hanau (Pi)	,,	(59)

Oberst 9. 11. 44 (10)

Hilgendorff	Wehrbz.Kdo. Stolp (Pom) (W.M.A. Rummelsburg [Pom]) (I)	,,	(60)

Eberth	W.F.O. Wien A (PzGr)		1. 6. 41	(62)
Matthey	Wehrbz.Kdo. Berlin IV			
	(W.M.A. Horst-Wessel-Stadt) (A)		,,	(63)

Oberst 9. 11. 44 (11)

Burkhardt	St. Gen.Kdo. XIII. A.K. (K)		,,	(64)

Oberst 1. 1. 45 (7)

Niehaus	Wehrbz.Kdo. Offenbach (Main) (A)		,,	(65)
Gutjahr	W.F.O. Erfurt (A)		,,	(66)
Kamper	Wehrbz.Kdo. Leoben (W.M.A. Bruck [Mur])	(Pz)	,,	(68)

Oberst 1. 12. 44 (12)

von Fabris auf Mayerhofen	Wehrbz.Kdo. Regensburg (I)		,,	(69)
von Dziembowski	Wehrbz.Kdo. Swinemünde			
	(W.M.A. Cammin [Pom]) (K)		,,	(70)
Schneider	Wehrbz.Kdo. Weiden (Oberpf) (Pi)		,,	(71)
Kirchner	Wehrbz.Kdo. Köln II (I)		,,	(72)
Malue	St. Wehrers.Insp. Frankfurt (Oder) (I)		,,	(74)
Preßl	Wehrbz.Kdo. Cilli (W.M.A. Trifail) (I)		,,	(75)
Leisnering	Wehrbz.Kdo. Hanau (I)		,,	(76)
Maréchal	W.F.O. Neuruppin (I)		,,	(78)
Schilling	Wehrbz.Kdo. Kattowitz (W.M.A. Kattowitz 2) (A)		,,	(79)
Walter	Ob.Kdo. d. H. (Wa Prüf 4) (A)		,,	(80)

Oberst 1. 9. 44 (12)

von Vultejus	Kav.Rgt. 14		1. 7. 41	(1)

Oberst 9. 11. 44 (12)

Just	z. Verf. Ob. d. H. (Sonst. Offz.) (I)		,,	(38)

Oberst 1. 9. 44 (13)

Lippmann	Wehrbz.Kdo. Leipzig II (A)		,,	(39)
Meurer	St. Wehrers.Insp. Eger (I)		,,	(40)

Oberst 1. 6. 44 (19a)

Bloch	Ob.Kdo. d. W. (Abw I) (I)		,,	(45)

In DAL T überführt; Ob rst 1. 6. 44 (1a)

von Foris	Wehrbz.Kdo. Hamburg III			
	(W.M.A. Hamburg 3) (A)		,,	(48)

Oberst 1. 6. 44 (20)

Gall	Wehrbz.Kdo. Salzburg (W.M.A. Zell am See) (I)		,,	(51)

Oberst 30. 1. 45 (11)

Freiherr von Houwald	St. Wehrers.Insp. Berlin (I)		,,	(63)

Oberst 1. 8. 44 (14)

Reinheimer	St. Wehrers.Insp. Dortmund (F)		,,	(64)
Frank	Fest.Pi.St. 20		,,	(65)

Oberst 9. 11. 44 (13)

Freiherr von Seherr-Thoß	Wehrkrs.Reit- u. Fahrschule Lyck		,,	(66)
Nitzer	St. Gen.Kdo. VIII. A.K. (I)		,,	(67)
Türcke	Pz.Gren.Rgt. 93		1. 8. 41	(24)

In DAL T überführt; Oberst 9. 11. 44 (1a)

Luetjohann	St. Gen.Kdo. IV. A.K. (A)		,,	(51)
Müller von Schönaich	Wehrbz.Kdo. Innsbruck			
	(W.M.A. Schwaz [Tirol]) (K)		,,	(53)

Oberst 1. 9. 44 (14)

Lemke	St. Gen.Kdo. XVIII. A.K. (K)		,,	(54)
Behrendt	Beob.Abt. 31		,,	(55)
le Viseur	Wehrbz.Kdo. Hohensalza (W.M.A. Gnesen) (I)		,,	(56)

Oberst 1. 1. 45 (8)

Schnitter	Wehrbz.Kdo. Bernburg (W.M.A. Bernburg) (I)		,,	(57)
Cartellieri	Ob.Kdo. d. W. (Abw. III) (I)		,,	(58a)

Oberst 1. 12. 44 (13)

von Hertzberg	z. Verf. Ob. d. H. (Sonst. Offz.) (I)	1. 8. 41	(68)
Oberst 1. 8. 44 (15)			
Guercke	St. Wehrers.Insp. Prag (PzGr)	,,	(69)
Weiß	z. Verf. Ob. d. H. (Sonst. Offz.) (A)	,,	(71)
Hampel	z. Verf. Ob. d. H. (Sonst. Offz.) (A)	,,	(72)
Guercke	St. 32. Div. (I)	,,	(73)
Bartsch	z. Verf. Ob. d. H. (Sonst. Offz.) (I)	,,	(74)
Oberst 1. 6. 44 (21)			
Blohberger	Wehrbz.Kdo. Wiener Neustadt		
	(W.M.A. Wiener Neustadt) (I)	,,	(75)
Rzeszut	Wehrbz.Kdo. Ried (Innkreis) (I)	,,	(76)
Dähne	St. Gen.Kdo. IV. A.K. (A)	1. 9. 41	(6)
Oberst 1. 3. 45 (11)			
Hopfe	Wehrbz.Kdo. Hannover II (W.M.A. Hannover 2) (I)	,,	(8)
Oberst 9. 11. 44 (14)			
Schlott	z. Verf. Ob. d. H. (Sonst. Offz.) (I)	,,	(9)
Hotzel	St. Gen.Kdo. XVII. A.K. (N)	,,	(14)
Witowski	Ob.Kdo. d. H. (3. Abt. Gen.St. d. H.) (I)	,,	(18)
Oberst 1. 3. 44 (17a)			
Rademacher	Wehrbz.Kdo. Fulda (W.M.A. Fulda) (I)	,,	(20)**
Oberst 1. 3. 44 (17b)			
Waag (Alexander)	Ob.Kdo. d. W. (Abw I) (I)	,,	(24)
Bauer	St. 72. Div. (A)	,,	(25)
Koenig	Wehrbz.Kdo. Ausland in Berlin (I)	,,	(26a)
Hirsch	St. Landw.Kdr. Insterburg (Pz)	,,	(27)
Lenz	Wehrbz.Kdo. Berlin X (I)	,,	(28)
Oberst 1. 9. 44 (15)			
Giesecke	St. Wehrers.Insp. Schwerin (Meckl) (Pz)	,,	(31)
Oberst 1. 10. 44 (11)			
Kaehler	Ob.Kdo. d. W. (W N V) (N)	,,	(33)
Freiherr von Lüttwitz	St. Wehrers.Insp. Breslau (K)	,,	(35)
Lang	St. Wehrers.Insp. Kattowitz (A)	,,	(36)
Oberst 1. 9. 44 (16)			
Willhelmi	z. Verf. Ob. d. H. (Sonst. Offz.) (A)	,,	(37)
Oberst 1. 8. 44 (16)			
Driedger	Gren.Rgt. 43	,,	(43)
Oberst 9. 11. 44 (15)			
Sauter	Pz.Rgt. 36	,,	(52)
Hellberg	Beob.Abt. 32	,,	(57)
Seim	St. Wehrers.Insp. Prag (K)	,,	(75)
Oberst 1. 7. 44 (7)			
von Wallenberg	Kdtr. Koblenz (A)	,,	(77)
Goebel	St. Gen.Kdo. VI. A.K. (A)	,,	(80)
Bulcke	Transportkdtr. Karlsruhe (Baden) (Pi)	,,	(83)
Ruckser	Rüst.Insp. XVIII (Kdo. Rüst.Ber. Innsbruck) (A)	,,	(85a)
Freiherr von Mauchenheim genannt von Bechtolsheim			
	St. Wehrers.Insp. Nürnberg (K)	,,	(88a)
von Gamm	St. Wehrm.Bevollm. b. Reichsprotektor		
	u. Befehlsh. i. Wehrkrs. Böhmen u. Mähren (K)	,,	(91)
von Reckow	St. Kdtr. Küstrin (I)	,,	(92)
Schäfer	Wehrbz.Kdo. Thorn (W.M.A. Culm) (A)	,,	(97)
Oberst 1. 9. 44 (17)			
Wrede	St. Wehrers.Insp. Berlin (K)	,,	(100)
Nickel	Wehrbz.Kdo. Eutin (W.M.A. Plön [Holst]) (I)	,,	(104)
Sarfert	Wehrbz.Kdo. Zwickau (Sachs) (A)	,,	(104a)
von Hoevel-Stommel	Ob.Kdo. d. H. (Gen d Mot/In 12) (Pz)	,,	(109)
Oberst 1. 7. 44 (7a)			

Ackermann St. Wehrers.Insp. Allenstein (K)		1. 9. 41	(113)
von Sicherer Ob.Kdo. d. H. (Wa Prüf 9) (N)		,,	(117)
In DAL T üb·rführt; Oberst 1. 4. 44 (10a)			
Flatzek Ob.Kdo. d. H. (Wa I Rü [W. u. G. 5]) (Pi)		,,	(118)
Oberst 1. 3. 45 (12)			

Freiherr von Seckendorff   Leiter H.Rem.Amt Neuhof

b. Treptow (Rega) (N)	,,	(119)
Freiherr Röder von Diersburg St. Wehrers.Insp. Kassel (K)	,,	(122)
Weiß z. Verf. Ob. d. H. (Sonst. Offz.) (A)	,,	(123)

In DAL T überführt; Oberst 1. 4. 44 (10b)

Stuniak Wehrbz.Kdo. Wien IV (W.M.A. Wien 9) (PzGr)	,,	(124)
Sadewasser Ob.Kdo. d. W. (W Ro) (I)	,,	(125)
Weinmeyr Wehrbz.Kdo. Augsburg (W.M.A. Augsburg) (I)	,,	(126)
Oberst 1. 12. 44 (14)		
Fragner Wehrbz.Kdo. Wels (W.M.A. Gmunden) (I)	,,	(128)
Puff Wehrbz.Kdo. Graz (I)	,,	(129)
Pampe Wehrbz.Kdo. Köslin (W.M.A. Schlawe [Pom]) (I) 1. 10. 41		(1a[1])
von Guionneau Rüst.Insp. XI (Kdo. Rüst.Ber. Hannover) (Pz)	,,	(2)
Oberst 1. 10. 44 (12)		

Sachs   St. Gen.Kdo. XIII. A.K.   (F)   ,,   (3)

Ritter von Nerz   Wehrbz.Kdo. München I

(W.M.A. München 1) (A)	,,	(5a)

Oberst 1. 6. 44 (22)

Bräckow   Ob.Kdo. d. H. (In 3)   (F)   ,,   (13)

Oberst 1. 6. 44 (23)

Peschel   Wehrbz.Kdo. Gleiwitz

(W.M.A. Hindenburg [Oberschles]) (F)	,,	(14)

Freiherr von Salmuth   Ob.Kdo. d. H.

(7. Abt. Gen.St. d. H.) (K)	,,	(15a)

Oberst 30. 1. 45 (11a)

Krause Ob.Kdo. d. W. (W Pr) (A)	,,	(16)

Oberst 1. 12. 44 (15)

Ludwig   St. Wehrers.Insp. Chemnitz   (I)   ,,   (17)

Oberst 30. 1. 45 (12)

von Rosenberg-Gruszczynski   Ob.Kdo. d. W. (Abw I)   (A)   ,,   (18)

Oberst 1. 8. 44 (16a) ·

Heyne   Wehrbz.Kdo. Magdeburg II

(W.M.A. Oschersleben [Bode]) (A)	,,	(21)

Bredschneider   Wehrbz.Kdo. Grimma   (I)   ,,   (26)

Oberst 30. 1. 45 (13)

Reitzenstein   Wehrbz.Kdo. Eger (W.M.A. Marienbad)   (I)   ,,   (63)

Oberst 1. 9. 44 (18)

von Stangen z. Verf. Ob. d. H. (Sonst. Offz.) (K)	,,	(64)
von Hahn Annahmestelle V f. Offz.Bew. d. H. (A)	,,	(65)
Basler St. Gen.Kdo. VII. A.K. (I)	,,	(66)
Marschall Wehrbz.Kdo. München II (K)	,,	(67)

Bulius   Wehrbz.Kdo. Köln III

(W.M.A. Bergisch Gladbach) (I)	,,	(68)
Roth St. 5. Div. (F)	,,	(70)
von Schlicht St. Inf.Kdr. 3 (Pz)	,,	(71)
Hennig St. Wehrers.Insp. Dresden (I)	,,	(72)
von Scheven Ob.Kdo. d. H. (Wa Z 4) (Pi)	,,	(73)

Oberst 1. 3. 45 (13)

Mayer   St. Gen.Kdo. XVII. A.K.   (I)   1. 11. 41   (15)

Oberst 1. 6. 44 (24)

Telebo Gren.Rgt. 63	,,	(22)
Vogl Kdtr. Salzburg (I)	,,	(23)

Ullrich	Geb.Nachr.Abt. 70	1. 11. 41	(31)
Oberst 1. 6. 44 (25)			
Liedl	Geb.Pz.Jäg.Abt. 48	,,	(35)
Steppan	Gren.Rgt. 132	,,	(37)
Wunderlich	St. Gen.Kdo. IX. A.K. (A)	,,	(39)
Schulteß	Ob.Kdo. d. H. (In 4) (A)	,,	(40)
Oberst 1. 3. 45 (14)			
Zimmermann	St. Gen.Kdo. III. A.K. (I)	,,	(42)
Oberst 1. 7. 44 (8)			
Unger	Wehrbz.Kdo. Kalisch (W.M.A. Schieratz) (I)	,,	(43)
Oberst 1. 7. 44 (9)			
von Puttkamer	Kdr. H.Unteroffiziervorschule Frankenstein (Schles) (I)	,,	(44)
Paumgartten	St. Kdtr. Befest. b. Breslau (K)	,,	(45)
Oberst 1. 10. 44 (13)			
Hildebrandt	Wehrbz.Kdo. Stendal (W.M.A. Stendal) (K)	,,	(46)
Oberst 1. 7. 44 (10)			
von Goldbeck	St. Wehrers.Insp. Breslau (A)	,,	(48)
Oberst 1. 9. 44 (19)			
Teichmann	St. Gen.Kdo. VI. A.K. (I)	,,	(51)
Oberst 1. 7. 44 (11)			
von Massow	Wehrbz.Kdo. München I (W.M.A. München 1) (I)	,,	(52)
In DAL T überführt; Oberst 9. 11. 44 (1b)			
Weisbrod	Ob.Kdo. d. W. (W Vers) (I)	,,	(54)
Oberst 1. 7. 44 (12)			
von Baerensprung	St. Wehrers.Insp. Prag (K)	,,	(55)
Schindler	St. Wehrers.Insp. Breslau (I)	,,	(56)
Oberst 1. 7. 44 (13)			
von Lemcke	Kdr. Wehrm.Fürs. u. Vers.Amt Kassel (I)	,,	(59)
Oberst 1. 7. 44 (14)			
Forster	St. Gen.Kdo. XIX. A.K. (I)	,,	(60)
Schrötter	Kdr. H.Unteroffiziervorschule Marienberg (Sachs) (I)	,,	(61)
Schulze	St. Gen.Kdo. XVI. A.K. (I)	,,	(62)
Betzel	St. Wehrers.Insp. Münster (Westf) (A)	,,	(63)
von Dolega Kozierowski	Wehrbz.Kdo. Hohensalza (K)	,,	(65)
Körtge	Beob.Lehrabt.	,,	(66)
Rehbein	St. Wehrers.Insp. Prag (I)	,,	(67)
Oberst 1. 12. 44 (16)			
de Niem	Wehrbz.Kdo. Stettin I (W.M.A. Stettin 1) (I)	,,	(68)
Wolde	Rüst.Insp. IV (I)	,,	(69)
Oberst 1. 7. 44 (15)			
Schuchardt	W.F.O. Zichenau (A)	,,	(70)
Fiedler	St. Gen.Kdo. XIII. A.K. (I)	,,	(73)
Oberst 1. 7. 44 (16)			
Gieser	Rüst.Insp. Oberrhein (Kdr. Rüst.Ber. Freiburg [Breisgau]) (I)	,,	(75)
Oberst 1. 7. 44 (17)			
Lyschewski	Wehrbz.Kdo. Friedberg (Hess) (W.M.A. Büdingen [Oberhess]) (I)	,,	(76)
Oberst 30. 1. 45 (14)			
Brülloph	Wehrbz.Kdo. Tauberbischofsheim (I)	,,	(77)
Hackensellner	z. Verf. Ob. d. H. (Sonst. Offz.) (I)	,,	(78)
Schmidl	z. Verf. Ob. d. H. (Sonst. Offz.) (I)	,,	(79)
Oberst 1. 9. 44 (20)			
Graf von Hardenberg	Kav.Rgt. 3	,,	(82)

Graf von Harbuval, Chamaré genannt
                    Wehrkrs.Reit- u. Fahrschule Schloßhof 1. 11. 41 (83)
Oberst 1. 3. 45 (15)

Kleinicke   z. Verf. Ob. d. H. (Sonst. Offz.) (A)   1. 12. 41 (3)
Freiherr von Rheinbaben   Gren.Rgt. Großdeutschland   ,, (5)
Oberst 1. 10. 44 (14)

Cramer   Pz.Gren.Rgt. 7
Oberst 1. 7. 44 (18)   ,, (21)

Christ   II. Abt. Art.Rgt. 47
Sieber   Gren.Rgt. 44   ,, (23)
Oberst 1. 8. 44 (17)   ,, (25)

Bellmond   z. Verf. Ob. d. H. (Sonst. Offz.) (A)   ,, (40)
Kaluza   Wehrbz.Kdo. Teschen (I)   ,, (42)
Steinhardt   St. Wehrers.Insp. Weimar (I)   ,, (43)
Kopschitz   Wehrbz.Kdo. Wien II (I)   ,, (44)
Oberst 1. 10. 44 (15)

Looff   Wehrbz.Kdo. Wetzlar (W.M.A. Dillenburg) (I)   ,, (45)
Oberst 1. 10. 44 (16)

Raute   St. Wehrers.Insp. Stettin (I)   ,, (47)
Moser   St. Gen.Kdo. VII. A.K. (I)   1. 1. 42 (36)
Oberst 1. 8. 44 (18)

Heidenreich   Wehrbz.Kdo. Lötzen (W.M.A. Lötzen) (I)   ,, (37)
Oberst 1. 8. 44 (19)

Freiherr von Diepenbroick-Grüter   Wehrbz.Kdo. Münster
               (Westf) (W.M.A. Tecklenburg) (K)   ,, (38)
Oberst 1. 8. 44 (20)

Baumgart   Wehrbz.Kdo. Hohensalza
               (W.M.A. Hohensalza) (A)   ,, (39)
Oberst 1. 8. 44 (21)

Böttjer   St. Wehrers.Insp. Eger (I)   ,, (40)
Angele   Wehrbz.Kdo. Berlin II (W.M.A. Prenzlauer Berg) (I)   ,, (41)
Oberst 1. 12. 44 (17)

Lipgens   Wehrm.Fürs. u. Vers.Amt Münster (Westf) (I)   ,, (44)
Oberst 1. 5. 45 (Bef. 10. 6. 45 durch Ob. Süd)

von Heynitz   z. Verf. Ob. d. H. (Sonst. Offz.) (I)   ,, (45)
Oberst 1. 8. 44 (22)

Thiele   Wehrbz.Kdo. Stuttgart I (I)   ,, (46)
von Sydow   Ob.Kdo. d. H. (AHA/Stab) (I)   ,, (47)
Oberst 1. 9. 44 (21)

Hartmann   Rüst.Insp. XIII (Kdr. Rüst.Ber. Würzburg) (I)   ,, (48)
Oberst 1. 9. 44 (22)

Ehinger   St. Gen.Kdo. V. A.K. (I)   ,, (49)
Oberst 1. 10. 44 (16a)

Müller   Wehrbz.Kdo. Limburg (Lahn) (W.M.A. Diez) (I)   ,, (50)
Oberst 1. 9. 44 (23)

von Schönberg   z. Verf. d. H. (Sonst. Offz.) (K)   ,, (51)
Rey   Wehrbz.Kdo. Wiesbaden (W.M.A. Wiesbaden) (I)   ,, (52)
Oberst 1. 9. 44 (24)

Seybert   St. Wehrers.Insp. Berlin (A)   ,, (53)
Oberst 1. 9. 44 (25)

Schüler   Wehrbz.Kdo. Rendsburg (W.M.A. Heide [Holst]) (I)   ,, (54)
Maschke   z. Verf. Ob. d. H. (Sonst. Offz.) (A)   ,, (55)
von Karmainsky   St. Gen.Kdo. I. A.K. (I)   ,, (57)
Oberst 1. 9. 44 (26)

von Aster   Ob.Kdo. d. H. (3. Abt. Gen.St. d. H.) (A)   ,, (58)
Oberst 9. 11. 44 (16)

Engelhardt   Transportkdtr. Brünn (Mähren) (Pi)   ,, (59)

Tafel	z. Verf. Ob. d. H. (Sonst. Offz.) (K)	1.	1. 42	(60)

Oberst 9. 11. 44 (16a)

von Rohrscheidt	Ob.Kdo. d. W. (Abw III) (I)	,,	(61)

Oberst 1. 3. 45 (16)

Sydow	St. Wehrers.Insp. Stuttgart (I)	,,	(62)

Oberst 9. 11. 44 (16b)

Nopitsch	b. Fest.Pi.Kdr. VII	,,	(63)
Wendler	St. Gen.Kdo. VII. A.K. (Pz)	,,	(64)

Oberst 1. 10. 44 (17)

Zeininger	St. 44. Div. (I)	,,	(65)
Tschurtschenthaler von Helmheim	z. Verf. Ob. d. H.		
	(Sonst. Offz.) (I)	,,	(66)**
Pfaffenberger	Wehrbz.Kdo. Litzmannstadt		
	(W.M.A. Litzmannstadt) (K)	,,	(67)
Kleinau	St. Wehrers.Insp. Hamburg (A)	,,	(69)

Oberst 1. 10. 44 (19)

Dobrucki	St. Gen.Kdo. XVII. A.K. (I)	,,	(70)
Kretzschmer	Ob.Kdo. d. W. (W Allg) (I)	,,	(73)

Oberst 1. 10. 44 (20)

Wunderlich	Wehrbz.Kdo. Leslau (W.M.A. Leslau) (I)	,,	(74)
Schmidt-Vogelsang	Ob.Kdo. d. W. (W Rü) (A)	,,	(75)

Oberst 1. 1. 45 (9)

Klug	Ob.Kdo. d. H. (Wa Z 6) (Pi)	,,	(76)

Oberst 9. 11. 44 (17)

Leibold	b. Ausb.Leiter Karlsruhe (Baden) (Pi)	,,	(77)
Ludwig	Rüst.Insp. XII (Kdr. Rüst.Ber. Koblenz) (Pi)	,,	(78)

Oberst 9. 11. 44 (18)

Bastian	St. Gen.Kdo. IX. A.K. (I)	,,	(79)

Oberst 9. 11. 44 (19)

Bäsler	Wehrbz.Kdo. Nürnberg I (W.M.A. Nürnberg 1) (I)	,,	(83)

Oberst 9. 11. 44 (20)

Müller	Fz.Kdo. V (I)	,,	(84)
Graf von Zech	St. Gen.Kdo. V.A.K. (K)	,,	(85)
Humke	Wehrbz.Kdo. Lübben (Spreew)		
	(W.M.A. Lübben) (A)	,,	(86)

Oberst 9. 11. 44 (21)

Frantz	Wehrbz.Kdo. Neisse (W.M.A. Neisse) (I)		,,	(87)
Schönheit	Wehrbz.Kdo. Eutin (I)		,,	(89)
Freese	Wehrkrs.Reit- u. Fahrschule Schloßhof		,,	(94)
Bischoff	Gren.Rgt. 21	1.	2. 42	(18)
Badendieck	Kdt. Transportbz. Oppeln (Pi)		,,	(20)
von Larisch	I. Abt. Pz.Rgt. 10		,,	(26)
Deichmann	Gren.Rgt. 60		,,	(35)
Gabriel	St. Wehrers.Insp. Berlin (I)		,,	(41)
Dellwig	Pi.Btl. 24		,,	(43)

Oberst 1. 12. 44 (18)

Deuser	St. Wehrers.Insp. Eger (I)	,,	(44)
Herfurth	W.F.O. Bautzen (K)	,,	(46)
Kopp	Vorstand H.Bekl.Amt Wien-Brunn a. Gebirge (I)	,,	(48)

Oberst 1. 12. 44 (19)

Novotny	b. H.Abn.Inspiz. III (I)	,,	(49)

Oberst 1. 1. 45 (10a)

Menzel	Fz.Kdo. III (I)	,,	(50)
Woike	Ob.Kdo. d. H. (Wa Prü 11) (I)	,,	(51)
Hecker	St. Wehrers.Insp. Königsberg (Pr) (K)	,,	(52)
Tarbuk (Felix)	St. Gen.Kdo. XVII. A.K. (Pi)	,,	(53)

Oberst 1. 1. 45 (11)

Lumbe Wehrm.Fürs. u. Vers.Amt Wien (K)	1.	2. 42	(57)
Oberst 1. 1. 45 (12)			
Cascorbi Ob.Kdo. d. H. (Wa Z 4) (Pi)		„	(58)
Oberst 1. 9. 44 (21a)			
Herbst z. Verf. Ob. d. H. (Sonst. Offz.) (I)		„	(59)
Oberst 1. 1. 45 (13)			
Schmalschläger St. Gen.Kdo. XVII. A.K. (K)		„	(61)
Oberst 1. 10. 44 (22)			
Born Rüst.Insp. Prag (A)		„	(62)
Oberst 1. 1. 45 (14)			
Koeppen St. Wehrers.Insp. Königsberg (Pr) (A)		„	(64)
Heldman z. Verf. Ob. d. H. (Sonst. Offz.) (I)		„	(65)
von Pritzbuer Wehrbz.Kdo. Neustadt (Westpr) (A)		„	(66)
von Lavergne-Peguilhen Rüst.Insp. Prag (A)		„	(67)
Weiße Ob.Kdo. d. H. (Wa I Rü/Mun 2) (A)		„	(68)
Oberst 30. 1. 45 (16)			
Freund Wehrbz.Kdo. Köln III (I)		„	(69)
Kolga (Ralph) Art.Rgt. 21		„	(69a)
Rohn Beob.Abt. 35		„	(92)
Schraml Pz.Gren.Rgt. 4		„	(99a)
Oberst 1. 3. 45 (17)			
Basse-Korf Wehrbz.Kdo. Offenbach (Main) (Kdsch)		„	(102)*
Olbort Transportkdtr. Essen (Pi)		„	(103)
Mauerhoff Fest.Pi.St. 8		„	(104)
Weißenberger St. 15. Div. (I)		„	(105)
Lüdert Wehrbz.Kdo. Rostock (W.M.A. Rostock) (I)		„	(106)
Burchartz Wehrbz.Kdo. Freiburg (Breisgan) (I)		„	(107)
Böning H.Bekl.Amt Hannover (I)		„	(108)
Märtens b. Kdr. d. Nachr.Tr. III		„	(109)
Uhlig St. Gen.Kdo. X. A.K. (Pi)		„	(110)
Westram H.Nachr.Schule		„	(111)
Nowak Ob.Kdo. d. W. (Abw. I) (I)		„	(115)
Lindner Wehrbz.Kdo. Nienburg (Weser) (I)		„	(116)
Viergutz Wehrbz.Kdo. Konstanz (W.M.A. Konstanz) (I)		„	(117)
Damköhler Wehrbz.Kdo. Berlin V (A)		„	(117a)
Weller Wehrbz.Kdo. Nürnberg II (A)		„	(118)
Holländer Wehrbz.Kdo. Coesfeld (Westf) (W.M.A. Coesfeld) (I)		„	(119)
Eberler Wehrbz.Kdo. Bad Kissingen (W.M.A. Bad Kissingen) (I)		„	(121)
Ficht St. Gen.Kdo. VII. A.K. (A)		„	(122)
Winter Rüst.Insp. X (Kdo. Rüst.Ber. Bremen) (I)		„	(123)
Freiherr von Vequel-Westernach Wehrbz.Kdo. Traunstein (W.M.A. Traunstein) (I)		„	(124)
Nagel z. Verf. Ob. d. H. (Sonst. Offz.) (Pi)		„	(125)
Ruff Gren.Rgt. 12		„	(126)
Sensburg St. Gen.Kdo. XII. A.K. (F)		„	(128)
Malicke b. Ausb.Leiter Elbing 2 (A)		„	(129)
Hertell St. Wehrers.Insp. Köslin (I)		„	(130)
Sorge Rüst.Insp. VIII (PzGr)		„	(131)
Berghofer Wehrbz.Kdo. Wien I (I)		„	(132)
Pospiech b. Ausb.Leiter Deutsch Eylau (Pi)		„	(133)
In DAL T überführt			
Bock Schule f. Schnelle Tr. Krampnitz (K)		„	(134)
Forstreuter Rüst.Insp. I (I)		„	(136)
Buck Wehrm.Fürs. u. Vers.Amt Stettin (I)		„	(137)
Schmidt Rüst.Insp. IX (Kdo. Rüst.Ber. Weimar) (I)		„	(138)

Bamberger	St. Wehrers.Insp. Nürnberg (I)	1. 2. 42	(140)
Zorn	Geb.Jäg.Rgt. 13	,,	(141)
Mauff	St. Wehrers.Insp. Hamburg (I)	,,	(142)*
Holke	Rüst.Insp. III (Kdo. Rüst.Ber. Potsdam) (I)	,,	(144)
von Staden	Kdtr. Magdeburg (I)	,,	(159)
Wedel	I. Abt. Art.Rgt. 54	,,	(164)
Koenig	Pz.Lehrrgt. (PzGr)	,,	(164a)
Zipfel	Gren.Rgt. 102	,,	(201)
Loibl	Kdr. Pz.Nachr.Abt. 79	,,	(207)
Struck	Wehrbz.Kdo. Neustrelitz		
	(W.M.A. Waren [Müritz]) (I)	,,	(208)
Claushen	Pz.Art.Rgt. 2	,,	(220)
Gerloff	St. Gen.Kdo. VIII. A.K. (K)	,,	(255)
Behncke	St. Wehrers.Insp. Stettin (K)	,,	(274)
Lenz	Inf.Schule	,,	(276)
Ritter von Goß	St. Wehrm. Bevollm. b. Reichsprotektor		
	u. Befehlsh. i. Wehrkrs. Böhmen u. Mähren (I)	,,	(277)
von Mandelsloh	Wehrm.Fürs. u. Vers.Amt Kassel (K)	,,	(278)
Frank	St. Wehrers.Insp. Eger (A)	,,	(281)
Frohn	b. Fest.Pi.Kdr. VIII (N)	,,	(283)
Graf	St. H.Dienststelle 30 (N)	,,	(285)
Collath	Rüst.Insp. VII (I)	,,	(286)
Muffler	Wehrbz.Kdo. Ulm (Donau)		
	(W.M.A. Heidenheim [Brenz]) (I)	,,	(287)
Förster	St. Landw.Kdr. Chemnitz (I)	,,	(288)
Michalek	Rüst.Insp. III (I)	,,	(289)
Dähne	St. Landw.Kdr. Lübben (Spreew) (N)	,,	(290)
Kummer	St. Wehrers.Insp. Düsseldorf (I)	,,	(291)
von Viebahn	Wehrbz.Kdo. Wittenberg (Lutherstadt)		
	(W.M.A. Wittenberg) (K:	,,	(292)
Patzak	W.F.O. Krakau (Pi)	,,	(293)
Goinka	St. Wehrers.Insp. Allenstein (A)	,,	(294)
von Zeska	Ob.Kdo. d. W. (W Pr) (I)	,,	(296)
Köhler	W.F.O. Innsbruck (I)	,,	(297)
Friese	Wehrbz.Kdo. Gumbinnen (W.M.A. Insterburg) (PzGr)	,,	(298)
Ebner	St. Gen.Kdo. V. A.K. (K)	,,	(299)
Wrampelmeyer	St. Wehrers.Insp. Schwerin (Meckl) (I)	,,	(302)
Koeppe	Wehrbz.Kdo. Neustadt (Westpr)		
	(W.M.A. Karthaus) (I)	,,	(305)
Weber	Rüst.Insp. I (PzGr)	,,	(306)
Nieweg	St. Wehrers.Insp. Dortmund (I)	,,	(308)
Freiherr von Buttlar-Ziegenberg	Wehrbz.Kdo. Göttingen (I)	,,	(311)
Rabe	Wehrbz.Kdo. Oldenburg (Oldb) II		
	(W.M.A. Delmenhorst) (I)	,,	(312)
Greff	Wehrm.Fürs.- u. Vers.Amt Wiesbaden (I)	,,	(313)
Wolff-Malm	St. Gen.Kdo. XII. A.K. (I)	,,	(315)
Schettler	Wehrbz.Kdo. Wiener Neustadt (I)	,,	(316)
Barck	St. Gen.Kdo. X. A.K. (I)	,,	(317)
Goverts	St. Wehrers.Insp. Hamburg (K)	,,	(318)
Abelein	Ob.Kdo. d. H. (12. Abt. Gen.St. d. H.) (A)	,,	(319)
Ludwig	b. Ausb.Leiter Landeck (Tirol) (I)	,,	(320)
Gebauer	St. Wehrers.Insp. Posen (I)	,,	(321)
Koch	Wehrbz.Kdo. Baden b. Wien (I)	,,	(322)
Ehricht	Annahmestelle VII f. Offz.Bew. d. H. (I)	,,	(325)
Schmidt	St. Gen.Kdo. VIII. A.K. (I)	,,	(327)
Zimmermann	St. Wehrers.Insp. Magdeburg (K)	,,	(330)

Richter	Wehrbz.Kdo. Würzburg				
	(W.M.A. Lohr [Main]) (I)		1. 2. 42	(331)
aus dem Winckel	Wehrkrs.Reit- u. Fahrschule Oschatz		,,	(332)
Emrich	Wehrbz.Kdo. Zweibrücken			
	(W.M.A. St Ingbert [Saar]) (I)		,,	(333)
von Larisch	Wehrbz.Kdo. Neustadt (Weinstr) (I)		,,	(334)
von Skopnik	St. Gen.Kdo. XX. A.K. (Pz)		,,	(334a)
von Wedel	Ob.Kdo. d. H. (Wa I Rü [Mun 2]) (I)		,,	(335)
Stammer	Wehrbz.Kdo. Oppeln (W.M.A. Oppeln) (I)		,,	(336)
von Fromberg	Ob.Kdo. d. H. (Tr.Abt) (I)		,,	(337)
Draguhn	Wehrbz.Kdo. Litzmannstadt (I)		,,	(343)
Kamps	b. H.Abn.Inspiz. IX (I)		1. 3. 42	(2)
Hahn	Wehrbz.Kdo. Ausland in Berlin (A)		,,	(3)
Braeunlich	St. Gen.Kdo. XX. A.K. (I)		,,	(5)
Schuster	Wehrbz.Kdo. Halberstadt			
	(W.M.A. Quedlinburg) (A)		,,	(7)
von Wedel	Wehrbz.Kdo. Berlin VIII (Kdsch)		,,	(9)
von Restorff	St. Wehrers.Insp. Frankfurt (Main) (K)		,,	(10)
Heypke	Ob.Kdo. d. H. (Wa Prü 7) (N)		,,	(11)
Breidenbach	Wehrm.Fürs. u. Vers.Amt Nürnberg (A)		,,	(12)
Breindl	St. Wehrers.Insp. Graz (A)		,,	(13)
Bechtold	St. Wehrers.Insp. München (A)		,,	(14)
Schönwerth	St. Gen.Kdo. XIII. A.K. (I)		,,	(16)

Oberst 1. 1. 45 (15)

Burgaß	Ob.Kdo. d. H. (Ag P 1/7. Abt.) (I)		,,	(18)
Kinskofer	Wehrm.Vers.Gru. München (I)		,,	(19)
Hindenberg	Rüst.Insp. XIII (I)		,,	(20)
Hahn	Gren.Rgt. 78		,,	(21)
Weinreich	Kdtr. Tr.Üb.Pl. Groß Born (I)		,,	(22)
Klebs von Halle genannt von Liptay				
	St. Gen.Kdo. XX. A.K. (A)		,,	(23)
Harriers	Ob.Kdo. d. W. (Abw III) (I)		,,	(24)
Ritter	Gren.Rgt. 15		,,	(25)
Ebach	St. Gen.Kdo. XXIII. A.K. (Pi)		,,	(26)
Mentz	Wehrbz.Kdo. Neumünster (W.M.A. Pinneberg) (I)		,,	(27)
Große	Wehrbz.Kdo. Naumburg (Saale)			
	(W.M.A. Weißenfels) (A)		,,	(28)
Witte	Wehrbz.Kdo. Lüneburg (W.M.A. Harburg Land) (I)		,,	(30)
Fohr	Wehrbz.Kdo. Heidelberg (W.M.A. Heidelberg) (A)		,,	(31)
von Windheim	z. Verf. Ob. d. H. (Sonst. Offz.) (K)		,,	(33)
von Frankenberg und Proschlitz	Ob.Kdo. d. H.			
	(1. Abt. Gen.St. d. H.) (Pz)		,,	(34)
Muhr	Wehrbz.Kdo. Fürstenfeld			
	(W.M.A. Felbach [Steierm]) (I)		,,	(35)
Peltret	Gren.Rgt. 8		,,	(59)
Wiegrefe (Karl)	Pi.Schule I		,,	(60)
Stein	Ob.Kdo. d. H. (Fz In) (Pz)		,,	(70)
Isenberg	Wehrkrs.Reit- u. Fahrschule Demmin (K)		,,	(73)
Eckert	St. Gen.Kdo. VI. A.K. (A)		,,	(76)
Krieg	Wehrbz.Kdo. Regensburg (A)		,,	(77)
Pernice	Rüst.Insp. IX (Kdo. Rüst.Ber. Kassel) (K)		,,	(78)
Zimmermann	Wehrbz.Kdo. Straubing (W.M.A. Kötzting) (I)		,,	(79)
Collasius	Ob.Kdo. d. H. (Gen.St. d. H.			
	[Abt. Fremde Heere West]) (A)		,,	(80)

Oberst 30. 1. 45 (15)

Demel	Wehrbz.Kdo. Salzburg (A)		,,	(82)
Klug	Ob.Kdo. d. H. (Ag P 2) (Pz)		,,	(83)

Höpfner	Rüst.Insp. IV (I)	1. 3. 42		(84)
Lotz	Rüst.Insp. XIII (Kdr. Rüst.Ber. Nürnberg) (A)	„		(85)
Peitsch	Ob.Kdo. d. H. (In 7) (N)	„		(86)
Rudolph	Wehrbz.Kdo. Solingen (W.M.A. Opladen) (A)	„		(88)
Spitz	Rüst.Insp. XI (Kdo. Rüst.Ber. Hannover) (I)	„		(89)
Schmölder	St. Wehrers.Insp. Bremen (I)	„		(90)
Ott	Rüst.Insp. III (I)	„		(91)
Altpeter	Nachrichtenkdtr. Stettin	„		(92)
König	St. Wehrers.Insp. Berlin (I)	„		(93)
Meyer	St. Wehrers.Insp. Nürnberg (I)	„		(94)
Sieckmann	Wehrm.Fürs. u. Vers.Amt Kassel (A)	„		(95)
Rott	St. Gen.Kdo. V.A.K. (A)	„		(96)
van Thiel	Kdr. Wehrbz. Limburg (Lahn) (Pi)	„		(98)
Sablotny-Koenigsbeck	Ob.Kdo. d. H.			
	(6. Abt. Gen.St. d. H.) (I)	„		(99)
Müller (Egon)	z. Verf. Ob. d. H. (Sonst. Offz.) (I)	„		(100)
Oberst 1. 6. 44 (26)				
Fischer	Wehrbz.Kdo. Plauen (Vogtl) (W.M.A. Plauen) (A)	„		(101)
Neubert	Pi.Schule II (Pi)	„		(102)
Fritz	Wehrbz.Kdo. Deutsch Krone			
	(W.M.A. Deutsch Krone) (I)	„		(104)
Sobczyk	Ob.Kdo. d. W. (Abw III) (A)	„		(105)
Soppe	St. Gen.Kdo. XVII. A.K. (A)	„		(106)
Adolph	b. Ausb.Leiter Zwickau (Sachs) (I)	„		(107)
Jäger	St. Gen.Kdo. XVIII. A.K. (A)	„		(108)
Greiner	Fest.Pi.St. 22	„		(109)
Halder	Rüst.Insp. VI (A)	„		(110)
Schulze-Hartung	Ob.Kdo. d. H. (5. Abt. Gen.St. d. H.) (F)	„		(111)
Wilhelm	Rüst.Insp. I (F)	„		(112)
Hopf	Wehrbz.Kdo. Wien III (W.M.A. Wien 6) (I)	„		(113)
Matzdorff	Wehrbz.Kdo. Meiningen			
	(W.M.A. Schmalkalden) (A)	„		(114)
von Lossow	St. Gen.Kdo. VII. A.K. (I)	„		(115)
Valentinotti	Ob.Kdo. d. W. (Ag E Tr/E) (A)	„		(116)
Grünewald	Wehrbz.Kdo. Hagen (Westf) (W.M.A. Hagen) (I)	„		(117)
Roske	St. Gen.Kdo. X. A.K. (K)	„		(118)
Lorscheider	Ob.Kdo. d. W. (Abw III) (PzGr)	„		(119)
Prelle	St. Wehrers.Insp. Hannover (I)	„		(120)
Schacht	Rüst.Insp. IVb, Reichenberg (Sudetenl) (I)	„		(121)
Bischoff	Rüst.Insp. VI (Kdo. Rüst.Ber. Bielefeld) (A)	„		(122)
Wedorn	St. Wehrers.Insp. Leipzig (A)	„		(140)
Lange	Ob.Kdo. d. H. (In 10) (EPi)	„		(141)
Dernbach	St. Gen.Kdo. XII. A.K. (I)	„		(142)
Freyseng	St. Gen.Kdo. XVII. A.K. (I)	„		(143)
Paulus	St. Gen.Kdo. I. A.K. (A)	„		(144)
Neinhaus	St. Wehrers.Insp. Köln (A)	„		(145)
von Otterstedt	St. Gen.Kdo. XXV. A.K. (A)	„		(147)
Kettner	Fest.Pi.St. 21	„		(148)
Fellgiebel	St. Wehrers.Insp. Bremen (N)	„		(149)
Appel	Kriegsschule Wiener Neustadt (I)	„		(150)
Faerber	Fest.Pi.St. 16	„		(153)
Lutze	St. Gen.Kdo. IX. A.K. (I)	„		(154)
In DAL T überführt; Oberst 1. 6. 44 (3c)				
Klum	Ob.Kdo. d. H. (Ag E Tr/Tr Abt) (I)	„		(155)
Lambert	Rüst.Insp. IX (Kdo. Rüst.Ber. Frankfurt [Main]) (I)	„		(156)
Hendrichs	Ob.Kdo. d. H. (AHA/Stab) (A)	„		(157)
Jenny	Wehrbz.Kdo. Salzburg (W.M.A. Hallein) (I)	„		(161)

Stubenrauch	z. Verf. Ob. d. H. (Sonst. Offz.) (A)	1. 3. 42	(164)
Schmelz	Wehrbz.Kdo. Gießen (W.M.A. Alsfeld		
	[Oberhess]) (I)	,,	(166)
Praetorius	St. Gen.Kdo. X. A.K. (I)	,,	(169)
Harloff	Ob.Kdo. d. W. (W Vers) (I)	,,	(171)
Le Claire	Fest.Pi.St. 21	,,	(172)
Pfeiler	St. Wehrers.Insp. Liegnitz (A)	,,	(173)
Graf von Schlieben	Wehrm.Vers.Gru. Breslau (I)	,,	(174)
Saurenhaus	St. Gen.Kdo. VI. A.K. (I)	,,	(175)
Biebricher	St. Wehrers.Insp. Kassel (I)	,,	(176)
In DAL T überführt; Oberst 1. 6. 44 (8a)			
von Brandis	Wehrbz.Kdo. Berlin II (W.M.A. Pankow) (I)	,,	(177)
Graf von Spee	Gehilfe d. Mil.Attachés i. Agram (Pz)	,,	(178)
Kupke	Annahmestelle III f. Offz.Bew. d. Heeres (I)	,,	(179)
Toepfer	St. Wehrers.Insp. Königsberg (Pr) (I)	,,	(180)
Hemprich	Ob.Kdo. d. W. (Abw I) (I)	,,	(181)
von Kraewel	Wehrbz.Kdo. Prag (I)	,,	(182)
Dürschlag	Ob.Kdo. d. H. (In Fest) (Pi)	,,	(184)
Günther	Wehrbz.Kdo. Naumburg (Saale) (W.M.A. Zeitz) (I)	,,	(185)
von Madeyski	H.Reit- u. Fahrschule	,,	(191)
Brückl	Wachbtl. Wien (I)	,,	(194)
Findeisen	St. Gen.Kdo. IX. A.K. (I)	,,	(202)
Müller	St. Wehrers.Insp. Mannheim (I)	,,	(203)
Cantz	Rüst.Insp. V (K)	,,	(204)
Dickhäuser	Pz.Aufkl.Abt. 1	,,	(205)
Engelmann	Rüst.Insp. XI (Kdo. Rüst.Ber. Braunschweig) (A)	,,	(206)
Manz	St. Gen.Kdo. XVIII. A.K. (I)	,,	(208)
Saupe	St. Wehrers.Insp. Dresden (I)	,,	(209)
Saal	Wehrbz.Kdo. Aachen (I)	,,	(210)
Schlägel	Wehrbz.Kdo. Freiburg (Breisgau) (PzGr)	,,	(211)
Schlienkamp	St. Wehrers.Insp. Köln (I)	,,	(213)
Schütz	St. Inf.Kdr. 7	,,	(216)
Spalding	Pi.Schule II	,,	(218)
Enckhausen	Rüst.Insp. X (Kdo. Rüst.Ber. Bremen) (I)	,,	(220)
Giesemann	Wehrbz.Kdo. Tilsit (I)	,,	(221)
Boxberg	St. Gen.Kdo. XVII. A.K. (A)	,,	(222)
Schardt	Rüst.Insp. III (I)	,,	(223)
Murawski	Ob.Kdo. d. W. (W Pr) (I)	,,	(224)
Schröter (Fritz)	Fla.Btl. 31	,,	(236)
Hildebrand	Nachr.Abt. 52	,,	(239)
Butze	Wehrbz.Kdo. Iserlohn (W.M.A. Iserlohn) (I)	,,	(251)
Keil	Wehrbz.Kdo. Leslau (W.M.A. Kutno) (I)	,,	(252)
Sander	Wehrbz.Kdo. Oldenburg (Oldb) II (I)	,,	(253)
Klopke	St. Gen.Kdo. II. A.K. (I)	,,	(254)
Ueberschaer	Wehrbz.Kdo. Hannover I		
	(W.M.A. Hannover 1a) (I)	,,	(255)
Fischer	Pi.Schule II	,,	(257)
In DAL T überführt; Oberst 1. 8. 44 (6)			
Mühlen	St. Gen.Kdo. V. A.K. (I)	,,	(258)
Michalek	Wehrbz.Kdo. Bonn (W.M.A. Bonn) (I)	,,	(259)
Zeuner	z. Verf. Ob. d. H. (Sonst. Offz.) (I)	,,	(262)
Duschek	Rüst.Insp. XI (Kdo. Rüst.Ber. Magdeburg) (PzGr)	,,	(263)
Sauvant	St. Wehrers.Insp. Königsberg (Pr) (A)	,,	(265)
Gauda	W.F.O. Wiesbaden (Pz)	,,	(266)
Quenzel	Wehrm.Fürs. u. Vers.Amt Münster (Westf) (I)	,,	(267)
Herrlitz	St. Gen.Kdo. X. A.K. (I)	,,	(268)

Maier	Wehrbz.Kdo. Marktredwitz				
	(W.M.A. Münchberg [Oberfr])	(I)	1. 3. 42	(269)
Goldenberg	Wehrbz.Kdo. Hamburg V	(F)		,,	(270)
Schoenfeld	Kdtr. Tr.Üb.Pl. Jüterbog	(I)		,,	(271)
Graf	Wehrbz.Kdo. Gelsenkirchen	(I)		,,	(272)
Körner	St. Wehrers.Insp. Leipzig	(K)		,,	(273)
Erttel	St. Kdtr. Berlin	(K)		,,	(275)
Streve	Ob.Kdo. d. H. (G Z)	(I)		,,	(277)
Oberst 1. 8. 44 (23)					
Reile	St. Gen.Kdo. XII. A.K.	(I)		,,	(278)
Jasper	Art.Rgt. 26			,,	(279)
Behle	z. Verf. Ob. d. H. (Sonst. Offz.)	(PzGr)		,,	(280)
Gädke	Rüst.Insp. XVIII (Kdr. Rüst.Ber. Klagenfurt)	(A)		,,	(282)
Mittelstraß	Wehrbz.Kdo. Hamburg II (W.M.A. Hamburg 2)	(I)		,,	(284)
Schuster	Jäg.Rgt. 28			,,	(293)
Steinhauser	Beob.Abt. 18			,,	(328)
Straub	Pz.Rgt. 7			,,	(333)**
In DAL T überführt; Oberst 1. 9. 44 (8a)					
Ballerstedt	Gren.Rgt. 74			,,	(338)
Maus	Pz.Jäg.Abt. 30			,,	(338a)
Kob	Pz.Jäg.Abt. 23			,,	(340)
Meier-Oberist	Füs.Rgt. 27			,,	(341)
von Below	Pz.Art.Rgt. 80			,,	(356)
In DAL T überführt; Oberst 1. 10. 44 (5)					
Linke	Pz.Nachr.Abt. 16			,,	(374)
Döring	Nachr.Abt. 42			,,	(383)
Maier	Nachr.Abt. 15			,,	(385)
Gutzeit	Pz.Jäg.Abt. 9			,,	(399)
In DAL T überführt; Oberst 9. 11. 44 (7a)					
Wolters	St. Wehrers.Insp. Münster (Westf)	(I)		,,	(419)
Seifert	St. Wehrers.Insp. Chemnitz	(I)		,,	(420)
Kachlik	Wehrbz.Kdo. Karlsbad (W.M.A. Karlsbad)	(I)		,,	(421)
Abraham	St. 8. Pz.Brig.	(Pz)		,,	(423)
Schreiber	Rüst.Insp. IX (Kdo. Rüst.Ber. Gießen)	(A)		,,	(424)
Wider	Ob.Kdo. d. H. (Wa I Rü [W. u. G. 6])	(A)		,,	(425)
von Baeckmann	Wehrbz.Kdo. Karlsruhe (Baden)	(I)		,,	(426)
Würffel	b. Ausb.Leiter Deutsch Krone 2	(I)		,,	(427)
Dotzek	St. Gen.Kdo. I. A.K.	(I)		,,	(428)
Billig	W.F.O. Rostock	(I)		,,	(429)
Egbring	St. Wehrers.Insp. Münster (Westf)	(I)		,,	(431)
Schock-Opitz	St. Wehrers.Insp. Danzig	(A)		,,	(432)
Schmahl	Wehrbz.Kdo. Bonn (W.M.A. Euskirchen)	(A)		,,	(433)
von Bernuth	Aufkl.Rgt. 8	(PzGr)		,,	(435)
Schirnick	St. Gen.Kdo. XI. A.K.	(A)		,,	(437)
Gerken	St. Wehrers.Insp. Stettin	(A)		,,	(438)
Hausding	Pz.Nachr.Abt. 16			,,	(439)
Dannenbaum	Pz.Jäg.Abt. 1			,,	(441)
Oepen	Pz.Jäg.Abt. 13			,,	(455)
Borgmann	Füs.Rgt. 27			,,	(466)
Jacobs	St. 4. Div. (Nbl)			,,	(474)
Lamberty	St. Landw.Kdr. Darmstadt	(Pz)		,,	(476)
Steiner	St. Gen.Kdo. XVIII. A.K.	(F)		,,	(479)
Müller-Rentzsch	Rüst.Insp. XI	(A)		,,	(480)
Maschauer	Wehrbz.Kdo. Glauchau (W.M.A. Glauchau)	(I)		,,	(481)
Kessel	Wehrbz.Kdo. Cilli	(A)		,,	(482)
Toop	Ob.Kdo. d. H. (Wa I Rü [W. u. G. 2])	(I)		,,	(483)
Hempel	St. Gen.Kdo. XII. A.K.	(A)		,,	(486)

Ittel	Wehrbz.Kdo. Rottweil (W.M.A. Tuttlingen)	(I)	1.	3. 42	(487)
Wolf	St. Gen.Kdo. IV. A.K. (K)		,,		(488)
Thiele	St. Gen.Kdo. XXIII. A.K. (Pz)		,,		(489)
Gutmann	Wehrbz.Kdo. Passau (W.M.A. Passau)	(I)	,,		(490)
Kiehne	Wehrbz.Kdo. Burg (Bz Magdeburg) (W.M.A. Genthin)	(I)	,,		(491)
Freiherr von Esebeck	St. Wehrers.Insp. Schleswig-Holstein (K)		,,		(492)
Graf von Reischach	Wehrbz.Kdo. Großenhain (W.M.A. Bad Liebenwerda)	(A)	,,		(493)
Menthe	Wehrbz.Kdo. Kassel I (I)		,,		(494)
von Zastrow	Ob.Kdo. d. H. (Wa A/Stab) (A)		,,		(495)
Schloenbach	Wehrbz.Kdo. Krainburg (W.M.A. Stein [Steiermark])	(I)	,,		(496)
Frank	Wehrbz.Kdo. St Pölten (A)		,,		(497)
Newman	b. Kdr. d. Nachr.Tr. XIV (N)		,,		(498)*
Mayeritsch	Wehrbz.Kdo. Graz (W.M.A. Graz 2)	(I)	,,		(499)
Foth	Wehrm.Fürs. u. Vers.Amt Berlin (A)		,,		(500)
Wodarg	Wehrkrs.Reit- u. Fahrschule Warendorf		,,		(501)
Ortner	Wehrbz.Kdo. Bayreuth (I)		,,		(502)
Schroeder	Wehrbz.Kdo. Frankfurt (Oder) (W.M.A. Seelow [Mark])	(PzGr)	,,		(504)
Runge	3. Pz.Brig. (I)		,,		(507)
Haendly	Ob.Kdo. d. H. (Wa A/Stab) (PzGr)		,,		(508)
Schulze	Wehrbz.Kdo. Plauen (Vogtl) (W.M.A. Oelsnitz [Vogtl])	(I)	,,		(509)
Wagner	Transportkdtr. Augsburg (A)		,,		(510)
von Kameke	St. Wehrers.Insp. Köslin (A)		,,		(511)
Pötter	Ob.Kdo. d. H. (Wa Prü 4) (A)		,,		(512)
Matthaei	Wehrbz.Kdo. Moers (W.M.A. Moers)	(I)	,,		(513)
Riemann	Wehrbz.Kdo. Coburg (W.M.A. Sonneberg [Thür])	(A)	,,		(514)
Kasper-Ték	W.F.O. Krems (Donau) (I)		,,		(515)
Gerle	Kdtr. Vers.Pl. Hillersleben (A)		,,		(516)
Ostertag	Wehrbz.Kdo. Karlsruhe (Baden) (W.M.A. Karlsruhe)	(I)	,,		(517)
Graf zu Münster Freiherr von Grothaus	Wehrbz.Kdo. Gießen	(Pz)	,,		(519)
Torgany	Kdtr. Breslau (I)		,,		(520)
Passarge	Wehrbz.Kdo. Friedberg (Hess) (W.M.A. Friedberg)	(I)			(521)
Keßeler	b. Fest.Pi.Kdr. IX (N)		,,		(523)
Oberst 1. 9. 44 (27)					
Vecernik	Pz.Rgt. 1		1.	4. 42	(1)
Oberst 1. 3. 45 (24)					
Vonberg	Pz.Gren.Rgt. 6		,,		(4)
Klein	Kdt. Tr.Üb.Pl. Seethaler Alpe (Pz)		,,		(9)
In DAL T überführt; Oberst 1. 1. 45 (3a)					
Raapke	Pz.Gren.Rgt. 73 (I)		,,		(11)
Ristow	Gren.Rgt. 94		,,		(23)
Schulz (Georg)	Ob.Kdo. d. H. (Fz In) (A)		,,		(35)
Bach	Pz.Rgt. 8		,,		(63)
Eckstein	b. Höh.Nachr.Offz. 1		,,		(68)
Pauckstadt	Kdr. H.Nachr.Schule II		,,		(69)
von Dosky	Wehrbz.Kdo. Weimar (A)		,,		(74)
Krauß	Ob.Kdo. d. H. (AHA) (I)		,,		(76)
Saß	Rüst.Insp. III (Kdsch)		,,		(81)

Altmann	Kdt. Tr.Üb.Pl. Hohenfels (I)	1. 4. 42	(82)
Löffler	Wehrbz.Kdo. Grimma (W.M.A. Grimma) (I)	,,	(83)
Hoffmeister	Wehrbz.Kdo. Prag (W.M.A. Königgrätz) (I)	,,	(85)
Gasch	St. Landw.Kdr. Dresden (N)	,,	(87)
Linse	St. Gen.Kdo. V.A.K. (I)	,,	(88)

Oberst 1. 3. 45 (18)

van Kann	St. Wehrers.Insp. Düsseldorf (I)	,,	(89)
Klut	Ob.Kdo. d. H. (Ag E Tr/Tr Abt) (I)	,,	(93)
Frantz	Rüst.Insp. VIII (I)	,,	(94)
Berger	St. 1. Geb.Div. (A)	,,	(95)
Graf von Hohenthal	Wehrbz.Kdo. Leipzig I (W.M.A. Leipzig 1) (K)	,,	(96)
Rummert	Ob.Kdo. d. H. (AHA/Stab) (I)	,,	(97)
Birke	Ob.Kdo. d. H. (Wa A/Stab) (A)	,,	(98)
Ehlert	b. Ausb.Leiter Lyck (Pi)	,,	(99)
Alscher	Wehrbz.Kdo. Trautenau (W.M.A. Braunau [Sudetenl]) (I)	,,	(101)
Böhmer	Ob.Kdo. d. H. (Wa I Rü [W. u. G. 2]) (A)	,,	(102)
Gehrholz	Ob.Kdo. d. H. (1. Abt. Gen.St. d. H.) (I)	,,	(104)
Kochenburger	z. Verf. Ob. d. H. (Sonst. Offz.) (Pz)	,,	(105)
Soika	Abt.Chef i. Ob.Kdo. d. H. (Wa I Rü [Mun 4]) (I)	,,	(106)
Radtke	Ob.Kdo. d. W. (W Wi) (A)	,,	(107)
Kelm	Wehrbz.Kdo. Berlin IX (W.M.A. Wilmersdorf) (I)	,,	(108)
Andersen	Ob.Kdo. d. W. (W Vers) (I)	,,	(109)
Genger	Wehrbz.Kdo. Lötzen (W.M.A. Sensburg) (A)	,,	(110)
Kranz (Richard)	Pi.Schule I	,,	(110a)
Schulze	b. Ausb.Leiter Dresden 1 (A)	,,	(112)

In DAL T überführt; Oberst 1. 3. 45 (7a)

Passow	Ob.Kdo. d. H. (Wa Chefing) (K)		(113)

Oberst 20. 4. 45

Hoffmann-Oelkers	St. Gen.Kdo. XI. A.K. (A)	,,	(115)
Hinzmann	Wehrbz.Kdo. Cilli (W.M.A. Rann) (I)	,,	(116)
Beyersdorff	St. Wehrers.Insp. Bremen (K)	,,	(117)
Werner	Wehrbz.Kdo. Jägerndorf (Ostsudetenl) (W.M.A. Sternberg [Ostsudetenl]) (I)	,,	(119)
Leuthold	St. Gen.Kdo. IV. A.K. (Pz)	,,	(120)
Nachreiner	z. Verf. Ob. d. H. (Sonst. Offz.) (I)	,,	(123)
Brenke	Transportkdtr. Hamburg (I)	,,	(124)
Borchers	Ob.Kdo. d. H. (5. Abt. Gen.St. d. H.) (Pi)	,,	(125)
Besser	Wehrbz.Kdo. Eberswalde (I)	,,	(126)
Viebig	St. Wehrers.Insp. Berlin (I)	,,	(128)
Heldmann (Karl)	St. Gen.Kdo. IX. A.K. (A)	,,	(129)
Ziehm	Wehrbz.Kdo. Neustettin (W.M.A. Schlochau) (A)	,,	(131)
Borchers	Ob.Kdo. d. H. (9. Abt. Gen.St. d. H.) (K)	,,	(132)
Becker	Wehrbz.Kdo. Neuruppin (W.M.A. Rathenow) (I)	,,	(133)
von Rothkirch und Panthen	St. Gen.Kdo. VIII. A.K. (K)	,,	(135)
von Kettler	Pz.Art.Rgt. 19	,,	(136)
Roth	St. Wehrers.Insp. Ulm (Donau) (A)	,,	(137)
Müller	Wehrbz.Kdo. Straubing (W.M.A. Roding) (A)	,,	(138)
Brattström	St. Wehrers.Insp. Magdeburg (A)	,,	(140)
Robert Prinz und Herzog von Arenberg	St. Gen.Kdo. VII. A.K. (K)	,,	(143)
Krell	Wehrbz.Kdo. Döbeln (W.M.A. Döbeln) (I)	,,	(147)
Raffauf	St. Gen.Kdo. VI. A.K. (Pi)	,,	(149)
Krause	z. Verf. Ob. d. H. (Sonst. Offz.) (I)	,,	(150)
Morschheuser	St. Wehrers.Insp. Allenstein (PzGr)	,,	(151)
Baumann	Wehrbz.Kdo. Stuttgart I (W.M.A. Stuttgart) (I)	,,	(152)

Kemmerling	Wehrbz.Kdo. Essen II (A)	1. 4. 42	(153)
Wachsmuth	Wehrbz.Kdo. Rudolstadt (PzGr)	,,	(154)
Roßdeutscher	W.F.O. Breslau B (A)	,,	(156)
Nicolai	Ob.Kdo. d. H. (H Haush) (I)	,,	(157)
Huhnstock	St. Wehrers.Insp. Koblenz (A)	,,	(159)
Keller	Ob.Kdo. d. W. (Abw III) (A)	,,	(160)
Radecker	St. Gen.Kdo. IV. A.K. (I)	,,	(161)
Schoenniger	Wehrbz.Kdo. Coburg (W.M.A. Coburg) (I)	,,	(162)
Böhnisch	Vorstand H.Bekl.Amt Frankfurt (Main) (I)	,,	(163)

Oberst 1. 3. 45 (19)

Böhmig	Wehrbz.Kdo. Böhmisch Leipa		
	(W.M.A. Tetschen) (I)	,,	(164)
Bachmann	Fest.Pi.St. 21	,,	(165)
Zinnemann	Ob.Kdo. d. W. (W Wi) (I)	,,	(167)
Weiß	Rüst.Insp. XVIII (Kdr. Rüst.Ber. Innsbruck) (A)	,,	(170)
Both	Transportkdtr. Linz (Donau) (EPi)	,,	(171)
Wilke	St. 72. Div. (Pi)	,,	(172)
Oschlies	b. Ausb.Leiter Insterburg 1 (I)	,,	(173)
Danzl	Rüst.Insp. VIII (Kdo. Rüst.Ber. Troppau) (I)	,,	(174)
Kanzler	Wehrbz.Kdo. Neustadt (Westpr)		
	(W.M.A. Neustadt) (Pz)	,,	(175)
Steinert	Wehrbz.Kdo. Leipzig II (W.M.A. Leipzig 2) (I)	,,	(176)
Eskuche	Wehrbz.Kdo. Hannover I (I)	,,	(177)
Kloevekorn	St. Wehrers.Insp. Danzig (I)	,,	(178)
Wedemeier	Fest.Pi.St. 6	,,	(179)
Michelsen	St. Wehrm.Bevollm. b. Reichsprotektor		
	u. Befehlsh. i. Wehrkrs. Böhmen u. Mähren (I)	,,	(180)
Mattern	St. Wehrers.Insp. Danzig (I)	,,	(181)
Krüger	St.Gen.Kdo. II. A.K. (I)	,,	(183)
Kahl	Wehrbz.Kdo. Kalisch (W.M.A. Kalisch) (I)	,,	(184)
Sabath	Ob.Kdo. d. H. (Ag E Tr/Tr Abt) (A)	,,	(185)
Asmus	St. Landw.Kdr. Berlin (I)	,,	(187)
Irmscher	Wehrbz.Kdo. Halle (Saale)		
	(W.M.A. Merseburg) (A)	,,	(188)
Schulze-Bernett	Ob.Kdo. d. W. (Abw I) (I)	,,	(189)
Gantke	Pi.Lehrbtl.	,,	(192)
Müller	Kdt. Tr.Üb.Pl. Bruck (Leitha) (I)	,,	(201)
Stegmann	Kriegsschule Hannover (PzGr)	,,	(214)

In DAL T überführt

Schönwald	Gren.Rgt. 2	,,	(225)
Heyne	Pz.Gren.Rgt. 108 (früher Inf.Rgt. 10) (I)	,,	(234)
Werner	St. Wehrm.Bevollm. b. Reichsprotektor		
	u. Befehlsh. i. Wehrkrs. Böhmen u. Mähren (I)	,,	(239a)
Prawitt	Jäg.Rgt. 83	,,	(244)
Franke	Nachr.Abt. 36	,,	(260)
Weishaar	St. 35. Div. (A)	,,	(260a)
Holzamer	II. Abt. Art.Rgt. 62	,,	(282)
Weisbrodt	Jäg.Rgt. 83	,,	(286)
Goettgens	Art.Rgt. 17	,,	(298)
Hinterseer	St. Gen.Kdo. XIII. A.K. (A)	,,	(314a)
Paulsmeier	Ob.Kdo. d. H. (In 4) (A)	,,	(329)
Poßberg	St. Kdtr. Befest. b. Aachen (N)	,,	(333a)
Burger	Pz.Pi.Btl. 19	,,	(334)
Hentig	Transportkdtr. Dresden (Pi)	,,	(336)
Miketta	b. Ausb.Leiter Ohlau (I)	,,	(338)
Heinrich	Wehrbz.Kdo. Bernau b. Berlin		
	(W.M.A. Beeskow) (K)	,,	(340)

Raeithel	Wehrbz.Kdo. Karlsbad (A)	1. 4. 42	(341)
Dodt	Wehrbz.Kdo. Stuttgart II (I)	,,	(343)
Sommer	Ob.Kdo. d. W. (W Wi) (I)	,,	(344a)
Heitmann	Ob.Kdo. d. H. (Ag P 1/6. Abt.) (I)	,,	(345)

1. 8. 44 in DAL T überführt; Oberst 1. 4. 45

Beck	St. Wehrers.Insp. Kassel (PzGr)	,,	(348)
Hobert	St. Kdtr. Befest. b. Allenstein (N)	,,	(349)
Schulz	Pz.Jäg.Abt. 19	,,	(350)
Kohtz	Ob.Kdo. d. H. (Wa Prü 7) (N)	,,	(352)
Overmann	St. Wehrers.Insp. Münster (Westf) (A)	,,	(353)
Ruckdeschel	Rüst.Insp. IV (I)	,,	(354)
Hansmann	Ob.Kdo. d. W. (Wi Rü Amt) (I)	,,	(355)
Ritter Lasser von Zollheimb	St. Gen.Kdo. XVII. A.K. (I)	,,	(356)
Haehling von Lanzenauer	Ob.Kdo. d. W. (I) (I)	,,	(357)
von Trauwitz-Hellwig	Wehrbz.Kdo. München I (I)	,,	(358)
Lange	Wehrbz.Kdo. Klagenfurt (I)	,,	(359)
Greger	St. Landw.Kdr. Nürnberg (I)	,,	(360)
Heidschuch	Ob.Kdo. d. W. (Abw III) (I)	,,	(361)
Seeliger	Ob.Kdo. d. H. (b. Ob. d. H.) (I)	,,	(362)
Donges	Fest.Pi.St. 12 *In DAL T überführt*	,,	(363)
Tauscher	Kdr. H.Unteroffiziervorschule Deggendorf (I)	,,	(364)
Wiesner	Wehrbz.Kdo. Wels (W.M.A. Wels) (I)	,,	(365)
Reichart	St. Wehrers.Insp. Nürnberg (Pi)	,,	(366)
Walter	Transportkdtr. Breslau (A)	,,	(369)
Trost	Wehrbz.Kdo. Weiden (Oberpf) (W.M.A. Weiden) (I)	,,	(370)
Hübner	Ob.Kdo. d. H. (12. Abt. Gen.St. d. H.) (PzGr)	,,	(372)
Steinberg	b. Höh.Pi.Offz. f. Landesbefest. Ost (Pi)	,,	(373)
Freiherr von Fürstenberg	Wehrbz.Kdo. Leitmeritz		
	(W.M.A. Aussig) (K)	,,	(375)
Just	Ob.Kdo. d. W. (W Wi) (I)	,,	(376)
Möllgaard	Rüst.Insp. III		
	(Kdo. Rüst.Ber. Frankfurt [Oder]) (N)	,,	(380)
Tilmann	Wehrbz.Kdo. Darmstadt (W.M.A. Darmstadt) (Pz)	,,	(383)
Bormann	Wehrbz.Kdo. Bremen I (I)	,,	(384)
Sommerkorn	Ob.Kdo. d. H. (Wa Prü 11) (I)	,,	(385)
Stüber (Friedrich)	Wehrbz.Kdo. Traunstein		
Oberst 1. 3. 45 (20)	(W.M.A. Bad Reichenhall) (I)	,,	(386)
Trautmann	St. Gen.Kdo. X. A.K. (Pi)	,,	(387)
Baldamus	St. Gen.Kdo. XI. A.K. (I)	,,	(388)
Vogelsang	Wehrbz.Kdo. Lissa Wartheland		
	(W.M.A. Jarotschin) (I)	,,	(391)
Jank	z. Verf. Ob. d. H. (Sonst. Offz.) (K)	,,	(393)
Hasper	Rüst.Insp. VIII (Kdo. Rüst.Ber. Liegnitz) (A)	,,	(394)
Loewe	Rüst.Insp. VI (Kdo. Rüst.Ber. Düsseldorf) (A)	,,	(395)
von Versen	Wehrbz.Kdo. Frankfurt (Oder)		
	(W.M.A. Frankfurt) (I)	,,	(396)
Ziegler	z. Verf. Ob. d. H. (Sonst. Offz.) (I)	,,	(397)
Stadelmeier[1]	St. 72. Div. (K)	,,	(398)
Kiesow	Rüst.Insp. XXI (I)	,,	(401)
Gehring	St. Gen.Kdo. VII. A.K. (I)	,,	(402)
Rumland	Wehrbz.Kdo. Berlin V (I) v	,,	(403)
Niemierski	b. Kdr. d. Nachr.Tr. IV (N)	,,	(404)
Meyding	Rüst.Insp. III (Kdo. Rüst.Ber. Berlin I) (A)	,,	(405)
Krüttgen	Wehrm.Fürs. u. Vers.Amt Stuttgart (I)	,,	(407)
von Borcke	Wehrbz.Kdo. Leslau (W.M.A. Konin) (I)	,,	(408)

---

[1] Lt. DAL 1938: „Stadelmaier"

König	St. Gen.Kdo. XXI. A.K. (I)		,,	(409)
Weichbrodt	Pz.Tr. Schule			
	(Schule f. Schnelle Tr. Wünsdorf) (Pz) 1. 4. 42			(413)
Folschweiller	St. Wehrers.Insp. Kassel (I)		,,	(414)
Scheuß	Pz.Gren.Rgt. 4		,,	(415)
Erdmann	St. Gen.Kdo. I.A.K. (I)		,,	(416)
Janshon	W.F.O. Warschau (I)		,,	(417)
Kutzner	b. Ausb.Leiter Oppeln 1 (A)		,,	(419)
Rackow	St. Landw.Kdr. Stargard (Pom) (I)		,,	(420)
Schoenermarck	Ob.Kdo. d. H. (Ag P 1/6. Abt.) (A)		,,	(421)
Nichterlein	Wehrbz.Kdo. München IV (I)		,,	(422)
Werner	Rüst.Insp. VIII (Kdo. Rüst.Ber. Kattowitz) (I)		,,	(423)
Mitzkus	Wehrbz.Kdo. Berlin VII (I)		,,	(424)
Ottens	Pz.Rgt. 8		,,	(431)
Schenck	Pi.Btl. 15		,,	(440)
Pflumm	Pz.Jäg.Abt. 35		,,	(478)

1. 9. 44 in DAL T überführt; Oberst 20. 4. 45 (46)

Giesa	Pz.Jäg.Abt. 28		(497)
Hanspach	Füs.Rgt. 39	,,	(514)
Greb	Nachr.Abt. 25	,,	(528)
von Lüder	Pz.Rgt. 31	,,	(534)

1. 3. 45 in DAL T überführt

Wörthmüller	Pz.Jäg.Abt. 17		,,	(538)
Jaeger	II. Abt. Art.Rgt. 67		,,	(540)
von Oheimb	St. Wehrers.Insp. Schwerin (Meckl) (K)		,,	(541)
Klages	St. Wehrers.Insp. Wien (I)		,,	(542)
Freiherr Harsdorf von Enderndorf				
	Ob.Kdo. d. H. (Wa Prü 9) (I)		,,	(543)
Herklotz	Wehrbz.Kdo. Eisleben (W.M.A. Eisleben) (I)		,,	(544)
Heberlein	H.Bekl.Amt Berlin (Pz)		,,	(546)
Götz	Wehrbz.Kdo. Danzig (W.M.A. Danzig 2) (A)		,,	(547)

Oberst 1. 3. 45 (21)

Schwanke	Rüst.Insp. X (Kdo. Rüst.Ber. Hamburg II) (K)		,,	(548)
Freßen	Ob.Kdo. d. H. (PA) (A)		,,	(549)
Fahrenberg	Ob.Kdo. d. H. (9. Abt. Gen.St. d. H.) (I)		,,	(550)
Grünert	Wehrbz.Kdo. Litzmannstadt (I)		,,	(551)
Kayser	Wehrbz.Kdo. Hamburg III			
	(W.M.A. Hamburg 3) (K)		,,	(553)
Zeidler	Ob.Kdo. d. H. (Wa I Rü [W. u. G. 8]) (A)		,,	(554)
Mengen	Wehrbz.Kdo. Braunschweig			
	(W.M.A. Wolfenbüttel) (I)		,,	(555)
von Salmuth	Wehrbz.Kdo. Braunschweig			
	(W.M.A. Braunschweig 1) (A)		,,	(560)
Wigger	Kriegsschule Hannover (I)		,,	(561)
von Parseval	Vorstand H.Bekl.Amt München (I)		,,	(562)
Schweighöfer	Rüst.Insp. VI (I)		,,	(563)
Lehmann	St. Gen.Kdo. IV. A.K. (A)		,,	(564)
Markurth	Wehrbz.Kdo. Berlin X (I)		,,	(565)
Schnabel	St. 2. Pz.Brig. (A)		,,	(567)
Noeth	St. Gen.Kdo. VII. A.K. (A)		,,	(568)
Sauer	Transportkdtr. München (I)		,,	(570)
Lubahn	St. Gen.Kdo. III. A.K. (I)		,,	(571)
Weber	Wehrbz.Kdo. Hagen (Westf) (A)		,,	(572)
Bohnenkamp	Wehrbz.Kdo. Siegburg (I)		,,	(573)
Brendel	Wehrbz.Kdo. Bamberg (W.M.A. Haßfurth) (A)		,,	(575)
Beckmann	Ob.Kdo. d. H. (AHA/Stab) (A)		,,	(576)
Albrecht	St. Wehrers.Insp. Ulm (Donau) (I)		,,	(577)

Fiala	St. Gen.Kdo. XVIII. A.K. (I)	1. 4. 42	(578)
Freiherr von Hallberg zu Broich			
	Ob.Kdo. d. H. (Ag E Tr/E) (A)	,,	(580)
Hübner	Ob.Kdo. d. W. (Wi Rü Amt) (I)	,,	(581)
Karg	Nachr.Abt. 29	,,	(583)
Foerster	b. Ausb.Leiter Trier (I)	,,	(585)
Porr	St. 1. Kav.Brig. (K)	,,	(587)
Hahn	Wehrbz.Kdo. Wien I (W.M.A. Wien 1 [Nord]) (A)	,,	(588)
Kieckebusch	Ob.Kdo. d. H. (P 5) (Pz)	,,	(590)
Dicke	St. Gen.Kdo. XVII. A.K. (Pz)	,,	(592)
Doehner	Ob.Kdo. d. W. (Wi Rü Amt) (A)	,,	(593)
Götting	St. Gen.Kdo. I. A.K. (Pz)	,,	(594)
Kühn	Wehrbz.Kdo. Rudolstadt (W.M.A. Rudolstadt) (K)	,,	(595)
Laukhuff	Rüst.Insp. Prag		
	(Kdo. Rüst.Ber. Brünn [Mähren]) (A)	,,	(597)
Karnath	Ob.Kdo. d. H. (AHA/Stab) (I)	,,	(598)
Brenker	Wehrbz.Kdo. Mühlhausen (Thür)		
	(W.M.A. Sondershausen) (I)	,,	(599)
Matthias	Wehrbz.Kdo. Liegnitz (W.M.A. Liegnitz) (I)	,,	(600)
Hesse	Ob.Kdo. d. W. (Wi Rü Amt) (I)	,,	(601)
von Schumann	St. Gen.Kdo. IV. A.K. (K)	,,	(602)
Schucht	St. Gen.Kdo. VI. A.K. (A)	,,	(603)
Meyer	Ob.Kdo. d. H. (G. I. F.) (I)	,,	(604)
Stachow	Rüst.Insp. III (K)	,,	(605)
Mau	Pz.Jäg.Abt. 29	,,	(606)
Ewald	St. Wehrers.Insp. Weimar (I)	,,	(608)
Pfeiffer	Wehrbz.Kdo. Zwickau (Sachs) (A)	,,	(610)
Nettesheim	St. Wehrers.Insp. Düsseldorf (A)	,,	(611)
Sendtner	St. Gen.Kdo. VII. A.K. (F)	,,	(612)
Krimer	b. H.Abn.Inspiz.Prag (A)	,,	(616)
Schuster	Rüst.Insp. VII (Kdo. Rüst.Ber. München) (A)	,,	(618)
Marcus	Fest.Pi.St. 7 (N)	,,	(619)
Herzog	Wehrbz.Kdo. Hannover I (A)	,,	(621)
Meusel	Ob.Kdo. d. H. (Ag E Tr/E) (I)	,,	(622)
Hofmann	Rüst.Insp. XVII (A)	,,	(624)
Lüttschwager	Ob.Kdo. d. H. (Wa I Rü [W. u. G. 5]) (Pi)	,,	(625)
Blumentritt	Wehrbz.Kdo. Leibniz (A)	,,	(626)
Zipp	St. Gen.Kdo. XVII. A.K. (I)	,,	(627)
Fretzdorff	Rüst.Insp. IX (Kdo. Rüst.Ber. Weimar) (A)	,,	(629)
Lemgen	Rüst.Insp. XII (Kdo. Rüst.Ber. Saarbrücken) (A)	,,	(631)
Pièske	Wehrbz.Kdo. Berlin I (I)	,,	(632)
Richter	b. H.Abn.Inspiz. XVII (A)	,,	(633)
Delfs	Pz.Jäg.Abt. 30	,,	(634)
	1.11.44 in DAL T überführt; Oberst 1.1.45		
La Roche	Pz.Jäg.Abt. 1	,,	(638)
	1.3.45 in DAL T überführt		
Körner	Pz.Gren.Rgt. 108 (früher Inf.Rgt. 10)	,,	(641)
von Adriani	Gren.Rgt. 135	,,	(645)*
Deinhard	Pz.Jäg.Abt. 34	,,	(664)
Spieß	Annahmestelle V f. Offz.Bew. d. H. (Pz)	,,	(680)
	1.8.44 in DAL T überführt; Oberst 20.4.45 (75)		
Mück	Gren.Rgt. 132	,,	(686)
Urban	Pz.Rgt. 7	,,	(696)
von Hippel	Ob.Kdo. d. W. (Abw II) (I)	,,	(703a)
Döring	Pz.Gren.Rgt. 64	,,	(742)
Lachnitt	Pz.Jäg.Abt. 41	,,	(750)
Franck	Gren.Rgt. 19	,,	(762)

Freiherr Göler von Ravensburg genannt von Brüggen

| | Kraftfahr.Abt. 8 | 1. 4. 42 | (773) |

Stüber	Kraftf.Abt. 3	,,	(798)
Berntheisel	Kraftf.Abt. 7	,,	(799)
Hillesheim	Wehrbz.Kdo. Soest (W.M.A. Unna) (I)	,,	(800)
Hellms	Ob.Kdo. d. H. (Wa I Rü [W. u. G.]) (K)	,,	(803)
Schaeffer	St. Gen.Kdo. XII. A.K. (I)	,,	(804)
Wiechert	b. Ausb.Leiter Braunsberg (Ostpr) (I)	,,	(805)
Mackensy	St. Gen.Kdo. VIII. A.K. (A)	,,	(806)
Stiefler	Wehrbz.Kdo. Wuppertal (I)	,,	(807)
von Einsiedel	Wehrm.Fürs. u. Vers.Amt Breslau (K)	,,	(808)
Frank (Johann)	St. Gen.Kdo. XIII. A.K. (I)	,,	(809)
Deicke	Wehrbz.Kdo. Hirschberg (Riesengeb)		
	(W.M.A. Hirschberg) (K)	,,	(812)
Rützler	Wehrbz.Kdo. Aurich (W.M.A. Leer [Ostfriesl]) (Pi)	,,	(814)
Buechler	St. Wehrers.Insp. Königsberg (Pr) (K)	,,	(815)
Heinrich	St. Gen.Kdo. VII. A.K. (I)	,,	(816)
Klinkmüller	St. Gen.Kdo. VIII. A.K. (I)	,,	(817)
Friderich	Ob.Kdo. d. H. (Wa Prü 2) (Pi)	,,	(818)
Grohé	Rüst.Insp. IX (Kdo. Rüst.Ber. Eisenach) (I)	,,	(821)
Geiger	Wehrbz.Kdo. Stuttgart II (W.M.A. Stuttgart 2) (I)	,,	(824)
Röhnisch	Wehrbz.Kdo. Hamburg II (I)	,,	(825)
Topp	Ob.Kdo. d. W. (W Pr) (I)	,,	(826)
Pohlmann	Wehrbz.Kdo. Eßlingen (Neckar)		
	(W.M.A. Eßlingen) (A)	,,	(827)
Müller	Schutzbereichamt Kaiserslautern (I)	,,	(828)
Eckoldt	St. 1. Pz.Brig. (Pz)	,,	(830)
Maaß	St. Kdtr. Berlin (A)	,,	(831)
Kleinert	Ob.Kdo. d. H. (Wa Chefing) (F)	,,	(833)
Heyne	Rüst.Insp. III (A)	,,	(835)
von Albert	W.F.O. Berlin A (K)	,,	(837)
Bode	Wehrkrs.Reit- u. Fahrschule Schloßhof (K)	,,	(838)
Timmermann	Wehrm.Fürs. u. Vers.Amt Münster (Westf) (A)	,,	(839)
Riel	Ob.Kdo. d. H. (P 5) (A)	,,	(840)
Kampschulte	St. Wehrm.Bevollm. b. Reichsprotektor		
	u. Befehlsh. i. Wehrkrs. Böhmen u. Mähren (I)	,,	(841)
Görke	Ob.Kdo. d. H. (Wa Z) (A)	,,	(842)
Hagen	Wehrbz.Kdo. München I (W.M.A. München 1) (I)	,,	(843)
Kriebitz	St. Gen.Kdo. I. A.K. (I)	,,	(846)
Mühlenberg	St. Wehrers.Insp. Magdeburg (A)	,,	(847)
Knoll	z. Verf. Ob. d. H. (Sonst. Offz.) (I)	,,	(848)
Müller-Hillebrand	Gren.Rgt. 71	,,	(850)
Zimmermann	Wehrbz.Kdo. Marienwerder (Westpr) (K)	,,	(851)
Raasch	Kdtr. Tr.Üb.Pl. Bergen (A)	,,	(852)
Biedermann	Wehrbz.Kdo. Zwittau		
	(W.M.A. Hohenstadt [Sudetenl]) (A)	,,	(853)
Jeep	Wehrbz.Kdo. Celle (Pz)	,,	(854)
Koch	Wehrm.Fürs. u. Vers.Amt Dresden (I)	,,	(855)
Keßler	Annahmestelle VI f. Offz.Bew. d. H. (I)	,,	(858)
Mückenberger	Wehrbz.Kdo. Potsdam I		
	(W.M.A. Brandenburg [Havel]) (I)	,,	(860)
Wulkop	St. Wehrers.Insp. Berlin (A)	,,	(861)
Rühenbeck	Pz.Pi.Btl. 51	,,	(862)
Mevs	Wehrbz.Kdo. Troppau		
	(W.M.A. Neutitschein [Ostsudetenl]) (A)	,,	(863)
Markhoff	b. Ausb.Leiter Deutsch Eylau (I)	,,	(866)

Stitzinger	b. Deutschen Gen. b. Slowakischen			
	Verteidigungsmin. (I)	1. 4. 42	(867)
Heinrich	Wehrbz.Kdo. Düsseldorf (I)	,,	(869)
Schwarz	Wehrbz.Kdo. Cilli (K)	,,	(870)
Sachs	St. 7. Div. (F)	,,	(871)
Spiegelberg	Wehrbz.Kdo. Stargard (Pom)		
	(W.M.A. Pyritz) (I)	,,	(873)
Kolbe	Wehrbz.Kdo. Marburg (Lahn) (W.M.A. Marburg) (A)	,,	(874)
Marquardt	Annahmestelle XI f. Offz.Bew. d. H. (I)	,,	(875)
Treitler	St. Wehrers.Insp. Potsdam (I)	,,	(876)
Hoefer	W.F.O. Tübingen (I)	,,	(878)
Berberich	St. Wehrers.Insp. Stuttgart (I)	,,	(881)
Müller (Johannes)	St. Gen.Kdo. VIII. A.K. (Pi)	,,	(882)
Loës	Ob.Kdo. d. H. (In 10) (Pi)	,,	(883)
Spitta	St. Wehrers.Insp. Potsdam (I)	,,	(884)
Helfferich	z. Verf. Ob. d. H. (Sonst. Offz.) (I)	,,	(885)
Rumschöttel	H.Anstalt Peenemünde (A)	,,	(887)
Staby	St. Wehrers.Insp. Münster (Westf) (Pi)	,,	(888)
Hagen	St. Gen.Kdo. VI. A.K. (A) *	,,	(889)
Jahn	Fest.Pi.St. 12	,,	(890)
Hümmer	Wehrbz.Kdo. Baden b. Wien (I)	,,	(891)
Bettenheim	St. Wehrers.Insp. Chemnitz (Pz)	,,	(892)
Simon	St. Gen.Kdo. VI. A.K. (I)	,,	(894)
Reese	Wehrbz.Kdo. Jülich (W.M.A. Geilenkirchen) (I)	,,	(895)
Bruch	St. Gen.Kdo. XII. A.K. (I)	,,	(896)
Bielefeld	St. Art.Kdr. 6 (A)	,,	(897)
Leonhard	Rüst.Insp. XII (Kdo. Rüst.Ber. Mannheim) (A)	,,	(898)
Krosch	b. Fest.Pi.Kdr. IX	,,	(901)
Graf zu Münster Freiherr von Oër	Pz.Gren.Rgt. 3		(903)
Oberst 1. 3. 45 (22)			
Herrmann	Rüst.Insp. VIII (Kdo. Rüst.Ber. Troppau) (I)	,,	(904)
Winter	Kdr. H.Unteroffiziervorschule Weilburg (I)	,,	(906)
Petzold	Gren.Rgt. 14	,,	(907)
Sitzenstock	Ob.Kdo. d. H. (Ag P 1/7. Abt.) (I)	,,	(908)
Bauer	St. Wehrers.Insp. München (Pz)	,,	(909)
Calov	Wehrbz.Kdo. Greifswald (I)	,,	(910)
Faber	St. Wehrers.Insp. München (F)	,,	(911)
Bärtels	Wehrbz.Kdo. Arnsberg (Westf)		
	(W.M.A. Arnsberg) (Pi)	,,	(913)
Kaiser	Wehrbz.Kdo. Detmold (W.M.A. Detmold) (A)	,,	(914)
Redlich	Wehrbz.Kdo. Dresden II (A)	,,	(916)
Lentze	Wehrbz.Kdo. Iserlohn (I)	,,	(917)
von Haugk	Rüst.Insp. IV (Kdo. Rüst.Ber. Leipzig) (K)	,,	(919)
Obermüller	Ob.Kdo. d. W. (Wi Amt) (I)	,,	(920)
Kallmann	b. Kdr. d. Nachr.Tr. I (N)	,,	(921)
Herrlitz	St. Gen.Kdo. I. A.K. (A)	,,	(922)
Lintz	Ob.Kdo. d. H. (G Z) (A)	,,	(923)
Lepper	Wehrbz.Kdo. Kassel I (W.M.A. Kassel 1) (I)	,,	(924)
Eylers	Wehrbz.Kdo. Oldenburg (Oldb) I (Pz)	,,	(925)
Butz	b. Kdr. d. Nachr.Tr. VII (N)	,,	(926)
Köhler	Ob.Kdo. d. H. (AHA/Stab) (A)	,,	(927)
Schubert	Wehrbz.Kdo. Küstrin (I)	,,	(930)
Burmester	St. Kdtr. Befest. b. Allenstein (Pi)	,,	(931)
Idel	St. Gen.Kdo. VIII. A.K. (I)	,,	(932)
Kiefer	Ob.Kdo. d. H. (Gen d Mot/In 12) (Pz)	,,	(933)
von Boehn	St. Wehrres.Insp. Stettin (Kdsch)	,,	(934)
Häusele	St. Gen.Kdo. VII. A.K. (I)	,,	(935)

Agath	Ob.Kdo. d. H. (G Z) (K)	1. 4. 42	(936)
Meißner	St. 6. Div. (I)	,,	(937)
Rosenberger	St. Gen.Kdo. XXI. A.K. (I)	,,	(938)
Pohl	Rüst.Insp. IV (Kdo. Rüst.Ber. Dresden) (A)	,,	(941)
Neck	z. Verf. Ob. d. H. (Sonst. Offz.) (I)	,,	(942)
Mehlhausen	Ob.Kdo. d. H. (AHA/Stab) (F)	,,	(943)
von Oertzen	Kav.Rgt. 5	,,	(944)
Schmidt	Wehrm.Fürs. u. Vers.Amt Wien (I)	,,	(945)
Grämer	Beob.Abt. 4	,,	(947)
Opale	Ob.Kdo. d. H. (Wa Z 1) (I)	,,	(951)
Stahl	St. Gen.Kdo. XXIV. A.K. (I)	,,	(953)
von Thaden	Ob.Kdo. d. H. (Wa Z) (N)	,,	(954)
Rittler	Ob.Kdo. d. H. (Wa Prüf 9) (Nbl)	,,	(955)
Berlin	St. Wehrers.Insp. Frankfurt (Main) (K)	,,	(956)
Battré	Ob.Kdo. d. W. (W Ro) (A)	,,	(958)
Lehnert	Wehrbz.Kdo. Wittenberg (Lutherstadt) (I)	,,	(959)
Günder	Rüst.Insp. VII (I)	,,	(960)
Schindler	St. Gen.Kdo. IV. A.K. (I)	,,	(962)
Menschik	St. Wehrm.Bevollm. b. Reichsprotektor u. Befehlsh. i. Wehrkr. Böhmen u. Mähren (I)	,,	(964)
Kamolz	Wehrbz.Kdo. Breslau II (A)	,,	(965)
Brokate	Wehrbz.Kdo. Gelsenkirchen (I)	,,	(966)
Hutterer	St.Gen.Kdo. III. A.K. (I)	,,	(967)
Rosenau	z. Verf. Ob. d. H. (Sonst. Offz.) (A)	,,	(968)
Schederecker	Wehrbz.Kdo. Zwettl (Niederdonau) (W.M.A. Neubistritz) (I)	,,	(970)
Niemetz	W.F.O. Danzig (A)	,,	(971)
Mosler	Wehrbz.Kdo. Bremen II (W.M.A. Verden [Aller]) (I)	,,	(973)
Piloty	Rüst.Insp. XVII (A)	,,	(974)
Kiefer	Rüst.Insp. XII (I)	,,	(975)
Luhn	Wehrbz.Kdo. Köln III (A)	,,	(976)
Eck	Wehrbz.Kdo. Wetzlar (I)	,,	(977)
Dickhäuser	St. Gen.Kdo. XX. A.K. (K)	,,	(978)
Schoeller	Ob.Kdo. d. W. (W Rü) (A)	,,	(979)
Woltmann	Wehrbz.Kdo. Aurich (W.M.A. Aurich) (A)	,,	(980)
Stark	St. Wehrers.Insp. Dresden (K)	,,	(981)
Starzinski	b. Ausb.Leiter Mistek (I)	,,	(982)
Sthamer	St. Wehrers.Insp. Schwerin (Meckl) (A)	,,	(984)
Spieker	Rüst.Insp. II (I)	,,	(985)
Flügge	Pz.Gren.Rgt. 69 (I)	,,	(987)
Engelfried	Rüst.Insp. V (Kdo. Rüst.Ber. Stuttgart) (A)	,,	(988)
Tietz	St. Gen.Kdo. XVIII. A.K. (I)	,,	(989)
Aschenbrenner	Art.Rgt. 10	,,	(991)
Dollinger	Art.Rgt. 98	,,	(992)
Himburg	z. Verf. Ob. d. H. (Sonst. Offz.) (I)	,,	(1001)
Sperling	Kriegsschule Dresden (PzGr)	,,	(1037)
Scholle	H.Gasschutzschule (Nbl)	,,	(1045a)
Wimmer	Geb.Schießschule (I)	,,	(1050)
Bruchmann	Gren.Rgt. 78	,,	(1058)
Becker	Rüst.Insp. IX (A)	,,	(1071)
Schiefler	St. Gen.Kdo. XII. A.K. (I)	,,	(1075)
Wagner	St.9.Pz.Div. (Pz) *Oberst 1.5.45 (Bef.16.5.45 durchOb.Süd)*	,,	(1076)
Hedler	Ob.Kdo. d. H. (A H A/Stab) (I)	,,	(1077)
Beck	z. Verf. Ob. d. H. (Sonst. Offz.) (I)	,,	(1078)
Richter	Ob.Kdo. d. H. (Wa Prüf) (I)	,,	(1081)
Preißler	St. H.Dienststelle 30 (I)	,,	(1083)
Schell	Gren.Rgt. 55	,,	(1086)

Huwald	Wehrbz.Kdo. Hannover I			
	(W.M.A. Hannover 1) (I)	1. 4. 42	(1087)
Dörffling	Pz.Pi.Btl. 13		,,	(1088)
Rudorff	Ob.Kdo. d. H. (Ag E Tr/Tr Abt) (I)		,,	(1089)
Lentz	Fest.Pi.St. 2		,,	(1090)
von Eschwege	Ob.Kdo. d. W. (Abw II) (A)		,,	(1092)
Knothe	Pz.Nachr.Abt. 19		,,	(1096)
von Versen	Ob.Kdo. d. W. (Wi Rü Amt) (I)		,,	(1097)
Pührer	St. Gen.Kdo. XIX. A.K. (I)		,,	(1098)
Tarbuk	St. Gen.Kdo. XVII. A.K. (A)		,,	(1101)
von Wietersheim	Wehrm.Fürs. u. Vers.Amt Hamburg (I)		,,	(1102)
Siebert	Wehrbz.Kdo. Königsberg (Pr) II			
	(W.M.A. Königsberg 2) (I)		,,	(1103)
Macketanz	Ob.Kdo. d. W. (W Kr Gesch) (I)		,,	(1104)
Dietz	Wehrkrs.Reit- u. Fahrschule Großenhain		,,	(1105)
Müller	St. Gen.Kdo. I. A.K. (I)		,,	(1106)
Engel	Rüst.Insp. III (Kdo. Rüst.Ber. Berlin III) (K)		,,	(1107)
von Fölkersamb	Wehrbz.Kdo. Dresden II (I)		,,	(1109)
Doxie	St. Kdtr. Küstrin (N)		,,	(1112)
Neckel	W.F.O. Schwerin (Meckl) (I)		,,	(1114)
Schaufuß	Wehrbz.Kdo. Dresden III (W.M.A. Dresden 3) (I)		,,	(1115)
Magirus	St. Wehrers.Insp. Stuttgart (K)		,,	(1117)
Nehammer	St. Wehrers.Insp. Wien (Pi)		,,	(1118)
Rathke	Ob.Kdo. d. H. (Wa I Rü [W. u. G. 6]) (Pz)		,,	(1119)
Stark	Wehrbz.Kdo. Dresden I (W.M.A. Dresden 1) (I)		,,	(1120)
von Heuduck	Wehrbz.Kdo. Saarbrücken (K)		,,	(1121)
Borchers	St. Wehrers.Insp. Danzig (I)		,,	(1122)
Grünert	Ob.Kdo. d. H. (Wa I Rü [W. u. G. 6]) (I)		,,	(1123)
Frank	Wehrbz.Kdo. Judenburg (W.M.A. Murau) (A)		,,	(1124)
Elvers	Nachr.Abt. 21		,,	(1125)
Wohlfahrt	Wehrbz.Kdo. Hirschberg (Riesengeb)			
	(W.M.A. Landeshut [Schles.]) (I)		,,	(1126)
Tusche	St. Wehrers.Insp. Kattowitz (I)		,,	(1127)
von Zülow	St. Gen.Kdo. XIV. A.K. (I)		,,	(1128)
Plathe	St. Gen.Kdo. VIII. A.K. (I)		,,	(1129)
Thirolf	Wehrbz.Kdo. Zweibrücken (W.M.A. Pirmasens) (I)		,,	(1130)
Bruch	b. Kdr. d. Nachr.Tr. X (N)		,,	(1131)
Peter	St. Wehrers.Insp. Köln (Pz)		,,	(1132)
Ris	b. H.Abn.Inspiz. XVII (I)		,,	(1133)
Goebel	Wehrbz.Kdo. Ravensburg			
	(W.M.A. Wangen [Allgäu]) (I)		,,	(1134)
Tochor	Pz.Art.Rgt. 102		,,	(1135)
Linn (Ludwig)	Pi.Schule I	1. 6. 42	(1a)
Bonn	H.Nachrichtenschule II		,,	(15a)
Glöckner	Geb.Jäg.Rgt. 138		,,	(26)
von Schrader	Wehrbz.Kdo. Burg (Bz Magdeburg) (A)		,,	(44)
Meyer	Wehrbz.Kdo. Magdeburg I (I)		,,	(46)
Radisch	H.Bekl.Amt Erfurt (I)		,,	(47)
Helmer	St. Wehrers.Insp. Schleswig-Holstein (I)		,,	(48)
Doesken	Wehrbz.Kdo. Jülich (I)		,,	(50)
Krohn	H.Bekl.Amt Berlin (I)		,,	(51)
Fligg	St.Wehrers.Insp. Königsberg (Pr) (I)		,,	(52)
Fresemann	Wehrbz.Kdo. Paderborn (W.M.A. Paderborn) (I)		,,	(53)
Witzel	St. Gen.Kdo. IX. A.K. (F)		,,	(56)
Hansen	St. Gen.Kdo. II. A.K. (I)		,,	(57)
Müller	Ob.Kdo. d. W. (Abw I) (I)		,,	(58)
von Zelewski	b. Chef H.Büchereien (Pi)		,,	(59)

17*

Lentz	Ob.Kdo. d. H. (Fz In) (A)		1. 6. 42	(61)
Schaefer	Ob.Kdo. d. H. (Wa Z) (Pi)		,,	(62)
Rieß	St. Wehrers.Insp. Mannheim (A)		,,	(63)
Kedor	b. Ausb.Leiter Lübeck (I)		,,	(65)
Huber	Wehrbz.Kdo. Ingolstadt (I)		,,	(66)
Kleinitz	H.Nachr.Schule		,,	(67)
Heiß	St. Wehrers.Insp. Eger (I)		,,	(68)
von Coerper	St. Gen.Kdo. IX. A.K. (K)		,,	(71)
Knapp	H.Vermess.Stelle Wien (I)		,,	(72)
Poppelreuter	Gren.Rgt. 60		,,	(75)
Grote	Pz.Jäg.Abt. 11		,,	(76)
Kranz	Pz.Rgt. 8		,,	(78a)
Eiserbeck	Art.Rgt. 49		,,	(79)
Jaeckel	Pi.Btl. 30		,,	(80)
Dehning	Ob.Kdo. d. H. (5. Abt. Gen.St. d. H.) (I)		,,	(83)
Kalepky	Ob.Kdo. d. H. (7. Abt. Gen.St. d. H.) (I)		,,	(84)
Huetter	Fest.Pi.St. 4		,,	(85)
Galle	z. Verf. Ob. d. H. (Sonst. Offz.) (I)		,,	(86)
Freiherr von Rochow	Wehrbz.Kdo. Pirna (I)		,,	(87)
Graf Neidhardt von Gneisenau	Wehrbz.Kdo. Ausland in Berlin (A)		,,	(89)
Overdyck	z. Verf. Ob. d. H. (Sonst. Offz.) (Pi)		,,	(90)
Graf	Pi.Btl. 45		,,	(91)
Bierling	St. H.Gru.Kdo. 4 (A)		,,	(92)
Holst	Wehrbz.Kdo. Köslin (W.M.A. Belgard [Pom]) (A)		1. 7. 42	(1)
Zeyn	Wehrbz.Kdo. Stade (I)		,,	(2)
Pfannenstiel	St. Gen.Kdo. VII. A.K. (I)		,,	(4)
Kraatz	Wehrbz.Kdo. Thorn (W.M.A. Thorn) (A)		,,	(8)
Linhard	St. Gen.Kdo. III. A.K. (A)		,,	(9)
Peckholz	Rüst.Insp. IV (Kdo. Rüst.Ber. Reichenberg [Sudetenl]) (I)		,,	(10)
Richter-Reichhelm	Wehrkrs.Reit- u. Fahrschule Lyck (K)		,,	(11)
Thiele	Transportkdtr. Oppeln (Pz)		,,	(12)
Wetzel	Wehrbz.Kdo. Swinemünde (A)		,,	(13)
Eicke	Rüst.Insp. II (K)		,,	(14)
Winckelmann	Wehrbz.Kdo. Bartenstein (Ostpr) (W.M.A. Bartenstein) (K)		,,	(15)
Bosselmann	Kdtr. Tr.Üb.Pl. Bergen (A)		,,	(16)
von Gamm	Wehrbz.Kdo. Berlin X (A)		,,	(17)
Oetting	Pz.Jäg.Abt. 31		,,	(18)

20. 4. 45 in DAL T überführt

Straube	Rüst.Insp. XI (Kdo. Rüst.Ber. Dessau) (I)		,,	(19)
Moser	Ob.Kdo. d. H. (Wa Prüf 4) (I)		,,	(20)
Marquardt	St. Gen.Kdo. XII. A.K. (K)		,,	(21)
Rust	Ob.Kdo. d. H. (Wa Prüf Fest) (I)		,,	(22)
von Gostkowski	Wehrbz.Kdo. Calw (W.M.A. Böblingen [Württ]) (K)		,,	(23)
Buchner	z. Verf. Ob. d. H. (Sonst. Offz.) (I)		,,	(26)
Wallat	St. Gen.Kdo. I. A.K. (A)		,,	(27)
Hofmann	Wehrbz.Kdo. Nürnberg I (W.M.A. Nürnberg 1) (I)		,,	(28)
Krieger	b. Kdr. d. Nachr.Tr. VI (N)		,,	(29)
Heinrich	Rüst.Insp. XIII (Kdo. Rüst.Ber. Würzburg) (A)		,,	(30)
Dirks	St. Wehrers.Insp. Königsberg (Pr) (A)		,,	(35)
Oldekop	Rüst.Insp. XI (Pz)		,,	(37)
Breidenbend	St. Wehrers.Insp. Münster (Westf) (I)		,,	(38)
Haußmann	Pi.Btl. 10		,,	(41)
Schulze	St. Wehrers.Insp. Bremen (I)		,,	(42)

Götsche	St. Gen.Kdo. XII. A.K. (Pi)	1. 7. 42	(45)
Heye	Nachr.Abt. 48	,,	(46)
Dieckmann	Nachr.Abt. 17	,,	(49)
Harzmann	Wehrbz.Kdo. Dresden I (I)	,,	(50)
Becker	Ob.Kdo. d. W. (W Rü) (I)	,,	(53)
Putz	Ob.Kdo. d. W. (Abw II) (A)	,,	(56)
Richter	St. Wehrers.Insp. Nürnberg (F)	,,	(57)
Raspe	St. Wehrers.Insp. Bremen (I)	,,	(58)
Niemann	Wehrkrs.Reit- u. Fahrschule Lyck (K)	,,	(59)
Chelius	St. Gen.Kdo. IX. A.K. (A)	,,	(62)
Kettinger	Wehrbz.Kdo. Solingen (W.M.A. Opladen) (A)	,,	(63)
Töllner	Wehrbz.Kdo. Spittal (Drau) (I)	,,	(64)
Groß	Rüst.Insp. XII (Kdo. Rüst.Ber. Koblenz) (A)	,,	(65)
Keßler	Wehrbz.Kdo. Marktredwitz (I)	,,	(67)
Kruis	Wehrm.Fürs. u. Vers.Amt München (I)	,,	(69)
Kühne	Wehrbz.Kdo. Bielefeld (Pi)	,,	(70)
Lehn (Karl)	Pi.Schule I	,,	(70a)
Hagendorn	Wehrbz.Kdo. Znaim (A)	,,	(72)
Fahrenbruch	St. Gen.Kdo. XXV. A.K. (Pi)	,,	(73)
von Heydenaber	Rüst.Insp. XVII		
	(Kdo. Rüst.Ber. Mödling) (F)	,,	(74)
Bell	Rüst.Insp. XII (A)	,,	(75)
Reinecke	St. Wehrers.Insp. Allenstein (I)	,,	(78)
Zimmer	Fest.Pi.St. 17	,,	(79)
Brandscheid	b. Kdr. d. Pz.Jäg.Tr. XII (Pz)	,,	(81)
Steinbrecht	Wehrbz.Kdo. Weimar (W.M.A. Weimar) (A)	,,	(83)
Fach	St. Gen.Kdo. II. A.K. (Pz)	,,	(84)
Fricke	Ob.Kdo. d. W. (W N V) (N)	,,	(86)
Thomae	Wehrbz.Kdo. Berlin I (W.M.A. Wedding) (I)	,,	(87)
Niemann	St. Wehrers.Insp. Prag (I)	,,	(88)
Hesselbarth	Wehrm.Fürs. u. Vers.Amt Königsberg (Pr) (A)	,,	(89)
Pries	Wehrbz.Kdo. Mannheim I (W.M.A. Mannheim 1) (I)	,,	(90)
Richter	Wehrbz.Kdo. Chemnitz II		
	(W.M.A. Frankenberg [Sachs]) (I)	,,	(93)
Kraske	Wehrbz.Kdo. Oldenburg (Oldb)		
	(W.M.A. Wilhelmshaven) (Pi)	,,	(94)
Kunz	W.F.O. Rosenheim (I)	,,	(95)
Brendel	St. Wehrers.Insp. Berlin (A)	,,	(97)
Oberst 1. 3. 45 (23)			
Jericke	Gren.Rgt. 11	,,	(98)
Koch	z. Verf. Ob. d. H. (Sonst. Offz.) (Pz)	,,	(99)
Rostock	z. Verf. Ob. d. H. (Sonst. Offz.) (I)	,,	(102)
Wohlfahrt	Kdtr. Trier (I)	,,	(103)
Braun-Barlow	Wehrbz.Kdo. Kaaden (W.M.A. Kaaden) (Pz)	,,	(104)
Redlich	H.Nachrichtenschule I	,,	(105a)
Urbanek	St. Wehrers.Insp. Wien (F)	,,	(106)
Schlatter	Wehrbz.Kdo. Pfarrkirchen		
	(W.M.A. Griesbach [Rottal]) (I)	,,	(107)
Hummel	St. Wehrers.Insp. Posen (K)	,,	(108)
von Chappuis	z. Verf. Ob. d. H. (Sonst. Offz.) (I)	,,	(109)
von Kries	St. Wehrers.Insp. Weimar (Pz)	,,	(110)
Roller	Wehrbz.Kdo. Graz (W.M.A. Graz 1) (I)	,,	(112)
Gabriel-Huber	Kdtr. Tr.Üb.Pl. Döllersheim (F)	,,	(113)
Teltschik	b. Ausb.Leiter Mistelbach (Pi)	,,	(114)
Bellazi	Pz.Gren.Rgt. 11	,,	(115)
Schick	St. Wehrers.Insp. Frankfurt (Main) (I)	,,	(116)
Knabe	Wehrbz.Kdo. Bernau b. Berlin (I)	,,	(117)

Döring	Wehrbz.Kdo. Bayreuth (W.M.A. Bayreuth) (I)	1. 7. 42	(118)
Stadelmann	Wehrbz.Kdo. Berlin V (W.M.A. Neukölln) (PzGr)	,,	(119)
Dangl	Wehrbz.Kdo. Melk (W.M.A. Melk) (I)	,,	(120)
Heinrich	Wehrbz.Kdo. Oels (Schles) (W.M.A. Oels) (I)	,,	(121)
Wittmann	Wehrbz.Kdo. Augsburg (W.M.A. Dillingen [Donau]) (I)	,,	(122)
Schenk	Wehrbz.Kdo. Liegnitz (W.M.A. Jauer) (A)	,,	(123)
Ebert	Wehrbz.Kdo. Leipzig III [W.M.A. Leipzig 3] (A)	,,	(126)
Reiche	Wehrbz.Kdo. Bunzlau (W.M.A. Löwenberg [Schles]) (A)	,,	(127)
von Schnehen	St. Wehrers.Insp. Graz (I)	,,	(128)
Krantz	Wehrbz.Kdo. Gelsenkirchen (I)	,,	(130)
Pohl	W.F.O. Liegnitz (I)	,,	(132)
Haupt	St. 25. Div. (I)	,,	(133)
Meyer	St. Gen.Kdo. V. A.K. (I)	,,	(134)
Noebel	St. Kdtr. Befest. b. Glogau (A)	,,	(135)
Godau	Fest.Pi.St. 6	,,	(136)
Lehnert	z. Verf. Ob. d. H. (Sonst. Offz.) (Pi)	,,	(137)
Wagenknecht	Wehrbz.Kdo. Rybnik (A)	,,	(138)
Ritter von Zahler	St. Landw.Kdr. Nürnberg (Pz)	,,	(139)
Freiherr von Carnap	St. Wehrers.Insp. Chemnitz (Pz)	,,	(140)
Strohbach	b. Ausb.Leiter Dresden 3 (F)	,,	(141)
Weber	Wehrbz.Kdo. Regensburg (W.M.A. Regensburg) (I)	,,	(142)
Prior	Wehrbz.Kdo. Detmold (W.M.A. Lemgo) (A)	,,	(143)
Frentzel	Ob.Kdo. d. H. (Wa I Rü [W. u. G. 7]) (N)	,,	(144)
Heinichen	Fest. Pi. St. 15	,,	(145)
von Feilitsch	z. Verf. Ob. d. H. (Sonst. Offz.) (I)	,,	(146)
Herde	z. Verf. Ob. d. H. (Sonst. Offz.) (I)	,,	(147)
Kietzer (Rudolf)	Pi.Schule I	,,	(147a)
von Estorff	St. 20. Div. (K)	,,	(148)
Plantier	Kdtr. Leipzig (Pz)	,,	(149)
Graf	Wehrbz.Kdo. Klagenfurt (W.M.A. Völkermarkt) (A)	,,	(150)
Janusz	Pz.Gren Rgt. 10	,,	(151)
Fischer	St. Wehrers.Insp. Wien (A)	,,	(152)
Ott	Wehrbz. Kdo. Wiener Neustadt (W.M.A. Ober Pullendorf) (A)	,,	(153)
Kastner	St. Wehrers.Insp. Linz (Donau) (A)	,,	(154)
Gstöttner	z. Verf. Ob. d. H. (Sonst. Offz.) (N)	,,	(155)
Wrbik	Wehrbz.Kdo. Ried (Innkreis) (W.M.A. Ried) (I)	,,	(156)
Kugler	Wehrbz.Kdo. Znaim (W.M.A. Hellabrunn) (I)	,,	(157)
Schöndorfer	Wehrbz.Kdo. Melk (A)	,,	(158)
Schmidt (Johann)	Pz.Gren.Rgt. 33	,,	(159)
Payer	Wehrbz.Kdo. Klagenfurt (I)	,,	(160)
Walter	St. Wehrers.Insp. Linz (Donau) (I)	,,	(161)
Schein	Wehrbz.Kdo. Salzburg (W.M.A. St Johann [Pongau]) (I)	,,	(162)
Schneider	Wehrbz.Kdo. Ried (Innkreis) (W.M.A. Grieskirchen) (I)	,,	(163)
Fink	St. Wehrers.Insp. Linz (Donau) (I)	,,	(165)
Bröckelmann	Kdtr. Vers.Pl. Hillersleben (A)	1. 8. 42	(2)
Brand	Gren.Rg t. 111	,,	(39)
Behm	b. Chef d. Deutsch. H.Mission i. d. Slowakei (I)	,,	(46)
Meinhard	Kriegsschule Dresden (A)	,,	(47)
Gockel	Pz.Jäg.Abt. 27	,,	(48)
Sallet	z. Verf. Ob. d. H. (Sonst. Offz.) (A)	,,	(50)
Dehler	Ob.Kdo. d. W. (W Le) (A)	,,	(51)

Fiedler	Wehrbz.Kdo. München IV (A)	1. 8. 42	(52)
von Bülow	Wehrbz.Kdo. Lüneburg (K)	,,	(53)
Berendes	St. Gen.Kdo. XI. A.K. (I)	,,	(54)
Focke	St. Gen.Kdo. VI. A.K. (A)	,,	(55)
Lange	Ob.Kdo. d. H. (Wa I Rü [W. u. G. 7]) (A)	,,	(59)
Ullmann	Ob.Kdo. d. H. (AHA/Stab) (I)	,,	(61)
Bodensiek	Ob.Kdo. d. W. (W Allg) (I)	,,	(62)
Sinning	St. Gen.Kdo. XXIII. A.K. (A)	,,	(63)
Jestädt	Wehrbz.Kdo. Kassel II (W.M.A. Melsungen) (I)	,,	(66)
Marschall	z. Verf. Ob. d. H. (Sonst. Offz.) (I)	,,	(67)
Wewer	Ob.Kdo. d. H. (5. Abt. Gen.St. d. H.) (Pi)	,,	(68)
Baetz	Wehrbz.Kdo. Magdeburg II (A)	,,	(69)
von Nießen	Ob.Kdo. d. H. (Ag E Tr/E) (I)	,,	(70)
Dieckmann	Ob.Kdo. d. H. (Wa I Rü [W. u. G. 2]) (I)	,,	(71)
Schubuth	z. Verf. Ob. d. H. (Sonst. Offz.) (Pz)	,,	(72)
Weidemann	Ob.Kdo. d. H. (Wa Prüf 7) (N)	,,	(74)
Koehler	Gren.Rgt. 16	,,	(75)
Frick	Pz.Gren.Rgt. 79	,,	(76)
Haarstrich	Wehrbz.Kdo. Hildesheim (W.M.A. Hildesheim) (I)	,,	(78)
von Bernstorff	St. Gen.Kdo. I. A.K. (I)	,,	(79)
Erott	Fest.Pi.St. 22	,,	(80)
Faukal	Wehrbz.Kdo. Innsbruck (W.M.A. Kufstein) (I)	,,	(81)
Römer	St. Kdtr. Befest. b. Oppeln (Pi)	,,	(83)
Meyer	z. Verf. Ob. d. H. (Sonst. Offz.) (N)	,,	(84)
Raffauf	St. Landw.Kdo. Köln (N)	,,	(85)
Schäfer	St. Wehrers.Insp. Posen (A)	,,	(86)
Sulzberger	Wehrbz.Kdo. Döbeln (W.M.A. Rochlitz [Sachs]) (K)	,,	(89)
Bode	Ob.Kdo. d. H. (Wa I Rü [W. u. G. 1]) (Pz)	,,	(90)
Hölscher	St. Wehrers.Insp. Linz (Donau) (I)	,,	(91)
Wisiak	St. Wehrers.Insp. Posen (F)	,,	(92)
Krupich	Wehrbz.Kdo. Nikolsburg (W.M.A. Gänserndorf) (I)	,,	(93)
Berger	W.F.O. Hameln (I)	,,	(94)
Hue	Wehrbz.Kdo. Wien III (I)	,,	(95)
Boden	St. Gen.Kdo. I. A.K. (A)	,,	(96)
Wollenhaupt	Ob.Kdo. d. H. (Wa Prüf 6) (I)	,,	(98)
Rinck	Wehrbz.Kdo. Freiburg (Breisgau) (W.M.A. Freiburg) (I)	,,	(99)
Schmitz	Pi.Btl. 6	,,	(100)
Kaehler	St. Wehrers.Insp. Breslau (I)	,,	(101)
von Marschall	Wehrbz.Kdo. Rybnik (K)	,,	(102)
Spamer	Ob.Kdo. d. H. (Wa Prüf 1) (A)	,,	(103)
Pfeil	Ob.Kdo. d. W. (Abw III) (A)	,,	(105)
Wevell von Krüger	Ob.Kdo. d. W. (W Wi) (I)	,,	(106)
Wolff	Wehrbz.Kdo. Wohlau (W.M.A. Wohlau) (A)	,,	(107)
Jung	Ob.Kdo. d. H. (In 7) (N)	,,	(108)
Kraus	St. Gen.Kdo. III. A.K. (I)	,,	(109)
Henschel	Fz.Kdo. IV (A)	,,	(110)
Nehring	Ob.Kdo. d. H. (In 2) (I)	,,	(111)
Fritsche	Ob.Kdo. d. H. (In 2) (I)	,,	(112)
Wery von Limont	Pz.Pi.Btl. 16	,,	(113)
Buderus von Carlshausen	Ob.Kdo. d. H. (Wa Prüf 6) (A)	,,	(114)
Christoph	Wehrbz.Kdo. Brünn (Mähren) (W.M.A. Brünn) (A)	,,	(115)
Kaffke	St. Gen.Kdo. I. A.K. (I)	,,	(116)

Möllenberg	Wehrbz.Kdo. Iserlohn			
	(W.M.A. Lüdenscheid) (I)	1.	8. 42	(117)
Gosselck	St. 12. Div. (I)		,,	(118)
Pfitzner	St. Wehrers.Insp. Leipzig (A)		,,	(119)
Schulze	Ob.Kdo. d. H. (Wa I Rü [W. u. G. 1]) (Pi)		,,	(120)
Wolf	St. Gen.Kdo. XVII. A.K. (I)	1.	9. 42	(1)
Langer	Wehrbz.Kdo. Marburg (Drau) (I)		,,	(2)
Bahl	Ob.Kdo. d. W. (W Ro) (A)		,,	(4)
Hoffmeister	St. Gen.Kdo. V.A.K. (I)		,,	(7)
Steiner	Ob.Kdo. d. H. (Wa I Rü [W. u. G. 5]) (I)		,,	(8)
Henkel	Pz.Art.Rgt. 73		,,	(9)
Schubert	Wehrbz.Kdo. Zittau (W.M.A. Rumburg) (A)		,,	(12)
Brüning	Rüst.Insp. XI (Kdo. Rüst.Ber. Dessau) (I)		,,	(13)
Hansch	Wehrbz.Kdo. Parchim (I)		,,	(14)
Barnert	z. Verf. Ob. d. H. (Sonst. Offz.) (I)		,,	(15)
von Gerlach	Wehrbz.Kdo. Bremen I (I)		,,	(16)
Behrens	Wehrbz.Kdo. Berlin II			
	(W.M.A. Prenzlauer Berg) (I)		,,	(18)
Lüttge	Rüst.Insp. VII (Kdo. Rüst.Ber. Augsburg) (I)		,,	(19)
Freiherr von der Heyden-Rynsch	Rüst.Insp. VI			
	(Kdo. Rüst.Ber. Lüdenscheid) (Kdsch)		,,	(20)
Gewieß	Wehrbz.Kdo. Berlin III (I)		,,	(21)
Helbig	Wehrbz.Kdo. Zittau (I)		,,	(22)
Dieter	Wehrbz.Kdo. Mannheim I			
	(W.M.A. Mannheim 1) (A)		,,	(23)
Grase	Ob.Kdo. d. H. (Wa I Rü [W. u. G. 2]) (A)		,,	(25)
Heins	St. Gen.Kdo. II. A.K. (I)		,,	(26)
Bräuer	Beob.Abt. 3		,,	(28)
Schweigler	Ob.Kdo. d. H. (Wa I Rü [W. u. G. 6]) (A)		,,	(29)
Gierling	Wehrbz.Kdo. Bad Kissingen (I)		,,	(30)
von Schwedler	Wehrm.Fürs. u. Vers.Amt			
	Münster (Westf) (A)		,,	(31)
Dreßler	Wehrbz.Kdo. Berlin I (A)		,,	(32)
Bubenzer	St. Wehrers.Insp. Düsseldorf (I)		,,	(33)
Kaup	Wehrbz.Kdo. Bad Kreuznach (A)		,,	(34)
Balzer	St. Landw.Kdr. Insterburg (I)		,,	(35)
Groß	Wehrbz.Kdo. Essen I (I)		,,	(38)
Petri	St. Wehrers.Insp. Wien (F)		,,	(39)
Picot	St. Gen.Kdo. X. A.K. (K)		,,	(42)
Hanke	Wehrbz.Kdo. Leipzig I (I)		,,	(44)
Hartmann	b. Ausb.Leiter Lübben (Spreew) (F)		,,	(46)
Teske	Wehrbz.Kdo. Brünn (Mähren) (A)		,,	(47)
Köhnen	St. Wehrers.Insp. Dortmund (I)		,,	(48)
Regenbrecht	Ob.Kdo. d. H. (Wa Z 1) (I)		,,	(49)
Heß	St. Wehrers.Insp. Allenstein (K)		,,	(50)
Rehling	Wehrbz.Kdo. Münster (Westf) (I)		,,	(51)
Rumpe	St. Gen.Kdo. VI. A.K. (I)		,,	(52)
Strubel	Ob.Kdo. d. H. (Wa I Rü [Mun 1]) (A)		,,	(54)
Degen	Wehrbz.Kdo. Hamburg VI (W.M.A. Hamburg 6) (I)		,,	(56)
Rosenhahn	Wehrbz.Kdo. Gumbinnen (I)		,,	(57)
Stachow	Wehrbz.Kdo. Kiel (W.M.A. Eckernförde) (A)		,,	(59)
Gorzel	Ob.Kdo. d. H. (Wa I Rü [Mun 2]) (I)		,,	(60)
Brenske	b. Kdr. d. Nachr.Tr. II (N)		,,	(61)
Pratsch	Wehrbz.Kdo. Neisse (F)		,,	(62)
Schröder	St. Landw.Kdr. München (I)		,,	(64)
Gottschow	Rüst.Insp. IVb Reichenberg (Sudetenl) (I)		,,	(66)
Quandt	Pz.Art.Rgt. 74		,,	(67)

Wagner	Ob.Kdo. d. W. (Wi Rü Amt) (A)	1.	9.	42	(68)
Commes	Wehrbz.Kdo. M. Gladbach (I)		„		(69)
Goedeckemeyer	Wehrbz.Kdo. Karlsbad (I)		„		(70)
Poppe	Wehrbz.Kdo. Berlin VIII (I)		„		(71)
Vahlkampf	Rüst.Insp. V (Kdo. Rüst.Ber. Villingen				
	[Schwarzw]) (A)		„		(72)
Reinke	St. Wehrers.Insp. Stettin (I)		„		(73)
Friedmann	St. Gen.Kdo. XIII. A.K. (I)		„		(74)
Gauditz	Wehrbz.Kdo. Braunschweig (A)		„		(77)
Brandt	Wehrbz.Kdo. Prag (W.M.A. Pilsen) (I)		„		(78)
Lange	St. Wehrm.Bevollm. b. Reichsprotektor				
	u. Befehlsh. i. Wehrkrs. Böhmen u. Mähren (I)		„		(79)
Pachten	Rüst.Insp. Prag				
	(Kdo. Rüst.Ber. Brünn [Mähren]) (Kdsch)		„		(81)
Pauck	Ob.Kdo. d. W. (W Rü) (Pz)		„		(82)
Künzer	Ob.Kdo. d. W. (W Rü) (A)		„		(83)
Brünger	b. H.Abn. Inspiz. III (Pz)		„		(84)
Lott	Rüst.Insp. IX (A)		„		(85)
Hippeli	Wehrbz.Kdo. München III (I)		„		(86)
Jürgens	Rüst.Insp. IV (Kdo. Rüst.Ber. Halle [Saale]) (I)		„		(87)
Freiherr von Richthofen	St. Gen.Kdo. IV. A.K. (I)		„		(88)
Tröge	St. Gen.Kdo. II A.K. (I)		„		(90)
Schwedler	St. Wehrers.Insp. Köslin (A)		„		(91)
Otto	Wehrbz.Kdo. Hamburg IV (I)		„		(92)
Freund	Ob.Kdo. d. W. (Abw III) (I)		„		(94)
Streicher	Rüst.Insp. Oberrhein (I)		„		(95)
Herrmann	Wehrbz.Kdo. Schröttersburg				
	(W.M.A. Zichenau) (I)		„		(97)
Brenske	Ob.Kdo. d. W. (WNV) (N)		„		(99)
Säuberlich	Wehrbz.Kdo. Stettin II (A)		„		(100)
Lettow	Pz.Pi.Btl. 39		„		(101)
Woitun	Fest.Pi.St. 8 (N)		„		(103)
Kalkhof	Wehrbz.Kdo. Neustadt (Weinstr)				
	(W.M.A. Landau [Pfalz]) (I)		„		(119)
Meinecke	Beob.Abt. 1		„		(120)
Seiler	Wehrbz.Kdo. Marburg (Lahn) (W.M.A. Korbach) (Pi)		„		(121)
Hartmann	Wehrbz.Kdo. Recklinghausen				
	(W.M.A. Recklinghausen) (I)		„		(123)
Reimann	Wehrbz.Kdo. Kaiserslautern				
	(W.M.A. Kaiserslautern) (I)		„		(125)
Fiedler	Ob.Kdo. d. W. (Abw I) (I)		„		(127)
Kaiser	Wehrbz.Kdo. Soest (W.M.A. Hamm [Westf]) (I)		„		(129)
Springer	Wehrbz.Kdo. Berlin I (W.M.A. Wedding) (Pz)		„		(131)
Kagelmann	Ob.Kdo. d. H. (Ag E Tr/E) (K)		„		(132)
Grosse	Wehrbz.Kdo. Annaberg (Erzgeb) (Pi)		„		(133)
George	Ob.Kdo. d. H. (G. I. F.) (PzGr)		„		(134)
Ventz	Ob.Kdo. d. H. (Wa Prüf 6) (A)		„		(135)
Heldmann	St. Gen.Kdo. IX A. K. (A)		„		(136)
Stippich	Wehrbz.Kdo. Wetzlar (W.M.A. Wetzlar) (I)		„		(137)
Lüder	St. 2. Div. (I)		„		(139)
Hoffmeister	Ob.Kdo. d. H. (Wa I Rü [W. u. G. 2]) (I)		„		(140)
Ogilvie	Ob.Kdo. d. H. (3. Abt. Gen.St. d. H.) (I)		„		(141)
Rokitta	St. Gen.Kdo. I. A. K. (I)		„		(142)
Hänel	Rüst.Insp. IX (Pi)		„		(143)
Folkert	Ob.Kdo. d. H. (Ag P 1/7. Abt.) (I)		„		(144)
Keyser	Gren.Rgt. 23		„		(145)
Zunk	Fest.Pi.St. 27 (N)		„		(146)

Thoma	Ob.Kdo. d. H. (In 7) (N)		1. 9. 42	(147)
Schad	Gren.Rgt. 36		,,	(151)
Lips	St. Gen.Kdo. VI. A.K. (I)		,,	(152)
Popp	Pz.Rgt. 36		,,	(154)
Sasse	St. Gen.Kdo. III. A.K. (F)		,,	(156)
Nesemann	Pz.Pi.Btl. 4		,,	(157)
Rauh	St. Gen.Kdo. XII. A.K. (N)		,,	(163)
Haellmigk	Wehrbz.Kdo. Sagan (W.M.A. Rothenburg [Lausitz]) (K)		,,	(164)
Linhart	Wehrbz.Kdo. Wien II (W.M.A. Wien 3) (I)		,,	(165)
Cibulski	Ob.Kdo. d. H. (Wa I Rü [Mun 4]) (A)		,,	(166)
Wolfrom	Kdtr. Potsdam (A)		,,	(167)
Marwede	Ob.Kdo. d. W. (Abw II) (A)		,,	(168)
Freytag	St. 26. Div. (A)		,,	(169)
Böettcher[1]	Füs.Rgt. 22		,,	(170)
Funke	Wehrbz.Kdo. Braunschweig (W.M.A. Braunschweig 1) (I)		,,	(171)
Lindner	St. 14. Div. (I)		,,	(172)
von Pressentin genannt von Rautter	St. Gen.Kdo. I.A.K. (K)		,,	(174)
Albertz	Ob.Kdo. d. H. (In 6) (Pz)		,,	(175)
Elger	St. Gen.Kdo. VIII. A.K. (I)		,,	(176)
Pohl	z. Verf. Ob. d. H. (Sonst. Offz.) (I)		,,	(177)
Franek	Kriegsakad. (N)		1. 10. 42	(5)
Deixler	Pz.Gren.Rgt. 3		,,	(8)
Schenker	z. Verf. Ob. d. H. (Sonst. Offz.) (PzGr)		,,	(11)
Körner	Ob.Kdo d. H. (Wa Prüf 2) (Pz)		,,	(17)
Kuske	Geb.Pi.Btl. 83		,,	(19)
Kampfl	Wehrbz.Kdo. Wien III (W.M.A. Wien 7) (F)		,,	(21a)
Goppolt-Nordenegg	St. Wehrers.Insp. Wien (A)		,,	(22)
von der Wense	z. Verf. Ob. d. H. (Sonst. Offz) (I)		,,	(23)
Krützfeldt	Wehrbz.Kdo. Neuruppin (A)		,,	(24)
Lorenz	Wehrbz.Kdo. Schwäbisch Hall (I)		,,	(25)
Schwarzenberger	St. Wehrers.Insp. Chemnitz (Pz)		,,	(28)
Weiß	Pz.Jäg.Abt. 5		,,	(29)
Kreutzberg	Ob.Kdo. d. H. (Wa I Rü [Mun]) (A)		,,	(33)
Wasserfall	z. Verf. Ob. d. H. (Sonst. Offz.) (I)		,,	(34)
Splittgerber	Rüst.Insp. XX (I)		,,	(36)
Seifarth	St. 23. Div. (I)		,,	(37)
Winter	Wehrm. Fürs. u. Vers.Amt Hannover (I)		,,	(38)
Esselbrügge	St. Gen.Kdo. V.A.K. (I)		,,	(40)
Schüßler	Pz.Jäg.Abt. 8		1. 11. 42	(22)
Forster	St. Wehrers.Insp. Ulm (Donau) (I)		,,	(28)
Beckmann	St. Gen.Kdo. XXIII. A.K. (A)		,,	(29)
Lamp	Wehrbz.Kdo. Oldenburg (Oldb. II) (W.M.A. Cloppenburg) (A)		,,	(30)
Dieter	Wehrm. Fürs. u. Vers.Amt München (A)		,,	(31)
Reitz	Wehrbz.Kdo. Lingen (Ems) (A)		,,	(32)
Wunsiedler	Ob.Kdo. d. H. (Wa Z 1) (A)		,,	(36)
Metes	Wehrbz.Kdo. Kattowitz (I)		,,	(37)
Symons	Wehrbz.Kdo. Dortmund II (I)		,,	(38)
Drege	Rüst.Insp. XVII (Kdo. Rüst. Ber. Mödling) (I)		,,	(40)
Kirchhof	W.F.O. Magdeburg (I)		,,	(41)
Schulte-Overbeck	Wehrbz.Kdo. Landsberg (Warthe) (W.M.A. Meseritz) (A)			(42)
Wittmann	Wehrbz.Kdo. Bad Mergentheim (I)		,,	(44)
Schlee	Rüst.Insp. III (Kdo. Rüst.Ber. Berlin I) (I)		,,	(45)

[1] Muß heißen: „Boettcher" (Druckfehler in Original-DAL)

Fürstenwerth	Wehrbz.Kdo. Crossen (Oder)		
	(W.M.A. Guben) (I)	1. 11. 42	(48)
Schulz	Ob.Kdo. d. H. (Wa I Rü [W. u. G.]) (I)	„	(49)
Klasen	Rüst.Insp. XII (Pi)	„	(53)
Fiedler	Wehrbz.Kdo. Berlin VIII (W.M.A. Steglitz) (I)	„	(55)
Wegner	St. Wehrm.Bevollm. b. Reichsprotektor		
	u. Befehlsh. i. Wehrkrs. Böhmen u. Mähren (A)	„	(56)
König	St. Gen.Kdo. VII. A.K. (A)	„	(59)
Nantke	Wehrbz.Kdo. Glauchau (W.M.A. Glauchau) (K)	„	(62)
Pliquett	z. Verf. Ob. d. H. (Sonst. Offz) (A)	„	(63)
Steinkopff	Pi.Btl. 23	„	(78)
Endemann	Fest. Pi.St. 20	„	(79)
Lehmann-Heinecke	Ob.Kdo. d. W. (Abw III) (I)	„	(80)
Koch	Ob.Kdo. d. H. (In 4) (A)	„	(81)
Pust	b. Kdr. d. Erg.Tr. XII (I)	„	(82)
von der Mark	Rüst.Insp. XIII (Pi)	„	(84)
Kanzler	Wehrbz.Kdo. Essen II (W.M.A. Essen 2) (I)	„	(85)
Ebeling	Rüst.Insp. IV (Kdo. Rüst. Ber. Leipzig) (I)	„	(86)
Löw	St. Wehrers.Insp. Linz (Donau) (A)	„	(87)
Schur	Ob.Kdo. d. H. (Wa I Rü [W. u. G. 6]) (Pz)	„	(88)
Melchior	Rüst. Insp. VI (Kdo. Rüst. Ber. Essen) (N)	„	(90)
Hähnel	Ob.Kdo. d. H. (Wa Prüf 2) (A)	„	(91)
Graf von Korff genannt Schmising-Kerssenbrock			
	Rüst.Insp. XVIII (K)	„	(92)
Kröger	Wehrbz.Kdo. Hamburg IV (I)	„	(93)
Haertel	St. Gen.Kdo. XXIII. A.K. (I)	„	(94)
Hirsch	Wehrbz.Kdo. Hamburg III (I)	1. 12. 42	(1)
Buchholz	Wehrbz.Kdo. Goslar (I)	„	(3)
Rozumek	St. Wehrers.Insp. Königsberg (Pr) (A)	„	(4)
Setzkorn	Ob.Kdo. d. H. (In 4) (A)	„	(5)
Elsner	Wehrbz.Kdo. Eisleben (W.M.A. Eisleben) (I)	„	(6)
Beckmann	Transportkdtr. Münster (Westf.) (Pi)	„	(7)
Burkhardt	Rüst.Insp. V (I)	„	(11)
van Roo	z. Verf. Ob. d. H. (Sonst. Offz.) (I)	„	(12)
Hildebrandt	Wehrbz.Kdo. Berlin VII (I)	„	(13)
Molthan	Wehrbz.Kdo. Darmstadt (A)	„	(14)
Leinweber	W. F. O. Iserlohn (I)	„	(15)
Hainrich	St. Gen.Kdo. X.A.K. (A)	„	(16)
Brix	Wehrbz.Kdo. Zittau (I)	„	(17)
Pommer	St. Wehrers.Insp. Magdeburg (A)	„	(18)
Hawraneck	Wehrbz.Kdo. Stralsund (I)	„	(19)
Stollwerck	Kraftf.Abt. 17	„	(20)
Brausen	z. Verf. Ob. d. H. (Sonst. Offz.) (A)	„	(22)
Einert	Rüst.Insp. IV (I)	„	(23)
Gaertner	Wehrbz.Kdo. Plauen (Vogtl) (A)	„	(24)
Gleißner	Wehrbz.Kdo. Weiden (Oberpf) (I)	„	(25)
Schmidt	St. Gen.Kdo. V.A.K. (I)	„	(26)
Müller-Kölling	Wehrbz.Kdo. Celle (W.M.A. Gifhorn) (A)	„	(28)
Stenzel	Leiter Feste Horchstelle Tulln (N)	„	(29)
In DAL T überführt; Oberst 1. 9. 44 (42)			
Brendebach	Wehrbz.Kdo. Melk (I)	„	(31)
Meyer (Rudolf)	Pz.Rgt. 3	„	(32)
Wilhelm	Rüst.Insp. III (Kdo. Rüst.Ber. Berlin IV) (I)	„	(34)
Pechstein	Rüst.Insp. XII (I)	„	(39)
Leuze	St. Wehrers.Insp. Koblenz (I)	„	(40)
Hense	Wehrbz.Kdo. Osnabrück (I)	„	(41)
Pulte	Leiter H.Gestüt Altefeld (A)	„	(42)

Mertens	b. H.Abn. Inspiz. XI (A)	1. 12. 42	(44)
Kehler	St. Wehrers.Insp. Allenstein (A)	,,	(48)
Feit	Fest.Pi.St. 19	,,	(49)
Vogel	St. Wehrers.Insp. Linz (Donau) (A)	,,	(50)
Haug	Wehrbz.Kdo. Ludwigsburg (I)	,,	(51)
Kliemann	St. Gen.Kdo. XVII. A.K. (A)	,	(53)
In DAL T überführt; Oberst 1. 9. 44 (54)			
Schulz	Ob.Kdo. d. W. (W Rü) (K)	,,	(54)
Schreiter	Wehrbz.Kdo. Chemnitz I (I)	,,	(55)
Niemann	Fest.Pi.St. 16	,,	(57)
Hornemann	Wehrbz.Kdo. Posen		
	(W.M.A. Kolmar [Wartheland]) (I)	,,	(58)
Merz	b. Ausb.Leiter Breslau 2 (I)	,,	(59)
Eberts	St. Wehrers.Insp. Kassel (I)	,,	(60)
Bellwinkel	Ob.Kdo. d. H. (Fz In) (A)	,,	(61)
Erckert	Ob.Kdo. d. H. (AHA/Stab) (I)	,,	(62)
Stadler	St. Wehrers.Insp. München (F)	,,	(63)
Wiech	b. Ausb.Leiter Karlsruhe (I)	,,	(64)
Doehler	St. Gen.Kdo. IV. A.K. (I)	,,	(65)
Thom	Ob.Kdo. d. H. (Wa Prüf Fest) (A)	,,	(67)
Kaden	St. Gen.Kdo. IX. A.K. (Pz)	,,	(68)
Meyer	Fest.Pi.St. 11	,,	(69)
Bolbrinker	Wehrbz.Kdo. Bromberg (N)	,,	(70)
Schabel	Wehrbz.Kdo. Pfarrkirchen (I)	,,	(71)
Graefe	Rüst.Insp. Prag (I)	,,	(72)
Zebisch	Wehrbz.Kdo. Zwickau (Sachs) (W.M.A. Zwickau) (I)	,,	(74)
Bleker	Wehrbz.Kdo. Judenburg (I)	,,	(75)
Krumrein	Rüst.Insp. V (Kdo. Rüst.Ber. Ulm [Donau]) (A)	,,	(76)
Obermüller	Rüst.Insp. XVII (Kdo. Rüst.Ber. Wien) (I)	,,	(86)
Faninger	Pz.Gren.Rgt. 1	,,	(100)
Rudolph	St.Kdtr. Küstrin (Pi)	,,	(102)
Larsen	H.Nachschubtr.Schule	,,	(103)
Bade	W.F.O. Hamburg C (I)	,,	(104)
Schulz	Rüst.Insp. III (Kdo. Rüst.Ber. Berlin II) (I)	,,	(105)
Stockder	Wehrbz.Kdo. Berlin IV		
	(W.M.A. Horst-Wessel-Stadt) (I)	,,	(106)
Schroeder	Nachr.Abt. 43	,,	(108)
Preibsch	W.F.O. Görlitz (I)	,,	(109)
Schröter	Rüst.Insp. IV (Kdo. Rüst.Ber. Chemnitz) (I)	,,	(110)
Eisenträger	St. Gen.Kdo. III. A.K. (I)	,,	(111)
Bobisch	St. 72. Div. (Pi)	,,	(112)
Becker	Beob.Abt. 18	,,	(113)
Pleiß	St. Wehrers.Insp. Dortmund (Pz)	,,	(115)
Tiemann	St. Gen.Kdo. X. A.K. (I)	,,	(116)
Richter	St. Gen.Kdo. XX. A.K. (I)	,,	(117)
Teuffel	Ob.Kdo. d. H. (Wa Prüf 4) (A)	,,	(118)
Zöller	Wehrbz.Kdo. Nürnberg I (W.M.A. Nürnberg 1) (I)	,,	(119)
Troschke	b. Aub.Leiter Stargard (Pom) 1 (I)	1. 1. 43	(1)
Lotz	b. Ausb.Leiter Wiesbaden (I)		(5)
Kreidel	Wehrbz.Kdo. Berlin VIII (W.M.A. Schöneberg) (I)	,,	(7)
Dempf	Wehrbz.Kdo. Traunstein (A)	,,	(9)
Ahrens	Wehrbz.Kdo. Magdeburg II (A)	,,	(12)
Riedel	Wehrbz.Kdo. Königsberg (Pr) I (A)	,,	(13)
Krüger	St. Art.Kdr. 4 (A)	,,	(14)
Köhr	Wehrbz.Kdo. Nienburg (Weser) (W.M.A. Nienburg) (I)	,,	(15)
Paulus	Pz.Gren.Rgt. 4	,,	(16)
Kropiwoda	St. Gen.Kdo. VIII. A.K. (I)	,,	(17)

Schäffler	Geb.Nachr.Abt. 70	1.	1. 43	(20)
Bott	Gren.Rgt. 80		,,	(30)
Hohenester	Geb.Jäg.Rgt. 137		,,	(47)
Roeschen	Gren.Rgt. 87		,,	(51)
Flick	b. Ausb.Leiter Darmstadt (A)		,,	(55)
Seibert	Annahmestelle II f. Offz.Bew. d. H. (Pi)		,,	(56)
Müller	St. Gen.Kdo. XXIV. A.K. (I)		,,	(66a)
Schmidt von Altenstadt	St. 1. Kav.Brig. (K)		,,	(85)
von Unruh	b. Ausb.Leiter Sagan (K)		,,	(86)
Rank	St. Wehrers.Insp. Dresden (A)		,,	(89a)
Krafft	Wehrbz.Kdo. Stuttgart (W.M.A. Stuttgart 1) (A)		,,	(167)
Festerling	Art.Rgt. 5	1.	2. 43	(1)
Richter	St. Wehrers.Insp. Bremen (I)		,,	(2)
Brembach	Pz.Jäg.Abt. 15		,,	(4)
aus dem Winckel	Ob.Kdo.d.W. (W.Pr) (K)		,,	(8)
Kipper	Wehrbz.Kdo. Olmütz (W.M.A. Mährisch Ostrau) (Pz)		,,	(9)
Strojil	St. Gen.Kdo. XVII. A.K. (Pi)		,,	(10)
Storch	Ob.Kdo. d. H. (Ag P 2/2. Abt.) (I)		,,	(11)
Werner	b. Fest.Pi.Kdr. V		,,	(14)
Köpp	z. Verf. Ob. d. H. (Sonst. Offz.) (A)		,,	(15)
Peters	Pz.Jäg.Abt. 12		,,	(19)
Aufschläger	Fest.Pi.St. 7		,,	(20)
Richter	b. Kdr. d. Pz. Jäg. Tr. I (I)		,,	(21)
Demandt	W.F.O. Eberswalde (Pz)		,,	(22)
Aßmann	Wehrbz.Kdo. Königsberg (Pr) II (A)		,,	(26)
Schmidt-Schroeter	Ob.Kdo. d. H. (Wa Prüf 7) (N)		,,	(33)
Baltzer	St. Gen.Kdo. XXIII. A.K. (N)		,,	(34)
Baumgart	b. Ausb. Leiter Lötzen 2 (A)		,,	(35)
Ihlefeld	b. Ausb.Leiter Heilbronn (Neckar) 2 (A)	1.	3. 43	(3)
Kitzing	Gren.Rgt. 31		,,	(4)
Silber	Ob.Kdo. d. H. (In 4) (A)		,,	(5)
Welter	b. Ausb. Leiter Geldern (I)		,,	(6)
Koeppel	St. Landw.Kdr. Glogau (I)		,,	(7)
Karbe	b. Ausb.Leiter Lübben (Spreew) 2 (A)		,,	(10)
König	Wehrbz.Kdo. Sangerhausen (I)		,,	(11)
Zöth	St. Wehrers.Insp. Weimar (PzGr)		,,	(13a)
Schmidt	Pi.Btl. 73		,,	(15)
Pieck	Pz.Jäg.Abt. 21		,,	(17)
Kaestner	b. Kdr. d. Pz.Jäg. Tr. X (A)		,,	(21)
Binsfeld	II. Abt. Art.Rgt. 52		,,	(22)
Thöle	St. 9. Div. (I)		,,	(24)
Schwipp	Pz.Pi.Btl. 57		,,	(25)
Stoll	Wehrbz.Kdo. Allenstein (A)		,,	(26)
Glaser	z. Verf. Ob. d. H. (Sonst. Offz.) (I)		,,	(29)
Cartellieri	Ob.Kdo. d. W. (Abw I) (A)		,,	(31)
Kuhl	Pi.Btl. 26		,,	(32)
Albrecht	St. Kdtr. Befest. b. Lötzen (I)		,,	(33)
Schoener	Pi.Btl. 7		,,	(37)
Boit	H.Bekl.Amt Königsberg (Pr) (K)		,,	(41)
Overstolz	Ob.Kdo. d. H. (In 9) (K)		,,	(43)
Reischach	Kdtr. Ulm (Donau) (I)		,,	(45)
Stritzke	Wehrbz.Kdo. Glogau (W.M.A. Freystadt [Niederschles]) (I)		,,	(47)
Noebel	St. 7. Pz.Div. (I)		,,	(49)
Gruhl	Wehrbz.Kdo. Stendal (I)		,,	(51)
Weßolowski	St. Landw. Kdr. Elbing (Pi)		,,	(52)
Roos	Beob.Abt. 2		,,	(54)

Paesler	Wehrbz.Kdo. Hirschberg (Riesengeb) (K)	1.	3. 43	(56)
Postels	St. 23. Div. (I)	„		(57)
Bartezky	St. 1. Div. (A)	„		(60)
Schultz	Fest.Pi.St. 15	„		(64)
Hojer	Gren.Rgt. 41	„		(65)
Alm	St. Wehrers.Insp. Düsseldorf (I)	„		(67)
Spengler	Pz.Jäg.Abt. 42	„		(72)
Erpelt	Fest.Pi.St. 13	„		(74)
Vettermann	W.F.O. Wien B (Pz)	„		(76)
von Stetten	Pz.Jäg.Abt. 7	„		(76a)
Heese	Art.Rgt. 31	1.	4. 43	(3)
Reinhard	St. 1. Pz.Gren.Brig. (Pz)	„		(5)
Stampfer	Wehrbz.Kdo.			
	Lörrach (W.M.A. Müllheim [Baden]) (I)	„		(6)
Wirsching	Ob.Kdo. d. H. (Ag P 1/7. Abt.) (I)	„		(7)
Mohr	Geb.Pi.Btl. 82	„		(11)
Piontkowitz	Nachr. Abt. 28	„		(14)
Herrmann	St. Landw..Kdr. Köln (Pi)	„		(16)
Finger	Pz.Jäg.Abt. 37	„		(17)
Puhl	Wehrbz.Kdo. Rosenheim (W.M.A. Wasserburg [Inn]) (I)	„		(17a)
Frech	St. Wehrers. Insp. Münster (Westf) (I)	„		(21)
Kerwin	Wehrbz.Kdo. Königsberg (Pr) I			
	(W.M.A. Königsberg 1) (I)	„		(22)
Büttner	Pz.Gren.Rgt. 2	„		(24)
Groeber	Wehrbz.Kdo. Augsburg (I)	„		(25)
Blumenstein	Wehrbz.Kdo. Jülich (A)	„		(29)
Schünemann	b. Kdr. d. Nachr.Tr. XI (N)	„		(36)
Schelm	Wehrbz.Kdo. Hannover I (I)	„		(38)
Kupferschläger	Wehrbz.Kdo. St Wendel (Saar) (I)	„		(42)
Clemen	z. Verf. Ob. d. H. (Sonst. Offz.) (I)	„		(43)
Leuscher	Pz.Jäg.Abt. 19	„		(46)
Koop	Art.Rgt. 56	„		(47)
Hellwig	Fest.Pi.St. 18	„		(48)
Laube	W.F.O. Schweinfurt (A)	„		(68)
Feigl	W.F.O. Linz (Donau) B (A)	„		(69)
von Wussow	Ob.Kdo. d. W. (A Ausl/Abw) (I)	„		(70)
von Queis	b. Ausb.Leiter Ortelsburg 2 (K)	„		(71)
Ruß	St. Wehrers.Insp. Frankfurt (Oder) (I)	„		(72)
Spennhoff	Annahmestelle XVII f. Offz. Bew. d. H. (I)	„		(74)
Pecoroni	Wehrbz.Kdo. Mannheim I (A)	„		(75)
Marx	Wehrbz.Kdo. Köln I (W.M.A. Köln 1) (I)	„		(76)
Arnold	Fest.Pi.St. 20	„		(77)
Speer	St. Wehrers.Insp. Stuttgart (I)	„		(78)
Grube	St. Wehrers.Insp. Dortmund (I)	„		(79)
Ficht	Wehrbz.Kdo. Karlsruhe (Baden) (I)	„		(80)
Schlottmann	Wehrbz.Kdo. Küstrin (W.M.A. Zielenzig) (I)	„		(81)
Pack	Wehrbz.Kdo. Siegburg (W.M.A. Siegburg) (I)	„		(82)
Lindermann	Wehrbz.Kdo. Lingen (Ems)			
	(W.M.A. Meppen) (A)	„		(83)
Schaeffer	Wehrm.Fürs. u. Vers.Amt Stuttgart (I)	„		(84)
Wittig	St. Wehrers.Insp. Berlin (A)	„		(85)
Dierks	Wehrbz.Kdo. Hameln (I)	„		(86)
Lahr	Fest.Pi.St. 19	„		(88)
Schauenburg	Wehrbz.Kdo. Karlsruhe (Baden)			
	(W.M.A. Karlsruhe) (I)	„		(89)
Pokrandt	Wehrbz.Kdo. Monschau (I)	„		(90)
Brasch	Ob.Kdo. d. W. (W Wi) (A)	„		(91)

Witt	Wehrbz.Kdo. Krummau (Moldau) (I)	1. 4. 43	(93)
Roß	Wehrbz.Kdo. Neuß (W.M.A. Neuß) (I)	,,	(94)
Kirchner	St. Wehrers.Insp. Weimar (PzGr)	,,	(98)
Overlack	Pz.Gren.Rgt. 73	,,	(99)
Zahradnik	Pz.Pi.Btl. 51	,,	(108)
Zimmermann	Nachr.Abt. 21	,,	(111)
Fischer	Pz.Gren.Rgt. 19	,,	(112)
Kirnbauer	Pz.Rgt. 2	,,	(115)
Hünewaldt	St. Wehrers.Insp. Wien (I)	,,	(121)
Grabs	St. Landw.Kdr. Berlin (I)	,,	(122)
Boertzel (Wilhelm)	Pi.Schule I	,,	(124)
Hoefer	Wehrbz.Kdo. Krummau (Moldau)		
	(W.M.A. Fraustadt [Oberdonau]) (A)	,,	(129)
Blumencron	W.F.O. Wien C (PzGr)	,,	(130)
Schmetzer	St. Wehrers.Insp. München (I)	,,	(131)
Goez	z. Verf. Ob. d. H. (Sonst. Offz.) (I)	,,	(132)
Ziegler	b. Fest.Pi.Kdr. VI (N)	,,	(133)
Szelinski	Wehrbz.Kdo. Allenstein (W.M.A. Ortelsburg (A)	,,	(134)
Unruh	W.F.O. Kalisch (I)	,,	(135)
Hager	Wehrbz.Kdo. Baden (b. Wien)		
	(W.M.A. Eisenstadt) (PzGr)	,,	(136)
von Loefen	Kdtr. Nürnberg/Fürth (I)	,,	(137)
Sommerhoff	Wehrbz.Kdo. Hanau (W.M.A. Hanau) (K)	,,	(138)
Herzig	W.F.O. Chemnitz (I)	,,	(139)
Vorberg	z. Verf. Ob. d. H. (Sonst. Offz) (I)	,,	(141)
von Kleist	W.F.O.Greifswald (I)	,,	(143)
Romanowski	z. Verf. Ob. d. H. (Sonst. Offz.) (A)	,,	(144)
Horaczek	z. Verf. Ob. d. H. (Sonst. Offz.) (I)	,,	(145)
Niedrée	St. Wehrers.Insp. Stettin (I)	,,	(146)
Stengel	Wehrbz.Kdo. Bautzen (W.M.A. Löbau (Sachs]) (I)	,,	(147)
Plathner	St. Landw.Kdr. München (Pz)	,,	(148)
Henke	Aufkl.Rgt. 7	,,	(149)
von Aken-Quesar	Pz.Gren.Rgt. 11	,,	(150)
Löbbecke	Wehrbz.Kdo. Bochum (W.M.A. Bochum) (K)	,,	(151)
Schwabe	Wehrbz.Kdo. Cottbus (Pi)	,,	(152)
Poppe	W.F.O. Offenbach (Baden) (K)	,,	(153)
Fenner	Wehrbz.Kdo. Lissa (Wartheland)		
	(W.M.A. Schrimm) (A)	,,	(154)
Ritsch	Wehrbz.Kdo. Kattowitz (W.M.A. Kattowitz 1) (Pz)	,,	(155)
von Pflugk	Wehrbz.Kdo. Annaberg (Erzgeb.)		
	(W.M.A. Stollberg [Erzgeb.]) (I)	,,	(156)
Sonntag	Pz.Gren.Rgt. 103	,,	(157)
Konrad	Wehrbz.Kdo. Prag (W.M.A. Budweis) (PzGr)	,,	(159)
Schlich	b. Kdr. d. Pz.Jäg.Tr. IX (Pz)	,,	(160)
Benecke	z. Verf. Ob. d. H. (Sonst. Offz.) (I)	,,	(161)
Roßwog	Wehrbz.Kdo. Rastatt (W.M.A. Rastatt) (A)	,,	(162)
Peternell	Wehrbz.Kdo. Krems (Donau) (I)	,,	(163)
Umlauff	Wehrbz.Kdo. (Westf) (W.M.A. Hagen) (A)	,,	(164)
Petri	z. Verf. Ob. d. H. (Sonst. Offz.) (A)	,,	(165)
von Ahlefeld	Kriegsschule Potsdam (K)	,,	(166)
Hasenjaeger	Wehrbz.Kdo. Stargard (Pom) (A)	,,	(167)
Horn	Gren. Rgt. 53	,,	(168)
Kozlowski	Wehrbz.Kdo. Duisburg (W.M.A. Duisburg) (I)	,,	(169)
Wiebke	Wehrbz.Kdo. Hamburg V (K)	,,	(170)
Mey	Wehrbz.Kdo. Litzmannstadt (I)	,,	(171)
Braun	Wehrbz.Kdo. Amberg (Oberpf) (I)	,,	(172)

Osburg	Wehrbz.Kdo. Mährisch-Schönberg		
	(W.M.A. Freiwaldau [Ostsudetenl]) (F)	1. 4. 43	(173)
Kehrhahn	Pz.Jäg.Abt. 3	,,	(174)
Strobl	Wehrbz.Kdo. Wien III (I)	,,	(175)
Arnold	Wehrbz.Kdo. Oldenburg (Oldb) I (I)	,,	(176)
Stahmer	Pz.Jäg.Abt. 20	,,	(177)
Paris	St. Wehrers.Insp. Hannover II)	1. 6. 43	(1)
von Hoffmann Graf von Hoffmansegg	Pz.Jäg.Abt. 20	,,	(3d)
Kreuzberger	St. Gen. Kdo. I.A.K. (Pz)	,,	(9)
Jouin	Kdtr. Tr.Üb.Pl. Bruck (Leitha) (I)	,,	(11)
Freiherr Roeder von Diersburg	St. Gen.Kdo. V.A.K. (A)	,,	(12)
Römer	St. Wehrers.Insp. Regensburg (A)	,,	(14)
Kalmus	Wehrbz.Kdo. Stettin I (A)	,,	(20)
Draeger	Pi.Lehrbtl.	,,	(25)
Peper	Fest.Pi.St. 3 (N)	,,	(27)
Wimmer	Wehrbz.Kdo. Eger (I)	,,	(32)
Achilles	Wehrbz.Kdo. Gelsenkirchen (W.M.A. Bottrop) (A)	,,	(33)
Israel	St. 9. Div. (I)	,,	(34)
Bludau	Wehrkrs.		
	Reit- u. Fahrschule Babenhausen (Hess.)	,,	(36)
Bartmann	Wehrbz.Kdo. Neustadt (Weinstr)		
	(W.M.A. Speyer) (A)	,,	(37)
Grunert	Wehrbz.Kdo. Monschau (W.M.A. Eupen) (A)	,,	(38)
Helmreich	Wehrbz.Kdo. Bartenstein (Ostpr) (I)	,,	(39)
Hoferdt	Wehrbz.Kdo. Loben		
	(W.M.A. Kreuzburg [Oberschles]) (PzGr)	,,	(40)
Heintze	Wehrbz.Kdo. Altenburg (Thür) (I)	,,	(41)
König	Wehrbz.Kdo. Marktredwitz (I)	,,	(42)
Schulz	Wehrbz.Kdo. Iserlohn (I)	,,	(43)
Hoerdemann	b. Ausb. Leiter Schleiden (Eifel) 2 (I)	,,	(44)
Teichmann	Wehrbz.Kdo. Crossen (Oder)		
	(W.M.A. Züllichau) (I)	,,	(45)
Zündel	St. Wehrers.Insp. Frankfurt (Oder) (Pi)	,,	(46)
Mesenbring	z. Verf. Ob. d. H. (Sonst. Offz.) (I)	,,	(47)
Lauda	Wehrbz.Kdo. Jägerndorf (Ostsudeten) (I)	,,	(48)
Winckelmann	W.F.O. Augsburg (A)	,,	(49)
von Tiedemann	Wehrbz.Kdo. Preußisch Stargard		
	(W.M.A. Dirschau) (I)	,,	(50)
Knaps	Pz.Gren.Rgt. 73	,,	(52)
Schindler	Wehrbz.Kdo. Glatz (W.M.A. Glatz)	,,	(53)
Naumann	Wehrbz.Kdo. Spittal (Drau) (I)	,,	(55)
Hiller	Wehrbz.Kdo. Bromberg (W.M.A. Wirsitz) (I)	,,	(56)
Weskamp	St. Gen.Kdo. VIII. A.K. (I)	,,	(57)
Lattke	Wehrbz.Kdo. Breslau III		
	(W.M.A. Strehlen [Schles.]) (K)	,,	(58)
Tannen	Wehrbz.Kdo. Hannover II (W.M.A. Hannover 2) (I)	,,	(59)
Wiesenthal	Pz. Rgt. 7	,,	(60)
Fritsche	Wehrbz.Kdo. Breslau III		
	(W.M.A. Neumarkt [Schles]) (I)	,,	(61)
Krümmel	Wehrbz.Kdo. Bielitz (Beskiden)		
	(W.M.A. Bielitz) (I)	,,	(62)
Wolf	Wehrbz.Kdo. München-Gladbach		
	(W.M.A. München-Gladbach) (I)	,,	(63)
Anderst	Wehrbz.Kdo. Offenburg (Baden)		
	(W.M.A. Lahr [Baden]) (I)	,,	(64)
von Alten	Wehrbz.Kdo. Wuppertal (W.M.A. Wuppertal) (A)	,,	(65)
Mehnert	Wehrbz.Kdo. Linz (Donau) (I)		(66)

Preusche	Wehrbz.Kdo. Dresden I (I)	1. 6. 43	(67)
Reh	Wehrbz.Kdo. Hamburg VI (I)	,,	(68)
Lindheimer	Wehrbz.Kdo. Landshut (Bay)		
	(W.M.A. Landshut) (A)	,,	(69)
Wezel	Wehrbz.Kdo. Heilbronn (Neckar)		
	(W.M.A. Heilbronn) (I)	,,	(70)
Trendel	St. Wehrers.Insp. Nürnberg (A)	,,	(71)
Müller	St. Wehrers.Insp. Frankfurt (Main) (Pi)	,,	(72)
Körner	Wehrkrs. Reit- u. Fahrschule Soltau (Han) (K)	,,	(73)
Brinck	Ob.Kdo. d. H. (PA) (I)	1. 7. 43	(6)
Kleinicke	Wehrbz.Kdo. Göttingen		
	(W.M.A. Osterode [Harz]) (A)	,,	(13)
Oswald	Wehrbz.Kdo. Augsburg (Pz)	,,	(14)
Fröhlich	W.F.O. Stuttgart (A)	,,	(15)
Korger	Wehrbz.Kdo. Krems (Donau)		
	(W.M.A. Korneuburg) (K)	,,	(16)
Czesany	Wehrbz.Kdo. Leoben (I)	,,	(17)
Tülff von Tschepe und Weidenbach	Wehrbz.Kdo. Breslau I (A)	,,	(18)
Preibisch	Wehrbz.Kdo. Auerbach (Vogtl)		
	(W.M.A. Schwarzenberg [Erzgeb]) (I)	,,	(20)
Eichhorn	St. Wehrers.Insp. Köln (A)	,,	(21)
Hahn	Ob.Kdo. d. H. (Wa I Rü [W. u. G. 5]) (Pi)	,,	(22)
von Landesen	Wehrbz.Kdo. Rudolstadt (W.M.A. Schleiz) (I)	,,	(23)
Kallweit	St. Landw.Kdr. Elbing (Pz)	,,	(24)
Kraß	Wehrkrs. Reit- u. Fahrschule Dillingen (Donau)	,,	(25)
Krumm	Wehrbz.Kdo. Kalisch		
	(W.M.A. Kempen [Wartheland]) (I)	,,	(26)
Bendomir	Art.Rgt. 31	,,	(28)
Roth	Geb.Pi.Btl. 54	,,	(29)
von Manz	W.F.O. Würzburg (I)	,,	(30)
Reel	Wehrbz.Kdo. Pfarrkirchen (W.M.A. Pfarrkirchen) (I)	,,	(31)
Echterbecker	Wehrbz.Kdo. Iserlohn (A)	,,	(32)
Keindorff	St. Wehrers.Insp. Chemnitz (A)	,,	(33)
Redder	W.F.O. Leipzig (I)	,,	(34)
Sünderhauf	Wehrbz.Kdo. Auerbach (Vogtl)		
	(W.M.A. Schwarzenberg [Erzgeb]) (I)	,,	(35)
Steinberg	St. Gen.Kdo. IX.A.K. (I)	,,	(36)
Mohr	Pz.Pi.Btl. 33	,,	(37)
Clarfeld	Ob.Kdo. d. H. (In 4) (A)	,,	(38)
Maus	Wehrbz.Kdo. Bremen II (I)	,,	(39)
Schorn	Wehrbz.Kdo. Münster (Westf) (W.M.A. Beckum) (A)	,,	(40)
Müller	Rüst.Insp. VIII (Kdo. Rüst.Ber. Troppau) (A)	,,	(41)
Weyershäuser	St. Gen.Kdo. III. A.K. (Pi)	,,	(42)
Nachtsheim	Rüst.Insp. VI (Kdo. Rüst.Ber. Bielefeld) (A)	,,	(43)
Schimmel	St. Gen.Kdo. I.A.K. (N)	,,	(44)
Böhmann	Wehrbz.Kdo. Berlin I (I)	,,	(45)
Hoffmann	Ob.Kdo. d. H. (Wa Prüf 1) (A)	,,	(46)
Giskes	St. Gen.Kdo. X.A.K. (I)	,,	(47)
Heinemann	Rüst.Insp. IV (Kdo. Rüst.Ber. Halle [Saale]) (PzGr)	,,	(48)
Klinker	Rüst.Insp. X (Kdo. Rüst.Ber. Kiel) (I)	,,	(50)
Fauter	Wehrbz.Kdo. Nürnberg I (F)	,,	(51)
Meinel	Wehrbz.Kdo. Trautenau (I)	,,	(52)
Baurmann	Wehrbz.Kdo. Minden (Westf) (A)	,,	(53)
Neumann-Bütow	W.F.O. Allenstein (I)	,,	(55)
Heinicke	Pz.Aufkl.Abt. 4	,,	(56)
Roessingh	St. Gen.Kdo. VI. A.K. (K)	,,	(57)
Zanker	Wehrbz.Kdo. Salzburg (A)	,,	(58)

18 Rangliste

Hiersemenzel	Wehrbz.Kdo. Lübben (Spreew) (I)	1. 7. 43	(59)
Kleineberg	Ob.Kdo. d. W. (Abw III) (I)	,,	(60)
Holtz	Wehrbz.Kdo. Neustettin (I)	,,	(61)
Schmitz	Ob.Kdo. d. W. (W. Ro) (A)	,,	(62)
Kawel	Wehrbz.Kdo. Bremen I (W.M.A. Bremen 1) (A)	,,	(63)
Fellinger	Wehrbz.Kdo. Coesfeld (Westf) (I)	,,	(64)
Ruge	St. H.Gru. Kdo. 5 (A)	,,	(65)
Schlichteweg	Wehrbz.Kdo. Bielefeld (Pz)	,,	(66)
Rogge	Wehrm. Vers.Gru. Berlin (I)	,,	(67)
Kolbe	Wehrbz.Kdo. Koblenz (I)	,,	(68)
Gerhardus	St. Gen.Kdo. VI. A.K. (Pz)	,,	(69)
Fingerhut	St. Gen.Kdo. VI. A.K. (I)	,,	(70)
Huppe	St. Gen.Kdo. XVIII. A.K. (Pi)	,,	(72)
Gernert	Pz.Gren.Rgt. 66	,,	(73)
Haaß	Wehrbz.Kdo. Saarlautern (I)	,,	(74)
Fricke	Wehrbz.Kdo. Kamenz (Sachs) (I)	,,	(76)
Kistowski	Rüst.Insp. XX (I)	,,	(77)
Hirte	St. Wehrers.Insp. Weimar (PzGr)	,,	(78)
Guseck	Pz.Gren. Rgt. 5 (I)	,,	(79)
Mäder	Wehrbz.Kdo. Wesel (I)	,,	(80)
Wiechert	Transportkdr. Wuppertal (A)	,,	(81)
Büll	Wehrbz.Kdo. Rendsburg (I)	,,	(82)
Laessig (Werner)	Pi.Schule I	1. 8. 43	(1)
Struve	Ob.Kdo. d. H. (Ag P 1/7. Abt.) (Pz)	,,	(2)
Schauenburg	St. Gen.Kdo. XXV. A.K. (I)	,,	(10b)
Engel	St. Wehrers.Insp. Frankfurt (Oder) (I)	,,	(13)
Streit	Wehrbz.Kdo. Wien IV (W.M.A. Wien 10) (K)	,,	(15)
von Platen	St. Wehrers.Insp. Köslin (K)	,,	(16)
Barth	z. Verf. Ob. d. H. (Sonst. Offz.) (I)	,,	(17)
Eichenberg	Wehrbz.Kdo. Stettin I (W.M.A. Stettin) (A)	,,	(18)
Bake	z. Verf. Ob. d. H. (Sonst. Offz.) (A)	,,	(19)
Lang	Wehrbz.Kdo. Stuttgart I (W.M.A. Stuttgart 1) (Pi)	,,	(19a)
Parenzan	Gren. Rgt. 88	,,	(20)
Freiherr von Lentz	z. Verf. Ob. d. H. (Sonst. Offz.) (I)	,,	(21)
Kopal	Pz.Jäg.Abt. 49	,,	(22)
Hacke	Fest.Pi.St. 28 (N)	,,	(23)
Buchheister	St. 30. Div. (I)	,,	(24)
Rose	St. Wehrers.Insp. Nürnberg (F)	,,	(25)
Heine	St. Wehrers.Insp. Düsseldorf (I)	,,	(26)
Marwedel	Wehrbz.Kdo. Braunschweig (W.M.A. Braunschweig 2) (I)	,,	(27)
Hoffmann	Wehrbz.Kdo. Hildesheim (W.M.A. Hildesheim) (I)	,,	(28)
Lück	Rüst.Insp. X (Kdo. Rüst.Ber. Kiel) (I)	,,	(29)
Mathesius	Rüst. Insp. VI (Kdo. Rüst.Ber. Dortmund) (A)	,,	(30)
Braun	Wehrbz.Kdo. Neuß (I)	,,	(31)
Ebensberger	Wehrbz.Kdo. Leibnitz (I)	,,	(32)
Busse	Wehrbz.Kdo. Posen (W.M.A. Samter) (A)	,,	(33)
Scherling	W.F.O. Bremen (I)	,,	(34)
Keuchel	Wehrm.Fürs. u. Vers.Amt Königsberg (Pr) (A)	,,	(35)
Steffmann	St. Gen.Kdo. IX. A.K. (I)	,,	(36)
Krasny	Wehrbz.Kdo. Oppeln (I)	,,	(37)
Hangkofer	St. Gen.Kdo. XIII. A.K. (I)	,,	(38)
Koch	Wehrbz.Kdo. Münster (Westf) (W.M.A. Münster) (A)	,,	(39)
Gärtner	Wehrbz.Kdo. Bielefeld (W.M.A. Wiedenbrück) (I)	,,	(40)
Graß	Wehrbz.Kdo. Stuttgart I	,,	(41)
Koch	Wehrbz.Kdo. Bregenz (W.M.A. Bludenz) (I)	,,	(42)
Laegel	St. Gen.Kdo. VIII. A.K. (A)	,,	(43)

Rasehorn	Ob.Kdo. d. W. (Abw I) (Pi)	1. 8. 43		(44)
Schmidt	Fest.Pi.St. 25	,,		(45)
Bock	Wehrbz.Kdo. Thorn (Pz)	,,		(46)
Creutzburg	Rüst.Insp. XII (Kdo. Rüst.Ber. Koblenz) (I)	,,		(47)
Neitzel	Kdtr. Dresden (I)	,,		(49)
Büttner	Ob.Kdo. d. H. (Wa Prüf 5) (Pi)	,,		(50)
Schrader	Wehrbz.Kdo. Lübeck (I)	,,		(51)
Fuchsbauer	St. Gen.Kdo. VII. A.K. (A)	,,		(52)
Wille	Ob.Kdo. d. H. (Wa Z 4) (F)	,,		(53)
Michel	Ob.Kdo. d. W. (W Vers) (I)	,,		(54)
Blaurock	Rüst.Insp. VIII (I)	,,		(55)
Braune	Wehrbz.Kdo. Pirna (I)	,,		(56)
Gellendin	Annahmestelle XXI f. Offz. Bew. d. Heeres (F)	,,		(57)
Fichtner	Wehrbz.Kdo. Regensburg (A)	,,		(58)
Hinrichsen	Wehrbz.Kdo. Schleswig (I)	,,		(59)
Gerber	W.F.O. Darmstadt (I)	,,		(60)
Paepcke	St. Gen.Kdo. XXI. A.K. (K)	,,		(61)
Roeder	z. Verf. Ob. d. H. (Sonst. Offz.) (I)	,,		(62)
Loubier	Ob.Kdo. d. H. (Ag E/Tr [Abt E]) (I)	,,		(63)
Konzack	z. Verf. Ob. d. H. (Sonst. Offz.) (I)	,,		(64)
Schmalfuß	St. Wehrers.Insp. Potsdam (A)	,,		(65)
Walther	St. Wehrers.Insp. Eger (PzGr)	,,		(66)
de Groote	St. Gen.Kdo. IX. A.K. (I)	,,		(67)
Bahlinger	Leiter H.Bücherei Prag (Pi)	,,		(68)
Bessell	Pz. Pi.Btl. 49	1. 9. 43		(1)
Groß	Pz.Rgt. 25	,,		(3)
Seyffert	Ob.Kdo. d. H. (Ag P 1/7. Abt.) (I)	,,		(4)
Honig	Fest.Pi.St. 26	,,		(5a)
Nake	Wehrbz.Kdo. Bautzen (I)	,,		(6)
Monjoie	Nachr.Abt. 46	,,		(9)
Koch	Pz.Gren.Rgt. 6	,,		(12)
Zimmermann (Erwin)	Pi.Schule I	,,		(16)
Freiherr von Gise	St. Wehrers.Insp. Regensburg (K)	,,		(18)
Scheeffer	Wehrbz.Kdo. Berlin VII (W.M.A. Tempelhof) (I)	,,		(19)
Wünsch	Wehrbz.Kdo. Graz (I)	,,		(20)
Hammer	St. Wehrers.Insp. Linz (Donau) (F)	,,		(21)
Hodny	Wehrbz.Kdo. Bregenz (W.M.A. Bregenz) (A)	,,		(22)
Heinrich	St. Kdtr. St. Wendel (Saar) (I)	,,		(23)
Klinger	Pz.Gren.Rgt. 5	,,		(24)
Blaha	Kriegsschule Wiener Neustadt (K)	,,		(25)
Dippon	St. Gen.Kdo. V.A.K. (I)	,,		(26)
Baltz	b. Kdr. d. Nachr.Tr. XII (N)	,,		(27)
Ziegler	St. Gen.Kdo. X. A.K. (A)	,,		(28)
Wolff	Wehrbz.Kdo. Kattowitz (W.M.A. Kattowitz 2) (A)	,,		(29)
Zielcke	St. Gen.Kdo. XXI. A.K. (I)	,,		(30)
Plachner	St. Wehrers.Insp. Kassel (I)	,,		(31)
Hübbe	Wehrbz.Kdo. Hamburg IV (W.M.A. Hamburg 4) (I)	,,		(32)
Burck	St. Wehrers.Insp. Mannheim (F)	,,		(33)
Richter	Wehrbz.Kdo. Hohensalza (W.M.A. Dietfurt [Wartheland]) (Pz)	,,		(34)
Krafft	St. Gen. Kdo. VI. A.K. (A)	,,		(35)
Bornmann	Wehrbz.Kdo. Düren (W.M.A. Schleiden [Eifel]) (I)	,,		(36)
Wolf	St. Wehrers.Insp. Danzig (A)	,,		(37)
Polaszek	Wehrbz.Kdo. Berlin V (A)	,,		(38)
Vossieck	Rüst.Insp. III (Kdo. Rüst.Ber. Potsdam) (Pi)	,,		(39)
Mätzschke	Wehrbz.Kdo. Berlin IX (I)	,,		(40)
von Pigenot	Wehrbz.Kdo. Wien I (W.M.A. Wien 1 [Süd]) (A)	,,		(41)

18*

Nicola	Wehrbz.Kdo. Parchim (W.M.A. Parchim) (I)	1. 9. 43	(42)
Mittweg	Ob.Kdo. d. H. (Ag E/Tr [Abt E]) (K)	,,	(43)
Credé	Wehrbz.Kdo. Ried (Innkreis) (A)	,,	(44)
Vollerthun	Wehrbz.Kdo. Danzig (A)	,,	(45)
Schulze	Rüst.Insp. III (Kdo. Rüst. Ber. Berlin III) (A)	,,	(46)
Baltzersen	Rüst.Insp. X (A)	,,	(48)
Ferkinghoff	Kdtr. Tr.Üb.Pl. Baumholder (A)	,,	(49)
Seubert	Ob.Kdo. d. W. (Abw I) (A)	,,	(50)
Schramm	St. Gen.Kdo. X. A.K. (K)	,,	(51)
Höhne	z. Verf. Ob. d. H. (Sonst. Offz.) (I)	,,	(52)
Frank	H. Bekl.Amt Wien (A)	,,	(53)
Schaarschmidt	St. Wehrers.Insp. Leipzig (I)	,,	(54)
Kohl	z. Verf. Ob. d. H. (Sonst. Offz.) (I)	,,	(55)
Hecht	St. Wehrers.Insp. Nürnberg (I)	,,	(56)
Claasen	Rüst.Insp. VI (Kdo. Rüst Ber. Düsseldorf) (A)	,,	(57)
Singer	Leiter Gasschutzlabor. Berlin-Spandau (A)	,,	(58)
Brackmann	Wehrbz.Kdo. Kiel (W.M.A. Kiel) (I)	,,	(59)
Mielenhausen	Rüst.Insp. XI (Kdo. Rüst.Ber. Magdeburg) (N)	,,	(60)
Keienburg	Wehrbz.Kdo. Dortmund II		
	(W.M.A. Dortmund 2) (I)	,,	(61)
Raum	Wehrbz.Kdo. Traunstein (I)	,,	(62)
Straumer	St. 2 Pz.Div. (A)	1. 10. 43	(14a)
von Winckler	Rüst.Insp. XVIII (I)	,,	(17)
Fehrmann	Wehrbz.Kdo. Hamburg I (W.M.A. Hamburg 1) (A)	,,	(18)
Mayr	Wehrbz.Kdo. Regensburg (W.M.A. Regensburg) (A)	,,	(21)
von der Mülbe	Wehrbz.Kdo. Berlin V (W.M.A. Britz) (I)	,,	(22)
Herold	Ob.Kdo. d. H. (Wa I Rü [Mun]) (A)	,,	(24)
Horchler	St. Wehrers.Insp. Regensburg (I)	,,	(25)
Landgraf	Gren.Rgt. Großdeutschland	,,	(26)
Schade	Nachr.Kdtr. Breslau (N)	,,	(27)
Neubauer	Gren.Rgt. 92	1. 11. 43	(1a)
Groh	Wehrbz.Kdo. Burg (Bez. Magdeburg) (I)	,,	(10)
Klug	Wehrbz.Kdo. Celle (W.M.A. Celle) (A)	,,	(13)
Floeck	St. Landw.Kdr. Freiburg (Breisgau) (I)	,,	(14)
Jereb	Wehrbz.Kdo. Klagenfurt (W.M.A. Klagenfurt) (I)	,,	(15)
von Witzleben	St. Wehrers.Insp. Wien (K)	,,	(16)
Jürgen	W.F.O. Garmisch-Partenkirchen (A)	,,	(17)
Hoppe	Wehrbz.Kdo. Trier I (W.M.A. Birkenfeld [Nahe]) (I)	,,	(18)
Radtke	St. Gen.Kdo. XVIII. A.K. (I)	,,	(19)
Weinwurm	Wehrbz.Kdo. Wien II (W.M.A. Wien 4) (Pi)	,,	(20)
Bornefeld	Wehrbz.Kdo. Krainburg (I)	,,	(21)
Rogge	Wehrbz.Kdo. Köslin (W.M.A. Köslin) (I)	,,	(22)
Koch	z. Verf. Ob. d. H. (Sonst. Offz.) (A)	,,	(23)
Mathis	St. Wehrers.Insp. Berlin (I)	,,	(24)
Mertsching	z. Verf. Ob. d. H. (Sonst. Offz.) (PzGr)	,,	(25)
Gürteler	Wehrbz. Kdo. Traunstein (Oberbay)		
	(W.M.A. Altötting) (I)	,,	(26)
Krevet	Wehrbz.Kdo. Saarlautern (W.M.A. Saarlautern) (I)	,,	(27)
Vellay	W.F.O. Saarbrücken (I)	,,	(28)
Woltag	Wehrm.Fürs. u. Vers.Amt Königsberg (Pr) (K)	,,	(29)
Busch	Wehrbz.Kdo. Kaiserslautern (I)	,,	(30)
Löhr	z. Verf. Ob. d. H. (Sonst. Offz.) (A)	,,	(31)
Burek	St. Wehrers.Insp. Köslin (N)	,,	(33)
Wangenheim	W.F.O. Bruck (Leitha) (I)	,,	(34)
Kalkowski	Wehrbz.Kdo. Stendal (W.M.A. Gardelegen (I)	,,	(35)
Frohnweiler	Wehrbz.Kdo. Mainz (W.M.A. Mainz) (I)	,,	(36) ·
Freiherr von dem Bussche-Hünnefeld	Wehrbz.Kdo. Mainz (I)	,,	(37)

Schölzel	Ob.Kdo. d. H. (Wa I Rü [W. u. G. 5]) (A)	1. 11. 43	(38)
Wegener	Wehrbz.Kdo. Bromberg (W.M.A. Bromberg) (I)	,,	(39)
Schüßler	Geb.Nachr.Abt. 68	,,	(40)
Dilitz	b. Ausb.Leiter Innsbruck (I)	,,	(41)
Hauser	Wehrbz.Kdo. Linz (Donau) (I)	,,	(42)
Kratochwil	Wehrbz.Kdo. Marburg (Drau) (Pi)	,,	(43)
Heinze	W.F.O. Oppeln (A)	,,	(44)
Landwehrmann	St. Wehrers.Insp. Köln (I)	,,	(45)
Brinkman	z. Verf. Ob. d. H. (Sonst. Offz.) (I)	,,	(46)
Haag	Wehrbz.Kdo. Kassel II (K)	,,	(48)
Petri	Wehrbz.Kdo. Ehingen (Donau) (W.M.A.Ehingen) (I)	,,	(49)
Brückner	Rüst.Insp. IV (K)	,,	(50)
Menzel	St. Wehrers.Insp. Breslau (Pz)	,,	(51)
Fischer	St. Gen.Kdo. V.A.K. (A)	,,	(52)
Prell	Wehrbz.Kdo. Passau (I)	,,	(53)
Czesany	Wehrbz.Kdo. Spittal (Drau) (W.M.A. Lienz) (I)	,,	(54)
Westphal	Wehrbz.Kdo. Greifswald (W.M.A. Greifswald) (A)	,,	(55)
Kalden	Wehrbz.Kdo. Frankfurt (Main) II		
	(W.M.A. Frankfurt 2) (K)	,,	(56)
Günthert	Wehrbz.Kdo. Küstrin (I)	,,	(57)
Beck	Ob.Kdo. d. W. (W Ro) (Pz)	,,	(57a)
von Wedel	Wehrbz.Kdo. Wohlau (I)	1. 12. 43	(4)
Siersleben	Wehrbz.Kdo. Hersfeld (I)	,,	(6)
Gemeinhardt	z. Verf. Ob. d. H. (Sonst. Offz.) (Pi)	,,	(15)
van Setten	St. Wehrers. Insp. Danzig (K)	,,	(16)
Müller-Römer	Ob.Kdo. d. H. (Wa I Rü [Mun 5]) (I)	,,	(17)
Klett	Wehrbz.Kdo. Neustadt (Weinstr) (K)	,,	(18)
Kunschner	Wehrbz.Kdo. Wien III (A)	,,	(19)
Niedling	Wehrbz.Kdo. Lörrach (W.M.A. Waldshut) (I)	,,	(21)
Wiesmath	Wehrbz.Kdo. Regensburg (W.M.A. Kehlheim) (I)	,,	(22)
Hoffmann	Wehrbz.Kdo. Coesfeld (Westf)		
	(W.M.A. Lüdinghausen) (I)	,,	(23)
Nickel	Wehrbz.Kdo. Moers (W.M.A. Geldern) (I)	,,	(24)
Keller	z. Verf. Ob. d. H. (Sonst. Offz.) (Pi)	,,	(25)
Gebauer	Kdo. f. techn. Fertigungsunterlagen d. H.Geräts (I)	,,	(26)
Stockhaus	Wehrbz.Kdo. Düsseldorf		
	(W.M.A. Düsseldorf 1) (I)	,,	(27)
Eckoldt	Wehrbz.Kdo. Troppau (W.M.A. Troppa) (F)	,,	(28)
Heinrich	Wehrbz.Kdo. Königsberg (Pr) II		
	(W.M.A. Labiau) (I)	,,	(29)
Heinz	Wehrbz.Kdo. Friedberg (Hess) (I)	,,	(30)
Wennig	Wehrbz.Kdo. Magdeburg II (W.M.A. Magdeburg 2) (I) ,,		(31)
Laudi	Wehrbz.Kdo. Leoben (I)	,,	(32)
Brücker	Wehrbz.Kdo. Köln III (I)	,,	(34)
Maurer	Wehrbz.Kdo. Heilbronn (Neckar)		
	(W.M.A. Öhringen) (I)	,,	(35)
Böckenförde	Wehrbz.Kdo. Recklinghausen (I)	,,	(36)
Hiemenz	Wehrbz.Kdo. Worms (W.M.A. Alzey) (A)	,,	(37)
Böckenhoff	Wehrbz.Kdo. Gelsenkirchen		
	(W.M.A. Gladbeck [Westf]) (I)	,,	(38)
Horn	Wehrbz.Kdo. Gumbinnen (A)	,,	(39)
Mathy	W.M.A.-Arbeitsstab-Gebweiler (I)	,,	(40)
Wöhler	Wehrbz.Kdo. Tübingen (W.M.A. Reutlingen) (I)	,,	(41)
Thomasius	St. Wehrers.Insp. Ulm (Donau) (I)	,,	(42)
Andrist	Wehrbz.Kdo. Ludwigshafen (Rhein)		
	(W.M.A. Ludwigshafen) (I)	,,	(43)
Mascher	Wehrbz.Kdo. Bunzlau (PzGr)	,,	(44)

von Zepelin	Wehrbz.Kdo. Danzig (K)	1. 12. 43	(45)
Starker	Wehrbz.Kdo. Liegnitz (I)	,,	(46)
Nadler	St. Art.Kdr. 32 (A)	,,	(49)
Schwinner	W.F.O. Wels (I)	,,	(50)
von Witzleben	Wehrbz.Kdo. Stralsund (Pz)	,,	(51)
Böhm	b. Rüst.Insp. VI (I)	,,	(52)
Berger	Wehrbz.Kdo. Küstrin (W.M.A. Reppen) (I)	,,	(53)
von Bergh	St. Wehrers.Insp. Ulm (Donau) (I)	,,	(54)
Stenzel	W.F.O. Donaueschingen (I)	,,	(55)
Hoz	St. Wehrers.Insp. Liegnitz (I)	,,	(57)
Löser	Wehrbz.Kdo. Bitterfeld (W.M.A. Delitzsch) (A)	,,	(58)
Gerlich	Wehrbz.Kdo. Berlin X (W.M.A. Charlottenburg) (I)	,,	(59)
Gauert	Wehrbz.Kdo. Naumburg (Saale)		
	(W.M.A. Naumburg) (I)	,,	(60)
Frevert	Wehrbz.Kdo. Paderborn (W.M.A. Höxter) (F)	,,	(61)
Blomeyer	Wehrbz.Kdo. Breslau III (A)	,,	(62)
Busch	b. Ausb.Leiter Guben (I)	,,	(63)
Haunstetter	Gren.Rgt. 61	,,	(64)
Hoffmeister	Fest.Pi.St. 18	1. 1. 44	(13)
Schubert	Wehrbz.Kdo. Chemnitz II (I)	,,	(14)
Melzig	Pz.Jäg.Abt. 46	,,	(15)
Müller	Wehrbz.Kdo. Passau		
	(W.M.A. Winterberg [Böhmerw]) (I)	,,	(16)
Rehm	Wehrbz.Kdo. Schwäbisch Hall		
	(W.M.A. Schwäbisch Hall) (I)	,,	(17)
Jäger	Wehrbz.Kdo. Neustadt (Weinstr) (W.M.A.Neustadt) (I)	,,	(18)
Klau	Wehrbz.Kdo. Prag (W.M.A. Prag) (I)	,,	(19)
Rohloff	W.F.O Lingen (Ems) (I)	,,	(20)
Hönnicke	Wehrbz.Kdo. Plauen (Vogtl) (I)	,,	(21)
Voith	Wehrbz.Kdo. Klagenfurt		
	(W.M.A. Wolfsberg [Kärnten]) (I)	,,	(22)
Beyer	St. Wehrers.Insp. Chemnitz (A)	,,	(23)
Grosser	Wehrbz.Kdo. Oels (Schles) (A)	,,	(24)
Martino	Wehrbz.Kdo. Frankfurt (Main) (I)	,,	(25)
Eckert	St. Wehrm.Bevollm. b. Reichsprotektor u. Befehlsh.		
	im Wehrkrs. Böhmen u. Mähren (I)	,,	(26)
Pezenburg	W.F.O. Lötzen (I)	,,	(27)
Schnurbusch	Wehrbz.Kdo. Oberhausen (Rheinl) (A)	,,	(28)
Brüggemann	Wehrbz.Kdo. Detmold (I)	,,	(29)
Zanoli	St. Wehrers.Insp. Nürnberg (A)	,,	(30)
Mahr	Wehrbz.Kdo. Hamburg I (A)	,,	(31)
Linneweber	Wehrkr. Reit- u. Fahrschule Soltau (Han)	,,	(33)
Deutsch	St. Gen.Kdo. XI. A.K. (I)	,,	(34)
Mönnickes	Wehrbz.Kdo. Wesel		
	(W.M.A. Dinslaken [Niederrhein]) (I)	,,	(35)
Lohaus	Wehrbz.Kdo. Duisburg (I)	,,	(36)
Hartmann	Fest.Pi.St. 4 (N)	,,	(36a)
Stammberger	Rüst.Insp. VII (Kdo. Rüst.Ber. München) (A)	,,	(37)
Meyer	Wehrbz.Kdo. Königsberg (Pr) II (A)	,,	(38)
von Keßinger	Wehrbz.Kdo. Marburg (Drau)		
	(W.M.A. Marburg) (A)	,,	(39)
Nitschke	Ob.Kdo. d. H. (Wa I Rü [W. u. G. 6]) (I)	,,	(41)
D'heil	Wehrbz.Kdo. Lörrach (W.M.A. Lörrach) (I)	,,	(42)
Götze	St. Wehrers.Insp. Weimar (I)	,,	(43)
Ludewig	Wehrbz.Kdo. Stargard (Pom) (W.M.A. Stargard) (I)	,,	(44)
Goebels	St. Wehrers.Insp. Münster (Westf) (I)	,,	(45)
Buchhold	Wehrbz.Kdo. Ansbach (A)	,,	(46)

Kienle	Wehrbz.Kdo. Thorn (W.M.A. Leipe) (I)	1. 1. 44	(47)
Heidschuch	Wehrbz.Kdo. Prag (W.M.A. Prag) (A)	,,	(48)
Koslar	Wehrbz.Kdo. Königshütte (Oberschles)		
	(W.M.A. Königshütte) (I)	,,	(49)
Pingel	Wehrbz.Kdo. Rybnik (W.M.A. Pleß) (I)	,,	(50)
Hoffmann	b. Ausb.Leiter Gumbinnen 1 (Pi)	,,	(51)
Mall	Wehrbz.Kdo. Kaiserslautern (W.M.A. Kusel) (I)	,,	(52)
Tröger	Wehrbz.Kdo. Nürnberg II (W.M.A. Nürnberg 2) (A)	,,	(53)
Gröngröft	St. Wehrers.Insp. Danzig (I)	,,	(54)
Stedtnitz	Wehrbz.Kdo. Glatz (I)	,,	(55)
Gehrts	St. Gen.Kdo. I.A.K. (N)	,,	(56)
Bormann	Wehrbz.Kdo. Düren (W.M.A. Düren) (Pz)	,,	(57)
Schultze-Brocksien	Wehrbz.Kdo. Berlin VIII (A)	,,	(58)
Zilker	W.F.O. Ingolstadt (F)	,,	(59)
Bauer	Wehrbz.Kdo. Fürth (Bay) (Pz)	,,	(60)
Böcker	Wehrbz.Kdo. Recklinghausen		
	(W.M.A. Borken [Westf]) (I)	,,	(61)
Graefe	St. Wehrers.Insp. Kassel (I)	,,	(62)
Lehmann	Wehrbz.Kdo. Moers (W.M.A. Kleve) (I)	,,	(63)
Markt	Wehrbz.Kdo. Zwettl (Niederdonau) (A)	,,	(64)
Streit	Wehrbz.Kdo. Auerbach (Vogtl) (I)	,,	(65)
Buchsteiner	St. Wehrers.Insp. Danzig (I)	,,	(66)
Pfundt	Wehrbz.Kdo. Aachen (A)	,,	(67)
Mögenburg	W.F.O. Hamburg B (A)	,,	(68)
Hansen	Wehrbz.Kdo. Schleswig (W.M.A. Husum) (A)	,,	(69)
Lindner	Wehrbz.Kdo. Augsburg (I)	,,	(70)
Holstein	Wehrbz.Kdo. Parchim		
	(W.M.A. Hagenow [Meckl]) (I)	,,	(71)
Müller	Wehrbz.Kdo. Wesel (W.M.A. Wesel) (I)	,,	(72)
Wagner	W.F.O. Karlsruhe (Baden) (I)	,,	(73)
Rehfeld	I. Abt. Art.Rgt. 38	,,	(74)
Peterson (Erwin)	Wehrbz.Kdo. Bautzen (I)	,,	(100)
Hülck	Fest.Pi.St. 24	1. 2. 44	(8)
Bereiter	Wehrbz.Kdo. Loben (I)	,,	(9)
Wilke	Wehrbz.Kdo. Eisenach (W.M.A. Eisenach) (I)	,,	(10)
Ritter von Neubert	Wehrbz.Kdo. Kempten (Allgäu)		
	(W.M.A. Sonthofen) (I)	,,	(11)
Krietsch	Wehrbz.Kdo. Döbeln (A)	,,	(12)
Löbbecke	St. Wehrers.Insp. Köln (A)	,,	(13)
Pavlik	Wehrbz.Kdo. St. Pölten (A)	,,	(14)
Krüger	Wehrbz.Kdo. Berlin VIII (W.M.A. Steglitz) (A)	,,	(15)
Oelrichs	W.F.O. Hohensalza (I)	,,	(16)
Weber	Pz.Pi.Btl. 19	,,	(17)
Rohler	Wehrbz.Kdo. Duisburg (I)	,,	(18)
John	St. Gen.Kdo. VIII. A.K. (A)	,,	(19)
Wehinger	St. Wehrers.Insp. Weimar (I)	,,	(20)
Langisch	Wehrbz.Kdo. Crossen (Oder) (W.M.A. Crossen) (I)	,,	(21)
Kozur[1]	Wehrbz.Kdo. Cosel (Oberschles) (I)	,,	(22)
Otto	Wehrbz.Kdo. Magdeburg I (W.M.A. Magdeburg 1) (N)	,,	(24)
Kaiser	Wehrbz.Kdo. Kassel I (W.M.A. Hofgeismar) (I)	,,	(25)
Wendering	St. Wehrers.Insp. Düsseldorf (I)	,,	(26)
Ostermann	Kraftf.Abt. 1	,,	(27)
Kindt	Wehrbz.Kdo. Naumburg (Saale) (I)	,,	(28)
Merz	St. Kdtr.Befest. b. Glogau (Pi)	,,	(29)
Lechner	Wehrkrs. Reit- u. Fahrschule Großenhain	,,	(30)

[1] Muß heißen ,,Kotzur'' (Druckfehler im Original-DAL)

Mögling	Wehrbz.Kdo. Schwäbisch Gmünd (I)		1. 2. 44	(33)
von Bewer	Wehrbz.Kdo. Teschen (I)		,,	(34)
Langner	St. Gen.Kdo. VIII. A.K. (A)		,,	(35)
Loida	z. Verf. Ob. d. H. (Sonst. Offz.) (I)		,,	(36)
Brünig	Rüst.Insp. X (I)		,,	(37)
Klesse	Wehrbz.Kdo. Meißen (I)		,,	(38)
Born	Wehrbz.Kdo. Gotha (W.M.A. Arnstadt) (I)		,,	(39)
Behrenz	Wehrbz.Kdo. Kolberg (I)		,,	(40)
Moosmann	Wehrbz.Kdo. Kaaden (W.M.A. Podersam) (A)		,,	(41)
Theißen	Wehrbz.Kdo. Herne (I)		,,	(42)
Fiolka	Wehrbz.Kdo. Passau (W.M.A. Zwiesel [Bay]) (I)		,,	(43)
Oberbracht	Wehrbz.Kdo. Frankfurt (Main) I (W.M.A. Frankfurt 1) (A)		,,	(44)
Seifert	II. Abt. Art.Rgt. 67		,,	(45)
Bischoff	Wehrbz.Kdo. Dresden I (A)		,,	(46)
Wagner	Wehrbz.Kdo. Dresden II (W.M.A. Dresden 2) (I)		,,	(47)
Meyer-Lüth	Ob.Kdo. d. H. (Wa I Rü [W. u. G. 2]) (Pi)		,,	(48)
Lilienthal	z. Verf. Ob. d. H. (Sonst. Offz.) (K)		,,	(49)
Bretzler	St. Wehrers.Insp. Ulm (Donau) (I)		,,	(50)
Kromer	Wehrbz.Kdo. Ulm (Donau) (I)		,,	(51)
Schwiertz	Wehrm.Fürs. u. Vers.Amt Kolberg (W.F.O. Neustettin) (K)		,,	(52)
Ruggaber	Wehrbz.Kdo. Ravensburg (W.M.A. Ravensburg) (A)		,,	(53)
Schnieber	Wehrbz.Kdo. Gelsenkirchen (I)		,,	(54)
Wigand	z . Verf. d. H. (Sonst. Offz.) (I)		,,	(55)
Bayer	W.F.O. Dortmund (I)		,,	(56)
Gerelli	Pz.Jäg.Abt. 45		,,	(57)
Gogarten	Ob.Kdo. d. H. (Wa Prüf 4) (A)		,,	(58)
Wittkowski	Wehrbz.Kdo. - Arbeitsstab - Straßburg (Els) (I)		,,	(60)
Wepler	Wehrbz.Kdo. Hanau (I)		,,	(61)
Pohland	z. Verf. Ob. d. H. (Sonst. Offz.) (I)		,,	(62)
Hopp	St. Kdtr. Befest. b. Neustettin (Pi)		,,	(63)
Wick	St. 34. Div. (I)		,,	(64)
Wetzel	Wehrbz.Kdo. Oppeln (W.M.A. Oppeln) (I)		,,	(66)
Vorberg	Wehrbz.Kdo. Minden (Westf) (I)		,,	(67)
Koch	Gren.Rgt. 82		,,	(68)
Feierabend	Wehrbz.Kdo. Graudenz (W.M.A. Strasburg [Westpr]) (A)		,,	(69)
Rudolph	Fest.Pi.St. 3		1. 3. 44	(7)
Wende	St. Gen.Kdo. XII. A.K. (A)		,,	(9)
Cuypers	St. Gen.Kdo. VI. A.K. (Pz)		,,	(10)
Hoffmann	Ob.Kdo. d. H. (In Fest) (Pi)		,,	(11)
Mühlbradt	b. Ausb.Leiter Meseritz (A)		,,	(12)
Lettke	z. Verf. Ob. d. H. (Sonst. Offz.) (A)		,,	(13)
Lange	Wehrbz.Kdo. Horb (Neckar) (W.M.A. Freudenstadt) (N)		,,	(14)
Füllkruß	Wehrbz.Kdo. Dresden III (W.M.A. Dresden 3) (Pi)		,,	(15)
Güldenberg	Wehrbz.Kdo. Arnsberg (Westf) (W.M.A. Meschede) (I)		,,	(16)
Gellert	St. Wehrers.Insp. Mannheim (Pz)		,,	(17)
Budach	Ob.Kdo. d. H. (Wa I Rü [Mun 1]) (I)		,,	(18)
Modersohn	Wehrbz.Kdo. Monschau (I)		,,	(19)
Kegler	Wehrbz.Kdo. Erfurt (W.M.A. Erfurt) (I)		,,	(20)
Saenger	Wehrbz.Kdo. Siegen (W.M.A. Siegen) (A)		,,	(21)
Simon	Wehrbz.Kdo. Aachen (W.M.A. Aachen) (I)		,,	(22)
Ritter von Waechter	St. Gen.Kdo. XIII. A.K. (A)		,,	(24)

Lauke	St. Wehrers.Insp. Kattowitz (A)	1. 3. 44	(25)
Snethlage	Wehrbz.Kdo. Waldenburg (Schles) (I)	,,	(26)
Meisel	Art.Rgt. 109	,,	(27)
Röcker	Rüst.Insp. VIII (Kdo. RüstBer. Kattowitz) (A)	,,	(29)
Bechtel	Pz.Art.Rgt. 33	,,	(30)
von Otto	Wehrbz.Kdo. Magdeburg I (I)	,,	(31)
Lindner	Fest.Pi.St. 23	,,	(32)
Bewerunge	Wehrbz.Kdo. Hagen (Westf) (W.M.A. Schwelm) (I)	,,	(34)
Merkel	Rüst.Insp. XIII (I)	,,	(35)
Wiech	Rüst.Insp. Oberrhein		
	(Kdo. Rüst.Ber. Straßburg [Els]) (I)	,,	(36)
Schröter	St. Gen.Kdo. VIII. A.K. (I)	,,	(37)
Waldegg	Wehrbz.Kdo. Lörrach (A)	,,	(38)
Reinmann	Wehrbz.Kdo. Ansbach (W.M.A. Ansbach) (A)	,,	(39)
Lindmar	H.Vorschr.Verw. (I)	,,	(40)
Oppermann	Kriegsschule München (Pi)	,,	(41)
Poremba	Wehrbz.Kdo. Mährisch-Schönberg (I)	,,	(42)
Klüpfel	Wehrbz.Kdo. Würzburg (F)	,,	(43)
von Breitenbuch	Pz.Nachr.Abt. 37	,,	(44)
Luxer	St. Wehrers.Insp. Leipzig (I)	,,	(45)
Rindle	Pz.Nachr.Abt. 79	,,	(46)
Hellmann	Wehrbz.Kdo. Graudenz (W.M.A. Graudenz) (I)	,,	(47)
Maxheimer	Wehrbz.Kdo. Limburg (Lahn) (I)	,,	(48)
Wosgien	Wehrbz.Kdo. Lötzen (I)	,,	(49)
Kirsten	Wehrbz.Kdo. Bitterfeld (I)	,,	(50)
Reichl	Wehrbz.Kdo. St. Wendel (Saar)		
	(W.M.A. Neunkirchen [Saar]) (F)	,,	(51)
Stahlhofer	St. Wehrers.Insp. Regensburg (I)	,,	(52)
Gruhl	Wehrbz.Kdo. Brieg (Bez. Breslau) (A)	,,	(53)
Schnitzler	St. Wehrers.Insp. München (I)	,,	(54)
Bolzani	Wehrbz.Kdo. Kattowitz (F)	,,	(55)
Raven	Ob.Kdo. d. W. (Abw I) (I)	,,	(56)
Heße	Wehrbz.Kdo. Bregenz (I)	,,	(57)
Anderst	Rüst.Insp. V (F)	,,	(58)
Haag	Wehrbz.Kdo. Rastatt (I)	,,	(59)
Iwersen-Möller	Rüst.Insp. XI (Kdo. Rüst.Ber. Dessau) (I)	,,	(60)
Reuter	St. Wehrers.Insp. Schleswig-Holstein (I)	,,	(61)
Rittmayer	Wehrbz.Kdo. Tauberbischofsheim (I)	,,	(62)
Gelsam	b. Ausb.Leiter Schleiden (Eifel) 1 (F)	,,	(63)
Palmen	Rüst.Insp. II (I)	,,	(64)
Furchert	Wehrbz.Kdo. Crossen (Oder) (I)	,,	(66)
Kummer	Pi.Btl. 34	,,	(67)
Burgsdorf	z. Verf. Ob. d. H. (Sonst. Offz.) (I)	,,	(68)
Quetsch	Wehrb.Kdo. Darmstadt (W.M.A. Darmstadt) (A)	,,	(69)
Strutz	Wehrbz.Kdo. Stettin I (W.M.A. Stettin) (A)	,,	(70)
Scherrer	Wehrbz.Kdo. Bochum (W.M.A. Bochum) (A)	,,	(71)
Hohenacker	Wehrbz.Kdo. München IV (W.M.A. Bad Tölz) (I)	,,	(72)
Stein	Wehrbz.Kdo. Oberhausen (Rheinl)		
	(W.M.A. Mühlheim [Ruhr]) (I)	,,	(74)
Wolff	St. Wehrers.Insp. Magdeburg (A)	,,	(75)
Loeck	Wehrbz.Kdo. Neumünster (W.M.A. Neumünster) (I)	,,	(76)
Edler von Daniels-Spangenberg	Ob.Kdo. d. H.		
	(Wa I Rü [Mun]) (K)	,,	(77)
Ehrhardt	Pi.Btl. 41	,,	(79)
Müller	b. Ausb.Leiter Tilsit 2 (I)	,,	(80a)
Divis	Kriegsschule Wiener Neustadt (F)	1. 4. 44	(11)
Hinterhofer	Wehrbz.Kdo. Wels (W.M.A. Vöcklabruck) (Pz)	,,	(12)

Wröndel	Wehrbz.Kdo. Stolp (Pom.)				
	(W.M.A. Lauenburg [Pom.]) (A)	1. 4. 44			(13)
Kirsten	Fest.Pi.St.25		,,		(14)
Czornik	St. Gen.Kdo. VIII. A.K. (A)		,,		(15)
Waschulzick	Rüst.Insp. XXI (Kdo. Rüst.Ber.				
	Litzmannstadt) (Pz)		,,		(16)
Diemke	Wehrbz.Kdo. Berlin VI (W.M.A. Berlin-Mitte) (A)		,,		(17)
Hellriegel	Wehrbz.Kdo. Wesermünde (W.M.A. Wesermünde) (I)		,,		(18)
Schmidt	Annahmestelle XII f. Off. Bew. d. H. (A)		,,		(19)
Enigk	Wehrbz.Kdo. Aachen (I)		,,		(20)
Antony	Wehrbz.Kdo. Hersfeld (W.M.A. Eschwege) (F)		,,		(21)
Seliger	Ob.Kdo. d. W. (Abw II) (I)		,,		(22)
von Jeß	Wehrbz.Kdo. Hamburg I (W.M.A. Hamburg I) (A)		,,		(23)
Büggel	Wehrbz.Kdo. Hamburg II (W.M.A. Hamburg 2) (I)		,,		(24)
Schrader	Ob.Kdo. d. W. (A Ausl/Abw) (A)		,,		(25)
Bolz	z. Verf. Ob. d. H. (Sonst. Offz.) (I)		,,		(27)
Prohl	Wehrbz.Kdo. Hamburg VI (W.M.A. Hamburg 6) (I)		,,		(28)
Freiherr Harsdorf von Enderndorf	Rüst.Insp. XIII (K)		,,		(29)
Judeich	St.Gen.Kdo. V.A.K. (I)		,,		(30)
Büsing	St. Wehrers.Insp. Hamburg (I)		,,		(31)
Knorth	Rüst.Insp. IV (Kdo. Rüst.Ber.				
	Reichenberg [Sudetenl]) (I)		,,		(32)
Mühldorfer	Wehrbz.Kdo. Hohensalza (I)		,,		(33)
Otto	z. Verf. Ob. d. H. (Sonst. Offz.) (I)		,,		(34)
Conrads	Ob.Kdo. d. W. (WZ) (PzGr)		,,		(35)
Schönberg	W.F.O. Prag (I)		,,		(36)
von Mallinckrodt	Ob.Kdo. d. H. (Wa A/Stab) (I)		,,		(37)
Baer	Wehrbz.Kdo. Bad Kreuznach (N)		,,		(38)
Zschiesche	z. Verf. Ob. d. H. (Sonst. Offz.) (I)		,,		(39)
Geis	St. Art.Kdo. 16		,,		(40)
Christiani	St. Wehrm.Bevollm. b. Reichsprotektor				
	u. Befehlsh. i. Wehrkr. Böhmen u. Mähren (A)	. ,,			(41)
Sieber	Wehrbz.Kdo. Wiesbaden (I)		,,		(42)
Schamp	Wehrbz.Kdo. Lübben (Spreew.) (A)		,,		(43)
Delonge	St. Gen.Kdo. XXI. A.K. (I)		,,		(44)
Marlow	Ob.Kdo d. W. (Wa Z 1) (A)		,,		(45)
Uthke	z. Verf. Ob. d. H. (Sonst. Offz.) (A)		,,		(46)
Englert	Ob.Kdo. d. H. (Wa I Rü [Mun 3]) (I)		,,		(48)
Schanze	St. Wehrers.Insp. Kassel (N)		,,		(49)
Schobloch	Wehrbz.Kdo. Dresden II (W.M.A. Dresden 2) (A)		,,		(50)
Schippers	W.F.O. Koblenz B (F)		,,		(52)
Offenbach	Wehrbz.Kdo Frankfurt (Main) II				
	(W.M.A. Frankfurt 2) (I)		,,		(53)
Brauch	St. Gen.Kdo. XVIII. A.K. (I)		,,		(54)
Theißen	Kdtr. Stuttgart (A)		,,		(55)
Maser	Wehrbz.Kdo. - Arbeitsstab - Kolmar (Els.)				
	(W.M.A. Kolmar) (I)		,,		(56)
Brimmer	St. Wehrers.Insp. Nürnberg (A)		,,		(57)
Eustachi	Wehrbz.Kdo. Heilbronn (Neckar) (I)		,,		(58)
Geyer	Rüst. Insp. IV (Kdo. Rüst.Ber. Chemnitz) (I)		,,		(59)
Engels	St. Gen.Kdo. VI. A.K. (I)		,,		(60)
Gebhardt	Wehrbz.Kdo. Dresden III		,,		(62)
Rilke	St. Gen.Kdo. XI. A.K. (I)		,,		(63)
Michael	Wehrbz.Kdo. Aachen (I)		,,		(64)
Kreis	Rüst.Insp. Prag (Kdo. Rüst.Ber. Prag) (I)		,,		(65)
Roesner	Wehrbz.Kdo. Angerburg (Ostpr.)				
	(W.M.A. Treuburg) (I)		,,		(66)

Grübner	Wehrbz.Kdo. Königsberg (Pr) I	1. 4. 44		(67)
Graßnickel	Wehrbz.Kdo. Küstrin (W.M.A. Küstrin) (A)	,,		(68)
Schnaas	Wehrbz.Kdo. Düren (I)	,,		(69)
von Strantz	Rüst.Insp. XI (Kdo. Rüst.Ber. Hannover) (Pz)	,,		(70)
Linsen	Wehrbz.Kdo. Hamburg I	,,		(71)
Duralia	b. Kdr. d. Pz.Jäg.Tr. XVII (A)	,,		(72)
Schröder	Wehrbz.Kdo. Berlin VII (W.M.A. Kreuzberg) (I)	,,		(73)
Kramm	W.F.O. Litzmannstadt (Pz)	,,		(74)
Maser	Wehrbz.Kdo. Leoben (W.M.A. Leoben) (Pz)	,,		(75)
Kratochwill	St. Wehrers.Insp. Wien (I)	,,		(76)
Reinhard	z. Verf. Ob. d. H. (Sonst. Offz.) (A)	,,		(77)
Kuschfeldt	Art.Rgt. 29	,,		(78)
Feldmann	Rüst.Insp. X (Kdo. Rüst.Ber. Hamburg II) (A)	,,		(79)
Busch	St. Gen.Kdo. IV. A.K. (I)	,,		(80)
Segerer	Wehrbz.Kdo. Ravensburg (W.M.A. Friedrichshafen) (I)	,,		(81)
Köpf	z. Verf. Ob. d. H. (Sonst. Offz.) (Nbl)	,,		(82)
Behr	Pz.Art.Rgt. 13	,,		(83)
Bay	Wehrbz.Kdo. Heilbronn (Neckar) (A)	,,		(84)
Hoster	St. Wehrers.Insp. Dortmund (I)	,,		(85)
Nawroth	Wehrbz.Kdo. Köln II (W.M.A. Köln 2) (PzGr)	,,		(86)
Lorleberg	Wehrbz.Kdo. Heidelberg (I)	,,		(87)
Ninke	St. Wehrers.Insp. Breslau (A)	,,		(89)
Botzenhart	Wehrbz.Kdo. Eßlingen (Neckar) (I)	,,		(90)
Walcher	Rüst.Insp. V (Kdo. Rüst.Ber. Stuttgart) (I)	,,		(91)
Kamps	Art.Rgt. 1	,,		(92)
Dubowy	b. Ausb.Leiter Breslau 3 (I)	,,		(93)
Nachtwey	Ob.Kdo. d. H. (Wa I Rü/W u. G 7) (N)	,,		(100)
Schwayer	Wehrbz.Kdo. Kempten (Allgäu) (I)	,,		(101)
Merg	Wehrbz.Kdo. Bielefeld (I)	,,		(102)
Grell	Wehrbz.Kdo. Schleswig (W.M.A. Schleswig) (I)	,,		(103)
Last	Wehrbz.Kdo. Kolberg (A)	,,		(104)
Hahn	Ob.Kdo. d. H. (Wa Prüf 1) (A)	,,		(105)
Schieferecke	Wehrbz.Kdo. Recklinghausen (W.M.A. Recklinghausen) (Pi)	,,		(106)
Nierhaus	Wehrbz.Kdo. Münster (Westf) (W.M.A. Münster) (A)	,,		(107)
Hinz	St. Wehrers.Insp. Frankfurt (Oder) (I)	,,		(108)
Strenger	Wehrbz.Kdo. Rottweil (W.M.A. Balingen [Württ.]) (A)	,,		(109)
vom Hof	St. Gen.Kdo. V.A.K. (A)	,,		(110)
Seeger	Wehrbz.Kdo. Rostock (W.M.A. Rostock) (A)	,,		(111)
Heigelin	St. Gen.Kdo. V.A.K. (I)	,,		(112)
Halke	St. Wehrers.Insp. Kattowitz (I)	,,		(113)
Witte	W.F.O. Neustrelitz (I)	,,		(114)
Geiser	St. Wehrers.Insp. München (I)	,,		(115)
Kurzschenkel	W.F.O. Kaiserslautern (I)	,,		(116)
Annacker	Wehrbz.Kdo. Arnsberg (Westf) (A)	,,		(117)
Ihne	Eisenb.Pi.Rgt. 3	,,		(118)
Hente	Wehrbz.Kdo. Celle (I)	,,		(119)
Gaertner	Pi.Btl. 42	,,		(120)
Artner	W.F.O. Regensburg (PzGr)	,,		(121)
Klaere	Pz.Jäg.Abt. 34	,,		(122)
Theyson	St. Art.Kdr. 24	,,		(123)
Meller	Wehrbz.Kdo. Preußisch Stargard (A)	,,		(124)
Hallström	Ob.Kdo. d. W. (Abw I) (K)	,,		(125)
Distler	Wehrbz.Kdo. Nürnberg I (A)	,,		(126)
Winckelmann	Wehrbz.Kdo. Berlin I (W.M.A. Reinickendorf) (I)	,,		(127)
Stricker	Wehrbz.Kdo. Kiel (I)	,,		(128)

Eberhardt	Rüst.Insp. XII (Kdo. Rüst.Ber. Koblenz (I)	1. 4. 44	(129)
Banzer	St. 17. Div. (A)	,,	(130)
Schlösser	Wehrbz.Kdo. Düsseldorf (W.M.A. Düsseldorf 2) (A)	,,	(131)
Schneider	Wehrbz.Kdo. Gleiwitz (I)	,,	(132)
Zellerhoff	Wehrbz.Kdo. Hagen (Westf) (I)	,,	(133)
Possekel	St. Wehrers.Insp. Hannover (I)	,,	(134)
Matzke	Kdtr. Tr.Üb.Pl. Neuhammer (A)	,,	(135)
Platzhoff	Wehrbz.Kdo. Aachen (W.M.A. Aachen) (I)	,,	(136)
Zander	St. Wehrers.Insp. Ulm (Donau) (A)	,,	(137)
Hesse	St. 15. Div. (I)	,,	(138)
Schröder	b. Ausb.Leiter Saarlautern (I)	,,	(139)
Zimmer	Wehrbz.Kdo. Lingen (Ems) (A)	,,	(140)
Frieß	St. Wehrers.Insp. Magdeburg (N)	,,	(141)
Brücher	Wehrbz.Kdo. Dortmund I (I)	,,	(142)
Blum	Nachr.Abt. 5	,,	(143)
Haug	Wehrbz.Kdo. Freiburg (Breisgau) (W.M.A. Freiburg) (I)	,,	(144)
Blankenstein	Pz.Rgt. 11	,,	(145)
Kroker	Wehrbz.Kdo. Neustadt (Oberschles) (A)	,,	(146)
Pridzun	Wehrbz.Kdo. Angerburg (Ostpr) (W.M.A. Suderunn) (I)	,,	(147)
Maier	Wehrbz.Kdo. Mannheim II) (A)	,,	(148)
Willi	Wehrbz.Kdo. Ansbach (A)	,,	(149)
Violet	Pi.Btl. 34	,,	(150)
Kötz	Wehrbz.Kdo. Magdeburg I (W.M.A. Magdeburg 1) (A)	,,	(151)
Schüngel	Wehrbz.Kdo. Essen II (I)	,,	(152)
Rohse	Wehrbz.Kdo. Allenstein (W.M.A. Allenstein) (I)	,,	(153)
Breil	Pz.Jäg.Abt. 15	,,	(154)
Jungblut	Wehrbz.Kdo. Erfurt (I)	,,	(155)
Viehof	Wehrbz.Kdo. Düsseldorf (I)	,,	(156)
Glinder	Wehrbz.Kdo. Gera (W.M.A. Gera) (I)	,,	(157)
Karnetzki	Wehrbz.Kdo. Sagan (A)	,,	(158)
Sattler	St. Wehrers.Insp. Mannheim (A)	,,	(159)
Slanina	Wehrbz.Kdo. Münster (Westf) (I)	,,	(160)
Schmitzer	W.F.O. Innsbruck B (I)	,,	(161)
Lauscher	Ob.Kdo. d. H. (Wa I Rü/W u. G 1) (A)	,,	(162)
Skuhr	St. Wehrers.Insp. Posen (K)	,,	(163)
Pramberger	Art.Rgt. 98	,,	(164)
Gehrmann	Wehrbz.Kdo. Angerburg (Ostpr) (I)	,,	(165)
Popp	Ob.Kdo. d. H. (AHA/Z) (I)	,,	(166)
Staudinger	Wehrbz.Kdo. Stralsund (W.M.A. Bergen [Rügen]) (I)	,,	(167)
Müller-Frieding	St. Gen.Kdo. VI. A.K. (A)	,,	(168)
Klaiber	Wehrbz.Kdo. Innsbruck (A)	,,	(169)
Luther	St. Wehrers.Insp. Schleswig-Holstein (F)	,,	(170)
Rentsch	Ob.Kdo. d. W. (W Wi) (I)	,,	(171)
von Wedel	St. Gen.Kdo. II. A.K. (K)	,,	(172)
Berg	Wehrbz.Kdo. Danzig (I)	,,	(173)
Arnold	Ob.Kdo. d. W. (Abw II) (I)	,,	(174)
Kissling	St. Gen.Kdo. XVIII. A.K. (A)	,,	(175)
Hein	Wehrbz.Kdo. Danzig	,,	(176)
Bauer	H.Anstalt Raubkammer b. Munster (A)	,,	(177)

Majore

Kauffmann   z. Verf. Ob. d. H. (Sonst. Offz.) (I)   1. 7. 33 (21)
Oberstleutn. 1. 6. 44
von Jagow   Wehrbz.Kdo.Wiesbaden (W.M.A.Wiesbaden) (K) 1. 4. 34 (49)
Oberstleutn. 1. 9. 44 [4]
Eckl   z. Verf. Ob. d. H. (Sonst. Offz.) (I)   1. 8. 34 (33)
Leichtenstern   Wehrbz.Kdo. Kempten (Allgäu)
          (W.M.A. Mindelheim) (A)   1. 9. 35 (39)
Oberstleutn. 1. 10. 44 [9]
von Kobyletzki   z. Verf. Ob. d. H. (Sonst. Offz.) (I)   ,, (40)
Oberstleutn. 9. 11. 44 [4]
Krischer   Pz.Abt. 33   ,, (44)
Becker   z. Verf. Ob. d. H. (Sonst. Offz.) (K)   ,, (45)
Altrichter   Gren.Rgt. 90   ,, (46)
Bohnhoff   z. Verf. Ob. d. H. (Sonst. Offz.) (I)   1. 4. 36 (127)
Oberstleutn. 1. 1. 45 [4]
Burchardi   b. Fest.Pi.Kdr. IV   ,, (128)
Nick   H. Gasschutzschule (Nbl)   1. 10. 36 (46)
Stöckl   Fest.Pi.St. 12   1. 4. 37 (66)
Oberstleutn. 1. 3. 45 (7)
Hilger   Gren.Rgt. 23   1. 8. 37 (26)
Hagen   z. Verf. Ob. d. H. (Sonst. Offz.) (I)   1. 1. 38 (86)
Oberstleutn. 9. 11. 44 (56)
Hübner   St. Wehrers.Insp. Weimar (I)   ,, (88)
Mertens   Wehrbz.Kdo. Herford (W.M.A. Herford) (I)   ,, (89)
Oberstleutn. 1. 9. 44 [5]
von Nathusius   z. Verf. Ob. d. H. (Sonst. Offz.) (K)   ,, (90)
Royko   St. Wehrers.Insp. Innsbruck (I)   ,, (96)
Salzmann   Wehrbz.Kdo. Mühlhausen (Thür)
          (W.M.A. Mühlhausen) (A)   ,, (97)
Oberstleutn. 1. 9. 44 [6]
Freiherr von Stenglin   St. Gen.Kdo. XV. A.K. (I)   1. 2. 38 (35)
Oberstleutn. 1. 9. 44 [7]
Cramer   W.F.O. Ludwigsburg (I)   1. 3. 38 (35)
Oberstleutn. 1. 9. 44 (8)
Beck   z. Verf. Ob. d. H. (Sonst. Offz.) (A)   ,, (36)
Bethge   Wehrbz.Kdo. Wesermünde (W.M.A. Wesermünde)
          (PzGr)   ,, (38)
von Arnim   Wehrbz.Kdo. Rudolstadt
          (W.M.A. Saalfeld [Saale]) (Pz) 1. 4. 38 (70)
Oberstleutn. 1. 9. 44 [9]
Mann   z. Verf. Ob. d. H. (Sonst. Offz.) (I)   ,, (72)
Lenschau   Ob.Kdo. d. W. (WN V) (PzGr)   ,, (73)
Hübner   Wehrbz.Kdo. Woldenberg (Neum) (A)   1. 6. 38 (49)
Pückert   Wehrbz.Kdo. Passau
          (W.M.A. Wolfstein [Niederbay]) (K)   ,, (50)
Oberstleutn. 1. 9. 44 [10]

Renk   Wehrbz.Kdo. Kempten (Allgäu)   (A)   1. 9. 38   (11)
Nehring   St. Gen.Kdo. XX. A.K.   (I)   ,,   (12)
Oberstleutn. 1. 10. 44   [10]
Rau   Wehrbz.Kdo. Marienwerder (Westpr)
                 (W.M.A. Marienburg [Westpr])   (A)   ,,   (13)
Reif   Wehrm.Fürs. u. Vers.Amt Nürnberg   (I)   ,,   (14)
Oberstleutn. 1. 7. 44   [10]
Freiherr Schenck zu Schweinsberg
                 z. Verf. Ob. d. H. (Sonst. Offz.)   (K)   1. 10. 38   (54)
Oberstleutn. 1. 1. 45   [5]
Schulze   Wehrbz.Kdo. Mainz (W.M.A. Mainz)   (A)   ,,   (58)
Oberstleutn. 1. 9. 44   [11]
Bansi   Wehrbz.Kdo. Halberstadt   (A)   ,,   (59)
Oberstleutn. 1. 9. 44   [12]
Nehmiz   b. Ausb.Leiter Offenburg (Baden)   (Pi)   ,,   (61)
Oberstleutn. 1. 7. 44   (11)
Camp von Schönberg   Wehrbz.Kdo. Mühlhausen (Thür)
                 (W.M.A. Nordhausen)   (PzGr)   1. 10. 38   (62)
Oberstleutn. 9. 11. 44   [5]
Tietz   Kdtr. Pi.Üb.Pl. Rehagen-Klausdorf-Sperenberg   (Pi)   1. 11. 38   (15)
Berger   St.Kdtr. Befest. b. Glogau   (A)   ,,   (17)
Oberstleutn. 1. 9. 44   [13]
Kavčić   Wehrbz.Kdo. Brieg (Bz Breslau) (W.M.A. Ohlau) (I)   ,,   (19)
Oberstleutn. 1. 10. 44   [11]
Petzholz   z. Verf. Ob. d. H. (Sonst. Offz.)   (I)   1. 12. 38   (112d)
Oberstleutn. 1. 1. 45   [6]
Hoffmann   Wehrbz.Kdo. Frankfurt (Oder)   (I)   ,,   (144a)
Oberstleutn. 1. 12. 44
Pini   St. Wehrers.Insp. Eger   (A)   ,,   (151)
Oberstleutn. 1. 12. 44
Isler (Rudolf)   z. Verf. Ob. d. H. (Sonst. Offz.)   ,,   (154)
Oberstleutn. 1. 9. 44   (14)
Hartmuth   W.F.O. Saarlautern   (I)   1. 1. 39   (123)
Oberstleutn. 1. 10. 44   [12]
Graf von Wengersky
                 Wehrkrs. Reit- u. Fahrschule Warendorf   ,,   (124)
Oberstleutn. 1. 10. 44   [13]
Kieser   z. Verf. Ob. d. H. (Sonst. Offz.)   (I)   ,,   (125)
Oberstleutn. 30. 1. 45   [6]
Zantop   Art.Rgt. 98   ,,   (127)
Thiele   St. Wehrers.Insp. Köslin   (F)   1. 2. 39   (65)
Oberstleutn. 1. 10. 44   [14]
Mayer   St. 28. Div.   (I)   ,,   (69)
Walliczek   b. Fest.Pi.Kdr. VII   ,,   (70)
Rechenberg   Ob.Kdo. d. H. (Wa Prüf 2)   (Pz)   ,,   (71)
Merlin   St. Wehrers.Insp. Graz   (K)   ,,   (72)
Oberstleutn. 1. 10. 44   [15]
Birkefeld   Ob.Kdo. d. H. (In Fest)   (Pi)   ,,   (73)
Oberstleutn. 1. 10. 44   (16)
Frevert-Niedermein   Wehrbz.Kdo. Dortmund II
                 (W.M.A. Dortmund 2)   (I)   ,,   (75)
Oberstleutn. 1. 10. 44   [17]
Freiherr Ebner von Eschenbach   Art.Rgt. 115   1. 3. 39   (32)
Oberstleutn. 1. 10. 44
Reichelt   Wehrbz.Kdo. Freiberg (Sachs) (W.M.A. Freiberg) (I)   ,,   (83)
Oberstleutn. 1. 8. 44   [7]

Kühn	Wehrbz.Kdo. Schwäb. Gmünd (W.M.A. Aalen [Württ]) (A)		1. 3. 39	(85)

Oberstleutn. 1. 10. 44
Geck St. Gen.Kdo. XII. A.K. (N) ,, (86)
Oberstleutn. 1. 10. 44
Karge-Grenzup St. Wehrers.Insp. Köslin (A) 1. 4. 39 (195a)
Natus Fest.Pi.St. 25 ,, (201)
Roller Beob.Abt. 44 ,, (205)
Spiller Wehrbz.Kdo. Horb (Neckar) (I) ,, (207)
Oberstleutn. 1. 10. 44
Gufler z. Verf. Ob. d. H. (Sonst. Offz.) (I) ,, (208)
Hammer Wehrbz.Kdo. Fürstenfeld (W.M.A. Hartberg) (I) ,, (210)
Jung St. Kdtr. Befest. b. Oppeln (K) 1. 5. 39 (4)
Oberstleutn. 1. 6. 44
von Witzleben Rüst.Insp. XIII (Kdo. Rüst.Ber. Karlsbad) (K) ,, (30)
Kasinger Wehrbz.Kdo. Erfurt (W.M.A. Erfurt) (I) ,, (36)
Pogge Wehrbz.Kdo. Schwerin (Meckl) (A) ,, (38)
Rehse Wehrbz.Kdo. Konstanz (W.M.A. Überlingen [Bodensee]) (I) ,, (44)
Neumann Ob.Kdo. d. W. (W N V) (N) ,, (52)
Oberstleutn. 1. 9. 44 [15]
Schneider Wehrbz.Kdo. Gera (W.M.A. Gera) (Pz) ,, (56)
Oberstleutn. 1. 10. 44
Raestas Gren.Rgt. 122 1. 6. 39 (27d)
Oberstleutn. 1. 10. 44
Grewing Art.Rgt. 24 ,, (36a)
Oberstleutn. 1. 10. 44
Matschoß Rüst.Insp. XIII (Kdo. Rüst.Ber. Nürnberg) (I) ,, (89)
Oberstleutn. 1. 10. 44
Goth St. 46. Div. (K) ,, (90)
Hoffmann Fz.Kdo. XVIII (A) ,, (96)
Oberstleutn. 1. 10. 44
Beck Wehrbz.Kdo. Eger (W.M.A. Falkenau [Eger]) (I) ,, (97)
Becker St. H.Gru.Kdo. 2 (I) ,, (98)
Oberstleutn. 1. 10. 44 [28]
Buchholtz St. Kdtr. Befest. b. Neustettin (Pi) 1. 8. 39 (38)
Oberstleutn. 1. 10. 44 (29)
de Carlo Wehrbz.Kdo. Innsbruck (N) ,, (39)
Bennewitz St. Landw.Kdr. Heilbronn (Neckar) (N) ,, (40)
von Kapff Wehrbz.Kdo. Rastatt (I) ,, (42)
Oberstleutn. 1. 10. 44 [30]
Kabell Wehrbz.Kdo. Moers (W.M.A. Moers) (I) ,, (43)
Oberstleutn. 1. 10. 44 [31]
Oelßner Ob.Kdo. d. W. (Abw I) (I) ,, (44)
Brüel Wehrbz.Kdo. Koblenz (W.M.A. Mayen) (I) ,, (45)
Oberstleutn. 1. 10. 44 [32]
Schultze Schutzbereichamt Köln (Pi) 1. 9. 39 (30)
Oberstleutn. 1. 8. 44 (7a)
von Stieglitz St. Wehrers.Insp. Linz (Donau) (I) ,, (40)
Oberstleutn. 1. 12. 44
Sibeth Gren.Rgt. 133 ,, (41)
Oberstleutn. 1. 7. 44 [12]
Broichmann Wehrbz.Kdo. Solingen (W.M.A. Remscheid) (A) , (45)
Krause Wehrbz.Kdo. St. Wendel (Saar) (W.M.A. St. Wendel) (I) ,, (47)
Michaelis Pz.Gren.Rgt. 108 ,, (49)

Preß   b. Ausb.Leiter Marienburg (Westpr)   (Pi)   1. 10. 39   (42a)
van de Loo   Wehrbz.Kdo. Essen I   (Pi)   ,,   (50)
Koerber   St. Wehrers.Insp. Stuttgart   (I)   ,,   (53)
Dupper   Wehrbz.Kdo. Stolp (Pom)   (I)   ,,   (54)
Heinsius   St. Kdtr. Befest. b. Breslau   (Pi)   1. 11. 39   (54)
Oberstleutn. 1. 10. 44 (33)
Göbel   b. Höh.Pi.Offz. f. d. Landesbefest. West   (Pi)   ,,   (55)
Oberstleutn. 1. 10. 44 (34)
Kastner   W.F.O. Ansbach   (I)   ,,   (59)
Oberstleutn. 1. 8. 44 [8]
Kestermann   Wehrbz.Kdo. Leipzig II (W.M.A. Leipzig 2)   (I)   ,,   (62)
Fuchs   Wehrbz.Kdo. Gotha   (F)   ,,   (65)
Fröhlich   Pz.Gren.Rgt. 108 (früher Inf.Rgt. 10)   (I)   1. 12. 39   (30)
In DAL T überführt; Oberstleutnant 1. 7. 44 (1a)
Marenbach   Wehrbz.Kdo. Saarbrücken
                          (W.M.A. Saarbrücken)   (A)   ,,   (136)
Oberstleutn. 1. 10. 44[35]
Mörl   Gren.Rgt. 102   ,,   (137)
Dreyhaupt   Pi.Btl. 60   ,,   (139)
Graf von Platen-Hallermund
                          Wehrbz.Kdo. Ausland in Berlin   (K)   ,,   (140)
Oberstleutn. 1. 10. 44 [36]
Witkugel   St. Gen.Kdo. VI. A.K.   (I)   ,,   (146)
Oberstleutn. 1. 9. 44 [16]
Brause   Kdtr. Tr.Üb.Pl. Jüterbog   (I)   1. 1. 40   (55)
Kobligk   Gren.Rgt. 94   ,,   (57)
Fischer   Pz.Pi.Btl. 49   ,,   (72)
Oberstleutn. 9. 11. 44 (6)
Sera   Fest.Pi.St. 3   ,,   (193)
Oberstleutn. 30. 1. 45 (7)
Veldung   Wehrbz.Kdo. Aschaffenburg   (A)   ,,   (197)
Stobwasser   W.F.O. Bromberg   (I)   ,,   (198)
Oberstleutn. 1. 8. 44 [9]
Zirbs   W.F.O. Neisse   (Pz)   ,,   (201)
Oberstleutn. 9. 11. 44 [7]
Bath   z. Verf. Ob. d. H. (Sonst. Offz.)   (A)   ,,   (207)
Oberstleutn. 1. 10. 44 [37]
von Arend   Wehrkrs. Reit- u. Fahrschule Gardelegen   ,,   (211)
Haevernick   Wehrbz.Kdo. Berlin VI   (I)   ,,   (213)
Oberstleutn. 30. 1. 45 (8)
Schmitz   Pi.Btl. 46   ,,   (217)
Oberstleutn. 9. 11. 44 (8)
Berninger   z. Verf. Ob. d. H. (Sonst. Offz.)   (I)   ,,   (218)
Schulde   St. Gen.Kdo. XXIV. A.K.   (Pi)   ,,   (220)
Oberstleutn. 1. 7. 44 (13)
Schwally   St. Gen.Kdo. XII. A.K.   (Pi)   ,,   (223)
Oberstleutn. 1. 1. 45 (7)
Schall   Wehrbz.Kdo. Naumburg (Saale)   (I)   ,,   (226)
Oberstleutn. 9. 11. 44
Wedel   z. Verf. Ob. d. H. (Sonst. Offz.)   (I)   ,,   (228)
Apitzsch   Wehrbz.Kdo. Leipzig I (W.M.A. Leipzig 1)   (A)   ,,   (229)
Oberstleutn. 9. 11. 44
Sax   Wehrbz.Kdo. Trier I   (I)   ,,   (230)
von Riesen   St. Wehrm.Bevollm. b. Reichsprotektor
                          u. Befehlsh. i. Wehrkrs. Böhmen u. Mähren   (I)   ,, (231)
Oberstleutn. 9. 11. 44

Westner	St. Gen.Kdo. XIII. A.K. (I)		1. 1. 40	(232)
Oberstleutn. 9. 11. 44				
Hager	Ob.Kdo. d. H. (6. Abt. Gen.St. d. H.) (K)		,,	(234)
Steinhuber	Wehrbz.Kdo. Amberg (Oberpf)			
	(W.M.A. Schwandorf [Bay]) (I)		,,	(236)
Oberstleutn. 9. 11. 44				
Lüders	St. Wehrers.Insp. Hannover (A)		,,	(239)
Oberstleutn. 1. 7. 44				
Voß	Wehrbz.Kdo. Coesfeld (Westf)			
	(W.M.A. Burgsteinfurt) (I)		,,	(241)
Oberstleutn. 30. 1. 45				
Weiß	Fest.Pi.St. 18		,,	(242)
Oberstleutn. 9. 11. 44 (13)				
von Uechtritz und Steinkirch	St. Kdtr. Befest. b. Oppeln (K)		,,	(244)
Kerstgens	Wehrbz.Kdo. Soest (Pz)		,,	(245)
Oberstleutn. 9. 11. 44 [14]				
Zens	Nachr.Abt. 76		,,	(246)
Oberstleutn. 9. 11. 44 [15]; erhielt RDA-Verbesserung 1. 10. 44 (37a)				
Becker	Gren.Rgt. 118		1. 2. 40	(115)
Oberstleutn. 9. 11. 44 (16)				
von Krosigk	H.Unteroffizierschule Potsdam (I)		,,	(235)
Vockerodt	Wehrbz.Kdo. Glogau (I)		,,	(236)
Oberstleutn. 9. 11. 44 (17)				
Lohrisch	St. Wehrers.Insp. Leipzig (A)		,,	(237)
Adamek	Schutzbereichamt Heilbronn (Neckar) (A)		,,	(239)
Oberstleutn. 9. 11. 44 [18]				
Müller	Wehrbz.Kdo. Reichenberg (Sudetenl)			
	(W.M.A. Reichenberg) (I)		,,	(240)
Oberstleutn. 9. 11. 44 [19]				
Müller	Wehrbz.Kdo. Marktredwitz			
	(W.M.A. Marktredwitz) (I)		,,	(243)
Oberstleutn. 9. 11. 44 [20]				
Abram	W.F.O. Kattowitz (I)		,,	(244)
Oberstleutn. 9. 11. 44 [21]				
Barth	Wehrbz.Kdo. Kempten (Allgäu) (W.M.A. Kempten) (A)		,,	(246)
Oberstleutn. 9. 11. 44 [22]				
Gollnick	Wehrbz.Kdo. Rybnik (W.M.A. Rybnik) (F)		,,	(248)
Oberstleutn. 1. 8. 44 [10]				
Homel	St. H.Dienststelle 9 (I)		,,	(250)
Oberstleutn. 9. 11. 44 [23]				
Pfennig	St. Gen.Kdo. II. A.K. (Pi)		,,	(256)
Oberstleutn. 9. 11. 44 (24)				
Juncker	St. Gen.Kdo. XIII. A.K. (A)		,,	(257)
Plewig	Wehrbz.Kdo. Krefeld			
	(W.M.A. Kempen [Niederrhein]) (A)		,,	(267)
Oberstleutn. 9. 11. 44 [25]				
Knobl	St. Wehrers.Insp. Kattowitz (PzGr)		,,	(280)
Oberstleutn. 1. 7. 44				
Ebert	Wehrbz.Kdo. Heidelberg (W.M.A. Heidelberg) (I)		,,	(281)
Oberstleutn. 9. 11. 44 [26]				
Greiveldinger	Pz.Aufkl.Abt. 57		,,	(282)
Siegert	Kdtr. Tr.Üb.Pl. Jüterbog (K)		,,	(283)
König	St. Wehrers.Insp. Hannover (I)		,,	(284)
Oberstleutn. 9. 11. 44 [27]				
Achtel	b. H.Abn.Inspiz. III (A)		,,	(285)
Grallert	Wehrbz.Kdo. Meißen (W.M.A. Meißen) (I)		,,	(286)
Oberstleutn. 9. 11. 44 [28]				

Steurer	Geb.Nachr.Abt. 67	1. 2. 40	(288)
Oberstleutn. 9. 11. 44 (29)			
Dinglinger	Gren.Rgt. 83	1. 3. 40	(123)
Oberstleutn. 1. 9. 44 (17)			
Schröder	Wehrbz.Kdo. Halle (Saale) (W.M.A. Halle) (I)	,,	(186)
Oberstleutn. 1. 12. 44			
Manitius	Wehrbz.Kdo. Meiningen		
	(W.M.A. Hildburghausen) (K)	,,	(189)
Thielmann	Wehrbz.Kdo. Trautenau (I)	,,	(193)
Oberstleutn. 1. 12. 44			
Huwe	Wehrbz.Kdo. Berlin X (W.M.A. Spandau) (I)	,,	(198)
Pechstein	Ob.Kdo. d. H. (Wa I Rü [Mun.]) (I)	,,	(207)
Oberstleutn. 1. 7. 44			
Stengele	Transport-Kdtr. Frankfurt (Main) (I)	,,	(209)
Oberstleutn. 1. 10. 44 [38]			
Kraus	z. Verf. Ob. d. H. (Sonst. Offz.) (I)	,,	(214)
Müller	W.F.O. Heidelberg (I)	,,	(218)
Oberstleutn. 1. 10. 44 [39]			
Pramberger	Art.Rgt. 109	1. 4. 40	(57)
Oberstleutn. 1. 12. 44			
Mörig	b. Ausbild.Leiter Braunschweig (I)	,,	(362)
Derrik	Wehrbz.Kdo. Erfurt (A)	,,	(377)
Schako	Fest.Pi.St. 26	,,	(378)
Oberstleutn. 1. 8. 44 (11)			
Gürtler	Fest.Pi.St. 15	,,	(379)
Oberstleutn. 1. 12. 44 (14)			
von Breitenbach	Wehrbz.Kdo. Gera (W.M.A. Greiz) (K)	,,	(383)
Hanika	Wehrbz.Kdo. Innsbruck (W.M.A. Landeck [Tirol]) (I)	,,	(386)
Oberstleutn. 30. 1. 45			
Gebser	Wehrbz.Kdo. Mettmann (W.M.A. Mettmann) (I)	,,	(390)
Oberstleutn. 1. 12. 44 (15)			
von Lochow	Wehrbz.Kdo. Breslau II (K)	,,	(392)
Oberstleutn. 1. 12. 44 [16]			
Schoppen	Wehrbz.Kdo. Marienwerder (Westpr) (A)	,,	(399)
Oberstleutn. 1. 12. 44 [17]			
Schumm	Wehrbz.Kdo. Ehingen (Donau)		
	(W.M.A. Biberach [Riß]) (I)	,,	(402)
Oberstleutn. 1. 1. 45 [8]			
Backhaus	z. Verf. Ob. d. H. (Sonst. Offz.) (N)	,,	(410)
Klein	Wehrbz.Kdo. Mannheim I (W.M.A. Mannheim I) (A)	,,	(411)
Friedrich	z. Verf. Ob. d. H. (Sonst. Offz.) (I)	,,	(413)
Seydel	z. Verf. Ob. d. H. (Sonst. Offz.) (I)	,,	(414)
Lahme	Wehrbz.Kdo. Siegburg (A)	,,	(418)
Oberstleutn. 1. 12. 44 [18]			
Sperlich	Wehrbz.Kdo. Teschen (A)	,,	(421)
Oberstleutn. 1. 12. 44 [19]			
Petzold	St. Landw.Kdr. Oppeln (Pi)	,,	(423)
Rupé	Wehrkrs. Reit- u. Fahrschule Demmin	,,	(424)
Schöningh	Ob.Kdo. d. H. (5. Abt. Gen.St. d. H.) (K)	,,	(425)
Oberstleutn. 1. 8. 44 [12]			
Kroemer	St. Gen.Kdo. II. A.K. (K)	,,	(427)
Oberstleutn. 1. 12. 44[20]			
Boetticher	St. Gen.Kdo. II. A.K. (I)	,,	(432)
Lechleitner	z. Verf. Ob. d. H. (Sonst. Offz.) (K)	,,	(437)
Rose	Beob.Abt. 4	,,	(440)
Littmann	Pz.Rgt. 5	,,	(441)
Heuser	H.Bekl.Amt Stettin (A)	,,	(443)

Leidner	Wehrbz.Kdo. - Arbeitsstab - St. Avold			
	(W.M.A. - Arbeitsstab - St. Avold) (I)	1. 4. 40	(445)	
Oberstleutn. 1. 12. 44 [21]				
Haag	Beob.Abt. 5		,,	(448)
Oberstleutn. 1. 7. 44				
Bieringer	Pz.Gren.Rgt. 63		,,	(449)
Mende	Wehrbz.Kdo. Gleiwitz (W.M.A. Gleiwitz) (I)		,,	(450)
Adam	Wehrbz.Kdo. Deutsch-Krone			
	(W.M.A. Flatow [Westpr]) (I)		,,	(451)
Oberstleutn. 1. 12. 44 [22]				
Kraas	Kdtr. Geb.Tr.Üb.Pl. Seethaler Alpe (I)		,,	(452)
Westphal	Wehrbz.Kdo. Rendsburg (W.M.A. Rendsburg) (I)		,,	(454)
Oberstleutn. 1. 12. 44 [23]				
Viethen	Fest.Pi.St. 2		,,	(455)
Hörder	Wehrbz.Kdo. Görlitz (W.M.A. Lauban) (A)		,,	(459)
Gramberg	Wehrbz.Kdo. Bartenstein (Ostpr) (A)		,,	(462)
Oberstleutn. 1. 12. 44 [24]				
Möller	Wehrbz.Kdo. Sangerhausen (A)		,,	(463)
Oberstleutn. 1. 12. 44 (25)				
Zum Winkel	Wehrbz.Kdo. Köslin (I)		,,	(464)
Oberstleutn. 1. 12. 44 [26]				
Kühne	Wehrbz.Kdo. Bremen II (A)		,,	(467)
Siegle	Wehrbz.Kdo. Donaueschingen (A)		,,	(468)
Oberstleutn. 1. 12. 44 (27)				
Blech	Pz.Jäg.Abt. 18	1. 6. 40	(98)	
Reisky	b. Ausb.Leiter Guhrau (Bz Breslau) (I)		,,	(187)
Oberstleutn. 1. 1. 45 (9)				
Brandrup	Wehrbz.Kdo. Oels (Schles) (A)		,,	(237)
Oberstleutn. 1. 1. 45 [10]				
Schiffmann	Wehrbz.Kdo. Dessau (W.M.A. Dessau) (I)		,,	(238)
von Foller	Wehrbz.Kdo. Neumünster (I)		,,	(239)
Metzger	Rüst.Insp. VII (I)		,,	(247)
Oberstleutn. 1. 1. 45 [11]				
Wirl	Wehrbz.Kdo. Münster (Westf) (A)		,,	(248)
Kuzmany	St. Gen.Kdo. XVII. A.K. (I)		,,	(251)
Vogl	St. Wehrers.Insp. Innsbruck (I)		,,	(252)
Schmidt	St. H.Gru.Kdo. 3 (K)		,,	(257)
Blaß	Wehrbz.Kdo. Gleiwitz (W.M.A. Tarnowitz) (I)		,,	(260)
Gutbrod	St. Wehrers.Insp. Mannheim (A)		,,	(264)
Oberstleutn. 1. 10. 44 [40]				
Emmerich	Wehrbz.Kdo. Berlin V (N)		,,	(267)
Oberstleutn. 1. 1. 45 (12)				
Jentsch	St. Wehrers.Insp. Dresden (A)		,,	(274)
Krasel	Wehrbz.Kdo. Klagenfurt (A)		,,	(275)
Darsow	St. Gen.Kdo. III. A.K. (I)		,,	(280)
Niemann	Ob. d. H. (In 4) (A)		,,	(289)
Oberstleutn. 1. 1. 45 [13]				
Hofbüker	Wehrbz.Kdo. Soest (N)		,,	(291)
Schmude	Kdtr. Vers.Pl. Kummersdorf (I)		,,	(293)
Müller	Wehrbz.Kdo. Halberstadt (I)		,,	(294)
Hollstein	St. Gen.Kdo. XIV. A.K. (I)		,,	(297)
Oberstleutn. 1. 10. 44 [41]				
Pirnay	Wehrbz.Kdo. Monschau (W.M.A. Monschau) (I)		,,	(299)
Strehlau	Wehrbz.Kdo. Marienwerder (Westpr)			
	(W.M.A. Marienwerder) (I)		,,	(311)
Meincken	St. Gen.Kdo. XII. A.K. (I)		,,	(315)
Bauch	H.Gasschutzschule		,,	(316)

19*

Bihlmeier	Pi.Schule I	1.	6. 40	(318)
Kusche	H.Nachrichtenschule II		,,	(322)
Oberstleutn. 1. 10. 44 (42)				
Schultze	Rüst.Insp. XIII (Kdo. Rüst.Ber. Coburg) (I)	1.	7. 40	(190)
Lippmann	Wehrbz.Kdo. Lingen (Ems) (W.M.A. Lingen) (I)		,,	(191)
Köpps	z. Verf. Ob. d. H. (Sonst. Offz.) (Pi)		,,	(195)
Lau	Wehrbz.Kdo. Cottbus (I)		,,	(196)
Fleischmann	b. Ausb.Leiter Klagenfurt (I)		,,	(224)
Oberstleutn. 1. 1. 45 [14]				
Panesch	z. Verf. Ob. d. H. (Sonst. Offz.) (A)		,,	(225)
Kopp	Gren.Rgt. 17		,,	(227)
Oberstleutn. 1. 1. 45 [15]				
Hummel	Wehrbz.Kdo. Tübingen (I)		,,	(228)
Kniep	Rüst.Insp. III (Kdo. Rüst.Ber. Berlin IV) (I)		,,	(229)
Oberstleutn. 1. 7. 44				
Ebert	Wehrbz.Kdo. Wiesbaden (I)		,,	(233)
Oberstleutn. 1. 9. 44				
Brill	z. Verf. Ob. d. H. (Sonst. Offz.) (I)		,,	(235)
Thalheim	St. 18. Div. (I)		,,	(237a)
Oberstleutn. 1. 7. 44				
Kloehn	Ob.Kdo. d. H. (Wa I Rü [W. u. G. 2]) (N)		,,	(238)
Stapf	Pz.Jäg.Abt. 36		,,	(240a)
Nicks	Nachr.Abt. 46		,,	(241)
Oberstleutn. 1. 1. 45 (16)				
Kaernbach	Wehrbz.Kdo. Schweidnitz (I)		,,	(251)
Oberstleutn. 1. 1. 45 [17]				
Vötsch	St. Landw.Kdr. Heilbronn (Neckar) (I)		,,	(253)
Studthoff	Wehrbz.Kdo. Preußisch Stargard			
	(W.M.A. Konitz) (A)		,,	(257)
Emmerich	Rüst.Insp. XX (Pi)		,,	(260)
Richter	Wehrbz.Kdo. Freiberg (Sachs) (I)		,,	(261)
Oberstleutn. 1. 1. 45 [18]				
Betz	Rüst.Insp. XII (I)		,,	(263)
von Bergh	St. Wehrers.Insp. Dortmund (I)		,,	(264)
Seidel	Pz.Gren.Rgt. 7		,,	(266)
Sorge	St. 28. Div. (A)		,,	(268)
Lindig	Wehrbz.Kdo. Altenburg (Thür) (A)		,,	(272)
Oberstleutn. 1. 1. 45 (19)				
Flügel	Wehrbz.Kdo. Bielefeld (W.M.A. Bielefeld) (I)		,,	(274)
Oberstleutn. 1. 1. 45 [20]				
Hientzsch	z. Verf. Ob. d. H. (Sonst. Offz.) (Pi)		,,	(281)
Frings	z. Verf. Ob. d. H. (Sonst. Offz.) (A)	1.	8. 40	(77)
Blumenberg	St. Gen.Kdo. XI. A.K. (F)		,,	(241)
Oberstleutn. 30. 1. 45 (12)				
Köhn	Wehrbz.Kdo. Schleswig (I)		,,	(251)
Oberstleutn. 30. 1. 45 [13]				
Emminghaus	Geb.Jäg.Rgt. 100		,,	(252)
Oberstleutn. 30. 1. 45 [14]				
Gabriel	St. Gen.Kdo. VI. A.K. (Pi)		,,	(253)
Schoeneich	Wehrbz.Kdo. Gleiwitz			
	(W.M.A. Beuthen [Oberschles]) (I)		,,	(254)
Boin	Fest.Pi.St. 13		,,	(255)
Westphal	b. Ausb.Leiter Plauen (Vogtl) (I)		,,	(256)
Oberstleutn. 30. 1. 45 [15]				
von Suckow	Wehrkrs. Reit- u. Fahrschule Beeskow		,,	(257)
Oberstleutn. 30. 1. 45 [16]				
Eschig	St. Gen.Kdo. XVIII. A.K. (I)		,,	(260)

Metzger	Wehrbz.Kdo. Weilheim (Oberbay)			
	(W.M.A. Weilheim) (I)	1. 8. 40	(261)
Oberstleutn. 30. 1. 45 [17]			
Gunkel	Wehrbz.Kdo. Rudolstadt (I)	,,	(263)
Uecker	St. Gen.Kdo. X. A.K. (A)	,,	(265)
Schmitz	Geb.Jäg.Rgt. 98	,,	(266)
Stritter	Pi.Btl. 36	,,	(269)
Schlecht	z. Verf. Ob. d. H. (Sonst. Offz.) (F)	,,	(270)
Schneider	Wehrbz.Kdo. Wetzlar (A)	,,	(271)
Schwarz	W.F.O. Siegen (I)	,,	(272)
Oberstleutn. 30. 1. 45 [18]			
Wondrasch	Wehrbz.Kdo. Znaim			
	(W.M.A. Horn [Niederdonau]) (K)	,,	(274)
Schinmeyer	St. Gen.Kdo. XI. A.K. (A)	,,	(276)
Oberstleutn. 30. 1. 45 [19]			
Gernet	St. Wehrers.Insp. München (Pz)	,,	(277)
Oberstleutn. 30. 1. 45 (20)			
Wüstemann	St. Wehrers.Insp. Kattowitz (A)	,,	(278)
Gähring	St. Gen.Kdo. IX. A.K. (PzGr)	,,	(280)
Sieg	Wehrbz.Kdo. Breslau III (W.M.A. Breslau 3) (A)	,,	(282)
Feige	Beob.Abt. 28	,,	(296)
Spott	St. Gen.Kdo. XIII. A.K. (I)	,,	(299)
Oberstleutn. 30. 1. 45 (21)			
Hoffmann	St. Gen.Kdo. VI. A.K. (A)	,,	(300)
Oberstleutn. 9. 11. 44			
Seyberth	Wehrbz.Kdo. Waldenburg (Schles)			
	(W.M.A. Waldenburg) (I)	,,	(301)
Watteck	St. Gen.Kdo. XVIII. A.K. (I)	,,	(305)
Eyssen	Wehrbz.Kdo. Bromberg (W.M.A. Schwetz) (I)	,,	(311)
Esswein	Pi.Btl. 32	,,	(315)
Oberstleutn. 1. 3. 45 (13)			
von Grumbkow	z. Verf. Ob. d. H. (Sonst. Offz.) (I)	,,	(316)
Schmied	Wehrbz.Kdo. Mühlhausen (Thür) (I)	,,	(319)
Oberstleutn. 30. 1. 45 [22]			
Heil	Wehrbz.Kdo. Hannover II (A)	,,	(320)
Oberstleutn. 30. 1. 45 [23]			
Lehmann	St. Gen.Kdo. IV. A.K. (Pz)	,,	(326)
Loß	Kdtr. Tr.Üb.Pl. Groß Born (I)	,,	(332)
Berg	W.F.O. Metz (I)	,,	(335)
Oberstleutn. 1. 7. 44			
Strüngmann	Wehrbz.Kdo. Gelsenkirchen			
	(W.M.A. Gelsenkirchen) (A)	,,	(341)
Oberstleutn. 30. 1. 45 (24)			
Roth	St.Gen.Kdo. VI. A.K. (I)	,,	(344)
Keßeler	Wehrbz.Kdo. - Arbeitsstab - Zabern (Elsaß)			
	(W.M.A. Molsheim) (I)	,,	(349)
Oberstleutn. 30. 1. 45 [25]			
Wirtz	Ob.Kdo. d. H. (12. Abt. Gen.St. d. H.) (I)	1. 9. 40	(70)
Oberstleutn. 9. 11. 44			
Melitzkat	Pi.Btl. 21	,,	(151)
Schneider	St. Gen.Kdo. XI. A.K. (A)	,,	(159)
Kaiser	St. Gen.Kdo. XII. A.K. (I)	,,	(165a)
Hoffmann	Wehrbz.Kdo. Halle (Saale) (K)	,,	(180)
Denner	Ob.Kdo. d. W. (Abw I) (I)	,,	(193)
Forster	Wehrbz.Kdo. Brünn (Mähren) (W.M.A. Olmütz) (I)	,,	(206)
Oberstleutn. 1. 1. 45			

Röth Pz.Gren.Rgt. 66		1. 9. 40	(209)
Oberstleutn. 1. 3. 45 (14)			
Seifert W.F.O. Freiburg (Breisgau) (A)		,,	(238)
Oberstleutn. 1. 7. 44			
Ruf Ob.Kdo. d. H. (Ag E Tr/Tr Abt) (I)		,,	(244)
Oberstleutn. 1. 7. 44			
Poscich Wehrbz.Kdo. Döbeln (I)		,,	(264)
Baron von Manteuffel genannt Szöge			
St. Gen.Kdo. XIII. A.K. (K)		,,	(284)
Ruppel Wehrbz.Kdo. Mettmann (W.M.A. Mettmann) (I)		,,	(286)
Ritter und Edler von Dall'Armi St. Art.Kdr. 17 (A)		,,	(291)
Noeggerath Fahrtr. Schule		,,	(294)
Voigt Wehrbz.Kdo. Krainburg (I)		,,	(295)
Rost St. Gen.Kdo. IV. A.K. (A)		,,	(296)
Schwarz Wehrbz.Kdo. Teplitz-Schönau (I)		,,	(299)
Römhild Pi.Btl. 15		,,	(304)
Tiedemann Wehrbz.Kdo. Perleberg (A)		,,	(305)
Oberstleutn. 1. 12. 44 [28]			
Wegmann Wehrbz.Kdo. Neustadt (Weinstr) (I)		,,	(306)
Ittner Wehrbz.Kdo. Bayreuth (I)		,,	(309)
Oberstleutn. 1. 8. 44 [13]			
Kruska Wehrkrs. Reit- u. Fahrschule Oschatz		,,	(320)
Rüder St. Wehrers.Insp. Bremen (A)		,,	(324)
Zimmermann W.F.O. Landshut (Bay) (A)		,,	(325)
Schnell Wehrbz.Kdo. Graudenz (I)		,,	(326)
Oberstleutn. 1. 9. 44			
Molz Wehrbz.Kdo. Schleswig (A)		,,	(327)
Schellwald Wehrbz.Kdo. Neisse (W.M.A. Grottkau) (I)		,,	(328)
Grosman Rüst.Insp. VI (Kdo. Rüst.Ber. Düsseldorf) (I)		,,	(335)
Rademann Wehrbz.Kdo. Zwickau (Sachs) (I)		,,	(339)
Müller Pz.Art.Rgt. 73		,,	(343)
Klemm Wehrbz.Kdo. Böhmisch Leipa (Pz)		,,	(347)
Berger Wehrbz.Kdo. Annaberg (Erzgeb.)			
(W.M.A. Annaberg) (I)		,,	(349)
Schmidt Wehrbz.Kdo. Lübben (Spreew)			
(W.M.A. Calau [Niederlausitz]) (I)		,,	(350)
Oberstleutn. 30. 1. 45 [26]			
Heß St. Gen.Kdo. XII. A.K. (I)		,,	(351)
Domann Leiter d. Lehranst. f. H.Hunde u. H.Brieftauben (I)		,,	(355)
Drews Pz.Rgt. 36		,,	(356)
Oberstleutn. 9. 11. 44 [RDA 1. 8. 44 (13a)?]			
Heymann Nachr.Abt. 50		,,	(360)
Meyer-Burow St. Gen.Kdo. II. A.K. (A)		,,	(361)
Kohl Wehrbz.Kdo. Gotha (I)		,,	(365)
Rathert Pz.Gren.Rgt. 4		,,	(367)
Oberstleutn. 1. 8. 44 [14]			
von Neefe und Obischau Wehrbz.Kdo. Bunzlau (A)		,,	(369)
Gleixner W.F.O. Krefeld (I)		,,	(370)
Oberstleutn. 1. 9. 44			
Lehmann Gren.Rgt. 82		,,	(371)
Schultz St. Wehrers.Insp. Stettin (I)		,,	(373)
Hofmann Wehrbz.Kdo. Offenburg (Baden) (K)		,,	(377)
Hammer z. Verf. Ob. d. H. (Sonst. Offz.) (I)		,,	(378)
Gottschalk Wehrbz.Kdo. Leitmeritz			
(W.M.A. Leitmeritz) (I)		,,	(380)
Zimmerschied St.Gen.Kdo. XI. A.K. (I)		,,	(387)

Kosaucke	z. Verf. Ob. d. H. (Sonst. Offz.) (I)	1. 9. 40	(392)
Klee	Wehrbz.Kdo. Dresden II (I)	,,	(394)
Scholz	St. Wehrers.Insp. Kattowitz (K)	,,	(395)
Otto	Ob.Kdo. d. H. (Wa I Rü [W. u. G. 7]) (N)	,,	(396)

Oberstleutn. 1. 12. 44 (29)

Toellner	Wehrbz.Kdo. Minden (Westf.)		
	(W.M.A. Lübbecke [Westf]) (I)	,,	(397)
Fey	Wehrbz.Kdo. Essen I (W.M.A. Essen 1) (I)	,,	(398)
Friedrich Prinz zu Bentheim und Steinfurt			
	Wehrbz.Kdo. Berlin VII (Pi)	,,	(399)

Oberstleutn. 1. 8. 44 (15)

Schultz	Rüst.Insp. IX (Kdo. Rüst.Ber. Weimar) (I)	,,	(404)
Deuerlein	St. Gen.Kdo. III. A.K. (I)	,,	(405)
Boysen	Wehrbz.Kdo. Neumünster (I)	,,	(414)

Oberstleutn. 9. 11. 44

Schnaase	Wehrbz.Kdo. Deutsch Krone (A)	,,	(421)
Meincke	Wehrbz.Kdo. Weimar (W.M.A. Weimar) (A)	,,	(423)
Deesler	z. Verf. Ob.d.H. (Sonst. Offz.) (I)	,,	(424)

Oberstleutn. 1. 1. 45

Brack	St. Gen.Kdo. X. A.K. (I)	,,	(427)
Mähnert	St. Gen.Kdo. I. A.K. (I)	,,	(432)

Oberstleutn. 1. 10. 44 (43)

Barth	St. Gren.Kdo. XIII. A.K. (Pz)	,,	(434)
Bader	z. Verf. Ob. d. H. (Sonst. Offz.) (A)	,,	(436)

Oberstleutn. 30. 1. 45 [27]

Koetz	St. Wehrers.Insp. - Arbeitsstab - Metz (Pz)	,,	(448)
Gärtner	Wehrbz.Kdo. Gelsenkirchen		
	(W.M.A. Gelsenkirchen) (Pz)	,,	(449)
von Machui	Wehrbz.Kdo. Bartenstein (Ostpr)		
	(W.M.A. Bartenstein) (I)	,,	(450)
Steinhauser	Wehrbz.Kdo. Traunstein (Oberbay)		
	(W.M.A. Laufen [Oberbay]) (A)	,,	(451)

Oberstleutn. 1. 3. 45

Buckschat	Wehrbz.Kdo. Königsberg (Pr) I (I)	,,	(452)
Ponater	St. Gen.Kdo. XIII. A.K. (I)	,,	(453)

Oberstleutn. 9. 11. 44

Sittig	St. Wehrers.Insp. Frankfurt (Main) (I)	,,	(455)
Schoenijahn	Wehrbz.Kdo. Goslar (W.M.A. Goslar) (I)	,,	(456)
Marvé	Gren.Rgt. 1	1. 10. 40	(44a)

Oberstleutn. 30. 1. 45 [28]

Henne	St. Gen.Kdo. V. A.K. (A)	,,	(58)

Oberstleutn. 1. 4. 44 [170a]

Krummhauer	Pz.Tr.Schule		
	(Schule f. Schnelle Tr. Wünsdorf) (I)	,,	(72)

Oberstleutnant 1. 6. 44 (25)

Keller	St.Gen.Kdo. IX. A.K. (A)	,,	(73)

[Oberstleutnant 1. 6. 44 (26)]*

Isenberg	Wehrbz.Kdo. Neuwied (A)	,,	(74)

[Oberstleutnant 1. 6. 44 (27)]*

Grothe	St. Gen.Kdo. II. A.K. (I)	,,	(75)

[Oberstleutnant 1. 6. 44 (28)]*

Freiherr von Thüngen	z. Ver. Ob. d. H. (Sonst. Offz.) (K)	,,	(77)

[Oberstleutnant 1. 6. 44 (29)]*

Hieber	Transportkdtr. Prag (I)	,,	(78)

Oberstleutn. 1. 6. 44 (30)

* Siehe Fußnote S. 296

Schönherr   St. Wehrm.Bevollm. b. Reichsprotektor
u. Befehlsh. i. Wehrkrs. Böhmen u. Mähren   (A)   1. 10. 40   (80)
[Oberstleutnant 1. 6. 44 (31)]*
Fischer   W.F.O. Hamm (Westf)   (Pi)   ,,   (82)
Oberstleutnant 1. 6. 44 (32)
von Grolmann   Ob.Kdo. d. W. (WZ)   (A)   ,,   (82a)
[Oberstleutnant 1. 6. 44 (33)]*
Bretz   St. Wehrm.Bevollm. b. Reichsprotektor
u. Befehlsh. i. Wehrkrs. Böhmen u. Mähren   (I)   ,,   (85)
Oberstleutnant 1. 10. 44 (44)
Oppe   Wehrbz.Kdo. Berlin V   (A)   ,,   (86)
[Oberstleutnant 1. 6. 44 (34)]*
Verbeek   Wehrbz.Kdo. Leipzig II   (I)   ,,   (87)
[Oberstleutnant 1. 6. 44 (35)]*
Sittart   Wehrbz.Kdo. Ludwigsburg   (I)   ,,   (88)
[Oberstleutnant 1. 6. 44 (36)]*
Küttner   St. Gen.Kdo. XII. A.K.   (I)   ,,   (92)
[Oberstleutnant 1. 6. 44 (37)]*
Vetter   Wehrbz.Kdo. Berlin VIII   (I)   ,,   (93)
Oberstleutnant 1. 6. 44 (38)
Edler von Daniels   Ob.Kdo. d. W. (W Rü)   (I)   ,,   (94)
[Oberstleutnant 1. 6. 44 (39)]*
Reichelt   St. Gen.Kdo. XI. A.K.   (Pz)   ,,   (95)
Oberstleutnant 9. 11. 44
Nickel   Ob.Kdo. d. H. (Ag ETr/TrAbt)   (I)   ,,   (100)
[Oberstleutnant 1. 6. 44 (40)]*
Gebhardt   St. Gen.Kdo. IV. A.K.   (Pi)   ,,   (101)
Oberstleutnant 1. 6. 44 (41)
Kunze   Ob.Kdo. d. H. (12. Abt Gen.St. d. H.)   (I)   ,,   (102)
[Oberstleutnant 1. 6. 44 (42)]*
Wils   z. Verf. Ob. d. H. (Sonst. Offz.)   (I)   ,,   (103)
[Oberstleutnant 1. 6. 44 (43)]*
Vangehr   St. Wehrers.Insp. Allenstein   (I)   ,,   (104)
Ring   Wehrbz.Kdo. Magdeburg I   (I)   ,,   (106)
Oberstleutn. 1. 7. 44
Sobirey   St. Gen.Kdo. VIII. A.K.   (A)   ,,   (107)
Oberstleutn. 1. 8. 44 [16]
Engert   W.F.O. Plauen (Vogtl)   (I)   ,,   (108)
Oberstleutn. 1. 7. 44 [23]
Reuther   Wehrbz.Kdo. Hamburg IV   (A)   ,,   (109)
Oberstleutn. 1. 7. 44 (24)
Ullmer   Wehrbz.Kdo. Meiningen   (I)   -   (110)
Oberstleutn. 1. 7. 44 [25]
Hoch   z. Verf. Ob. d. H. (Sonst. Offz.)   (I)   ,,   (111)
Oberstleutn. 1. 7. 44 [26]

---

* Die mit * bezeichneten Beförderungen können in dem bisher verfügbaren amtlichen Material nicht nachgewiesen werden. Die Offiziere dieses RDA haben jedoch am 1. 6. 44 zur planmäßigen Beförderung herangestanden und müßten — nach den amtlich belegbaren Ordnungsnummern (25, 30, 32, 38, 41) zu schließen — gleichfalls zum 1. 6. 44 geordert sein.   Diese Vermutung wird insbesondere auch dadurch bekräftigt, daß über die planmäßigen Beförderungen v. 1. 6. 44 in der zur Bearbeitung benutzten Original-DAL keinerlei handschriftliche Nachträge vorhanden sind. Darüber hinaus müssen sich noch unter den Majoren mit RDA bis 1. 9. 40 (Schluß) die Oberstleutnants-Beförderungen vom 1. 6. 44 Ord. Nr. (11) bis (24) befinden, die jedoch aus dem verfügbaren Arbeitsmaterial nicht ermittelt werden konnten.

Mämecke	Wehrbz.Kdo. Kiel (I)	1. 10. 40	(112)
Oberstleutn. 1. 7. 44 [27]			
Wiederhold	b. Fest.Pi.Kdr. I	,,	(113)
Gottschalk	Wehrbz.Kdo. Hamburg III (I)	,,	(114)**
Oberstleutn. 1. 7. 44 (28); in DAL T überführt; erhielt			
RDA-Verbesserung 1. 7. 43 (3a)			
Poerschke	Ob.Kdo. d. W. (W Vers.) (I)	,,	(115)
Oberstleutn. 1. 7. 44 [29]			
Pongs	St. Wehrers.Insp. Dortmund (K)	,,	(117)
Oberstleutn. 30. 1. 45 (29)			
Peters	Wehrbz.Kdo. Kalisch (I)	,,	(118)
Oberstleutn. 1. 12. 44 [30]			
Krantz	St. Wehrers.Insp. Allenstein (I)	,,	(122)
Vielmetter	St. Gen.Kdo. XXIII. A.K. (I)	,,	(124)
Oberstleutn. 1. 7. 44 [30]			
Meinshausen	Wehrbz.Kdo. Eberswalde (I)	,,	(125)
Oberstleutn. 1. 7. 44 [31]			
Albrecht	Rüst.Insp. VI (Kdo. Rüst.Ber. Essen) (I)	,,	(130)
Schramm	W.F.O. Potsdam (F)	,,	(133)
Oberstleutn. 1. 7. 44 [32]			
Güthlein	Wehrbz.Kdo. Kassel I (I)	,,	(134)
Oberstleutn. 1. 7. 44 (33)			
Suckow	St. Gen.Kdo. XX. A.K. (I)	,,	(136)
Oberstleutn. 1. 7. 44 [34]			
Herold	Wehrbz.Kdo. Coburg (I)	,,	(137)
Oberstleutn. 1. 7. 44 [35]			
Nauck	Ob.Kdo. d. H. (12. Abt. Gen.St. d. H.) (I)	,,	(138)
Oberstleutn. 1. 8. 44 [17]			
Meinert	Rüst.Insp. X (Kdo. Rüst.Ber. Hamburg I) (I)	,,	(147)
Oberstleutn. 1. 8. 44 [18]			
Dietze	Wehrbz.Kdo. Chemnitz I (W.M.A. Chemnitz 1) (I)	,,	(148)
Oberstleutn. 1. 8. 44 [19]			
Schickert	Wehrbz.Kdo. Schwäbisch Hall (A)	,,	(149)
Schimpf	Wehrbz.Kdo. Würzburg (I)	,,	(151)
Oberstleutn. 1. 8. 44 [20]			
Weber	Ob.Kdo. d. H. (Wa I Rü [Mun 5]) (I)	,,	(153)
Oberstleutn. 1. 8. 44 [21]			
Huttelmayer	Ob.Kdo. d. H. (AHA/Sonderst. Tropen) (A)	,,	(154)
Oberstleutn. 1. 8. 44 [22]			
Conradi	Wehrbz.Kdo. Trier I		
	(W.M.A. Saarburg [Bz Trier]) (I)	,,	(157)
Oberstleutn. 1. 8. 44 [23]			
von der Gabelentz-Linsingen	St. Wehrers.Insp. Prag (K)	,,	(158)
Steinmeister	Rüst.Insp. XII (Kdo. Rüst.Ber. Saarbrücken) (I)	,,	(159)
Oberstleutn. 1. 9. 44			
Schweninger	Ob.Kdo. d. H. (Wa Prüf 1) (PzGr)	,,	(160)
Oberstleutn. 1. 8. 44 [24]			
Kühr	z. Verf. Ob. d. H. (Sonst. Offz.) (I)	,,	(161)
Oberstleutn. 1. 8. 44 [25]			
Hagemann	St. Kdtr. Befest. b. Neustettin (I)	,,	(162)
Oberstleutn. 1. 9. 44			
Nitsche	St. Wehrers.Insp. Frankfurt (Main) (I)	,,	(164)
Schmall	Wehrbz.Kdo. Hamburg II (I)	,,	(169)
Oberstleutn. 1. 8. 44 [26]			
Stransky Ritter von Stranka und Greifenfels			
	St. Gen.Kdo. VIII. A.K. (I)	,,	(170)
Oberstleutn. 1. 9. 44			

de Lorenzi   St. Landw. Kdo. Hanau (A)   1. 10. 40   (171)
Otto   Ob.Kdo. d. H. (Wa I Rü [W u. G 2])   (I)   ,,   (172)
Oberstleutn. 1. 9. 44
Buttler   Wehrbz.Kdo. Schröttersburg (I)   ,,   (174)
von Schierbrandt   Ob.Kdo. d. W. (Ag Ausl)   (I)   ,,   (176)
Oberstleutn. 1. 9. 44
Kuhn   Wehrbz.Kdo. Berlin X
                  (W.M.A. Charlottenburg)   (F)   ,,   (179)
Oberstleutn. 1. 9. 44
Ertel   Ob.Kdo. d. W. (W Z)   (I)   ,,   (186)
Oberstleutn. 1. 9. 44
Bartunek   St. Wehrers.Insp. Dresden   (PzGr)   ,,   (187)
Oberstleutn. 1. 9. 44
Skarwada   St. Gen.Kdo. XXV. A.K.   (I)   ,,   (189)
Widmann   z. Verf. Ob. d. H. (Sonst. Offz.)   (I)   ,,   (190)
Oberstleutn. 1. 9. 44   (28)
Trostorff   St. Wehrers.Insp. Hannover   (I)   ,,   (192)
Oberstleutn. 1. 9. 44   [28a]
Fuhrmann   Ob.Kdo. d. H. (11. Abt. Gen.St. d. H.)   (I)   ,.   (195)
Oberstleutn. 1. 9. 44   [29]
von Vahl   St. Gen.Kdo. XI. A.K.   (K)   ,,   (196)
Oberstleutn. 1. 9. 44   [30]
Wenger   Wehrbz.Kdo. Rosenheim   (I)   ,,   (198)
Oberstleutn. 1. 9. 44   (31)
Boltze   b. Ausb. Leiter Krefeld   (Pz)   ,,   (199)
Oberstleutn. 1. 9. 44   (32)
Krohn   Wehrbz.Kdo. Oldenburg (Oldb) II
                  (W.M.A. Vechta)   (I)   ,,   (200)
[Oberstleutnant 1. 9. 44   (33)]*
Placheta   Wehrbz.Kdo. Wien III (W.M.A. Wien 7)   (A)   ,.   (201)
[Oberstleutnant 1. 9. 44   (34)]*
Orlicek   St. Wehrers.Insp. Kattowitz   (I)   ,,   (202)
Oberstleutn. 1. 9. 44   (35)
Eversberg   b. H.Abn.Inspiz. XI   (Pz)   ,,   (204)
Oberstleutn. 1. 9. 44   [36]
Petersen   Wehrbz.Kdo. Preußisch Stargard   (A)   ,,   (206)
Oberstleutn. 1. 9. 44   [36a]
Rick   Wehrbz.Kdo. Mannheim II   (I)   ,,   (207)
Oberstleutn. 1. 9. 44   [37]
Werner   St. Gen.Kdo. VII. A.K.   (I)   ,,   (210)
Oberstleutn. 1. 9. 44   (38)
Recke   z. Verf. Ob. d. H. (Sonst. Offz.)   (Pi)   ,,   (212)
Oberstleutn. 1. 9. 44   [39]
Freiherr von der Lancken-Wakenitz von Albedyll
                  Ob.Kdo. d. H. (Att Abt)   (I)   ,,   (214)
Oberstleutn. 1. 9. 44   [40]
Trautmann   z. Verf. Ob. d. H. (Sonst. Offz.)   (F)   ,,   (216)
Oberstleutnant 1. 9. 44   [41]
Fuhrmann   II. Btl. Pz.Gren.Rgt. 8   ,,   (217)
Oberstleutn. 1. 9. 44   [42]

---

*) Die mit * bezeichneten Beförderungen können in dem bisher verfügbaren Material noch nicht nachgewiesen werden; sie müßten jedoch — nach den davor bzw. dahinter liegenden amtlichen belegbaren Ordnungsnummern (32, 35) zu schließen — ebenfalls zum 1. 9. 44 geordnet sein. Da die amtlich belegbare Ord. Nr. (32) unter den handschriftlichen Nachträgen der Original-DAL fehlt, liegt offensichtlich ein Versehen des s. Zt. Berichtigenden vor.

Seydel	Transport-Kdtr. Halle (Saale) (Pi)	1. 10. 40	(218)
Oberstleutn. 30. 1. 45 [30]			
Rudolph	Wehrbz.Kdo. Siegen (I)	,,	(219)
Oberstleutn. 1. 9. 44 (43)			
Paulwitz	Wehrbz.Kdo. Schröttersburg		
	(W.M.A. Schröttersburg) (I)	,,	(220)
Oberstleutn. 1. 9. 44 [44]			
Vonier	Wehrbz.Kdo. Horb (Neckar) (I)	,,	(223)
Oberstleutn. 1. 9. 44 [45]			
Müller	z. Verf. Ob. d. H. (Sonst. Offz.) (I)	,,	(225)
Goethe	Kriegsschule Wiener Neustadt (I)	,,	(226)
Elberg	St. Wehrers.Insp. Düsseldorf (I)	,,	(227)
Oberstleutn. 1. 9. 44 [46]			
Karsch	Gehilfe d. Mil.Attachés i. Tokio (N)	,,	(228)
Marmann	St. Gen.Kdo. XII. A.K. (A)	,,	(229)
Oberstleutn. 1. 10. 44 [RDA 1. 9. 44 ( )?]			
Nowack	Pz.Rgt. 15	,,	(230)
Lingk	b. Ausb.Leiter Gumbinnen 1 (I)	,,	(231)
Oberstleutn. 1. 10. 44 [45]			
Prager	St. Wehrers.Insp. Dortmund (I)	,,	(232)
Oberstleutn. 1. 10. 44 (46)			
Gräff	z. Verf. Ob. d. H. (Sonst. Offz) (I)	,,	(233)
Oberstleutn. 1. 10. 44			
Deutschenbaur	W.F.O. Bamberg (A)	,,	(234)
Oberstleutn. 1. 10. 44			
Rasch	W.F.O. Thorn (A)	,,	(235)
Oberstleutn. 1. 10. 44			
Gebhardt	St. Gen.Kdo. VI. A.K. (A)	,,	(236)
Oberstleutn. 1. 10. 44			
Wetscherek	St. Wehrers.Insp. Wien (A)	,,	(237)
Oberstleutn. 1. 10. 44			
Schöneborn	Pz. Pi. Btl. 89	,,	(238)
Oberstleutn. 1. 10. 44 (51)			
Petzel	Wehrbz. Kdo. Schröttersburg (Pz)	,,	(239)
Hamster	Ob. Kdo. d. H. (Wa I Rü [W. u. G. 7])	,,	(240)
von Dobschütz	W.F.O. Posen (I)	,,	(241)
Oberstleutn. 1. 10. 44 [51a]			
Engel	St. Wehrers.Insp. Kattowitz (I)	,,	(242)
Bunge	Ob.Kdo. d. H. (In 7) (N)	,,	(243)
Hardt	b. Ausb. Leiter (Art.) Allenstein (A)	,,	(244)
Nagel	St. Gen.Kdo. IV. A.K. (I)	,,	(245)
Oberstleutn. 1. 12. 44 [30a oder vordatiert]			
Zens	W.F.O. Düsseldorf (PzGr)	,,	(246)
Oberstleutn. 1. 10. 44 [52]			
de Crignis	Aufkl.Abt. 7	,,	(247)
Oberstleutn. 1. 10. 44 [53]			
Würdig	W.F.O. Wünsdorf/Jüterbog (I)	,,	(248)
Oberstleutn. 1. 10. 44 [54]			
Specht	St. 8. Pz.Div. (Pz)	,,	(250)
Oberstleutn. 1. 10. 44 [55]			
Debüser	Wehrbz.Kdo. Köln 11 (I)	,,	(251)
Oberstleutn. 1. 10. 44 [56]			
Henschel	W.F.O. Gleiwitz (A)	,,	(252)
Oberstleutn. 1. 10. 44 (57)			
Ressel	Wehrbz.Kdo. Neuß (A)	,,	(253)
Oberstleutn. 1. 10. 44 (58)			

Lerch	Gren.Rgt. 76	1. 10. 40.	(254)
Oberstleutn. 1. 10. 44 [59]			
Gropius	z. Verf. Ob. d. H. (Sonst. Offz.) (PzGr)	,,	(255)
Oberstleutn. 1. 10. 44 [60]			
Denzel	Wehrbz.Kdo. Krumau (Moldau)		
	(W.M.A. Krumau) (A)	,,	(256)
Oberstleutn. 1. 10. 44 [61]			
Bessel	W.F.O. Königsberg (Pr) (I)	,,	(257)
Oberstleutn. 1. 10. 44 (62)			
Feldmann	St. Wehrers.Insp. Schwerin (Meckl) (I)	,,	(258)
Schelder	Nachr.Abt. 49	,,	(260)
Mayer	Art.Schule	,,	(261)
Oberstleutn. 1. 10. 44 [63]			
Winter	Wehrbz.Kdo. Essen I (W.M.A. Essen 1) (I)	,,	(263)
Oberstleutn. 1. 10. 44 (64)			
Claverkamp genannt Stenkhoff			
	Wehrbz.Kdo. Königshütte (Oberschl) (I)	,,	(264)
Oberstleutn. 9. 11. 44 [RDA 1. 10. 44 (64a)?]			
von Pagenhardt	Fahrabt. 24	,,	(265)
Gottwald	Wehrbz.Kdo. Breslau I (K)	,,	(266)
Oberstleutn. 1. 10. 44 (65)			
Schütze	Wehrbz.Kdo. - Arbeitsstab - Straßburg (Elsaß) (I)	,,	(267)
Strittmatter	Wehrbz.Kdo. Konstanz (I)	,,	(268)
Oberstleutn. 1. 10. 44 [66]			
Bader	St. 27. Div. (I)	,,	(269)
Oberstleutnant 1. 10. 44 [67]			
Nieten	Wehrbz.Kdo. Freiberg (Sachs) (Nbl)	,,	(270)
Oberstleutn. 1. 10. 44 [68]			
Hanke	St. Wehrers.Insp. Liegnitz (I)	,,	(271)
Oberstleutn. 9. 11. 44 [33]			
Tilp	St. Gen.Kdo. VII. A.K. (PzGr)	,,	(272)
Oberstleutn. 9. 11. 44 [34]			
Nagel	Wehrbz.Kdo. Offenbach (Main)		
	(W.M.A. Offenbach) (I)	,,	(274)
Oberstleutn. 9. 11. 44 [35]			
Federhofer	Wehrbz.Kdo. Bamberg (Oberpf) (A)	,,	(275)
Blubacher	Wehrbz.Kdo. Donaueschingen (Pz)	,,	(276)
Neuffer	Wehrbz.Kdo. Calw (I)	,,	(277)
Oberstleutn. 9. 11. 44 (36)			
Hein	St. Wehrers.Insp. Dortmund (I)	,,	(279)
Oberstleutn. 9. 11. 44 (37)			
Neumann	St. Gen.Kdo. II. A.K. (I)	,,	(280)
Goßmann	b. Kdr. d. Nachr.Tr. XIII (N)	,,	(281)
Riedel	Rüst.Insp. XVII (Kdo. Rüst.Ber. Wien) (A)	,,	(282)
Oberstleutn. 9. 11. 44 [38]			
Apell	St. Wehrers.Insp. Weimar (Pz)	,,	(283)
Sannemann	W.F.O. Halle (Saale) (I)	,,	(284)
Oberstleutn. 9. 11. 44 [39]			
Rappers	W.F.O. Osnabrück (I)	,,	(285)
Oberstleutn. 9. 11. 44 [40]			
Dorow	Wehrbz.Kdo. Solingen (I)	,,	(286)
Oberstleutn. 9. 11. 44 [41]			
Ludwig	Rüst.Insp. IX (Kdo. Rüst.Ber. Kassel) (A)	,,	(287)
Lyding	Wehrbz.Kdo. Göttingen (I)	,,	(288)
Liebel	b. Ausb.Leiter Landshut (Bay) (I)	,,	(289)
Mohrmann	St. Gen.Kdo. IV. A.K. (I)	,,	(290)
Oberstleutn. 9. 11. 44 [42]			

Lensch	Wehrbz.Kdo. Glatz (I)	1. 10. 40	(291)
Oberstleutn. 9. 11. 44 [43]			
Diederichs	Ob.Kdo. d. H. (In 9) (Nbl)	,,	(292)
Wagner	Wehrbz.Kdo. Neustadt (Oberschles)		
	(W.M.A. Neustadt) (I)	,,	(293)
Oberstleutn. 9. 11. 44 (44)			
Völter	Wehrbz.Kdo. Horb (Neckar) (W.M.A. Horb) (I)	,,	(294)
Oberstleutn. 9. 11. 44 [45]			
Freiherr von Buttlar-Ziegenberg	Wehrbz.Kdo. Siegen (K)	,,	(295)
Oberstleutn. 9. 11. 44 [46]			
Ley	Ob.Kdo. d. H. (Wa Prü 2) (I)	,,	(296)
Oberstleutn. 9. 11.44 [47]			
Pohl	Wehrbz.Kdo. Coesfeld (Westf) (I)	,,	(297)
Oberstleutn. 9. 11. 44 [48]			
von Schmeling	b. H.Abn.Inspiz. III (Pi)	,,	(298)
Oberstleutn. 9. 11. 44 (49)			
Heinze	St. Gen.Kdo. IV. A.K. (I)	,,	(299)
Oberstleutn. 9. 11. 44 [50]			
Hirschmann	Wehrbz.Kdo. Neustadt (Oberschles)		
	(W.M.A. Leobschütz) (I)	,,	(300)
Oberstleutn. 9. 11. 44 (51)			
Schnell	Geb.Nachr.Abt. 54	,,	(302)
Oberstleutn. 9. 11. 44 (52)			
Stolley	St. Gen.Kdo. III. A.K. (A)	,,	(303)
Staerk	b. Ausb.Leiter Lötzen 3 (I)	,,	(304)
Oberstleutn. 9. 11. 44 (53)			
Selk	Wehrbz.Kdo. Wels (I)	,,	(305)
Oberstleutn. 9. 11. 44 [54]			
Jahnke	Kdtr. Tr.Üb.Pl. Raubkammer b. Munster (Kdsch)	,,	(306)
Schulemann	Ob.Kdo. d. H. (Wa I Rü [Mun 1]) (I)	,,	(307)
Oberstleutn. 9. 11. 44 [55]			
Klemm	Wehrbz.Kdo. Kalisch (W.M.A. Ostrowo) (I)	,,	(309)
Oberstleutn. 1. 12. 44 [31]			
Barheine	Wehrbz.Kdo. Hannover II (A)	,,	(310)
Oberstleutn. 1. 12. 44 [32]			
Barbarino	Wehrbz.Kdo. Kempten (Allgäu) (I)	,,	(311)
Oberstleutn. 1. 12. 44 (33)			
Fabricius	St. Wehrers.Insp. Frankfurt (Main) (I)	,,	(312)
Oberstleutn. 1. 12. 44 [34]			
Petzold	Pz.Art.Rgt. 13	,,	(313)
Oberstleutn. 1. 12. 44 [35]			
Hübenthal	Pz.Gren.Rgt. 4	,,	(314)
Oberstleutn. 1. 12. 44 [36]			
Danckelmann	W.F.O. Aschaffenburg (I)	,,	(315)
Peters	Wehrbz.Kdo. Stettin II (W.M.A. Prenzlau) (A)	,,	(316)
Weißenfels	St. Wehrers.Insp. Berlin (I)	,,	(317)
Oberstleutn. 1. 12. 44 [37]			
Freiherr von Pfetten	St. Wehrers.Insp. Regensburg (K)	,,	(318)
Oberstleutn. 1. 12. 44 [38]			
Wenz	St. Art.Kdr. XXIV (A)	,,	(318a)
Bannert	St. Landw.Kdr. Glogau (N)	,,	(319)
Oberstleutn. 1. 12. 44 (39)			
Kadel	W.F.O. Ludwigshafen (Rhein) (I)	,,	(320)
Oberstleutn. 1. 12. 44 [40]			
Eggebrecht	Rüst.Insp. X (Kdo. Rüst.Ber. Hamburg I) (I)	,,	(321)
Lüttges	II. Abt. Art.Rgt. 42	,,	(322)

Lautenschläger   Wehrbz.Kdo. Koblenz   (I)   1. 10. 40   (323)
Oberstleutn. 1. 12. 44 [41]
Glüning   Wehrbz.Kdo. Cosel (Oberschles) (F)   ,,   (324)
Jaitner   Wehrbz.Kdo. Nikolsburg
              (W.M.A. Mistelbach [Zaya]) (K)   ,,   (325)
Oberstleutn. 1. 12. 44 [42]
von Glasow   St. Wehrers.Insp. Schleswig-Holstein (K)   ,,   (326)
Oberstleutn. 1. 12. 44 [43]
See   Art.Rgt. 10   1. 11. 40   (49)
Graf zu Solms-Rödelheim   Ob.Kdo. d. W.
              (Stellv. Chef WFSt) (Pz)   ,,   (55)
Oberstleutn. 1. 1. 45 [24]
Baun   Ob.Kdo. d. W. (Abw I) (I)   ,,   (60)
Oberstleutn. 1. 7. 44
Witte   H.Bekl.Amt Hannover (I)   ,,   (63)
Thies   b. Ausb.Leiter Hannover (A)   ,,   (66)
Oberstleutn. 1. 1. 45 [25]
Oehlschläger   Wehrbz.Kdo. Troppau (I)   ..   (67)
Oberstleutn. 1. 1. 45 [26]
Giesenregen   St. Gen.Kdo. IX. A.K. (Pz)   ,,   (68)
Oberstleutn. 1. 1. 45 [27]
Tömlich   Ob.Kdo. d. H. (AHA/Stab) (I)   .,   (70)
Oberstleutn. 30. 1. 45 [31]
Jungfer   Rüst.Insp. IX (Kdo. Rüst.Ber. Eisenach) (A)   ,,   (71)
Schreiber   Ob.Kdo. d. W. (Abw I) (I)   .,   (73)
Oberstleutn. 1. 1. 45 [28]
Kraft   W.F.O. Frankfurt (Main) (I)   ,,   (74)
Oberstleutn. 1. 1. 45 [29]
Beyer   Rüst.Insp. Prag (F)   ,,   (75)
Oberstleutn. 1. 1. 45 [30]
Boecker   Wehrbz.Kdo. Frankfurt (Main) I
             (W.M.A. Frankfurt 1) (I)   ,,   (76)
Oberstleutn. 1. 1. 45 (31)
Mimra   St. Wehrm.Bevollm. b. Reichsprotektor u. Befehlsh.
             i. Wehrkr. Böhmen u. Mähren (A)   ,,   (77)
Wernick   Wehrbz.Kdo. Pforzheim (I)   ,,   (78)
Rheinstädter   b. Fest.Pi.Kdr. I   ,,   (79)
Oberstleutn. 1. 1. 45 (32)
Heinrich   St. Wehrers.Insp. Stettin (I)   ..   (80)
Oberstleutn. 1. 1. 45 [33]
Goertz   St. Gen.Kdo. VI. A.K. (I)   ,.   (83)
Oberstleutn. 1. 1. 45 [34]
von Harling   Wehrbz. Kdo. Hamburg VI (I)   .,   (85)
Oberstleutn. 1. 1. 45 (35)
Rumpe   Ob.Kdo. d. W. (Abw III) (A)   .,   (86)
Oberstleutn. 1. 1. 45 [36]
Bredow   Ob.Kdo. d. H. (In 5) (Pi)   ..   (87)
Oberstleutn. 1. 1. 45 (37)
Beyersmann   Rüst.Insp. VI (Kdo. Rüst.Ber. Köln) (I)   ,,   (90)
Oberstleutn. 1. 1. 45 (38)
Fabian   St. Gen.Kdo. VIII. A.K. (I)   ,,   (92)
Coulon   Wehrbz.Kdo. Berlin II (I)   ,,   (93)
Oberstleutn. 30. 1. 45 (32)
Christ   Wehrbz.Kdo. Berlin IX (I)   ,,   (95)
Oberstleutn. 30. 1. 45 [33]
Baßenge   Wehrbz.Kdo. Berlin VI (W.M.A. Tiergarten) (A)   ,,   (96)
Oberstleutn. 30. 1. 45 [34]

| Sennewald | Wehrbz.Kdo. Limburg (Lahn)   (I) | 1. 11. 40 | (97) |

Sennewald Wehrbz.Kdo. Limburg (Lahn)   (I)   1. 11. 40   (97)
Oberstleutn. 30. 1. 45   [35]
Zimmermann Wehrbz.Kdo. Hameln (W.M.A. Hameln)   (A)   ,,   (98)
Braun Wehrbz.Kdo. Berlin IV   (I)   ,,   (99)
Oberstleutn. 30. 1. 45   (36)
Aßmann Wehrbz.Kdo. Berlin VI (W.M.A. Tiergarten) (PzGr)   ,,   (100)
Oberstleutn. 30. 1. 45   [37]
Dresler St. Wehrers.Insp. Schleswig-Holstein   (A)   ,,   (101)
Oberstleutn. 30. 1. 45   [38]
Oppe Rüst.Insp. XI (Kdo. Rüst.Ber. Magdeburg)   (I)   ,,   (102)
Oberstleutn. 30. 1. 45   [39]
Kreßner St. Gen.Kdo. IV. A.K.   (I)   ,,   (103)
Oberstleutn. 30. 1. 45   [40]
Oelzen Wehrbz.Kdo. Bremen I   (I)   ,,   (104)
Paulus Wehrbz.Kdo. Aschaffenburg   (I)   ,,   (106)
Freiherr Schenck zu Schweinsberg   Ob.Kdo. d. H.
       Wa I Rü [W. u. G.])   (K)   ,,   (108)
Oberstleutn. 30. 1. 45   [41]
Ohly Ob.Kdo. d. H. (Wa Prüf 6)   (I)   ,,   (109)
Oberstleutn. 30. 1. 45   (42)
Frenzel Wehrbz.Kdo. Wien IV   (I)   ,,   (111)
Oberstleutn. 30. 1. 45   [43]
Wienke Wehrbz.Kdo. Offenbach (Main)
       (W.M.A. Offenbach)   (I)   ,,   (116)
Oberstleutn. 30. 1. 45   [44]
Riesen St. Wehrm.Bevollm. b. Reichsprotektor u. Befehlsh.
       i. Wehrkr. Böhmen u. Mähren   (I)   ,,   (117)
Oberstleutn. 30. 1. 45   [45]
Hupertz Wehrbz.Kdo. Litzmannstadt (W.M.A. Lask)   (Pz)   ,,   (118)
von Zabuesnig Geb.Jäg.Rgt. 98   ,,   (120)
Oberstleutn. 30. 1. 45   [46]
Baron von Brockdorff Wehrbz.Kdo. Frankfurt (Main) I   (N)   ,,   (121)
Oberstleutn. 30. 1. 45   (47)
Rabus Ob.Kdo. d. W. (W Rü)   (I)   ,,   (124)
Benzmann Wehrbz.Kdo. Potsdam II   (A)   ,,   (125)
In DAL T überführt; Oberstleutn. 1. 2. 44   (1d);
Friedenstruppenteil neu festgesetzt: Kraftf. Abt. 3
Stocker Rüst.Insp. X   (I)   *Oberstleutn. 30. 1. 45   [48]*   ,,   (126)
Graf von Bylandt zu Rheydt
       Wehrkrs. Reit- u. Fahrschule Demmin   ,,   (127)
Harbolla Wehrbz.Kdo. Oppeln   (A)   ,,   (128)
Oberstleutn. 30. 1. 45   [49]
Kustos St. Gen.Kdo. XVIII. A.K.   (I)   ,,   (129)
Wobit Ob.Kdo. d. H. (Wa Prüf 9)   (I)   ,,   (131)*
Gasse Wehrbz.Kdo. Halle (Saale)   (I)   ,,   (132)
Piper Gren.Rgt. 78   ,,   (134)
Mixius Wehrbz.Kdo. Wien II   (I)   ,,   (136)
Ritter von Xylander Wehrbz.Kdo. Landshut (Bay)   (I)   ,,   (140)
Heinrichs St. Gen.Kdo. XVI. A.K.   (A)   ,,   (141)
Berndt Wehrbz.Kdo. Mühlhausen (Thür)   (I)   ,,   (142)*
Kleinert Ob.Kdo. d. H. (Wa Prüf 2)   (Pz)   ,,   (143)
Waldstein Wehrbz.Kdo. Kolberg (W.M.A. Kolberg)   (I)   ,,   (146)
Brandes Kdtr. Stettin   (A)   ,,   (149)*
Hellwig St. Gen.Kdo. V. A.K.   (Pi)   ,,   (150)
Oberstleutn. 1. 3. 45   (33)
Schneweis St. Gen.Kdo. VI. A.K.   (A)   ,,   (151)
Thoma Ob.Kdo. d. H. (AHA/Stab)   (I)   ,,   (152)

Dierich	St. Gen.Kdo. IV. A.K. (A)	1. 11. 40	(153)
Paulus	Wehrbz.Kdo. Mettmann (I)	,,	(154)
Perkounig	St. Gen.Kdo. XIX. A.K. (PzGr)	,,	(156)
von Sonntag	Ob.Kdo. d. H. (G. I. F.) (I)	,,	(159)
von Danwitz	Wehrbz.Kdo. Dortmund II (Pz)	,,	(160)
Ulich	H.Filmstelle (I)	,,	(165)
Nicolaus	St. Gen.Kdo. XI. A.K. (I)	,,	(166)
Lucius	St. Wehrers.Insp. Weimar (I)	,,	(171)
Freiherr von le Fort	St. Gen.Kdo. XXV. A.K. (A)	,,	(173)
Hanold	Wehrbz.Kdo. Bad Mergentheim (I)	,,	(174)
Geisler	b. Ausb.Leiter (Art.) München (A)	,,	(175)
Zwanziger	Wehrbz.Kdo. Rostock (W.M.A. Güstrow) (I)	,,	(177)
Marschall	St. Wehrers.Insp. Breslau (I)	,,	(178)
Böhme	Rüst.Insp. XIII (Kdo. Rüst.Ber. Nürnberg) (Pz)	,,	(179)
Hauck	Wehrbz.Kdo. Zweibrücken (A)	,,	(180)
Hellwig	z. Verf. Ob. d. H. (Sonst. Offz.) (A)	,,	(182)
Lutz	Wehrbz.Kdo. Hameln (A)	,,	(183)
Prexl	Gren.Rgt. 19	,,	(184)
Hundeiker	Wehrbz.Kdo. Stolp (Pom) (W.M.A. Stolp) (I)	,,	(186)
Meiser	Wehrbz.Kdo. Duisburg (W.M.A. Duisburg) (K)	,,	(187)
Claasz	Pi.Btl. 44	,,	(188)
Hell	Wehrbz.Kdo. Neuruppin (I)	,,	(189)
Schulz	St. Kdtr. Befest. b. Allenstein (I)	,,	(190)
Wichmann	Wehrbz.Kdo. Gumbinnen (W.M.A. Ebenrode [Ostpr]) (I)	,,	(191)
Wurm	Wehrbz.Kdo. Passau (I)	,,	(192)
Neumann	Wehrbz.Kdo. Solingen (I)	,,	(193)
Möller	Wehrbz.Kdo. Stendal (I)	,,	(194)
Lutz	W.F.O. Bad Reichenhall (I)	,,	(195)
Saenger	Gren.Rgt. 106	,,	(196)
Bongardt	Wehrbz.Kdo. Ausland in Berlin (I)	,,	(198)
Pauli	Wehrm.Fürs. u. Vers.Amt Hannover (I)	,,	(199)
Burckhardt	Wehrbz.Kdo. Freiburg (Breisgau) (W.M.A. Emmendingen) (Pz)	,,	(200)
Echsle	z. Verf. Ob. d. H. (Sonst. Offz.) (I)	,,	(201)
Goebel	Pz.Rgt. 15	,,	(202)
Beckmann	Ob.Kdo. d. H. (In 9) (I)	,,	(203)
Sammet	Wehrbz.Kdo. Kaiserslautern (A)	,,	(204)
Müller	Wehrbz.Kdo. Frankfurt (Oder) (I)	,,	(205)
Hammer	Wehrbz.Kdo. Lötzen (A)	,,	(206)
Saß	St. Gen.Kdo. II. A.K. (A)	,,	(207)
Blohmer	Wehrbz.Kdo. Eberswalde (W.M.A. Templin) (A)	,,	(209)
Grotjan	St. Gen.Kdo. XVIII. A.K. (A)	,,	(210)
Voßen	Wehrbz.Kdo. Pforzheim (I)	,,	(211)
Houben	Kdtr. Tr.Üb.Pl. Senne (A)	,,	(212)
Klein	Wehrbz.Kdo. Köln II (W.M.A. Köln 2) (I)	,,	(213)
Mescher	St. Wehrers.Insp. Innsbruck (I)	,,	(214)
Magnushen	Wehrbz.Kdo. Danzig (W.M.A. Danzig 1) (I)	,,	(215)
Teichmann	Wehrbz.Kdo. Bielefeld (W.M.A. Bielefeld) (I)	,,	(216)
Hergesell	Wehrbz.Kdo. Liegnitz (I)	,,	(217)
Stein	z. Verf. Ob. d. H. (Sonst. Offz.) (I)	,,	(218)
Clauß	Wehrbz.Kdo. Zwittau (PzGr)	,,	(219)
Danner	Wehrbz.Kdo. Neustettin (W.M.A. Neustettin) (I)	,,	(220)
Hindorf	Rüst.Insp. I (I)	,,	(221)
Holzhausen	Wehrbz.Kdo. Steyr (A)	,,	(222)
von Stiegler	Pz.Gren.Rgt. 74	,,	(223)
Raspi	St. Wehrers.Insp. Posen (A)	,,	(225)

in der Stroth	St. Gen.Kdo. XI. A.K. (I)	1. 11. 40	(226)
Flügel	Wehrbz.Kdo. Krefeld (W.M.A. Krefeld) (I)	,,	(227)
Keßler	St. Gen.Kdo. XXIV. A.K. (A)	,,	(229)
Sommer	Gren.Rgt. 15	,,	(230)*
Pohlenz	Ob.Kdo. d. W. (W Allg) (I)	,,	(231)
Wolf	Wehrbz.Kdo. Breslau III	,,	(232)
Berg	Wehrbz.Kdo. Deutsch Krone (W.M.A. Dramburg) (I)	,,	(233)
von Oertzen	Wehrbz.Kdo. Neustettin (I)	,,	(234)
Dombret	Pz.Rgt. 15	,,	(235)
Doehler	Wehrbz.Kdo. Rybnik (I)	,,	(236)
Klüm	Nachr.Kdtr. Prag (N)	,,	(238)
Schreiber	Wehrbz.Kdo. Hildesheim (I)	,,	(239)
Blackburn	H.Anstalt Raubkammer b. Munster (A)	,,	(240)
Bilgram	Wehrbz.Kdo. Fürth (Bay) (A)	,,	(242)
Vüllers	St. Gen.Kdo. VI. A.K. (A)	,,	(243)
von Bulmerincq	St. Gen.Kdo. XII. A.K. (A)	,,	(244)
Mauderer	z. Verf. Ob. d. H. (Sonst. Offz.) (A)	,,	(245)
von Harbou	Wehrbz.Kdo. Berlin VII (A)	,,	(246)
von Hering	Ob.Kdo. d. W. (W V W) (I)	,,	(247)
Albrecht	St. Gen.Kdo. II. A.K. (I)	,,	(248)
Czapp	St. Gen.Kdo. XIX. A.K. (Pz)	,,	(249)
Stock	z. Verf. Ob. d. H. (Sonst. Offz.) (I)	,,	(252)
Friedel	St. Wehrers.Insp. Posen (K)	,,	(253)
Sorg	St. Wehrers.Insp. Graz (I)	,,	(254)
Oismüller	Fz.Kdo. VI (A)	,,	(255)
Schwarze	St. Gen.Kdo. XX. A.K. (I)	,,	(256)
Boës	Wehrbz.Kdo. Hamburg V (W.M.A. Hamburg 5) (I)	,,	(257)

In DAL T überführt; Oberstleutnant 1. 9. 44 (1a)

Jaeger	W.F.O. Hannover (A)	,,	(259)
Schramm	Pz.Art.Rgt. 27	,,	(260)
Wolff	Nachr.Abt. 51	,,	(261)
Füchter	Wehrbz.Kdo. Worms (I)	,,	(262)
Seyfert	Wehrbz.Kdo. Osnabrück (W.M.A. Osnabrück) (A)	,,	(263)
Rudloff	St. Gen.Kdo. X. A.K. (Pi)	1. 12. 40	(52)**

In DAL T überführt; Oberstleutnant 1. 2. 44 (2b)

Zimmermann	Wehrbz.Kdo. Hirschberg (Riesengeb) (I)	,,	(53)
Frenzel	b. Ausb.Leiter Cosel (Oberschles) (I)	,,	(54)

Oberstleutn. 1. 8. 44 (26a)

Haasler	Wehrbz.Kdo. Crossen (Oder) (I)	,,	(58)
Polle	Gren.Rgt. 93	,,	(60)
Seidel	St. Gen.Kdo. XIX. A.K. (Pi)	,,	(61)
Münchmeyer	St. Gen.Kdo. XII. A.K. (A)	,,	(64)
Aschenborn	Wehrbz.Kdo. Potsdam I (A)	,,	(65)
Dieringer	St. Gen.Kdo. V. A.K. (Pi)	,,	(66)**

In DAL T überführt; Oberstleutnant 1. 2. 44 (4a)

Gollert	St. Gen.Kdo. III. A.K. (A)	,,	(68)

Oberstleutn. 1. 1. 45

Steinhausen-Kuti	St. Wehrers.Insp. Kassel (A)	,,	(70)
Hohnfeldt	St. Wehrers.Insp. Königsberg (Pr) (I)	,,	(72)
Greiner	Pz.Gren.Rgt. 3	,,	(73)
von Arnim	Ob.Kdo. d. H. (Att Abt) (K)	,,	(76)
Werren	Ob.Kdo. d. W. (W Vers) (Pz)	,,	(77)
Hell	St. Wehrers.Insp. Danzig (Pz)	,,	(79)
Steger	St. Wehrers.Insp. München (I)	,,	(80)
Freiherr Grote	St. Gen.Kdo. III. A.K. (I)	,,	(82)
Weigl	Wehrbz.Kdo. Zwettl (Niederdonau) (W.M.A. Waidhofen [Thaya]) (Pz)	,,	(83)

Brumm	St. Gen.Kdo. X. A.K. (I)	1. 12. 40	(84)
Oberstleutn. 1. 7. 44			
Eversz	Geb.Kraftf.Abt. 18	,,	(87)
Hundsdörfer	Wehrbz.Kdo. Bartenstein (Ostpr)		
	(W.M.A. Rastenburg [Ostpr]) (I)	,,	(90)
Dhein	b. Ausb.Leiter Coesfeld (Westf) (I)	,,	(91)
von Kessel	z. Verf. Ob. d. H. (Sonst. Offz.) (Pz)	,,	(92)
Guhde	St. Wehrers.Insp. Frankfurt (Oder) (A)	,,	(93)
Ahrens	Wehrbz.Kdo. Stade (I)	,,	(94)
Metzger	St. 3. Geb.Div. (I)	,,	(95)
Labesius	Wehrbz.Kdo. Tilsit (K)	,,	(96)
Dauer	Wehrbz.Kdo. Kempten (Allgäu) (W.M.A. Füssen) (I)	,,	(97)
Ruf	Wehrbz.Kdo. Straubing (PzGr)	,,	(100)
Weißengruber	W.F.O. Villach (K)	,,	(101)
Hennecke	Pz.Tr.Schule (Schule f. Schnelle Tr. Wünsdorf)	,,	(103)
Lenort	St. Landw.Kdr. Darmstadt (Pi)	1. 1. 41	(82)
Perkuhn	z. Verf. Ob. d. H. (Sonst. Offz.) (A)	,,	(83)
Schneider	Ob.Kdo. d. H. (In 7) (I)	,,	(85)
von Allwörden	Wehrkrs. Reit- u. Fahrschule Militsch		
	Bz. Breslau)	,,	(86)
Paulus	Rüst.Insp. III (Kdo. Rüst.Ber. Potsdam) (I)	,,	(87)
Jahmann	Wehrbz.Kdo. Angerburg (Ostpr) (I)	,,	(88)
Rüdel	St. Kdtr. Befest. Königsberg (Pr) (N)	,,	(89)
Kleine	Wehrbz.Kdo. Schweidnitz		
	(W.M.A. Reichenbach [Eulengeb]) (I)	,,	(90)
Walter	Pz.Gren.Rgt. 66	,,	(91)
Troll	Wehrbz.Kdo. Stettin I (W.M.A. Stettin) (I)	,,	(92)
Zwißler	z. Verf. Ob. d. H. (Sonst. Offz.) (I)	,,	(94)
Meibert	St. 24. Div. (I)	,,	(96)
Lutz	Wehrbz.Kdo. Nürnberg I (W.M.A. Nürnberg 1) (A)	,,	(97)
Pfeiffer	W.F.O. Mainz (A)	,,	(98)
Wilm	St. Wehrers.Insp. Dresden (Pz)	,,	(99)
Trefz	b. Ausb.Leiter Heidelberg (I)	,,	(100)
Geist	Kdtr. Tr.Üb.Pl. Süd (I)	,,	(101)
Dockendorff	W.F.O. Landau (Pfalz) (I)	,,	(102)
Teichmann	Wehrbz.Kdo. Reichenberg (Sudetenl)		
	(W.M.A. Reichenberg) (A)	,,	(103)
Esser	Wehrbz.Kdo. Coesfeld (Westf) (A)	,,	(104)
Sodat	Wehrbz.Kdo. Osnabrück (I)	,,	(105)
Krist	Pz.Nachr.Abt. 38	1. 2. 41	(49)
Kirchberg	St. Gen.Kdo. XI. A.K. (PzGr)	,,	(70)
Fiedler	St. Gen.Kdo. VIII. A.K. (I)	,,	(71)
Groote	Wehrbz.Kdo. Wesel (Pz)	,,	(72)
Lindlar	Wehrbz.Kdo. Solingen (I)	,,	(73)
Weigt	W.F.O. Schweidnitz (K)	,,	(75)
Meseberg	Pz.Art.Rgt. 75	,,	(76)
Schicht	Kdtr. Geb.Tr.Üb.Pl. Wattener Lizum (I)	,,	(77)
Janßen	Wehrkrs. Reit- u. Fahrschule Großenhain	,,	(78)
Reerink	Wehrbz.Kdo. Offenburg (Baden) (I)	,,	(81)
Haase	Wehrbz.Kdo. Großenhain (I)	,,	(82)
Brockes	St. Wehrers.Insp. Hannover (I)	,,	(83)
Oberstleutn. 1. 8. 44 [27]			
Martins	St. Wehrers.Insp. Chemnitz (I)	,,	(84)
Naske	Wehrbz.Kdo. Stargard (Pom) (W.M.A. Naugard) (A)	,,	(85)
Lenz	Wchrbz.Kdo. Trier II (W.M.A. Wittlich) (I)	,,	(86)
Eggert	Wehrbz.Kdo. Braunschweig (I)	,,	(87)
Augsberger	Wehrbz.Kdo. Ansbach (W.M.A. Dinkelsbühl) (I)	,,	(88)

Weinberger	Wehrbz.Kdo. Amberg (Oberpf)				
	(W.M.A. Nabburg) (I)	1.	2. 41	(89)
Ernst	Wehrbz.Kdo. Dessau (I)		„	(91)
Matthias	Wehrbz.Kdo. Mühlhausen (Thür) (I)		„	(92)
Oberstleutn. 1. 8. 44 [28]				
Spranger	Wehrbz.Kdo. Straubing (A)		„	(93)
Nawrath	Wehrbz.Kdo. Rastatt (W.M.A. Bühl [Baden]) (I)		„	(94)
Balzereit	Wehrbz.Kdo. Braunsberg (Ostpr) (A)		„	(95)
Brumby	Wehrbz.Kdo. Eger (W.M.A. Eger) (I)		„	(96)
Meyer	Wehrbz.Kdo. Bernburg (A)		„	(97)
Peter	St. Wehrers.Insp. Innsbruck (I)		„	(98)
Arend	St. Gen.Kdo. XI. A.K. (A)		„	(99)
Donhauser	Wehrbz.Kdo. Mies (W.M.A. Tachau) (I)		„	(100)
Garbe	Wehrm.Fürs. u. Vers.Amt Breslau (Pz)		„	(101)
Wüllenkemper	Rüst.Insp. VI (I)		„	(102)
Borchers	Wehrbz.Kdo. Goslar (I)		„	(103)
Wutschke	W.F.O. Schneidemühl (I)		„	(104)
von Heyden	b. H.Abn.Inspiz. III (K)		„	(105)
Heye	Wehrkrs. Reit- u. Fahrschule Demmin		„	(106)
Meyer	Wehrbz.Kdo. Stendal (I)		„	(107)
Haarmann	Kdtr. Mainz/Wiesbaden (I)		„	(108)
von der Lancken	St. H.Gru.Kdo. 6 (I)		„	(109)
Meyer	Wehrbz.Kdo. Hildesheim (W.M.A. Hildesheim) (I)		„	(110)
Schulz	Ob.Kdo. d. H. (Wa I Rü [W. u. G. 6]) (Pi)		„	(112)
von Petersdorff	Wehrbz.Kdo. Berlin VIII			
	(W.M.A. Schöneberg) (I)		„	(113)
Mündelein	Kdtr. Kaiserslautern (I)	1.	3. 41	(19)
Anger (Günter)	Pi.Schule I		„	(20b)
Lorz	Gren.Rgt. 15		„	(49)
Schröder	Wehrbz.Kdo. Hamburg I (W.M.A. Hamburg I) (I)		„	(50)
Fürst	W.F.O. Dresden A (I)		„	(53)
Hawelka	St. Wehrers.Insp. Chemnitz) (I)		„	(55)
Wessel	Wehrbz.Kdo. Köln I (W.M.A. Köln 1) (I)		„	(56)
Wrobel	Wehrbz.Kdo. Gumbinnen (W.M.A. Gumbinnen) (K)		„	(57)
Heinig	Pz.Gren.Rgt. 86		„	(59)
Kremer	St. Wehrers.Insp. Düsseldorf (A)		„	(60)
von Francois	Ob.Kdo. d. H. (Wa Prüf 11) (I)		„	(61)
Gutsche	Wehrbz.Kdo. Breslau I (W.M.A. Breslau 1) (I)		„	(62)
Viehof	b. Ausb.Leiter Aachen 2 (Pz)		„	(63)
Wasserfuhr	W.F.O. Münster (Westf) (I)		„	(64)
Trautmann	Wehrbz.Kdo. Braunsberg (Ostpr)			
	(W.M.A. Mohrungen) (I)		„	(65)
Scherer	St. Gen.Kdo. VIII. A.K. (A)		„	(66)
Howe	Wehrbz.Kdo. Wuppertal (W.M.A. Wuppertal) (I)		„	(67)
Baumgärtner (Ernst)	Pi.Schule I	1.	4. 41	(5a)
Probst	H.Nachrichtenschule I		„	(15b)
In DAL T überführt; Oberstleutn. 1. 12. 44 (3)				
Petersen	Ob.Kdo. d. W. (Ausl.) (I)		„	(35)
Kühne	Gren.Rgt. 64		„	(44)
Bartels	Wehrkrs. Reit- u. Fahrschule Oschatz		„	(79)
Schlüter	Wehrkrs. Reit- u. Fahrschule Babenhausen (Hess)		„	(81)
Reinhardt	Wehrbz.Kdo. Graudenz (I)		„	(83)
Göbel	z. Verf. Ob. d. H. (Sonst. Offz.) (I)		„	(88)
Hennig	z. Verf. Ob. d. H. (Sonst. Offz.) (A)		„	(89)*
Amling	b. Ausb.Leiter Königsberg (Pr) (I)		„	(90)
Siedentopf	Wehrkr. Reit- u. Fahrschule Dillingen (Donan)		„	(91)
Pochert	Wehrkrs. Reit- u. Fahrschule Lyck		„	(93)

20*

Baumann	Art.Rgt. 31	1. 4. 41	(96)
Humborg	Wehrbz.Kdo. Wuppertal (I)	,,	(98)
Bruns	Pz.Lehrrgt. (Pz.Lehrabt.)	,,	(100)
Schirrmacher	Wehrkrs. Reit- u. Fahrschule Lyck	,,	(101)
Fröhler	b. Ausb.Leiter Bayreuth (I)	,,	(102)
Heller	Wehrbz.Kdo. Tübingen (W.M.A. Nürtingen) (I)	,,	(104)
Heß	Art.Rgt. 51	,,	(105)
Brückner	H.Nachrichtenschule I	1. 6. 41	(21a)**

Oberstleutn. 1. 1. 45 (40)

Otto	Ob.Kdo. d. H. (Ag E/Tr) (PzGr)	,,	(24)
Neuhaus (Joseph)	Pi.Schule I	,,	(50a)
Scheil (Johannes)	Pi.Schule I	,,	(53a)
Schiebuhr	Pz.Rgt. 11	,,	(55)
Kluge	St. Wehrers.Insp. Posen (Pz)	,,	(56)
Schwennicke	Nachr.Abt. 22	,,	(58)
Dahmen	(Ob.Kdo. d. W. [W N V])	,,	(59)
Gutermann	Wehrbz.Kdo. Marktredwitz (W.M.A. Naila) (I)	,,	(60)
Mertins	W.F.O. Bartenstein (Ostpr) (I)	,,	(61)
Knappe	St. Gen.Kdo. I. A.K. (I)	,,	(62)
von Sonjevski	Pz.Gren.Rgt. 13	,,	(66)
Fritsch	Wehrbz.Kdo. Trier I (W.M.A. Trier) (I)	,,	(67)
Freiherr von Ketelhodt	z. Verf. Ob. d. H. (Sonst. Offz.) (I)	,,	(68)
Bauer-Hansl	St. Wehrers.Insp. Graz (I)	· ,,	(70)
Schaper	Pz.Rgt. 23	,,	(71)
Beck	St. Gen.Kdo. VII. A.K. (I)	,,	(72)
von Hahn	z. Verf. Ob. d. H. (Sonst. Offz.) (K)	,,	(73)
Kappenstein	W.F.O. Paderborn (Kdsch)	,,	(74)
Rainer-Harbach	St. Wehrers.Insp. Graz (A)	,,	(76)
Kropf	Wehrbz.Kdo. Pfarrkirchen		
	(W.M.A. Vilshofen [Niederbay]) (A)	,,	(77)
Weiß	Gren.Rgt. 23	,,	(78)
Paschke	Pz.Art.Rgt. 80	,,	(79)
Leutgeb	St. Wehrers.Insp. Regensburg (I)	,,	(80)
Rademacher (Friedrich)	Pi.Schule I	1. 7. 41	(5a)
Raab (Otto)	H.Plankammer (AVm)	,,	(11b)
Wallergraber	Gren.Rgt. 130	,,	(43)
Gericke	Wehrbz.Kdo. Lübeck (W.M.A. Lübeck) (F)	,,	(45)
Wichmann	Wehrkrs. Reit- u. Fahrschule Schloßhof	,,	(47)
Seidel	Wehrkrs. Reit- u. Fahrschule Großenhain	,,	(48)
Anhalt	Wehrkrs. Reit- u. Fahrschule Warendorf	,,	(49)
Seiler	Pi.Btl. 3	,,	(50)
Bloedow	Pz.Art.Rgt. 2	,,	(51)
von Chlebowski	Art.Rgt. 56	,,	(52)
Reuß	Wehrbz.Kdo. Frankfurt (Main) II (I)	,,	(53)
Dachs	Nachr.Abt. 66	,,	(54)
Gerst	Gren.Rgt. 50	,,	(55)
Gebhard	Pz.Nachr.Abt. 19	,,	(56)
Herberg	Pz.Art.Rgt. 78	,,	(57)
Busch	Geb.Pz.Jäg.Abt. 47	,,	(58)
Zölsmann (Franz)	Ob.Kdo. d. H. (In Fest) (Pi)	1. 8. 41	(4b)
Vieser (Georg)	Pi.Schule I	,,	(12a)
Pogge	Wehrbz.Kdo. Stettin II (A)	,,	(43)
Hülsmeyer	Wehrbz.Kdo. Stargard (Pom) (K)	,,	(44)
von Kleist	Wehrbz.Kdo. Deutsch Krone (I)	,,	(46)
Schwebbach	St. 36. Div. (I)	,,	(47)
Erdmann	Wehrbz.Kdo. Berlin VII		
	(W.M.A. Kottbusser Tor) (I)	,,	(48)

Schieck (Arno)	Pi.Schule I	1. 9. 41	(26d)
Schönfelder (Fritz)	Pi.Schule I	,,	(33b)
Fleischer	Pi.Btl. 25	,,	(38)
Hahnzog	Ob.Kdo. d. H. (Gen.St. d. H. [G Z]) (I)	,,	(40a1)
Schultz (Ernst)	Pi.Schule I	,,	(40b)
Clausberg	St. Gen.Kdo. V. A.K. (I)	,,	(42)
Hanke	Wehrbz.Kdo. Auerbach (Vogtl)		
	(W.M.A. Auerbach) (I)	,,	(43)
Ahrens	Pz.Pi.Btl. 50	,,	(44)
Krebs (Werner)	Pi.Schule I	1. 10. 41	(6a)
Brocke	St. Wehrers.Insp. Kassel (I)		(37)
Meyer	Pz.Pi.Btl. 57	1. 11. 41	(15)
Heilmeyer	Ob.Kdo. d. H. (Wa I Rü [W. u. G. 1]) (A)	,,	(74)
Heinrich	Wehrkrs. Reit- u. Fahrschule Militsch (Bz Breslau)	,,	(76)
Schlüter	Wehrkrs. Reit- u. Fahrschule Militsch (Bz Breslau)	,,	(77)
Stellmacher	Kav.Rgt. 5	1. 12. 41	(11)
Hertzsch	Pz.Pi.Btl. 13	,,	(50)
Lucius	Pz.Pi.Btl. 58	. ,,	(51)
Aschermann	z. Verf. Ob. d. H. (Sonst. Offz.) (A)	,,	(52)
Staeck	Kav.Schütz.Rgt. 9	1. 1. 42	(5)
Csörgeö	Gren.Rgt. 131	,,	(23)
Klammer	Gren.Rgt. 122	,,	(26)
Lehrke (Wilhelm)	Pi.Schule I	,,	(70a)
Pirchl	Wehrbz.Kdo. Innsbruck (W.M.A. Innsbruck) (A)	,,	(76b)
Knoop	Füs.Rgt. 39	,,	(80)
Wegener	Pz.Jäg.Abt. 10	,,	(98)
Schulz (Gerhard)	Pi.Schule I	,,	(120a)
Griesing	W.F.O. Köln (I)	,,	(132a)
Hammerbacher (Emil)	Pi.Schule I	,,	(150c)
Weber	Pz.Jäg.Abt. 42	,,	(153)
Hofmann (Hans)	Pi.Schule I	.,	(160a)
Heister (Friedrich)	Pi.Schule I	,,	(170c)
Ernst	Pi.Btl. 45	,,	(255)
Schmidt	Ob.Kdo. d. H. (Ag P 1/6. Abt.) (I)	,,	(310)
Goebel	W.F.O. Nürnberg A (I)	,,	(472)
Jäkel	Gren.Rgt. 58	1. 2. 42	(18)
Schulz	z. Verf. Ob. d. H. (Sonst. Offz.) (K)	,,	(40a)
Lang	H.Gasschutzschule	,,	(64a)
Gabler	Pi.Schule II	,,	(68)
Fischer	Wehrm.Fürs. u. Vers.Amt Breslau (Pi)	,,	(84)
Fröch	Pz.Gren.Rgt. 12	1. 3. 42	(96)
Althaus	Fahrabt. 14	,,	(114)
von Nostitz	St. Wehrers.Insp. Schleswig-Holstein (I)	,,	(117)
Crienitz	Wehrbz.Kdo. Nienburg (Weser) (W.M.A. Syke) (A)	,,	(118)
Schildert	Leiter Feste Horchstelle Treuenbrietzen (N)	,,	(119)
Grundmann	Wehrbz.Kdo. Düsseldorf		
	(W.M.A. Düsseldorf 1) (A)	,,	(121)
Genrich	St. Landw.Kdr. Mülheim (Ruhr) (Pz)	,,	(122)
di Gaspero	Fz.Kdo. X (A)	,,	(123)
Weisweiler	b. Kdr. d. Nachr.Tr. IX (N)	,,	(125)
Hübener	3. Kp. Pz.Pi.Btl. 79	,,	(126)
Lindstedt	b. Fest.Pi.Kdr. X	,,	(127)
Sauer	Gren.Rgt. 134	1. 4. 42	(60)
Lotz	Pz.Gren.Rgt. 86	,,	(140)
Eidam	Pz.Gren.Rgt. 108 (früher Inf.Rgt. 10) (I)	,,	(147)
Schenk (Albert)	Pi.Schule I	1. 6. 42	(1e)
Schaller (Johann)	Pi.Schule I	,,	(10b)

Leichnitz (Werner)	Pi.Schule I	1. 6. 42	(12e)
Fuhrmann (Ekkehard)	Pi.Schule I	„	(14a)
Gerhardt (Heinrich)	Pi.Schule I	„	(16d)
Fischer (Heinrich)	Pi.Schule I	„	(20c)
Schulze	Pz.Jäg.Abt. 28	„	(21)
Medrow (Heinz)	Pi.Schule I	„	(22a)
Winkens	Wehrkrs. Reit- u. Fahrschule Warendorf	„	(23)
Hoffmann	Wehrkrs. Reit- u. Fahrschule Beeskow	„	(24)
Becker (Willi)	Pi.Schule I	„	(24a)
König	Wehrkrs. Reit- u. Fahrschule Lyck	„	(26)
Heßkamp	Wehrkrs. Reit- u. Fahrschule Warendorf	„	(27)
Klank	Wehrkrs. Reit- u. Fahrschule Dillingen (Donau)	„	(28)
Kanehl	Wehrkrs. Reit- u. Fahrschule Bamberg	„	(29)
Wetzel	Wehrbz.Kdo. Tübingen (W.M.A. Tübingen) (I)	1. 7. 42	(30)
Galle	Wehrkrs. Reit- u. Fahrschule Großenhain	„	(32)
Rehe	Wehrbz.Kdo. Bad Kreuznach (W.M.A. Bad Kreuznach) (Pz)	1. 8. 42	(31)
Riemann	Wehrkrs. Reit- u. Fahrschule Gardelegen	„	(32)
Herold	H.Nachrichtenschule II	1. 9. 42	(6b)
Fieweger (Walter)	Pi.Schule I	„	(9b)
Pfeiffer (Joachim)	Pi.Schule I	„	(12a)
Hagen (Gottfried)	Pi.Schule I	„	(15a)
Georgy (Paul)	Pi.Schule I	„	(17a)
Stobbe	z. Verf. Ob. d. H. (Sonst. Offz.) (F)	„	(28)
Wenger	Pz.Art.Rgt. 102	1. 10. 42	(1)
Dötterer (Willy)	Pi.Schule I	„	(6a)
Kessel (Otto)	Pi.Schule I	„	(12a)
Balzer	b. Ausb.Leiter Allenstein 2 (I)	„	(29)
Pohren (Franz)	Pi.Schule I	1. 11. 42	(15a)
Riha	Pz.Pi.Btl. 19	1. 12. 42	(1)
Krüger (Gerhard)	Pi.Schule I	„	(1a)
Dehnicke	Wehrbz.Kdo. Lüneburg (I)	„	(99)
Rönnburg (Arnold)	Pi.Schule I	1. 1. 43	(50f)
Knopf	Wehrbz.Kdo. Halle (Saale) (I)	1. 2. 43	(26)
Lüpke	Wehrbz.Kdo. Swinemünde (I)	1. 3. 43	(43)
Legadt	Nachr.Abt. 41		(44)
Bihr (Friedrich)	Pi.Schule I	1. 4. 43	(14b)
Schneiders (Karl)	Pi.Schule I	„	(22)
Amelingmeyer (Wilhelm)	Pi.Schule I	„	(48)
Swenn	Pz.Jäg.Abt. 50	„	(49)
von Geldern-Crispendorf	Wehrbz.Kdo. Eisleben (Pz)	„	(50)
Guder (Ernst)	Pi.Schule I	1. 5. 43	(55)
Klank (Georg)	Pi.Schule I	1. 6. 43	(1d)
Schwayer	St. Gen.Kdo. II. A.K. (N)		(20)
Kralik	St. H.Dienststelle 20 (Pz)	1. 7. 43	(10)
Grüber	Wehrbz.Kdo. Eisleben (I)	„	(11)
Frick	Wehrbz.Kdo. Ravensburg (A)	„	(12)
Wittrich	Pz.Pi.Btl. 37	1. 8. 43	(8)
Bähr (Herbert)	Pi.Schule I	1. 10. 43	(5)
Bresoski	Geb.Jäg.Rgt. 136	„	(6)

STELLENBESETZUNG DER HÖHEREN KOMMANDOBEHÖRDEN UND DIVISIONEN DES DEUTSCHEN HEERES AM 10. JUNI 1944

Bemerkungen:

1. Die Stellenbesetzung stellt die wortgetreue Wiedergabe einer 1944 von einer Heeresdienststelle angefertigten, beglaubigten, auszugsweisen Abschrift der Vfg. „Oberkommando des Heeres/Personalamt/1. Staffel Nr. 881/44 geh. Kdos. v. 15. 6. 44" dar.

2. Wie der Herausgeber feststellen mußte, enthält die Abschrift zahlreiche Ungenauigkeiten, z. B. fehlerhafte Namensschreibung, falsche Dienstgrade, Fehlen der Bezeichnung „d. R." oder „z. V.". Es muß dahingestellt bleiben, ob diese Ungenauigkeiten bereits in der Originalverfügung des OKH/PA enthalten waren oder erst bei der Abschrift durch die betreffende Heeresdienststelle entstanden sind.
Soweit der Herausgeber Klarheit schaffen konnte, sind berichtigende Angaben in [ ] hinzugefügt; gleiches gilt auch für ergänzende Zusätze, z. B. Vornamen oder RDA bei mehrfach vorkommenden Namen.

3. Bei den Dienstgraden, insbesondere denen der Divisions-Kommandeure, sind im Quellenmaterial die Beförderungen mit RDA 1. 6. 44 nur z. T. berücksichtigt. Sie wurden auch vom Herausgeber nur in Einzelfällen nachgetragen, da die vorzugsweisen Beförderungen vom 1. 6. 44 erst mit Sammelverfügung vom 20. 6. 44 bekanntgegeben wurden. Dies dürfte auch die Nichtaufführung im Original erklären.

4. Bei Stellen ohne Namenseintrag muß angenommen werden, daß sie am Stichtag (10. 6. 44) unbesetzt waren.

Heeresgruppen

Ob.Kdo. H.Gr. Südukraine

Oberbefehlshaber:	Gen.Oberst Schörner
Chef d. Gen. St.:	Gen.Lt. Wenk [Wenck]
1. Gen.St.Offz. (Ia):	Oberst i. G. v. Trotha
Adjutant (IIa):	Oberst Grell

Ob.Kdo. H.Gr. Nordukraine

Oberbefehlshaber:	Gen.Feldm. Model
Chef d. Gen.St.:	Gen.Lt. Busse
1. Gen.St.Offz. (Ia):	Obstlt. i.G. Willemer
Adjutant (IIa):	Oberst Reuter

Ob.Kdo. H.Gr. Mitte

Oberbefehlshaber:	Gen.Feldm. Busch
Chef d. Gen.St.:	Gen.Lt. Krebs
1. Gen.St.Offz. (Ia):	Oberst i.G. v. d. Groeben
Adjutant (IIa):	Oberst v. Wietersheim

Ob.Kdo. H.Gr. Nord

Oberbefehlshaber:	Gen.Oberst Lindemann
Chef d. Gen.St.:	Gen.Lt. Kinzel
1. Gen.St.Offz. (Ia):	Obstlt. i.G. Reichelm [Reichhelm]
Adjutant (IIa):	Oberst v. Drabich-Waechter,
	kdt. Oberst Hansen

Ob.Kdo. H.Gr. D (O.B. West)

Oberbefehlshaber:	Gen.Feldm. v. Rundstedt
Chef d. Gen.St.:	Gen. d. Inf. Blumentritt
1. Gen.St.Offz. (Ia):	Oberst z.V. i.G. Zimmermann
Adjutant (IIa):	Oberst Abé

Ob.Kdo. H.Gr. B

Oberbefehlshaber:	Gen.Feldm. Rommel
Chef d. Gen.St.:	Gen.Lt. Speidel
1. Gen.St.Offz. (Ia):	Oberst i.G. v. Tempelhoff
Adjutant (IIa):	Oberst Freyberg

Ob.Kdo. H.Gr. C (O.B. Südwest)

Oberbefehlshaber:	Gen.Feldm. d. Lw.Kesselring
Chef d. Gen.St.:	Gen.Lt. Westphal
1. Gen.St.Offz. (Ia):	Oberst i.G. Beelitz
Adjutant (IIa):	Oberst v. Doering

Ob.Kdo. H.Gr. F (O.B. Südost)

Oberbefehlshaber:	Gen.Feldm. Frhr. v. Weichs
Chef d. Gen.St.:	Gen.Maj. Winter
1. Gen.St.Offz. (Ia):	Oberst i.G. Selmayr
Adjutant (IIa):	Oberst Grampe

Ob.Kdo. H.Gr. E

Oberbefehlshaber:	Gen.Oberst d. Lw. Löhr (m.F.b.)
Chef d. Gen.St.:	Oberst i.G. Schmidt-Richberg
1. Gen.St.Offz. (Ia):	Obstlt. i.G. Leyherr
Adjutant (IIa):	Oberst Harhausen

Armeeoberkommandos

AOK 1	Oberbefehlshaber:	Gen.Oberst Blaskowitz,
		Gen. d. Inf. v. d. Chevallerie (m. st. F. b.)
	Chef d. Gen.St.:	Gen.Maj. Feyerabend
	1. Gen.St.Offz. (Ia):	Obstlt. i.G. Emmerich
	Adjutant (IIa):	Obstlt. Frhr. v. Lerchenfeld
AOK 2	Oberbefehlshaber:	Gen.Oberst Weiß
	Chef d. Gen.St.:	Gen.Maj. v. Tresckow
	1. Gen.St.Offz. (Ia):	Oberst i.G. Lassen
	Adjutant (IIa):	Obstlt. Koller
AOK 4	Oberbefehlshaber:	Gen.Oberst Heinrici
	Chef d. Gen.St.:	Oberst i.G. Dethleffsen
	1. Gen.St.Offz. (Ia):	Obstlt. i.G. Kühlein
	Adjutant (IIa):	Oberst v. Schwerin
AOK 6	Oberbefehlshaber:	Gen. d. Art. Angelis (m.F.b.)
	Chef d. Gen.St.:	Gen.Maj. Voelter
	1. Gen.St.Offz. (Ia):	Obstlt. i. G. Eismann
	Adjutant (IIa):	Oberst Schmitt-Ott [Schmidt-Ott]
AOK 7	Oberbefehlshaber:	Gen.Oberst Dollmann
	Chef. d. Gen.St.:	Gen. Maj. Pemsel
	1. Gen.St.Offz. (Ia):	Oberst i. G. Helmdach
	Adjutant (IIa):	Oberst Jetter
AOK 8	Oberbefehlshaber:	Gen. d. Inf. Wöhler
	Chef. d. Gen.St.:	Gen.Maj. Reinhardt
	1. Gen.St.Offz. (Ia):	Oberst i. G. Estor
	Adjutant (IIa):	Oberst Bronsart v. Schellendorf
AOK 9	Oberbefehlshaber:	Gen. d. Inf. Jordan (m. F. b.)
	Chef d. Gen.St.:	Gen.Maj. Staedtke [Staedke]
	1. Gen.St.Offz. (Ia):	Obstlt. i. G. Schindler
	Adjutant (IIa):	Obstlt. d. R. Ahlborn
AOK 10	Oberbefehlshaber:	Gen.Oberst v. Vietinghoff gen. Scheel
	Chef. d. Gen.St.:	Gen.Maj. Wentzell
	1. Gen.St.Offz. (Ia):	Oberst i. G. Berlin
	Adjutant (IIa):	Oberst Graf zu Castell-Castell
AOK 14	Oberbefehlshaber:	Gen. d. Pz.Tr. Lemelsen (m. F. b.)
	Chef d. Gen.St.:	Oberst i. G. Hauser
	1. Gen.St.Offz. (Ia):	Obstlt. i. G. Boehnke [Boehncke]
	Adjutant (IIa):	Oberst v. Heimendahl
AOK 15	Oberbefehlshaber:	Gen.Oberst v. Salmuth
	Chef d. Gen.St.:	Gen.Lt. Hofmann
	1. Gen.St.Offz. (Ia):	Oberst i. G. Metzke
	Adjutant (IIa):	Obstlt. Goerke
AOK 16	Oberbefehlshaber:	Gen. d. Art. Hansen
	Chef d. Gen.St.:	Gen.Maj. Herrmann
	1. Gen.St.Offz. (Ia):	Obstlt. i. G. Hartmann
	Adjutant (IIa):	Oberst v. Baath

AOK 17	Oberbefehlshaber: Chef d. Gen.St.: 1. Gen.St.Offz. (Ia): Adjutant (IIa):	Gen. d. Inf. Allmendinger Gen.Maj. Ritter v. Xylander Oberst i. G. Frhr. v. Weitershausen Oberst Röhricht
AOK 18	Oberbefehlshaber: Chef d. Gen.St.: 1. Gen.St.Offz. (Ia): Adjutant (IIa):	Gen. d. Art. Loch (m. F. b.) Oberst i. G. Foertsch Obstlt. i. G. Starke (Hans) Oberst v. Studnitz
AOK 19	Oberbefehlshaber: Chef d. Gen.St.: 1. Gen.St.Offz. (Ia): Adjutant (IIa):	Gen. d. Inf. v. Sodenstern Gen.Maj. Botsch Obstlt. i. G. Schulz Oberst Allert
Geb. AOK 20	Oberbefehlshaber: Chef d. Gen.St.: 1. Gen.St.Offz. (Ia): Adjutant (IIa):	Gen.Oberst Dietl Gen.Maj. Hoelter [Hölter] Obstlt. i. G. Uebelhack [Übelhack] Oberst Remold
AOK Norwegen	Oberbefehlshaber: Chef d. Gen.St.: 1. Gen.St.Offz. (Ia): Adjutant (IIa):	Gen.Oberst v. Falkenhorst Gen.Maj. Theilacker Obstlt. i. G. Lenné Oberst Erdmann
Arm. Abt. Narva	Oberbefehlshaber: Chef d. Gen.St.: 1. Gen.St.Offz. (Ia): Adjutant (IIa)	Gen. d. Inf. Frießner Gen.Maj. Reichelt Major i. G. Eichendorff Oberst Friedrich
Arm.Gr. „G"	Oberbefehlshaber: Chef d. Gen.St.: 1. Gen.St.Offz. (Ia): Adjutant (IIa):	Gen.Oberst Blaskowitz (m. st. F. b.) Gen.Maj. v. Gyldenfeldt Obstlt. i. G. Wilutzki [Wilutzky] Oberst Lindner
Pz. AOK 1	Oberbefehlshaber: Chef d. Gen.St.: 1. Gen.St.Offz. (Ia): Adjutant (IIa):	Gen. d. Pz.Tr. Raus Oberst i. G. Wagener Obstlt. i. G. v. Graevenitz Oberst Meissner [Meißner]
Pz. AOK 2	Oberbefehlshaber: Chef d. Gen.St.: 1. Gen.St.Offz. (Ia): Adjutant (IIa):	Gen.Oberst Rendulić Gen.Maj. v. Grolmann Oberst i. G. Frhr. Varnbüler von und zu Hemmingen Oberst Frhr. v. Ketelhodt
Pz. AOK 3	Oberbefehlshaber: Chef d. Gen.St.: 1. Gen.St.Offz. (Ia): Adjutant (IIa):	Gen.Oberst Reinhardt Gen.Maj. Heidkämper Obstlt. i. G. Ludendorff Obstlt. d. R. Eben
Pz. AOK 4	Oberbefehlshaber: Chef d. Gen.St.: 1. Gen.St.Offz. (Ia): Adjutant (IIa):	Gen.Oberst Harpe Gen.Lt. Fangohr Oberst i. G. Müller (Christ.) Oberst Schmidmann
Pz. Gr. West	Oberbefehlshaber: Chef d. Gen.St.: 1. Gen.St.Offz. (Ia): Adjutant (IIa):	Gen. d. Pz.Tr. Frhr. Geyr v. Schweppenburg — — Major [Obstlt.] Horenburg

Generalkommandos

I. A.K.	Kommand. General:	Gen. d. Inf. Hilpert
	Chef d. Gen.St.:	Obstlt. i. G. v. Ziegler und Klipphausen
	1. Gen.St.Offz. (Ia):	Major i. G. Kettner
	Adjutant (IIa):	Obstlt. Humpert
II. A.K.	Kommand. General:	Gen. d. Inf. Laux
	Chef d. Gen.St.:	Obstlt. i. G. Huhs
	1. Gen.St.Offz. (Ia):	Major i. G. Weise
	Adjutant (IIa):	Major Malks
III. Pz.A.K.	Kommand. General:	Gen. d. Pz.Tr. Breith
	Chef d. Gen.St.:	Oberst i. G. Merk
	1. Gen.St.Offz. (Ia):	Major i. G. Weise
	Adjutant (IIa):	Obstlt. Pollay
IV. A.K.	Kommand. General:	Gen. d. Inf. Mieth
	Chef d. Gen.St.:	Oberst i. G. Siedschlag
	1. Gen.St.Offz. (Ia):	Major i. G. Bucher
	Adjutant (IIa):	Major Hagenloh
V. A.K.	Kommand. General:	Gen.Lt. Beyer (m. F. b.)
	Chef d. Gen.St.:	Oberst i. G. Hepp
	1. Gen.St.Offz. (Ia):	Major i. G. Schirrmacher
	Adjutant (IIa):	Major Pittelkow
VI. A.K.	Kommand. General:	Gen. d. Art. Pfeiffer
	Chef d. Gen.St.:	Oberst i. G. Mantey
	1. Gen.St.Offz. (Ia):	Major i. G. v. Puttkammer [v. Puttkamer]
	Adjutant (IIa):	Obstlt. Grüsemann [Crüsemann]
VII. A.K.	Kommand. General:	Gen. d. Art. Hell
	Chef d. Gen.St.:	Oberst i. G. Dieckmann
	1. Gen.St.Offz. (Ia):	Major i. G. Daeschler
	Adjutant (IIa):	Obstlt. Gleißner
VIII. A.K.	Kommand. General:	Gen. d. Inf. Höhne
	Chef d. Gen.St.:	Oberst i. G. v. Schönfeldt
	1. Gen.St.Offz. (Ia):	Major i. G. Dönges
	Adjutant (IIa):	Major d. R. Frhr. Prinz v. Buchau
IX. A.K.	Kommand. General:	Gen. d. Art. Wuthmann
	Chef d. Gen.St.:	Oberst i. G. Praefke [Praefcke]
	1. Gen.St.Offz. (Ia):	Major i. G. Schumm
	Adjutant (IIa):	Obstlt. d. R. v. Gynz-Rekowski
X. A.K.	Kommand. General:	Gen. d. Inf. v. Wickede
	Chef d. Gen.St.:	Oberst i. G. Toppe
	1. Gen.St.Offz. (Ia):	Major i. G. Schneider
	Adjutant (IIa):	Obstlt. d. R. Frhr. v. Hallberg zu Broich

XI. A.K.	Kommand. General:	Gen. d. Inf. v. Bünau
	Chef d. Gen.St.:	Obstlt. i. G. Schulze [*Oberst* i. G. Schul*t*ze (Hellmut)]
		kdt. Oberst i. G. Gaedke [Gaed*c*ke]
	1. Gen.St.Offz. (Ia):	Obstlt. i. G. Schiele
	Adjutant (IIa):	Major i. G. [Major *d. R.*] Lüthje
XII. A.K.	Kommand. General:	Gen. d. Inf. v. Tippelskirch
	Chef d. Gen.St.:	Oberst i. G. Deyhle (Williy)
	1. Gen.St.Offz. (Ia):	Major i. G. Koch (Willy)
	Adjutant (IIa):	Obstlt. Müller (Adolf)
XIII. A.K.	Kommand. General:	Gen. d. Inf. Hauffe
	Chef d. Gen.St.:	Oberst i. G. Frhr. v. Hammerstein-Gesmold
	1. Gen.St.Offz. (Ia):	Major i. G. Wolfram
	Adjutant (IIa):	Obstlt. v. Adriani
XIV. Pz. A.K.	Kommand. General:	Gen. d. Pz.Tr. v. Senger und Etterlin
	Chef d. Gen.St.:	Oberst i. G. Schmidt v. Altenstadt
	1. Gen.St.Offz. (Ia):	Major i. G. v. Taysen
	Adjutant (IIa):	Major v. Schönfeldt
XV. Geb. A.K.	Kommand. General:	Gen. d. Inf. v. Leyser
	Chef d. Gen.St.:	Obstlt. i. G. Einbeck
	1. Gen.St.Offz. (Ia):	Major i. G. Berger (Johann)
	Adjutant (IIa):	Major Habbel
XVII. A.K.	Kommand. General:	Gen. d. Geb.Tr. Kreysing
	Chef d. Gen.St.:	Oberst i. G. Klotz
	1. Gen.St.Offz. (Ia):	Major i. G. Hartmann
	Adjutant (IIa):	Major Preu
XVIII. Geb. A.K.	Kommand. General:	Gen. d. Geb.Tr. Eglseer
	Chef d. Gen.St.:	Oberst i. G. Sittmann
	1. Gen.St.Offz. (Ia):	Major i. G. Pickel
	Adjutant (IIa):	Obstlt. Sydow
XIX. Geb. A.K.	Kommand. General:	Gen.Lt. Jodl (m. F. b.)
	Chef d. Gen.St.:	Obstlt. i. G. Purucker
	1. Gen.St.Offz. (Ia):	Major i. G. Becker
	Adjutant (IIa):	Major Sternbach
XX. A.K.	Kommand. General:	Gen. d. Art. Frhr. v. Roman
	Chef d. Gen.St.:	Oberst i. G. Wagner
	1. Gen.St.Offz. (Ia):	Major i. G. Lang
	Adjutant (IIa):	Obstlt. Graetz
XXI. Geb. A.K.	Kommand. General:	Gen. d. Pz.Tr. Fehn
	Chef d. Gen.St.:	Oberst i. G. v. Klocke
	1. Gen.St.Offz. (Ia):	Major i. G. Rasch
	Adjutant (IIa):	Obstlt. v. Wedel
XXII. Geb. A.K.	Kommand. General:	Gen. d. Geb.Tr. Lanz
	Chef d. Gen.St.:	Oberst i. G. Bürker
	1. Gen.St.Offz. (Ia):	Major i. G. v. Loeben
	Adjutant (IIa):	Obstlt. Prollius
XXIII. A.K.	Kommand. General:	Gen. d. Pi. Tiemann
	Chef d. Gen.St.:	Oberst i. G. Langmann
	1. Gen.St.Offz. (Ia):	Major i. G. Reerink
	Adjutant (IIa):	Obstlt. Balzer

XXIV. Pz. A.K.	Kommand. General:	Gen. d. Pz.Tr. Nehring
	Chef d. Gen.St.:	Oberst i. G. Berger (Oscar)
	1. Gen.St.Offz. (Ia):	Major i. G. v. Merkatz
	Adjutant (IIa):	Major d. R. Korte (m. W. b.)
XXV. A.K.	Kommand. General:	Gen. d. Art. Fahrmbacher
	Chef d. Gen.St.:	Oberst i. G. Bader
	1. Gen.St.Offz. (Ia):	Major i. G. v. Raven
	Adjutant (IIa):	Oberstlt. v. Bargen
XXVI. A.K.	Kommand. General:	Gen. d. Inf. Grasser
	Chef d. Gen.St.:	Oberst i. G. Spitzer
	1. Gen.St.Offz. (Ia):	Major i. G. Meyer (Valentin)
	Adjutant (IIa):	Major Dübbers
XXVII. A.K.	Kommand. General:	Gen. d. Inf. Völckers
	Chef d. Gen.St.:	Oberst i. G. Staats
	1. Gen.St.Offz. (Ia):	Major i. G. Schlie
	Adjutant (IIa):	Obstlt. d. R. Kaiser
XXVIII. A.K.	Kommand. General:	Gen. d. Inf. Gollnick
	Chef d. Gen.St.:	Oberst i. G. Gundelach [(Herbert)]
	1. Gen.St.Offz. (Ia):	Major i. G. Brühl
	Adjutant (IIa):	Major Huck
XXIX. A.K.	Kommand. General:	Gen. d. Pz.Tr. Brandenberger
	Chef d. Gen.St.:	Obstlt. i. G. Mehring
	1. Gen.St.Offz. (Ia):	Major i. G. Köstlin
	Adjutant (IIa):	Obstlt. Schott
XXX. A.K.	Kommand. General:	Gen. d. Art. Fretter-Pico
	Chef d. Gen.St.:	Oberst i. G. Clauss
	1. Gen.St.Offz. (Ia):	Major i. G. Grüber
	Adjutant (IIa):	Obstlt. Stadelmaier
XXXIII. A.K.	Kommand. General:	Gen. d. Inf. Wolff
	Chef d. Gen.St.:	Oberst i. G. v. Unger [(Friedrich)]
	1. Gen.St.Offz. (Ia):	Major i. G. Bennecke
	Adjutant (IIa):	Obstlt. v. Schuckmann
XXXV. A.K.	Kommand. General:	Gen. d. Inf. Wiese
	Chef d. Gen.St.:	Oberst i. G. Gundelach [(Kurt)]
	1. Gen.St.Offz. (Ia):	Major i. G. Moll
	Adjutant (IIa):	Major v. Engel
XXXVI. Geb. A.K.	Kommand. General:	Gen. d. Inf. Weisenberger
	Chef d. Gen.St.:	Obstlt. i. G. Schmidt
	1. Gen.St.Offz. (Ia):	Major i. G. Benze
	Adjutant (IIa):	Obstlt. v. Trossel
XXXVIII. A.K.	Kommand. General:	Gen. d. Art. Herzog
	Chef d. Gen.St.:	Oberst i. G. Knüppel
	1. Gen.St.Offz. (Ia):	Major i. G. Ahollinger
	Adjutant (IIa):	Major z. V. Clauss
XXXIX. Pz. A.K.	Kommand. General:	Gen. d. Art. Martinek
	Chef d. Gen.St.:	Obstlt. i. G. Masius
	1. Gen.St.Offz. (Ia):	Major i. G. Schweim
	Adjutant (IIa):	Obstlt d. R. v. Wissmann

XXXX. Pz. A.K.	Kommand. General:	Gen. d. Pz.Tr. v. Knobelsdorff
	Chef d. Gen.St.:	Oberst i. G. v. Kahlden
	1. Gen.St.Offz. (Ia):	Major i. G.
		Frhr. Treusch v. Buttlar-Brandenfels
	Adjutant (IIa):	Major v. Tschischwitz
XXXXI. Pz. A.K.	Kommand. General:	Gen. d. Art. Weidling
	Chef d. Gen.St.:	Oberst i. G. Berger
	1. Gen.St.Offz. (Ia):	Major i. G. v. d. Sode
	Adjutant (IIa):	Major Engelien
XXXXII. A.K. (z. b. V.)		
	Kommand. General:	Gen.Lt. Recknagel (m. F. b.)
	Chef d. Gen.St.:	Oberst i. G. Franz
	1. Gen.St.Offz. (Ia):	Major i. G. Frhr. v. [v. u. z.] Egloffstein
	Adjutant (IIa):	Obstlt. Geissler [Geißler]
XXXXIII. A.K.	Kommand. General:	Gen. d. Inf. Boege
	Chef d. Gen.St.:	Oberst i. G. Hetzel
	1. Gen.St.Offz. (Ia):	Major i. G. Lang
	Adjutant (IIa):	Major Seeger
XXXXIV. A.K.	Kommand. General:	Gen. d. Inf. Müller (Ludwig)
	Chef d. Gen.St.:	Oberst i. G. Macher
	1. Gen.St.Offz. (Ia):	Major i. G. Rödiger,
		kdt. Obstlt. [i. G.] Müller (Josef)
	Adjutant (IIa):	Obstlt. Hölscher
XXXXVI. Pz.A.K.	Kommand. General:	Gen. d. Inf. Schulz
	Chef d. Gen.St.:	Oberst i. G. Müller-Hillebrand
	1. Gen.St.Offz. (Ia):	Major i. G. v. Heuduck
	Adjutant (IIa):	Obstlt. d. R. Reckleben
XXXXVII. Pz.A.K.	Kommand. General:	Gen. d. Pz.Tr. Frhr. v. Funck
	Chef d. Gen.St.:	Oberst i. G. Reinhard
	1. Gen.St.Offz. (Ia):	Major i. G. Müller
	Adjutant (IIa):	Major v. Gustke
XXXXVIII. Pz.A.K.	Kommand. General:	Gen. d. Pz.Tr. Balck
	Chef d. Gen.St.:	Oberst i. G. v. Mellenthin
	1. Gen.St.Offz. (Ia):	Major i. G. v. Maltzahn [v. Maltzan,
		Frhr. zu Wartenberg u. Penzlin]
	Adjutant (IIa):	Major Pramann
XXXXIX. Geb.A.K.	Kommand. General:	Gen. d. Art. Hartmann
	Chef d. Gen.St.:	Oberst i. G. v. Einem
	1. Gen.St.Offz. (Ia):	Major i. G. Leeb
	Adjutant (IIa):	Major Kopp
L. A.K.	Kommand. General:	Gen. d. Inf. Wegener
	Chef d. Gen.St.:	Obstlt. i. G. Richter
	1. Gen.St.Offz. (Ia):	Major i. G. Frhr. Loeffelholz v. Colberg
	Adjutant (IIa):	Major Rohde
LI. Geb. A.K.	Kommand. General:	Gen. d. Geb.Tr. Feurstein
	Chef d. Gen.St.:	Oberst i. G. Graf v. Klinckowstroem
	1. Gen.St.Offz. (Ia):	Major i. G. Burchardt
	Adjutant (IIa):	Obstlt. Kortenhaus
LII. A.K.	Kommand. General:	Gen. d. Inf. Buschenhagen
	Chef d. Gen.St.:	Oberst i. G. Ehlert
	1. Gen.St.Offz. (Ia):	Major i. G. Distel
	Adjutant (IIa):	Obstlt. Frhr v. Erffa

21 Rangliste

LIII. A.K.

Kommand. General:	Gen. d. Inf. Gollwitzer
Chef d. Gen.St.:	Oberst i. G. Schmidt
1. Gen.St.Offz. (Ia):	Major i. G. Meinel
Adjutant (IIa):	Obstlt. Thöle

LIV. A.K.   siehe Armeeabt. Narwa

LV. A.K.

Kommand. General:	Gen. d. Inf. Herrlein
Chef d. Gen.St.:	Oberst i. G. Hölz
1. Gen.St.Offz. (Ia):	Major i. G. Frhr. v. Schönau-Wehr
Adjutant (IIa):	Obstlt. Seydel

LVI. Pz.A.K.

Kommand. General:	Gen. d. Inf. Hoßbach
Chef d. Gen.St.:	Oberst i. G. v. Bonin
1. Gen.St.Offz. (Ia):	Major i. G. Heitzmann
Adjutant (IIa):	Major d. R. Millhoff

LVII. Pz.A.K.

Kommand. General:	Gen. d. Pz.Tr. Kirchner
Chef d. Gen.St.:	Oberst i. G. Laegeler
1. Gen.St.Offz. (Ia):	Major i. G. v. Schultzendorff
Adjutant (IIa):	Obstlt. d. R. Garke

LIX. A.K.

Kommand. General:	Gen.Lt. Röhricht (m. F. b.)
Chef d. Gen.St.:	Oberst i. G. Berendsen
1. Gen.St.Offz. (Ia):	Major i. G. Haack
Adjutant (IIa):	Major [Le Tanneux] v. Saint-Paul

LXV. A.K. (z. b. V.)

Kommand. General:	Gen. d. Art. z. V. Heinemann
Chef d. Gen.St.:	—
1. Gen.St.Offz. (Ia):	Obstlt. i. G. Niemeyer
Adjutant (IIa):	Hptm. d. R. Zuckermandel gen. Bassermann

LXVII. A.K.

Kommand. General:	Gen. d. Inf. Fischer v. Weikersthal
Chef d. Gen.St.:	Oberst i. G. Schäfer
1. Gen.St.Offz. (Ia):	Major i. G. Gerber
Adjutant (IIa):	Obstlt. Wigger

LXVIII. A.K.

Kommand. General:	Gen. d. Fl. Felmy
Chef d. Gen.St.:	Oberst i. G. Görhardt
1. Gen.St.Offz. (Ia):	Major i. G. Weyer
Adjutant (IIa):	Obstlt. v. Gal

LXIX. A.K. (z. b. V.)

Kommand. General:	Gen. d. Geb.Tr. Ringel
Chef d. Gen.St.:	Oberst z. V. i. G. Steinbeck
1. Gen.St.Offz. (Ia):	Major i. G. Esche
Adjutant (IIa):	Obstlt. d. R. Stöhr

LXX. A.K.

Kommand. General:	Gen. d. Art. Tittel
Chef d. Gen.St.:	Oberst d. R. i. G. Wunderlich
1. Gen.St.Offz. (Ia):	Major i. G. Dittrich
Adjutant (IIa):	Major d. R. Schander

LXXI. A.K.

Kommand. General:	Gen. d. Art. Moser
Chef d. Gen.St.:	Oberst i. G. v. Watzdorf
1. Gen.St.Offz. (Ia):	Major i. G. Frey
Adjutant (IIa):	Hptm. d. R. Steinhoff

LXXII. A.K. (z.b.V.)

Kommand. General:	Gen. d. Inf. v. Förster
Chef d. Gen.St.:	Oberst i. G. Müller (Werner)
1. Gen.St.Offz. (Ia):	Major i. G. Jentsch
Adjutant (IIa):	Major d. R. Samwer

LXXIV. A.K. (bodstg.) Kommand. General: Gen. d. Inf. Straube
Chef d. Gen.St.: Oberst i. G. Zoeller
1. Gen.St.Offz. (Ia): Major i. G. Prinz zu Schleswig-Holstein
[-Glücksburg]
Adjutant (IIa): Major d. R. v. Zeschau

LXXV. A.K. (z. b. V.) Kommand. General: Gen. d. Inf. Dostler
Chef d. Gen.St.: Oberst i. G. Krähe [Kraehe]
1. Gen.St.Offz. (Ia.): Major i. G. Köpper
Adjutant (IIa): Major d. R. Schmidt (Kurt)

LXXVI. Pz.A.K. Kommand. General: Gen. d. Pz.Tr. Herr
Chef d. Gen.St.: Oberst i. G. Runkel
1. Gen.St.Offz. (Ia): Major i. G. v. Claer
Adjutant (IIa): Obstlt. Martini

LXXX. A.K. Kommand. General: Gen. d. Art. Gallenkamp
Chef d. Gen.St.: Oberst i. G. Köstlin
1. Gen.St.Offz. (Ia): Obstlt. z. V. i. G. Fiedler
Adjutant (IIa): Obstlt. d. R. Freytag

LXXXI. A.K. Kommand. General: Gen. d. Pz.Tr. Kuntzen
Chef d. Gen.St.: Oberst i. G. Wiese
1. Gen.St.Offz. (Ia): Major i. G. Schneider
Adjutant (IIg): Major v. Rettberg

LXXXII. A.K. Kommand. General: Gen. d. Art. Sinnhuber
Chef d. Gen.St.: Oberst i. G. Frhr. v. Gersdorff
1. Gen.St.Offz. (Ia): Major i. G. v. Mitzlaff
Adjutant (IIa): Major d. R. Niebuhr

LXXXIV. A.K. Kommand. General: — [Gen. d. Art. Marcks († 12. 6. 44), danach
Gen.Lt. v. Choltitz (m. F. b.)]
Chef d. Gen.St.: Obstlt. i. G. v. Criegern
1. Gen.St.Offz. (Ia): Major i. G. Viebig
Adjutant (IIg): Major d. R. Gumprecht

LXXXVI. A.K. Kommand. General: Gen. d. Inf. v. Obstfelder
Chef d. Gen.St.: Oberst d. R. i. G. v. Wissmann
1. Gen.St.Offz. (Ia): Major i. G. Carganico
Adjutant (IIa): Major d. R. Livonius

LXXXVII. A.K. Kommand. General: Gen. d. Inf. v. Zangen
Chef d. Gen.St.: Oberst i. G. Nagel
1. Gen.St.Offz. (Ig): Major i. G. v. Keller
Adjutant (IIa): Major d. R. Langsdorff (m. W. b.)

LXXXVIII. A.K. Kommand. General: Gen. d. Inf. Reinhard
Chef d. Gen.St.: Oberst d. R. i. G. Eichert-Wiersdorff
1. Gen.St.Offz. (Ia): Major i. G. Siefart
Adjutant (IIa): Major d. R. z. V. Graf v. Plessen-Cronstern

LXXXIX. A.K. Kommand. General: Gen. d. Inf. Frhr. v. u. z. Gilsa
Chef d. Gen.St.: Oberst i. G. Ulrich
1. Gen.St.Offz. (Ia): Major i. G. Karbe
Adjutant (IIa): Obstlt. Reckleben

Gruppe Kniess Kommand. General: Gen. d. Inf. Kniess [Knieβ]
Chef d. Gen.St.: Oberst i. G. Behle
1. Gen.St.Offz. (Ia): Major i. G. Becker (Hans-Jürgen)
Adjutant (IIa): Obstlt. Meissner

21*

Kavallerie-Korps   Kommand. General: Gen.Lt. Harteneck (m. F. b.)
                      Chef d. Gen.St.:   Obstlt. i. G. Kniess [v. Kleist]
                      1. Gen.St.Offz. (Ia): Major i. G. Hoepner
                      Adjutant (IIa):   Major Graf Pilati [v.] Thassul zu Daxberg

Reserve-Generalkommandos

LVIII. Res.Pz.A.K.   Kommand. General: Gen. d. Pz.Tr. Krüger
                      Chef d. Gen.St.:   Oberst i. G. Dingler
                      1. Gen.St.Offz. (Ia): Major i. G. Beck
                      Adjutant (IIa):   Obstlt. v. Wehren

LXII. Res.A.K.   Kommand. General: Gen. d. Inf. Neuling
                      Chef d. Gen.St.:   Oberst i. G. Meinshausen
                      1. Gen.St.Offz. (Ia): Major Lademann
                      Adjutant (IIa):   Major d. R. Fischer (Karl)

LXIV. Res.A.K.   Kommand. General: Gen. d. Pi. Sachs
                      Chef d. Gen.St.:   Obstlt. i. G. Bahr
                      1. Gen.St.Offz. (Ia): Major i. G. Schuster
                      Adjutant (IIa):   Major d. R. v. Eichborn

LXVI. Res.A.K.   Kommand. General: Gen. d. Art. Lucht
                      Chef d. Gen.St.:   Obstlt. i. G. Siebert
                      1. Gen.St.Offz. (Ia): Major Klamroth
                      Adjutant (IIa):   Obstlt. Eckoldt

Korps-Abteilungen

Korpsabt. „A"   Gen.Maj. Drekmann
                     Ia: Obstlt. i. G. Hofmann
                     IIa: Major Zimbelius

Korpsabt. „C"   Gen.Maj. Lange
                     Ia: Obstlt. i. G. v. Prittwitz und Gaffron
                     IIa: Major Braun

Korpsabt. „D"   Gen.Lt. Müller (Vincenz)
                     Ia: Major i. G. Schütze
                     IIa: Major v. Zahn

Korpsabt. „E"   Gen.Lt. Felzmann
                     Ia: Major i. G. v. Oertzen
                     IIa: Hptm. d. R. Köhl

Korpsabt. „F"   Gen.Maj. Tronnier
                     Ia: Major i. G. Prahst
                     IIa: Major v. Uechtritz und Steinkirch

Militärbefehlshaber usw.

Mil.Befh. Frankreich   Befehlshaber: Gen. d. Inf. v. Stülpnagel
Chef des Stabes: Oberst i. G. v. Linstow
Ia: Obstlt. i. G. Schwanbeck
IIa: Oberst v. Scheven

Mil.Befh. Belgien und Nordfrankreich
Befehlshaber: Gen. d. Inf. z. V. v. Falkenhausen
Chef des Stabes: Gen.Maj. Heider
Ia: Oberst z. V. i. G. Köthe,
kdt. Obstlt. z. V. i. G. van d. Briele
IIa: Major d. R. v. Metzler

Befh. im H.Geb. Südfrankreich
Befehlshaber: Gen.Lt. z. V. Niehoff
Chef des Stabes: —
Ia: —
IIa: Major d. R. Strack

Befh. i. Bezirk Nordwestfrankreich
Befehlshaber: Gen. d. Inf. Vierow
Chef des Stabes: Oberst [z. V.] i. G. v. Oertzen
Ia: —
IIa: Major v. Grolmann

Befh. i. Bezirk Südwestfrankreich
Befehlshaber: Gen. d. Kav. Feldt
Chef des Stabes: —
Ia: —
IIa: Major d. R. Frhr. v. d. Goltz

Befh. i. Bezirk Nordostfrankreich
Befehlshaber: Gen.Lt. Hederich
Chef des Stabes: —
Ia: ◄
IIa: Obstlt. Koeppel

Wehrm.Befh. i. d. Niederlanden
Befehlshaber: Gen. d. Fl. Christiansen
Chef des Stabes: Gen.Lt. d. Lw. [v.] Wühlisch
Ia: Oberst i. G. v. Müller (Leon.)
IIa: Obstlt. d. R. Schulze

Wehrm.Befh. in Dänemark u. Befh. d. dt. Tr. d. Heeres
Befehlshaber: Gen. d. Inf. v. Hanneken
Chef des Stabes: Oberst i. G. v. Collani
Ia: Major i. G. Toepke
IIa: Major d. R. v. Münchow

Wehrm.Befh. Ostland Befehlshaber: Gen. d. Pz.Tr. Kempf
                  Chef des Stabes: Gen.Maj. d. Lw. Vodepp
                  Ia: Obstlt. d. R. Schallehn
                  IIa: Obstlt. d. R. Sellin

Wehrm.Befh. Ukraine Befehlshaber: Gen. d. Fl. Kitzinger
                  Chef des Stabes: —
                  Ia: Obstlt. Gais [Oberst *Gais* oder Obstlt. *Geis*?]
                  IIa: —

Mil.Befh. Südost Befehlshaber: Gen. d. Inf. Felber
                  Chef des Stabes: Gen.Maj. d. R. Ritter v. Geitner
                  Ia: Major d. R. Stieger
                  IIa: Major d. R. Ingensiep

Mil.Befh. Griechenland Befehlshaber: Gen.Lt. d. Lw. Scheurlen
                  Chef des Stabes: —
                  Ia: Major z. V. Mühlmann
                  IIa: —

Befh. Venetian. Küste Befehlshaber: Gen. d. Inf. Witthöft
                  Chef des Stabes: Oberst z. V. i. G. Gericke
                  Ia: Major i. G. Oesterle
                  IIa: Obstlt. Siersleben

Befh. i. d. Op. Zone Alpenvorland (Mil.Kdtr. 1010)
                  Befehlshaber: Oberst Frhr. v. Schleinitz
                  Chef des Stabes: —
                  Ia: —
                  IIa: —

Befh. i. d. Op.Zone Adriat. Küstenland
                  Befehlshaber: Gen. d. Geb.Tr. Kübler
                  Chef des Stabes: Oberst z. V. i. G. Bennecke
                  Ia: Obstlt. z. V. i. G. Wittstein
                  IIa: Obstlt. Karbe

Befh. i. d. Op.Zone Nordwest-Alpen
                  in Personalunion mit AOK 14

Bev. General d. dt. Wehrm. i. Italien
                  Befehlshaber: Gen. d. Inf. Toussaint
                  Chef des Stabes: Oberst i. G. Haas
                  Ia: Obstlt. Schmidt v. Altenstadt
                  IIa: Major Weisel

Bev. General d. dt. Wehrm. i. Ungarn
                  Befehlshaber: Gen. d. Inf. v. Greiffenberg
                  Chef des Stabes: Oberst i. G. Jessel
                  Ia: Major i. G. Lindenau
                  IIa: —

Dt. Gen. b. Ob.Kdo. d. Finn. Wehrmacht
                  Befehlshaber: Gen. d. Inf. Erfurth
                  Chef des Stabes: —
                  Ia: Obstlt. z. V. i. G. Liesner
                  IIa: Major d. R. Seydel

Dt. Bev. General in Albanien

Befehlshaber:	Gen.Lt. Gullmann
Chef des Stabes:	—
Ia:	Major d. R. Frhr. v. Thüngen
IIa:	Obstlt. Trost

Dt. Bev. General in Kroatien

Befehlshaber:	Gen. d. Inf. z. V. Glaise-Horstenau
Chef des Stabes:	Oberst d. R. v. Selchow
Ia:	—
IIa:	Hptm. d. R. z. V. Wallner

Dt. Bev. Gen. b. Ob.Kdo. d. kgl. rum. Wehrm. zugl. Chef d. dt. Heeresmission i. Rumänien

Befehlshaber:	Gen. d. Kav. Hansen (Erik)
Chef des Stabes:	Oberst i. G. Dietl
Ia:	Obstlt. i. G. Roestel
IIa:	Obstlt. d. R. v. Oertzen

Chef d. dt. Heeresmission i. d. Slowakei

Befehlshaber:	Gen.Lt. Schlieper
Chef des Stabes:	—
Ia:	—
IIa:	Major d. R. Lorenz-Meyer

Chef d. dt. Militärmission Bulgarien

Befehlshaber:	Gen. d. Inf. Schneckenburger
Chef des Stabes:	Oberst i. G. [Gen.Maj.] Gäde
Ia:	Obstlt. i. G. v. Zawadsky
IIa:	Obstlt. [d. R. ?] v. Rhade

Befh. d. dt. Tr. i. Nordrumänien

Befehlshaber:	Gen. d. Inf. v. Both
Chef des Stabes:	Oberst [d. R.] i. G. Gillhausen
Ia:	Obstlt. Jahn
IIa:	Hptm. d. R. Rottendorf

Wehrm.Befh. Weißruthenien

Befehlshaber:	Gen. d. Kav. Graf v. Rothkirch u. Trach
Chef des Stabes:	Oberst i. G. v. Raesfeld
Ia:	Obstlt. Kreidel
IIa:	Obstlt. Schönwald

Auffr.Stab Ost

Befehlshaber:	Gen.Lt. Haarde (m. F. b.)
Chef des Stabes:	—
Ia:	Oberst z. V. i. G. Sartorius
IIa:	Obstlt. Janowski

Kommandant der Festung Kreta

Befehlshaber:	Gen.Lt. Müller (Fr.-W.)
Chef des Stabes:	Oberst i. G. v. d. Chevallerie
Ia:	Obstlt. i. G. v. Hinkeldey
IIa:	Major Schmidt (Hugo)

Generale in sonstigen F-Stellen

Chef d. Ausb.Wesens im Ersatzheer	Gen. d. Pi. Kuntze
Chef Allg. Heeresamt, zugleich Chef Wehrersatzamt	Gen. d. Inf. Olbricht
Chef d. Heeresverwaltungsamts	Gen. d. Art. Osterkamp
Chef d. Heereswaffenamts	Gen. d. Art. Leeb
Chef d. Wehrwirtschaftsstabes Ost	Gen. d. Inf. Stapf
Chef d. Wehrwirtschaftsstabes West	Gen.Maj. Becht
Chef d. Wehrmachtzentralamts	Gen.Lt. Winter
Heeres-Feldzeugmeister	Gen. d. Art. Keiner
Chef Allgemeines Wehrmachtsamt	Gen. d. Inf. Reinecke
Chef d. Rüst.Amts i. Min. f. Bew. u. Mun.	Gen.Lt. Waeger
General des Heeres b. Reichsmarschall und Ob. d. L.	Gen.Lt. Grimmeiß

Stellvertretende Generalkommandos

I Königsberg/Pr.　　Stellv. Kom.Gen.:　Gen. d. Art. Wodrig
　　　　　　　　　　Chef d. Gen.St.:　Gen.Maj. v. Thadden
　　　　　　　　　　1. Gen.St.Offz.(Ia):　Obstlt. Erdmann
　　　　　　　　　　Adjutant (IIa):　Oberst Kandt

II Stettin　　　　Stellv. Kom.Gen.:　Gen. d. Inf. Kienitz
　　　　　　　　　　Chef d. Gen.St.:　Oberst i. G. Staudinger
　　　　　　　　　　1. Gen.St.Offz. (Ia):　Major i. G. Schubert
　　　　　　　　　　Adjutant (IIa):　Oberst Schroeder

III Berlin　　　　Stellv. Kom.Gen.:　Gen. d. Inf. v. Kortzfleisch
　　　　　　　　　　Chef d. Gen.St.:　Gen.Maj. Herfurth
　　　　　　　　　　1. Gen.St.Offz. (Ia):　—
　　　　　　　　　　Adjutant (IIa):　Oberst v. Wiese u. Kaiserswaldau

IV. Dresden　　　Stellv. Kom.Gen.:　Gen. d. Inf. v. Schwedler
　　　　　　　　　　Chef d. Gen.St.:　Gen.Maj. Kirchenpauer v. Kirchdorff
　　　　　　　　　　1. Gen.St.Offz. (Ia):　Obstlt. i. G. Bühlmann
　　　　　　　　　　Adjutant (IIa):　Oberst Sommerlad

V Stuttgart　　　Stellv. Kom.Gen.:　Gen. d. Pz.Tr. Veiel
　　　　　　　　　　Chef d. Gen.St.:　Oberst i. G. Adam
　　　　　　　　　　1. Gen.St.Offz. (Ia):　Oberst i. G. Steiger
　　　　　　　　　　Adjutant (IIa):　Oberst v. Tümpling

VI Münster　　　Stellv. Kom.Gen.:　Gen. d. Inf. Mattenklott
　　　　　　　　　　Chef d. Gen.St.:　Gen.Lt. Faeckenstedt
　　　　　　　　　　1. Gen.St.Offz. (Ia):　Oberst i. G. Kuhn
　　　　　　　　　　Adjutant (IIa):　Oberst v. Issendorf

VII München　　Stellv. Kom.Gen.:　Gen. d. Inf. Kriebel
　　　　　　　　　　Chef d. Gen.St.:　Oberst Ulich
　　　　　　　　　　1. Gen.St.Offz. (Ia):　Obstlt. Grosser
　　　　　　　　　　Adjutant (IIa):　Oberst Fritz

VIII Breslau　　Stellv. Kom.Gen.:　Gen. d. Kav. Koch-Erpach
　　　　　　　　　　Chef d. Gen.St.:　Gen.Maj. Frhr. Rüdt v. Collenberg
　　　　　　　　　　1. Gen.St.Offz. (Ia):　Major i. G. Roos
　　　　　　　　　　Adjutant (IIa):　Oberst Bergener

IX Kassel　　　Stellv. Kom.Gen.:　Gen. d. Inf. Schellert
　　　　　　　　　　Chef d. Gen.St.:　Oberst i. G. v. Plate
　　　　　　　　　　1. Gen.St.Offz. (Ia):　Oberst i. G. v. Vethacke
　　　　　　　　　　Adjutant (IIa):　Oberst Reutter

X Hamburg

Stellv. Kom.Gen.:	Gen d. Inf. Wetzel
Chef d. Gen.St.:	Gen.Maj. Prüter
1. Gen.St.Offz. (Ia):	Oberst i. G. Ruppert
Adjutant (IIa):	Oberst Völckers

XI Hannover

Stellv. Kom.Gen.:	Gen. d. Inf. Bieler
Chef d. Gen.St.:	Oberst [Gen.Maj.] Kütt
1. Gen.St.Offz. (Ia):	Oberst z. V. i. G. Kroeger
Adjutant (IIa):	Oberst Uhrhahn

XII Wiesbaden

Stellv. Kom.Gen.:	Gen. d. Inf. Schroth
Chef d. Gen.St.:	Gen.Maj. Gerlach
1. Gen.St.Offz. (Ia):	Obstlt. i. G. Schall [?]
Adjutant (IIa):	Oberst Kober

XIII Nürnberg

Stellv. Kom.Gen.:	Gen. d. Inf. Wiktorin
Chef d. Gen.St.:	Oberst z. V. i. G. Kolbe
1. Gen.St.Offz. (Ia):	Major Oppenländer
Adjutant (IIa):	Oberst Liphart

XVII Wien

Stellv. Kom.Gen.:	Gen. d. Inf. Schubert
Chef d. Gen.St.:	Oberst z. V. i. G. Kodré
1. Gen.St.Offz. (Ia):	Major Stather
Adjutant (IIa):	Oberst Dyes

XVIII Salzburg

Stellv. Kom.Gen.:	Gen. d. Geb.Tr. Böhme
Chef d. Gen.St.:	Oberst i. G. Frhr. v. Salza u. Lichtenau
1. Gen.St.Offz. (Ia):	Obstlt. Rendel
Adjutant (IIa):	Oberst Ryll

XX Danzig

Stellv. Kom.Gen.:	Gen. d. Inf. Keitel
Chef d. Gen.St.:	Oberst i. G. Saal
1. Gen.St.Offz. (Ia):	Major z. V. Heymann
Adjutant (IIa):	Oberst Helling

XXI Posen

Stellv. Kom.Gen.:	Gen. d. Art. Petzel
Chef d. Gen.St.:	Oberst i. G. Hassenstein
1. Gen.St.Offz. (Ia):	Obstlt. z. V. Prinz Reuss
Adjutant (IIa):	Oberst v. d. Schulenburg

Wehrm.Bev. b. Reichsprot. u. Befh. i. W.K. Böhmen u. Mähren, Prag

Stellv. Kom.Gen.:	Gen. d. Pz.Tr. Schaal
Chef d. Gen.St.:	Gen.Maj. d. Lw. Ziervogel
1. Gen.St.Offz. (Ia):	Oberst z. V. i. G. Engelschall
Adjutant (IIa):	Oberst v. Proeck

Wehrkreisbefh. im Gen.Gouvernement

Stellv. Kom.Gen.:	Gen. d. Inf. z. V. Haenicke
Chef d. Gen.St.:	Gen.Maj. Bork
1. Gen.St.Offz. (Ia):	Obstlt. z. V. [i. G.] Roedenbeck
Adjutant (IIa):	Oberst Meinardus

Stellenbesetzung der Divisionen

Infanterie-Divisionen

1.	Gen.Lt.	v. Krosigk
6.	Gen.Lt.	Heyne
7.	Gen.Lt.	v. Rappard
9.	Gen.Lt.	Hofmann
11.	Gen.Lt.	Reymann
12.	Gen.Lt.	Bamler
14.	Gen.Lt.	Flörke
15.	Gen.Maj.	Sperl
17.	Gen.Lt.	Zimmer
21.	Gen.Lt.	Foertsch
22.	Gen.Lt.	Friebe
23.	Gen.Lt.	Chales de Beaulieu
24.	Gen.Lt.	Versock
26.	Gen.Lt.	de Boer
30.	Gen.Lt.	Hasse
31.	Gen.Maj.	Ochsner
32.	Gen.Lt.	Boeckh-Behrens
34.	Gen.Lt.	Lieb
35.	Gen.Lt.	Richert
36.	Gen.Maj.	Conrady
45.	Gen.Maj.	Engel
46.	Gen.Lt.	Roepke [Röpke]
50.	Gen.Maj.	Hohn
57.	Gen.Maj.	Trowitz
58.	Gen.Lt.	Siewert
61.	Gen.Lt.	Krappe
65.	Gen.Maj.	Pfeifer
68.	Gen.Maj.	Scheuerpflug
69.	Gen.Maj.	Rein
71.	Gen.Lt.	Raapke
72.	Oberst	Arning (m. F. b.)
73.	Gen.Lt.	Franek
75.	Gen.Lt.	Beukemann
76.	Gen.Lt.	Abraham
77.	Gen.Maj.	Stegmann
78.	(Sturm-Div.)	
	Gen.Lt.	Traut
79.	Gen.Maj.	Weinknecht
81.	Gen.Lt.	Lübbe
83.	Gen.Maj.	Heun
84.	Gen.Lt.	Menny
85.	Gen.Lt.	Chill
87.	Gen.Maj.	Frhr. v. Strachwitz
88.	Gen.Maj.	Graf v. Rittberg
89.	Gen.Lt.	Heinrichs

91.	(L. L.)	
	Oberst	König (m. F. b.)
92.	Gen.Lt.	Goeritz
93.	Gen.Maj.	Löwrick
94.	Gen.Lt.	Steinmetz
95.	Gen.Maj.	Michaelis
96.	Gen.Lt.	Wirtz
98.	Gen.Maj.	Reinhardt
102.	Gen.Maj.	v. Bercken
106.	Gen.Maj.	v. Rekowski
110.	Gen.Lt.	v. Kurowski
121.	Gen.Lt.	Priess
122.	Gen.Maj.	Breusing
126.	Gen.Maj.	Fischer [1.3.44 (15)]
129.	Gen.Maj.	v. Larisch
131.	Gen.Maj.	Weber
132.	Gen.Maj.	Wagner
134.	Gen.Lt.	Philipp
162.	(turk.)	
	Gen.Maj.	v. Heygendorff
163.	Gen.Lt.	Rübel
168.	Gen.Maj.	Schmidt-Hammer
169.	Gen.Maj.	Radziej
170.	Gen.Maj.	Haß
181.	Gen.Lt.	Fischer [1.4.43 (10a)]
196.	Gen.Maj.	Moehring
197.	Gen.Lt.	Wößner
198.	Gen.Maj.	Richter
199.	Gen.Maj.	Wißmath
205.	Gen.Maj.	v. Mellenthin
206.	Gen.Lt.	Hitter
208.	Gen.Lt.	Piekenbrock
210.	Gen.Maj.	Ebeling
211.	Gen.Lt.	Eckhardt
212.	Gen.Maj.	Sensfuß
214.	Gen.Maj.	v. Kirchbach
215.	Gen.Lt.	Frankewitz
218.	Gen.Lt.	Lang
225.	Gen.Lt.	Risse
227.	Gen.Lt.	Berlin
230.	Gen.Lt.	Menkel
243.	Gen.Lt.	Hellmich
246.	Gen.Maj.	Mueller-Bülow
252.	Gen.Lt.	Melzer
253.	Gen.Lt.	Becker [1.10.43 (13)]

Infanterie-Divisionen

254.	Gen.Maj.	Thielmann
256.	Gen.Maj.	Wüstenhagen
257.	Gen.Lt.	Frhr. v. Mauchenheim gen. Bechtolsheim
258.	Gen.Maj.	Bleyer
260.	Gen.Maj.	Klammt
263.	Gen.Maj.	Sieckenius
267.	Gen.Lt.	Drescher
269.	Gen.Maj.	Wagner [1. 2. 44 (13a)]
270.	Gen.Lt.	Brabänder
271.	Gen.Lt.	Danhauser
272.	Gen.Lt.	Schack
275.	Gen.Lt.	Schmidt (Hans)
276.	Gen.Lt.	Badinski
277.	Gen.Lt.	Praun
278.	Gen.Lt.	Hoppe
280.	Gen.Lt.	v. Beeren
282.	Gen.Maj.	Frenking
290.	Gen.Maj.	Henke
291.	Gen.Maj.	Eckholdt [Eckholt]
292.	Gen.Lt.	John
294.	Gen.Maj.	v. Eichstedt
295.	Gen.Lt.	Dinter
296.	Gen.Lt.	Kullmer
297.	Gen.Lt.	Baier
299.	Gen.Lt.	Graf v. Oriola
302.	Gen.Maj.	v. Bogen
304.	Gen.Lt.	Sieler
305.	Gen.Lt.	Hauck
306.	Gen.Lt.	Koehler
320.	Gen.Lt.	Postel
326.	Gen.Lt.	v. Drabich-Waechter
329.	Gen.Lt.	Mayer [1. 2. 43 (5)]
331.	Gen.Maj.	Furbach
334.	Gen.Maj.	Böhlke
335.	Gen.Lt.	Rasp
337.	Gen.Lt.	Schünemann
340.	Gen.Maj.	Ehrig
342.	Gen.Maj.	Nickel
344.	Gen.Lt.	Schwalbe
346.	Gen.Lt.	Diestel
349.	Gen.Lt.	Lasch
352.	Gen.Lt.	Kraiß
353.	Gen.Maj.	[Gen.Lt.] Mahlmann
356.	Gen.Lt.	Faulenbach
357.	Oberst	Holm (m. F. b.)
359.	Gen.Lt.	Arndt
361.	Gen.Lt.	Frhr. v. Schleinitz
362.	Gen.Lt.	Greiner
363.	Gen.Lt.	Dettling
367.	Oberst	Fischer (m. F. b.)
369.	(kroat.) Gen.Lt.	Neidholdt
370.	Gen.Maj.	Graf v. Hülsen
371.	Gen.Lt.	Niehoff
373.	(kroat.) Gen.Lt.	Aldrian
376.	Gen.Maj.	Schwarz
383.	Gen.Lt.	Hoffmeister
384.	Gen.Lt.	de Salengre-Drabbe
389.	Gen.Lt.	Hahm
392.	(kroat.) Gen.Lt.	Mickl
416.	Gen.Lt.	Pflieger
702.	Gen.Lt.	Edelmann
707.	Gen.Maj.	Gihr
710.	Gen.Lt.	Petsch
Reichsgren.Div. „Hoch- u. Deutschmeister" Gen.Lt.		Ortner

Panzer-Grenadier-Divisionen

3.	Gen.Lt.	v. Rost
10.	Gen.Lt.	Schmidt [(August)]
15.	Gen.Lt.	Rodt
18.	Gen.Lt.	Zutavern
20.	Gen.Lt.	Jauer
25.	Gen.Maj.	Schürmann
29.	Gen.Lt.	Fries
90.	Gen.Maj.	Baade
715.	I.D. (beh. mot.) Gen.Maj.	Hildebrandt
„Groß-Deutschland" Gen.Lt.		v. Manteuffel
„Feldherrnhalle" Gen.Maj.		v. Steinkeller

Panzer-Divisionen

1.	Gen.Maj.	Marcks
2.	Gen.Lt.	Frhr. v. Lüttwitz [(Heinr.)]
3.	Gen.Lt.	Philipps
4.	Oberst	Betzel (m. F. b.)
5.	Gen.Maj.	Decker
6.	Gen.Lt.	[Frhr.] v. Waldenfels
7.	Gen.Maj.	Mauss
8.	Gen.Maj.	Friebe
9.	Gen.Maj.	Jolasse
11.	Gen.Maj.	v. Wietersheim
12.	Gen.Lt.	Frhr. v. Bodenhausen
13.	Gen.Lt.	Tröger

Panzer-Divisionen

14. Gen.Maj. Unrein	**24.** Gen.Lt. Reichsfrhr. v. Edelsheim
16. Gen.Maj. Back	**25.** Gen.Maj. Grolig
17. Gen.Maj. v. d. Meden	**26.** Gen.Lt. Frhr. v. Lüttwitz (Smilo)
19. Gen.Maj. Källner	**116.** Gen.Lt. Graf v. Schwerin
20. Gen.Lt. v. Kessel	**Pz. Lehr-Div.**
21. Gen.Maj. Feuchtinger	Gen.Lt. Bayerlein
23. Gen.Maj. Kraeber	

Jäger-Divisionen

5. Gen.Lt. Thumm	**101.** Gen.Lt. Vogel
8. Gen.Lt. Volckamer von Kirchen-	**104.** Gen.Lt. v. Ludwiger
sittenbach	**114.** Gen.Maj. Bourquin
28. Gen.Maj. Heistermann v. Ziehlberg	**117.** Gen.Lt. v. Le Suire
42. Gen.Maj. Jost	**118.** Gen.Lt. Kübler
97. Gen.Maj. Rabe v. Pappenheim	**1. Ski-Jäg.Div.**
100. Gen.Lt. Utz	Oberst Berg (m. F. b.)

Gebirgs-Divisionen

1. Gen.Lt. Stettner Ritter v. Graben-	**4.** Gen.Lt. Breith
hofen	**5.** Gen.Maj. Schrank
2. Gen.Maj. Degen	**6.** Gen.Lt. Philipp
3. Gen.Lt. Wittmann	**7.** Gen.Lt. Krakau

Feldausbildungs-Divisionen

153. Gen.Lt. Bayer	**„Nord"**
390. Gen.Lt. Bergen	Gen.Lt. Pflugbeil

Lw. Feld-Divisionen

4. Gen.Lt. Pistorius	**17.** Gen.Lt. Höcker
6. Gen.Lt. Peschel	**18.** Gen.Lt. v. Tresckow
11. Gen.Maj. Kohler	**19.** Gen.Lt. Baeßler [1.1.44 (4)]
12. Gen.Maj. Weber	**20.** Gen.Maj. Crisolli
14. Gen.Maj. [Gen.Lt.] Lohmann	**21.** Gen.Lt. Licht
16. Gen.Maj. Sievers	

Sicherungs-Divisionen

52. Gen.Maj. Newiger	**285.** Gen.Lt. Adolph-Auffenberg-
201. Gen.Lt. Jacobi	Komarów
203. Gen.Lt. Pilz	**286.** Gen.Maj. Oschmann
207. Gen.Maj. Graf v. Schwerin	**325.** Gen.Lt. Frhr. v. Boineburg-
213. Gen.Lt. Lendle	Lengsfeld
281. Gen.Lt. v. Stockhausen	**391.** Gen.Lt. Baron Digeon v. Monteton
	454. Gen.Maj. Nedtwig

Bodenständige Divisionen

47.	Gen.Lt.	Elfeldt	319.	Gen.Lt.	Graf v. Schmettow
48.	Gen.Lt.	Casper	338.	Gen.Lt.	de L'Homme des Courbière
49.	Gen.Lt.	Macholz	343.	Gen.Lt.	Rauch
70.	Gen.Maj.	Daser	347.	Gen.Lt.	Trierenberg
242.	Gen.Lt.	Baeßler [1.2.44 (1)]	348.	Gen.Lt.	Seyffardt
244.	Gen.Lt.	Schaefer	708.	Gen.Lt.	[z. V.] Wilck
245.	Gen.Lt.	Sander	709.	Gen.Lt.	v. Schlieben
264.	Gen.Lt.	Gareis	711.	Gen.Lt.	Reichert
265.	Gen.Lt.	Düvert	712.	Gen.Lt.	Neumann
266.	Gen.Lt.	Spang	716.	Gen.Lt.	Richter [1.3.43 (1)]
274.	Gen.Lt.	Rußwurm [(Wilhelm)]	719.	Gen.Maj.	Wahle

Reserve-Divisionen

148.	Gen.Maj.	Fretter-Pico	174.	Gen.Lt.	Eberhardt
154.	Gen.Lt.	Altrichter	182.	Gen.Lt.	Baltzer
157.	Gen.Lt.	Pflaum	188.	(Geb.)	
158.	Gen.Lt.	Haeckel		Gen.Lt. [z. V.] v. Hößlin	
159.	Gen.Lt.	Meyer-Rabingen	189.	Gen.Lt.	v. Schwerin
160.	Gen.Lt.	Frhr. v. Uckermann	233.	Gen.Lt.	Fremerey
166.	Gen.Lt.	Castorf			

Div.-Nr.

152.	Gen.Lt.	Gümbel	409.	Gen.Lt.	Zehler
172.	Gen.Lt.	v. Fabrice	413.	Gen.Maj.	Meyerhöfer
176.	Gen.Maj.	Stumm	418.	Gen.Lt.	Schönherr
177.	Gen.Maj.	Müller-Derichsweiler	432.	Gen.Lt.	Thoma
178.	Gen.Lt.	v. Loeper	433.	Gen.Lt.	Dennerlein
180.	Gen.Maj.	Lemko [Lemke]	461.	Gen.Lt.	Schede
190.	Gen.Lt.	Hammer	462.	Gen.Lt.	v. Sommerfeld
192.	Gen.Lt.	Schroeck	463.	Gen.Lt.	Habenicht
193.	Gen.Maj.	v. Geyso	464.	Gen.Maj.	Hauser
401.	Gen.Lt.	Stoewer	465.	Gen.Lt.	Hoffmann [1.7.43 (1a)]
402.	Gen.Lt.	Stenzel	467.	Gen.Lt.	Sintzenich
404.	Gen.Lt.	Frhr. v. Gablenz	471.	Gen.Lt.	Denecke
405.	Gen.Lt.	Seeger	487.	Gen.Maj.	Wagner [1.1.43 (4)]
407.	Gen.Lt.	Blümm	526.	Gen.Lt.	Schmidt (Kurt) [1.10.42(14)]
408.	Gen.Lt.	v. Kluge			

Divisions-Kdos. z. b. V.

406.	Gen.Lt.	Scherbening	540.	Gen.Lt.	Windeck
411.	Gen.Maj.	v. Gersdorff	Div. z. b. V. 136		
417.	Gen.Lt.	Mikulicz	Gen.Maj. Graf zu Stolberg-Stolberg		
438.	Gen.Lt.	Noeldechen	Div. z. b. V. 300		
442.	Gen.Lt.	Fürst	Gen.Maj. Höfer		
539.	Gen.Lt.	Thomas			

Sonstige Divisionen

Sturmdiv. „Rhodos"	Gen.Lt. Kleemann
Div. „Brandenburg"	Gen.Lt. Kühlwein
1. Kos.Div.	Gen.Lt. v. Pannwitz
18. Art.Div.	Gen.Lt. Thoholte
Kdo.Art.Div. z. b. V. 310	Gen.Maj. Haack
Kdo.Art.Div. z. b. V. 311	Gen.Lt. Prinner
Kdo.Art.Div. z. b. V. 312	Gen.Lt. Friedrich
41. Fest.Div.	Gen.Lt. Benicke
133. Fest.Div.	Gen.Lt. Klepp
Freiwilligen-Stamm-Div.	Gen.Maj. v. Henning

ANLAGEN DES HERAUSGEBERS

Beförderungen, die durch Soldbucheinträge oder Behelfsnachweise belegbar sind

Vorbemerkungen:

Die nachstehenden Beförderungen konnten nach den für die Veröffentlichung gestellten besonderen Arbeitsrichtlinien (vgl. Anlage 6, Ziffer 2) unter den Nachträgen des Hauptteiles noch nicht aufgenommen werden. Sie sind jedoch durch Soldbucheinträge (unter Bemerkungen besonders gekennzeichnet mit „S"), eidesstattliche Versicherungen oder andere als Behelfsnachweise anzusehende Unterlagen ebenfalls belegbar. Diese Nachweise lagen dem Herausgeber jedoch nur z. T. vor, so daß in der Masse der Fälle die Beweislast bei den Beförderten selbst liegt.

Die Nichtaufführung dieser Beförderungen im Text der DAL bedeutet *nicht* etwa, daß diese in Zweifel gestellt werden, sondern lediglich, daß ein Nachweis aus den z. Z. verfügbaren amtlichen Unterlagen des fr. OKH/PA oder anderer ehem. Wehrmachtdienststellen *noch* nicht möglich ist. Bei einer größeren Zahl dieser Veränderungen konnte zudem durch das Arbeitsmaterial des Herausgebers die Erfüllung der Voraussetzungen für eine Beförderung (Heranstehen zur Beförderung, Art und Zeit der innegehabten Dienststellungen u. a.) bestätigt werden.

Die Aufstellung konnte zwangsläufig nur eine geringe Anzahl derartiger Veränderungen umfassen, da sie zur Voraussetzung hatte, daß die Beförderten oder ihre Hinterbliebenen von den Veröffentlichungsabsichten des Herausgebers Kenntnis gehabt und ihm hierzu entsprechende Angaben gemacht haben.

Seite	Name	RDA in DAL v. 1. 5. 44		Art der Veränderung		Bem.
24	Mayer	1. 2. 43	(5)	Gen. d. Inf.	1. 4. 45	
28	Hauck	1. 3. 44	(6)	Gen. d. Art. 20. 4. 45		S
30	Winkler	1. 7. 41	(11)	Gen.Lt.	20. 4. 45	
34	Ruff	1. 12. 42	(13)	Gen.Lt.	20. 4. 45	
37	Picker	1. 8. 43	(3)	Gen.Lt.	20. 4. 45	
				(Bef. Anf. 5. 45 durch K. G. LXXV. A. K.		
42	Marcks	1. 4. 44	(13)	Gen.Lt.	20. 4. 45	
42	Hölter	Bef. 1. 4. 44		Gen.Lt.	20. 4. 45	S
45	Krug	1. 12. 40	(21)	Gen.Maj.	1. 7. 44	
47	von Hillebrandt	1. 4. 41	(8a)	Gen.Maj.	1. 4. 45	S
47	von Bodecker	1. 4. 41	(9a)	Gen.Maj.	1. 4. 45	
47	Böhaimb	1. 4. 41	(35)	Gen.Maj.	20. 4. 45	S
48	Diesener	1. 4. 41	(82)	Gen.Maj.	20. 4. 45	
48	Ritter v. Heigl	1. 6. 41	(22b)	Gen.Maj.	20. 4. 45	
50	von Kiliani	1. 12. 41	(9)	Gen.Maj.	20. 4. 45	
53	Bader	1. 2. 42	(226)	Gen.Maj.	20. 4. 45	
57	Nagel	1. 3. 42	(201)	Gen.Maj.	1. 4. 45	
58	Berger	1. 4. 42	(120)	Gen.Maj.	20. 4. 45	
60	Rudelsdorff	1. 4. 42	(361)	Gen.Maj.	1. 4. 45	
61	Völker	1. 4. 42	(434)	Gen.Maj.	1. 4. 45	

Seite	Name	RDA in DAL v. 1. 5. 44		Art der Veränderung		Bem.
62	Kossmann	1. 6. 42	(8)	Gen.Maj.	20. 4. 45	
67	Lindner	1. 12. 42	(65)	Gen.Maj.	20. 4. 45	S
69	Knüppel	1. 1. 43	(89)	Gen.Maj.	1. 5. 45	S
71	Kuhnert	1. 2. 43	(61)	Gen.Maj.	20. 4. 45	
72	Frhr. v. Mühlen	1. 3. 43	(15)	Gen.Lt.	20. 4. 45	S
74	Beelitz	1. 5. 43	(4)	Gen.Maj.	1. 5. 45	
79	Berner	1. 10. 43	(18b)	Gen.Maj.	20. 4. 45	
81	Hölz	1. 12. 43	(33)	Gen.Maj.	25. 3. 45	
86	Hering	1. 2. 42	(273)	Oberst	Anf. 5. 45	(Bef. durch H.G. Kurland)
90	von Sachs	1. 4. 42	(28)	Oberst	30. 1. 45	S
91	Heinelt	1. 4. 42	(199)	Oberst	1. 4. 45	
91	Stirius	1. 4. 42	(236)	Oberst	1. 4. 45	S
92	Wendland	1. 4. 42	(334b)	Oberst	1. 3. 45	S
92	Schilke	1. 4. 42	(377)	Oberst	20. 4. 45	S
				(Bef. 11. 6. 45 durch Ob. Geb. AOK 20)		
92	Bronold	1. 4. 42	(411)	Oberst	1. 4. 45	
93	von Boeltzig	1. 4. 42	(471)	Oberst	1. 5. 45	S
				(Bef. durch Ob. AOK 6)		
93	Römhild	1. 4. 42	(500)	Oberst	20. 4. 45	
94	Schleusener	1. 4. 42	(657)	Oberst	... 3. 45	
95	Schulz (Heinz)	1. 4. 42	(711)	Oberst	20. 4. 45	S
95	Raible	1. 4. 42	(733)	Oberst	1. 4. 45	
96	Issmer	1. 4. 42	(795)	Oberst	20. 4. 45	S
111	Nagel	1. 5. 43	(17)	Oberst	1. 4. 45	
116	Binder, Eitel-Friedr.	1. 9. 43	(65)	Oberst	Anf. 5. 45	
128	Plapp	1. 4. 41	(92)	Obstlt.	1. 3. 45	
128	Mettig	1. 6. 41	(5)	Obstlt.	1. 4. 45	S
128	Breitenbach	1. 6. 41	(26a)	Obstlt.	30. 1. 45	
151	Dörnemann	1. 1. 43	(54)	Oberst	20. 4. 45	
161	Frey	1. 4. 43	(20)	Obstlt.	1. 4. 45	S
174	Frhr. v. Woellwarth-Lauterburg	1. 8. 43	(34e)	Obstlt.	20. 4. 45	
178	Greiner	1. 9. 43	(45)	Obstlt.	1. 12. 44	
182	Hofmann	1. 10. 43	(39b)	Obstlt.	1. 1. 45	S
188	Viehmann	1. 12. 43	(71)	Obstlt.	1. 12. 44	
193	Winkelmann	1. 2. 44	(3s)	Obstlt.	1. 12. 44	(118)
196	Hoffmann	1. 2. 44	(29a)	Obstlt.	1. 4. 45	
198	Frotscher	1. 3. 44	(4d)	Obstlt.	1. 4. 45	
199	Hedderich	1. 3. 44	(23a)	Obstlt.	1. 5. 45	S
				(Bef. durch Ob. Süd)		
244	Basse-Korff	1. 2. 42	(102)	Oberst	1. 4. 45	
245	Mauff	1. 2. 42	(142)	Oberst	1. 5. 45	S
				(Bef. durch Gen. d. Ordn.Tr. Nordwest)		
250	Newmann	1. 3. 42	(498)	Oberst	20. 4. 45	S
255	von Adriani	1. 4. 42	(645)	Oberst	1. 4. 45	
303	Wobit	1. 11. 40	(131)	Obstlt.	1. 3. 45	
303	Berndt	1. 11. 40	(142)	Obstlt.	1. 3. 45	S
303	Brandes	1. 11. 40	(149)	Obstlt.	1. 3. 45	
305	Sommer	1. 11. 40	(230)	Obstlt.	20. 4. 45	
307	Henning	1. 4. 41	(89)	Obstlt.	1. 4. 45	

Anlage 2

Abweichungen des ermittelten RDA gegenüber den handschriftlichen Nachträgen der zur Bearbeitung verwendeten Original-Dienstalterslisten

Bei den nachstehenden Offizieren weicht das auf Grund von *amtlichen* Unterlagen ermittelte genaue RDA gegenüber den handschriftlichen Daten ab, die in den Original-Dienstalterslisten v. 1. 5. 44, Prüfnummer 403, von dem seinerzeitigen Besitzer (Wehrersatzdienststelle) eingetragen wurden. Da eine DAL grundsätzlich nur die RDA-Angaben, nicht jedoch z. B. Daten des Ausspruches oder der Wirksamkeit von Beförderungen enthält, sind die in der letzten Spalte aufgeführten Daten auf einen *Irrtum* des s. Z. Berichtigenden zurückzuführen. Dies wird auch dadurch bestätigt, daß bei der großen Masse der übrigen handschriftlichen Nachträge in der Original-DAL — auch bei Beförderungen mit *vor*datiertem RDA — sonst das Datum des erteilten RDA eingetragen ist.

Ein Teil der in der letzten Spalte eingetragenen Daten stellt regelrechte *Fehler* bei der seinerzeitigen Übertragung aus den „Personalveränderungen" des OKH/PA dar; die Masse dieser Daten dürfte jedoch wahrscheinlich — und dies wird durch die geklärten Fälle bekräftigt — das Datum der *Wirksamkeit* dieser Beförderungen angeben, da es sich fast ausschließlich um Beförderungen mit *vor*datiertem RDA handelt. Soweit in Einzelfällen eine Klärung dieser Frage möglich war, ist dies durch Zusatz der Buchstaben F (Fehler) oder W (Wirksamkeit) unter der Spalte „Bemerkungen" gekennzeichnet.

Die nachstehende Zusammenstellung wurde deshalb vom Herausgeber beigefügt, weil die Archive und Auskunftsstellen für den Personenkreis der Generale und Stabsoffiziere als *einziges* Nachweismaterial aus dieser Zeit lediglich Teilabschriften oder Fotokopien der im Besitz des Verbandes deutscher Soldaten (VdS), Bonn, befindlichen o. a. Original-Dienstalterslisten haben und daher mit den in der letzten Spalte angegebenen — z. T. fehlerhaften — Daten arbeiten.

Seite	Name	Belegtes RDA		Handschr. Nachtrag in DAL v. 1. 5. 44	Bem.
25	Müller (Friedr. Wilh.)	1. 7. 44	(3)	15. 6. 44	F
26	von Vormann	1. 12. 43	(6)	1. 6. 44	W
27	Frhr. von Lüttwitz	1. 4. 44	(6)	1. 9. 44	W
28	von Manteuffel	1. 1. 44	(8)	1. 9. 44	W
34	Weber	1. 7. 44	(2b)	1. 8. 44	
35	von Bogen	1. 7. 44	(2c)	1. 9. 44	
39	Kruse	1. 5. 44	(4b)	i. 4. 44	F
39	Graf von Hülsen	1. 7. 44	(7a)	1. 8. 44	
40	Ehrig	9. 11. 44	(7)	9. 9. 44	F
44	Runnebaum	1. 9. 44	(1)	1. 8. 44	F
47	Graf von Luckner	1. 4. 44	(11a²)	1. 10. 44	
86	von Muldau (Georg)	1. 4. 44	(13a)	1. 10. 44	

Seite	Name	Belegtes RDA		Handschr. Nachtrag in DAL v. 1. 5. 44	Bem.
86	Havlena (Gottlieb)	1. 4. 44	(15a)	1. 9. 44	
87	Schulz	1. 3. 44	(18d)	1. 4. 44	
88	Crüsemann	1. 9. 44	(6a)	1. 12. 44	
89	Tode	1. 4. 44	(62a)	1. 5. 44	
89	Stübichen	Bef. 1. 1. 45 (1) durch HPA aufgehoben		1. 1. 45	F
91	von Holtzendorff	1. 10. 43	(19g)	1. 9. 44	
91	Simon	1. 7. 44	(21a)	1. 9. 44	
91	Schäffer	1. 6. 44	(27a)	1. 7. 44	
91	Roesler	1. 4. 44	(63b)	1. 5. 44	
92	Hammerschmidt	1. 3. 44	(19k)	1. 4. 44	
92	Müller	1. 5. 44	(1c)	1. 6. 44	
93	Osann	1. 5. 44	(1d)	1. 6. 44	
93	Hoffer	1. 5. 44	(2c)	1. 6. 44	
94	von Warburg	1. 5. 44	(2d)	1. 6. 44	
94	Birkenbihl	1. 6. 44	(28a)	1. 7. 44	
94	Frhr. v. Uslar-Gleichen	1. 9. 44	(33a)	1. 10. 44	
94	Vogt	1. 2. 44	(32h)	1. 5. 44	
96	Auinger	1. 10. 44	(24a)	1. 11. 44	W
96	Baron von Holtey	1. 1. 44	(26c)	1. 4. 44	
96	Sparre	1. 1. 44	(26d)	1. 6. 44	
96	de Temple	1. 5. 44	(4a)	1. 6. 44	
97	de Ondarza	1. 1. 44	(26e)	1. 6. 44	
97	Wagner	1. 8. 44	(30a)	1. 10. 44	
97	Kemmerich	1. 6. 44	(28b)	1. 7. 44	
98	Kiewitt (Heinrich)	9. 11. 44		1. 11. 43	F
98	Rauch	1. 3. 44	(19l)	1. 4. 44	
100	Schmidt	1. 5. 44	(5d)	1. 6. 44	
102	Glantz	1. 2. 44	(37c)	1. 4. 44	
102	Baumeister	1. 8. 44	(33a)	1. 9. 44	
102	Burgemeister	1. 8. 44	(33b)	1. 9. 44	
102	Schneider	1. 8. 44	(33c)	1. 9. 44	
103	Forster	1. 9. 44	(43a)	1. 10. 44	
103	Pretz	1. 8. 44	(34a)	1. 10. 44	
107	Wissmann	1. 8. 43	(57b)	1. 4. 44	
107	Gnoth	1. 7. 44	(40b)	1. 9. 44	W
108	Engel	1. 5. 44	(7a)	1. 6. 44	
110	Delle Karth	1. 8. 44	(41b)	1. 9. 44	
112	Christiani	1. 8. 44	(43a)	1. 9. 44	
113	Allmendinger	1. 6. 44	(35a)	1. 7. 44	
113	Ortlieb	1. 8. 44	(44a)	1. 9. 44	
114	Foß	1. 8. 44	(45a)	1. 9. 44	
114	von Oppen	1. 4. 44	(71f)	1. 5. 44	
114	Gümbel	1. 2. 44	(39b)	1. 4. 44	
114	Kornmeyer	1. 2. 44	(39e)	1. 10. 44	
114	Gieser	1. 2. 44	(39c)	1. 4. 44	
114	Graßmann	1. 1. 44	(39a)	1. 4. 44	
115	Schlegel	1. 2. 44	(39d)	1. 4. 44	
116	Harrendorf (Hermann)	1. 3. 44	(21b)	1. 4. 44	
116	Heyna	1. 9. 44	(50b)	1. 8. 44	F
116	Baron von le Forte	1. 3. 44	(22a)	1. 4. 44	
116	Bones	1. 9. 44	(50a)	1. 10. 44	

Seite	Name	Belegtes RDA		Handschr. Nachtrag in DAL v. 1. 5. 44	Bem.
116	Stock	1. 8. 44	(45b)	1. 9. 44	
117	Warwitz	1. 5. 44	(8c)	1. 6. 44	
117	Ramser	1. 5. 44	(9a)	1. 6. 44	
117	Frhr. von Nolcken	1. 8. 44	(47a)	1. 10. 44	
117	Müller (Walter)	1. 5. 44	(9b)	1. 6. 44	
118	Weiler	1. 5. 44	(9c)	1. 6. 44	
118	Langesee	1. 5. 44	(11)	1. 6. 44	
118	Michaelis	1. 5. 44	(12)	1. 6. 44	
118	Herrmann (Wilh.-Karl)	1. 8. 44	(48a)	1. 9. 44	
119	Reisinger	1. 9. 44	(53a)	1. 10. 44	
119	von Mentz	1. 8. 44	(49a)	1. 10. 44	
119	von Hirschfeld	1. 6. 44	(47)	1. 7. 44	
120	Kratsch	1. 7. 44	(46b)	1. 8. 44	
121	Eggemann	1. 8. 44	(54a)	1. 9. 44	
121	Drexler	1. 8. 44	(54b)	1. 9. 44	
123	Vogel	1. 10. 44	(36a)	1. 11. 44	W
125	Pawlowski	1. 4. 44	(1f)	1. 5. 44	
125	Rathelbeck	1. 3. 44	(1d)	1. 7. 44	
126	Ritter	1. 5. 44	(3d)	1. 7. 44	
127	Riese	1. 1. 44	(76k)	1. 6. 44	
128	Lohmann	1. 5. 44	(3e)	1. 7. 44	
129	Hoefer	1. 5. 44	(3c)	1. 6. 44	
129	Moers	1. 7. 44	(41a)	1. 8. 44	
130	Oehlmann	1. 4. 44	(182a)	1. 6. 44	
131	von Viereck	1. 9. 44	(51a)	1. 10. 44	
131	Kilgus	1. 4. 44	(182b)	1. 6. 44	
131	Meseck	1. 10. 44	(77)	1. 10. 42	F
132	Uitz	1. 8. 44	(32a)	1. 10. 44	
132	Rothansel	1. 6. 44	(51b)	1. 8. 44	
133	Ribbert	1. 7. 44	(47a)	1. 8. 44	
133	Tams	1. 5. 44	(4b)	1. 6. 44	
133	Roettig	1. 7. 44	(47b)	1. 8. 44	
134	Frenzel	1. 1. 44	(77c)	1. 11. 44	W
134	Hundertmark	1. 5. 44	(4c)	1. 6. 44	
135	Nietsche	1. 7. 44	(49a)	1. 8. 44	
135	Korff	1. 8. 44	(36a)	1. 9. 44	
135	Kassebeer	1. 8. 44	(36c)	1. 11. 44	W
135	Reinke	1. 5. 44	(9a)	1. 7. 44	
135	Tummeley	1. 7. 44	(50a)	1. 8. 44	
135	Lange	1. 7. 44	(50b)	1. 8. 44	
136	Wendland	1. 4. 44	(184c)	1. 6. 44	
136	Edeling	1. 4. 44	(185a)	1. 5. 44	
137	Bloch	1. 4. 44	(186a)	1. 6. 44	
138	Lang	1. 8. 44	(39a)	1. 9. 44	
139	Hogrebe	1. 9. 43	(68d)	1. 9. 44	
139	Thünemann	1. 8. 44	(40a)	1. 11. 44	W
139	Waldeck	1. 9. 44	(57a)	1. 10. 44	
140	Löling	1. 7. 44	(53b)	1. 9. 44	
141	Uebigau	1. 7. 44	(53a)	1. 8. 44	
141	Berndt	1. 4. 44	(192a)	1. 5. 44	
142	Kobe	1. 8. 44	(45a)	1. 11. 44	W
143	Reinhardt	1. 4. 44	(194a)	1. 5. 44	

344 Anlagen des Herausgebers

Seite	Name	Belegtes RDA	Handschr. Nachtrag in DAL v. 1. 5. 44	Bem.
144	Borsien	1. 8. 44 (48a)	1. 9. 44	
145	Straube (Theodor)	1. 5. 44 (17a)	1. 6. 44	
155	von Saldern	1. 6. 44 (63c)	1. 8. 44	
157	Herzog	1. 10. 44 (113a)	1. 11. 44	W
176	Volker (Heinrich)	1. 10. 44 (145a)	1. 11. 44	W
236	Frhr. von Leoprechting	1. 12. 44 (11)	1. 10. 44	F
239	Rademacher	1. 3. 44 (17b)	1. 6. 44	
243	Tschurtschenthaler von Helmheim	Bef. 1. 10. 44 (18) v. HPA gestrichen	1. 10. 44	F
249	Straub	1. 9. 44 (8a)	1. 10. 44	
297	Gottschalk	1. 7. 44 (28)	1. 6. 44	F
305	Rudloff	1. 2. 44 (2b)	1. 10. 44	W
305	Dieringer	1. 2. 44 (4a)	1. 8. 44	
308	Brückner	1. 1. 45 (40)	30. 1. 45	

Führung der Offiziere des Heeres in Dienstalterslisten

Die Bezeichnung der Dienstalterslisten der Offiziere des Heeres, sowie die Grundsätze für die Führung der Offiziere in den einzelnen Dienstalterslisten (DAL)
haben sich in der Zeit von 1933 bis 1945 wiederholt geändert. Zum besseren Verständnis der vorliegenden DAL T und S erscheint es daher zweckmäßig, einen
zeitlichen Überblick über die Gesamtentwicklung auf diesem Gebiet ab 1933 zu
geben, zumal die Aufführung der Offiziere in den einzelnen Arten der DAL eng
mit dem verschiedenartigen Beförderungsablauf verbunden war.

Die nachstehenden Ausführungen stimmen inhaltlich mit einer beim Bundesarchiv (Abt. Zentralnachweisstelle in Kornelimünster) in Vorbereitung befindlichen Darstellung über die „Führung der Offiziere des Heeres und der Luftwaffe in Dienstalterslisten" überein. Der Herausgeber der vorliegenden DAL ist
an der Ausarbeitung der o. a. Darstellung wesentlich beteiligt und konnte umfang-
reiches Material hierzu beitragen.

I.

Dienstalterslisten A und B

1. Im Frieden wurden die aktiven Offiziere wie folgt in Dienstalterslisten (DAL)
   geführt:

   DAL A = Offiziere
   DAL B = Offiziere (E) = Ergänzungsoffiziere.

   Beide DAL waren in sich aufgegliedert nach:
   Teil   I = Offiziere
   Teil II = Offiziere (W)
   Teil III = Sanitäts-Offiziere
   Teil IV = Veterinär-Offiziere.

2. Nach Bildung des **Ing.-Offz.-Korps** (Verordnung v. 21. 4. 39) änderte sich diese
   Reihenfolge wie folgt:

   Teil   I = Offiziere
   Teil II = Sanitäts-Offiziere
   Teil III = Veterinär-Offiziere
   Teil IV = Ingenieur-Offiziere
   Teil   V = Offiziere (W).

   Der Teil IV wurde nur in der DAL A geführt, da es Ing.-Offiziere (E) nicht gab.
   Er entfiel mit der Auflösung des Ing.-Offz.-Korps (1. 3. 43), dessen Angehörige
   mit Masse zu den Offizieren der DAL A Teil I, vereinzelt auch zu den Offizieren (W) der DAL A Teil V überführt wurden.

3. Nach 1932 wurden die Dienstalterslisten als **geheime Druckvorschriften** heraus-
   gegeben, zunächst als „Geheime Kommandosache", später unter „Geheim".
   Dienstalterslisten gem. Ziffer 1 und 2 sind nach folgendem Stande erschienen:
   Jeweils Spätsommer 1934, 1935, 1936, 12. 10. 1937, 10. 11. 1938, jeweils 1. 5. 1940,
   1941 und 1942. 1933 und 1939 sind keine DAL gedruckt worden.
   Die Unterteilung nach A und B ist erstmalig 1937 nachweisbar; sie soll jedoch
   — nach Angaben älterer Offiziere — bereits ab 1934 erfolgt sein.
   Von den DAL 1934—1936 sind — soweit bekannt — keine Exemplare erhalten

geblieben, da sie nach Herausgabe der Neuauflage jeweils zurückgegeben bzw. nach den Bestimmungen der Verschlußsachen-Vorschrift vernichtet werden mußten.

4. Die Beförderung der Offiziere der DAL A und B erfolgte

a) **nach dem Dienstalter,** wobei jedoch unterschiedliche Laufzeiten im Dienstgrad für die Offiziere der DAL A gegenüber denen der DAL B festgesetzt waren; i. a. wurden die Offiziere der DAL B 6 Monate **später** als die Offiziere der DAL A befördert.

b) **Bevorzugte Beförderungen** und RDA-Verbesserungen waren im Frieden auf einen kleinen Teil der Offiziere beschränkt (Gen.St.Offz., Offz. mit Hochschulstudium, einzelne besonders bewährte Truppenoffiziere). Daneben wurde eine Reihe von RDA-Änderungen (die sich evtl. in einer Beförderung auswirken konnten) aus Gründen der Angleichung oder Vereinfachung vorgenommen. Als Beispiel seien hier die 1939 erfolgten RDA-Verbesserungen bei solchen Offizieren erwähnt, die Anfang der Reichsheer-Zeit reaktiviert waren. Zweck dieser RDA-Verbesserungen war, das s. Z. nach anderen Gesichtspunkten festgelegte Dienstalter nunmehr den neuen, bei der Festsetzung des Dienstalters für die in den 30er Jahren wiedereingestellten Offiziere angewandten Bestimmungen anzupassen.

c) Erst mit dem Kriege und auf Grund der kriegsbedingten Notwendigkeiten wurden die Möglichkeiten für eine bevorzugte Beförderung oder RDA-Verbesserungen, insbesondere zugunsten der Truppenoffiziere, erweitert. Diese Entwicklung führte Ende 1942 zu grundlegenden neuen Bestimmungen über die „Förderung von Führerpersönlichkeiten, vorzugsweise Beförderung und RDA-Verbesserung" (AHM 1943, Ziff. 98) und leitete folgerichtig zur Bildung der DAL I und II von 1943 über.
Die umwälzende Neuerung dieser Bestimmungen lag darin, daß nunmehr neben die „Beförderung nach dem Dienstalter (planmäßige Beförderung)" generell eine „Beförderung auf Grund der Dienststellung bzw. nach Bewährung (vorzugsweise Beförderung)" trat (Einzelheiten s. Anlage 5). Die vorzugsweisen Beförderungen liefen *außerhalb* der Beförderungsplanung, da sie bestimmt waren
a) zeitlich durch die geforderte Bewährung,
b) zahlenmäßig durch den Bedarf, der durch Ausfälle entstand.
Ein Unterschied zwischen aktiven Offizieren, Offizieren d. Res. oder z. V. wurde bei den Beförderungen nicht gemacht.

II.

Dienstaltersliste C

1. Zu den o. a. Dienstalterslisten der aktiven Offiziere des Heeres kam während des Krieges, erstmalig nach dem Stande vom 1. 5. 1940, die DAL C hinzu, in der die zum **Kriegsoffizier** bzw. **Kriegsoffizier (W)** beförderten ehemaligen Berufsunteroffiziere geführt wurden, die ihre 12jährige Dienstverpflichtung bei Kriegsbeginn noch nicht beendet hatten oder nach Beendigung ihrer Dienstzeit während des Krieges im aktiven Wehrdienst verblieben waren (Heeres-Mitteilungen 1941, S. 277).
Die Beförderung der Offiziere der DAL C erfolgte nach den gleichen Grundsätzen wie die der Offiziere der DAL A. Kriegsoffiziere erhielten ein Leutnants-RDA vom Zeitpunkt der Vollendung ihrer $6^1/_2$jährigen Dienstzeit bzw. — sofern diese noch nicht erfüllt war — ein vorläufiges RDA vom Tage der Beförderung, so daß sie — bei entsprechend langer Dienstzeit — mit Übernahme als Kriegsoffizier vielfach sofort zu einem höheren Dienstgrad als Leutnant befördert wurden.

2. Mit Wirkung vom 1. 10. 1942 kam die DAL C wieder in Fortfall; alle Kriegsoffiziere wurden zu den aktiven Truppenoffizieren bzw. Offizieren (W) über-

geführt und — unter Beibehalt des bisherigen RDA (ohne Zusatz ,,C'') — in die DAL A, Teil I bzw. V aufgenommen. (Heeres-Mitteilungen 1942 Nr. 983.)

3. Diejenigen ehemaligen Berufsunteroffiziere, die nach Beendigung ihrer 12jährigen Dienstzeit bereits vor dem 26. 8. 1939 aus dem aktiven Wehrdienst ausgeschieden waren, wurden nicht in der DAL C, sondern in den Listen der Offiziere d. B. geführt (Heeres-Mitteilungen 1941, Nr. 530).

III.

Dienstalterslisten I und II

1. Die kriegsbedingte Forderung nach jüngeren und spannkräftigen Truppenführern hatte in den ersten Kriegsjahren zu einer Verbesserung des Beförderungsablaufes geführt, der bis zum Herbst 1942 auf alle Offiziere ausgedehnt war. Nunmehr sollte eine schnellere Beförderung auf die Offiziere der kämpfenden Truppe und Offiziere in bevorzugten Stellungen (Gen.St.Offz., Adjutanten bei höheren Kdo.-Behörden, Lehrer an Schulen u. a.) beschränkt bleiben, wie dies bereits durch die seit Dezember 1942 durchgeführten vorzugsweisen Beförderungen dieses Personenkreises eingeleitet war.

2. Dementsprechend wurden 1943 aus den Dienstalterslisten A und B die Dienstalterslisten I und II gebildet, die jeweils wie folgt unterteilt waren:

   Abschnitt A = Offiziere
   Abschnitt B = San.-Offiziere
   Abschnitt C = Vet.-Offiziere
   Abschnitt D = Offiziere (W).

   Die Einführung der Dienstalterslisten I und II bedeutete insofern eine einschneidende Veränderung gegenüber der bisherigen Handhabung, als damit die Bezeichnung ,,Ergänzungsoffiziere'' in Fortfall kam und sich die Eingruppierung aller aktiven Offiziere in DAL I oder II ausschließlich nach ihrer *Verwendungsart* im zweiten Weltkrieg und ihren *Leistungen* richtete.

3. In Durchführung dieser Forderungen enthielten die erstmalig mit Stand vom 1. 5. 43 herausgegebenen Dienstalterslisten I und II gem. Vfg. ,,Der Chef des Heerespersonalamts — Ag P1 3870 (1aI) vom 11. 5. 43'':

   a) **DAL I:**
      aa) alle Generale;
      bb) alle Gen.St.Offiziere und die Nachwuchsoffiziere des Generalstabs;
      cc) alle Offiziere, die im Truppendienst Verwendung fanden oder die sich in bevorzugten Stellungen bei Kommandobehörden, höh. Stäben, Schulen usw. befanden und später wieder als Führer in der Truppe verwendet werden sollten.

   Diese Offiziere wurden *planmäßig* nach den monatlich vom OKH/PA bekanntgegebenen Beförderungsgrenzen befördert, soweit nicht eine vorzugsweise Beförderung gegeben war.

   Die Planung sah als Endlösung im Durchschnitt folgende **Dienstzeiten für die planmäßigen Beförderungen** der Offiziere der **DAL I** vor:

zum Hauptmann	= $9^1/_2$	Jahre Gesamtdienstzeit,
zum Major	= $6^1/_2$	Dienstjahre als Hptm.,
zum Obstlt.	= 5	Dienstjahre als Major,
zum Oberst	= 3	Dienstjahre als Obstlt.,
zum Gen.Maj.	= 5	Dienstjahre als Oberst,
zum Gen.Lt.	= 3	Dienstjahre als Gen.Maj.

   Vorzugsweise Beförderungen und RDA-Verbesserungen kürzten diese Zeiten ab, da für die nächste Beförderung immer das RDA des erreichten Dienstgrades und nicht die tatsächlich im erreichten Dienstgrad abgeleistete Dienstzeit maßgebend war.

Der Übergang auf o. a. Zeiten sollte langsam im Laufe mehrerer Jahre erfolgen. Bis zur Angleichung an die Endplanung waren die Laufzeiten im Dienstgrad bei den einzelnen Offizierjahrgängen verschiedenartig. Die o. a. Planung wurde auch für die **DAL T** 1944 beibehalten. Bei Kriegsende ergab sich folgender Stand der Laufzeiten im Dienstgrad (Daten in in Klammern' = beabsichtigte Erreichung der Endplanung):

zum Hauptmann	= 8 Jahre 6 Mon.	Gesamtdienstzeit (1. 6. 46),
zum Major	= 5 Jahre 1 Mon.	als Hptm. (1. 9. 47),
zum Obstlt.	= 3 Jahre 11 Mon.	als Major (1. 9. 46),
zum Oberst	= 3 Jahre — Mon.	als Obstlt. (Endplanung erreicht),
zum Gen.Maj.	= 4 Jahre 1 Mon.	als Oberst (1. 4. 47),
zum Gen.Lt.	= 2 Jahre 10 Mon.	als Gen.Maj. (1. 7. 45).

b) **DAL II:**

dd) alle Offiziere, die im Laufe des zweiten Weltkrieges weder im Truppendienst Verwendung gefunden hatten, noch in Zukunft Verwendung finden sollten;

ee) alle Offiziere, die in der Truppe Dienst getan hatten, aber aus Eignungsgründen für den weiteren Truppendienst nicht mehr in Frage kamen;

ff) alle Offiziere, die ihre derzeitige Dienststellung nicht mehr ausfüllten oder nicht die Eignung zur nächsthöheren Stelle besaßen.

Die Offiziere der DAL II gem. Ziff. dd) und ee) wurden später als die Offiziere der DAL I befördert. Die Planung sah eine Beförderung im gleichbleibenden Abstand von 2 Jahren in jedem Dienstgrad hinter den Offizieren der DAL I vor. Dieser Abstand sollte allmählich im Verlauf von mehreren Jahren gewonnen werden; bei Kriegsende betrug er etwa 1 Jahr.

Die Offiziere gem. Ziff. ff) wurden in der Beförderung angehalten. In einzelnen besonders begründeten Fällen war die Beförderung zum nächsten Dienstgrad (höchstens Oberst) beim Ausscheiden noch möglich.

4. Eine **Überführung von einer DAL in die andere** und damit ein Wechsel von einer Beförderungsart in die andere war je nach Beurteilung der Leistungen und Änderung der Verwendungsart möglich.

In diesem Zusammenhang ist die Feststellung wichtig, daß die Rangdienstalter der Offiziere in den bisherigen DAL A und B jeweils getrennt Ordnungs-Nummern ab lfd. Nummer (1) geführt hatten. Mit Einführung der DAL I und II entfiel diese getrennte Bezifferung, und es wurden für alle Offiziere eines RDA-Datums fortlaufende Ordnungs-Nummern festgelegt, gleichgültig, in welcher DAL sie geführt wurden. Ein Teil der Offiziere hat daher damals dementsprechend neue Ordnungs-Nummern erhalten.

5. Zur **Vermeidung von Härten** sollten

a) Offiziere der DAL I, die durch Verwundung, Krankheit usw. für eine weitere Verwendung im Truppendienst nicht mehr in Betracht kamen, vorläufig in der DAL I bleiben;

b) Offiziere, die sich vor dem Feind als Führer einer Truppe bewährt hatten, aber die Eignung zur nächsthöheren Stelle als Truppenführer nicht besaßen, noch zum nächsten Dienstgrad — höchstens Generalmajor — planmäßig weiterbefördert werden.

6. Die vorstehende Aufgliederung und die angeführten Richtlinien galten sinngemäß auch für die Offiziere der **Sonderlaufbahnen** (San.-, Vet.- usw. Offiziere).

7. Auf Grund der für die Aufstellung der DAL I und II gegebenen Richtlinien waren vielfach Offiziere der früheren DAL A nur deswegen in die DAL II aufgenommen worden, weil sie infolge einer im Weltkrieg 1914/18 erlittenen Verwundung mit nachbleibender Versehrtheit im zweiten Weltkrieg eine Verwendung als Truppenführer nicht erhalten konnten. Zur Vermeidung von unbilligen Härten ordnete daher OKH mit Vfg. vom 23. 10. 43 (Heeres-Mitteilungen 1943,

Nr. 806) ergänzend an, daß diese **Weltkriegs-Offiziere** in die **DAL I** aufgenommen werden sollten, wenn sie
a) eine Minderung der Erwerbsfähigkeit von 50 % an aufwärts erlitten hatten *und*
b) im zweiten Weltkrieg wegen einer durch Verwundung 1914/18 (nicht Krankheit) entstandenen Versehrtheit nicht als Truppenführer eingesetzt werden konnten *und*
c) in einer höheren Kommandobehörde Dienst taten oder während des zweiten Weltkrieges 1 Jahr lang Dienst getan hatten *und*
d) in ihrer Stellung „überragende Leistungen" aufwiesen.

IV.

Dienstalterslisten T und S

1. Gem. Vfg. „Der Chef des Heerespersonalamtes — Ag P 1/3870/43 2. An (1aI) vom 6. 12. 43" wurden die Dienstalterslisten der Offiziere des Heeres wie folgt umbenannt:

   DAL I in **DAL „Truppenführer"**   = DAL T
   DAL II in **DAL „Offiziere in Sonderverwendung"** = DAL S

2. Gleichzeitig wurden neue Richtlinien erlassen, die erhöhte Anforderungen an die in der DAL T (bisher I) zu führenden Offiziere stellten und damit diesen Personenkreis wesentlich einengten.

Danach waren zu führen:
a) **in der DAL T:**
   aa) alle Generale;
   bb) alle Offiziere, die im zweiten Weltkrieg als Truppenführer im Feldheer eingesetzt waren *und* deren Verwendung als Truppenführer im Feldheer auch in Zukunft auf Grund der ihnen zugesprochenen *vollen* Eignung vorgesehen war;
   cc) alle Generalstabsoffiziere (das waren nur die Offiziere, die in den Generalstab versetzt waren und die Uniform des Generalstabes trugen);
   dd) alle im 2. Weltkrieg verwundeten Offiziere, soweit sie *zur Zeit der Verwundung* zu den Offizieren gem. vorst. Ziff. bb) und cc) gehörten und *infolge ihrer Verwundung* nicht mehr in der Truppe im Feldheer eingesetzt werden konnten;
   ee) schwerbeschädigte Offiziere des Weltkrieges 1914/18, wenn sie den Bestimmungen der Heeres-Mitteilungen 1943, Ziff. 806 entsprachen (vgl. Abschn. III, Ziff. 7);
   ff) In besonders begründeten Einzelfällen konnten auch andere Offiziere in die DAL T aufgenommen werden, wenn sie auf ihrem Sondergebiet *Einzigartiges* leisteten, also unersetzlich waren und daher als Truppenführer nicht freigegeben werden konnten. Die Entscheidung hierüber behielt sich OKH/PA in jedem Einzelfalle selbst vor. Das gesamte Bild der Persönlichkeit, auf Grund der früheren Beurteilungen, wurde bei dieser Entscheidung berücksichtigt.
b) **in der DAL S:**
   alle übrigen Offiziere.

3. Auf Grund dieser Richtlinien, die mit dem 6. 12. 43 in Kraft traten, ist ein großer Teil von Offizieren der bisherigen DAL I in die nach dem Stand vom 1. 5. 44 neu erschienene DAL S überführt worden. Die Waffen-Abteilungen des HPA hatten Anweisung, der für den Neudruck der Dienstalterslisten 1944 verantwortlichen Abteilung des HPA bis zum 1. 3. 44 namentliche Listen der in die DAL S zu überführenden Offiziere vorzulegen. Außerdem mußten sie bei allen Beförderungen von Offizieren der alten DAL I prüfen, ob diese nicht auf Grund der vorstehenden neuen Richtlinien in Zukunft in der DAL S zu führen und dementsprechend *später* zu befördern waren.

4. Die mit Einführung der DAL I und II festgelegten **Beförderungsgrundsätze** behielten auch für die DAL T und S Gültigkeit. Mit Verfügung vom 1. 8. 44 (Heeres-Mitteilungen 1944 Nr. 444) ordnete OKH jedoch ergänzend an, die **im Osten und in Bandengebieten vermißten Offiziere der DAL S** in die DAL T zu überführen, um sie unter denselben Voraussetzungen wie die Offiziere der DAL T noch einmal planmäßig befördern zu können. Diese Verfügung trat rückwirkend mit Einführung der DAL II (Mai 1943) in Kraft und fand sinngemäß auch auf vermißte Offiziere d. R. und z. V. Anwendung.

5. In der unter Ziff. 1. erwähnten Verfügung über die Umbenennung der DAL I und II sind die Abschnitte B (San.-Offiziere), C (Vet.-Offiziere) und D [Offiziere (W)] der bisherigen DAL I und II *nicht* gesondert erwähnt. Hieraus kann man schließen, daß die Umbenennung ursprünglich für *alle* Abschnitte der bisherigen DAL I und II beabsichtigt gewesen ist. Demgegenüber erscheint bei diesen Sonderlaufbahnen in den monatlich vom OKH/PA bekanntgegebenen Beförderungsgrenzen bis Kriegsende weiterhin die Bezeichnung DAL I und II. Das gleiche gilt für die ab 1. 3. 1944 gesondert geführten Dienstalterslisten I und II (Kfp.) der Kraftfahrparktruppe.
Hieraus ergibt sich, daß die Umbenennung in T und S tatsächlich nur bei den Dienstalterslisten der Offiziere im Truppendienst, d. h. also den bisherigen DAL I und II Abschnitt A durchgeführt worden ist und daß bei den Dienstalterslisten der Offiziere der Sonderlaufbahnen die alte Bezeichnung I und II beibehalten wurde.
Außer Zweifel steht auch, daß die neuen, verschärften für die DAL T und S erlassenen Richtlinien sinngemäß auch für die Führung der Offiziere der Sonderlaufbahnen in ihren Dienstalterslisten I und II Anwendung gefunden haben.

V.

Dienstalterslisten I und II (Kfp.)

Die aktiven Offiziere der Kraftfahrparktruppe wurden ab 1. 3. 1944 in besonderen **Dienstalterslisten I und II (Kfp.)** unter Erteilung neuer Ordnungs-Nr. geführt.
Da Friedenstruppenteile der Kraftfahrparktruppe nicht bestanden, behielten die aktiven Offiziere der Kraftfahrparktruppe ihre bisherigen Friedenstruppenteile. Zur Kenntlichmachung war den Friedenstruppenteilen dieser Offiziere hinzugefügt: (Kfp.).
Gem. Verfügung „OKH/HPA/Ag P1/1. Abt. Gruppe II Nr. 2300/44g. vom 20. 4. 44" wurden mit Wirkung vom 1. März 1944 aus den bisherigen Dienstalterslisten I und II vom 1. 5. 43 in die neuerstellten Dienstalterslisten I und II (Kfp.) 1756 Offiziere wie folgt überführt:

	DAL I	DAL II	Zus.
Obersten	39	35	74
Oberstleutnante	135	105	240
Majore	297	92	389
Hauptleute	283	15	298
Oberleutnante	228	14	242
Leutnante	513	—	513
	1495	261	1756

Da der Druck der Dienstalterslisten (Kfp.) bis Kriegsende nicht mehr erfolgt ist, ist die Feststellung der o. a. Überführung insofern von besonderer Wichtigkeit, als Versorgungsbehörden in Einzelfällen aus der Nichtaufführung einzelner Offiziere in der Dienstaltersliste T und S fälschlicherweise darauf geschlossen haben, daß diese Offiziere 1944/45 nicht mehr aktiv gewesen seien.

VI.
Dienstaltersliste der Offiziere im Truppensonderdienst (TSD)

1. Mit Wirkung vom 1. 5. 1944 wurden

   a) die Wehrmachtbeamten des höheren Intendanturdienstes sowie des gehobenen Intendantur- und nichttechnischen Verwaltungs-(Zahlmeister-)Dienstes des Heeres, der Kriegsmarine und der Luftwaffe „Offiziere im Truppensonderdienst". Sie bildeten die „**Laufbahn des Verwaltungsdienstes im Truppen-Sonderdienst**".

   b) die Wehrmachtbeamten des richterlichen Dienstes aller Wehrmachtteile „Offiziere im Truppen-Sonderdienst". Sie bildeten die „**Laufbahn der Wehrmachtrichter im Truppen-Sonderdienst**".

2. Die aktiven Offiziere im Truppensonderdienst wurden ab 1. Mai 1944 innerhalb der einzelnen Wehrmachtteile in einer besonderen Dienstaltersliste geführt. Drucklegung der **Dienstaltersliste (TSD) des Heeres** war für den Spätherbst 1944 vorgesehen, dürfte jedoch auf Grund der Kriegsereignisse nicht mehr erfolgt sein.

3. Für die Laufbahnen im Truppen-Sonderdienst waren eigene Beförderungskegel aufgestellt. Die Beförderungen erfolgten nach den gleichen Grundsätzen wie für Offiziere im Truppendienst.

4. Aktive Wehrmachtbeamte, die gleichzeitig Reserve-Offiziere waren und zu den Offizieren im TSD übergeführt worden waren, wurden infolge ihrer Anstellung als aktive Offiziere im TSD aus dem Res.-Offz.-Korps entlassen.

VII.
Dienstalterslisten der Offiziere z. D.

In den Jahren 1938 und 1940—1942 waren den DAL B jeweils gesonderte „Dienstalterslisten der Offiziere z. D." angehängt, die in gleicher Weise wie die DAL A und B dieser Jahre unterteilt waren.

In der DAL II von 1943 und der DAL S von 1944 waren diese Anhänge nicht mehr vorhanden.

VIII.
Dienstalterslisten der Offiziere z. V.

Das Heerespersonalamt gab nach dem Stand vom 1. 2. 1943 und vom 1. 2. 1944 Dienstalterslisten der z. V. gestellten Generale des Heeres mit einem *kleinen* Verteiler heraus.

Gedruckte oder sonst für einen größeren Kreis vervielfältigte Dienstalterslisten der übrigen Offiziere z. V. hat es in der neuen Wehrmacht ab 1933 niemals gegeben.

IX.
Listen der Offiziere d. B.

Auch für die Offiziere des Beurlaubtenstandes sind gedruckte oder vervielfältigte Dienstalterslisten vom OKH/PA niemals herausgegeben worden.

Beförderungsgrenzen

für die planmäßigen Beförderungen der Generale und Stabsoffiziere der DAL T und S.

(Lt. monatlicher Bekanntgabe des OKH/HPA.)

Es standen heran zur planmäßigen Beförderung

Beförderungstag	zum: Dstgrade: der DAL:	Gen.Lt. Gen.Majore T	Generalmajor Oberste T	Generalmajor Oberste S	Oberst Oberstleutnante T	Oberst Oberstleutnante S	Oberstleutnant Majore T	Oberstleutnant Majore S
20. 4. 44[1]		?	1. 10. 40 (22)	—	1. 3. 42 (127)	1. 10. 41 (26)	1. 2. 41 (18a)	1. 10. 40 (70)
1. 6. 44		?	1. 10. 40 (31)	1. 10. 38	1. 3. 42 (194)	1. 11. 41 (40)	1. 2. 41 (44)	1. 10. 40 (103)
1. 7. 44	Mit Rangdienstalter bis . . . . (Anmerkung: Schl. = Schluß; soweit keine Ord. Nr. hinter den Daten angegeben ist, standen alle Offz. dieses RDA zur Beförderung heran.)	?	1. 10. 40 (33a)	1. 1. 39	1. 3. 42 (240a)	1. 12. 41 (23)	1. 2. 41 (61)	1. 10. 40 (137)
1. 8. 44		?	1. 10. 40 (39a)	1. 2. 39	1. 3. 42 (295)	1. 1. 42 (46)	1. 3. 41 (8)	1. 10. 40 (169)
1. 9. 44		?	1. 10. 40 (46)	1. 3. 39	1. 3. 42 (333)	1. 1. 42 (60)	1. 3. 41 (28)	1. 10. 40 (230)
1. 10. 44		?	1. 11. 40 (21a)	1. 4. 39	1. 3. 42 (371)	1. 1. 42 (75)	1. 3. 41 (52)	1. 10. 40 (270)
1. 11. 44[2]		1. 6. 42 (19)	1. 11. 40 (Schl.)	—	1. 3. 42 (402)	1. 2. 42 (19)	1. 4. 41 (10b)	1. 10. 40 (308)
1. 12. 44		1. 6. 42 (25)	1. 12. 40	—	1. 3. 42 (450a)	1. 2. 42 (48)	1. 4. 41 (35)	1. 10. 40 (Schl.)
1. 1. 45		1. 6. 42 (34)	1. 1. 41	—	1. 4. 42 (17)	1. 2. 42 (63)	1. 4. 41 (55a)	1. 11. 40 (90)
30. 1. 45		1. 7. 42 (6)	1. 2. 41	—	1. 4. 42 (51)	1. 2. 42 (68)	1. 4. 41 (77a)	1. 11. 40 (128)
1. 3. 45		1. 7. 42 (10)	1. 3. 41	—	1. 4. 42 (121)	1. 2. 42 (101)	1. 4. 41 (100a)	1. 11. 40 (157)
1. 4. 45		1. 7. 42 (15)	1. 4. 41 (32)	—	1. 4. 42 (203)	1. 2. 42 (109)	1. 6. 41 (15)	1. 11. 40 (200)
20. 4. 45		1. 7. 42 (20a)	1. 4. 41(Schl.)	—	1. 4. 42(Schl.)	1. 2. 42 (130)	1. 6. 41 (27)	1. 11. 40 (230)
1. 6. 45[3]		1. 7. 42 (24)	1. 6. 41	—	1. 6. 42	1. 2. 42 (174)	1. 6. 41 (45)	1. 12. 40 (6a)

Bemerkungen: [1] In DAL v. 1. 5. 44 bereits berücksichtigt; [2] RDA in 9. 11. 44 umgeändert; [3] Planung; nicht mehr wirksam geworden.

Anlage 5

Grundsatzverfügung des **OKH/PA** über „Förderung von Führerpersönlichkeiten, vorzugsweise Beförderung und Verbesserung des RDA" (Heeresmitteilungen 1943 Nr. 98/99)

Vorbemerkungen:

1. Die „Rangliste 1945" zeigt, wie sehr die einzelnen Offizier-Jahrgänge beförderungsmäßig durcheinander gewürfelt worden sind. Dies ist in erster Linie eine Folge der seit Ende 1942 angewandten neuen Beförderungsgrundsätze. Eine vollständige Ausarbeitung über die vielfachen, wiederholt geänderten und ergänzten **Beförderungsbestimmungen für alle Offiziergruppen und -kategorien** seit Beginn des Krieges war im Rahmen der vorliegenden Veröffentlichung nicht möglich und nicht beabsichtigt. Eine entsprechende Veröffentlichung befindet sich z. Z. beim Bundesarchiv — Abt. Zentralnachweisstelle Kornelimünster in Vorbereitung.
   Der Herausgeber hat sich darauf beschränkt, die in der Überschrift genannte grundlegende Verfügung im Wortlaut anzuführen. Auch diese Verfügung hat im Laufe des Krieges verschiedene Abänderungen und insbesondere Ergänzungen erfahren; sie zeigt jedoch — und dies scheint das Wesentliche — die Gedanken auf, die zu dieser Regelung geführt haben, sowie die Grundsätze, nach denen von dieser Zeit ab verfahren wurde.

2. **Neufassungen** des Wortlautes der Grundsatzverfügung sind — soweit bekannt — unter den jeweiligen Ziffern in Kursivschrift nachgetragen. Darüber hinaus seien einige der wichtigsten **Ausführungsbestimmungen** und **Ergänzungen** grundsätzlicher Art besonders erwähnt:
   a) Mit A. H. M. 1943, Ziff. 447 wurde bestimmt, daß eine zusätzliche Voraussetzung für alle vorzugsweisen Beförderungen der **Besitz des EK II** bzw. der Spange zum EK II war.
   b) Mit H. V. Blatt 1943, Teil B, Ziff. 563 wurde ein **einheitliches Formblatt** für die Vorschläge zur vorzugsweisen (oder nachträglichen) Beförderung und RDA-Verbesserung eingeführt.
   c) Zu den in Abschnitt I aufgeführten vorzugsweisen Beförderungen gehört sinngemäß auch die — Hitler selbst vorbehaltene (vgl. Abschnitt V, Ziff. 11) — **Beförderung von Generalleutnanten**, die mit der Führung eines Korps beauftragt waren, zum Gen. d. Inf. (Art. usw.) unter gleichzeitiger Ernennung zum Kommandierenden General. Sie erfolgte nach den gleichen Grundsätzen wie die Beförderung der Rgts.- und Div.-Führer, d. h. nach Ablauf von 2 Monaten — gerechnet vom Tage der Übernahme der neuen Dienststellung — sofern die volle Eignung zum Komm. Gen. in dieser Zeit zuerkannt war.
   d) Für die in Abschnitt II, Ziff. 6 aufgeführten **vorzugsweisen Beförderungen außerhalb der Truppe** wurden — getrennt für die einzelnen Kategorien (zu denen später noch die NS-Führungsoffiziere kamen) — Einzelverfügungen erlassen. Sie legten jeweils bestimmte Mindestforderungen fest, deren Erfüllung i. a. Voraussetzung für eine bevorzugte Beförderung war. Forderungen dieser Art waren u. a., daß der Betreffende

aa) im Truppendienst früher durch besondere Tüchtigkeit hervorgetreten war und sich vor dem Feind bewährt hat;

bb) das EK II bzw. die Spange zum EK II besaß (1944: EK I, Ausnahme Verwundete);

cc) die uneingeschränkte Eignung zu der dem vorgeschlagenen Dienstgrad entsprechenden Truppenführerstelle (z. B. Oberstleutnant = Rgts.-Führer-Eignung) besaß (Ausnahme Schwerversehrte);

dd) bisher noch nicht außerhalb der Truppe vorzugsweise befördert war (Ausnahme Schwerversehrte u. Generalstabsoffiziere; erstere konnten mehrmals, letztere bis Ende des Krieges 2mal außerhalb der Truppe befördert werden);

ee) eine dem vorgeschlagenen Dienstgrad entsprechende Stelle innehatte und diese eine bestimmte Zeit (i. a. an Kampffronten mindestens $^1/_2$ Jahr, sonst mindestens 1 Jahr) gut ausgefüllt hatte;

ff) eine bestimmte Laufzeit in seinem bisherigen Dienstgrad erfüllt hatte. Diese Laufzeiten haben sich im Laufe des Krieges verlängert und betrugen bei Kriegsende (Zahlen in Klammern = 1943):

als	Laufzeit Dauer		vor Beförderung zum
Oblt.	1 Jahr	10 Monate	Hauptmann
	(1 Jahr	6 Monate)	
Hptm.	2 Jahre	6 Monate	Major
	(1 Jahr	11 Monate)	
Major	1 Jahr	11 Monate	Oberstleutnant
	(1 Jahr	6 Monate)	
Obstlt.	1 Jahr	6 Monate	Oberst
	(1 Jahr	— Monate)	

e) Eine vorzugsweise Beförderung von **Offizieren der DAL S** gab es nicht. Gem. Vfg. „HPA/Ag P 1/1. (Zentral-)Abt. (III) vom 22. 7. 44" konnten jedoch Stabsoffiziere der DAL S, die in bevorzugten Stellungen Verwendung fanden, bei fortlaufend überragenden Leistungen zu einer Verbesserung des RDA vorgeschlagen werden. Hierdurch sollte erreicht werden, daß diese Offiziere den nächsthöheren Dienstgrad mit derselben oder einer nur unwesentlich verlängerten Laufzeit erreichten wie die planmäßig beförderten Offiziere gleichen Dienstalters der DAL T.

Voraussetzung für eine solche RDA-Verbesserung war

aa) bei Majoren: die mind. 6monatige Bewährung in einer R-Stelle oder die mind. 1jährige Bewährung in einer B/R-Stelle;

bb) bei Obstlt.: die mind. 1jährige Bewährung in einer R- oder B/R-Stelle.

Offiziere, die außerhalb der Truppe bereits eine RDA-Verbesserung erhalten hatten, bzw. vorzugsweise befördert waren, und Offiziere, die in ihrer letzten Verwendung als Truppenführer versagt hatten, kamen für eine RDA-Verbesserung nicht mehr in Frage.

f) Gem. einer Hausanweisung des Chefs des HPA vom 24. 2. 44 (nur innerhalb des HPA verteilt) wurden vorzugsweise Beförderungen von **im Osten als gefangen oder vermißt gemeldeten Offizieren** auf Grund einer Führerentscheidung nicht mehr durchgeführt.

Mit Verfügung vom 7. 7. 44 (A. H. M. 1944, Ziff. 498) gab Chef OKW bekannt, daß vorzugsweise Beförderungen und Beförderungen zum Offizier für **alle** vermißten und kriegsgefangenen Wehrmachtangehörigen nicht mehr durchgeführt werden. Bei — mit Ausnahme der Bewährungszeit — sonst erfüllten Voraussetzungen sollten jedoch Vorschläge an OKH/PA eingereicht und dort zu den Personalpapieren genommen werden. Eine Entscheidung hierüber sollte nach Kriegsende erfolgen, nachdem die soldatische Pflichterfüllung einwandfrei festgestellt war. Unter diese Einschränkung fielen n i c h t diejenigen vorzugsweisen Beförderungen, die bereits vor dem Tage des Vermißtseins bzw. der Gefangennahme vollzogen waren, aber nicht mehr bekanntgegeben werden konnten. Sie wurden mit dem Tage der Vollziehung wirksam, sofern nicht der Beweis oder begründete Verdacht strafwürdigen Verhaltens oder eines Verstoßes gegen die soldatische und weltanschauliche Haltung vorlagen.

3. Da der Beförderungsablauf auch mit den einzelnen Arten der DAL zusammenhing, wird gleichzeitig auf die in Anlage 3 gegebene Darstellung über die „Führung der Offiziere des Heeres in Dienstalterslisten" verwiesen. Dort sind auch Einzelheiten über die **Laufzeiten für die planmäßigen Beförderungen** aufgeführt, so daß mit den Anlagen 3—5 im großen ein Überblick über die Grundsätze für die beiden Hauptbeförderungsarten gegeben ist.

Auf eine ähnliche Zusammenstellung über die **Sonderbestimmungen** für die Beförderungen von verwundeten, vermißten, gefallenen, verstorbenen, kriegsgefangenen usw. Offizieren mußte aus Raumgründen verzichtet werden.

Auszug aus den H.M. 1943, Seite 65

Neudruck Februar 1943

Die Verfügungen OKH/PA 1. Staffel 21/42 vom 4. 11. 42 und Chef PA 1. Staffel 22/42 vom 5. 11. 42 treten außer Kraft.

98. Förderung von Führerpersönlichkeiten, vorzugsweise Beförderung, Verbesserung des Rangdienstalters

Der Führer hat befohlen, daß jeder Offizier (aktiv, d. R. und z. V.), der am Feinde eine Truppe erfolgreich führt und die dazu erforderliche Eignung nachgewiesen hat, zu dem Dienstgrad befördert wird, der seiner von ihm ausgefüllten Dienststelle angemessen ist.

Der Führer wünscht, daß darüber hinaus, ohne Rücksicht auf Dienst- und Lebensalter, Offiziere mit außergewöhnlichen Persönlichkeitswerten und Leistungen, die zur Verwendung in maßgebenden Führerstellen geeignet erscheinen, erfaßt und gefördert werden.

Eine gleichmäßige Beförderung aller widerspricht dem Leistungs- und Führerprinzip, dem die Wehrmacht in höchster Verantwortung für den Endsieg verpflichtet sein muß.

Der Führer hat dazu befohlen:

I.

Vorzugsweise Beförderung

1. Es sind dem HPA zur vorzugsweisen Beförderung laufend vorzuschlagen:

   a) Leutnante,
      die eine Kompanie usw. führen oder   zu Oberleutnanten;
      die Regimentsadjutanten sind,

   b) Oberleutnante,
      die ein Bataillon usw. führen,   zu Hauptleuten (Rittmeistern).

Voraussetzung ist:

Angehörigkeit zur kämpfenden Truppe[1].
Volle Eignung für ihre Dienststellen.
Beibehaltung dieser Dienststellung.

---

[1] Unter „kämpfender Truppe" ist zu verstehen:
1. Alle im Kampf stehenden Inf.Div., Pz.Div., le.Div., Jäger Div., Inf.(mot)Div., Geb.Div., selbst. Brig. außer Versorgungstruppen.
2. Korps-, Armee- und Heerestruppen, sofern sie sich im Einsatz im Rahmen der Div. befinden oder — wenn selbständig eingesetzt — am Kampf dieser Div. teilnehmen.
3. Truppen, die ihrer Eigenart entsprechend nicht am Kampf teilnehmen (Beob.Battr., Schallmeß Battr., Horch Kp'n usw.), aber in Höhe der kämpfenden Truppe, wie unter 1. und 2. aufgeführt, eingesetzt sind, rechnen zur kämpfenden Truppe.

2. Die Vorschläge sind von der Truppe in einfachster Form unter Angabe von Dienstgrad und RDA, Namen und Vornamen, Geburtstag und -ort, Dienststelle — bei Offizieren d. R. und z. V. außerdem des zuständigen WBKs — ohne Beurteilung aufzustellen. Sie müssen enthalten, daß der Offizier die volle Eignung zum Kompanie- usw. bzw. Bataillons- usw. Führer besitzt und daß er weiter in dieser Dienststelle verwandt werden soll.

Die Divisionskommandeure haben zu den Beförderungsvorschlägen Stellung zu nehmen und sie dem HPA unmittelbar (Zweitschrift auf dem Dienstweg an die H.Gr. bzw. selbst. Armeen zum Verbleib) vorzulegen; bei Truppenteilen, die einer Division nicht unterstellt sind, legt der Vorgesetzte in der Dienststellung mindestens eines Divisionskommandeurs die Vorschläge vor.

Neufassung dieses Absatzes gem. A. H. M. 1943, Ziff. 651: Die Vorschläge zur bevorzugten Beförderung für Offiziere in K-Stellen (Leutnante zu Oberleutnanten und Oberleutnante zum Hauptmann) sind über das zuständige Generalkommando und für Offiziere in B-Stellen (Oberleutnante zum Hauptmann und Hauptleute zum Major) und aufwärts über das zuständige A. O. K. dem HPA/1. Staffel, Hauptquartier, auf dem Kurierwege vorzulegen. Die Divisionskommandeure haben zu allen Beförderungsvorschlägen Stellung zu nehmen.

Die höheren Kommandobehörden erhalten hierdurch die Möglichkeit, den ihnen übertragenen Offiziersausgleich durchzuführen.

Alle Vorschläge für Offiziere in B-Stellen und aufwärts sind in Zweitschrift der zuständigen Heeresgruppe vorzulegen.

Nachdem die Beförderung vom HPA ausgesprochen ist, sind die Offiziere zum Kompanie- usw. Chef bzw. zum Bataillons- usw. Kommandeur zu ernennen — soweit dies nicht bei den selbst. Bataillons- usw. Kommandeuren durch HPA geschieht.

3. Majore, die mit der Führung eines Regiments, und Obersten, die mit der Führung einer Division vom HPA beauftragt sind, werden nach Ablauf von zwei Monaten — gerechnet vom Tage des Antritts der neuen Stellung — vom HPA ohne besonderen Antrag zum Regiments- bzw. Divisionskommandeur ernannt und gleichzeitig zum Oberstleutnant bzw. Generalmajor befördert, sofern neben dem unmittelbar vorgesetzten Kommandeur der diesem nächsthöhere Vorgesetzte bis dahin nichts Gegenteiliges beantragt hat. Der Tag des Antritts der neuen Stellung ist in jedem Falle dem HPA zu melden.

II.
Vorzugsweise Beförderung bei Bewährung

4. Darüber hinaus sind dem HPA zur vorzugsweisen Beförderung nach Bewährung in ihrer Dienststellung vorzuschlagen:

a) Oberleutnante und Kompanie- usw. Führer oder Chefs oder Regimentsadjutanten — zu Hauptleuten (Rittmeistern),

b) Hauptleute (Rittmeister) u. Bataillons- usw. Führer oder Kommandeure — zu Majoren,

c) Oberstleutnante und Regimentskommandeure — zu Obersten,

d) Generalmajore und Divisionskommandeure — zu Generalleutnanten,

vorausgesetzt, daß sie

der kämpfenden Truppe (s. Fußnote Abschnitt I) angehören; ihre Stellen gut ausfüllen;

sich in ihren Dienststellungen an Kampffronten[1] ¹/₂ Jahr, an Fronten ohne Kampfhandlungen 1 Jahr bewährt haben.

5. Bei Verwundung können in begründeten Fällen die geforderten Zeiten der Bewährung entfallen.

Neufassung gem. A. H. M. 1943, Ziff. 804: Bei Verwundung können die geforderten Zeiten der Bewährung entfallen.

Gefallene Offiziere sind ohne Rücksicht darauf, ob die geforderten Zeiten der Bewährung erfüllt sind, zur nachträglichen Beförderung vorzuschlagen, wenn keine Gegengründe vorliegen.

6. Offiziere, die auf Grund besonderer Leistungen und Bewährung aus der kämpfenden Truppe in bevorzugte Stellen bei Kommandobehörden, höheren Stäben usw. versetzt werden (z. B. Generalstab, höhere Adjutantur, OKW, OKH, Schulen), können auch ohne die volle Bewährungszeit an der Front nach den gleichen Fristen gemäß Ziffer 4 vorgeschlagen werden. Da im allgemeinen die volle Frontbewährungszeit Vorbedingung bleiben muß, ist dies bei Auswahl für die Versetzung in bevorzugte Stellen zu berücksichtigen.

7. Die Vorschläge sind eingehend begründet unter Abgabe einer Beurteilung der Persönlichkeit von dem unmittelbaren Vorgesetzten aufzustellen.
Sie müssen enthalten, daß alle geforderten Voraussetzungen erfüllt sind. Personalangaben wie in Ziffer 2 gefordert.
Die Vorschläge gemäß Ziffer 6 bedürfen besonderer Begründung.
Zu den Vorschlägen haben, auf Grund ihres persönlich zu gewinnenden Urteils Stellung zu nehmen:
a) zum Hauptmann und Major
   die Divisionskommandeure,
b) zum Obersten
   die Kommandierenden Generale,
c) zum Generalleutnant
   die Oberbefehlshaber der Armeen und der Heeresgruppen.
Durch diese Vorgesetzten hat die Vorlage bei HPA zu erfolgen (Zweitschrift bei a) und b) auf dem Dienstweg an die Heeresgruppen bzw. selbst. Armeen zum Verbleib).

III.
Bevorzugte Beförderung auf Grund besonderer Leistungen

8. Für einzigartige Leistungen vor dem Feinde können außerdem Offiziere jederzeit zur Beförderung vorgeschlagen werden, die sich bei Kampfhandlungen durch mitreißenden Schwung und vorbildliche Tapferkeit als Führer ganz besonders ausgezeichnet haben und die sichere Gewähr bieten, den neuen Dienstgrad entsprechende Dienststellung voll auszufüllen. Aufstellung des Vorschlages, Stellungnahme und Vorlage, wie in Ziffer 2 befohlen.
Dasselbe gilt für die Beförderung von Unteroffizieren sowie von Offizieranwärtern zum Offizier.
Bei diesen Vorschlägen ist zu beachten:
a) Es kann sich nur um Einzelpersönlichkeiten handeln, wobei gewährleistet sein muß, daß auf diese Weise die Würdigsten und Besten ausgezeichnet werden.
b) Schärfster Maßstab ist anzulegen.
c) In den meisten Fällen wird von seiten der Truppe für die geleistete Tat eine Ordensauszeichnung beantragt werden. Es muß geprüft werden, ob eine doppelte Auszeichnung berechtigt erscheint.

---

[1] Kampffront ist eine Front mit anhaltender Feindberührung, also z. Z. die gesamte Ostfront einschl. finn. Front und Afrika. — Bei zur Bandenbekämpfung eingesetzten Truppenteilen entscheidet die Heeresgruppe, ob vorstehende Verfügung Anwendung finden soll.

9. Offiziere der Sonderlaufbahnen (San.-, Vet.- usw. Offiziere) können durch die zuständigen Truppenkommandeure zur vorzugsweisen Beförderung vorgeschlagen werden, wenn sie der „kämpfenden Truppe[1]" angehören, sich an Kampffronten ¹/₂ Jahr, an Fronten ohne Kampfhandlungen 1 Jahr durch überragende Leistungen auf ihrem Sondergebiet ausgezeichnet haben und die sichere Gewähr bieten, die dem neuen Dienstgrad entsprechende Dienststellung voll auszufüllen. Zu den Vorschlägen, die gemäß Ziffer 2 von den Divisionskommandeuren dem OKH/PA über den Heeres-San.Insp. usw. (Zweitschrift auf dem Dienstweg an die Heeresgruppen bzw. selbst. Armeen zum Verbleib) vorzulegen sind, haben auch die Fachvorgesetzten Stellung zu nehmen. Die Sanitätskompanien der Div. rechnen wie „kämpfende Truppe".

IV.

10. Verbesserung des RDA

können auf Antrag erhalten:

Leutnante bis Stabsoffiziere ausschl. Rgt.Kdr. um 1 Jahrgang bei Nennung im Wehrmachtbericht, im Ehrenblatt, bei Verleihung des Ritterkreuzes, des Eichenlaubes zum Ritterkreuz und des Eichenlaubes mit Schwertern zum Ritterkreuz.

Die Anträge sind begründet auf dem Dienstwege vorzulegen.

V.

Förderung von Führerpersönlichkeiten

11. Der Führer hat sich die Auswahl aus der Reihe der Offiziere vom Kommandierenden General an aufwärts für die hohen und höchsten Führerstellen persönlich vorbehalten.

12. Über das Vorziehen tüchtiger Offiziere hinaus sollen ausgesprochene Führernaturen auf Grund außergewöhnlicher Persönlichkeitswerte und hervorragender Leistungen erfaßt und gefördert werden.

Der Führer macht hierfür die Kommandeure verantwortlich.

Den als Führerpersönlichkeiten in diesem höchsten Sinne erkannten Offizieren ist in verschiedenster Verwendung Gelegenheit zur Bewährung zu verschaffen. Diese Offiziere sind nach Bestätigung der in sie gesetzten Hoffnungen ohne Bindung an eine Frist auf dem Dienstwege über das A. O. K. dem HPA namhaft zu machen.

VI.

13. Der Führer hat sich vorbehalten, in besonderen Ausnahmefällen auf Antrag von vorstehenden Bestimmungen abzuweichen.

VII.

14. Der Führer übergibt mit diesem Befehl die Mitarbeit an der Gestaltung des Offizierkorps des Heeres aus der zentralen Bearbeitung des Heeres-Personalamtes mehr als bisher in die Verantwortung der Kommandeure vom Divisionskommandeur an aufwärts.

15. Die den Kommandeuren verantwortlichen Bearbeiter sind die höheren Adjutanten.

Eine Dienstanweisung für die höheren Adjutanten ist durch den Chef HPA gegeben worden.

---

[1] Siehe Fußnote Abschnitt I.

VIII.

16. Die Verfügungen OKH Nr. 750/42 Ag P 1/11 vom 17. 2. 1942, OKH/Chef PA
Nr. 4300/42 geh. vom 7. 6. 1942 und OKH/Chef PA Nr. 5150/41 vom 12.7. 1942
sind hiermit aufgehoben.
Das „Allgemeine Vorpatent" fällt damit weg.

17. Die auf Grund dieser Verfügung ausgesprochenen Beförderungen erhalten im
allgemeinen ein RDA vom 1. des Monats, in dem die Beförderungen ausgesprochen werden.
Neufassung gem. A. H. M. 1943, Ziff. 804:
*Die auf Grund dieser Verfügung ausgesprochenen Beförderungen erhalten im
allgemeinen ein RDA vom 1. des der erfüllten Bewährungszeit folgenden Monats.
Vorzugsweise Beförderungen gem. Abs. 1 werden im allgemeinen mit Wirkung und
RDA des Monats ausgesprochen, in dem der Antrag gestellt und damit die Eignung
zugesprochen wurde.*

Im Auftrage des Führers:
Schmundt
OKH, 4. 11. 42 — 21/42 —. PA/1. St.
(Neudruck Februar 1943.)

Auszug aus den H.M. 1943 Seite 67

Neudruck Februar 1943

Die Verfügungen OKH/PA 1. Staffel 21/42 vom 4. 11. 42 und Chef PA 1. Staffel 22/42
vom 5. 11. 42 treten außer Kraft

**99. Bearbeitungshinweise zur Verfügung „Förderung von Führerpersönlichkeiten,
vorzugsweise Beförderung, Verbesserung des Rangdienstalters".**

Allgemeines:

Mit der Verfügung sind grundsätzlich neue Wege gegangen worden. Das Abweichen von den bisher gültigen Beförderungsgrenzen, die für alle Offiziere gleich
galten, und an deren Stelle die Leistung als Richtmaß für den schnelleren oder
langsameren Ablauf der Beförderung getreten ist, erfordert ein wesentlich stärkeres
Eingehen auf die Einzelpersönlichkeit. Bisher ist dies nur bei der Bearbeitung der
Vorpatentierungen erfolgt. Die Bedeutung der Aufgaben der Adjutanten aller
Grade als verantwortliche Bearbeiter ihrer Kommandeure usw. und der Abteilungen
innerhalb des Personalamtes ist damit wesentlich gestiegen.
Die Grundsätze, die der Verfügung vorangestellt sind, sind feststehend und
dürfen durch keine bürokratischen Winkelzüge verwässert werden.
Bewußt sind in erster Linie durch diese Verfügung die Frontoffiziere heraus-
gestellt worden. Diese Offiziere sind dem Tode am nächsten, ihnen sollen auch als
erste diese Beförderungsmöglichkeiten zugute kommen. Für den Bearbeiter ist
wichtig zu wissen, daß ein wesentlicher Grund, der zu dieser Verfügung geführt hat,
darin zu sehen ist, den Zug zur Front besonders bei der Länge des Krieges zu heben.
Die Verfügung soll eins der Mittel sein, um die bestehenden Lücken zu schließen.
Aufgabe der Adjutanten sowie der Sachbearbeiter des PA wird es sein, Härten
in dem Kreis von Offizieren auszugleichen, der nicht eindeutig in der Verfügung
erfaßt worden ist. Das bezieht sich im besonderen auf Offiziere in höheren Stäben,
in den Oberkommandos, auf Schulen usw. Vorschläge aus der Praxis, die dazu
dienen, einerseits unbillige Härten auszugleichen, andererseits der Parole „Kerls
vor die Front" zum Durchbruch zu verhelfen, können laufend gemacht werden.

Im einzelnen:

Zu 1 u. 4:
Einwände, daß mit dem Abweichen von der bisherigen Beförderungsart starke

Verschiebungen zwischen den Waffengattungen auftreten, sind mit folgenden Gründen zu entkräften:

a) allein die Verluste bestimmen den Ablauf der Beförderung. Die Truppe, die die höchsten Blutopfer tragen muß, soll auch die besten Beförderungsmöglichkeiten haben, um schnell ihre Führerlücken wieder schließen zu können;

b) andererseits ist der allgemeine Beförderungsablauf so günstig, daß sich kein Offizier beklagen kann.

Der Begriff „kämpfende Truppe" ist absichtlich weit gefaßt, um genügenden Spielraum zu lassen und Härten auszugleichen.

Zu 4:

Zur Erfüllung der gesetzten Bewährungszeiten ist es notwendig, daß der Offizier ohne Unterbrechung eine oder mehrere Einheiten die vorgeschriebene Zeit geführt hat, ohne Rücksicht, ob er Vertreter, Führer oder Kommandeur war. Voraussetzung ist selbstverständlich, daß er mit der Beförderung endgültig Chef bzw. Kommandeur einer entsprechenden Einheit wird.

Führung von Kompanien in Zugstärke und von Bataillonen in Kompaniestärke usw. berechtigen nicht zur vorzugsweisen Beförderung gemäß Ziff. II. Voraussetzung ist, daß sich die Kompanie bzw. das Bataillon in einer Verfassung befinden, die ein Urteil ermöglicht, ob der Offizier die Fähigkeiten besitzt, diesen Verband zu führen.

Zu 5:

Zur Frage der Verwundetenbeförderung nimmt die Verfügung OKH/PA 1. Staffel 4/43 v. 28. 1. 43 Stellung.

Zu 6:

Im Interesse dieser Offiziere ist, beginnend vom Div.Adj., besonders darauf zu achten, daß die Versetzung bzw. der Vorschlag in Zukunft erst dann erfolgt, wenn die Zeiten für die bevorzugte Beförderung in der Truppe erfüllt sind, da es sich meistens um gute Offiziere handelt.

Offiziere, die sich bereits in derartigen Stellungen befinden und jetzt Gefahr laufen, einen Nachteil gegenüber ihren Kameraden in der Front zu erleiden, müssen in absehbarer Zeit freigegeben werden, sofern sie kv sind. Bei nicht kv-Offizieren und Offizieren, die aus zwingenden Gründen nicht freigegeben werden können (einzelne Offiziere an entscheidenden wichtigen Stellen), darf die Beförderung frühestens nach dem Maßstab der Offiziere an nicht kämpfenden Fronten erfolgen. Die Auslese muß hier unter allen Umständen scharf gehalten werden. Persönliche Rücksichten sind von vornherein auszuschalten.

Zu 7:

Die Kameradenbeurteilung wird den Kommandeuren usw. hierzu eine wertvolle Hilfe sein können. Sie ist eine zusätzliche Möglichkeit, den „Kompaniechef" oder den „Kommandeur" zu erfassen. Die Anwendung ist in einem hohen Maße eine Taktfrage und die der persönlichen Kenntnis der unterstellten Offiziere.

Ein Teil der Offiziere wird die Bedingung für eine bevorzugte Beförderung gemäß Abschnitt II nicht ohne weiteres innerhalb der vorgesehenen Zeit von $\frac{1}{2}$ bzw. 1 Jahr erfüllen. Bei diesen Offizieren ist dann zu prüfen, ob eine anderweitige Verwendung zweckmäßiger erscheint.

Zu 8:

Bei der Beförderung auf Grund besonderer Leistung kann von den vorgesehenen Fristen abgewichen werden. Bei diesen Vorschlägen sind Tapferkeitstaten nicht allein wichtig, sondern die Führerqualitäten. Für Tapferkeitstaten sind in erster Linie Ordensauszeichnungen vorzusehen.

Bei dem Vorschlag von Unteroffizieren zu Offizieren muß die Erhaltung eines ausreichenden Unteroffizierkorps Berücksichtigung finden. Durch eingeleitete

Maßnahmen der Ag P 4 wird sichergestellt, daß der Nachwuchs an jungen Offizieren ab Frühjahr 1943 den Anforderungen der Front entsprechen wird.

Es kommen i. allg. nur Unteroffiziere in Frage, von denen jetzt schon feststeht, daß sie sich die Eignung zum Kompanieführer erwerben werden.

Bei Offizieranwärtern aus der Truppe kann bei voller Eignung die Beförderung ohne Einhalten der gegebenen Fristen vorgeschlagen werden.

Zu 10:

Bei dem Vorschlag zur Verbesserung des RDA muß die Eignung besonders überprüft werden. In der Masse werden diese Offiziere schon das Truppenvorpatent erhalten haben. Es liegt nicht im Interesse dieser wertvollen Offiziere, sie dienstgradmäßig so zu steigern, daß sie vorzeitig in Stellungen verwendet werden müssen, die sie noch nicht ausfüllen können. Im Gegensatz zum bisherigen Verfahren kann der Antrag gestellt werden.

Zu 13:

Das Abweichen von den Bestimmungen wird auf den kleinen Kreis von Offizieren beschränkt bleiben, dem aus besonderen Gründen nicht die Gelegenheit zur Frontverwendung gegeben werden kann, die aber andererseits sich in Stellen von solcher Bedeutung befinden, daß ein Stehenlassen in der Beförderung nicht gerechtfertigt ist.

Bei der Masse der Offiziere in den höheren Stäben und den Oberkommandos wird die Beförderung nach dem normalen Ablauf und der vorgesehenen Stellengruppe erfolgen. Der Wechsel der Stellen muß hier Ungerechtigkeiten beseitigen.

Allgemein hat sich die Personalbearbeitung das Ziel zu setzen, innerhalb des Kommandobereiches dem frontverwendungsfähigen Offizier die Möglichkeit der Bewährung an den Kampffronten zu geben. In letzter Instanz wird das Heeres-Personalamt für den Austausch zwischen den Kriegsschauplätzen einerseits und zwischen der Heimat und den Fronten andererseits Sorge tragen.

Schmundt
Generalmajor
Chef PA, 5. 11. 42 — 22/42 — PA/1. St.
(Neudruck Februar 1943.)

Beförderung zu Generalsdienstgraden.

Gemäß Vfg. „OKH/PA/Ag P 1 Nr. 3860/43 (1aI) vom 14. 5. 43 wurden zu Generaldienstgraden i. a. nur noch befördert:

1. zum **Gen.Maj.**: Offiziere, die in diesem Kriege im Felde als Truppenführer eingesetzt waren und sich dabei bewährt hatten;

2. zum **Gen.Lt.**: Kommandeure von Divisionen und Inhaber von gleichzuwertenden Stellen der Kriegsspitzengliederung; nicht dagegen Inhaber sonstiger D-Stellen, die in diesem Kriege eine Truppe nicht geführt hatten und auch für eine Truppenführung nicht mehr in Frage kamen;

3. zum **Gen. d. Inf.** usw.: Kommandierende Generale von Armeekorps und Inhaber von F-Stellen der Kriegsspitzengliederung; Offiziere in anderen F-Stellen nur dann, wenn sie in diesem Kriege eine Truppe geführt hatten und für die Führung einer Truppe noch in Frage kamen.

Unter diese Bestimmungen fielen auch die Beförderungen, die als besondere Ehrung kurz vor dem Ausscheiden ausgesprochen wurden. Ein Abweichen von diesen Grundsätzen war nur in besonders begründeten Einzelfällen vorgesehen.

Einzelangaben über die Bearbeitung der „Rangliste 1944/45"

1. Quellenmaterial:

Grundlage der Bearbeitung waren:

a) Original-Dienstalterslisten T der Offiziere des Deutschen Heeres vom 1. 5. 1944, Prüfnummer 97 und 403; dto. DAL S, Prüfnummer 403 (sämtlich mit handschriftlichen Teilnachträgen über Beförderungen durch die seinerzeitigen Dienststellen bis Januar 1945);

b) Originalunterlagen (bzw. Abschriften oder Auszüge) des Heeres-Personalamtes, wie z. B. Folgen der „Personalveränderungen", Kommandeur-Stellenbesetzungen, Verwendungskarten, Handlisten einzelner Waffenabteilungen, Verlustlisten (teilweise ergänzt bis April 1945);

c) Originalunterlagen (bzw. Abschriften oder Auszüge) verschiedener ehem. Heeresdienststellen, wie z. B. Offizier-Stellenbesetzungen, Wehrpässe, Kommandeurlisten (Stand März/April 1945);

d) Originalunterlagen (bzw. Abschriften oder Auszüge) im Besitz einzelner ehem. Wehrmachtangehöriger, wie z. B. Beförderungs-, Versetzungs- oder Verabschiedungsverfügungen, Besoldungsabrechnungen (betr. Soldbücher siehe Ziff. 2).

2. Bearbeitungsgrundsätze für Nachträge:

Die „Rangliste 1944/45" konnte nur dann wirklich dokumentarischen Wert erhalten, wenn bei der Aufnahme der Nachträge ein klarer und strenger Maßstab angelegt wurde. In Übereinstimmung mit dem Bundesarchiv, maßgeblichen Personalsachbearbeitern der Dienststelle Blank und ehem. Angehörigen des Heeres-Personalamtes umfassen daher die Nachträge im Text der DAL nur solche Veränderungen, die durch eine der in Ziff. 1 genannten amtlichen Unterlagen belegbar sind. Diese Nachträge können damit ohne weiteren Nachweis als amtlich gelten.

Auf Grund dieser Arbeitsrichtlinien konnten die allein durch **Soldbucheinträge** oder **Behelfsnachweise** (eidesstattliche Versicherungen) belegten Beförderungen unter den Veränderungen im Text der DAL nicht aufgeführt werden. Sie wurden daher — soweit bekannt geworden — gesondert in der Anlage 1 zusammengefaßt. Die Beweislast liegt in diesen Fällen — abgesehen von wenigen Ausnahmen — bei den Betreffenden selbst.

Die Ausdehnung dieser Regelung auf die Soldbuchnachweise wurde bewußt vorgenommen, obwohl das Soldbuch der dienstliche Ausweis des Wehrmachtangehörigen war und darin ordnungsgemäß beglaubigte Eintragungen ebenfalls als amtlich gelten müssen. Ausschlaggebend war insbesondere die Tatsache, daß aus Soldbucheintragungen i. a. nicht hervorgeht, ob die Beförderungen durch das HPA oder selbständig durch eine höhere Kommandobehörde erfolgt ist und ob sie vor oder nach dem 8. 5. 45 verfügt wurde; auf diese Unterscheidung mußte jedoch aus grundsätzlichen Erwägungen heraus Wert gelegt werden. Zudem hätte eine Auswertung solcher Eintragungen die Vorlage des gesamten Original-Soldbuches bedingt. Schließlich sollten auch Ungenauigkeiten ausgeschaltet werden, wie sie z. B. bei den Eintragungen der 1945

erfolgten Beförderungen in Unkenntnis einzelner Dienststellen über die Neufestsetzung der Beförderungstage für 1945 (vgl. Ziff. 5) durchaus möglich waren und nach den Erfahrungen auch vorgekommen sind.
Der Herausgeber hat sich streng an diese Richtlinien gehalten und ist auch in solchen Fällen nicht davon abgewichen, in denen von ihm selbst Beförderungen aus eigenem Erleben bestätigt werden konnten. Jede Ausnahme hätte zu einer Durchbrechung des Prinzips und damit zwangsläufig zu einer Wertung der einzelnen Nachweise und Eintragungen geführt, zu der der Herausgeber weder berechtigt noch in der Lage war.
Wie auch in den Vorbemerkungen zur Anlage 1 ausdrücklich betont ist, stellt die Nichtaufführung derartiger Beförderungen im Text der DAL die Beförderungen nicht etwa in Zweifel, sondern bedeutet lediglich, daß ein Nachweis aus den derzeit zugänglichen Originalunterlagen ehem. Heeresdienststellen noch nicht möglich ist.

3. **Vollständigkeit der Nachträge:**
Bei den Lücken des zugänglichen Materials konnten die Nachträge zwangsläufig nicht vollständig sein. Auch hat sich durch die Art der Unterlagen, die mit Masse Truppenkommandeure betrafen, ein unterschiedlicher Vollständigkeitsgrad zwischen den Veränderungen der DAL T und S und darüber hinaus auch denen der einzelnen Waffengattungen ergeben. So läßt sich deutlich — im großen gesehen — innerhalb der einzelnen Offizier-Kategorien bzw. Waffengattungen eine Reihenfolge mit abnehmendem Vollständigkeitsgrad wie folgt feststellen:

> Gen.St.Offiziere; Pz.- und Nachsch.Truppe
> Generale; Pz.-Grenadiere
> Pionier- und Nachrichtentruppe
> Artillerie und Nebeltruppe
> Infanterie und Kavallerie

Bei einer Aufgliederung der Beförderungen nach Dienstgraden und RDA-Daten ergibt sich, daß nahezu vollständig erfaßt werden konnten:

Beförderung zum	Planm. Beförd. mit RDA bis		Vorzugsw. Beförd. mit RDA bis	
	DAL T	DAL S	DAL T	DAL S
Gen. d. Inf. (usw.)	entfällt	entfällt	16. 3. 45	entfällt
Gen.Lt.	1. 3. 45	entfällt	16. 3. 45	entfällt
Gen.Maj.	1. 3. 45	entfällt	16. 3. 45	entfällt
Oberst	1. 3. 45	1. 3. 45	1. 12. 44	entfällt
Obstlt.	30. 1. 45	30. 1. 45 (o. Tle. 1.6.44)	9. 11. 44	entfällt

Soweit innerhalb dieser Zeiträume Beförderungen fehlen sollten, kann es sich nur um wenige Einzelfälle handeln, in denen im wesentlichen die Beförderungen unter Erteilung eines vordatierten RDA nach diesen Zeitpunkten geordnet worden sein dürften.
Über die o. a. Daten hinaus konnte eine weitere Anzahl von Beförderungen aller Dienstgrade, z. T. bis zum 20. 4. 45, vereinzelt auch darüber hinaus, ermittelt werden; im Vergleich zur mutmaßlichen Gesamtzahl der in den letzten Kriegswochen — insbesondere zum 20. 4. 45 — ausgesprochenen Beförderungen ist diese Zahl allerdings nicht hoch. Sie stellt jedoch — nach dem bisherigen Fehlen jeglicher Unterlagen aus dieser Zeit — einen Anfang dar.
Insgesamt sind schätzungsweise etwa 75—80 % aller ab Mai 1944 ausgesprochenen Beförderungen (ohne nachträgliche Beförderungen nach dem Tode)

erfaßt, soweit sie den Personenkreis der in den DAL T und S 1944 mindestens als Major aufgeführten Offiziere betreffen.

4. Fehlerquellen der Originalunterlagen:

Auch die gedruckten amtlichen Stellenbesetzungen und Dienstalterslisten waren nicht fehlerfrei. Dementsprechend erschienen — wenigstens im Frieden — jeweils etwa $1/_4$ Jahr nach Herausgabe einer Stellenbesetzung oder DAL eine oder auch mehrere „Berichtigungen".

Es ist selbstverständlich, daß die Auswertung der amtlichen Unterlagen und die Übertragung in die vorliegende „Rangliste 1944/45" mit peinlichster Genauigkeit und nach sorgfältiger Überprüfung vorgenommen wurde. Wenn trotzdem in Einzelfällen die Möglichkeit einer ungenauen oder irrtümlichen Eintragung besteht, so liegt dies allein schon daran, daß auch die verwendeten **Originalunterlagen ehem. Heeresdienststellen** n i c h t fehlerfrei sind. Dies bezieht sich sogar auf die Unterlagen des ehem. HPA. Auch die Listen- und Kartei-Führer der höheren und höchsten Dienststellen waren nur Menschen und damit den Schwankungen menschlicher Konzentrations- und Leistungsfähigkeit unterlegen. Vielleicht liegt auch ein Teil dieser Fehler in den besonderen Arbeitsbedingungen der letzten Kriegsmonate (Fliegeralarme, mehrfache Verlegung der Dienststellen u. a.) begründet.

Eine weitere Erschwerung ergab sich daraus, daß die Ergänzungen der — i. a. maschinengeschriebenen — Originalunterlagen der Heeresdienststellen vielfach handschriftlich erfolgt sind und ihre Lesbarkeit entsprechend verschieden war.

Als Beispiel für die Schwierigkeiten bei der Bearbeitung sei hier auf die zahlreichen Fehler in der „Stellenbesetzung der höh. Kommandobehörden und Divisionen des Heeres am 10. 6. 44" hingewiesen (vgl. Bemerkungen Seite 314). In gleicher Weise beleuchten dies die ermittelten Fehler bei den handschriftlichen Nachträgen der Original-DAL 1944, Prüfnummer 403 (vgl. Vorbemerkungen Anlage 2).

Ein Teil dieser Ungenauigkeiten konnte in solchen Fällen ausgeschaltet werden, in denen die gleiche Beförderung in zwei oder mehreren, verschiedenartigen Dokumenten ermittelt werden konnte. Als weiteres Hilfsmittel wurden für jeden Beförderungstag und Dienstgrad gesonderte **Vergleichslisten** aufgestellt, in denen alle Beförderungen fortlaufend nach dem RDA ihres bisherigen Dienstgrades aufgeführt wurden. Hierdurch ergab sich für die mit Ordnungsnummer erfaßten Beförderungen die Möglichkeit einer Überprüfung, ob das ermittelte neue RDA in das vom HPA gehandhabte System der RDA-Festsetzung hineinpaßte und damit als richtig bestätigt wurde.

Ob und inwieweit über die vom Herausgeber geklärten Fälle hinaus weitere Ungenauigkeiten in den amtlichen Originalunterlagen enthalten sind, muß dahingestellt bleiben. Solange keine weiteren amtlichen Unterlagen zur Verfügung stehen, müssen die in den bis jetzt zugänglichen Originalunterlagen vorhandenen Eintragungen als richtig anerkannt werden.

5. Neueingeführte Beförderungstage:

a) Die zum 1. 11. 44 ausgesprochenen planmäßigen Beförderungen waren ursprünglich mit RDA vom 1. 11. 44 verfügt worden. Gem. Vfg. „OKH/PA/Ag P 1/1. (Zentral-) Abt. (III b) Nr. 3360/44 vom 7. 11. 44" (H. M. 1944, Nr. 653) wurde das bisher erteilte RDA v. 1. 11. 44 bei allen Offizieren auf den 9. 11. 44 festgelegt. Die erteilten Ordnungsnummern änderten sich nicht.

b) Die **Beförderungstage für 1945** wurden mit Vfg. „OKW/WZA/Ag WZ (II) Nr. 3766/44 vom 7. 12. 44" (H. M. 1945, Nr. 25) für die gesamte Wehrmacht wie folgt festgesetzt:

Beförderungstag	Wirkung u. RDA vom	Wehrsold u. Besoldung ab
1. 1. 45	1. 1. 45	1. 1. 45
30. 1. 45	30. 1. 45	1. 1. 45
(bish. 1. 2.)	(bish. 1. 2.)	(bish. 1. 2.)
1. 3. 45	1. 3. 45	1. 3. 45
1. 4. 45	1. 4. 45	1. 4. 45
20. 4. 45	20. 4. 45	1. 4. 45
	(bish. z. T. 1. 4. u. z. T. 1. 5.)	(bish. z. T. 1. 4. u. z. T. 1. 5.)
1. 6. 45	1. 6. 45	1. 6. 45

Diese Regelung betraf die planmäßigen Beförderungen. Die **vorzugsweisen Beförderungen** waren nicht an die allgemeinen Beförderungstage gebunden, sondern erfolgten laufend während des ganzen Monats einzeln (durch unmittelbares Fernschreiben an die vorgesetzte Dienststelle des Beförderten; Zusammenfassung in späteren Folgen der „Personalveränderungen"). Auch war die RDA-Festsetzung dieser Beförderungen von dem Zeitpunkt der Einreichung des Beförderungsvorschlages und damit der Zuerkennung der vollen Eignung für eine bestimmte Dienststellung bzw. der Erfüllung der geforderten Bewährungszeiten abhängig. Eine Relation zwischen Beförderungstag einerseits und RDA und Wirkung andererseits — wie oben für die planmäßigen Beförderungen festgelegt — ist daher bei vorzugsweisen Beförderungen n i c h t ohne weiteres möglich. Auch bei der RDA-Erteilung für die vorzugsweisen Beförderungen wurden jedoch die in Spalte 2 aufgeführten neuen RDA-Daten angewandt; desgl. galt für die mit Wirkung und RDA dieser Daten ausgesprochenen vorzugsweisen Beförderungen die Zahlung von Wehrsold und Besoldung gem. Spalte 3.

Der 1. 5. 1945 war also k e i n allgemeiner Beförderungstag und auch n i c h t als RDA-Tag vorgesehen. Wenn trotzdem einzelne Beförderungen mit Wirkung und RDA dieses Datums verfügt worden sind, kann es sich nur um vorzugsweise Beförderungen handeln. Bei den selbständigen Beförderungen durch höhere Kommandobehörden mag der Grund hierfür in der Unkenntnis der neuen Bestimmungen zu suchen sein; bei den wenigen vom OKH/PA mit Wirkung vom 1. 5. 45 verfügten Beförderungen erfolgte der Ausspruch — soweit bisher feststellbar — unter Vorbehalt der Festsetzung des RDA.

Der Fronttruppe und den Beförderten selbst sind die neuen Bestimmungen zweifellos nur zum geringsten Teil bekannt geworden. Zur Unklarheit mögen auch die ab 1. 1. 45 gültigen **neuen Besoldungsbestimmungen** beigetragen haben, nach denen Wehrsold und Besoldung des neuen Dienstgrades bereits vom 1. des Monats an zustanden, in dem die Beförderung Wirksamkeit erhielt. So leiten z. B. einzelne am 30. 1. und 20. 4. 45 planmäßig beförderte Offiziere aus der Wehrsoldzahlung ab 1. d. M. in gutem Glauben die Annahme ab, daß ihre Beförderung mit Wirkung und RDA vom 1. 1. bzw. 1. 4. 45 erfolgt sei. Auch in Soldbüchern kann man verschiedentlich derartig irrige Eintragungen finden.

c) Bei den Beförderungen zu Generalsdienstgraden taucht erstmalig auch das Datum 16. 3. 45 auf. Die Vermutung, daß dieser Tag als Gedenktag (1935: Wiedereinführung der Allg. Wehrpflicht) ebenfalls als neuer Beförderungs- und RDA-Tag — ähnlich wie der 9. 11., 30. 1. und 20. 4. — eingeführt war, konnte im Zuge der Arbeiten einwandfrei bestätigt werden. Diese Beförderungen sind i. a. mit **Wirkung und RDA vom 16. 3. 45** ausgesprochen worden, wobei die Gebührnisse des neuen Dienstgrades ab 1. 3. 45 zustanden.

Es muß angenommen werden, daß dieser RDA-Tag ausschließlich bei Generalsdienstgraden angewandt wurde; jedenfalls konnte dieses RDA bei Beförderungen zu Stabsoffizierdienstgraden nicht festgestellt werden.

6. Selbständige Beförderungen durch Heeresgruppen, Armeen usw.:

a) In den letzten Kriegstagen sind eine ganze Anzahl von Beförderungen selbständig durch Heeresgruppen oder andere Kommandobehörden ausgesprochen worden. Bisher fehlte eine dokumentarische Unterlage, auf welcher Rechtsgrundlage diese Beförderungen basierten. Dieser Nachweis konnte nunmehr wenigstens für die **Beförderungen bis zum Hauptmann** wie folgt erbracht werden:

Der Chef des HPA, Gen. d. Inf. Burgdorf, teilte in einem KR-Fernschreiben am 23. 4. 45 aus Berlin dem HPA mit, daß der Führer den Oberbefehlshabern der Heeresgruppen und selbständigen Armeen die nachstehenden — bisher dem HPA vorbehaltenen — Befugnisse übertragen habe:

aa) **Beförderungen** von zum Fahnenjunker ernannten Soldaten — nach zwischenzeitlicher Beförderung zum Fhj.Feldwebel — zum Oberfähnrich; desgl. Beförderungen von Oberfähnrichen nach 4 wöchentlicher Bewährung zum Leutnant;

bb) **Vorzugsweise Beförderungen** zum Oberleutnant und Hauptmann im Rahmen der für die vorzugsweisen Beförderungen festgelegten Bestimmungen;

cc) **Stellenbesetzung** bis einschl. Brigadekommandeure (Höhere Truppenführer sollten nur als Stellvertreter eingesetzt werden).

dd) **Dienstgradherabsetzungen** von Offizieren bis zum Leutnant, von Unteroffizieren und Mannschaften bis zum niedrigsten Mannschaftsdienstgrad.

ee) **Verleihungsbefugnisse** für das Deutsche Kreuz in Gold und die Ehrenblattspange sowie für das EK I und II an Angehörige von Stäben.

ff) Die vorgenannten Befugnisse konnten auf Grund der Lage (z. B. Ausfall der Nachr.Verbindungen) ganz oder teilweise den Armeen oder Kommandanten fester Plätze übertragen werden.

b) Die „Rangliste 1944/45" zeigt, daß selbständige Beförderungen auch zu **Stabsoffizier- und Generalsdienstgraden** vorgenommen worden sind. Demnach müßte die unter a) aufgeführte Ermächtigung nach dem 23. 4. 45 noch eine Erweiterung erfahren haben. Ob, wann und in welchem Umfang dies erfolgt ist, bleibt infolge noch fehlender Unterlagen weiterhin offen. Lediglich für die Heeresgruppe Kurland liegen gewisse Anhaltspunkte vor, insbesondere durch die Angaben des früheren Heeresgruppen-Adjutanten, daß diese Heeresgruppe eine erweiterte Beförderungsermächtigung erhalten hat. Fraglich bleibt aber auch hier, ob dies im Hinblick auf die besondere Lage der Heeresgruppe Kurland eine Einzelregelung darstellte oder auf einer generellen Erweiterung für alle Heeresgruppen und Armeen fußte.

c) Von einzelnen höheren Kommandobehörden sind auch noch **nach dem 8. 5. 45** Beförderungen ausgesprochen worden. Hierbei handelt es sich um Kommandobehörden, die geschlossen mit den ihnen unterstellten Verbänden gegenüber den westlichen Alliierten kapituliert und — unter Aufrechterhaltung der Befehlsverhältnisse — nach den Anweisungen der betr. Macht ordnungsgemäß demobilisiert haben.

Als Beispiel sei hier der **Oberbefehlshaber Süd** erwähnt, der mit Befehl Ob. Süd II a/Pers Nr. 17/45 vom 8. Juni 1945 genaue Ausführungsbestimmungen für Beförderungen und Verleihungen von Auszeichnungen bzw. Kampfabzeichen für seinen Befehlsbereich herausgab. Der Befehl erging an 1. Armee, 19. Armee, 2. Pz.Armee, Arm.Gr. Aalen, Luftflotte 6, Marine-Oberkommando West, Gen. d. Transp. West sowie die einzelnen Dienststellen innerhalb des Oberkommandos Ob. Süd.

Diese Ausführungsbestimmungen legten fest, daß

aa) die in Aussicht genommenen Beförderungen und Verleihungen von Auszeichnungen bzw. Abzeichen einmalig und nur für die Zeit bis einschl. 1. 5. 45 zulässig waren;

bb) die Beförderungen nur im Rahmen der für die vorzugsweisen und planmäßigen Beförderungen festgelegten OKH-Bestimmungen erfolgen sollten, d. h. also, daß die darin geforderten Mindestvoraussetzungen erfüllt sein mußten. Hierzu waren den Ausführungsbestimmungen gesonderte Anlagen mit den Beförderungsgrenzen für die planmäßigen Beförderungen am 20. 4. 45 sowie Auszügen aus den einschlägigen Beförderungsbestimmungen für die einzelnen Offizier-Kategorien beigelegt, die bindend waren;

cc) die Oberbefehlshaber der Armeen usw. ermächtigt waren, die planmäßigen Beförderungen bis zum Hauptmann (Rittmeister) bzw. Kapitänleutnant und die Verleihung der EK I und II sowie der Kampfabzeichen selbst auszusprechen;

dd) die planmäßigen Beförderungen zum Stabsoffizier und von Stabsoffizieren bis zum Oberst (Kapitän zur See) einschl. sowie alle vorzugsweisen Beförderungen durch den Ob. Süd ausgesprochen wurden; desgl. die Verleihung von Deutschen Kreuzen, Ehrenblattspangen und Ritterkreuzen;

ee) diese Bestimmungen auch für Reserve-Offiziere und Offiziere z. V. sowie die Offiziere der Sonderlaufbahnen galten;

ff) für alle Offiziere des Truppensonderdienstes die zum 1. 5. 45 fällig gewesenen Beförderungen dem Ob. Süd zur Entscheidung einzureichen waren.

Nicht erwähnt sind in dem Befehl des Ob. Süd die Beförderungen zu Generalsdienstgraden, so daß angenommen werden muß, daß solche Beförderungen durch Ob. Süd nicht vorgenommen wurden.

d) Eine **sachliche Berechtigung** für die teilweise Übertragung der Beförderungsbefugnisse auf die Heeresgruppen und Armeen lag bei den Befehls- und Nachrichtenverhältnissen der letzten Kriegswochen sicherlich vor. Wieviele Beförderungsvorschläge sind damals auf dem Weg zum OKH/PA verlorengegangen, wieviele Beförderungsverfügungen bei der Truppe nicht mehr angekommen. Das letztere betrifft u. a. auch die ,,Personalveränderungen vom 20. 4. 45", deren Gesamtauflage durch Luftangriff vernichtet wurde, so daß ein Neudruck in der Wehrkreisdruckerei VII, München, erfolgen mußte. Die Neuauflage dürfte — wenn überhaupt — nur noch zu einem kleinen Teil die vorgesehenen Verteiler erreicht haben. So warteten zahlreiche Offiziere, die zur Beförderung heranstanden, vergeblich auf ihre Beförderung.
    Auf der anderen Seite kann aber auch nicht übersehen werden, daß die Durchführung der selbständigen Beförderungen weitgehend von **örtlichen und lagebedingten Zufälligkeiten** abhängig war (Entfernung des Truppenteiles zu dem örtl. Oberkommando, Nachrichtenverbindungen u. a.). Die Zeit bis zur Kapitulation war viel zu kurz, um die Möglichkeit einer solchen Beförderung überhaupt im gesamten Befehlsbereich einer Heeresgruppe bekannt zu machen, die Truppenteile zur Einreichung entsprechender Vorschläge zu veranlassen, diese zu bearbeiten und die erfolgte Beförderung der Truppe wieder mitzuteilen. So sind fraglos nur verhältnismäßig wenige Offiziere in den Vorteil dieser Beförderungen gekommen, nicht zuletzt Angehörige von höh. Kdo.Behörden und Stäben. Eine Ausnahme bilden hier nur die unter Ziff. c) erwähnten Truppenteile.

e) Jede selbständige Beförderung hatte zur unabdingbaren Voraussetzung, daß sie im **Rahmen der vom OKH/PA festgesetzten Beförderungsbestim-**

mungen lag und der Betreffende die jeweiligen Bedingungen (Bewährungszeiten, Laufzeit im Dienstgrad, Auszeichnungen u. a.) erfüllt hatte. In
Einzelfällen ist diese Voraussetzung mit Bestimmtheit nicht erfüllt; eine
Tatsache, die nicht der Beförderte zu vertreten hat, der mit gutem Gewissen
die Rechtmäßigkeit der Beförderung für sich in Anspruch nehmen kann.

7. **Versetzungen in den Generalstab:**
   a) Die Versetzungen in den Generalstab wurden u. a. auch deshalb aufgenommen, weil sie im Zusammenhang mit dem Bundes-Vertriebenengesetz
   und der Zuerkennung der Flüchtlingseigenschaft von besonderem Interesse
   sind.
   Die DAL 1944 berücksichtigt noch die Versetzung der Offiziere des
   X. Generalstabslehrganges, die am 1. 10. 43 zur Dienstleistung „zum
   Generalstab kommandiert" und — nach erfolgreicher Probezeit — am 1. 4. 44
   „in den Generalstab versetzt" worden waren. Die Nachträge umfassen die
   Versetzungen der Offiziere des XI.—XV. Generalstabslehrganges wie folgt:

Lehrgang Nr.	Kriegsakademie von bis	z. Gen.St. kdt.	i. d. Gen.St. versetzt
XI	11. 10. 43—5. 2. 44	6. 2. 44	1. 6. 44
XII	6. 12. 43—6. 5. 44	7. 5. 44	1. 8. 44
XIII	1. 2. 44—Juli 44	entfiel	1. 8. 44
XIV	15. 4. 44—Okt. 44	für diese	1. 11. 44
XV	15. 7. 44—Jan. 45	Lehrgänge	30. 1. 45

   Erfaßt werden konnten nahezu alle Offiziere dieser Lehrgänge, soweit sie
den Lehrgang bestanden hatten und nicht bis Anfang September 1944
gefallen, verstorben, vermißt oder in Gefangenschaft geraten sind.
   Über die Angehörigen des XVI. Generalstabslehrganges, dessen Aus-
bildung kurz vor Kriegsende abgeschlossen war, standen Unterlagen nicht
zur Verfügung. Unberücksichtigt mußten ferner solche Veränderungen
bleiben, die Versetzungen aus dem Generalstab in die Truppe zur weiteren,
ständigen Verwendung als Truppenführer umfassen.

   b) In den **DAL T und S von 1944** ist eine Anzahl von Offizieren (Obersten)
   nicht mit der Bezeichnung „d. G., zuletzt ..." aufgeführt, obwohl sie zum
   Zeitpunkt der Erstellung dieser DAL — z. T. auch schon jahrelang vorher —
   mit der Uniform des Generalstabes in Generalstabsstellen verwandt und
   auch in amtlichen Stellenbesetzungen mit der Dienstbezeichnung „i. G."
   genannt wurden. In diesen Fällen handelt es sich i. a. um frühere Offiziere (E), die vor ihrem seinerzeitigen Ausscheiden — meist im 1. Weltkrieg—
   Generalstabsoffiziere gewesen waren und im Verlauf des 2. Weltkrieges
   wieder in Generalstabsstellen verwandt wurden (Beispiel: v. Unger,
   Seite 53/230; Kuhn, Seite 221/329).
   Soweit diese Offiziere noch in der DAL S 1944 geführt waren, wurden
   sie im Herbst 1944 in die DAL T übergeführt.

Gliederung und Stellenbesetzung des Heeres-Personalamtes (HPA)
Stand: 1. 8. 1944

Chef HPA: Gen. d. Inf. Schmundt
Adj. HPA: Obstlt. Weiß
Gruppe z. b. V.
  Gru. z. b. V.: Obstlt. Freßen
  Verb.St. Berlin: Obstlt. Brinck
  Hauptbüro: St.Int. Kasten
  Kdt.St. Qu.: Maj. d. R. Schönewald
  Zahlmstr.: St.Int. Runge
  Leiter d. Nachr.Betriebes

Stellv. Chef HPA: Gen.Lt. Burgdorf
  I a (Generale, Grunds.): Maj. Frerichs
  II a (Höh. Adj., Offz. HPA): Maj. v. Hagen

Ag P 1 (Pers.Angel. d. Offz., ohne Gen.St.Offz. u. Offz. d. Sonderlaufbahnen u. des TSD)
Gen.Lt. Linnarz

Chefgruppe (Generale): Maj. Siemens

1. (Zentral-) Abt. (Allgem.): Oberst Bachelin
  Hauptgru. I (Grunds. Verfg., Offz.Ersatz): Maj. Ehrlich
  Hauptgru. II (Verb.Kdo. zu befreund. Mächten, Neuaufst., volksdt. Offz.; NSFO; Kdo.Beh.): Obstlt. Lang
  Hauptgru. III (Auswertung; Statistik; RDA; DAL; Pers.Pap.; Pers.Veränd.): Obstlt. Isbert

2. Abt. (Inf.; Kav.): Oberst Frhr. v. Uslar-Gleichen
  Gru. a (Inf.W.Krs. VI, IX—XII): Maj. Kördel
  Gru. b (Inf.W.Krs. I—IV, VIII, XX, XXI): Obstlt. Monshausen
  Gru. c (Inf.W.Krs. V, VII, XIII, XVII, XVIII, Böhmen u. Mähren): Maj. Gruber
  Gru. d (Allg. Fragen; Bef.; Stellenbes. Schulen): Maj. Grünewald
  Gru. e (Kav.): Obstlt. Ballhorn

3. Abt. (Pz. u. Nachsch.Tr.): Oberst Kretschmer
  Gru. a (Pz.Gren.; Gren. (mot); Pz.Aufkl.): Maj. Neubeck
  Gru. b (Pz. u. Pz.Jäg.; Eisb.Pz.Züge): Maj. v. Boxberg
  Gru. c (Grunds.; Ang. d. Nachsch.Tr.): Obstlt. d. R. Aenstoots

4. Abt. (Art.): Oberst Schniewind
  Gru. a (Art.Kdre; Div.Art.; Schulen): Maj. Momber
  Gru. b (Heeres-, Sturm-, Beob.-, Küst.Art.; Nbl.Tr.; zentr. Ang.): Maj. v. Sierakowski

5. Abt. (Pi.; Fest.Pi.; Na., Techn. Tr.): Oberst Menneking
  Gru. a (Nachr.Tr.): Obstlt. Namslau
  Gru. b (Pion. u. Techn. Tr.): Maj. Stettin

6. Abt. (Res.Offz.; ROA): Oberst Mach
  Gru. a (Res.Offz.): Maj. Schmidt
  Gru. b (Beförd. z. Res.Offz.): Maj. d. R. Frhr. Riederer v. Paar

7. Abt. (Offz. DAL S): Oberst Ostmann v. d. Leye
    Gru. a (Offz. DAL S): Obstlt. van Kann
    Gru. b (Kdtr.Wesen): Maj. Hagmeister

Ag P 2 (Pers.Bearb. d. Disz.Ang. d. Offz.): Gen.Maj. Maisel
  Chefgruppe (Polit. Ang.; NS-Führg.): Maj. Ehrnsperger
  Rechtsgruppe (Gerichtsurt.; Gnadenerw.): Maj. Weiß
  2. Abt. (Ehrenang. v. Offz.): Oberst Scupin
    Gru. 2a (akt. Offz.): Maj. Strobel
    Gru. 2b (Res.-, San.-, Vet.Offz.): Maj. Middeldorf
    Gru. 2c (Offz. z. V. und a. D.; Sond.Fhr., OA): Obstlt. Storch
  3. Abt. (Einzelf. von Offz. TSD; Abst.; Heiraten): Oberst Erdmann
    Gru. 3s (Offz. TSD): Obstlt. v. Flotow
    Gru. Fürs. (Berufsfürs.; Vers.Offz.): Obstlt. Klug

P 3 (Gen.St.Offz.): Oberst d. G. Kleikamp
  1. Staffel
    I a (akt. Gen.St.Offz.): Obstlt. d. G. Kinitz
    Ref. II (Trupp.Offz. i. Gen.St.Stellen): Obstlt. Lintz
    I b (Gen.St.Offz.-Nachwuchs): Maj. d. G. Lobedanz
  2. Staffel: Amtsrat Matschinsky

P 4 (Offz.Nachwuchs): Oberst v. Hellermann
    Gru.   I (Einstellung u. Verteilung akt. Offz.Bewerber): Obstlt. z. V. Hepp
    Gru. II (Grunds.; Merkblatt f. Offz.Nachwuchs): Maj. Gerth
    Gru. III (Offz.Nachwuchs nach Einstellg.): Hptm. Bälz

P 5 (Orden): Oberst Heesemann
  1. Staffel
    (Ritt.Krz.; Dt. Krz.): Maj. Johannmeyer
  2. Staffel
    (Verwund.Abz.; KVK): Obstlt. d. R. Horst

Ag P 6 (Offz. d. Sond.Laufb. u. d. TSD): Gen.Maj. Michelmann
  8. Abt. (Allgem.): Oberst Mueller-Lichtenau
    Gru.   I (Grunds.): Obstlt. Wirsching
    Gru. II (Orderwesen): Ob.Feldint. Meier
    Gru. III (Pers.Ang.; Min.Zul.; Umzüge): Ob.St.Zmstr. Tornow
  9. Abt. (San.-, Vet.-, TSD-Offz.): Obstlt. Luther
    Gru.   I (Allg. Ang. d. Abt.): Hptm. Pastor
    Gru. II (San.Offz.): Ob.St.A. Dr. Lange
    Gru. III (Vet.Offz.): Ob.Feldvet. Dr. Dittmar
    Gru. IV (TSD-Offz. [Verw.]): Ob.Feldint. Dr. Tackmann
    Gru. V (TSD-Offz. [H.-Richter]): Oberstrichter Dr. Schaefer
  10. Abt. (Kfp.Tr.; Offz. [W]; Sond.Fhr.): Oberst Frhr. v. u. z. Aufseß
    Gru.   I (Kfp.Tr.): Maj. Schrott
    Gru. II (Offz. [W]): Hptm. Hoffmann
    Gru. III: Oberamtmann Suckrow
    Gru. IV (Sond.Fhr.): Obstlt. Struve

Lehrgänge für höh. Adj. Krampnitz: Oberst Hildebrand
    Lehr-Offz.: Obstlt. Mannschatz

Anmerkung: Zu den oben aufgeführten Amtsgruppen und selbständigen Abteilungen kam mit Wirkung vom 15. 10. 1944 noch die Abteilung P 7 hinzu: sie bearbeitete die Personalangelegenheiten der Offiziere aller Truppenteile mit dem Zusatz „Volks-" (z. B. Volks-Grenadier-Divisionen, Volks-Art.Korps).

Abkürzungsverzeichnis

A

(A)	mobmäßig z. Artillerie
Abn.	Abnahme
Abt.	Abteilung
Abw.	Abwehr
Abw. I, II, III	s. Ob.Kdo. d. W.
Adj.	Adjutant
Ag	Amtsgruppe
AHA	Allgemeines Heeresamt (im OKH)
A. H. M.	Allg. Heeres-Mitteilungen
A.K.	Armee-Korps
Akad.	Akademie
Arm.	Armee
Arm.Gru.	Armee-Gruppe
Art.	Artillerie
Att.	Attaché
Aufkl.	Aufklärung(s)
Ausb.	Ausbildung(s)
Ausl.	s. Ob.Kdo. d. W.
Ausl./Abw.	s. Ob.Kdo. d. W.
(AVM)	mobmäßig zur Artillerie-Vermessungs-Truppe gehörig
AWA	Allgemeines Wehrmachtamt (im OKW)

B

b.	bei; beim; bei der
Bay	Bayern
BdE	Befehlshaber des Ersatzheeres
Befest.	Befestigung(en)
Befh.	Befehlshaber
beh.	behelfsmäßig
Beob.	Beobachtung(s)
Ber.	Bereich
Bevollm.	Bevollmächtigter
Bew.	Bewerber
Bkl.	Bekleidung(s)
Botsch.	Botschaft(er)
Brig.	Brigade
Btl.	Bataillon
Bttr.	Batterie
Bw Sied.	s. Ob.Kdo. d. W.
Bz.	Bezirk

24*

C

Chef H Rüst	Chef der Heeresrüstung

D

DAL	Dienstaltersliste(n)
d. B.	des Beurlaubtenstandes
d. G.	des Generalstabes
d. R.	der Reserve
Div.	Division

E

(E)	Ergänzungs-
Eisenb.	Eisenbahn
Els	Elsaß
(E Pi)	mobmäßig z. d. Eisenbahn-Pionieren gehörig
ETr/E	
ETr/TrAbt	} s. Ob.Kdo. d. H.
ETr/U	
Erzgeb	Erzgebirge

F

(F)	mobmäßig zur Fahrtruppe gehörig
Fe.	Fernsprech
Fest.	Festung(en)
Feuerw.	Feuerwerker
Fla.	Fliegerabwehr
Fr.St.O.	Friedensstandort
Fr.Tr.Tl.	Friedenstruppenteil
Fu.	Funk
Fürs.	Fürsorge
Füs.	Füsilier
Fz.	Feldzeug

G

(GbT)	mobmäßig z. Gebirgstruppe gehörig
Geb.	Gebirgs-
geh.	geheim
geh. Kdos.	geheime Kommandosache
Gen.	General
Gen. d. Inf.	General der Infanterie
Gen. d. Mot.	General der Motorisierung (im OKH)
Gen.Kdo.	Generalkommando

Gen.Lt.	Generalleutnant
Gen.Maj.	Generalmajor
Gen.St.	Generalstab
Gesandtsch.	Gesandtschaft
G. I. F.	Generalinspekteur für den Führernachwuchs
Gren.	Grenadier
Gru.	Gruppe
GZ	Zentralabteilung des Generalstabs des Heeres (spätere Abt. P 3 im HPA)

H

H.	Heer(es)
Han	Hannover
Hess	Hessen
H.Gru.	Heeresgruppe
H Haush	s. Ob.Kdo. d. H.
H. M.	Heeres-Mitteilungen
Hochsch.	Technische Hochschule
Höh.	Höhere(r, s)
HPA	Heerespersonalamt
Hptm.	Hauptmann
H.V.Bl.	Heeres-Verordnungsblatt

I

(I)	mobmäßig zur Infanterie gehörig; s. auch Ob. Kdo. d. W.
i.	in; im; in der
i. G.	im Generalstab
In	Inspektion (der einz. Waffengattungen im OKH/ AHA; s. a. Ob.Kdo. d. H.)
Inf.	Infanterie
Insp.	Inspekteur
Inspiz.	Inspizient
Int.	Intendant

J

Jäg.	Jäger

K

(K)	mobmäßig zur Kavallerie gehörig
Kav.	Kavallerie
Kdo.	Kommando
Kdr.	Kommandeur
Kdt.	Kommandant
kdt.	kommandiert
Kdtr.	Kommandantur
Kfp.	Kraftfahrpark
(Kfp)	mobmäßig zur Kraftfahrparktruppe gehörig
Kom.Gen.	Kommandierender General
Krad.	Kraftrad

Krdsch.	Kraftradschützen
(Krdsch)	mobmäßig zu den Kraftradschützen gehörig
Kraftf.	Kraftfahr(er)

L

Landw.	Landwehr

M

Meckl	Mecklenburg
m. F. b.	mit der Führung beauftragt
M.G.	Maschinengewehr
Mil.	Militär
Mob.	Mobilmachung(s)
m. st. F. b.	mit der stellvertretenden Führung beauftragt
m. W. b.	mit der Wahrnehmung der Geschäfte beauftragt

N

(N)	mobmäßig zur Nachrichtentruppe gehörig
Nachr.	Nachrichten
Nbl.	Nebel
(Nbl)	mobmäßig zur Nebeltruppe gehörig
NV	Nachrichtenverbindungen

O

Ob.	Oberbefehlshaber
Ob. d. H.	Oberbefehlshaber des Heeres
Ob. d. L.	Oberbefehlshaber der Luftwaffe
Oberpf	Oberpfalz
Ob.Kdo.	Oberkommando
Ob.Kdo. d. H.	Oberkommando des Heeres = OKH
(AHA)	OKH/Allgemeines Heeresamt
(Ag ETr)	AHA/Amtsgruppe Ersatzwesen und Truppenabteilung
(Ag ETr/E)	AHA/Abteilung Ersatzwesen
(Ag ETr/HR)	AHA/Heeresrechtsabteilung
(Ag ETr/S)	AHA/Gruppe Seelsorge
(Ag ETr/Tr Abt)	AHA/Truppenabteilung (fr. Heerwesen)
(Ag ETr/U)	AHA/Unterkunftsabteilung

(Ag P 1)	OKH/Heeres-Personal-amt/Amtsgruppe für Personalangelegenheiten der Offiziere (ohne Offz. P 3 u. AgP6)
(Ag P 2)	HPA/Amtsgruppe für Personal-Bearbeitung der Disziplin.-Angelegen-heiten
(Ag P 6)	HPA/Amtsgruppe für Personalangelegenheiten der Offiziere der Sonder-laufbahnen u. d. TSD
(Bkl)	OKH/Heeres-bekleidungsamt
(Gen d Mot)	OKH/General der Motorisierung
(Gen St d H)	OKH/Generalstab des Heeres
(G. I. F.)	OKH/Generalinspekteur für den Führernachwuchs (fr. In 1)
(H Dv)	OKH/Heeresdruckvor-schriftenverwaltung
(H Haush)	OKH/Heereshaushalt-abteilung
(In 1)	OKH/Inspektion des Er-ziehungs- u. Bildungs-wesens (später G. I. F.)
(In 2)	OKH/Inspektion der Infanterie
(In 3)	OKH/Inspektion des Reit- u. Fahrwesens
(In 4)	OKH/Inspektion der Artillerie
(In 5)	OKH/Inspektion der Pioniere
(In 6)	OKH/Waffenabteilung der Panzertruppe und Kavallerie
(In 7)	OKH/Inspektion der Nachrichtentruppe
(In 8)	OKH/Inspektion der Fahrtruppe
(In 9)	OKH/Inspektion der Ne-beltruppe u. Gasabwehr
(In 10)	OKH/Inspektion der Eisenbahnpioniere
(In 11)	OKH/Inspektion der Technischen Truppen
(In 12)	OKH/Inspektion der Heeresmotorisierung
(In Fest)	OKH/Inspektion der Festungen
(PA)	OKH/Heeres-Personal-amt

(P 3)	HPA/Abteilung für Per-sonalangelegenheiten der Generalstabsoffiziere (fr. Gen.St. d. H./GZ)
(P 4)	HPA/Abteilung für Per-sonalangelegenheiten des Führernachwuchses
(P 5)	HPA/Ordensabteilung
(Wa A)	OKH/Heereswaffenamt
(Wa I Rü)	Wa A/Amtsgruppe für Industrielle Rüstung (mit Abt. Wa I Rü 1, 2 usw.)
(Wa Prüf)	Wa A/Amtsgruppe für Entwicklung u. Prüfung (mit Abt. Wa Prüf 1, 2 usw.)
(Wa Z)	Wa A/Zentralabteilung
(Ztschr.)	Wa A/Wehrmacht-zeitschriftenabteilung

Ob.Kdo. d. W. Oberkommando der Wehrmacht (OKW)

(A Ausl/Abw)	OKW/Amt Auslands-nachrichten u. Abwehr
(Abw I)	OKW/Abwehrabteilung I (dto. II u. III)
(Ag Ausl)	OKW/Amtsgruppe Auslandnachrichten
(AWA)	OKW/Allgemeines Wehrmachtamt
(Bw Sied)	OKW/AWA/Wehrm. Bevollmächtigter für das Siedlungswesen
(I)	OKW/AWA/Inlands-abteilung
(Insp WNV)	OKW/Inspekteur der Wehrmachtnachrichten-verbindungen
(L)	OKW/Landes-verteidigungsabteilung
(W Allg)	OKW/AWA/Abteilung Allgemeine Wehrmacht-angelegenheiten
(WFSt)	OKW/Wehrmacht-führungsstab
(Wi Rü A)	OKW/Wehrwirtschafts- und Rüstungsamt
(W Le)	OKW/Lehrstab (später Abt.) für wehrwirtschaft-liche Ausbildung (im Wi Rü A)
(WNV)	OKW/Abteilung für Wehrmachtnachrichten-verbindungen

(W Pr)	OKW/Abteilung Presse und Propaganda)
(W Ro)	OKW/Rohstoffabteilung (im Wi Rü A)
(W Rü)	OKW/Rüstungswirtschaftliche Abteilung (im Wi Rü A)
(W Vers)	OKW/Wehrmachtversorgungsabteilung (im AWA)
(W Wi)	OKW/Wehrwirtschaftliche Abteilung (im Wi Rü A)
(W Z)	OKW/Zentralabteilung
Obstlt.	Oberstleutnant
Offz.	Offizier(e)
Offz.Bew.	Offizierbewerber
Offz.(E)	Ergänzungsoffizier(e)
Offz.(Ing.)	Ingenieuroffizier(e)
Offz.(W)	Offizier(e) für Waffen und Gerät
OKH	Oberkommando des Heeres
OKW	Oberkommando der Wehrmacht
Oldb	Oldenburg
O.Qu	Oberquartiermeister (I, II usw. im OKH/Generalstab des Heeres)
Ostpr	Ostpreußen

P

P 1, 2 usw.	s. Ob.Kdo. d. H.
PA	Personalamt (im OKH)
Pi	Pionier(e)
(Pi)	mobmäßig zur Pionierwaffe gehörig
Pion.	Pionier(e)
Pom	Pommern
Pz.	Panzer
(Pz)	mobmäßig zur Panzertruppe gehörig
Pz.Art.	Panzerartillerie
(PzGr)	mobmäßig zu den Panzergrenadieren gehörig
Pz.Gren.	Panzergrenadier(e)
Pz.Jäg.	Panzerjäger
Pz.Tr.	Panzertruppe

R

Radf.	Radfahr-
RDA	Rangdienstalter
Reit.	Reiter
Rem.	Remonte
Rgt.	Regiment
Res.	Reserve
Rü.; Rüst.	Rüstung(s)

S

Sachs	Sachsen
Sonst.	Sonstige
Spreew	Spreewald
Schles	Schlesien
Schütz.	Schützen
schw.	schwere(er, es)

St

St.	Stab; Sankt
stellv.	stellvertretend
St.O.	Standort

T

takt.	taktisch(e)
techn.	technisch(e)
Thür	Thüringen
t mot	teilmotorisiert
Tr.	Truppe(n)
Tr.Üb.Pl.	Truppenübungsplatz

V

v.	von
Verb.	Verband, Verbände
Vermess.	Vermessung(s)
Vers.Abt.	Versuchsabteilung
Vers.Amt	Versorgungsamt
Verw.	Verwaltung(s)
Vet.	Veterinär
Vogtl	Vogtland

W

W.	Wehrmacht
Wa A	Heereswaffenamt (im OKH)
W Allg	s. Ob.Kdo. d. W.
Waffenm.	Waffenmeister
Wa I Rü	s. Ob.Kdo. d. H.
Wa Prüf	s. Ob.Kdo. d. H.
Wa Z	s. Ob.Kdo. d. H.
Wehrbz.	Wehrbezirk(s)
Wehrbz.Kdo.	Wehrbezirkskommando
Wehrers.Insp.	Wehrersatzinspektion
Wehrkrs.	Wehrkreis
Wehrm.	Wehrmacht
Wes.	Wesen
Westf	Westfalen
Westpr	Westpreußen
W.F.O.	Wehrmachtfürsorgeoffizier
WFSt	Wehrmachtführungsstab (im OKW)
Wi Rü A	s. Ob.Kdo. d. W.
W Le	s. Ob.Kdo. d. W.
W.M.A.	Wehrmeldeamt

WNV	Wehrmachtnachrichten-	W Vers	s. Ob.Kdo. d. W.
	verbindungen; s. auch	W Wi	s. Ob.Kdo. d. W.
	Ob.Kdo. d. W.	WZ	s. Ob.Kdo. d. W.
WPr	s. Ob.Kdo. d. W.		**z**
W Ro	s. Ob.Kdo. d. W.	z. D.	zur Dienstleistung
W Rü	s. Ob.Kdo. d. W.	Zmstr.	Zahlmeister
Württ	Württemberg	z. V.	zur Verfügung
WuG	Waffen und Gerät		

Anmerkung: Bei einzelnen Abteilungen des Ob.Kdo. d. H. und des Ob.Kdo. d. W. ist eine Umbenennung durch Erweiterung zu Amtsgruppen oder Ämtern im Verlauf des Krieges möglich.

Namenverzeichnis